致　谢

感谢宁夏回族自治区文化和旅游厅（文物局）
出版专项经费支持

水洞沟研究论文集

宁夏回族自治区文物考古研究所

中国科学院古脊椎动物与古人类研究所

中央民族大学

编著

科 学 出 版 社

北 京

内 容 简 介

本书是水洞沟联合考古队针对宁夏水洞沟遗址第5轮（2003—2007）和第6轮考古发掘（2013—2022）成果用英文所发表的部分论文的译集。根据研究主题，分为"综述篇"、"石制品研究篇"、"年代环境研究篇"、"生物考古研究篇"、"象征认知研究篇"和"其他研究篇"共37篇论文。这些论文的作者通过最新科技方法和理论视角，对水洞沟遗址古人类的石器技术、生计行为、生存模式、认知能力和生活环境进行了高分辨率分析，为深入研究东北亚地区现代人起源与扩散、中国旧石器时代晚期文化的多样性、西北干旱区史前人类的生存适应等重大学术问题提供了重要信息。

本书可作为国内外科研机构、大专院校、博物馆行业从事古人类学、史前考古学、第四纪地质学、古环境学、年代学、艺术史等领域的科研人员、教学人员和科普工作者的重要学术资料，对相关专业的研究生和本科生也有较高的学习和参考价值。

图书在版编目（CIP）数据

水洞沟研究论文集/宁夏回族自治区文物考古研究所，中国科学院古脊椎动物与古人类研究所，中央民族大学编著. —北京：科学出版社，2023.8
ISBN 978-7-03-076046-3

Ⅰ.①水… Ⅱ.①宁… ②中… ③中… Ⅲ.①旧石器时代文化-文化遗址-灵武-文集 Ⅳ.①K878.04-53

中国国家版本馆CIP数据核字（2023）第140278号

责任编辑：樊 鑫／责任校对：张亚丹
责任印制：肖 兴／封面设计：金舵手世纪

科学出版社 出版
北京东黄城根北街16号
邮政编码：100717
http://www.sciencep.com
北京中科印刷有限公司 印刷
科学出版社发行 各地新华书店经销
*
2023年8月第 一 版 开本：889×1194 1/16
2023年8月第一次印刷 印张：35 1/2
字数：1 018 000
定价：328.00元
（如有印装质量问题，我社负责调换）

序

宁夏水洞沟遗址的发现与研究已经走过整整百年的历程了！这是一段坎坷而辉煌并呈螺旋式上升发展的学术历程。

1923年夏，法国古生物学家桑志华、德日进在前往内蒙古萨拉乌苏河流域考察的途中路过水洞沟地区，偶然发现了这处遗址。他们编号了5处地点，并对第1地点做了首次发掘，采集到丰富的石制品和哺乳动物化石。1925年，他们用法文发表文章，对采掘自水洞沟和萨拉乌苏遗址的文化遗存与动物化石做了初步描述。1928年，他们与法国史前考古学家步日耶共同撰写《中国的旧石器时代》（法文）一书的核心章节，对水洞沟遗址的石制品做了更翔实的描述与分析，指出这里埋藏的古文化与欧洲同期文化具有高度相似性，该遗址的石器技术似乎处于欧洲旧石器时代中期（莫斯特）向晚期（奥瑞纳）转变的中间环节上，或者是二者的混合物，据此认为当时发生过东西方远距离的移民同化作用。这是学术界首次公布中国存在旧石器时代人类及其文化的证据（同期公布的还有内蒙古萨拉乌苏和甘肃庆阳的旧石器时代遗存），也首次在遥远、神秘的东方国度与新兴的工业文明板块的西方之间用远古文化搭建起一座通联的桥梁。

1960年，水洞沟第1地点迎来了第二次发掘。这次发掘由中苏联合古生物考察队进行，动用了重型机械。但其间中苏关系破裂，苏联专家撤离中国，遗址上挖掘机械的轰鸣声戛然而止，中止了遗址的一场浩劫，只是出土的标本也不见了踪影。

1963年，中国旧石器时代考古之父裴文中先生前来考察，主持了对第1地点新一轮的发掘，发现该遗址不仅包含旧石器时代的层位，还有新石器时代的文化遗存。该遗址的文化内涵得以延展。

1980年，宁夏博物馆与宁夏地质局对水洞沟第1地点开展第4轮发掘，在旧石器时代文化堆积内又划分出两个层位，表明古人类在不同阶段在此活动过。2003年，《水洞沟：1980年发掘报告》出版，成为水洞沟研究史上的第二部专著。

水洞沟遗址的早期发掘与研究产生了丰硕成果，使该遗址成为中国史前考古的发祥地之一。在很大程度上，宁夏水洞沟遗址与北京山顶洞遗址支撑起了中国、东亚旧石器时代晚期的文化大厦，也凸显了该阶段古人类文化与技术的多样性与复杂性。

水洞沟第1地点出土与欧亚大陆西部旧石器时代晚期初段（Initial Upper Paleolithic）文化遗存十分相似的石制品组合，以勒瓦娄哇石核-石片和棱柱状石核-石叶为特色，石器以刮削器和尖状器为主要类型，很多标本形体规范、加工精细，石器制作的技术水平和标准化程度很高，在中国、东亚的旧石器时代文化体系中长期处于特立独行、空前绝后的状态。

对于这个独特的文化体系的渊源，学术界曾经众说纷纭、莫衷一是。与法国学者不同，裴文中、贾兰坡等中国早期学者更倾向于在本土对水洞沟的文化遗存溯源。在社会动荡、学术沦为政治附庸的时代，"文化西来说"被批判，水洞沟具有特色的旧石器文化的源头只能从本土的早期文化中寻找，德日进、桑志华、步日耶有关东西方人群迁徙与文化同化的论述成为歪理邪说。改革开放后，学术界正本清源，西方旧石器时代文化对水洞沟石制品组合的影响被中国学者认同并深化论述，研究者在讨论该遗址所赋存的有关旧石器时代东西方人群迁徙与文化交流和现代人起源与扩散的文化寓意时，能够畅所欲言，国内外学者的相关研究相向而行，在该遗址实现了学术并轨和思想融合。

但长期以来，对于水洞沟遗址出土的旧石器时代文化存在诸多悬而未决的问题，包括：遗址不同地点都属于同一个时代、同一个文化体系吗？古人类在该遗址生存的确凿时代是什么（以前的少量测年数据散布在距今3万多年到1万多年的区间）？遗址出土的石叶制品和小石片制品是何关系，是同一套文化组合还是分属不同的技术体系？换句话说，这里的旧石器时代文化是单一层位、同一时期的还是多层位、多个阶段的？是否存在不同时期、不同技术体系、不同人群的文化遗存？以石叶产品为代表的技术体系是何种人群创造的？他们来自哪里，又去了何方？是否发生过不同人群的交流、碰撞乃至生存竞争？当时人类面临怎样的生存环境？回答这些问题需要新的发掘与研究，需要从源头上厘清遗址的精细地层和精确时代，需要对出土材料以现代科学理念和方法做整理、分析和阐释，需要用国际通用的语言和表述方式发表研究成果并开展深入的交流与讨论。

进入新世纪的2002年，中国科学院古脊椎动物与古人类研究所和宁夏回族自治区文物考古研究所联合组队，对水洞沟遗址及周边地区开展系统的考古调查，发现了更多的旧石器时代遗址和相关线索。2003年以降，联合考古队在水洞沟遗址核心地点开展了持续20年的新一轮发掘与研究，主动发掘工作依次在第2、7、8、9、12、1地点进行，期间还承担了为配合基建项目对第3、4、5地点的清理发掘。这些发掘与相关的样品测试、出土材料分析使研究者对于该遗址的分布、形成过程、地层序列与文化时代，古人类的技术特点、演变和生存适应行为模式等诸多问题有了全面系统的了解，对诸多困扰相关研究的问题有了明确的答案，获得前所未有的资料、数据和研究成果。2013年，当水洞沟遗址迎来90周年"华诞"的时日，《水洞沟：2003—2007年度考古发掘与研究报告》出版，成为水洞沟研究史上的第三部专著。

在水洞沟遗址开展的新一轮考古发掘与研究的主要收获和取得的认识可以归纳如下。

1. 关于水洞沟遗址的分布范围及其辐射影响区域

水洞沟遗址不限于由原先发现的第1—5地点组成的狭小区域，而是一处由多个地点构成的大型露天遗址群，已知地点扩大到沿边沟延伸大约22千米的范围，遗物、遗迹分布广泛，对周边广大区域发生过辐射影响。课题组在灵武市边沟河流域的水洞沟、施家窑、张家窑等区域新发现遗物、遗迹集中分布的地点14个，在多处地点地表或剖面上观察、采集到石制品、装饰品、动物化石和用火遗迹，有些文化遗存具有不同时代的特点，表明古人类在该地区很大的范围内频繁、长时间生活过。

2. 关于水洞沟遗址群的时代及文化发展序列

水洞沟遗址群包含多个层位、多个时段，人类活动集中发生在旧石器时代晚期，至新石器时代仍有遗存，在这里可以建立起先民生存演化与文化发展的时序性序列。其中第2地点包含多个文化层位，在各地点中地层序列最完整，取得的测年数据最丰富，成为建立遗址时代框架的核心和支柱；其他地点可以与其对比，补充完善地层与年代框架。地层划分与测年数据表明，古人群在该遗址初始活动的时间在距今4.3万—4万年之间，其后基本连续地在这里生产、生活了很长时间，但在末次盛冰期（LGM）前后出现中断，在距今1.2万—1.1万年间又趋于活跃。

3. 关于水洞沟遗址文化遗存的丰富性与多样性

遗址保留的人类文化遗产丰富多样，除不同技术体系的石制品，还出土与人类活动有关的动物化石、骨器和用蚌壳、鸵鸟蛋片制作的装饰品，保存采用"石煮法"煮水、熟食的复杂用火遗存，以及先民对居址复杂利用、对石料热处理和采食加工植物性食材的诸多信息。石制品是其中数量最多、信息量最大的一类，包括普通打制石制品、细石叶制品组合及用于研磨的石制品。普通打制石制品又包括具有勒瓦娄哇风格的石核、石片，石叶技术体系中的石核与石叶，以及具有传统风格的小石片类型组合和细石叶技术产品。这些遗物与遗迹在不同时代的地层中被埋藏，构成一部地书，记述了水洞沟地区的旧石器时代晚期先民在不同阶段内石器技术的发展演变过程，对火的复杂利用，对动植物资源的强化利用，对审美和身份标识的认知与追求，反映出古人群具有很强的生存能力和特定的文化及适应行为方式。

4. 关于水洞沟遗址石器技术体系与文化传统

水洞沟遗址群包含旧石器时代晚期不同时段的地点，存在不同时期不同属性的考古学文化体系，因而不存在单一的"水洞沟文化"。第1、9地点的文化层和第2、7地点的下部文化层出土的石制品，具有鲜明的勒瓦娄哇遗风和初始阶段的石叶技术特点，与欧亚大陆西部旧石器时代晚期初段（Initial Upper Paleolithic）的石制品属于同一技术体系，与中国北方传统的小石片石器体系明显不同。其后在第2地点上部地层和第7、8地点的主要文化层出土的石制品回归中国北方传统的小石片文化体系，没有显示出勒瓦娄哇技术和石叶技术的影响，但出现了串珠装饰品和加工精美的刮削器等新的文化因素，显示出旧石器时代晚期文化的另一种面貌，而且在不断变化进步之中。而第12地点的文化遗存具有鲜明的细石叶技术特点，出土大量细石核-细石叶和用细石叶加工的工具，伴生石磨棒和精美的骨锥、骨针、梭形器及有均匀刻痕的带槽骨柄和有装饰孔的石饼，表明该地区的古文化进入了一个崭新的阶段，文明的曙光若隐若现。

5. 关于水洞沟古人群的生存环境

对遗址的沉积物和古环境指标的提取与分析揭示了水洞沟先民生存演化的环境背景。在深海氧同位素第3阶段（MIS3，60ka—25ka BP）的早期至晚更新世末，该地区总体表现为稀树的荒漠草原环境。地层中植被种属主要是适合在荒漠草原生长的藜科、霸王属、蒿属、麻黄属等草本植物；附近山区有云杉、冷杉、松等针叶林存在，表明气候在总体上偏于干冷。当时在遗址周边生长着榆属、栎属、柳属等喜温湿的树种，水生和湿生的蒲草、浮萍、莎草等时有出现，说明遗址区内存在水热条件相对适宜的局部小环境。文化层中出现许多小型动物骨骼，说明动物资源比较丰富。人类活动区域的沉积物特点和植被的稀疏表明该地区比较开阔平坦，是湖滨区湖水反复进退的区域。

该地区存在生态的多样性，包括荒漠草原、低山、丘陵、湖泊和盆地，盆地内有很多沼泽洼地。多样性的自然条件为野驴、羚羊、野牛、犀牛、野马、鬣狗、鸵鸟等野生动物和多种植物提供了生存条件，附近的冲沟、高阶地和古河床里有大量的白云岩、硅质灰岩、石英岩、石英砂岩、燧石等石块，为古人群提供了制作石器的原料。丰富的水源、动植物资源和石器原料资源为先民的生产、生活提供了便利的物质条件，使他们得以生生不息，代代繁衍。在距今2万年左右末次冰期高峰期（LGM）前后的一段时间内，这里的气候和环境极度恶化，迫使古人群离开，到他处谋生。直到距今1.2万年左右，部分人群重新迁移到这里，远古文化的火炬得以传递。

水洞沟新一轮发掘与研究的另一项重要收获是田野与研究理念及方法的改进，实现了与国际学术前沿的接轨，培养了我国旧石器时代考古的中青年中坚力量，推动了我国该领域的强劲发展。上述学科进步与学术成就体现在水洞沟考古队发表的一系列论著中，包括发掘简报与报告、实验报告、研究文章与学术论文。囿于我国特定时期学术评价体系导向的压力，也缘于该领域学者推动学术国际化的自觉意识，有关水洞沟遗址与材料的很多研究论文在国外期刊上发表，尤其用英文发表的论著，占据水洞沟研究成果的半壁江山。这些用外文发表的论文往往针对重要、精选的材料与内容，是水洞沟产出的精品成果，代表水洞沟研究的水平和方向。虽然这些著述在将我国考古成果推向世界、占据国际学术高地和取得学术话语权方面功不可没，但国内的很多读者并不能通达这些信息、利用这些资料，这经常使吾侪学人陷入矛盾和自责之中。

在躬逢水洞沟遗址发现100周年之际，我们决心抽出时间、分出精力将21世纪以来用外文发表的37篇有关水洞沟遗址的研究文章翻译整理成汉语，用母语在这些材料与成果的出土地发表，以飨国内的学科同仁和广大读者。做此种"出口转内销"的工作，纯粹是尽一份责任，做一份公益，因为它不是新成果，不会给译者和组织者的考核评价数据增光添彩。但我们认为这样做有价值，有意义。该文集应该会为"纪念水洞沟发现与宁夏考古百年学术研讨会"增添一份有参考价值的学术资料，也应该会让国内泛考古同行了解我国旧石器时代考古学科的新进展和新水平，应该还能为水洞沟文化遗产的保护、管理、价值阐释和相关的博物馆展陈、考古遗址公园建设提供科学依据与素材。

这部凝结着作者、译者和编者心血与汗水的《水洞沟研究论文集》即将付梓！它是为感兴趣的读者奉献的一组学术成果，是一块水洞沟研究史的历程标牌，是一座参与水洞沟发掘与研究者的学术经历与情感纪念碑。我还希望它会成为水洞沟研究承上启下的接力棒，成为未来更多更大成果的孵化器。

功不唐捐，玉汝于成！

高星

2023年7月于北京

目 录

一

综

述

篇

水洞沟遗址群：中国北方旧石器时代晚期初段的考古新发现与新认识

裴树文[1]　高　星[1]　王惠民[2]　Kathleen Kuman[3, 4]　Christopher J. Bae[5]

陈福友[1]　关　莹[1]　张　乐[1]　张晓凌[1]　彭　菲[1]　李潇丽[6]

（1. 中国科学院古脊椎动物与古人类研究所人类演化实验室，中国北京，100044；2. 宁夏文物考古研究所，中国银川，750001；3. 金山大学地理、考古与环境研究学院，南非约翰内斯堡，WITS2050；4. 金山大学人类进化研究所，南非约翰内斯堡，WITS2050；5. 夏威夷大学玛诺分校人类学系，美国火奴鲁鲁，96822；6. 北京自然博物馆，中国北京，100050）

摘要： 东亚地区在距今4万—3万年进入旧石器时代晚期初段，出现了很多行为上的创新。进入晚期阶段的考古学指标包括更精细的石器制作技术的出现（包括石叶和细石叶技术的出现）、复杂的火塘构建、颜料和个人装饰品的使用，以及如骨角器一样的工具。本文主要阐述了中国北方地区水洞沟遗址群多学科研究的最新成果，该遗址群包含了从旧石器时代晚期初段到新石器时代的一系列地点。水洞沟（以下简写为SDG）遗址群新发现了6个地点（SDG7—SDG12），其中对SDG2（以前确定的）、SDG7—SDG9和SDG12等5个地点进行了发掘工作，出土了超过50000件包括石制品、动物化石、鸵鸟蛋皮串珠和火塘在内的文化遗存。测年结果表明，古人类于水洞沟地区的生活时间发生在晚更新世至全新世中期（大约距今32000—6000年）。一些地点石器工业的特征是小且不规则的石片、随意修理的工具［加工或未经修理的工具（即非标准化的有零星修理的工具）］，以及少量的石叶或无石叶。其他的石器组合则以石叶和细石叶为主。有两个地点利用了较高质量的本地石料或外来石料，但大多数地点使用的是当地可获得的河流砾石。除了石叶、细石叶和火塘之外，在三个地点中还发现了80多颗精细穿孔和磨制的鸵鸟蛋皮串珠，而且大部分具有赭石染色痕迹。在新发现的SDG12地点中也发现了几根加工过的骨针和一些骨锥，其文化层年代可追溯到约13000a cal BP。鉴于上述发现，本文进一步探讨了中国北方旧石器时代晚期初段的肇始以及现代人扩散等科学问题。

关键词： 石叶和细石叶；现代人行为；旧石器时代晚期；水洞沟；中国北方地区

1. 绪　　论

考古证据表明，欧亚大陆上许多行为和技术上的创新出现在45000—24000a BP之间（Brantingham et al, 2001; Gao and Norton, 2002; Klein, 2008; Norton and Jin, 2009; Bae and Bae, in press）。这一时期被称为"旧石器时代晚期初段"（Kuhn et al, 1999; Bar-Yosef, 2002, 2007）。这一时期，现代人迁徙到世界各地（Henshilwood and Marean, 2003, Klein, 2008; Norton and Jin, 2009），同时伴有人口流动与环境、人口和文化之间复杂的相互作用（Kuhn et al, 2004）。整体而言，欧亚大陆西部旧石器时代晚期初段的特点是采用勒瓦娄哇石核剥片策略系统生产石叶的技术，从而产生大量的长型勒瓦娄哇尖状器和修理台面产品（Kuhn et al, 1999, 2001, 2004）。修理过的石叶也很常见，但其他工具类型的比例存在地区差异（Andrefsky, 1994），此类石器组合一般被认为是旧石器时代中期或晚期的工业特征。其他各种先进的行为特征的出现也与旧石器时代晚期有关，如加工过的骨头、加工过的鹿角或象牙、身体装饰品、石料的长距离搬运、空间和火塘的结构化使用以及改进的狩猎技术（Bar-Yosef, 2007）。

目前的证据表明，旧石器时代晚期初段首次出现是在45000—40000a BP的西亚黎凡特地区（BarYosef, 2000; Kuhn et al, 1999）。距其首次向东出现的年代较短，表明了人群的快速迁徙。大约在43000a BP时出现在西伯利亚南部的阿尔泰地区即现在的Kara Bom（Goebel et al, 1993; Derevianko et al, 2000），33000a BP和27000a BP在蒙古戈壁的Chikhen Agui和Tsagaan Agui地区出现（Brantingham et al, 2001；图1）。在这些东亚遗址中，石器组合包括高质量的原料、新的或外地石料的引入，以及用石叶和细石叶制作的更精致的工具（Brantingham et al, 2001），这些现代行为在一些地区持续到更新世末期（Gao, 1999; Gao and Norton, 2002）。然而，在东亚地区同一时间范围内此种石器组合是比较罕见的。最著名的遗址是水洞沟遗址（约30000—11000a BP）（Lin, 1996; Bar-Yosef and Kuhn, 1999; Brantingham et al, 2001; Norton and Jin, 2009）。水洞沟历来被认为是东亚早期石叶技术的典型遗址，部分原因是它自1923年被发现以来就在史前研究中广为人知（Madsen et al, 2001）。然而，值得注意的是，有人认为东亚最早出现石叶技术的年代比水洞沟更早，韩国的一些证据最早可能追溯到38000a BP（Norton and Jin, 2009; Bae and Kim, 2010; Bae and Bae, in press）。水洞沟地区还有其他一些遗址，年代似乎比水洞沟遗址更早，但也有类似水洞沟的石器组合（Barton et al, 2007; Morgan et al, 2011; Zhang et al, 2011）。因此，尽管部分学者认为水洞沟是东北亚地区向石叶工业过渡类型的遗址，但越来越多的证据表明，它并不是该地区最早拥有此种石器工业的遗址。

学界普遍认为东亚地区的旧石器时代文化发展与旧大陆西部有很大的不同（Ikawa-Smith, 1978; Gao and Norton, 2002; Norton et al, 2009; Bae and Bae, in press），特别是中国旧石器时代以简单的石核和石片石器工业为主，旧石器时代中期技术（如勒瓦娄哇技术）没有出现或在记录中出现很晚（Gao and Norton, 2002; Norton et al, 2009）。尽管在30000a BP之前确实发生了一些工具生产方式的改进，但这些改进是渐进的和相对较小的，这使得高星和Norton（2002）得出结论，在旧石器时代中国只存在两个不同的阶段，即旧石器时代早期和晚期。与西方旧大陆相比，在中国和更广泛的东亚地区还没有发现独特的"旧石器时代中期"（Gao, 2000; Norton, 2000; Gao and Norton, 2002; Norton et al, 2009; Norton and Jin, 2009; Bae and Bae, in press）。

在中国，主要的技术和文化变化发生在北方，大约在30000—27000a BP之间，即"最初的旧石器时代晚期"，我们在此称之为旧石器时代晚期初段（Gao and Norton, 2002）。然而，这些组合的数量极其有限（Zhang, 1990; Lin, 1996; Gao, 1999）。除水洞沟外，只有少数遗址具有生产大型石叶技术的证据，而且石叶的数量很少或技术模糊（Lin, 1993）。然而，似乎存在一种共同的技术趋势，将现有的遗址定义为旧石器时代晚期初段，相当于欧亚大陆西部的旧石器时代晚期初段，其具体特征包括开发本地更高质量的石料，引进新的或外来的原料类型，与石叶和细石叶技术相关的更为精细的石核剥片方法，以及使用勒瓦娄哇剥片技术进行石叶生产（Brantingham et al, 2001; Gao and Norton, 2002）。这一时期体现复杂行为的其他考古指标还包括复杂结构火塘的出现、颜料的使用、个人装饰品，以及骨角质的工具（Zhang, 1985; Gao, 1999; Norton and Jin, 2009）。

水洞沟是目前研究中国北方旧石器时代晚期初段最重要的遗址群，一直是学者们研究的重点。本文报道了一项最近的涉及多学科合作的研究项目，该项目发现了来自水洞沟遗址群的第一批个人装饰品，包括距今32000年的带有染色痕迹的鸵鸟蛋皮串珠。本文的目标是对这项多学科研究的结果（测年、地貌、遗址调查、发掘等）进行探讨。尽管对文化遗存的详细研究仍在进行中，但本文仍分析了与遗址成因相关的水洞沟遗址的石器组合数据。

2. 研究简史

水洞沟（38°17′55.2″N，106°30′6.7″E；1198m a.s.l.）位于中国宁夏回族自治区鄂尔多斯沙漠的西南边缘（图1）。自1923年以来，在中国和东亚其他地区（如韩国），"遗址"通常代表一个地区，"地点"代表遗址内的不同区域。例如，著名的丁村遗址实际上由至少14个地点组成，长期以来一直被认为是研究中国北方旧石器时代晚期的关键遗址（Licent and Teilhard de Chardin, 1925; Boule et al, 1928; Jia et al, 1964; Bordes, 1968; Li, 1993; Yamanaka, 1995）。早期的研究人员将水洞沟第1地点（SDG1）的石器工业划分为进步的莫斯特文化或初级的奥瑞纳文化（Licent and Teilhard de Chardin, 1925; Boule et al, 1928; Zhou and Hu, 1988）。特别是，人们注意到SDG1的石核形态与欧亚大陆的莫斯特文化遗址非常相似，而修理类的工具则与欧亚大陆旧石器时代晚期的工具类型较为相似。Bordes（1968: 129-130）后来证实，该石器工业给人的印象是一个高度发展的莫斯特技术，其在向旧石器时代晚期过渡的过程中仍保留其自身的区域特征。

中国的研究人员，从裴文中（1937）开始便已经注意到水洞沟和西方旧石器时代中期石器工业之间的类型学联系（例如Zhang, 1987; Gao et al, 2002）。然而，这些研究的重点是旧石器时代晚期的文化元素，如SDG1中大量的石叶和石叶制作的工具（Jia et al, 1964; Li, 1993;

Lin, 1996）。1980年，宁夏文物考古研究所在SDG1进行了一次发掘（Ningxia Museum, 1987; Ningxia Museum and Ningxia Institute of Regional Geological Survey, 1987; Institute of Archaeology of Ningxia Hui Autonomous Region, 2003）。此次发掘发现了5500多件来自下文化层的旧石器时代遗物，其 ^{14}C年代距今为26190±800年（钙质凝结物）至17250±210年（动物化石），以及1200多件来自上文化层的新石器时代遗物，其 ^{14}C年代为距今（8770±150）—（5900±70）年。已公布的旧石器时代遗物的分析结果显示：①48.3%的石核被归类为石叶石核；②60.2%的石片类产品是石叶；③大多数工具是以石叶为毛坯制作的；④有大量的截断的石叶；⑤4.6%的人工制品小到可以归类为细石器或者用于生产石片和小石叶的小型石核。有些较小的石器是用较优质的原料（石英、燧石和玛瑙）制作的，出土的石叶、截断的石叶和小石叶拥有较标准的形制或较小的尺寸，可能用作复合工具。旧石器时代中期的特征还表现在14个由石叶或三角形石片单面修理制作的尖状器、大量的修理台面产品，以及与旧石器时代中期典型勒瓦娄哇石叶技术相关联的石核剥片策略。

尽管早期发表的关于水洞沟的研究（如Licent and Teilhard de Chardin, 1925; Boule et al. 1928; Jia et al, 1964; Ningxia Museum and Ningxia Institute of Regional Geological Survey, 1987）论著中没有提到任何有关颜料使用、个人装饰品以及加工过的骨角器的证据，但最近中国期刊上发表的文章显示在该遗址群中发现了这些遗存（如Gao et al, 2004; Wang et al, 2009）。因此，水洞沟的物质文化很符合欧亚大陆西部和东北亚旧石器时代晚期初段的定义（Bar-Yosef and Kuhn, 1999; Kuhn et al, 1999; Brantingham et al, 2001; Institute of Archaeology of Ningxia Hui Autonomous Region, 2003）。

从2002年开始，中国科学院古脊椎动物与古人类研究所（IVPP）和宁夏文物考古研究所开展了一项联合研究计划，重点是水洞沟遗址群的地貌、发掘和光释光测年（OSL），涵盖区域面积超过50平方千米（Gao et al, 2004）。这项工作发现了6个新的旧石器地点（SDG7—SDG12），并在地面上采集了100多件遗物。其中对五个地点［SDG2（以前发现的）、SDG7、SDG8、SDG9和SDG12］进行了大规模的发掘。这些新的发掘工作，识别出新的文化层，并出土了50000多件旧石器时代的石制品。这些遗存包括石叶和细石叶，大量的脊椎动物化石，一些鸵鸟蛋皮串珠、火塘、颜料和骨质工具。

3. 地貌和地质年代

3.1　地　　貌

水洞沟位于银川东南28千米，黄河以东10公里（图1）。该地区占据毛乌素沙漠（鄂尔多斯沙漠的西南部）的西缘，处于中国北方沙漠和黄土高原的过渡地带（Bureau of Geology and Mineral Resources of Ningxia, 1983）。边沟河由东南流向西北，是黄河的一条支流，发源于东南方向约40千米处的清水营，沿长城（明朝时沿沙漠南缘修建）南缘向西北流去。从长城下穿过后，它成为水洞沟河，最终汇入黄河。

遗址所在地分布在边沟河两岸。边沟河有六个阶地，年代从早到晚分别为T6到T1（图2）。最早的阶地可能属于早更新世的，最晚的形成于全新世（Gao et al, 2008; Liu et al, 2009）。这些阶地是由黄河及其当地支流间歇性断层和侵蚀形成的。T6到T3的高度分别为100米、75—80米、60米和40米，高于目前的边沟河水位（Gao et al, 2008）。T2和T1的高度为13米和6米。本文分析的遗址点均位于T2。

T6和T5阶地的砾石层厚度约为5米，含有许多玛瑙砾石。对史前石料采集模式的详细研究尚未完成，但在附近发现的阶地砾石层（距遗址0.5—1.0千米）是最可能的来源。对T2最底层的光释光年龄为72000 ± 4900a BP，但这些层位目前缺乏人类活动的迹象。文化遗存位于从34618a cal BP到13296a cal BP的地层中，到目前为止，所有的考古遗存都仅发现于T2（Liu et al, 2008, 2009）。T2和T1的发展分为两个阶段。这两个阶地的下部由砂砾组成，而上部是灰黄色的细粉土和黏土。T4和T3都是由沙砾层、砂质透镜体和粉砂组成。

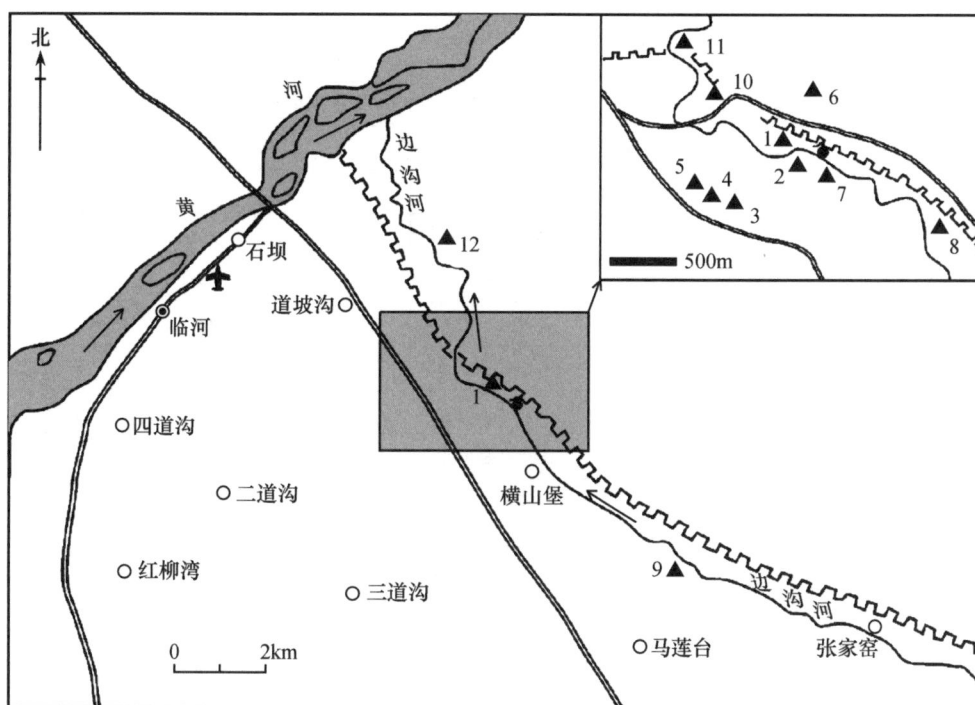

图1　水洞沟遗址群各地点的分布情况

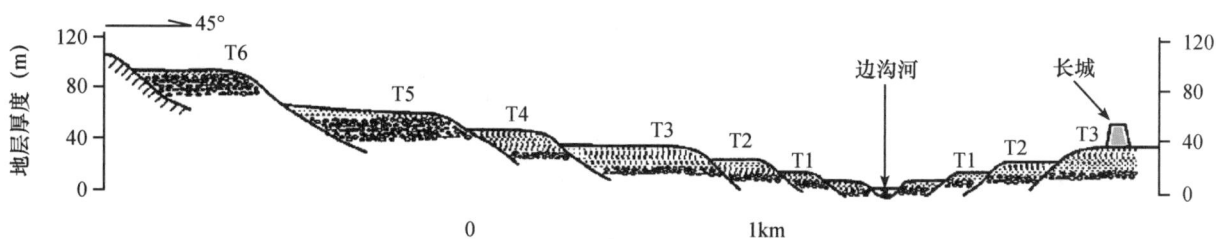

图2　水洞沟地区的第四纪地貌及边沟河的六级阶地

3.2　地质年代学

在中国科学院古脊椎动物与古人类研究所和宁夏文物考古研究所最近的发掘中，使用AMS¹⁴C和光释光进行了系统的测年（Liu et al, 2008, 2009）。由于旧石器时代晚期初段和东西方技术比较的重要性，T1和T2的测年结果在过去也受到了很大的关注。表1将较早的和最近的测年结果进行了综合展示。放射性碳元素的初始年代是用Calib Rev.6.1.0（Stuiver and Reimer, 1993）和Intcal09（Reimer et al, 2009）进行校准。除非另有说明，我们在下面的章节中使用的是经过校准的¹⁴C测年结果。

表1　水洞沟遗址群的年代测定结果

	出土地点及层位	样本号	物质	a BP	a cal BP*	测年方式	参考信息
¢	SDG1第四层	PV-330	骨骼	5900 ± 70	6639—6825	¹⁴C	Li et al, 1987
¢	SDG1晚期文化层	PV-316	贝壳	8520 ± 150	9305—9690	¹⁴C	Li et al, 1987
¢	Loc1晚期文化层	S25	土壤	5940 ± 100	6657—6898	¹⁴C	Sun and Zhao, 1991
¢	SDG1晚期文化层	S31	灰烬	7436 ± 101	8175—8366	¹⁴C	Sun and Zhao, 1991
¢	SDG1晚期文化层	S37	硅藻	8190 ± 120	9007—9395	¹⁴C	Sun and Zhao, 1991
	SDG1第1层 §	S1-1	粉砂	4200 ± 200		OSL	Liu et al, 2009
	SDG1第1层 §	S1-2	粉砂	9100 ± 1000		OSL	Liu et al, 2009
	SDG1第3层 §	S1-3	粉砂	28700 ± 6000		OSL	Liu et al, 2009
	SDG1第4层 §	S1-4	粉砂	29300 ± 4100		OSL	Liu et al, 2009
	SDG1第4层 §	S1-5	粉砂	32800 ± 3000		OSL	Liu et al, 2009
	SDG1第5层 §	S1-6	粉砂	15800 ± 1100		OSL	Liu et al, 2009
¢	SDG1 第6层	82042	马牙	38000 ± 2000		U-series	Chen et al, 1984
¢	SDG1 第6层	82043	马牙	34000 ± 2000		U-series	Chen et al, 1984
¢	SDG1 第6层	PV-317	钙结核	25450 ± 800	29546—30910	¹⁴C	Li et al, 1987
¢	SDG1 第6层 §	S1-7	粉砂	17700 ± 900		OSL	Liu et al, 2009
¢	SDG1 第6层 §	S1-8	粉砂	34800 ± 1500		OSL	Liu et al, 2009
¢	SDG1 第6层 §	S1-9	粉砂	35700 ± 1600		OSL	Liu et al, 2009
¢	SDG1下层第8层	PV-331	骨骼	16760 ± 210	19584—20170	¹⁴C	Li et al, 1987
¢	SDG2第4层 §	S2-1	粉砂	20300 ± 1000		OSL	Liu et al, 2009
¢	SDG2第6层	Hearth1	木炭	26350 ± 190	30884—31160	AMS¹⁴C	Madsen et al, 2001
¢	SDG2第6层	Hearth2	木炭	25670 ± 140	30326—30646	AMS¹⁴C	Madsen et al, 2001
¢	SDG2第6层	n/a	鸵鸟蛋皮	26930 ± 120	31181—31352	AMS¹⁴C	Madsen et al, 2001
¢	SDG2第6层	Hearth3	木炭	26830 ± 200	31123—31336	AMS¹⁴C	Madsen et al, 2001
¢	SDG2第6层	Hearth4	木炭	25650 ± 160	30304—30647	AMS¹⁴C	Madsen et al, 2001
¢	SDG2第6层	Hearth5	木炭	26310 ± 170	30869—31137	AMS¹⁴C	Madsen et al, 2001
¢	SDG2第6层	Hearth7	木炭	29520 ± 230	33907—34617	AMS¹⁴C	Madsen et al, 2001
¢	SDG2第6层	Hearth10a	木炭	23790 ± 180	28275—28856	AMS¹⁴C	Madsen et al, 2001

	出土地点及层位	样本号	物质	a BP	a cal BP*	测年方式	参考信息
¢	SDG2第6层 §	Beta 207935	鸵鸟蛋皮	28420 ± 160	32494—33146	AMS¹⁴C	未发布
¢	SDG2第6层 §	Beta 207936	木炭	28330 ± 170	32288—33007	AMS¹⁴C	未发布
¢	SDG2第8层 §	S2-2	粉砂	27800 ± 1400		OSL	Liu et al, 2009
¢	SDG2第10层 §	S2-3	粉砂	20500 ± 1100		OSL	Liu et al, 2009
¢	SDG2第13层 §	S2-4	粉砂	29200 ± 2100		OSL	Liu et al, 2009
	SDG2第15层 §	S2-5	粉砂	23600 ± 2400		OSL	Liu et al, 2009
	SDG2第15层 §	S2-6	粉砂	38300 ± 3500		OSL	Liu et al, 2009
	SDG2第16层 §	S2-10	泥炭	29759 ± 245	34415—34768	AMS¹⁴C	Liu et al, 2009
	SDG2第16层 §	S2-11	木头	36329 ± 215	41222—41649	AMS¹⁴C	Liu et al, 2009
	SDG2第17层 §	S2-7	粉砂	19600 ± 2500		OSL	Liu et al, 2009
	SDG2第17层 §	S2-8	粉砂	64600 ± 3600		OSL	Liu et al, 2009
	SDG2第17层 §	S2-9	粉砂	72000 ± 4900		OSL	Liu et al, 2009
	SDG7第2层 §	S7-1	粉砂	18900 ± 900		OSL	Liu et al, 2009
¢	SDG7第8层 §	S7-2	粉砂	25200 ± 1800		OSL	Liu et al, 2009
¢	SDG7第9层 §	S7-3	粉砂	26300 ± 2700		OSL	Liu et al, 2009
¢	SDG7第10层 §	S7-4	粉砂	27200 ± 1500		OSL	Liu et al, 2009
¢	SDG9第2层 §	SDG9-OSL-2	粉砂	27400 ± 3600		OSL	未发布
¢	SDG9第2层 §	SDG9-OSL-2	粉砂	35900 ± 6200		OSL	未发布
¢	SDG9第2层 §	G07-SDG9-1	粉砂	29500 ± 2600		OSL	未发布
¢	SDG9第2层 §	G07-SDG9-2	粉砂	29700 ± 5300		OSL	未发布
¢	SDG9第2层 §	G07-SDG9-3	粉砂	29400 ± 6100		OSL	未发布
	SDG12第2层 §	CG1	粉砂	12100 ± 1100		OSL	Liu et al, 2008
	SDG12第8层 §	CG2	粉砂	33100 ± 1700		OSL	Liu et al, 2008
¢	SDG12第11层 §	CC1	木炭	11271 ± 107	13078—13296	AMS¹⁴C	Liu et al, 2008
¢	SDG12第11层 §	CG3	粉砂	11600 ± 600		OSL	Liu et al, 2008
	SDG12第20层 §	CG4	粉砂	47200 ± 2400		OSL	Liu et al, 2008

* 　使用Calib Rev 6.1.0（Stuiver and Reimer，1993）和Intcal09校准数据集（Reimer et al，2009）进行校准。

¢=文化层，§=来自发掘工作中的测年样品（2003—2010）。

　　自1984年以来，各种精密的测年方法被应用于T2的更新世地层中。最早发表的38000a BP和34000a BP是对动物牙齿进行铀系测年的结果（Chen et al, 1984），目前看来年代似乎太早。宁夏博物馆和宁夏区域地质调查研究所（1987年）对黎兴国等人（1987年）分析的两个更新世遗址进行采样测试，测定的年代结果属于晚更新世。在表1中13个SDG1更新世地层的测年结果，有些样本受到了晚期炭的污染或是采样时地层土样发生了混样，年代在17000—15000a BP之间的四个结果可能太晚。大多数研究人员赞成较早的年代（Brantingham et al, 2001; Madsen et al, 2001; Gao et al, 2002）。因此，大部分的测年结果表明，SDG1可能至少可以追溯25000a BP，

表2　水洞沟遗址群各地点相关信息一览表

遗址点	经纬度	地貌特征	年代（a BP）	测年方法	发现/发掘日期	考古遗迹				
						石叶	细石叶	动物群	加工过的蛋皮和骨骼	火塘、木炭、灰烬层
1	106°30'6.7"E 38°17'55.2"N	T2—T1 1198m a.s.l.	（34800±1500）—（6732±186）	¹⁴C, U-series, AMS¹⁴C cal, OSL	1923/1923, 1963, 1980	×		×		火塘、木炭、灰烬层
2	106°30'9.6"E 38°17'51.8"N	T2 1200m a.s.l.	（34591±177）—（20300±1000）	AMS¹⁴C cal, OSL	1923/2003—2005	×		×	鸵鸟蛋皮	火塘、木炭碎片、黏土灰层
3	106°29'46.7"E 38°17'44.3"N	T2—T1 1200m a.s.l.			1923/2004	×	×			
4	106°29'44.9"E 38°17'45.5"N	T2—T1 1200m a.s.l.			1923/2004	×	×			
5	106°29'38.7"E 38°17'50.3"N	T2—T1 1200m a.s.l.			1923/2004	×				
6		T2			1963-9-13/无	×	×			
7	106°30'20.7"E 38°17'51.4"N	T2, 1205 m a.s.l.	（27200±1500）—（25200±1800）	OSL	2003-4-15/2003—2005	×		×	鸵鸟蛋皮	木炭碎片和黏土灰层
8	106°31'03"E 38°17'29"N	T2, 1213 m a.s.l.		OSL	2003-4-20/2003	×		×	鸵鸟蛋皮	木炭碎片和黏土灰层
9	106°32'34"E 38°15'39"N	T2 1223 m a.s.l.	（35900±6200）—（27400±3600）	OSL	2003-4-20/2007	×				
10	106°29'34"E 38°18'21"N	T2 1185 m a.s.l.			2003-4-15/无		×			
11	106°29'47"E 38°18'09"N	T2 1179 m a.s.l.			2003-4-15/无		×			
12	106°29'49.0"E 38°19'40.0"N	T2 1158 m a.s.l.	13296—13078	AMS¹⁴C cal	2005/2007, 2010	×	×	×	骨针、骨锥	火塘、木炭碎片和灰烬层

但也可能更早几千年。但因为有多种测年方式且测年有一定的误差范围，所以目前很难对SDG1的年龄范围进行更严格的框定。

对于SDG2来说，最上面的堆积——第4层，根据仅有的一个光释光测年结果，年代约为20300a BP，而下面四个地层的年代更早。Madsen等人（2001年）发表了第6层的8个未经校准的¹⁴C测年结果，年代集中在26000a BP左右，校准后约为31000a cal BP（表1）。最近的两个未发表的¹⁴C测年结果彼此接近，表明第6层约为33000a cal BP至32000a cal BP。第8层和第13层各有一个新的光释光测年结果，分别为27800a BP和29200a BP，但都有很大的误差（Liu et al，2009）。人们认为这些地层的最小年代为距今28000年左右。第10层有一个不太可信的光释光测年结果，为距今20500年。第16层（文化层下面的一层，没有任何考古遗存）的两个¹⁴C测年结果表明，该层形成于41649a cal BP至34415a cal BP之间。因此，我们初步认为，除了较晚的第4层外，SDG2的大部分文化层可能形成于32000a cal BP。

SDG7三个层位（第8—10层）的光释光测年结果有相当大的误差，但它们在地层上是一致的，范围约27200—25200a BP。

SDG9第2层（唯一的文化层）有五个光释光测年结果。它们的范围在35900—27400a BP之间，所有的年代都有很大的误差，这可能与该层的深度较浅（地表下10—60厘米）有关（表1）。

目前只有SDG12这一个地点有更新世末期的地层堆积。第12层用光释光和¹⁴C两种测年方法得到了两个较为一致的结果，分别为13000a cal BP和11600a BP（Liu et al，2008）。最晚的水洞沟文化层出自SDG1（T1），这里的上层文化层年代约9395—6657a cal BP，其中包含多种新石器时代的遗物（Li et al, 1987; Sun and Zhao, 1991）。

总之，水洞沟的文化层代表了距今约33000年至约5000年前不同时期的人类活动情况。更早的地层没有人类活动的迹象，如果光释光测年结果是可靠的，其年代可能是约72000a BP、64600a BP或38000a BP。综上所述，这些研究结果证实并扩展了水洞沟遗址群在晚更新世、更新世末期和全新世中期存在的人类行为发展的文化序列。同时，人类在此区域内的活动也存在着非常明显的空白，我们在本文的结论部分对此进行探讨。

4. 考 古 发 现

SDG1是由桑志华和德日进在1923年首次发现并发掘的，而SDG2、SDG3、SDG4和SDG5则是作为次要地点被发现，未进行发掘工作（Licent and Teilhard de Chardin, 1925; Boule et al, 1928）。1963年，发现了SDG6，并在地表采集了细石叶等大量的遗物（Zhang, 1999a）。从2002年到2010年，发现了六个新地点（SDG7—SDG12），在五个地点［SDG2（以前确定的）、SDG7、SDG8、SDG9和SDG12；图1］进行了发掘。表2列出了迄今为止发现的所有主要地点以及自20世纪20年代以来的相关发现。

在正式发掘之前，研究者对该地区进行了系统的测绘和地貌研究，包括河流阶地地层的关键剖面。一些出土原地人工制品及动物骨骼的地方也会记录详细剖面，新的地点只有在试掘确认后才会定名。所有的发掘都是以2—5厘米为一水平层开展的。遗址内土层均用4毫米的筛子进行干筛，在SDG2火塘的发掘中使用了浮选法。使用全站仪对遗物进行三维坐标测量。在每层发掘完毕后，将标本输入电子数据库，并进行沉积分析（粒度、磁感应强度等）和环境研究（花粉、有机碳和稳定同位素）。虽然我们还没有进行拼合的工作，但在所有遗址的不同地层的发掘过程中，我们注意到有许多相同原料类型的石制品密集区。这表明，石制品组合的完整性非常好，进行拼合可能会有很大的收获。下面介绍每个地点的新的发掘收获。

4.1　第 2 地 点

　　SDG2离SDG1只有150米，位于边沟河的对岸。发掘确认有18个地层，总厚度超过12米（图3）。尽管在最早和最晚的地层序列中存在一些差异，这些地层状况总体上与SDG1相似。表3中总结了地层的情况。最早的地层通过光释光测定的年代约为72000—36329a BP，但这些地层缺乏文化遗存。五个文化年代层的测定结果从34617a cal BP到20300a BP不等，但最可靠的年代可能是根据地质年代学确定的，其中至少三个地层约为距今32000年。图4显示了SDG2中出土标本的垂直分布状况。在图4所示的剖面中，文化遗存分布密度显示第6层（第2文化层）土坑火塘的复原厚度小于50厘米，反映出以火塘为中心的人类活动的高度集中。虽然T1和T2之间有一个未开挖的区域，但两个发掘探方的剖面一致，可以推断出两个探方之间具有联系（Guan et al,2011）。第6层（第2文化层）无法划分出亚层，表明其是一段时期内连续沉积的地层。

图3　SDG2发掘剖面（从西方看）

表3　SDG2的地层序列（*为文化层）

地层	地层描述	深度（距地表）（m）	年代（a BP）
1—2	灰黄色粉砂，松散状	0—1.16	
3	灰白色粉砂，块状，较硬，发育水平层理。含有钙、泥质粉砂团块	1.16—3.50	
*4	浅黄色粉砂	3.5—3.64	20300±1000
5	浅黄色粉砂，块状，发育水平层理，偶见灰白色钙质粉砂-黏土质粉砂团块	3.64—4.76	
*6	浅黄色粉砂	4.76—5.20	34617—33907 30646—30326
7	灰黄色粉砂，致密块状，发育水平层理含有锈斑	5.20—5.76	
*8	浅黄色粉砂	5.76—5.86	27800±1400
9	浅黄色粉砂，块状，发育水平层理，含有锈斑	5.86—6.30	
*10	浅黄色粉砂	6.30—6.40	20500±1100
11—12	灰黄色粉砂，块状，发育水平层理，含有较多锈斑	6.40—7.40	
*13	浅黄色粉砂	7.40—7.70	29200±2100
14	浅黄色粉砂，块状，发育水平层理，较多锈斑	7.70—8.30	
15	灰绿色泥质粉砂，块状，具水平层理、微波状层理，含有锈斑和钙结核	8.30—10.50	23600±2400 38300±3500
16	灰黑泥炭，块状有揉皱现象，含有大量植物残体和少量化石螺壳	10.50—11.40	41949—41222 34768—34415
17	灰黄色粉砂，细沙具有水平层理，有锈斑上下接触边界呈不规则状	11.40—11.80	
18	杂色砾石层，砾石主要为灰岩，石英岩	11.80+	19600±2500 64600±3600 72000±4900

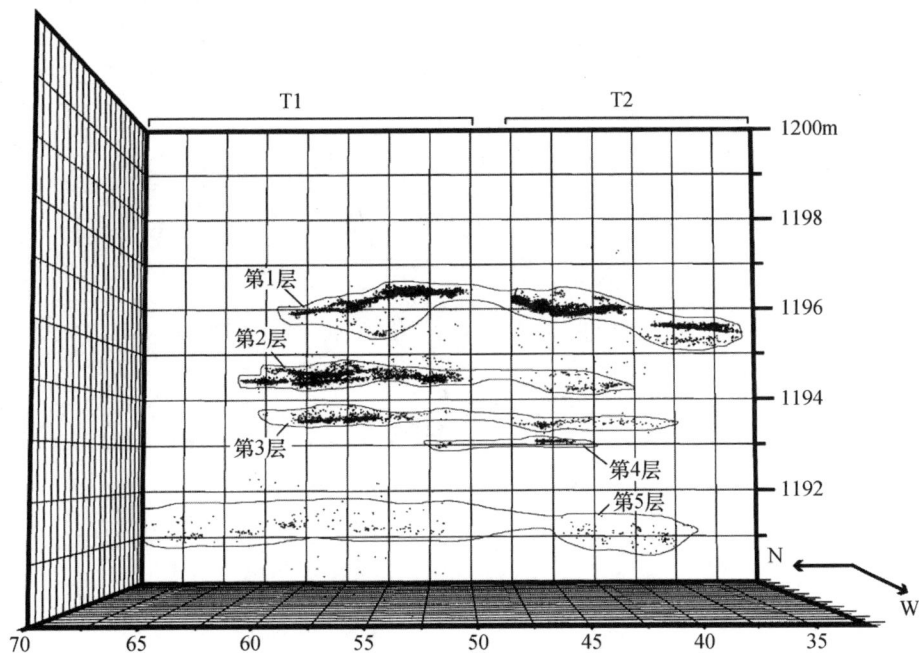

图4　SDG2五个可辨文化层内遗物垂直分布三维图

　　发掘过程中共发现了15942件石制品、1391件动物标本和77颗鸵鸟蛋皮串珠，除两颗串珠外，其余的都是在T2发现的，其中74颗串珠是在第6层发现的（表4，图5）。有些从蛋壳的一个面钻孔（如图5中的a1—a9、b1—b7），有些则从两个面钻孔（如c1—c8）。一些鸵鸟蛋壳已经用赭石染了色。值得注意的是，有些串珠（如图5中的b2）正处于制造阶段，这表明该地可能是一个串珠制造场。

表4　SDG2出土考古遗存

| 层位 | 考古遗物 | | | | | | | | 总计 |
| | 石制品 | | 动物骨骼 | | 鸵鸟蛋皮串珠 | | 小计 | | |
	T1	T2	T1	T2	T1	T2	T1	T2	
4	6052	5785	213	5	1	0	6266	5790	12056
6	164	2390	14	871	0	74	178	3335	3513
8	266	828	102	13	0	1	368	842	1210
10	75	239	60	76	1	0	136	315	451
13	106	37	18	19	0	0	124	56	180
总计	6663	9279	407	984	2	75	7072	10338	17410
合计	15942		1391		77				

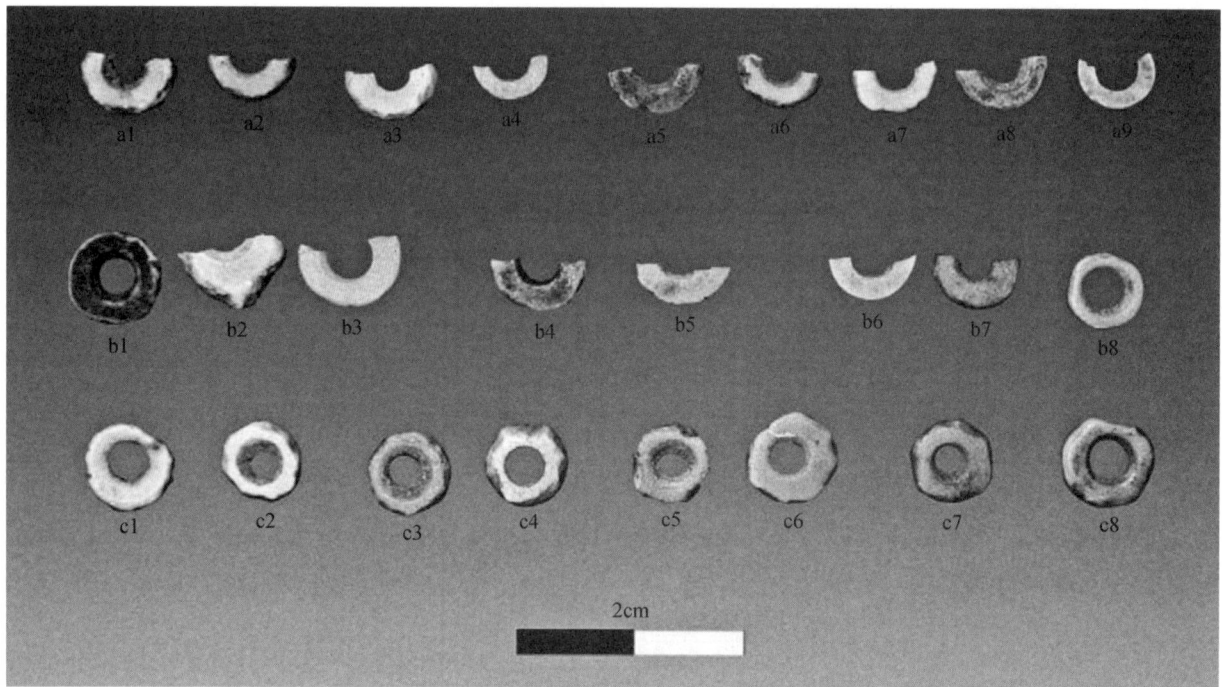

图5　SDG2出土的部分鸵鸟蛋皮装饰品

　　第6层还包含了分离的、保存完好的火塘、与火塘相关的石器、动物遗骸以及火塘附近聚集分布的遗物（图6），这些遗物代表了小型觅食队伍在该地点的短期、间歇性的居住。整个遗物组合也很大，几乎四分之三的遗物是碎屑（碎屑最大尺寸小于20毫米；见Schick, 1987），这表明该层的遗址完整性很好。五个文化层中的每一层都被一个间歇层所分隔。根据相关石器组合的大小，第4、6和8层可以被认为是相对主要的人类居住活动阶段，而第10和13层是次要的（表5）。

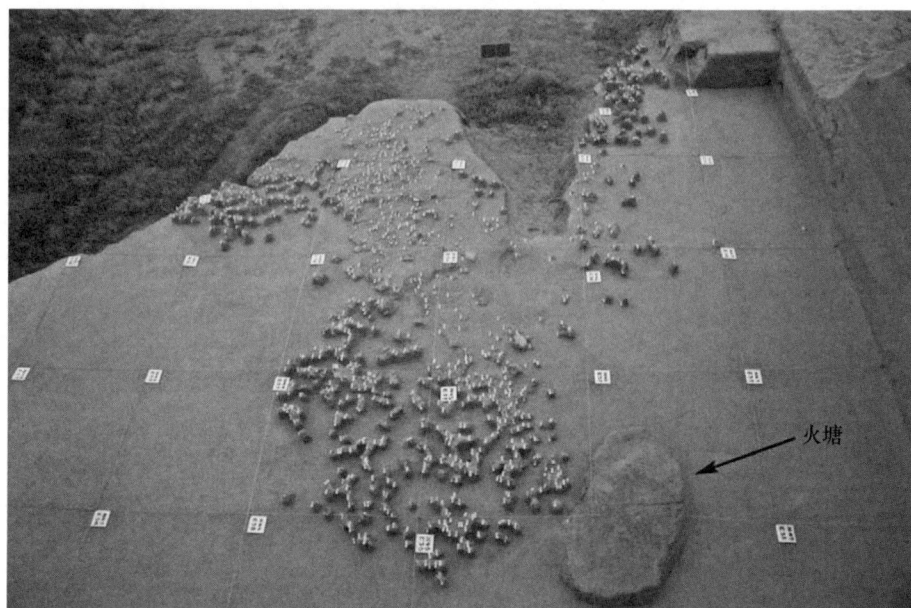

图6　SDG2第2文化层中一处火塘遗迹

表5　SDG2石器组合的技术构成

石器组合	石制品种类	数量					总计
		L4	L6	L8	L10	L13	
<20毫米的碎屑	碎屑	6810（57.5%）	1883（73.7%）	841（76.9%）	170（54.1%）	75（52.5%）	9779
石核及石核原料	锤击石核	73	11	16	9	10	119
	砸击石核及石核残片	755	32	11	5	5	808
剥片	石叶	18（14.3%）	6（75%）	3（21.4%）	1（16.7%）	0	28（12.2%）
	完整石片	108	74	11	6	2	201
	不完整石片	579	255	62	24	4	924
	断块	3317	219	138	95	44	3813
石核工具	石核工具	6	2	3	1	0	12
修理石片	修理石片	171	72	9	3	3	258
总计		11837	2554	1094	314	143	15942
预估年代（a BP）		20300	28000	28000	?	28000	

　　除了碎屑（SFD），所有其他材料的最大长度均≥20mm。SFD的百分比是按层计算每个组合。石叶的百分比只依据每个组合中完整石片和石叶的总和来计算。有关本表中提供的年代，详情请参见地质年代学部分的文本。

最常用的两种原料是硅质灰岩和石英岩，其次是燧石、石英、砂岩和玉髓。砸击剥片技术在SDG2有很好的体现（图7，表5）。这五层出土的258件修理类制品均以石片为毛坯，未发现修理过的石叶。然而，四个文化层内石叶占所有出土石片类制品的7.5%—21.4%，而五个文化层的平均比例为12.2%。可能是一些遗物在沉积过程中被移动了。我们目前正试图通过对骨骼和石器的拼合研究来确定这种移动的程度。

图7　SDG2出土的部分砸击石制品

4.2　第 7 地 点

SDG7位于SDG2东南方向约300米处。2003至2005年的发掘工作揭露遗址面积超过25平方米，共发现12个自然层，总厚度超过了12米（表6，图8）。考古遗存仅出土于基底砾石层以上的五个自然层。如上文所述，该地点文化层中部三个层位的光释光测年结果为27200—25200a BP。由于这些层之间没有间歇层，所以五个层的石器组合被合并起来进行技术分析（表7）。这是一种可行的分析方式，特别是考虑到三个可用测年结果的大量重叠。合并后的石器组合共计10565件。此外，从遗址还出土有两颗鸵鸟蛋皮串珠和326件脊椎动物标本，确定的物种包括兔、小型猫科动物、狐、狼、鹿、普氏羚羊、马、水牛等。很少发现食肉动物的啃咬痕迹，也没有发现啮齿动物啃咬和水流冲击的痕迹，这说明动物遗骸堆积可能不是由食肉动物、啮齿动物和自然水流作用而形成的。因此，从有切痕的长骨碎片的证据可以推断，早期人类最可能是这些动物遗骸堆积的制造者。

表6　SDG7的地层序列

层位	地层剖面描述	深度（距地表）（m）	年代（a BP）
1	灰黑色粉砂，结构疏松	0—0.10	
2	土黄色细沙，结构疏松	0.10—1.20	18900±900
3	土黄色-土灰色钙质粉砂，胶结坚硬，水平层理和波状层理发育	1.20—2.65	
4	土黄色-土灰色钙质粉砂，水平层理和波状层理	2.65—3.00	
5	土黄色粉砂，局部有黏土层胶结坚硬	3.00—3.60	
6	土灰色-灰绿色黏土质粉砂，内含铁质锈斑，顶部发育波状层理和水平层理	3.60—6.95	
*7	灰色-土灰色黏土质粉砂，胶结坚硬	6.95—7.90	
*8	灰黄色-灰绿色钙质细粉砂，胶结坚硬可见钙质结核	7.90—8.85	25200±1800
*9	土灰色-灰黄色细粉砂，土质疏松，局部发育有锈斑条带和钙质结核	8.85—9.30	26300±2700
*10	土灰-灰白色粉砂，胶结坚硬，钙质结核零星分布	9.30—9.60	27200±1500
*11	灰黄色-灰绿色黏土质粉砂，黄色锈斑条带	9.60—10.00	
12	砂砾石层，砾石以石英砂岩、白云岩、白云质灰岩为主	10.00+	

*　为文化层。

表7　SDG7所有层位石器组合的技术构成

石器组合	石制品种类	数量
		所有层总和
<20毫米的碎屑	碎屑	5834（55.2%）
石核和石核断块	锤击石核	210
	砸击石核	56
剥片	石叶	18（2.1%）
	完整石片	851
	不完整石片	1691
	残片	1781
石核工具	石核工具	14
修理石片	修理石片	102
石锤	石锤	8
总计		10565

　　除碎屑（SFD）外，所有其他材料的最大长度均≥20 mm。SFD的百分比是按总数计算的，石叶的百分比是按完整石片和石叶总和计算的。

　　从技术上来看，SDG7的石器组合以碎屑为主（55.2%）。然而，这一比例略低于原地埋藏或完整石制品组合应有的碎屑比例。Schick（1987）的实验表明，如果使用4毫米的筛网，预计会有60%—75%的碎屑被回收。锤击法比砸击法剥片率更高，但这两种类型的石核都有大量出现。只有2.1%的完整石片和部分石叶是完整石叶，所有打制工具都是由石片制作的。大多数原材料来自于当地。硅质灰岩和石英岩占主导地位，而燧石、玉髓、砂岩和石英则不太常见。

图8 SDG7发掘现场照片（从北看）

4.3 第 8 地 点

　　SDG8位于SDG1东南方向约2千米处。2003年的发掘工作揭露面积共16平方米，地层可分为4层，总厚度超过6米（表8）。由于只有第2层含有文化遗存，所以没有采取测年样品，该地层与SDG7和SDG2的文化层相当。在2003年正式发掘前的一次小规模试掘（1平方米）中，发现了一颗鸵鸟蛋皮串珠和29件石制品。后来的发掘工作发现了802件石制品、18件脊椎动物化石和7颗鸵鸟蛋皮串珠。所有的串珠都被红赭石染色。遗址中有一些遗物可能是在沉积后被移动的。我们目前正试图通过对骨骼和石器的拼合研究，来确定这种移动的程度。

表8 SDG8地层序列

层位	剖面描述	深度（距地表）（m）
1	灰黑色粉砂，结构疏松	0—0.10
*2	土黄色粉砂，结构疏松	0.10—4.15
3	土黄色粉砂，胶结坚硬	4.15—4.35
4	土黄色粉砂，水平层理发育	4.35+

*　为文化层。

表9汇总了两次发掘中的SDG8石器组合。碎屑（SFD）占主要地位（55.5%）。锤击技术和砸击技术都有，锤击技术产生的石制品占大多数，没有石叶，出土的10件工具都是利用石片制作的。

表9　SDG8第2层石器组合的技术构成

石制品组合	石制品种类	数量
		所有层位总和
<20毫米的碎屑	碎屑	445（55.5%）
石核和石核断块	锤击石核	12
	砸击石核	8
剥片	石叶	0
	完整石片	209
	不完整石片	92
	残片	22
石核工具	石核工具	1
修理石片	修理石片	10
石锤	石锤	3
总计		802

除碎屑（SFD）之外，所有其他材料的最大长度均≥20毫米。SFD的百分比是按照石制品总数计算的。

4.4　第9地点

SDG9位于SDG1东南方向约7千米处。2007年的发掘工作揭露了12平方米的区域（图9）。只有第2层有文化遗存，在地表下10—60厘米处被发现。第2层的五个光释光测年结果在（35900±6200）—（27400±3600）a BP之间，但其中三个年代更接近于约29000a BP，所有的误差都很大（见表1）。2003年进行的一次小型试掘发现了9件石制品，而2007年的发掘发现了417件遗物。从本质上讲，SDG9是一个没有被深埋的遗址，文化层中零星分布有少量遗物，文化层可能受到了一定的扰动，这也在一定程度上解释了光释光测年结果误差范围大的原因。

然而，与其他地方相比，SDG9石器组合的特点是原料的多样性更大。有部分细颗粒、高质量的原料，主要是硅质灰岩，还有一些燧石和石英岩。与其他地方不同的是，SDG9的石制品组合显示了古人类对高质量原材料的开采和利用，这些原材料要么来自当地，要么来自外地。从技术上看，碎屑的成分不大（28.0%；表10）。就碎屑而言，石叶（图10）、石叶石核和勒瓦娄哇石片在这个小组合中的数量相对较多。石叶在整个遗址出土的石片中占30%。这些石制品组合表明该遗址拥有旧石器时代晚期初段的技术特征，同时也反映了SDG9的原材料整体质量较好。可能存在原料在遗址以外的地方被预先剥落，留下质量更好的原材料运输到这个地点的情况，这也解释了遗址内碎屑的百分比较低的现象。

图9 SDG9发掘与出土遗物情况（从南看）

表10 SDG9第2层石器组合的技术构成

石制品组合	石制品种类	数量
		所有层位总和
＜20毫米的碎屑	碎屑	120（28%）
石核	石叶石核	2
	盘状石核	4
	其他锤击石核	7
剥片	石叶	46（30%）
	勒瓦娄哇石片	5
	完整石片	103
	不完整石片	85
	残片	51
修理石片	修理石片	5
总计		428

除了碎屑（SFD）之外，其他石制品的最大长度都≥20mm。SFD的百分比是按总数计算的。石叶的百分比是按完整石片、石叶和勒瓦娄哇石片的总和来计算的。

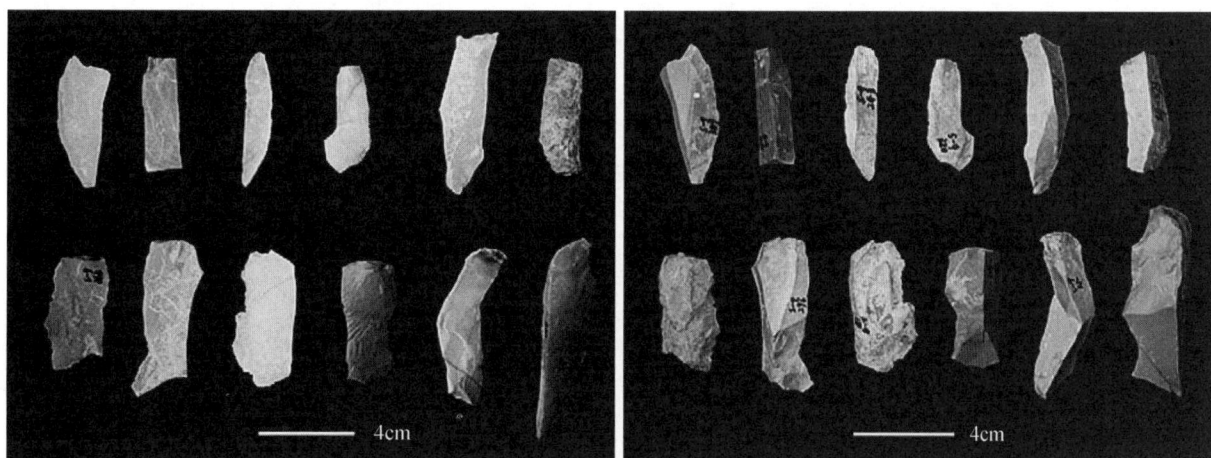

图10　SDG9出土的部分石叶（左侧为正视图，右侧为背视图）

4.5　第12地点

SDG12位于SDG1西北约3千米处。在2007年和2010年的发掘中，揭露面积约220平方米。剖面划分出20个自然层，总厚度超过9米，年代范围从47200a BP到12100a BP（表11）。然而，遗物仅出土于第11层（图11）。对11层发掘出的木炭进行^{14}C测年，结果表明其年代为13296—13078a cal BP，光释光测年结果为11600±600a BP，两个结果的相似度非常高。

表11　SDG12地层序列

层位	地层描述	深度（距地表）（m）	年代（a BP）
1	浅灰色细粉砂，结构疏松	0—0.10	
2	土黄色粉砂，交接坚硬	0.10—0.50	12100±1100
3	土黄色细粉砂，结构疏松	0.50—0.90	
4	褐色黏土，胶结坚硬	0.90—1.15	
5	土黄色粉砂	1.15—1.40	
6	褐色黏土，胶结坚硬	1.40—1.50	
7	灰黑色黏土	1.50—1.65	
8	土黄色细粉砂土，波状层理发育	1.65—2.25	33100±1700
9	褐色黏土	2.25—2.35	
10	灰白色细沙	2.35—2.75	
*11	灰黑色和黑色粉砂，部分夹有卵石和碎石	2.75—2.96	11600±600 13296—130781
12	灰黄色和棕黄色细砂，水平层理发育	2.96—4.30	
13	灰色黏土质粉砂，水平层理发育	4.30—4.40	
14—16	灰黄色和灰色细粉砂	4.40—5.30	
17	灰色黏土	5.30—5.43	
18	灰黄色细砂，上部有水平层理	5.43—5.93	
19	灰色黏土，含有大量钙质结构	5.93—6.00	
20	灰黄色和棕黄色的细砂，上部发育水平层理，下部发育斜层理	6.00—8.00+	47200±2400

*　为文化层。

SDG12只有第11层是有人类活动痕迹的文化层。火塘和相关的石制品组合、动物化石和加工过的骨骼也集中出现在这一层。石制品组合中包含30000多件细石器，这些石制品现仍在分析中。图12显示了部分细石叶和细石叶石核。这些石制品和大量的动物骨骼是与木炭在同一灰烬黏土层中发现的（图11）。该地点出土10000多件动物化石，可鉴定的物种包括兔、狗獾、田鼠、鹿、普氏羚羊、水牛，以及一些啮齿类、鸟类、爬行类动物。初步的动物考古学观察表明，骨骼上没有明显的水流冲击和摩擦的痕迹，只有两个化石碎片上有食肉动物的啃咬痕迹。5.1%的骨片上有切割痕，这表明早期人类很可能是这些动物遗骸堆积的制造者（Zhang et al, in press）。SDG12石制品原料的特点是多种细颗粒和高硅质石料的应用，主要是燧石和硅质白云岩，表明古人类有意识地使用高质量原料和开采外地原料。除石制品外还有两个骨针、一个骨锥和一个织网用的骨器（图13）。综上所述，SDG12石器组合是比较典型的中国晚更新世细石器工业。

图11 SDG12地层序列

［有加速器质谱测年的第11层位于地层底部（从西面看）］

图12 SDG12出土的细石核（左）和细石叶（右）

图13　SDG12出土的骨器：一个加工渔网的工具、一根骨锥以及两根骨针

5. 讨　　论

许多中国学者认为，中国晚更新世出现的小石片工具组合和石叶及细石叶技术是由中国旧石器时代早期典型的小型石核-石片技术发展而来（Jia et al, 1964, 1972; Jia, 1978; Gai, 1985; Li and Shi, 1985; Jia and Huang, 1985; Huang, 1989）。这些以小型器物为主的石器组合被称为"小石器系统"（Jia et al, 1972; Jia and Huang, 1985; Huang, 1989）和"中国北方主工业"（Zhang, 1990, 1997, 1999b, 2002）。典型的遗址包括周口店、峙峪、萨拉乌苏、小南海和小孤山（Zhang, 1990, 1997; Miller-Antonio, 1992）。相比之下，"中国南方主工业"或"砾石工业传统"的特点是器物体积较大，主要分布在长江流域的低海拔地区（Zhang, 1999b, 2002）。

水洞沟的石器技术模式与中国旧石器时代的其他石器组合有明显的不同，后者在整个更新世的大部分时间里继续表现为模式1（或简单的石核-石片）技术，缺乏有计划的预制剥片和细致修理（Gao and Norton, 2002; Norton and Jin, 2009）。本研究中部分地点石器组合的特点也是小而不规则的石片，以及随意的修理［非正式的修理工具（即非标准化的工具，有零星的修理，没有得到很好的控制）］，这是属于"小石器传统"的旧石器时代晚期遗址的特征（Zhang, 1990; Gao and Norton, 2002）。但是其他地点的石器组合含有石叶技术的成分，石叶占比从SDG7的2%，到SDG2的12%，甚至到SDG9的30%。本文认为相较于SDG1的粗糙原料，这些地点使用更精细的原材料是实现技术模式突破的原因之一。本研究中水洞沟各地点相距不远的距离且限定的时空框架表明，所有的石器组合都属于水洞沟旧石器时代晚期初段的石器传统。各地点间变异性并不明显，可能是采样偏差或遗址在时间和空间上的活动差异造成的。

在SDG2、SDG7和SDG8发现的砸击技术，是中国北方旧石器时代石器技术的一个普遍特征（Zhang, 1989），在泥河湾盆地和周口店遗址1号地点，从旧石器时代早期到中期都在使用。它在晚更新世的石器工业中也继续发挥着重要作用（Gao, 1999; Gao and Norton, 2002）。砸击技术作为一种古老的技术，对加工砾石及较小的鹅卵石等原料有极大作用（Atterson, 1976, 1990; Schick and Toth, 1993: 120）。然而随着旧石器时代晚期优质原料使用的增加以及外地原材料的开采和运输活动的出现，砸击技术的功能也发生了变化。在有预制现象的细石叶工业中，砸击法通常用于石核初始阶段的制作（Elston and Brantingham, 2002）。水洞沟的砸击剥片技术有可能为后来中国细石叶技术的发展提供了基础。这种以砾石为原料的细石核技术在末次盛冰期前后出现，到了更新世—全新世过渡期，在西伯利亚、蒙古和中国北方的石器工业中占据了主导地位（Lü, 1998; Lin, 1996; Elston and Kuhn, 2002）。

长期以来，在旧大陆西部旧石器时代晚期和非洲的石器时代中期，个人装饰品的出现和赭石颜料的使用都与现代人类行为的出现有关（McBrearty and Brooks, 2000; Kuhn et al, 2001; d'Errico, 2003; Henshilwood and Marean, 2003; Zilhão, 2007; Klein, 2008; d'Errico et al, 2009; Henshilwood et al, 2011）。自20世纪30年代以来，中国最著名的旧石器时代艺术和象征行为的证据来自周口店山顶洞遗址（Pei, 1934; Norton and Gao, 2008; Norton and Jin, 2009）。这些遗物包括七个带孔的白色钙质石珠，是在山顶洞102号颅骨附近发现的。这些饰物大部分是从第4层发掘出来的，该层也发现有早期人类墓葬，年代在34000—20000a BP之间（Pei, 1934; Norton and Gao, 2008）。1983年，在中国东北辽宁省的小孤山遗址发掘出现代智人的五颗牙齿和一根幼年个体的股骨，以及石器和骨器（Zhang et al, 1985; Huang and Fu, 2009; Norton and Jin, 2009）。小孤山出土的穿孔食肉动物和脊椎动物的牙齿以及三根骨针与周口店山顶洞的骨质工具相似。小孤山遗物中最有意思的工具是一件做工精致的复合骨鱼叉，与欧洲马格德林文化的鱼叉有相似之处。已灭绝的草原动物类群的存在表明这些地层的年代为晚更新世。唯一公布的^{14}C年代是距今约4万年（Wu, 2004）。然而，最近的光释光测年结果表明，包括鱼叉、吊坠和圆盘在内的骨质遗物年代在30ka—20ka BP（Zhang et al, 2010），与水洞沟遗址的年代相近。

考虑到文化层年代和相关的考古材料（如加工过的鸵鸟蛋皮串珠、骨针和骨锥），水洞沟的觅食者很可能是迁入该地区的现代人，而不是本地的古人类群体。在分析20世纪20年代SDG1发掘出土的材料时，Breuil观察到硅质砾石表面有一些平行刻痕，并推断这些刻痕是由雕刻器造成的（Boule et al, 1928）。遗憾的是，他并没有发表关于这些带有刻痕的砾石的更多细节。目前对1980年SDG1的发掘材料进行的室内研究表明，在下文化层中发现了一个带有刻痕的石制品。使用3D数字显微镜进行分析发现，这些刻痕是有意为之，可能具有非实用性特征（Peng et al, 2012）。据Madsen等人（2001年）的研究，SDG2发现有与4号火塘有关的利用大型哺乳动物骨骼加工的骨制品，年代约为25.6ka BP。此外，SDG2出土的一块磨光骨片和SDG7出土的一块沾有赭石颜料的磨光骨片是中国北方旧石器时代晚期现代人行为的又一例证（Guan et al, 2012）。水洞沟最早的人类居住时间约为33ka—24ka BP，比欧亚大陆西部旧石器时代晚期初段要晚很多。因此，现代人在这一时期从欧亚大陆西部迁入中国北部是非常合理的（Wang, 1989; Zhang, 1990; Lin, 1996; Norton and Jin, 2009），尽管有越来越多的证据表明现代人在水洞沟居住生活之前就已经存在于东北亚地区（Shang et al, 2007; Norton and Jin, 2009, Morgan et al, 2011; Bae and Bae, in press）。

6. 结　论

　　本文介绍的新发现和测年结果表明，现代人在水洞沟地区出现的时间接近33000a BP，而最晚的人类活动年代在更新世末期，约13000a BP。末次盛冰期可能过于寒冷和干燥，不适合人类在中国北方的这个地区活动，而且目前这一时期的遗址发现很少。数据表明，在32000—24000a BP和13000—11000a BP有两个古人类活动高峰。应该进一步加强古环境的研究工作，以确定出现人类活动的年代是否与中国北方地区最佳气候条件的出现年代相一致，以及那些缺乏文化遗存的其他时期是否为寒冷、干燥且对人类活动来说过于严酷的阶段。SDG9的考古发现表明，石叶技术在29000a BP左右突然出现，与现代人类向东进入该地区的时间相吻合。总的来说，SDG9和其他地点（SDG2、7、8和12）显示了旧石器时代晚期初段的典型文化特征。这些特征包括采用勒瓦娄哇技术生产石叶，有些使用小型石核来生产小石叶，以及一些高质量的原料的长距离运输。旧石器时代晚期的其他现代行为特征包括精细穿孔、抛光和赭石染色的鸵鸟蛋皮串珠和加工过的骨质工具，如骨针和骨锥，火塘也并不少见。

　　中国北方重点区域需进一步研究的重要问题是，为什么水洞沟的人类活动高峰期出现在32000—24000a BP和13000—11000a BP。这些年代比欧亚大陆西部和亚洲东北部的旧石器时代晚期初段年代要晚得多（Kuhn et al, 1999, 2004; Bar-Yosef, 2000, 2007; Brantingham et al, 2001; Bae and Bae, in press）。一些阶段出现人类活动痕迹，而在另一些阶段则没有，这需要用中国北方晚更新世的气候变化指标来揭示。如果这一模式得到证实，它将阐明气候变化导致人口流动进而促进技术传播这一现象（Zhang, 1990; Lin, 1996; Madsen et al, 2001; Gao et al, 2002; Norton and Jin, 2009; Bae and Bae, in press）。虽然在水洞沟第1地点附近发现了一件更新世末期的人类顶骨化石（Wu et al, 2004），但在中国北方地区还没有与旧石器时代晚期初段相关的人类化石证据。中国（和东亚）最早的有绝对年代测定的、明确的现代人化石是来自周口店田园洞遗址第三层的一根股骨，经[14]C测年为34430±510a BP（40328±816a cal BP）（Shang et al, 2007）。显然，现代人的出现推动水洞沟等北方地区进入旧石器时代晚期初段，但中国其他地区更为进步的小石器工业模式仍有待进一步的分析和研究。

致谢：感谢宁夏文物考古研究所的钟侃、马晓玲、车建华教授，北京大学的夏正凯、周立平、张家富教授，中国科学院地质与地球物理研究所的袁宝印教授，以及中国科学院古脊椎动物与古人类研究所的尤玉柱、冯兴无、张双全、王春雪、周振宇、曹明明、马宁、李锋、仪明洁、罗志刚等人，感谢他们参与野外发掘、讨论、提出意见和建议。感谢美国石器时代研究所和印第安纳大学的Kathy Schick和Nicholas Toth教授，西班牙国家人类进化研究中心的Mohamed

Sahnouni和Sileshi Semaw博士的指导性建议。这项工作得到了中国国家基础研究计划"973计划"（2010CB950203）、中国科学院战略性先导科技专项（XDA05130203）、中国科技部国际合作计划（2009DFB20580）的资助，以及由亨利-卢斯基金会资助（08/09）的美国学术团体委员会提供的东亚和东南亚考古学和早期历史研究基金。K. Kuman参与这项研究是由南非和中国的"中国—南非联合研究计划"（南非科技部和中国科技部）资助的。C.J. Bae感谢维纳-格兰基金会（ICRG #82）和美国国家地理学会（#8372-07）为其在中国的研究提供的资金支持。感谢两位审稿人的修改建议。我们对可能出现的任何失误承担全部责任。

［原载Pei S W, Gao X, Wang H M, Kuman K, Bae C J, Chen F Y, Guan Y, Zhang X L, Peng F, Li X L. The Shuidonggou Site Complex: New Excavations and Implications for the Earliest Late Paleolithic in North China. Journal of Archaeological Science, 2012, 39（12）: 3610-3626］

（韩昕宸译，牛东伟、薛峰校）

中国北部水洞沟地区旧石器时代晚期序列的研究史、年代学和技术类型学

李　锋[1, 2, 3]　Steven L. Kuhn[4]　Ofer Bar-Yosef[5]　陈福友[1, 2]

彭　菲[1, 2]　高　星[1, 2, 6]

（1. 中国科学院脊椎动物演化与人类起源重点实验室/中国科学院古脊椎动物与古人类研究所，
中国北京，100044；2. 中国科学院生物演化与环境卓越中心，中国北京，100044；3. 图宾根大学早期史
前史与第四纪生态学研究所，德国图宾根，72070；4. 亚利桑那大学人类学系，美国图森，85721-0030；
5. 哈佛大学人类学系，美国剑桥，02138；6. 中国科学院大学，中国北京，100049）

摘要：世界不同地区旧石器时代晚期开始的时间和行为标志对研究现代人的扩散具有重要意义。中国北部旧石器时代晚期的人类行为与欧亚大陆西部、非洲和南亚地区的模式存在很大差异。水洞沟作为中国北方一处旧石器时代遗址群，包含了该地区几个最重要的旧石器时代晚期地点。不同地点的考古证据组成了三个主要的文化序列，^{14}C、铀系法和光释光三种测年手段将其年代确定在46ka—10ka BP之间。最古老的部分包括了具有欧亚大陆西部旧石器时代晚期特点的石叶组合，年代至少为41ka BP（例如SDG1和SDG9），可能来自西伯利亚以及/或者蒙古地区；具有一定进步特点的石核-石片组合可能标志着中国北部本土旧石器时代晚期技术的出现，年代约为33ka BP（例如SDG2和SDG8）；最后，在大约10.5ka BP，细石叶技术在本地区出现（SDG12），但目前还未明确其起源地。水洞沟遗址群的多个地点也发现了其他典型的旧石器时代晚期文化遗存，如骨制品和个人装饰品（例如SDG2、7、8地点的鸵鸟蛋皮串珠）。上述这些信息对我们理解晚更新世亚洲北部现代人群的文化变异性、适应性和人口动态变化大有助益。

关键词：水洞沟；年代学；技术类型学；晚更新世；中国北部

1.引　言

不同地理区域旧石器时代晚期（45ka—10ka BP）年代和物质文化标志对于理解更新世现代人（*Homo sapians*）的人群迁徙、技术扩散和行为适应策略至关重要。在欧洲、西亚和非洲，旧石器时代晚期技术的年代序列皆已建立，且许多区域性的"文化"也得到确认。一般而言，旧石器时代晚期的开始表现为石叶、小石叶技术，骨质工具的出现，个人装饰品的增多以及偶尔出现的可移动的艺术品（例如Bar-Yosef, 1998, 2002, 2006; Conard, 2003; Klein, 2009）。在亚洲南部，旧石器时代晚期组合开始于35ka—30ka BP，包括石叶和细石叶制品，以及少量的装饰品（James and Petraglia, 2005; Petraglia et al, 2010）。然而，在同时期的萨胡尔（Sahul）地区，缺乏系统性的石叶或小石叶生产，权宜性石器制作技术占据主导地位（Habgood and Franklin, 2008）。在亚洲东部，文化的多样性则更为明显。在不同地区，特别是亚洲北部，出现了具有欧亚大陆西部特征的石叶组合和各种权宜性的非长薄片状的石核-石片组合（Bar-Yosef and Wang, 2012; Li et al, 2014; Li et al, 2016; Qu et al, 2013）。

从早更新世开始，简单石核-石片组合一直在中国旧石器时代考古学记录中占据主导地位（Bar-Yosef and Wang, 2012; Gao, 2013）。在中国北部，这些技术一直延续到更新世末期，而在中国南部则延续到全新世早期，此时欧亚大陆的其他地区则盛行多种复杂的石器技术。在中更新世晚期，简单石器技术与具有直立人和智人形态特征的人类化石持续共存，如大荔（Athreya and Wu, 2017; Wu and Athreya, 2013）、金牛山（Chen et al, 1994）和灵井遗址（Li et al, 2017）。这些例子均被用作中国现代人本土起源与演化的支持证据（Li and Gao, 2018; Gao, 2013; Wu and Xu, 2016）。与此同时，在中国西北地区，如新疆、宁夏、内蒙古，在40ka BP左右出现了一般与现代人普遍相关的具有欧亚大陆西侧旧石器时代晚期特征的石叶组合（Li et al, 2014）。尽管在中国北部没有发现与这些旧石器时代晚期石叶组合相关的人类化石，但从周口店遗址群发现的智人化石，如田园洞（Shang et al, 2007）、山顶洞（Li et al, 2018）可以看出现代人大致在同一时间在这些地区生存。此后，在中国北部，从大约40ka—30ka BP开始，石叶组合和简单石片组合同时存在。而从大约25ka BP开始，末次冰期极盛期（LGM）开始后不久，细石叶组合出现并在中国北部广泛扩散。中国北部晚更新世晚期多样的石制品组合表明了该地区旧石器时代晚期和现代人的扩散十分复杂，而这一复杂性还未得以适当解读。中国北部的水洞沟地区（约10km²）包含了多处45ka—10ka BP的旧石器时代遗址，其石制品组合包括石片、石叶、细石叶组合。该地区在了解中国北方旧石器时代晚期的发展和起源方面具有重要作用。

水洞沟遗址群首次发现于1923年，这一遗址群通常被等同于第一个被发现和发掘的第1地点。基于在第1地点发现的大型石叶组合，水洞沟被解释为欧洲旧石器时代晚期技术的大规模扩散（Boule et al, 1928; Brantingham et al, 2001; Madsen et al, 2001）。然而，在该地区的后续研究中，发现了一系列具有不同技术特征、处于不同年代的石制品组合（Gao et al, 2013b; Li et al,

2013; Pei et al, 2012）。水洞沟第1至第5地点，第7、8、9和12地点新近的田野和实验室工作的研究成果已有较多的发表（Boëda et al, 2013; Gao et al, 2008; Gao et al, 2013a; Li et al, 2013; Liu et al, 2009; Morgan et al, 2014; Nian et al, 2014; Pei et al, 2012; Yi et al, 2014; Wang et al, 2007; 以及其中的参考文献），但是主要地点的年代问题依旧存在争议（例如Keates and Kuzmin, 2015; Li et al, 2013; Li et al, 2015）。更重要的是，各地点不同文化层内所代表的石器技术特征和相应的年代结果难以从现有文献中提取，一些较早的出版物甚至存在一定的讹误。本文总结了水洞沟地区含有年代数据的旧石器时代晚期或旧石器时代末期地点文化层的一般文化特征。对各个地点年代数据的严格审查有助于解决一些不同文化组合之间的年代和关系模糊的问题。对水洞沟地区发现的石制品组合的技术类型特征的论述可进一步扩展我们对晚更新世中国北方现代人的文化变异性、适应性和人口动态模式等问题的理解。

2. 水洞沟遗址群的背景

水洞沟地区位于中国北部的宁夏回族自治区，黄河以东18千米处的毛乌素沙漠边缘（图1）。该地区位于干旱半干旱区的过渡地带，气候表现出强烈的季节性，属于冬季风所主导的大陆性气候。从东南方向流入黄河的现代边沟河将该地区的河流阶地切开，暴露出了该地区的旧石器时代埋藏地点（图2）。

水洞沟地区旧石器时代遗址群是由法国古生物学家桑志华和德日进于1923年首次发现并进行调查的（Licent and Teilhard de Chardin, 1925）。他们最初在水洞沟河谷记录了五个不同的地点（F1—F5，即现在的SDG1—SDG5），并在第1地点进行了约80m²的发掘。随后，第1地点历经多次发掘并得到了深入的研究（Jia et al, 1964; Ningxia Museum et al, 1987）。在1963年第1地点的发掘过程中，第1地点西北500米处调查发现了名为小口子（SDG6）的地表地点（Zhang, 1999）。自2002年以来，新的研究项目一直在水洞沟进行，发现了另外六个旧石器时代地点（SDG7—SDG12）（Gao et al, 2004; Liu et al, 2008）。从2003年开始，作为这个新项目的一部分，学者们对第2—5、第7—9和第12等七个地点进行了系统的发掘（近期发掘的回顾可参考Pei et al, 2012; Gao et al, 2013b）。

水洞沟地区目前已经确认六个阶地（图1），第6—3级阶地主要是由山麓冲积扇的砾石和沙质沉积组成，第2、1级阶地由河流和湖泊或湿地沉积物组成。阶地2位于现代边沟河河床之上15米处，是水洞沟地区分布最广的阶地（图2），并且埋藏了除水洞沟第6地点外的所有旧石器时代地点（Liu et al, 2009）。作为一个基座阶地，第2级阶地具有明显的二元结构特征，下部为分选较差砾石，上部为多带状泥炭和湖积物（详见Liu et al, 2009, 2012）。水洞沟地区是一个大致呈长方形的洼地，西北部面向黄河。刘德成博士等的地貌调查发现在黄河和水洞沟地区之间因断层形成的一个高台，这个高台可能阻碍了当地的河流，并导致了该地区第3级阶地形成后湖泊和湿地的发育（Liu, 2008）。水洞沟第1、2、7地点的剖面详细的粒度和孢粉分析

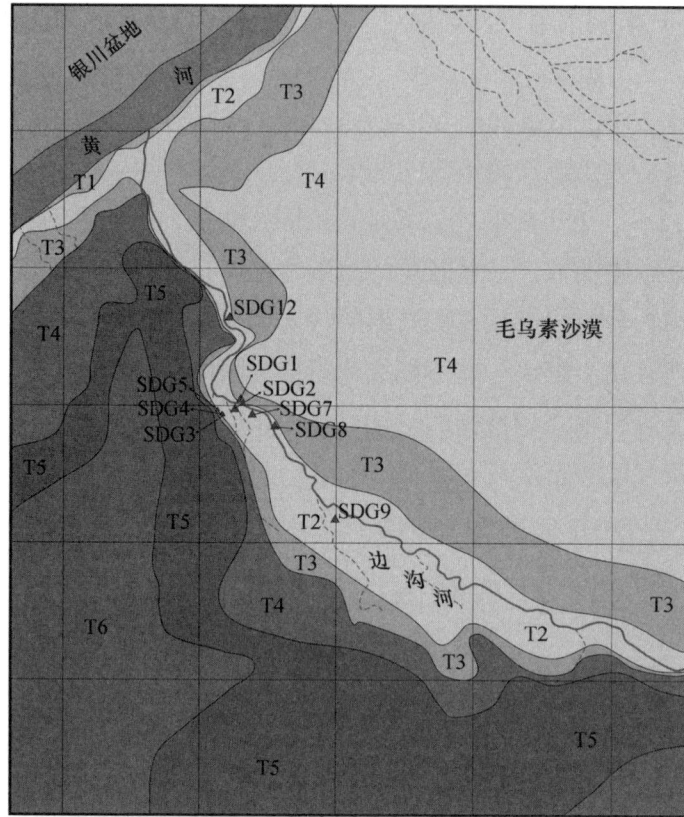

图1　水洞沟地区的位置和地貌

［图中显示了第1至第6级阶地和已发掘的旧石器时代地点（SDG1—SDG5、SDG7—SDG9、SDG12），修改自刘德成（2008）］

图2　SDG1和SDG2的景观

表明第2级阶地发育时期该地区内部沉积环境的四阶段模型：该序列的最下部由河流砾石和沙沉积组成；之后是含有大量水生植物的沼泽阶段；再然后是浅湖沉积阶段；最后边岸沉积条件恶化，沙漠草原环境形成（Liu et al, 2012）。

截至本文写作时期，水洞沟12个地点中的8个（SDG1—SDG5、SDG7—SDG9和SDG12）已经进行了发掘。SDG3—SDG5地点没有直接的测年数据。因此，本文集中讨论已发掘的第1、2、7—9和12地点。遗址的测年在不同的实验室采用多样的测年方法完成，包括加速器质谱法（AMS）、光释光（OSL）和铀系法。表1列出了已公布的包含旧石器时代考古材料地层的年代数据。总体而言，中国科学院地球环境研究所（IEE）实验室产生的遗址光释光年代数据有一定的不确定性。这一实验室得到的第1、2、9和12地点的光释光年代数据与深度的相关性很弱（Liu et al, 2008, 2009, 2012），并且几乎总是比其他实验室得到的同层的加速器质谱^{14}C年代（SDG2）或光释光年代（SDG1）更早（Li et al, 2013; Li et al, 2013; Nian et al, 2014）。由于注意到了来自这一实验室年代数据的不确定性，本文的讨论主要采信北京大学实验室产生的光释光年代和加速器质谱^{14}C年代数据。参照Pettitt、Davies、Gamble和Richards（2003）和Graf（2009）提出的策略，本文通过以下七个标准评估了^{14}C年代数据的可靠性，包括样品类型、测量和实验室报告、与考古学材料的共存关系、测年样本与特定可辨别的考古现象的相关性、年代数据数量的估计、误差范围和地层背景信息。当光释光和铀系法的年代与^{14}C年代数据一致，或者它们本身显示出良好的年代—深度关联性，则接受这些年代数据。

3. 水洞沟旧石器时代遗址群的年代学和技术类型学

水洞沟第1地点

继1923年首次发掘后，第1地点于1960年、1963年和1980年再次进行了发掘（Licent and Teilhard de Chardin, 1925; Jia et al, 1964; Ningxia Museum et al, 1987）。早期的发掘中，考古材料在地层中的位置未得到良好的记录，将考古材料纳入到了非常厚的地层之中。随后的地质学研究，包括年代测定，是独立于考古发掘开展的。因此，很难将第1地点的考古发现和不同地层的年代数据可靠地联系起来。

第1地点的地层序列通常被分为两部分，即晚更新世沉积（下文化层）和全新世沉积（上文化层）（图3）。考虑到考古材料和地层相对粗糙的关联，根据之前的放射性碳和铀系法年代数据，我们初步估计下文化层A的年代为30ka—20ka BP，下文化层B的年代为38ka—34ka BP（Li et al, 2013）。最近，也有学者提出该地点旧石器时代序列的年代应该更早的观点，相关的年代数据包括基于单个木炭样本得到约41ka BP的数据（Morgan et al, 2014），以及更为系统的光释光测年得到的46ka—33ka BP的年代范围（Nian et al, 2014）。

新的光释光年代数据显示第1地点有两组年代：来自1980年发掘区北侧样本的年代范围为49ka—39ka BP，而来自西侧的光释光年代则为41ka—30ka BP（图3）。因上文提到的单个

表1 水洞沟遗址群中旧石器时代地层的年代

地点	地层[b]	实验室编号[a]	深度（m）	测年材料	测年方式	背景信息	年代估计（a BP）	年代范围（a BP）	最终评估	引用
	LAL[b]	BKY-82042	n/a	牙	轴系法	已发掘	38000±2000	4000—36000	接受	Chen et al, 1984
		BKY-82043	n/a	牙	轴系法	已发掘	34000±2000	36000—32000	接受	Chen et al, 1984
		PV-331	n/a	骨骼	14C	已发掘	16760±210		拒绝	Li et al, 1987
		PV-317	n/a	碳酸盐	14C	已发掘	25450±800		拒绝	Li et al, 1987
			n/a	沉积物	14C	未知	>40000		拒绝	Geng and Shan, 1992
SDG1		L1653	6.1	沉积物	光释光	北侧	43000±3000	46000—40000	接受	Nian et al, 2014
		L1654	6.5	沉积物	光释光	北侧	43000±3000	46000—40000	接受	Nian et al, 2014
		UGAMS-9682	6.5	木炭	AMS	北侧	362000±140	41279—40420	接受	Morgan et al, 2014
		IEE1889	6.5	沉积物	光释光	北侧	28700±6000	34700—22700	拒绝	Liu et al, 2009
		L1655	7	沉积物	光释光	北侧	42000±3000	45000—39000	接受	Nian et al, 2014
		L1656	7.6	沉积物	光释光	北侧	46000±3000	49000—43000	接受	Nian et al, 2014
		IEE1890	7.5	沉积物	光释光	北侧	29300±4100	33400—25200	拒绝	Liu et al, 2009
		L2361	7.6	沉积物	光释光	西侧	35000±3000	38000—32000	接受	Nian et al, 2014
		L2362	8.1	沉积物	光释光	西侧	35000±3000	38000—32000	接受	Nian et al, 2014
		L2363	8.6	沉积物	光释光	西侧	33000±3000	35000—30000	接受	Nian et al, 2014
		L2364	9.1	沉积物	光释光	西侧	33000±2000	35000—30000	接受	Nian et al, 2014
		L2365	9.6	沉积物	光释光	西侧	39000±3000	42000—36000	接受	Nian et al, 2014
		IEE1891	10.2	沉积物	光释光	北侧	32800±3000	35800—29800	拒绝	Liu et al, 2009
		IEE1892	10.3	沉积物	光释光	西侧	15800±1100	16900—14700	拒绝	Liu et al, 2009
		IEE1893	10.5	沉积物	光释光	西侧	17700±900	18600—16800	拒绝	Liu et al, 2009
		IEE1894	11.5	沉积物	光释光	西侧	34800±1500	36300—33300	接受	Liu et al, 2009
	AL1a	IEE1895	12.5	沉积物	光释光	西侧	35700±1600	37300—34100	接受	Liu et al, 2009
SDG2	GL4[c]	BA140136	3.5—3.64	骨骼	AMS	已发掘	23450±80	27794—27435	接受	见本文
		BA140137	3.5—3.64	骨骼	AMS	已发掘	23320±70	27720—27383	接受	见本文

续表

地点	地层	实验室编号[a]	深度（m）	测年材料	测年方式	背景信息	年代估计（a BP）	年代范围（a BP）	最终评估	引用
		BA140138	3.5—3.64	骨骼	AMS	已发掘	23270±70	27693—27351	接受	见本文
		BA140139	3.5—3.64	骨骼	AMS	已发掘	23270±70	27928—27618	接受	见本文
		IEE1880	3.6	沉积物	光释光	已发掘剖面	20300±1000	213000—19300	拒绝	Liu et al, 2009
	AL2	Beta146358	n/a	木炭	AMS	自然剖面H10A[d]	23790±180	28283—27572	拒绝	Madsen et al, 2001
	GL6	Betal32982	n/a	木炭	AMS	自然剖面H1	26350±190	31012—30203	接受	Madsen et al, 2001
		Betal32983	n/a	木炭	AMS	自然剖面H2	25670±140	30339—29414	接受	Madsen et al, 2001
		Betal32984	n/a	鸵鸟蛋皮串珠	AMS	自然剖面H2	26930±120	31207—30818	接受	Madsen et al, 2001
		Betal34824	n/a	木炭	AMS	自然剖面H3	26830±200	31220—30699	接受	Madsen et al, 2001
		Betal34825	n/a	木炭	AMS	自然剖面H4	25650±160	30365—29365	接受	Madsen et al, 2001
		Betal46355	n/a	木炭	AMS	自然剖面H5	26310±170	30975—30204	接受	Madsen et al, 2001
		Betal46357	n/a	木炭	AMS	自然剖面H7	29520±230	34125—33230	拒绝	Madsen et al, 2001
SDG2		Beta207935	4.76—5.2	鸵鸟蛋皮串珠	AMS	已发掘	28420±160	32918—31719	拒绝	Gao et al, 2008
		Beta207936	4.76—5.2	木炭	AMS	已发掘	28330±170	32822—31620	拒绝	Gao et al, 2008
		BA110217	4.76—5.2	木炭	AMS	已发掘	26450±120	30996—30492	接受	Li et al, 2013a
		BA110218	4.76—5.2	木炭	AMS	已发掘	30360±120	34656—30492	拒绝	Li et al, 2013a
		BA110219	4.76—5.2	木炭	AMS	已发掘H6	25090±290	29441—28844	接受	Li et al, 2013a
		BA110220	4.76—5.2	木炭	AMS	已发掘	26040±90	30707—29911	接受	Li et al, 2013a
		BA110221	4.76—5.2	木炭	AMS	已发掘H7	2520±30	2744—2491	拒绝	Li et al, 2013a
		BA110226	4.76—5.2	木炭	AMS	已发掘H7	895±30	911—735	拒绝	Li et al, 2013a
	AL3	BA110223	5.76—5.86	骨骼	AMS	已发掘	28290±110	32665—31655	接受	Li et al, 2013a
	GL8	BA110222	5.76—5.86	骨骼	AMS	已发掘	27190±100	31324—30955	接受	Li et al, 2013a
		IEE1881	5.8	沉积物	光释光	已发掘区域	27800±1400	29200—26400	拒绝	Li et al, 2013a
	AL4	BA110224	6.3—6.4	木炭	AMS	已发掘	985±30	960—796	拒绝	Li et al, 2013a
	GL10	IEE1882	6.35	沉积物	光释光	已发掘区域	20500±1100	216000—19400	拒绝	Liu et al, 2009

续表

地点	地层	实验室编号[a]	深度（m）	测年材料	测年方式	背景信息	年代估计（a BP）	年代范围（a BP）	最终评估	引用
SDG2	AL5b	BA110227	7.4—7.7	骨骼	AMS	已发掘	20280±70	24569—24108	拒绝	Li et al, 2013a
	GL13	IEE1883	7.55	沉积物	光释光	已发掘区域	29200±2100	31300—27100	拒绝	Liu et al, 2009
	AL6	IEE1884	8.4	沉积物	光释光	已发掘区域	23600±2400	26000—21200	拒绝	Liu et al, 2009
	GL15	IEE1885	10.4	沉积物	光释光	已发掘区域	38300±3500	**41800—348000**	接受	Liu et al, 2009
	AL7	BA7940	10.5—11.4	大型有机物	AMS	已发掘	29759±245	34351—33490	拒绝	Liu et al, 2009
	GL16	BA7943	10.5—11.4	木	AMS	已发掘	36329±215	**41475—40441**	接受	Liu et al, 2009
		BA110228	10.5—11.4	木	AMS	已发掘	980±30	957—796	拒绝	Li et al, 2013a
	AL1	L2372	7.1	沉积物	光释光	已发掘区域	23000±2000	25000—21000	拒绝	Pei et al, 2014
	GL7	L2438	7.6	沉积物	光释光	已发掘区域	24000±2000	26000—22000	拒绝	Pei et al, 2014
	AL2	S7-2	8.1	沉积物	光释光	已发掘区域	25200±1800	27000—234000	拒绝	Liu et al, 2009
	GL8	L2439	8.7	沉积物	光释光	已发掘区域	24000±2000	26000—22000	拒绝	Pei et al, 2014
SDG7	AL3	Beta376442	8.8—8.7	骨骼	AMS	已发掘	29900±190	**34364—33667**	接受	Niu, 2014
		L2440	9.2	沉积物	光释光	已发掘区域	22000±2000	24000—20000	拒绝	Pei et al, 2014
	GL9/10									
	AL4	L2441	9.7	沉积物	光释光	已发掘区域	23000±2000	25000—21000	拒绝	Pei et al, 2014
	GL10	S7-3	9.8	沉积物	光释光	已发掘区域	26300±2700	29000—23600	拒绝	Liu et al, 2009
		Beta376441	10	沉积物	AMS	已发掘	23990±100	**28324—27763**	接受	Niu, 2014
		S7-4	10.2	沉积物	光释光	已发掘区域	27200±1500	28700—25700	拒绝	Liu et al, 2014
		L2442	10.2	沉积物	光释光	已发掘区域	30000±3000	33000—27000	拒绝	Pei et al, 2014
SDG8	AL		n/a	鸵鸟蛋皮串珠	AMS	已发掘	27040±150	**31280—30853**	接受	Wang et al, 2015
	GL2									
SDG9	AL	IEE1865	0.2	沉积物	光释光	已发掘区域	29500±2600	32100—26900	拒绝	Gao et al, 2013b
		IEE1858	0.2	沉积物	光释光	已发掘区域	42500±3200	45700—39300	拒绝	Gao et al, 2013b
		IEE1859	0.26	沉积物	光释光	已发掘区域	27400±3600	31000—23800	拒绝	Gao et al, 2013b
		IEE1860	0.3	沉积物	光释光	已发掘区域	35900±6200	42100—29700	拒绝	Gao et al, 2013b

续表

地点	地层	实验室编号[a]	深度（m）	测年材料	测年方式	背景信息	年代估计（a BP）	年代范围（a BP）	最终评估	引用
SDG12	AL	LUG06-54	2.9	大型有机物	^{14}C	已发掘	9797±91	11603—10794	拒绝	Liu et al, 2014
	GL11		n/a		AMS	已发掘		**10500—10200**	接受	6份样本中的5份年代范围是10.5ka—10.2ka cal BP，Yi and Gao未发表的数据

注：本研究中接受的值以粗体给出。
a 本研究只包括从考古层收集的样本。
b AL，考古层（为以前文献中的文化层）。
c GL，地质层。
d H，火塘。

图3　SDG1发掘区域和年代数据

¹⁴C样本采集自北侧，故而¹⁴C年代与北侧的光释光年代十分契合。这两组年代序列指示了一种可能性，即位于同一海拔的旧石器时代沉积物的不同部位是在不同的时期形成的（Li et al, 2015）。这意味着要么遗址内曾发生了一些沉积后的干扰事件，要么在这个序列中存在着未被发现的切割和填充事件。2018年以来正在进行的新的发掘工作无疑将厘清该地点的地层和年代问题，但明确的是，晚更新世地层中的大石叶组合的年代要远早于之前一些学者提出的年代（Madsen et al, 2001; Keates and Kuzmin, 2015）。

第1地点下文化层A和B亚层的考古遗存是以一个统一的石制品组合进行收集和报道的。5米厚的地层堆积中是非常可能存在来自多个考古层的不同的石制品组合（石叶和石核-石片）（Li et al, 2013）。然而，从下文化层中收集到的大部分材料都显示出了以石叶为基础的技术特点。学者们描述最多的下文化层的石制品组合是系统的勒瓦娄哇和棱柱状石叶技术产品。针对1980年发掘的石制品开展的两项独立研究得出了非常一致的结果（详见Brantingham et al, 2001; Peng et al, 2014）。大部分石核用以生产石叶和长石片，近30%的产品是石叶；经修理的工具包括各种刮削器、锯齿形器和凹缺器；石片和石叶都作为毛坯被修理，尖状器和端刮器通常是以石叶为毛坯制作。

水洞沟第2地点

第2地点于1923年发现，其与第1地点隔边沟河相望，河流下切前，这两个地点很可能是同一地表的不同部分。2003—2005年和2007年，水洞沟第2地点开展了100m²的发掘。2014年到2016年，开展了面积为30m²的新发掘区的发掘（Peng et al, 2017, 2018）。该地点地层序列总厚度为12.5米，包含18个地层，其中7个层位包含旧石器时代遗存。在之前的报告中，包含有旧石器时代遗存的地层被称为文化层（Cultural Layer, CL）（例如Li et al, 2013; Li et al, 2013）。然而，考虑到包含有考古遗存的地层可以代表地质的和人为的堆积物，考古层（Archeological Layer, AL）这个术语可能更为合适。遗址的AL1层到AL7层是按照地层序列自上而下进行命名的，其中AL1层（1a和1b）和AL5层（5a和5b）包含两个亚层（图4）。

第2地点共发表了29个加速器¹⁴C和光释光年代数据，然而关于年代的争议依旧存在（Keates and Kuzmin, 2015; Li et al, 2015）。本文总结了已有的测年结果，并公布了来自AL1a层的4个新年代数据。33个年代数据中，有4个因过于年轻而被认为是无效的（BA110221、110224、110226和110228）。第2地点的AL1a层和AL2层年代数据较多，大部分结果是一致的。4个加速器¹⁴C的测年结果显示AL1a层的年代为距今27ka BP。AL2层三个原地埋藏样品的年代将该层确定为30996—29441a BP。第2地点发掘前，学者们曾对从自然侵蚀剖面上采集的木炭样品进行了一系列的¹⁴C测年（Madsen et al, 2001）。参考深度和相关背景信息记录，它们

图4　SDG2的地层和考古层［根据Li et al（2013）修改］

可能归属于AL2层（Gao et al, 2008; Li et al, 2013）。但我们并不确定Madsen等学者（2001）公布的年代与已发掘考古层的准确关系，因此本文接受了与AL2层原地发掘样品年代重叠的年代数据（10个中的6个），而未采信其他的数据。来自AL3层的2个年代数据位于32665—30965a cal BP之间，这与AL2层的年代有所重叠。AL4层和AL5层的年代数据不符合其在地层序列中的相对年代，故而未采信。虽然大多数来自IEE实验室的光释光年代被认为是存疑的，但来自AL6层的一个光释光年代［IEE1885：（38.3±3.5）ka BP］与AMS^{14}C数据相符合。AL7层的2个AMS^{14}C年代数据中的一个符合地层背景，年代为距今41475—40441年。

第2地点不同考古层的石制品组合可以分为两组（详见Li et al, 2013）。AL7层和AL5a层出土了两个与第1地点类似的石叶石核。AL6层、AL5b层、AL4—AL1层的石制品组合显示出了一致性，主要为相对简单的石片产品和以边刮器为主的工具组合。这些石核-石片组合不包括石叶或勒瓦娄哇技术元素。然而，在AL5b层和AL4—AL1层的石核-石片组合的序列中也包含着一些技术变化和其他文化创新。这一方面AL2层尤其重要：除了使用河卵石制作石制品外，该层还发现了一些带有原生石皮的优质燧石制作的人工制品。沿着边沟河河谷的调查显示，在遗址附近的河滩（图2）和老阶地的砾石沉积中容易发现河卵石原料（Li et al, 2016; Lin et al, 2018）。然而，调查并未在遗址附近发现优质的燧石原料。根据一些人工制品上保留的石皮特点可以推断，这些原料是来自于其原生产地（或来自接近原生产地的地方）。虽然至今仍未确认这种优质原料的来源，但是根据调查，我们估计它们距离遗址的距离至少超过5千米（Li et al, 2016）。软锤打击方法可能被应用到了这些原料之上（Li et al, 2016）。尽管尚未发现相应的石核，以优质燧石为原料生产的小石叶大小的毛坯比较多地出现在了石制品组合中。AL1a层显示在小型的、本地优质燧石上进行了高频率的两极剥片，故而，小型的窄长毛坯比其他层位中更为常见。在AL2层和AL1a层的石制品组合中出现了主要以石片为毛坯制作的精致修理的端刮器，但是这一现象并未在更早期的地层中发现。AL1a层中还发现了一件磨制工具的残段。

第2地点的多个考古层中都发现了被大量木炭、石制品、动物化石和装饰品包围的火塘（图5）。根据火塘的模式和人工制品的分布，第2地点被认为是古代狩猎采集人群的中心营地（Guan et al, 2011; Guan et al, 2012）。AL3层和AL2层发现了装饰品和骨质工具，包括AL3层中的一件淡水贝类串珠残片（Wei et al, 2016）以及AL2层中70多件鸵鸟蛋皮串珠和一件骨针残段（Li et al, 2014; Martí et al, 2017）。第2地点AL1—AL3层的淀粉粒、植硅石和植物组织碎片研究提供了遗址深海氧同位素第3阶段晚期植物利用行为的直接证据（Guan et al, 2012; Guan et al, 2014）。

水洞沟第7地点

第7地点发现于2002年，2003—2005年间进行了发掘，面积约25m^2。遗址揭露的地层总厚度达12米，共有11个沉积层，其中4个含有考古遗存（图6）。该地点的光释光和AMS^{14}C年代数据的年代和深度相关性不强（Liu et al, 2009; Niu et al, 2016）。整个考古序列（总厚度为3.8

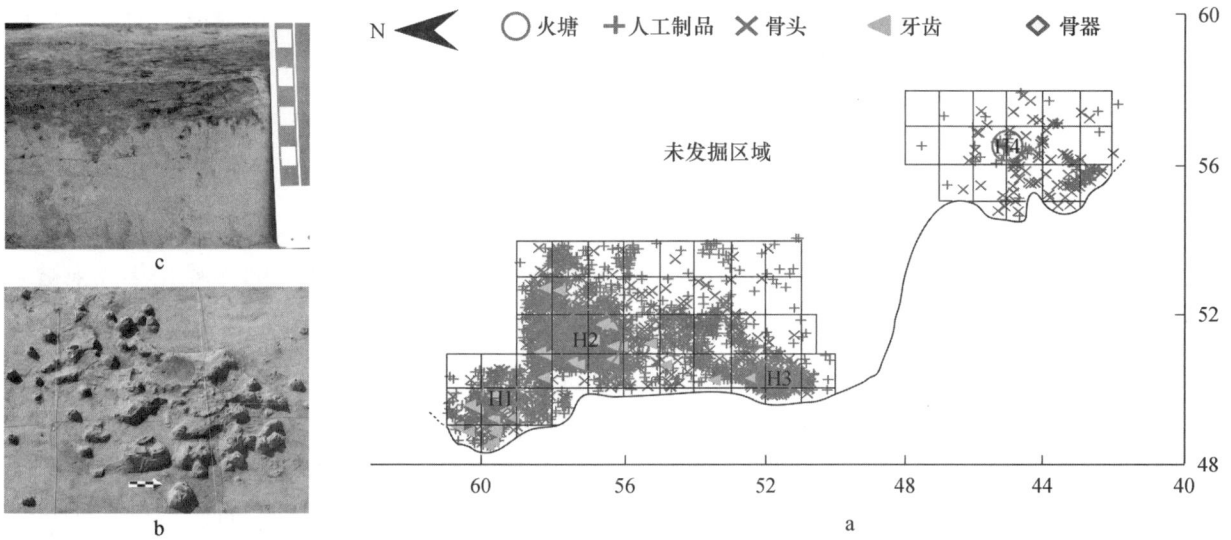

图5 SDG2的AL2层火塘的平面分布（修改自Li et al, 2014）

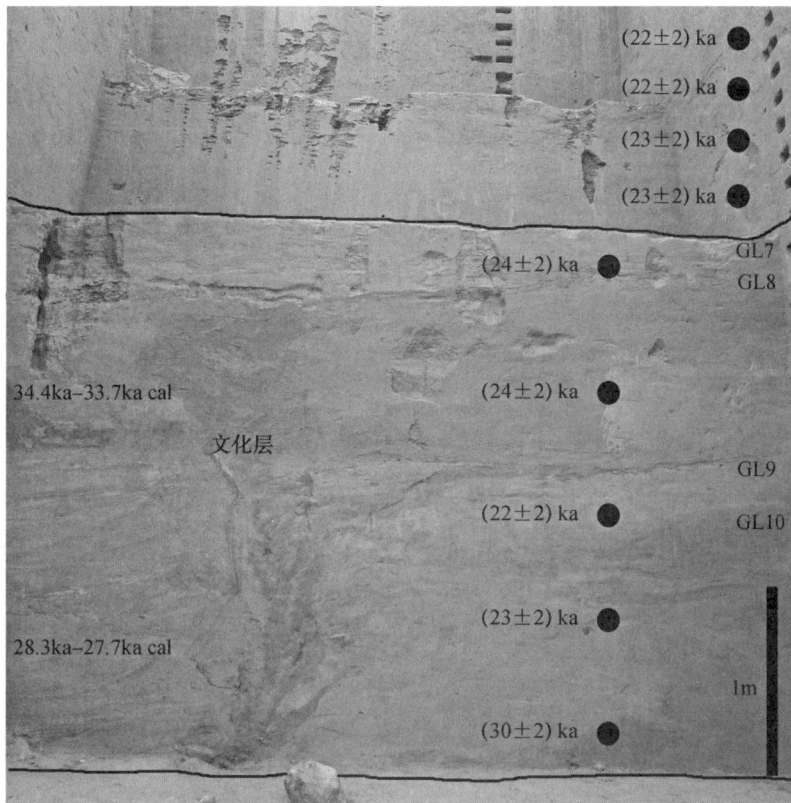

图6 SDG7的地层和年代数据

（GL：地质层；修改自Pei et al, 2014）

米）的光释光年代几乎是相同的（24ka—22ka BP），如此快速的沉积物积累现象似乎与该地区其他遗址的发现相矛盾，如SDG2。此外，骨骼的[14]C年代早于光释光年代。这意味着考古材料产生较早，但该序列在短时间内受到扰动导致几乎整个考古序列的沉积物年代一致。虽然石制品的尺寸分布表明这个石制品组合的构成是相对完整的（Pei et al, 2014），但是地质观察和人工制品的分布表明这个遗址受到了流水动力的改造（Niu et al, 2016）（图6）。因此，遗址沉积物的年代可能并不代表古人类活动的年代。鉴于以上原因，这个地点的光释光年代未被采用。两个[14]C年代，即34364—33667a cal BP和28342—27763a cal BP，代表了第7地点考古材料的年代。

第7地点发现了大量的石制品、少量动物遗存和两件鸵鸟蛋皮串珠。学者们对第7—11层的石制品组合进行了整体的研究和报告，故而目前区分不同层位的技术单元较为困难。遗址出土的大部分石制品是由简单的单台面和多台面石核剥片而成。经过修理的石制品包括两极产品、少量制作精细的端刮器和轻度修理的边刮器。尽管来自下部考古层的8个扁脸石叶石核指示了石制品组合中的石叶成分（Niu et al, 2016），但由于出土层位的不确定性，我们很难确定其年代以及其与石核-石片组合的关系。该石制品组合的混杂埋藏背景使得明确描述第7地点的石器技术单元变得极为困难。然而，在离第7地点最近的第2地点发现了与之类似的石制品类型，包括石叶石核、制作精细的端刮器、各种两极石制品和鸵鸟蛋皮串珠；此外，两者的[14]C年代有一定程度的重叠。这暗示第7地点地层可能与第2地点相连，但位于人类主要活动区域的边缘，且发生了一些沉积后的扰动。

水洞沟第8地点

第8地点发现于2002年，2003年发掘，面积为16m^2。遗址揭露地层总厚度3.5米，共有3个沉积层，但只有第2层（约0.5米厚）包含考古遗存。遗址出土的一件鸵鸟蛋皮串珠的残片年代为31280—30853a cal BP。虽然这是第8地点目前唯一的年代数据，但是它与第2地点的AL2考古层年代接近，这一层出土的两件鸵鸟蛋皮串珠的年代分别为31207—30818a cal BP和32918—31719a cal BP。

第8地点共发现了776件由燧石、石英岩和白云岩制作的人工制品，以及8件鸵鸟蛋皮串珠，但未发现动物遗存（Wang et al, 2015）。这些石制品组合是以简单的硬锤法剥取石片的模式，未发现台面和工作面的预制。毛坯通常是形状不规则的宽石片，也有一些修长的石片，但未发现石叶。经过修理的工具比例很低（1%），且多为轻度修理。石器以边刮器为主，大部分以相对较平的石片为毛坯制作而成。

水洞沟第9地点

第9地点发现于2002年，2007年发掘面积为20m^2。发掘区揭露的地层总厚度0.6米，同时发掘区北侧发掘了厚约2.8米的探沟。遗址确认了3个沉积层，所有人工制品发现于第2层，且其中大部分集中在现代地表下20厘米左右的区域（Gao et al, 2013b）。遗址获得了一系列光释光年代数据，但年代和深度的相关性较差（Gao et al, 2013b）。此外，考虑到大部分石制品发现在地表或接近地表的位置，该地点更像是一个地表遗址，来自考古层光释光年代的可靠性仍值得商榷。

石制品组合共包含417件石制品，与第一地点的石叶组合十分类似（Gao et al, 2013b）。硅质白云岩（93.2%）是最常见的原料，其次是燧石（3.1%）和石英岩（2.2%）。勒瓦娄哇石叶石核、棱柱状或多台面石核以及较高比例的石叶（占毛坯的45.1%）表明该遗址古人类具备系统的石叶生产能力。遗址还发现少量生产石片的勒瓦娄哇石核和盘状石核。未发现经过修理的石制品。

水洞沟第12地点

第12地点发现于2005年，2007年揭露面积为12m²，2010年揭露100m²（图7）。不幸的是，2010年发掘后该地点被一处水库所淹没。2007年发掘的地层总厚度为9米，确认了12个沉积层，其中一个包含有木炭的灰色细砂层（第11层）发现丰富的考古材料。第11层的最大厚度为1.6米，表明该遗址可能被长期或重复利用（图8）。该层共获得7个AMS¹⁴C年代测年数据，其中5个将该地层的年代确定为距今10500—10200年间（Liu et al, 2008; Yi and Gao未发表数据）。

2007年发掘出土的20000多件石制品得到了较为系统的研究，2010年发掘的其他材料目前仍在分析中。该石制品组合主要为细石叶技术的产品和副产品，细石叶和细石核占据了石制品

图7　SDG12附近的自然景观

图8　SDG12的地层和年代数据（图内比例尺为50厘米）

组合中的18.3%。楔形细石核是该遗址中最常见的类型，但是锥形和柱形细石核也有发现（Yi et al, 2015）。石核工作面上的预制和规则的细石叶片疤，以及细石叶的点状台面等特点说明这些产品是通过压制法产生。虽然该组合中也有石叶，但是它们似乎是预制细石核过程中的副产品，而非剥片的目标。经修理的工具比例很低，而且大多数不是定型的工具，常是不规则的。遗址还发现了一些磨制石器（22件）。这些磨制石器制作精细，且功能多样，包含了一件磨石、一件杵、一件铣石和一件磨制石斧残段。其他的考古发现包括具有几种不同类型的骨器组成的复杂骨制品技术（Zhang et al, 2016; Zhang et al, 2018; Yi et al, 2013），以及由钙结核制成的装饰品等。

第12地点是中国北方全新世早期研究最好的旧石器时代遗址之一，并且许多其他研究内容也在进行。根据对遗址灰烬层中出土的大量碎石的分析和该遗址的生态背景，高星等学者（2014）认为这些破碎的烧石是用于煮水和烹饪液体食物。由于之前的年代数据落入了新仙女木事件中（距今12900—11600年），因此一些文章提出了第12地点的狩猎采集群体为应对寒冷天气和恶劣环境采取一些特定的适应性策略，包括复合细石叶工具套、服装、磨制工具技术和复杂的骨制品技术（Yi et al, 2013, 2014; Zhang et al, 2018）。然而，随着一系列新的放射性碳年代数据的出现，对该遗址狩猎采集群体适应性行为的解释需要重新构建。

小结

水洞沟遗址群的放射性测年数据可分为7组：SDG1的北剖面和SDG2-AL7层、SDG1的西剖面、SDG2-AL6层、SDG2-AL3层、SDG2-AL2层和SDG8、SDG2-AL1a层、SDG12（图9）。尽管更多的年代数据定会改变遗址年代序列的细节，但目前数据显示，水洞沟流域的人类活动存在于两个广泛的时期：深海氧同位素阶段第3阶段晚期（MIS3，约46ka—27ka BP）和全新世早期。对水洞沟第2地点沉积物粒度和花粉样本的分析表明，MIS3晚期，水洞沟谷地形成了一个古湖；湖泊消失后，沙漠草原环境扩展到河谷之中（Gao et al, 2008; Liu et al, 2012）。古人类对水洞沟地区的第一次密集占据始于46ka—41ka BP之间，并持续到了27ka BP左右，即古湖存在期间。MIS3晚期的湖泊环境可能为古人类提供了足够的食物和其他资源，吸引了古人类群体在该地的经常性活动。更加干旱的环境条件，特别是在LGM期间，水洞沟地区变得不适合居住，狩猎采集群体放弃了该地区。水洞沟河谷在全新世早期被重新占据，时间约为10.5ka BP，即在新仙女木事件后不久。

水洞沟地区已经确定了三种石制品技术系统：大型石叶产品，主要利用勒瓦娄哇技术和棱柱状石叶技法；简单石核-石片生产序列以及主要从楔形细石核上生产细石叶的技术（图10）。早在46ka BP，但更可能是在42ka—41ka BP左右，水洞沟河谷中出现了采用大型石叶技术的人群。这一技术体系在第1地点得到了最好的展现。第2地点的AL7层可以追溯到41.4ka—40.4ka BP，该层发现大型石叶石核，虽然只有一件。第9地点没有可靠的年代数据，但是石叶组合在技术上与第1地点类似。第7地点的几件石核显示出了勒瓦娄哇石叶生产的特征，但它们的年代和与地层的关系并不确定。在41.8ka BP和34.8ka BP之间的某个时间，该地区出现了简单石核-石片技术体系，第2地点的AL6层和AL5b层的数量较少的石制品可以说明这一点。在第2地点的AL5a层，出现了石叶产品，但该层还未确定年代，且考古材料也仅限于一件勒瓦娄哇石叶石核。从32.6ka BP开始，第2地点（AL3层）出土了相对密集的石制品，其特点是石核-石片体系和其他类型的考古材料共同存在，包括一件淡水蚌壳残片。在31.2ka—28.8ka BP期间，在第2地点的AL2层和第8地点的地层沉积中，出土了相对密集的石核-石片技术体系产品。这些层位中的材料伴随着新的物质文化形式出现，包括鸵鸟蛋皮串珠和骨质工具；以及其他新的石器技术特征和行为方式，包括软锤打法、从相对较远的地区搬运原料、生产小石叶大小的毛坯以及生产精致的端刮器。尽管由于前文讨论的地层问题，很难将第7地点与其他地点联系起来，但该地点的石制品可以归纳为简单石核-石片技术体系。在大约28.2ka—27.3ka BP期间，第2地点AL1a层出土了石核-石片组合，石制品组合中有很大比例采用两极打法生产的小型修长毛坯；同时还有整体形状不规则的磨制工具。最后，在10.5ka—10.2ka BP左右，经过较长时间的中断，第12地点出现了细石叶技术组合，同时也出现了定型的磨制工具、骨质工具和装饰品等。

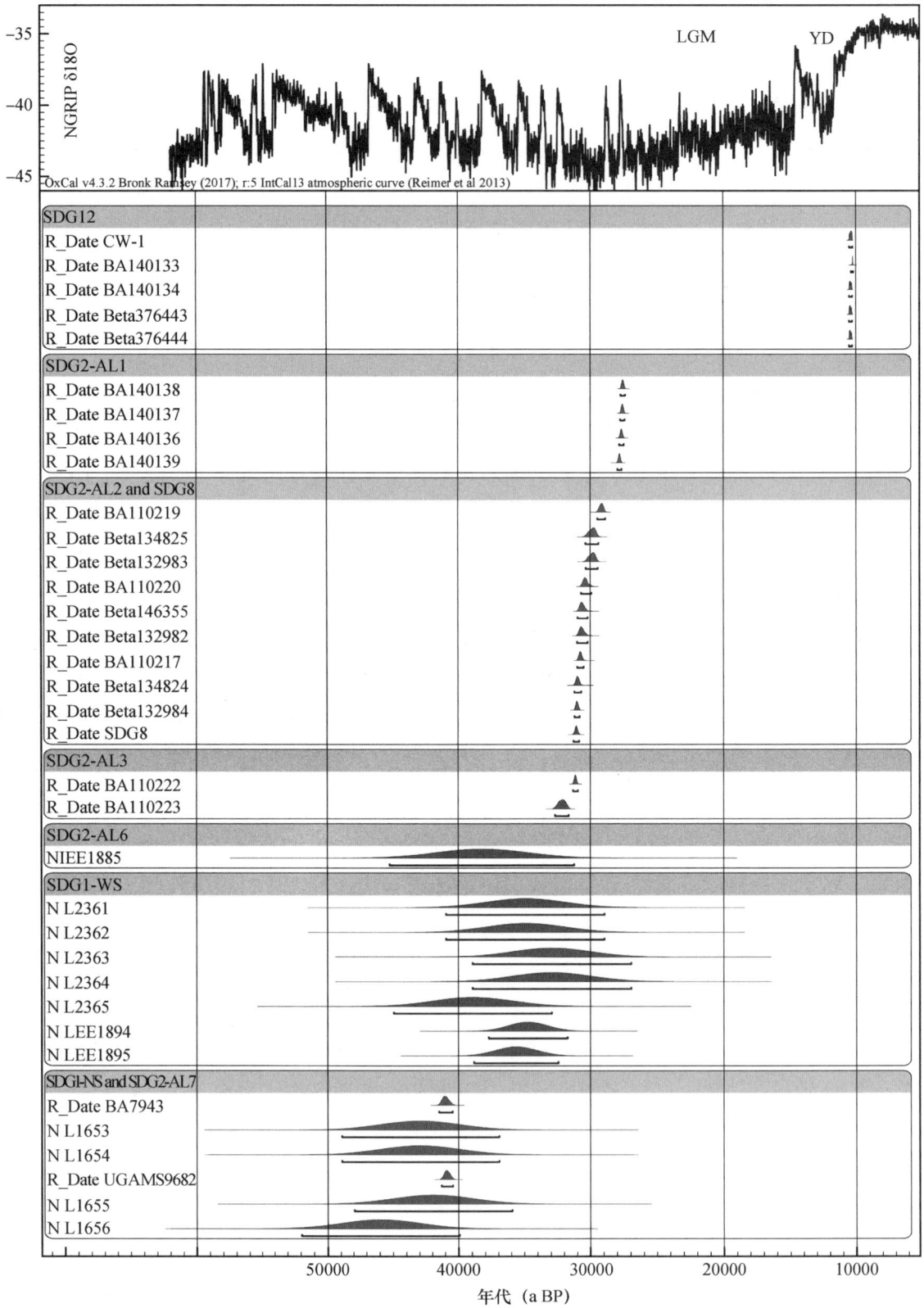

图9　水洞沟遗址的旧石器时代地层年代学

［AMS年代采用OxCal4.2软件（Ramsey 2009）和INTCAL13（Reimer et al, 2013）进行校准；所有的光释光年代都是根据其公布的数据进行转换的］

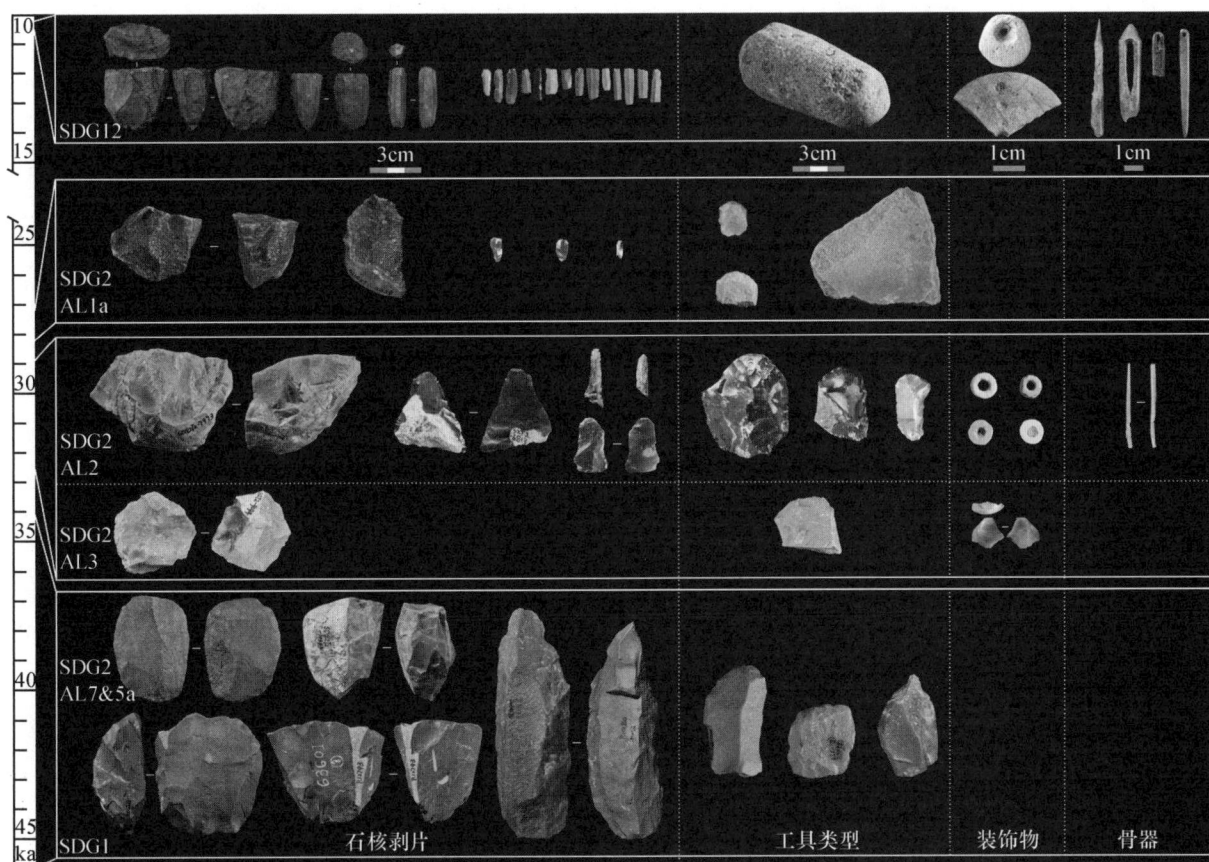

图10　水洞沟遗址的技术类型学序列

4. 讨论和结论

文化和行为多样性是全球旧石器时代晚期的共有特征。中国旧石器时代的年代和文化特征尚不明确，但水洞沟地区的考古发现揭示出了一个相对复杂且不连续的文化序列。石叶和其他典型的欧洲旧石器时代晚期石制品类型（端刮器、雕刻器）的稀缺，鼓励学者们采用其他类型的物质文化表现，如装饰品和骨制品，来标定中国旧石器时代新的文化阶段的开始（Bar-Yosef and Wang, 2012; Du et al, 2016; Qu et al, 2013）。然而，这些材料在中国45ka—10ka BP的考古记录中并非普遍存在的（Li et al, 2014; Qu et al, 2013; Wei et al, 2016; Zhang et al, 2010）。石制品的丰富性使得其在描述旧石器时代的文化阶段时发挥着重要作用，也将继续发挥作用。水洞沟地区在46ka—10ka BP之间的人工制品组合包含三个主要组成部分（概述如下），初步搭建了中国北方旧石器时代晚期的演变框架。

（1）在水洞沟地区，大约在46ka—33ka BP出现了利用勒瓦娄哇和棱柱状技法的石叶组合。这预示着具有欧亚大陆西侧石制品技术特点的旧石器时代晚期的出现。这种石器工业的分布仅限于中国北方的北部地区。蒙古和西伯利亚阿尔泰地区的遗址含有类似的石制品技术，并且这些遗址的年代普遍更早（Derevianko, 2011; Li et al, 2014; Li et al, 2016; Zwyns et al, 2014）。因此，研究人员提出水洞沟出现的大型石叶技术是技术扩散（Brantingham et al, 2001; Peng et al, 2014），或来自蒙古和/或阿尔泰地区的人群扩散的结果（Li et al, 2014; Li et al, 2016）。目前，水洞沟地区还没有发现具有欧亚大陆西侧旧石器时代晚期的典型特征，如以棱柱状石叶和小石叶为主的石制品组合。但在中国东北地区的一些遗址中，已经发现了与使用黑曜石相关的棱柱状石叶组合（Chen et al, 2006; Li et al, 2016）。然而，中国东北地区的遗址没有精确的年代数据，旧石器时代晚期早段和典型的旧石器时代晚期石制品组合之间的关系仍然是未知的。

（2）水洞沟地区具有特定技术革新的简单石核-石片技术大约发生在33ka BP，并且持续到27ka BP。在第2地点早期低密度、无年代数据的地层沉积（AL5b层和AL6层）中可能已经有这种技术出现的暗示。自早更新世以来，简单石核-石片组合一直存在于中国北方（Schick et al, 1991; Dennell, 2008; Gao, 2013; Wang, 2005; Zhang, 1990）。按照G. Clark（1969）提出的方案，它们通常被描述为模式1技术。它们的持续存在通常被认为是中国旧石器时代文化连续演化的证据，甚至可能暗示了该地区从直立人到智人演化的连续性（例如Gao, 2014; Wu and Xu, 2016）。将中国所有的简单石核-石片组合描述为模式1是有问题的（Li, 2017），对该问题的讨论超出了本文的范围。当然，与早期相比，第2地点AL2层（31ka—29ka BP）的石核-石片组合显示了各种技术上的创新，包括使用软锤打法、搬运外来原料、系统地生产小石叶大小的毛坯，以及精致修理的端刮器。尽管这些技术创新并非都持续到了AL1层中，但精致修理的端刮器和小石叶大小的毛坯持续下来，并且AL1层中还出现了新的技术元素，如研磨工具。这个时期大约于27ka BP在水洞沟地区结束，但它在中国北方其他地区可能持续得更长。

（3）细石叶技术是旧石器时代晚期技术中一种高度进步的技术模式，于全新世早期出现在水洞沟地区，这比中国北方其他地区，如泥河湾盆地、河南和山西晚15000年左右（Song et al, 2017, 2019; Wang and Qu, 2014）。Madsen等学者（2001）根据第2地点的发现提出了一个假设，即细石叶技术起源于大型石叶技术和两极技术的结合。以往对第2地点的两极产品的研究，特别是石核的研究未显示出这种演变过程（Li et al, 2013）。即使剥离的产品在尺寸上相似，但是两极技术涉及的剥片过程与细石叶技术非常不同，后者需要对台面和工作面进行系统的预制，且通常采用压制法（Kuzmin et al, 2007）。此外，水洞沟地区较早的石叶组合（约40ka BP）和两极产品组合（约27ka BP）之间巨大的年代差距，不支持大型石叶技术影响两极技术的论点。总之，水洞沟的细石叶技术不太可能演变自早期的大型石叶技术。相反，它很可能是外来的。

关于细石叶技术的起源已经争论了几十年（Jia, 1978; Kuzmin et al, 2007; Song et al, 2019; Yi et al, 2016以及其中的参考文献）。西伯利亚、蒙古和中国北方都是其可能的起源地，其起源路径主要有两个假设：①细石叶技术是从棱柱状石叶组合中发展而来，支持证据之一是西伯利亚阿尔泰Ust-Karakol遗址发现的材料（例如Derevianko and Shunkov, 2004; Keates, 2007; Kuzmin, 2007; Yi et al, 2016）；②它来自于石核-石片组合，论据常包括中国北方的许家窑和峙峪遗址发现的材料（例如Jia, 1978; Jia et al, 1972）。由于时间上存在较大的空白，水洞沟的数据还无法用来论证这两种假说。

中国北部地区的旧石器时代考古术语较为费解，存在诸如旧石器时代晚期初段（IUP）、旧石器时代晚期（LP）等。旧石器时代晚期（UP）这一通用术语通常用于描述在欧亚大陆西侧发现的具有一系列特定文化特征的考古材料。然而，在45k—10ka BP期间，中国北方地区的物质文化在石制品技术和类型方面与欧亚大陆西侧有很大不同。水洞沟最著名的早期石叶组合已被纳入旧石器时代晚期初段（IUP）的范畴。IUP这个术语是首先使用于Boker Tachtit遗址（第四层）的一个特定组合，随后被扩展到包括黎凡特地区最早的旧石器时代晚期组合，其中包含有勒瓦娄哇技术的元素。后来，IUP这个名称被扩展到整个欧亚大陆的早期旧石器时代晚期组合。从黎凡特到中国西北地区分布的组合的技术相似性可能是多种因素共同作用的结果，包括人群迁移、文化传播和技术趋同，而目前IUP的定义已经变得过于宽泛，不再是通常意义上的"文化"（Kuhn and Zwyns, 2014）。因此，尽管我们仍可以使用IUP一词总阔水洞沟早期石叶组合的一般技术特征，但水洞沟的IUP组合与欧亚大陆其他地区的IUP组合之间的确切渊源关系还有待确定。

水洞沟遗址晚期的石核-石片组合有着明显不同于西欧旧石器时代晚期的特点，也不同于中国北部旧石器时代早期和中期的组合。考虑到中国北部独特的石制品技术发展特点，有学者提出了旧石器时代早期和晚期两个阶段的模式（Ikawa-Smith, 1978; Gao, 1999; Gao and Norton, 2002）。就像在欧亚大陆西侧一样，学者们以前将石叶、装饰品和骨制品作为中国旧石器时代晚期开始的标志。然而，这些材料在中国旧石器时代的记录中并不常见，而且显然其中一些材料（如石叶）是外来的。具有经精致修理的端刮器、装饰品和包含其他技术创新的石核-石片组合，很可能代表了中国北方本土化旧石器时代晚期的开端。如果细石叶技术来自于中国北部的石核-石片技术，那么旧石器时代晚期所遵循的技术演化轨迹就与欧亚大陆西侧和非洲完全不同。当然有可能，甚至非常有可能，发展的石核-石片技术被中国北部的外来细石叶技术所取代。在这种情况下，探讨石核-石片组合何时以及如何被取代的问题就显得尤为重要。

识别石制品组合的制造者并非一件容易的事情，且经常会引发争议，特别是当石制品和人类化石没有同时存在时。现代人于40ka BP左右出现在中国北方的田园洞（Shang et al, 2007）和周口店山顶洞（Li et al, 2018），但这些地点的考古学证据不够充分。田园洞未发现考古遗存，而山顶洞发现数量有限的石制品（25件）和装饰品（141件）（Pei, 1939）。水洞沟地区和亚洲北部的其他早段旧石器时代晚期遗址都未发现现代人化石。因此，亚洲北部的旧石器时代晚期石制品技术和现代人之间的关系仍然不清楚（Li et al, 2016）。尽管如此，学者们倾向于认为亚洲北部的旧石器时代晚期初段的考古材料是现代人的产物（Gao et al, 2013a; but see Bar-Yosef and Belfer-Cohen, 2013）。用于支持这一点的证据之一是旧石器时代晚期早段遗址中出现的装饰品，但亚洲北部复杂的人群状况使得这一假设有待商榷。在丹尼索瓦洞，发现了多种典型的旧石器时代晚期人工制品和装饰品，可能与丹尼索瓦人和尼安德特人有关（Douka et al, 2019; Krause et al, 2010; Reich et al, 2010; Prüfer et al, 2014; Slon et al, 2017），不过这是亚洲北部唯一的案例。近期，在水洞沟遗址东北方向约1000千米处的中国北部的金斯太洞穴，学者们报告了可能由尼安德特人制作的旧石器时代中期的石制品组合（Li et al, 2018）。50ka—30ka BP间的亚洲北部，不同的人群可能广泛共存。显然，确定谁是亚洲北部的旧石器时代晚期初段的生产者需要更多的工作。但毫无疑问，旧石器时代晚期初段的广泛分布提供了许多信息，这些信息可以用于探索亚洲北部晚更新世期间人类文化演变和人口动态相关的诸多有趣话题。

中国石制品技术发展一般都具有缓慢和渐进的特点，这在中国南部尤其如此（Wang, 1997, 2005）。参照西方的文化发展框架，中国发现的石制品的形制和器物形态的变化相对较小，但这在中国北部相对明显。中国北部存在着明显的外来大型石叶技术、本土的石核-石片技术和可能来自外部的细石叶技术，这使得旧石器时代晚期在中国北部的研究变得更加复杂。另外，它为研究晚更新世东亚地区的文化地理、人类适应性、人群交流和人口动态等问题提供了一个有趣的场景。对中国北部不同地区长尺度考古序列的探索，将有助于我们更好地理解晚更新世中国旧石器时代晚期特征的凝聚和演变。

致谢：诚挚感谢Timothy Taylor和两位匿名审稿人，他们的编辑和评论对本文的提升大有助益。感谢王惠民教授（宁夏回族自治区文物考古研究所）、裴树文研究员（中国科学院古脊椎动物与古人类研究所）、王春雪博士（吉林大学）、刘德成博士（中国科学院遥感与数字地球研究所）、牛东伟博士（河北师范大学）和仪明洁博士（中国人民大学）关于水洞沟遗址相关研究的有益讨论。感谢德国洪堡基金会提供的博士后资助和中国科学院青年创新促进会（2017102）的资助，以及中国科学院国际人才计划（批准号：2015VEA013）为本文第二作者研究提供的资助。本研究得到了中国科学院战略性先导科技专项（批准号：XDB26000000）和中国国家自然科学基金委员会（批准号：41872028和41672024）的支持。

［原载Li F, Kuhn S L, Bar-Yosef O, Chen F Y, Peng F, Gao X. History, Chronology and Techno-typology of the Upper Paleolithic Sequence in the Shuidonggou Area, Northern China. Journal of World Prehistory, 2019, 32(2): 111-141］

（沈柯译，李锋校）

中国北方旧石器时代晚期的开始：
对水洞沟遗址群研究的综述

彭　菲[1, 2]　郭家龙[3]　Sam Lin[4]　王惠民[3]　高　星[1, 2, 5]

（1.中国科学院脊椎动物演化与人类起源重点实验室、中国科学院古脊椎动物与古人类研究所，中国
北京，100044；2.中国科学院生物演化与环境卓越中心，中国北京，100044；3.宁夏文物考古研究所，
中国银川，750001；4.伍伦贡大学地球与环境科学学院考古科学中心，澳大利亚伍伦贡，2500；
5.中国科学院大学，中国北京，100089）

摘要： 自1923年在水洞沟第1地点发现丰富的石制品和动物化石以来，水洞沟（SDG）吸引了
一代又一代对中国乃至东亚旧石器时代晚期感兴趣的学者。在过去的近一个世纪里，不同的机
构在水洞沟不同地点进行了多次发掘。已经获得了大量的数据，并出土了数万件遗物。随着多
次发掘和深入研究，对水洞沟的性质和背景的认识正在逐步加深。本文回顾了水洞沟的发掘与
研究，特别是回溯了2002年以来的一系列调查和发掘工作。经过这一阶段长期的发掘研究，水
洞沟遗址的时空范围已经远远超出了以往的认识。在水洞沟不同地点出现的多个文化层表明，
早期人类群体在距今5万—1万年之间反复来到这一地区，但在末次盛冰期（LGM）时期该地
区没有人类活动。在人类频繁活动于这一地区期间，现代研究者们用不同的分析方法和科学技
术发现了各种古人的复杂的行为：采集各种植物、为打制石器做热处理准备、制作装饰品、刻
划象征等。基于孢粉分析的古环境重建表明，晚更新世/早全新世人类在水洞沟地区的活动时
间主要发生在距今3.2万—2.4万年和距今1.3万—1.1万年，当时气候条件比较有利。多年的发掘
和研究使我们对水洞沟的性质有了进一步认识。但有关水洞沟的旧石器时代晚期初段石制品组
合、中国似勒瓦娄哇技术（Levallois-like technology）的起源与消失等问题仍有待讨论。水洞沟
第1地点（SDG1）的进一步发掘和研究将厘清这些问题。

关键词： 旧石器时代晚期；中国；石叶技术；勒瓦娄哇；石核-石片技术

1. 引　　言

中国旧石器时代石器序列的总体印象是技术简单，分为中国北方的石核-石片工业和南方的砾石石器工业（Bar-Yosef and Wang, 2012）。事实上，中国北方旧石器时代早期的特点是，基本的石核-石片技术长期单调地持续了一百万年（Zhang, 1999）。尽管与该地区旧石器时代晚期开始的有关特征尚不清楚，但大多数研究者都认为，以石叶为主的组合包含了旧石器时代晚期初段（IUP）的关键技术特征，这种组合在蒙古、西伯利亚和西亚发现的时间为距今5万—3万年（Kuhn and Zwyns, 2014），在中国西北部开始出现的时间约为距今4万—3万年（Gao, 2013）。在这些组合出现后，考古记录开始显示出更多的象征性和创新性行为的证据，表明在晚更新世，中国北方地区人类行为的复杂性有所提高。这些考古现象表明中国北方地区旧石器时代晚期的全面发展。

对旧石器时代早期和晚期之间的突然过渡的解释仍然存在争议。考古记录中的明显变化是反映了当地人对环境条件变化的适应？还是标志着人类从阿尔泰和中亚散布到这个地区？如果是后者，这种侵入性的旧石器时代晚期初段现象与现有的当地群体之间的关系是什么？此外，该地区的古环境是相当多样化的，是由东亚季风周期和青藏高原的隆起形成的。特别是在距今4万—3万年之间，中国西北部的大片地区比该地区的现代气候湿润，并含有淡水古湖（Zhang et al, 2002; Yang and Scuderi, 2010）。当早期人类群体冒险进入这一地区时，他们是如何与周围的景观互动和适应的？

为了全面解决这些问题，必须对该地区晚更新世的考古地层沉积物进行深入和全面的研究。水洞沟就是其中一个例子。

水洞沟遗址群（38°17′55.2″N, 106°30′6.7″E, 1.200 m a.s.l.）位于中国西北部鄂尔多斯沙漠的西南边缘，在银川（宁夏回族自治区首府）东南28千米，黄河以东10千米处。在黄河支流边沟河岸边，共发现了12个地点的晚更新世考古遗存，这些遗存被包裹在沙质淤泥中（Pei et al, 2012）。尽管中国已经发现了数以千计的旧石器时代遗址，但水洞沟（SDG）自1923年首次发现和发掘以来，一直被认为是最重要的旧石器时代晚期遗址之一。作为中国最早发掘的旧石器时代遗址，水洞沟出土了大量的遗物和古人类遗迹，并在过去一个世纪里引发了与东亚人类文化起源和进化问题有关的热烈讨论和争论。

自2000年以来，在水洞沟不同地点开展了新的多学科研究。这些研究表明，古人类群体通过复杂的行为和技术策略在更大的时间范围内利用了水洞沟地区的资源（Institute of Cultural Relics Archaeology of Ningxia Hui Autonomous Region et al, 2013）。这些新的研究还确定了水洞沟地区似勒瓦娄哇技术的特征，并将其起源与西伯利亚的旧石器时代晚期初段联系起来（Peng et al, 2014）。更重要的是，自2002年以来，在水洞沟进行的系统化和多学科研究，帮助培养了一代年轻的中国旧石器时代考古学家。在此，我们对20世纪初以来在水洞沟开展的研究进行了综合回顾，并讨论了主要的成就和正在进行的研究工作。此外，我们还概述了水洞沟未来研究的主要目标，这将有助于阐明中国北方地区旧石器时代晚期的开端。

2. 20世纪的开拓工作

20世纪20年代初，传教士比·肖特（P. Schotte）在水洞沟以东5千米的横山堡村的黄土峭壁上采集了一件石英岩制品。随后在1923年，法国古生物学家德日进（P. Teilhard de Chardin）和桑志华（E. Licent）在水洞沟确定了五个不连续的考古沉积（archaeological deposites）；这些被称为SDG1—5。德日进和桑志华在SDG1开了一条80m²的探沟，揭露了50cm厚的考古沉积。发掘出300多千克的考古遗物，包括石制品、来自普氏野马（*Equus przewalskyi*）、蒙古野驴（E. *hemionus*）、普氏羚羊（*Gazella przewalskyi*）、披毛犀（*Coelodonta antiquitatis*）、原始牛（*Bos primigenius*）、斑鬣狗（*Hyaena crocuta*）等物种的动物化石，以及鸵鸟蛋壳（OES）碎片（Boule et al, 1928）。

1925年发表了一份初步报告，1928年发表了一份更详细的概述，作为布勒（M.Boule）、布日耶（H.Breuil）、桑志华（E.Licent）和德日进（P. Teilhard de Chardin）撰写的《中国的旧石器》的一部分。在这本书中，布日耶认为水洞沟的石器工业代表了一种文化，似乎介于非常发达的莫斯特文化和初生的奥瑞纳文化之间，或者是这两者的混合体（Boule et al, 1928: 121）。博尔德（F. Bordes）在观察了这些石器后，也发表了类似的意见，认为水洞沟工业是一种具有勒瓦娄哇缩减技术（Levallois reduction technique）的莫斯特工业（Bordes, 1968: 130）。这些关于水洞沟的结论直到今天还被广泛引用，部分原因是布日耶和博尔德的学术地位和声誉。许多中国学者被水洞沟独特的以石叶为主的组合所吸引，它与中国旧石器时代的石核-石片技术有很大的不同，他们致力于研究并将其文化起源追溯到西方（例如Li, 1993; Zhang, 1999）。

随后，中国和俄罗斯的研究小组分别于1960年、1963年和1980年对SDG1进行了发掘（Jia et al, 1964）。在1960年的发掘中，在约36m²的区域内，出土了近2000件石制品。基于"标准化石"的概念，贾兰坡等人认为水洞沟的遗物如尖状器和端刮器等类型，是属于旧石器时代晚期的。研究人员还推测水洞沟与东部的山西省丁村旧石器时代遗址之间可能存在文化相似性（Jia et al, 1964）。

1963年SDG1的发掘工作是由裴文中指导的。裴文中曾在法国受训，因其在周口店的出色工作而闻名。在SDG1的发掘中，在上层的河湖相淤泥沉积（fluvial-lacustrine silt deposit）中发现了磨光的石器，如磨石；下层则有大量的打制石器（chipped stone artifacts）。基于这一观察，裴文中和李有恒（1964）认为SDG1地层序列有两个主要组成部分，上层对应于全新世新石器时代。这一假设后来在1980年的发掘中得到了¹⁴C测年的支持。

20世纪在SDG1的最后一次发掘是1980年由宁夏博物馆和宁夏地质局进行的。从9月4日到10月11日，在52m²的探沟中共出土了6700件石制品和63件哺乳动物化石，代表15个物种。发掘人员还在考古沉积中遇到了分布丰富的灰烬和木炭（Institute of Cultural Relics Archaeology of Ningxia Hui Autonomous Region et al, 2013）。这两个团队，即宁夏博物馆和宁夏地质局，将超过10米深的地层序列分为8个或16个地质层。作为这个项目的一部分，应用了两种测年方法，尽管只报告了一些结果。放射性碳素测年将第5和第6层的时间定为17250±210a BP和26230±800 a BP。另外，铀系测年表明更新世地层的年龄在38000±200a BP和34000±2000a BP之间。孢粉分析表明，当古人类在晚更新世占领这一地区时，环境是寒冷和干燥的（Zhou and Hu, 1988）。

在对更新世文化层的3000件石器进行分析后，研究人员再次确定了与中国旧石器时代相比独特的水洞沟技术特征，并由于细石器占比较低而将水洞沟工业置于旧石器时代后段的早期（Institute of Cultural Relics Archaeology of Ningxia Hui Autonomous Region et al, 2013）。另外，Brantingham及其同事（Brantingham et al, 2001）观察到，该组合富含边刮器，因此"无论采用何种研究方法，水洞沟都具有强烈的旧石器时代中期的类型特征"（2001: 744）。通过进一步将SDG1的石制品组合与来自Kara Bom（西伯利亚阿尔泰）和Chikhen Agui（蒙古）的旧石器时代晚期初段组合进行比较，Brantingham等人（2001）认为，这些组合之间存在着强烈的文化关系，在早期的当地旧石器时代中期的文化变体和后来的旧石器时代晚期初段传统之间存在着技术连续性。

总之，20世纪在水洞沟的研究有助于厘清一些重要的问题，包括石器组合中的勒瓦娄哇石叶特征以及它与西亚和中亚的旧石器时代晚期初段的相似性。另外，一些中国研究者提出了水洞沟与中国北方和中部其他旧石器时代遗址之间的关系（Gai and Huang, 1982; Li, 1993）。在某种程度上，关于水洞沟工业的文化性质的不同观点可以归因于对SDG1的有限调查。由于年代上的局限，包括珠子、骨质工具和用火遗迹等一些发现被报道了，但没有详细分析。关于SDG1年代的争论也因缺乏明确的样品出处而加剧。值得注意的是，尽管在1923年就已经确定了SDG2—SDG5地点，但在过去的一个世纪里，研究人员对这些地点的关注度极低。

3. 新的进展与成就

3.1 2002—2007年的发掘与成就

2002年至2007年期间，由高星领导的一个多学科小组在水洞沟进行了一系列的调查。这项研究包括对周边地区的实地调查，确定了另外七个水洞沟地点（SDG6—SDG12），对SDG2—SDG9和SDG12地点进行了发掘，对地层序列进行了地质分析和年代测定，并对考古材料进行了系统分析，包括之前从SDG1地点发掘的材料。这些研究工作产生了大量有关水洞沟古人类活动的新信息，并以一些遗址报告和研究论文的形式发表（Liu et al, 2008; Liu et al, 2009; Guan et al, 2011; Lui et al, 2012; Guan et al, 2012; Pei et al, 2012; Peng et al, 2012; Li et al, 2013a; Li et al, 2013b; Zhou et al, 2013; Guan et al, 2014; Pei et al, 2014; Peng et al, 2014; Guan et al, 2015; Wei1 et al, 2016）。我们将这些研究成果总结如下。

3.1.1　晚更新世人类活动的地理范围扩大

如前所述，水洞沟是一个由多个露天地点组成的大型旧石器时代遗址群。2002年以来的调查表明，这一地区的人类活动远远超出了以往发现的范围。特别是，不仅在位于沙漠边缘的水洞沟，而且在位于黄土高原和贺兰山以西的六盘山也发现了石叶。这种分布模式为追踪该地区早期人类的足迹和探索过去人类对不同地貌的适应性提供了线索（Gao et al，2013a，2013b）。

3.1.2　建立年代学序列

在不同的水洞沟地点出现的不连续的文化层表明该地区在距今5万—1万年之间被古人类反复使用和占领。新的测年将SDG1、SDG2、SDG9的以石叶为主的组合的年龄推到了距今4万甚至5万年（Li et al, 2013a, 2013b; Morgan et al, 2014; Nian et al, 2014）。这些石叶在距今3万年左右不再出现在地层序列中，而是被SDG7和SDG8的石核-石片组合所取代（Wang et al, 2015; Niu et al, 2016）。在末次冰期（LGM）期间，该地区没有发现考古遗存，直到距今1.2万—1.1万年的SDG12出现了典型的细石器组合（Yi et al, 2014）。这些结果表明，除了末次冰期有一个空白之外，水洞沟的人类行为在距今5万—1万年之间有连续的序列。

这个年代序列主要是基于SDG2和SDG12的年代样本，这两个地点包含更完整的地层序列和典型的石制品组合。然而，SDG2的石叶出现率极低，与SDG1的高比例勒瓦娄哇石叶形成鲜明对比（Keates and Kuzmin, 2015）。这两个相距不远的地方在技术上的差异，意味着既定的文化序列仍有待商榷（Peng et al, 2014）。未来的研究侧重于对水洞沟的年代学、地层学和技术进行深入和系统的评估，有助于澄清这些问题。

3.1.3　古环境的重建

考古学证据表明，人类开始利用水洞沟地区是在深海氧同位素第3阶段（MIS3）。根据冰芯、湖泊沉积物和黄土-古土壤的地质数据，中国西北地区在MIS3期间见证了古湖泊的扩张（Zhang et al, 2002）。SDG2的孢粉分析表明，在距今3.8万—2.9万年期间为包含落叶阔叶林的温带草原环境。孢粉记录中丰富的水生物种（aquatic and hydric species）也表明这一时期该地区存在着湿地。在距今2.9万—2万年之间，该地区的环境可能过渡到温带沙漠草原环境，有一些桦树和榆树的存在。在这一时期，中国北方地区只有少数已知的考古遗址；末次冰期的寒冷和干燥条件可能限制了该地区的人类活动。在SDG2，这一时期的孢粉记录很少，这反映了更广泛地区的温带沙漠草原环境；在周围的山丘上存在少量的云杉属植物（*Picea* sp.和*Abies* sp.）（Liu et al, 2012）。古人类对水洞沟的占据于全新世之初重新出现。SDG12的考古沉积物被测定为距今1.3万—1.1万年，形成于气候相对更温暖和更潮湿的时期（Liu et al, 2008）。这些发现表明，晚更新世/早全新世人类对水洞沟地区的利用主要发生在距今3.2万—2.4万年和距今1.3万—1.1万年左右，当时的气候条件更为有利。

3.1.4 似勒瓦娄哇石叶技术及其起源与消失

对1980年发掘出的SDG1石制品组合的重新评估，确定了旨在生产石叶和小石叶的两个不同的缩减序列（Peng et al, 2012; Peng et al, 2014）（图1）。主要的缩减序列产生了标准化的石叶、细长的石片和来自宽面石核的小石叶，并且大多是通过直接对向打制产生的。另一个不太常见的缩减系统是从棱柱形石核和窄面石核中生产石叶和小石叶。

与东北亚其他旧石器时代晚期初段（IUP）和旧石器时代晚期早段（EUP）的组合相比（Kuhn and Zwyns, 2014），SDG1组合在类型和技术上与西伯利亚阿尔泰地区、蒙古发现的旧石器时代晚期初段相似。然而，鉴于SDG1更新世序列所代表的广泛的年代范围，以及SDG1组合确实包含一些旧石器时代晚期早段的技术特征，如棱柱形石核和窄面石核缩减序列，我们不能排除旧石器时代晚期早段技术进入SDG1的可能性。同样需要注意的是，从超过5米厚的更新世沉积物中出土的数千件石制品都被归入一个单一的文化层。因此，要对SDG1的石制品序列进行更详细的历时评估，需要在SDG1进行进一步的系统发掘。

考虑到水洞沟的不同地点，各种中国旧石器时代晚期的技术得以被体现。特别是，勒瓦娄哇石叶组合和简单石核-石片技术似乎随着时间的推移而交替出现，这表明在末次冰期，东北亚地区的早期人类适应、迁移和互动的情况是动态而复杂的。目前还没有证据显示似勒瓦娄哇的技术组合与中国北方的石核-石片工业之间有任何直接联系；前者可能与来自更远的西部和西北部的早期人类群体的扩散有关。似勒瓦娄哇技术出现在水洞沟的时间比以往研究表明的

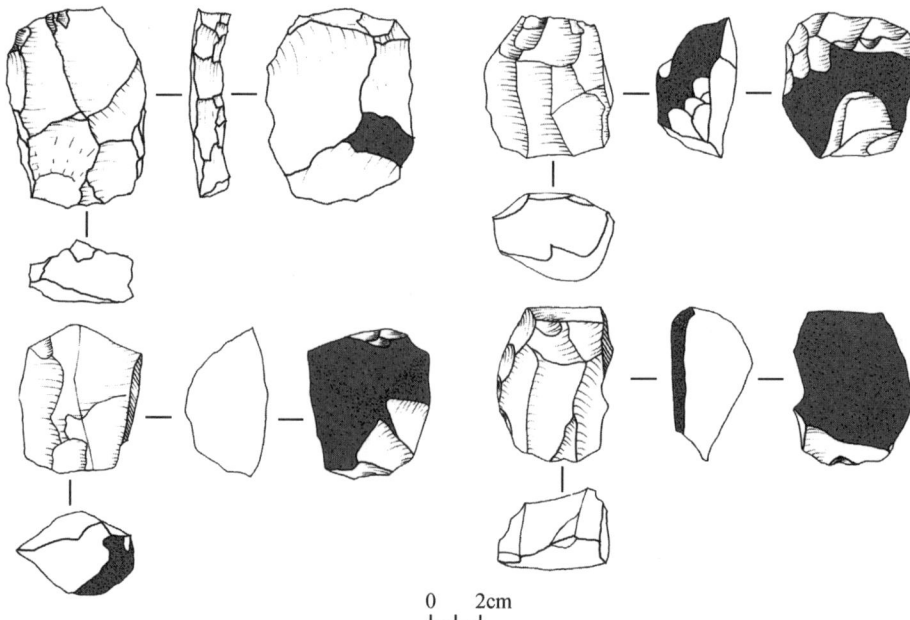

0   2cm

图1　SDG1旧石器时代晚期初段组合中的宽面石核

时间要早。有趣的是，勒瓦娄哇石叶技术并没有对当地工业产生任何明显的技术影响。假设外来的似旧石器时代晚期初段技术代表了一个文化体，水洞沟的序列表明，拥有独特的石叶技术的早期现代人群体在晚更新世期间从更远的西部/西北部扩散到这个地区。然而，这些群体在某个时期放弃了这一地区，而当地人口继续利用这一地区。这些当地群体保留了他们在石器制造方面的技术传统（即简单石核-石片技术），同时采用了一些现代行为，体现在石器的精致化、使用装饰品和热处理技术上。

3.1.5　行为多样性和复杂性

与20世纪强调确定水洞沟工业的文化属性不同，2002—2007年项目的一个主要方面是关注早期人类群体的行为和适应策略（Gao et al, 2013a, 2013b）。考古材料，如石制品、骨器、装饰品、用火遗迹、动物和植物遗存被收集并深入分析，以推断过去的行为模式，包括石器热处理、生活空间的复杂利用和组织以及植物资源的使用。

对SDG2的48件石制品的微痕分析显示，其中4件石器被用于刮削（scraping/whittling），另外4件被用于切割（cutting/slicing），还有一件石器被装柄（hafted）。另一方面，在所研究的样本中没有发现钻、刻或戳刺的迹象（Gao et al, 2013a, 2013b）。石器的残留物分析表明，SDG2的早期人类群体采集和加工各种植物资源（Guan et al, 2014）。SDG2考古材料的遗址内空间分布表明了以火塘为中心的生活组织，表明了大本营遗址的功能（Guan et al, 2011）。SDG2采用热处理的方法来改善石质原料的断裂性能和可加工性（Zhou et al, 2013；Zhou et al, 2014; Guan et al, 2015）。对地表采集的鸵鸟蛋皮串珠的实验和微观CT分析证明了这些装饰品的制造过程，显示出水洞沟古人类潜在的认知和技术复杂性（Wang et al, 2009; Yang et al, 2016）。1980年在SDG1发掘中发现的石核上的几条刻划线被证实是有意行为的结果，可能具有非功利性（Peng et al, 2012）。从SDG2的CL3中发现的河蚬贝壳装饰品被认定为最早的个人装饰品和中国最早的贝珠实例（Wei et al, 2016）。实验和民族学证据表明，SDG12的数千块被烧过和裂开的石头有可能被用作烹饪食物或烧水的保温器。如果是真的，对热能的间接操纵说明过去的群体有强大的能力来控制和应用热量，这是适应当地环境的一种手段（Gao et al, 2014）。

这些在水洞沟不同地点表现出来的多样而复杂的行为，显示了晚更新世中国西北地区古人类的丰富信息。重要的是，一些被视为行为现代性标志的象征性器物（McBrearty and Brooks, 2000; Henshilwood and Marean, 2003; Norton and Jin, 2009; Nowell, 2010），共生的是基本的、非制式的石核-石片组合，而不是石叶组合。这一发现对于重新思考石叶技术在所谓的现代社会中的隐性作用具有重要意义。

3.2　2014年以来新的发掘

　　然而，就石器技术而言，尽管在SDG2、SDG7、SDG9的各个文化层中识别了石叶的生产（Pei et al, 2012; Li, 2013a, 2013b; Niu et al, 2016），但是水洞沟石叶技术的出现仍然存在争议（Li et al, 2013a, 2013b; Keates and Kuzmin, 2015），主要是因为SDG2组合中石叶的总体比例很低，SDG2目前的年代与其各自的地层位置不一致，年代样品在不同文化层中的分布极不均匀，SDG1石叶组合的地层和年代关系仍不清楚。此外，仍然不确定的是，不同形式的石叶技术与不同水洞沟地点经常同时出现的石核-石片技术之间的关系（Gao et al, 2013a, 2013b）。为了厘清这些问题，我们启动了一个新的研究项目，以建立SDG1和SDG2旧石器时代沉积之间的地层关系，并更好地理解旧石器时代晚期石器组合的技术内容和时间联系。

　　新的考古工作主要集中在SDG1和SDG2。2014年至2016年期间，在SDG2发掘了一条探沟（T3）（图2）；在12米多的沉积物中发现了5000多件石制品、1000多件鸵鸟蛋皮碎片/珠子、几十处火塘和赭石、1件骨坠饰、一些鸟蛋壳碎片、5件蚌壳碎片以及大量的动物遗存（图3）。骨坠和鸟蛋壳是在水洞沟首次发现的同类物品。显然，这些新发现为了解水洞沟早期人类群体的行为和认知能力提供了更多信息。重要的是，在2002—2007年的发掘中发现的SDG2的鸵鸟蛋皮制品仅位于第2文化层中。在T3的新发掘中，在整个1—3文化层中都发现了鸵鸟蛋皮的碎片和珠子。在这些鸵鸟蛋皮碎片中，有部分穿孔未完工的珠子。这些材料表明，其中一些珠子可能是在SDG2原地制作的。T3材料的大部分分析工作正在进行中。连同即将进行的SDG1的发掘，这些新的研究工作无疑将为我们了解水洞沟的早期人类活动提供新的信息。

图2　SDG2的探沟

图3 T3剖面

4. 总结评论与展望

经过近整整一个世纪的研究和反复发掘，水洞沟不仅是人类进化研究的重要遗址，也是中国研究最全面的旧石器时代遗址之一。自2002年以来，系统的、多学科的研究为中国旧石器时代的研究培养了新一代的年轻学者。详细的研究提供了背景信息，阐明了在更新世和全新世早期，水洞沟和大西北地区的古人类的生活方式。以往研究成果还强调了水洞沟在东北亚人类扩散、干旱和半干旱环境下的文化演变以及中国北方地区旧石器时代晚期的开端等重要问题上的重要性。然而，一些关键的研究问题仍有待厘清。

第一，要为各种水洞沟组合建立一个更加精确和可靠的年代学框架。具体而言，鉴于SDG2许多文化层的潜在年龄大于3万年，目前通过酸碱酸预处理获得的放射性碳素测年可能是最小。如果旧石器时代晚期初段文化层的年龄大于4.1万年（Li et al, 2013a, 2013b），晚更新世人类向东亚扩散的模型将不得不进行修正，可能是从阿尔泰地区向东南扩散，通过天山走廊进入中国北方地区，然后向北进入蒙古（Peng, 2012）。此外，厘清旧石器时代晚期初段的年代也有助于解决中国旧石器时代晚期的技术变化和人口互动问题。SDG2的上文化层中的石制品缺乏旧石器时代晚期初段的石叶技术，而是显示出中国旧石器时代典型的石核-石片技术。建立一个明确的时间顺序将有助于厘清本土技术的出现是否与下文化层的外来性旧石器时代晚期初段元素相重叠。

第二，需要对各个地方的石制品进行更全面和综合的评估。在SDG1、SDG2、SDG7、SDG9地点都发现了旧石器时代晚期初段组合。然而，与石核-石片技术相比，在SDG2、SDG7地点的石叶元素的比例是非常低的（Li et al, 2013a, 2013b; Niu et al, 2016）。就SDG1而言，由于之前的发掘将所有更新世的遗物合并到一个地层单元中，遗物可能代表了不同技术的混合组合。综合这些因素，要确定水洞沟地区的石制品序列仍然很困难。使水洞沟文化序列更加模糊的是，象征性材料和装饰品，如鸵鸟蛋皮珠子和骨坠饰，是旧石器时代晚期初段的主要特征，都是在SDG2、SDG7、SDG8的石核-石片组合中发现的。为了厘清水洞沟组合、东北亚旧石器时代晚期和中亚更广泛的旧石器时代晚期初段现象之间的联系，需要对各个地方的石制品进行更全面和综合的评估。

第三，水洞沟与其他文化之间的互动关系还需要继续探讨。东亚（包括韩国和日本）旧石器时代晚期的开始是以考古记录中出现的石叶和细石叶生产技术为标志的（Chang, 2012; Kudo and Kumon, 2012; Lee, 2013）。然而，一些学者倾向于采用制作精良的骨器和身体装饰品的出现作为旧石器时代晚期的标志（Qu et al, 2012）。近年来，在中国东北和中部地区又发现了以石叶为主的组合（Wang and Wang, 2014; Li et al, 2016）。考虑到这些新的发现，水洞沟和其他这些以石叶为主的组合之间有什么关系？此外，在水洞沟出现的以石叶为主的组合和石核-石片组合的重叠序列与该地区过去人类群体的互动和动态文化有什么关系？对SDG1的进一步研究将有助于厘清这些问题。

致谢：作者要感谢所有参与水洞沟发掘和研究工作的成员。这项工作得到了国家自然科学基金（41672024）、中国科学院重点研究计划（KZZD-EW-15）和中国科技部基础研究项目（2014FY110300）的资金支持。

［原载Peng F, Guo J, Lin S, Wang H, Gao X. The Onset of Late Paleolithic in North China: An Integrative Review of the Shuidonggou Site Complex, China. L'Anthropologie, 2018, 122(1): 74-86］

（顾雪玲译，彭菲校）

细石叶技术与中国北方腹地系列专业化群体的兴起

仪明洁[1,2]　Loukas Barton[3]　Christopher Morgan[4]　刘德成[1]　陈福友[1]
张　乐[1]　裴树文[1]　关　莹[1]　王惠民[5]　高　星[1]　Robert L. Bettinger[6]

（1.中国科学院古脊椎动物与古人类研究所人类演化实验室，中国北京，100044；2.中国科学院研究生院，
中国北京，100049；3.匹兹堡大学人类学系，美国匹兹堡，15260；4.犹他州立大学社会学、
社会工作与人类学系，美国洛根，84322-0730；5.宁夏回族自治区文物考古研究所，中国银川，
750001；6.加州大学戴维斯分校人类学系，美国戴维斯，95616）

摘要：尽管细石叶技术在末次盛冰期前已经存在，但直到新仙女木事件（12900—11600a cal BP）开始前，这一技术在中国北方腹地的石器组合中仍不常见。虽然很明显，这一地区和其他地方的细石叶技术均与围绕狩猎的流动适应有关，但随之而来的假设——细石叶主要用于制作狩猎武器，则不尽然。中国北方腹地的考古学记录，包括宁夏回族自治区的鸽子山遗址（QG3）和水洞沟第12地点（SDG12）、甘肃省大地湾遗址，以及一些镶嵌细石叶的骨质/鹿角工具，都表现出与流动性更加直接的联系。这些材料表明，新仙女木期中国北方腹地细石叶技术的发展主要是由于细石叶被镶嵌于复合刀具，用于生产精巧的御寒衣物，而这种衣物正是冬季流动狩猎模式所需，就像Binford提到的"系列专业化群体"（serial specialists）。有限的时间与机会将这种生产压缩到一个非常狭窄的季节窗口，使得高度精简的程序显得尤为重要，而细石叶技术特别适合这种程序。

关键词：细石叶技术；系列专业化群体；冬季流动性；新仙女木；制作衣服

1. 引　言

晚更新世有两次严重的冷干性气候衰退期：末次盛冰期（LGM; ca. 24500—18300a cal BP）和新仙女木期（YD; ca. 12900—11600a cal BP），深刻影响了中国北部地区的人类适应。末次盛冰期间，中国北方人类活动的考古证据很少（Barton et al, 2007），北方地区最早的以石

叶为基础的石器工业——旧石器时代晚期早段（EUP）的宽面石核和石叶技术，以黄河上游水洞沟第1地点（SDG1）为代表（Brantingham et al, 2004）——被更适合低质、易获得石料的砸击剥片技术代替（Barton et al, 2007）。新仙女木期较末次盛冰期持续时间短，但几乎同样严重（Herzschuh and Liu, 2007; Wunneman et al, 2007），且遗址与放射性碳测年数据也和末次盛冰期中一样稀少。然而，末次盛冰期间被放弃的区域，包括黄河上游的水洞沟遗址和黄土高原西部的大地湾遗址（Bettinger et al, 2010a），到新仙女木期仍有使用。与末次盛冰期间不同，石器技术没有简化，而是变得更加复杂，转向技术要求更高的细石叶技术，适用的原料比简单锤击和两极剥片、甚至比旧石器时代晚期早段宽面石核石叶技术范围更小、质地更高。细石叶技术在前新仙女木期石器组合中占少数，在新仙女木期内及新仙女木期之后主导中国北方地区的石器组合，直至约8000a cal BP才开始衰落，即使在必要原料非常缺乏的地方也是如此。

　　这一过程展现了生活在黄河上游与北部毗邻沙漠、南部黄土高原渭河上游之间的狩猎采集人群（Lu, 1998: Fig. 1）对新仙女木期的行为反应，与末次盛冰期时不同，且更加成功。这也表明细石叶是这种差异产生的关键。与许多其他学者［Elston and Kuhn（2002）一书的学者；Goebel, 2002; Neeley, 2002; Shott, 1986］认为的一样，我们推断这种差异主要在于流动性，尤其是细石叶技术促进了新仙女木期流动性的增加。我们的论点在关键方面会使人联想到Goebel（2002: 123）的"细石叶适应"，其特征是更明显的后勤式流动，伴随短期内将某种大型动物作为狩猎目标——Binford（1980: 17）称这一策略为系列专业化群体，Geobel认为这一策略使得古人类在末次盛冰期后再次占领西伯利亚，并在随后的新仙女木期持续生活。不过，也许比Geobel更进一步的是，我们发现营地的差异在冬季流动性方面是最大的。我们认为：①中国北方腹地的狩猎采集者是系列专业化群体，比在末次盛冰期的人类有更大的冬季流动性；②这是因为末次盛冰期时，狩猎采集者缺乏冬季频繁的后勤式流动所需的装备，尤其是冬季衣物；③细石叶或细石器技术（An, 1978; Lu, 1998）对此类衣物的生产至关重要，因此也对中国北方腹地系列专业化群体的出现和生存至关重要。随着全新世气候普遍改善，距今8000年后定居现象增加，冬季出行及制作相应衣物所需的细石器技术需求逐渐衰弱（参阅Lu, 1998）。在下文涉及细石叶技术起源、古老性和功能的节段中，通过三个考古学遗址，我们概述了上述论点，这三个遗址中均含有指代狩猎采集者对寒冷气候适应的新仙女木期的细石器部件。我们提供了一个关于狩猎采集者行为进化的理论假设，相较于所有其他猜测，它可最好地用以解释中国北方地区（也许还有其他地方）的考古学材料。为此，在讨论之后我们提出评估和完善这一假设的进一步研究建议。

2. 新仙女木期

　　格陵兰冰芯记录表明，在约距今12900—11600年间，北半球回到冰川时期的温度（Alley, 2000; Alley et al, 1993; Meese et al, 1997; Rasmuss et al, 2006），同时中国北方苦栗树洞穴石笋记

录了新仙女木事件，表现为距今（12850±40）—（11510±40）年间的亚洲季风减弱（Ma et al, 2012）。末次冰期结束的准确年代尚不清晰，尤其是对局部古环境研究来说，部分原因是放射性碳校正曲线的局限性（Muscheler et al, 2008）。对目前的分析来说，最重要的是考古学模式与古环境变化指标间的广泛对应关系。

关于博令-阿勒罗德—新仙女木期—全新世振荡模式（湿—干—温以及温暖—寒冷—温暖）在中国的环境和生态中的详细情况可以在别的研究中找到（Elston et al, 2011），超出本文讨论范围。总结来说，湖泊沉积（Liu et al, 2008c, 2002; Shen et al, 2005）与黄土沉积（An et al, 1993; Chen et al, 1997; Madsen et al, 1998; Wang et al, 1999）的代用指标、高海拔冰芯（Thompson et al, 1997; Yao et al, 1997）及中国南方（Wang et al, 2001; Yuan et al, 2004）、中部（Liu et al, 2008b）和北部（Ma et al, 2012）的洞穴石笋记录，都揭示了末次冰期结束时降水及温度模式的突变。类似情况在整个中亚和东北亚都能发现（Herzschuh, 2006; Wright and Janz, 2012）。

我们需要注意这些研究中分辨率、年代、指标和结论方面的差异，但很明显，整个区域内的古环境记录反映了新仙女木期的环境变化，并且这种异常情况在中国出现的时间与整个北半球大致相同。不太明确的是，这些指标数据中的异常能在多大程度上反映温度、降水的变化，以及它们之间复杂交互作用的变化（见Peterse et al, 2011）。

最后，温度和降水都会影响初级生产力，而这又会明显影响狩猎采集者的资源获取（见Binford, 2001）。此外，大部分人都认同，在新仙女木期，纬度高于30°的地区气候会比今天寒冷得多，而今天在这些地区进行户外冬季工作需要大量衣物。我们并不是说，新仙女木期因其气候迫使觅食群体出现技术和行为上的创新而独特。我们仅认为，当时北纬地区气候寒冷、生活困难，在那段时间里，人们以一种末次盛冰期没有的方式解决了获取冬季资源的问题。

3. 细石叶起源

中国细石叶技术的起源与古老性仍有较大争议（Lu, 1998; Chen, 2004），很大程度上是因为年代明确、有地层的遗址数量不足。有可能作为中国最早细石器的遗址有：山西省柴寺（丁村遗址群，77：01地点），年代为30600a cal BP；山西省下川遗址，年代为28000—19300a cal BP；宁夏回族自治区彭阳03地点（PY03），年代为22100a cal BP；另外可能有甘肃大地湾遗址第4层，年代为20000—13000a cal BP（IA-CASS, 1983; Huang and Hou, 1998; Kuzmin et al, 2007; Barton et al, 2007; Bettinger et al, 2010a, 2010b; Elston et al, 2011）。由于地层、环境或样本量，这四个遗址都存在问题（An, 1983; Kuzmin et al, 2007; Elston et al, 2011）。例如，大地湾遗址第4层明确显示出地层混合；彭阳03地点的细石器组合只有一件细石核。

Barton等（2007）推测细石叶技术在距今约24500年之后发展起来，是从末次盛冰期间取代了旧石器时代晚期早段的宽面石核石叶技术的两极或者称石片-碎屑技术中发展而来的。

这与末次盛冰期后，在北亚（即西伯利亚、蒙古、日本和韩国）发现的细石叶证据相吻合（Bleed, 2002; Elston and Brantingham; Goebel, 2002; Kuzmin et al, 2007），也符合中国腹地、东北部、西北部和青藏高原上的情况（Chen, 2007; Gao et al, 2008a; Yi et al, 2011）。尽管细石器在早期石器组合中占比很小（Lu, 1998: 88），但它们在距今15000年前变得越来越普遍（Chen, 2004）。

在这个背景下，本文中的证据表明，新仙女木期内，中国北部细石叶的使用在距今13000年后开始激增，体现在中国北方腹地的三个关键遗址：大地湾遗址、鸽子山遗址和水洞沟第12地点（SDG12）。这片区域总体上气候干旱，且位于当今中国的腹地区域，北临腾格里沙漠，南临渭河，东接鄂尔多斯高原和六盘山，西临祁连山。黄河横贯，大致流向东北；鸽子山遗址和水洞沟遗址位于黄河沿河狭长地带内。大地湾遗址在西南方，坐落在黄土高原西部切割地貌之上。这片地区有悠久考古记录与研究的历史，年代延伸至旧石器时代早期，研究时间早至1923年德日进在水洞沟发现第一个旧石器时代晚期早段遗址（Licent and Chardin, 1925）。其后的工作包括1978—1984年对大地湾新石器时代部分的大量发掘（GSWKY, 2006）；对水洞沟遗址不同的晚更新世遗存的大量工作（Gao et al, 2008b; Guan et al, 2011; Liu et al, 2009; Ningxia Museum, 1987; Pei et al, 2012），寻找腾格里沙漠与黄河走廊地区晚更新世到全新世早期的适应行为为主的调查与发掘等（Bettinger et al, 1994; Elston et al, 1997, 2011; Madsen et al, 1996, 1998）；另外还有我们团队在黄土高原西部进行的大量调查和发掘，包括2004—2009年对大地湾遗址的重新发掘（Barton, 2009; Bettinger et al, 2010a, 2010b; Morgan et al, 2011; Zhang et al, 2010）。

3.1　大地湾遗址的细石器

Bettinger等（2010a, 2010b）发表了甘肃大地湾遗址的6层文化序列（另见Barton, 2009; Zhang et al, 2010）。此处的文化堆积厚10米，包含在连续沉积黄土与黄土质古土壤中，记录下了距今80000年以来至全新世中期的古人类活动（表1）。年代早于末次盛冰期的遗存组合以大的石英岩石片、碎屑及少量的大型哺乳动物骨骼为特征。与当前讨论相关的是：第3层，末次盛冰期（33000—20000a cal BP），在此期间，该遗址基本被废弃；第4层（20000—13000a cal BP），在此层中石器使用当地丰富的大块石英岩，石器组合以硬锤打制、石片-碎屑（大石器）技术为主，组合中首次出现细石器；第5层（13000—7000a cal BP），此层中一些部分内细石器短暂地占据了主导地位，但在第6层（7000—5700a cal BP）中大部分都消失了（Bettinger et al, 2010a: Fig.3）。

大地湾细石器形体非常小，细石叶平均仅长9毫米，细石核大小不到中国北部其他地区发表材料的一半（Bettinger et al, 2010b），这说明细石器制作所需的细腻隐晶质原料在当地黄土高原地区的稀缺性，甚至可能是缺失的。原材料如此稀少，这似乎使得大地湾遗址，乃至整个黄土高原西部几乎不可能成为细石叶技术的起源地。技术、原料，及将二者结合起来的人群可能来自以北330千米的黄河上游和邻近沙漠，这些地区的原料更易获得，如鸽子山遗址显示的材料（见Elston et al, 1997）（见表2），在末次盛冰期后，且显然在新仙女木期前，细石叶技术（在水洞沟遗址第1地点和第2地点旧石器时代晚期早段遗存中没有发现）在此地区出现。

表1 黄土高原西部的甘肃省大地湾遗址按层位划分的石器和陶器分布频率（Bettinger et al, 2010a: Table1）

层位	1	2	3	4	5	6	总计
大约距今年代（千年）	60.0—42.0	42.0—33.0	33.0—20.0	20.0—13.0	13.0—7.0	7.0—5.7	
仰韶晚期陶片	*	*	*	*	*	0.18	0.07
半坡晚期陶片	*	*	*	0.02[a]	0.02	0.51	0.19
大地湾陶片	*	*	*	0.02[a]	0.11	0.12	0.09
细石器、石核和碎片	*	*	0.12[a]	0.16	0.38	0.02	0.20
大石器、石核和碎片	1.00	1.00	0.88	0.80	0.48	0.17	0.46
总计（容纳舍入误差）	1.00	1.00	1.00	1.00	1.00	1.00	1.00
样本（#）	31	72	25	261	756	624	1769
样本（#/m³）	10.2	36.2	8.1	54.9	124.3	273.7	

a 地层不适当，见Bettinger et al, 2010a。

* <0.1。

注：末次盛冰期（第3层）密度（每立方米样品数）在序列中最低，说明遗址基本被废弃。细石器工具、石核和碎片在第5层中占主导地位，但不是全部。在发表的大地湾遗址报告（GSWKY, 2006）中，第5层对应大地湾I期（老官台文化），第6层对应大地湾II期（半坡类型晚期）。

3.2 鸽子山遗址的细石器

鸽子山遗址（也称四眼泉遗址）位于宁夏回族自治区鸽子山盆地，东靠黄河上游，西临腾格里沙漠（Elston et al, 1997, 2011; Madsen et al, 1998）。鸽子山遗址有地层，这使Elston等人（1997）和Madsen等人（1998）能够将遗存划分为两层：沙砾I层年代为14977—13480a cal BP，沙砾II层年代为11948—11641a cal BP。时间间断不一定是因为人类活动中断，而是侵蚀的结果，反映出新仙女木期的极端干冷气候。遗址中存在两种截然不同的石器技术。"大石器技术"包含锤击石核、两面和单面工具，以变质绿岩、石英岩和细粒砂岩、河流砾石制成。细石叶技术包括细石叶、细石核和细石器工具，大部分以隐晶质岩石制成。磨光工具和研磨装置发现很少，一些研磨工具只是被判断为与沙砾I层年代相当。向细石叶技术的巨大转变证据很明确（表2）。在新仙女木侵蚀期前，细石叶技术在沙砾I层早期所占比例较少（21%），但在沙砾II层新仙女木晚期遗存中占据主导地位（68%）。

表2　黄河上游地区的宁夏鸽子山盆地四眼泉遗址（鸽子山遗址）按层位划分的石器和陶器分布频率（**Elston et al, 1997: Table 1**）

	沙层 I	过渡层	沙层 II	总计
	15.0ka—13.5ka cal BP		12.0ka—11.6ka cal BP	
细石核	0.02	0.02	0.02	0.02
细石叶	0.05	0.02	0.35	0.22
细石器碎片	0.14	0.03	0.31	0.22
大石器碎片	0.79	0.93	0.32	0.53
总计（容纳舍入误差）	1.00	1.00	1.00	1.00
样本（#）	199	98	425	722

3.3　水洞沟第12地点（SDG12）的细石器

水洞沟第12地点于2005年在宁夏回族自治区边沟河第2阶地（T2）沉积物的堤岸中被发现，是一条富炭灰质堆积带，长约50米，厚约1米（最大厚度为1.6米）（Liu et al, 2008a）。水洞沟第12地点位于鸽子山遗址东北部约60千米处，与鸽子山遗址相似，一侧近黄河（此处为黄河东岸）、一侧靠近沙漠（此处为毛乌素沙漠）。通过放射性碳与同位素测年，水洞沟第12地点人类活动年代在12200—11000a cal BP（Liu et al, 2008a; Pei et al, 2012）。12平方米沉积层发掘出土超7000件打制和磨制石器，研究者将其分为水平层1（最年轻）—5（最古老），这些水平层在组成上表现出的差异很小。虽然年代跨度反映了两种测年方式的差异、光释光固有的测量误差、晚更新世的放射性碳校正偏差等问题，但水洞沟第12地点基本上只含新仙女木层。通过其他学者已发表或待刊的石器初步分析以及准备中的更详细的工作，能够进行下述简单总结。

3.4　水洞沟第12地点组合

毫无疑问这一组合属于细石器；打制石器占文化遗存的99%以上，细石叶和细石核占将近20%（图1，表3）。其中至少有一些较大的细石叶是单侧琢背的，就像上宅遗址嵌入刀中的细石叶。其余的打制石器主要包括小型、有棱角的石核（1%）和废片（73%），后者可能是制作细石叶过程中的副产品。非细石核在原料上相同，大小相差不多，显示出想要制成细石叶生产所需的石核台面形态，但多次失败；不过，这些石核及两极石核也可能是用于生产权宜性石片工具，有轻微使用或修整痕迹的样本大约占全部石器的5%。

没有规范的（即显著修形或修整）的打制石器工具。相反，数量更少的磨制石器组合（n=16）中有规范的植物加工和木料加工工具（表3）。与磨制石器组合一样，加工过的骨器组合虽然数量不多，但比打制石器组合有更多的规范工具，包括大眼与小眼的骨针［用作缝纫

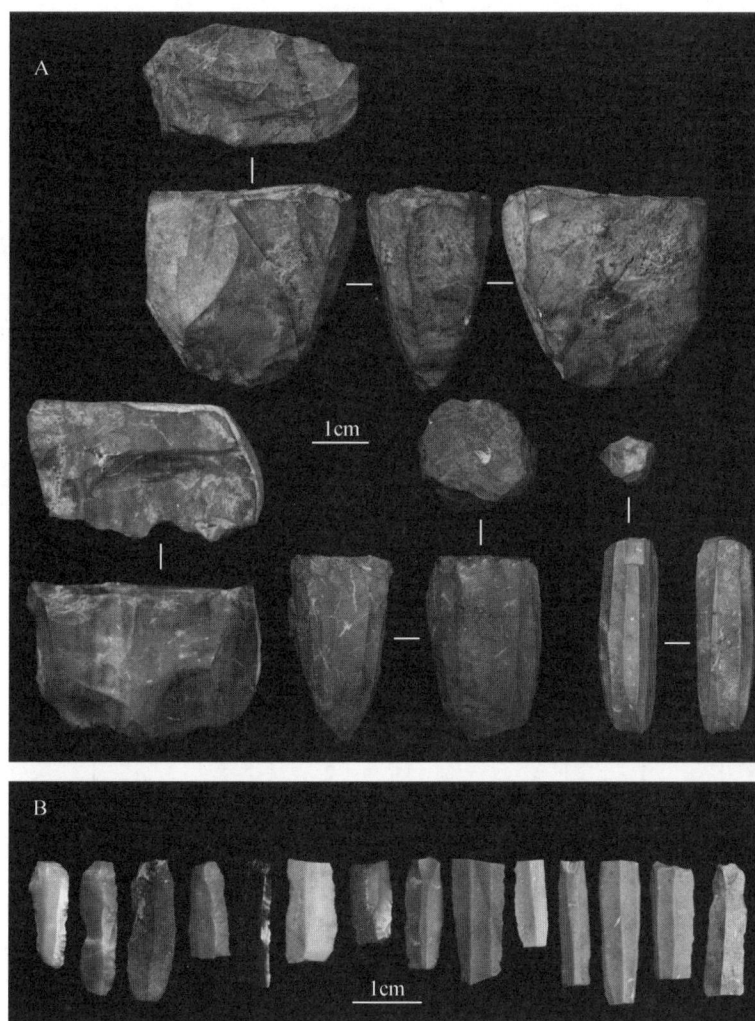

图1　水洞沟细石核及其预制品（A）和细石叶（B）

工具（Hoffecker，2011）］和至少一件扁平刀柄，单侧开槽用以安装细石叶，在形态上与西梁遗址的一件刀柄相似，在形态、装饰上都与前述大地湾遗址相似（图2、图3）。表3中没有列出的是超过13000块加热后破碎的岩块，证明了石煮的水平（Gao et al，2009），有可能和兽皮容器一同使用。动物群（Zhang et al，n.d.）以野兔（*Lepus* sp.，57.4%）和普氏羚羊（*Procapra przewalskii*，22.2%）为主，另有数量少得多的野牛（*Bubalus* sp.，6.8%）、狗獾（*Meles meles*，5.7%）、马（*Equus przewalskii*，2.9%）、鹿类（Cervidae，1.0%）、猪（*Sus* sp.，0.03%）和不明品种的鸟类（2.9%）。这一独特的动物群为水洞沟第12地点的功能和细石叶技术在所属生计系统中发挥的作用提供了重要线索。

表3　水洞沟第12地点石器组合初步分析

种类/类型	地层					总计
	1	2	3	4	5	
打制石器（比重）						
使用/修整石片	0.09	0.05	0.05	0.04	0.04	0.05
细石核	0.03	0	0	0.01	0.01	0.01
细石叶	0.20	0.04	0.04	0.18	0.23	0.18
多台面石核	0	0	0	0.01	0.01	0.01
废片	0.68	0.89	0.89	0.73	0.69	0.73
两极石核和石片	<0.01	0.01	0.01	0.02	0.02	0.02
总计（容纳舍入误差）	1.00	1.00	1.00	1.00	1.00	1.00
样品（#）	90	230	1960	2897	2098	7285
磨制石器（#）						
斧			1			
磨石					1	1
杵					1	1
研磨工具				1	2	3
未能辨认的碎片	1		2	3	4	10
样本（#）	1		3	4	8	16
其他石器（#）						
石锤			7	2	3	12
搬入石材				13	10	23
穿孔制品				1		1
样本（#）			7	16	13	36

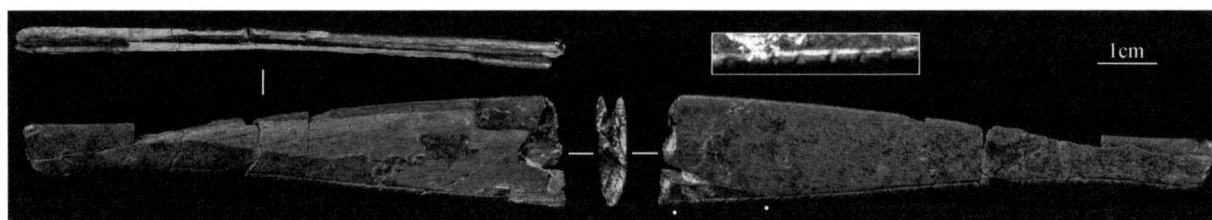

图2　水洞沟第12地点有装饰的骨刀柄（有用以安装细石叶的槽）

样本在形状上，以及可能在功能上，与新仙女木期间和之后中国北方其他地区发现的骨刀相似，在装饰上与大地湾遗址的开槽刀柄相似（见图5）。右上方的小图放大了其中一段（用两个白点指出），这一段上沿刀边缘的正面与背面都有精细的雕刻装饰。

图3 水洞沟第12地点骨针和缝纫锥

3.5 水洞沟第12地点的活动

野兔在水洞沟第12地点的主导地位与西伯利亚的"细石叶适应"有相似之处（Goebel，2002：126），但水洞沟第12地点的兔类与北美黑尾长耳野兔（*Lepus californicus*）、普氏瞪羚与北美叉角羚（*Antilocapra americana*）在解剖学与行为上有更多的相似之处，说明水洞沟第12地点与北美大盆地中的遗址展现出了更具体的相似性，后一类遗址是晚近的史前民族志中的群体性狩猎活动所用（例如Ark-ush，1995；Frison，1971；Lubinski，1999，2000）。

黑尾长耳野兔是北美大盆地中制作衣物的兽皮最重要的来源（Steward，1938：38），这也是捕猎它们的主要目的（Steward，1940：220），当然这种捕猎是群体性的，且通常使用网，一方面是为了获得所需的野兔数量，另一方面是因为它既不挖洞也不留下踪迹，制作陷阱没有效果。今天水洞沟地区的蒙古兔（*Lepus tolai*）与黑尾长耳野兔有共同的重要特征（如不掘地洞，Smith et al，2008：291-292），我们有理由假设它们最有效的捕获方式也是通过共同驱赶，也许是用网。

北美叉角羚的肉与兽皮都很重要，同样更容易通过公共捕猎获得。它停留在开阔的地方，难以接近，同时，比起躲藏它更倾向于逃跑，甚至不愿意跳过低矮的围栏，通过使用V形翼陷阱，它很容易被共同驱赶至矮畜栏前（Steward，1940：218-220）。普氏羚羊与叉角羚大小几乎相同，同时用Przewalsky自己的话来说，它"惊人地敏捷"，也展现出与叉角羚相同的特征：

留在开阔地方的喜好；通过逃跑来躲避猎人（Leslie et al, 2010: 133）；在跳跃超过1米高的围栏时表现出犹豫，这使得它很容易被共同驱赶至灌木丛或木围栏，或者可能自己进入边沟河中。近东草原地区大规模（并且可能是公共的）捕猎类似的动物（鹅喉羚）（Bar-Oz et al, 2011），为水洞沟第12地点中可见的策略提供了一个很好的史前类比。

3.6　水洞沟第12地点组合的内涵

水洞沟第12地点最有趣的地方是它的打制石器与动物群的联系，这种联系表明，在新仙女木期，中国北部腹地细石叶的主要功能不在于用作武器，而在于屠宰与手工艺制作——特别是衣物制作。要看到这一点，首先需要注意到水洞沟动物群中大部分（80%）是野兔和羚羊，捕猎它们不需要复杂的武器。野兔可以用网捕获，或者用棍棒猎杀。羚羊可以用棍棒、长矛、飞镖或箭镞猎杀，但如果是使用栏杆或边沟河作为屏障，任何射击都是近距离的，动物几乎没有逃脱的可能，即使是最原始的方法也已足够。嵌有细石叶的投射物复杂且花费较多，在加工过的骨器（诚然数量很少）中也没有任何发现。除此之外，打制石器组合几乎完全是细石叶、细石核和制作细石叶的伴生物。另外，超过一半的动物群是一类物种（野兔），其兽皮比众所周知的贫瘠瘦肉（Speth and Spielmann, 1983）更为重要，并且遗址中唯一与细石叶明确相关的工具是一种非常适合屠宰与切割皮毛的刀。遗址中存在的有眼骨针，以及大量经过煮沸的石头（Gao et al, 2009），可以用来为居民提供油脂，不只是为了食用，也是为了鞣革（Hatt, 1969: 14-15）。如此便补充了这一情况：水洞沟第12地点的主要活动是零起点开始生产复杂的、合身的衣物，人们聚集在一个地方，获得必要的兽皮与适用于制作细石叶的石料，而细石叶用来将兽皮制成衣物。

尽管水洞沟第12地点中遗迹（除了可能象征用火的不明确炭浓度）的缺失显示出这里是短期的，或可能是季节性的，这却不是一件简单的任务。水洞沟第12地点显著改变的文化堆积以及工具和废片的密度，证明当时的人类在生产可能是冬季的衣物时投入很大，我们推测这可能是新仙女木期适应的核心，就像Binford（1980: 16-17）所称的"系列专业化群体"——在寒冷、高季节性、燃料贫乏的环境中，人群依赖流动而不是贮藏来解决越冬问题。

3.7　细石叶用途

新仙女木期黄河上游发展的细石叶技术表现出一种功能回应，它解决了随着中国北部腹地新仙女木期环境干冷恶化产生的一些问题（或者创造了一些机会）（Herzschuh and Liu, 2007; Wunneman et al, 2007）。这与中国北部（Gai, 1985: Fig.12.3; Lu, 1998: Fig.1）乃至更广泛的欧亚大陆东部（Hoffecker, 2005）细石叶技术的流行，共同说明了细石叶技术与寒冷、干旱环境适应有关。然而，和细石叶技术的起源与年代一样，这种联系的本质存在问题。

细石叶显然有多种用途（Dixon, 2010; Elston and Kuhn, 2002）。但是，如此多的细石叶使用者如此依赖于狩猎，以至于放大了这样一种观念：细石叶的主要功能是用于狩猎武器——矛、镖、镞上尖端和尾端的石叶嵌入物（例如Elston and Brantingham, 2002: 104; Elston et al, 2011），而另一个观点：Dixon（2010: 79）"Exacto"刀的功能是用于屠宰、切割兽皮、修剪和其他的精细手工工作（例如Maxwell, 1984: 365），被认为是"附加功能"，无论对个人还是集体来说都不够重要，不足以从根本上决定对细石叶技术的投入。细石叶作为武器嵌入物使用的情况很清晰——尤其是在西伯利亚（例如Bazaliiskii, 2010: Fig.3.6），但武器功能并不普遍占主导地位，至少有一部分原因是在欧亚大陆东北部的许多细石器组合（如Dyuktai）中包含打制的投射尖状器，这说明有细石叶嵌入的武器也许更优越，但单体尖状器也提供了一个合理的，并且可能更加经济的选择（Yi and Clark, 1985）。

在中国，以细石叶为刃的复合武器的例子几乎全部来自东北，其中大部分来自兴隆洼遗址。这些武器主要是骨质鱼叉，通常在一侧刻有三个或更多的倒刺，另一侧有能够嵌入细石叶的凹槽，也许是用以捕鱼（ZSKYNMG, 1985, 1997）。有一特殊个例，鱼叉两侧下部都有倒钩刺，且两侧上方都有细石叶的凹槽（Guo, 1995）。兴隆洼复合工具组合还有至少一侧有凹槽的矛形尖状器，也许是用以陆地狩猎（ZSKYNMG, 1997）。这种开槽骨质工具组合大约可追溯至8300—7200a cal BP（根据Shelach, 2000: 371中对木炭日期的重新校正）。

至少在中国东北地区，细石叶的功能使用于手工制品上的证据显示在西梁遗址中，其中有一侧为细石叶预留开槽的骨刀，西梁遗址属于小河西文化，是兴隆洼文化的来源，年代约8500a cal BP（Liu, 2007: 40）。在北京平谷，约7600—6600a cal BP，年代稍晚的上宅遗址（Cui et al, 2010: Fig.1）中还发现了一把类似的单边开槽刀，但装有一件完整且相当大的细石叶（不是细石叶断片），一边有两面修整琢背。在中国北部腹地，细石叶用于手工制作的功能只在一处遗址显示出来：大地湾遗址新石器时代早期和中期文化层（约7900—6000a cal BP）中的扁平骨刀，经过装饰且单边开槽安装细石叶截段（GSWKY, 2006: 236-237），与水洞沟第12地点新仙女木期的样本相似。甘肃鸳鸯池遗址的两件器物年代稍晚（~4500a cal BP），制作更加精细：由扁骨制成的复合刀具，细石叶嵌于独立骨柄上（GSBWG, 1974）。

大地湾遗址的复合细石叶刀具可能有多种用途，出土于大地湾文化最早层位（大地湾一期或老官台期，约7900—7200a cal BP）（GSWKY, 2006: 59）中骨器组合的有眼骨针表明，合适的衣物在高速流动与偏向狩猎的新石器时代早期适应中可能也发挥着重要作用（Barton, 2009; Barton et al, 2009），大地湾遗址中复合细石叶刀具是手工制作服装的可能性也大大提升。事实上，并没有证据表明大地湾遗址的细石叶技术会用于其他功能，如有刃的武器。在黄河上游大地湾遗址北部约370千米处，2007年对水洞沟第12地点的发掘结果进一步证实了这一猜想：在新仙女木期，中国北方腹地细石叶技术的主要功能是制作精细的冬季服装。

3.8　系列专业化群体

　　系列专业化群体在大多数"觅食-采集者"模型的讨论中几乎没有发挥任何作用，很大程度上是因为民族志中的系列专业化群体并不支持纬度（即温度、有效温度）与狩猎采集者储存及定居之间的正相关关系（图4A、4B），也不支持纬度与后勤式流动性（图4C）、后勤式流动性与技术复杂程度及工具维护间的负相关关系。低纬度（<30°，即温暖环境）的采食者倾向于高度流动，他们整年都会根据资源需要进行移动，利用全年的居址流动来应对主要来自空

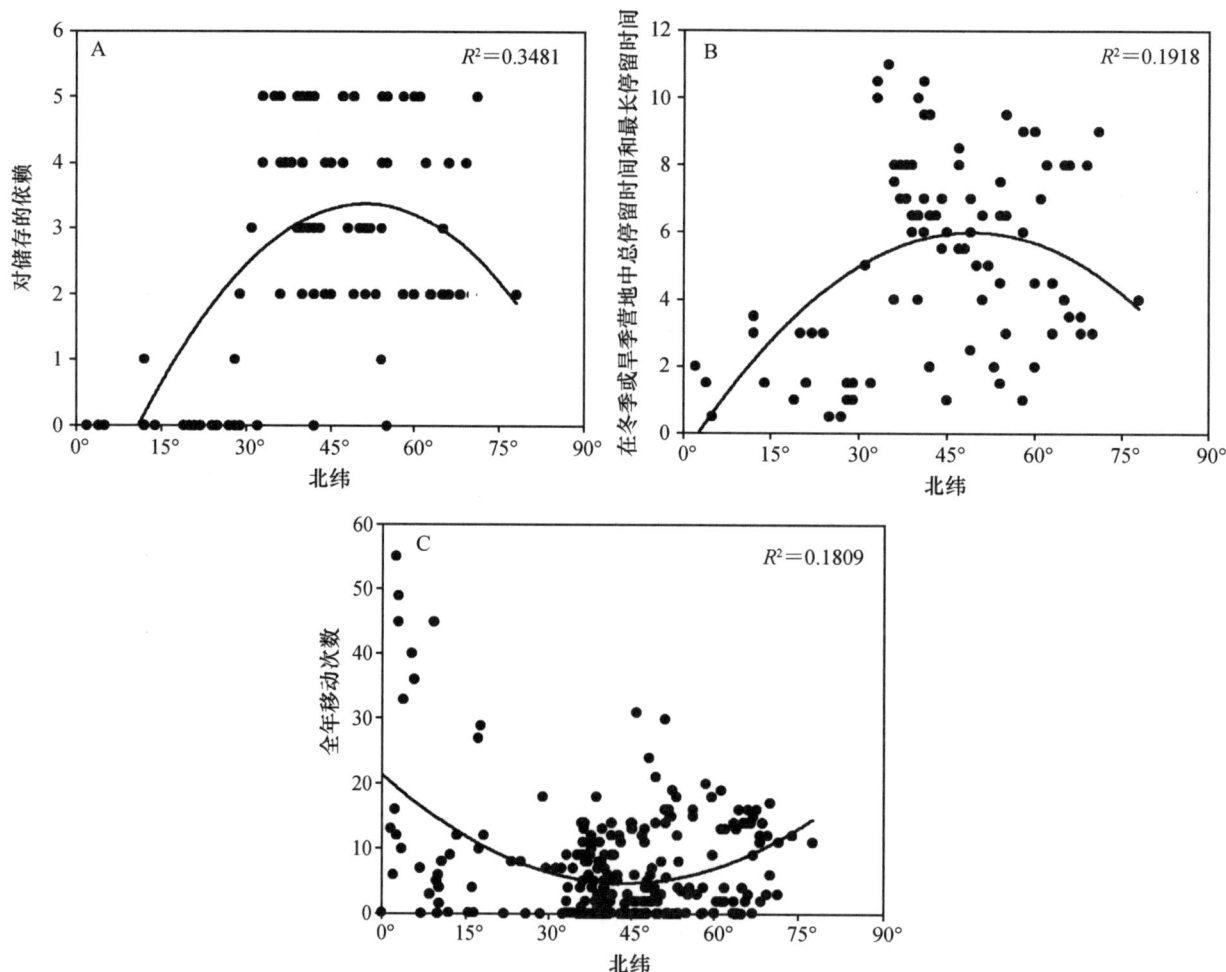

图4

（A）高纬度地区的狩猎采集者比中纬度地区的狩猎采集者对储存的依赖程度低。随着纬度上升，对储存的依赖程度先增加后减少。数据基于Keeley's（1995）的96个狩猎采集群体，通过基利的存储（STOR）变量测量：一个对储存的依赖程度的6级分类量表，范围从0（无储存）—5（储存过剩主食）。趋势线为二阶多项式。（B）高纬度地区的狩猎采集者比中纬度狩猎采集者定居程度低。随着纬度上升，定居程度先增加后减少。数据基于Keeley's（1995）的96个狩猎采集群体，通过基利的停留（STAY）变量测量：对定居程度的衡量，表现为在冬季或旱季营地中的总停留时间与最长停留时间（以月为单位）。趋势线为二阶多项式。
（C）高纬度地区的狩猎采集者比中纬度狩猎采集者在居住流动性上更高。254个北半球狩猎采集者全年随纬度变化的后勤式移动次数（Binford, 2001）随着纬度上升，流动性先减少后增加。趋势线为二阶多项式。

间上的资源短缺。较低的资源需求和相对稳定的（即全年的）资源供给有利于简单、通用，且往往是权宜之计的采食技术。相比之下，中纬度地区（纬度在30°—60°）的采食者在冬季时倾向于定居。他们利用后勤式流动策略和贮藏来应对更多是季节性而非空间性的资源短缺；集食者采用复杂的技术来获取和储存大量暖季时的资源，以便在可获取资源很少的冬季使用。高纬度地区（纬度＞60°，即寒冷环境）的狩猎采集者在更极端的形式下面对同样的"越冬问题"，但并非通过储存暖季资源来解决（他们会被困于其中），而是通过专门的技术和冬季后勤式流动性，改变自己的位置，捕获已经解决了越冬问题的猎物。

在大多数纬度高于60°的地方，要想获得和储存足够的暖季资源来支持冬季定居，显然是不可能的，也是不经济的，唯一的选择是通过冬季的流动追捕大型的、脂肪丰富的猎物，对内陆人群来说主要是体型较大的有蹄类动物。从这个角度来看，系列专业化群体结合了Binford所说的采食者的流动性与集食者的技术复杂性。为了应对冬季的生存挑战，系列专业化群体对生存技术（如狩猎装备）有很高要求，但对与流动性相关的技术（包括服装）有更高要求，因为这在应对冬季生存挑战方面比生存技术更为关键。低纬度觅食者经验表明，解决空间性的资源不协调问题（即地区性资源不足）更适合运用后勤式流动而不是强化技术的方式：找到一个更好的地方狩猎相比于找到一个更好的狩猎武器更为简单。Steegman等人（1983: 349）为北阿尔贡金人（Algonkians）指出了这点——整个北方森林地区适应取决于流动性，而流动性又取决于关键技术：雪橇、雪鞋、帐篷和衣服（Steegman, 1983: 257; Steegman et al, 1983: 324-328）。

4. 讨　论

一段时间以来（例如Elston et al, 1997）这一观点已经很清晰：至少在末次盛冰期，中国北方腹地已有细石叶存在，而直到很久以后的新仙女木期内，它们才变得突出（即打制石器技术变为"细石器"）。这一顺序表明，细石叶与流动性的联系比与狩猎的联系更紧密。如果细石叶只是（或者主要）用于给武器加刃，那么它们在新仙女木期的主导地位就意味着狩猎的地位同样显著提高。这便会使人困惑：为何要求如此高的细石叶技术会在狩猎不那么重要的前新仙女木期发展起来？无论如何，水洞沟第12地点的组合与狩猎转变的观念是不一致的。新仙女木期的规范植物加工工具并不比前新仙女木期数量多或少，表明在此期间植物在饮食中的重要性持续存在，并没有证据表明有一种需要细石叶生产（即武器嵌入物）的狩猎的规模与细石叶出现的规模相似。这为向系列专业化群体的转变提供了一个更好的解释。

同低纬度的觅食者一样，系列专业化群体经常处于移动之中，这限制了他们能够携带的装备数量，也限制了他们投入制作装备的时间。然而，与低纬度觅食者不同的是，系列专业化群体需要各种复杂的技术适应。在这一方面，他们更像中纬度的集食者，但较少被集中束缚，移动更加频繁。他们通常不能像集食者那样"停工"整个季节，投入到手工制作中。相反，系列专业化群体经常被迫在相对较短的时间内完成大量手工工作。细石叶技术非常适合这种流线化大规模生产，而这正是水洞沟第12地点的记录所表明的。水洞沟第12地点的使用强度，及对集体捕猎的强调，表明了一种相当短时间的人群占领，而在一年的剩余时间里，他们很可能独立行动，在冬季几乎肯定是如此。水洞沟第12地点很可能在季节性"加速准备"过冬前迅速被占领，也许相当于民族志记载中Copper因纽特人（Copper Inuit）（Damas, 1972: 13, 25-26）和Netsilik因纽特人（Netsilik Inuit）（Balicki, 1970: 54-55）的"缝纫营地"。

4.1　对未来工作的建议

中国的更新世末期和全新世早期狩猎采集者研究仍处于起步阶段：调查很少，有地层的遗址数量不多，发掘、测年和广泛研究的甚至更少。数据中的缺陷很可能就反映了样本上的局限性。我们希望以下概述能够帮助未来关于年代、工具功能和居住模式的研究。

4.2　年　　代

在整个中国北方地区，大约有十二处文化遗址的放射性碳测年数据在新仙女木期内（见Barton et al, 2007; Elston et al, 2011）；基于其他年代地层方法可能还有十几处遗址（包括大地湾遗址）也在此范围内。最重要的是，证据的缺少反映的是人们对晚更新世和全新世早期考古兴趣的缺乏，而不是像一些学者（例如Kennett et al, 2008）认为的新仙女木时期人口下降。事实上，如果经过校准的放射性碳素年龄估计值的概率分布之和表明了找到考古遗址的概率，无论是通过人类人口学还是考古可见度，新仙女木事件的代表性比之前的博令-阿勒罗德温暖阶段更好，与之后的早全新世的代表性差不多（见Barton et al, 2007: Fig.3）。尽管如此，由于样本量小，且缺乏年代精确判断，因此无法评估北美（Kennett et al, 2008）的早期新仙女木毁灭猜测，也无法评估关于人类文化与环境变化相关性的其他小幅度调整的观点。为此需要更多调查、更多遗址、更多发掘和更多测年来建立所需的样本。这与之前关于东北亚整体的结论相呼应（Wright and Janz, 2012）。

4.3　工　具　功　能

虽然最近的研究采用微痕分析来揭示中国新仙女木期遗存中打制工具的功能（Zhang et al, 2009），但是到目前为止，我们仍缺乏细石器工具在狩猎、加工、制造和其他任务中的使用的直接证据。如果本文的假说是正确的，那么微痕分析应该能够揭示这些活动的方式：屠宰、剥皮、切割经过鞣制的兽皮（塑形、切割针的孔眼）、切筋和其他绳索，以及准备其他（也就是骨质的）工具，例如制造工艺所需的针、锥、柄。在除了冬季前的"缝纫营地"之外的遗址，这些活动和另外的其他活动，包括使用细石叶狩猎，也应能在微痕模型中可见，这些活动的相对频率应能反映出遗址的功能，并且与其他数据共同反映遗址使用的季节（见下文）。

本文的假说认为，细石叶技术非常适合这些任务中的大部分，这也正是它如此有价值的原因：有限的原材料可以用于最大程度丰富的功能中。它能以有限的原材料实现广泛的应用，因此占用的辎重空间有限。比如，微痕模式进一步显示嵌在带槽的骨\角柄上的细石叶只暴露出几毫米深的切割面。事实上，如果大地湾遗址的平均大小细石叶（见Bettinger et al, in press）安装于遗址发现的柄中的一个，只有1.5—2毫米的边缘会显露出来（图5）。这对切割鹿或兔的薄皮已经足够；更厚一些的兽皮可以用刀多次切割。将石叶装在保护性的刀柄上，只保留毫米级的暴露，能够保持锋利的切割刃缘同时最大限度减小破损。这进一步表明，这种工具是用于切割兽皮或蹄筋的，而不是用在屠宰肉类，兽皮与蹄筋非常薄，肉类却厚得多。

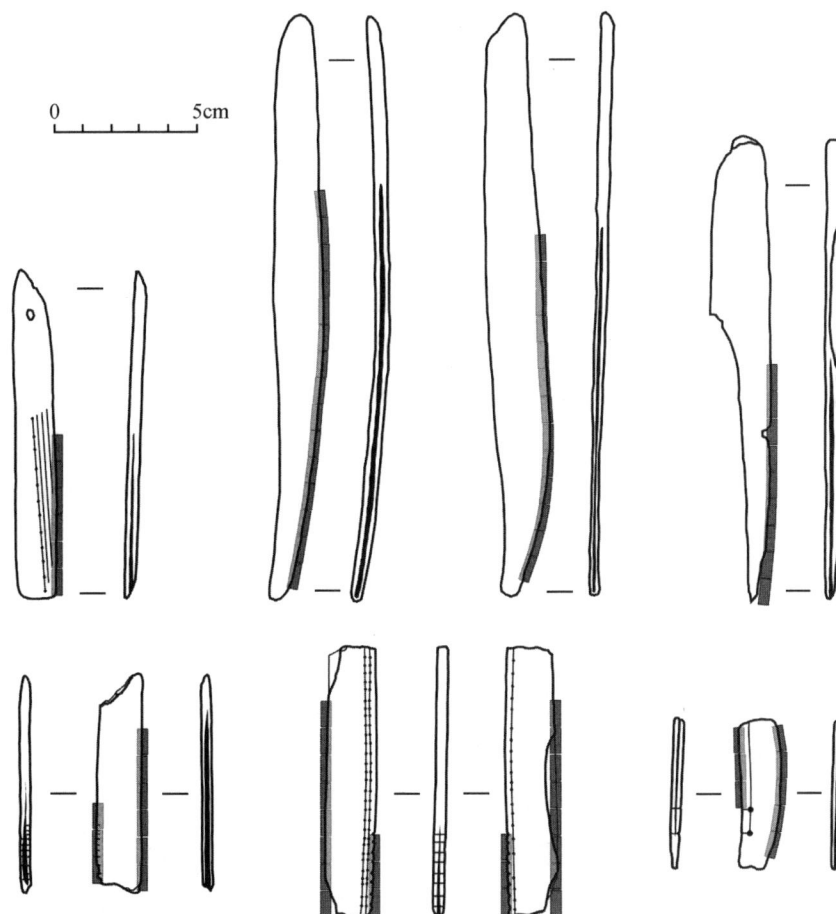

图5　大地湾遗址的开槽骨柄（重绘自GSWKY, 2006）

适合于遗址发现的27个细石叶的平均尺寸（Bettinger et al, in press）：长9.13毫米（标准差为1.56），宽3.64毫米（标准差为0.55），厚0.94毫米（标准差为0.34）。左上、右下、中下标本的边缘装饰与水洞沟第12地点的开槽刀相似（图2）。

4.4　居住模式

这个假说主要是关于人类活动的季节性变化。目前，考古材料过少，以至于我们无法定量评估末次冰期结束时的人类居住模式。我们研究的区域中已知的遗址也许反映出不同的定居阶段。虽然我们确实期望冬季前的聚集营地（如水洞沟第12地点）可以比夏季或冬季的短期营地更加可见、保存更好、因有更深更密集的人类遗存而更加明显，但后者仍然可能出现。实际上，我们推测大地湾遗址在晚更新世和全新世早期的遗存可能就是例证。如果确实如此，那么大地湾细石叶的微痕分析应能揭示出比水洞沟第12地点更高比例的狩猎、屠宰和/或食物加工活动。动物群应反映出迁徙猎物（也就是鹿科和牛科动物）的季节性捕获，并且可能有本地猪。因迁居流动模式，人类活动留下的沉积物应该很少。如果沉积环境允许，对牙齿生长的同位素分析（例如Koch et al, 1989; Stutz, 2002）应会揭示相同的捕获模式：我们猜想是冬季或晚春。最后，有更多有地层的遗址以后，预计动物开发模式能揭示出一个高度计划的定居-生存系统的不同阶段，该系统会受区域资源丰富程度的变化而调整，而资源情况主要取决于动物的移动。

5. 结　　论

证据表明，中国北方腹地细石叶与新仙女木期的狩猎适应之间的关系并不是关于武器，而是关于制作复杂的衣物，使冬季流动与狩猎能够进行。冬季定居并没有完全消除对服装的要求，只是在很大程度上缓和了；火和建造精良、位置良好的庇护所提供了足够的保护。北美大盆地的Shoshone人被寒冷季节的贮藏束缚，在冬季定居，用一种简单的兔皮毯子作为他们的主要衣物（Steward, 1938: 38; Yoder et al, 2004）。相反，冬季移动的Cree-Ojibwa人群会将野兔制成大衣、兜帽、连指手套和紧身裤子（Rogers, 1963: 70-72）。火地岛的例子表明，对于身体状况良好的成年人来说，不穿合适的衣物，在极端寒冷的环境下能够短距离移动，但长距离出行对儿童来说极其困难（几乎不可能）（Steegman et al, 1983: 323, 332-335）。末次盛冰期前，中国北方腹地的人类可能会在冬季定居，正如Goebel（2002: 123）所示的末次盛冰期前西伯利亚人，也正是由于这个原因，他们无法经受末次盛冰期的气候恶化。又或者，他们可能是冬季移动的，但缺乏在更严酷的末次盛冰期冬季实现这一目标所需的技术，这种能力只有在复杂的冬装和生产冬装所需的细石叶技术的发展下才会出现。

在结尾时，我们有必要明确观点。我们认为细石叶并非不会作为武器嵌入物（很明显它们是），细石叶技术最初也并非不是因这个目的而发展（显然它可能是）。我们只是论证，新仙女木期中国北方腹地细石叶技术所占的优势地位是因为它在制作手工制品方面的重要性，这种手工制品，尤其是衣物的生产，对于高度流动的、系列专业化人群的生活方式来说必不可少。虽然细石叶有多种功能，但有一点是确定的：中国北方腹地已知的极少数的细石叶刃工具都是刀，没有尖状器。如果细石叶主要用于武器，那么情况应是相反的。

致谢：本项目获得陈发虎、王辉、张东菊、王春雪、周振宇、彭菲、马宁等学者的帮助及中国科学院战略性先导专项（XDA05130302）、国家重点基础研究发展计划（2010CB950203）、自然科学基金（#SBR-941092323、#SBR-9729929、#BCS-0222742）、美国国家地理学会、利基基金、加州大学戴维斯分校、加州大学环太平洋研究计划、犹他州立大学的资助。

［原载Yi M J, Barton L, Morgan C, Liu D C, Chen F Y, Zhang Y, Pei S W, Guan Y, Wang H M, Gao X, Bettinger R L. Microblade Technology and the Rise of Serial Specialists in North-central China. Journal of Anthropological Archaeology, 2013, 32(2): 212-223］

（李理加译，仪明洁校）

二

石制品研究篇

从技术角度考察中国西北水洞沟遗址第1地点的石叶生产

彭　菲[1, 2]　王惠民[4]　高　星[2, 3]

（1.中国科学院大学，北京，100049；2.中国科学院脊椎动物演化与人类起源重点实验室，北京，100044；3.中国科学院古脊椎动物与古人类研究所，北京，100044；4.宁夏回族自治区文物考古研究所，银川，750000）

摘要： 自1923年水洞沟第1地点（SDG1）被发现并发掘以来，该遗址出土的早期石叶组合被认为是东亚最重要的石叶组合之一，对它的研究已经较为深入了。然而，大多数研究集中于类型学和定性分析，以及诸如年代学和地层学等文化遗物的背景信息。本文概述了目前对其年代学和地层学的争论，认同SDG1下部文化层可能的时间范围为距今4万—2.5万年。采用操作链和属性分析相结合的方法，我们对SDG1石器组合进行了定量技术分析。研究结果表明，SDG1的石叶生产采用了两种不同的策略。①主要的剥片顺序由宽面石核生产标准石叶、长石片和小石叶，这一技术程式主要采用对向剥片方法。在一些宽面石核上，剥片面也从宽面扩展到窄面，所以其剥片策略也从宽面石核转向次棱柱状石核技术。②第二种（也是不太常见的）剥片技术系统是由棱柱状和窄面石叶石核来生产石叶和小石叶。研究结果显示，SDG1石叶生产完全基于直接打击，虽然有时也使用边缘打击技巧，但不存在典型的压制或间接打击剥片技术特征。将SDG1与东北亚其他旧石器时代晚期初段（Initial Upper Paleolithic，IUP）和旧石器时代晚期早段（Early Upper Paleolithic，EUP）遗址进行比较，我们认为SDG1石制品组合在类型和技术上与西伯利亚和蒙古阿尔泰地区的IUP石制品组合相似。鉴于SDG1石制品组合中SDG1年代范围跨度较大并且也存在一些EUP的技术特征，我们也不能排除SDG1文化层中EUP技术体系存在的可能性。

关键词： 石叶；技术分析；中国北方；旧石器时代晚期初段；旧石器时代晚期早段；水洞沟

1. 引　　言

石叶是一种特殊的窄长且具有平行边缘的石片，石叶生产技术被认为反映了旧石器时代晚期工具制造者更高级的认知能力和技术效率。根据西欧的考古材料，系统的石叶生产技术曾被认为是现代人的特有能力（Mellars, 1989; Ambrose, 2001）。但来自旧石器时代早、中期遗址的一些证据挑战着这一观点（Kozlowski, 2001）。此外，非洲（Johnson and McBrearty, 2010; Wilkins and Chazan, 2012）和黎凡特（Shimelmitz et al, 2011）地区都报道有确切测年的中更新世早期的石叶组合。对这些石叶组合的技术分析结果支持石叶生产技术的多地区起源说（Wilkins and Chazan, 2012）。此外，对石叶和石片技术的实验对比，也并不认同石叶技术比石片技术更"高效"，和其使用人群存在"认知"优势这一传统印象（Eren et al, 2008）。石叶技术、现代人和旧石器时代晚期三者之间不存在直接联系（Bar-Yosef and Kuhn, 1999）。近年来，研究人员将注意力更多地放在石叶生产的技术多样性和复杂性（Soriano et al, 2007; Villa et al, 2010; Shimelmitz et al, 2011; Wilkins and Chazan, 2012）。如对石叶生产的技术分析已经可以让我们精确地比较IUP和EUP各自的技术特征（例如见Rybin, 2004; Meignen, 2012; Zwyns, 2012; Zwyns et al, 2012）。

尽管石叶技术很早就出现在欧亚大陆西侧，但它仍常被认为是欧亚大陆东侧旧石器时代晚期开始的标志（Gao and Norton, 2002; Bae, 2010）。在东亚地区，以石叶为主的组合主要出现在旧石器时代晚期早段（距今40000—30000年），并与该地区本土的简单石核和石片技术共存（Seong, 2009; Bar-Yosef and Wang, 2012）。在中国北方，一些"石叶技术"遗址仅对石片的形状（即长的形态）进行了鉴定，但除了水洞沟第1地点（SDG1）外，其他所谓"石叶遗址"很少经过细致研究（Li, 1993; Shinji, 2006）。由于韦氏音标，水洞沟在一些参考文献中也被称为Shuitungkou或choi-tong-keou。自1923年首次被发现发掘以来，作为中国最早发现的石叶遗址，SDG1吸引了众多学者的兴趣。已有的研究大多采用的是类型学方法。本研究尝试把操作链的技术经济方法与属性分析相结合，以重新研究1980年该遗址发掘出土的石制品，并根据石制品组合的技术特征系统地阐明石叶生产的剥片策略和缩减程序。

2. 水洞沟第1地点的地层学和年代学问题

自德日进和桑志华1923年发现与发掘水洞沟遗址后，在水洞沟地区共发现了12个地点，年代范围大约在距今40000—10000年之间（Licent and Teilhard de Chardin, 1925; Boule et al, 1928; Pei et al, 2012）。其中，SDG1因为出土有大量长石片和勒瓦娄哇状/扁脸石核而成为最重要的一个地点。该遗址的文化面貌与中国北方其他同期旧石器遗址迥异（Brantingham,1999; Brantingham et al, 2001, 2004）。1923年、1960年、1963年和1980年共在该遗址进行了4次正式发掘工作，也出版了一系列有关其石器工业（Jia et al, 1964; Bordes, 1968; Kozlowski, 1971; Yamanaka, 1993; Boëda et al, 2012）、年代学和地层学（Zhou and Hu, 1988; Geng and Dan, 1992; Madsen et al, 2001; Liu et al, 2009; Gao et al, 2008; Li et al, 2013a; Morgan et al, in press）的研究论文和专著。在1980年发掘中，发掘人员将SDG1的地层序列划分为"水洞沟上、下文化层（SDG1-UCL/LCL）"两个文化单元，认为它们分别属于全新世和更新世（Ningxia Museum, 1987; Institute of Culture Relics and Archaeology of Ningxia Hui Autonomous Region, 2003）。对SDG1下文化层的年代学和地层学的争论一直都有（Gao et al, 2013）。在最近的发表的文献中，SDG1下文化层的年代被认为早至距今38000—34000年前，甚至超过距今40000年（Li et al, 2013a; Morgan et al, in press）。李锋等（2013a）通过把SDG1与SDG2进行比较，重新评估了SDG1地层序列，认为根据1980年发掘地层描述（Ningxia Museum, 1987），SDG1下文化层可以再细分为下文化层A和下文化层B。根据他们的对比，下文化层B对应距今38000±2000年和距今34000±2000年这一数据，并在该层出现了大石叶技术，随后简单石核和石片工具组合可能出现在下文化层A，其年代对应于距今25450±800年。然而，这一推论有两个问题。第一个问题是有关以石叶为主的石制品组合的精确地层位置。1980年发掘报告中（Ningxia Museum, 1987; ICRA-NHAR, 2003）表明下文化层上部（termed SDG1-LCL-A by Li et al, 2013a）含有大量的钙结核，并出土了遗址的大部分石器，包括两块磨光的石头和一些细石器。大部分的石叶或长石片是从下文化层A中出土的；与此相反，李锋等（2013a）认为大石叶技术出现在下文化层B中，并在下文化层A中被简单石核和石片工具组合所取代。第二个问题是下文化层时代的不确定性。下文化层目前有12个年代数据，范围为约40000—10000a BP（表1）。李锋等（2013a）解释下文化层A的年龄为距今16760±210年和距今25450±800年，但其他学者，如刘德成等（2009）、Morgan等（in press）和年小美提供的更多光释光（OSL）和¹⁴C数据表明其年代要比李锋等（2013a）所认为的更老。此外，虽然发掘者将下文化层的地层分成两层，但并未对下文化层的遗物进行分层归类。因此，两个地层的年代和遗物是混杂的。我们认为更为稳妥的方案是接受SDG1的石叶年代可能范围跨度比较大，即在距今40000到25000年之间。我们也同意李锋等（2013a）的观点——下文化层精确的年代学、地层和相应层位的石器技术研究只能通过未来更科学的发掘来解决。

表1　SDG1-LCL的测年数据

材料	测年方法	实验室数量	年龄（a BP）	参考
木炭	¹⁴C	SDG01-001	36200±140	Morgan et al, in press
沉积物	OSL	S1-3	28700±600	Liu et al, 2009
沉积物	OSL	S1-4	29300±400	Liu et al, 2009
沉积物	OSL	S1-5	32800±300	Liu et al, 2009
沉积物	OSL	S1-6	15800±1100	Liu et al, 2009
沉积物	OSL	S1-7	17700±900	Liu et al, 2009
沉积物	OSL	S1-8	34800±1500	Liu et al, 2009

材料	测年方法	实验室数量	年龄（a BP）	参考
沉积物	OSL	S1-9	35700 ± 1600	Liu et al, 2009
钙结核	^{14}C	PV0317	25450 ± 800	Li et al, 1987
骨头	^{14}C	PV0331	16760 ± 210	Li et al, 1987
牙齿	U-series	BKY82042	38000 ± 200	Chen et al, 1984
牙齿	U-series	BKY82043	34000 ± 200	Chen et al, 1984

3. 材料与方法

本次分析中的石制品均来自于1980年发掘。下文化层共出土5500多件石器和一些破碎的脊椎动物化石，这些化石分属于八个种或属：披毛犀、普氏野马、野驴、鹿科、梅花鹿、水牛、蒙古野马、鸵鸟（ICRA-NHAR, 2003）。

本项研究分析了来自下文化层的2078件石制品，包括110个石核、100件断块、1866个石片和2件研磨的石制品。尽管我们辨识出包括石叶生产和简单石片技术，但显然前者是SDG1石制品组合形成最主要应用的技术。用于石叶生产的石核包括宽面石核（n=54）、窄面石核（n=1）、棱柱状石核（n=3）和半棱柱状石核（n=6）。一件原来被认为是修理工具的雕刻器-石核也被我们认为是小石叶石核。

此前的研究已经介绍了SDG1的勒瓦娄哇和似勒瓦娄哇的类型学研究（Ningxia Museum, 1987; Brantingham, 1999; ICRANHAR, 2003; Boëda et al, 2012）。本文中使用的剥坯的一些技术特征（例如石核边缘石片、长石片和小石叶）是根据技术定义，与此前的类型学描述不同。我们根据尺寸和技术特征对石叶产品（包括标准石叶、长石片和小石叶）进行了划分。这类石叶产品在形状上都被认为是具有平行/接近平行的边缘。标准石叶的长宽比大于2，长石片长宽比在1—2之间。本研究中的小石叶是指长宽比大于2，宽度小于12mm的产品。根据这些标准，我们从整个毛坯产品中鉴定出130件标准石叶，424件长石片和5件小石叶（n=559）。生产石叶的技术是直接打击（硬锤或软锤）。石制品分析遵循操作链的原则，并辅以与技术特征相关的具体类别的定量介绍。石核根据类型和技术属性进行分类。

4. 石器技术

SDG1的主要原料是硅质灰岩（n=1422，68.4%）和石英岩（n=464，22.3%）。这两种材料的质地在硬度上与燧石相当，但均质性差一些。本文作者之一（彭菲）在打击实验中证实了这一点。其他原材料类型（燧石、石英、石英砂岩）使用频率较低。硅质灰岩和石英岩来源于水洞沟遗址附近的砾石层。尽管如此，一些人工制品是用比硅质灰岩里包裹着的燧石条带更好的燧石制成，这表明部分燧石原料可能来源于水洞沟区域之外。

4.1　石核预制与开发

一般来说，经过长时间剥片后废弃的石核上留下的关于石核预制的信息相对较少，但石核剥坯产品的特征能提供一些有关石核的信息。首先，完整石片中背面保留不少于50%石皮的产品（$n=85$）虽然有，但比例较低（14.6%）。相比之下，59.9%（$n=354$）的完整石片是背面没有石皮的。几乎所有的石核，尤其是宽面石核，相对于剥片面的背面仍然保留有石皮，但剥片面几乎都没有石皮（表2B）。无石皮的石片出现率较低表明古人在将原料带回遗址之前可能在其他地方对其进行预处理。当然，也可能反映了对石核的深度预处理行为。我们不能完全证明整个剥片序列是在SDG1遗址内全部系统完成的，因此不能排除石核的初始缩减发生在其他地方的可能性，在此情况下，石核可能在剥片开始阶段被搬运回SDG1。

石叶产品通常从宽面石核的两个相对的平台上剥取，偶尔从窄面和棱柱状石核上获得。在54个宽面石核中，有超过44个（80%）具有两个相对且倾斜的台面。当观察剥坯表面时，第一个剥片通常出现在原料的边缘。宽面石核剥坯表面上留下的大多数疤多为对向（$n=40$），其数量通常超过4个（$n=37$）（表2C、D）。所有的半棱柱状石核（$n=6$）在其较宽的剥片面上表现出明显的宽面石核特征，这也说明了剥片策略从宽面向边缘转移的策略变化。

根据台面角和石核体积的观察，我们发现棱柱状石核和窄面石核多保留有较多石皮，所以可能并没有被进行强度较大的剥片。SDG1石制品打击者选择了相对中等大小的石块或砾石，通常长度小于100毫米。剥片行为开始于石核边缘，但通常在远端保留有石皮（图1）。在SDG1石制品组合中发现的唯一窄面石核显示了从两个石核宽面相交的窄面剥取石叶的技术，这是小石叶生产的典型特征。

4.2　剥片面维护和台面预制

对于宽面和半棱柱形石核，通过单向或对向剥取débordant（石核边缘）石片/石叶可以维护剥片面（图2）。在这种情况下，剥片从石核的侧边开始。这些边缘剥片是维护剥片面的唯一方法。该方法的主要目的是在剥片面上继续形成凸面。两个相对的台面通常是倾斜的。在宽面石核上，打击台面的预制不是通过精细的修理，因为观察发现几乎所有废弃的石核台面都是一个平坦的台面，没有显示出精修的证据。这一特性也可以通过石片台面多为素面（$n=505$，48.37%）的结果进一步证明（表3A）。

尽管如此，我们发现在棱柱状石核和窄面石核的打击台面上有不一样的情况：这些石核的打击台面上留有微小的片疤。我们也在这两种石核类型的打击台面上观察到细致的修理。此外，几个更新石核台面石片的出现也说明在预制台面时有向心修理的处理方法。

表2　SDG1组合中宽面石核属性比例（*N*=54）

A：石核尺寸	长度		宽度		厚度	
最小值	36.72mm		33.39mm		14.03mm	
最大值	98.21mm		69.01mm		47.92mm	
平均值	62.26mm		46.94mm		29.72mm	
Sd	13.56		9.02		8.24	
B：石皮百分比	0	1%—25%	26%—50%	51%—75%	76%—99%	100%
背部	5	5	7	9	26	2
剥坯面	51	/	2	1	/	/
C：片疤方向	向心	单向	对向	不规则		
N	3	7	40	4		
D：剥坯面片疤数量	1	2	3	4	>4	
N	2	1	6	8	37	
E：打击台面数量			1	2		
N			10	44		

表3　在SDG1组合中石片属性比例

A.台面类型	数量	百分比（%）
Plain素台面	505	48.37
Cortical 石皮	112	10.73
Punctiform 点状	27	2.59
Linear 线状	24	2.3
Dihedral 脊状	105	10.06
Facet 精修	228	21.84
En chapeau de gendarme 宪兵帽子状	14	1.34
Crush 破裂	29	2.78
Total总计	1044	100%

B.台面厚度（不统计破裂、线状和点状台面）

数量	最小值（mm）	最大值（mm）	平均值（mm）	Sd标准偏差
N=964	1.32	80.8	7.53	4.75

C.完整石叶产品的侧面形态

直	略弯	弯曲	鼓凸	不规则
471	63	11	6	40
79.7%	10.66%	1.86%	1.02%	6.77%

D.背缘角

数量	最小值（°）	最大值（°）	平均值（°）
N=964	45	129	84.5

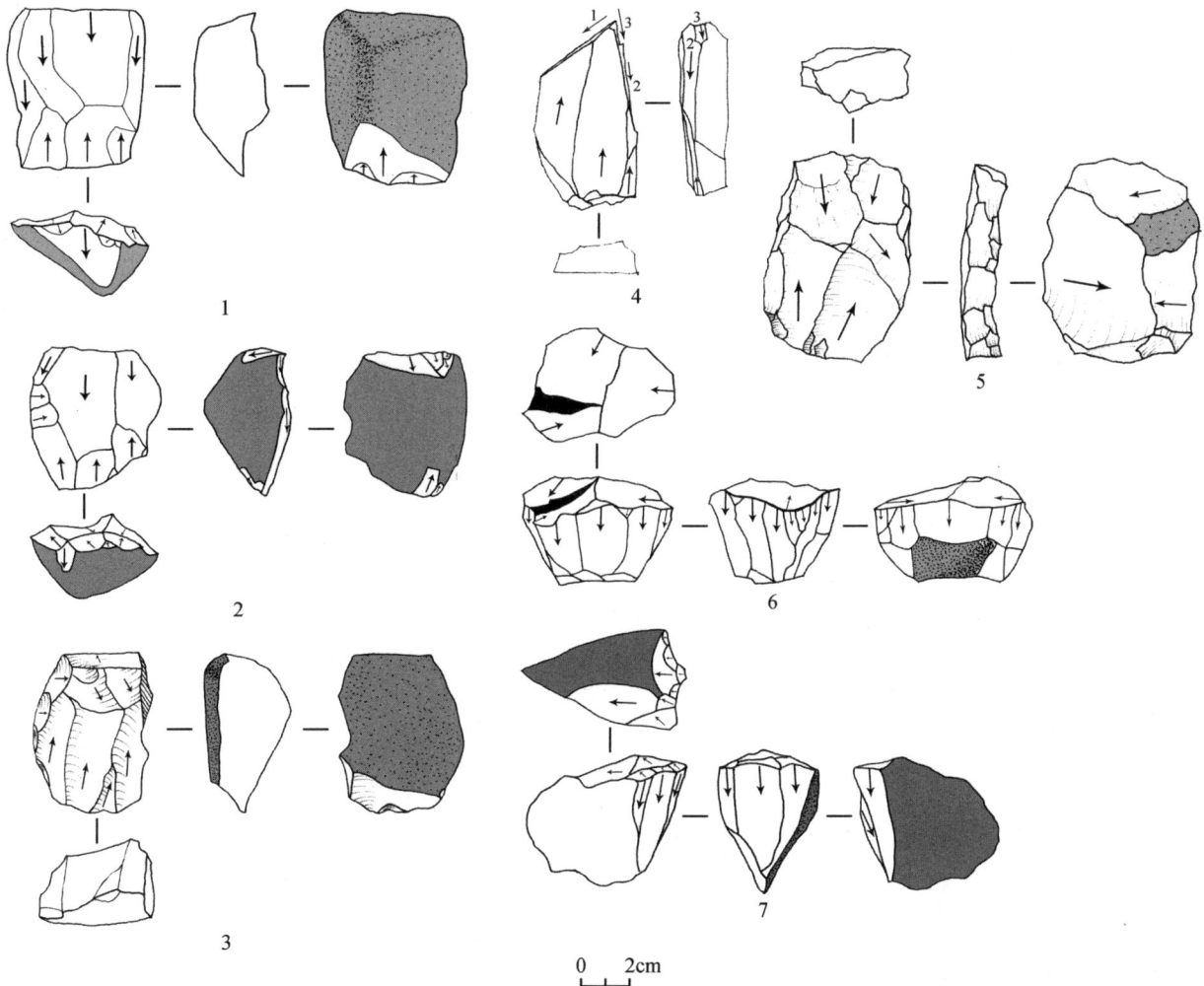

图1　所示 SDG1石核

1~3、5. 宽面石核　4. 雕刻器石核　6. 棱柱状石核　7. 窄面石核

4.3　石核的废弃

通常情况下，消耗殆尽是石核废弃的主要原因。石核的剥片强度也反映在石核的平均长度和石叶产量上（Shimelmitz et al, 2011）。宽面石核的平均长度（62.26毫米）略长于标准石叶（59.79毫米）。最薄的石核只有14.03mm厚，最小的石核只有36.72mm长（表2和图1.1）。在某些情况下，打击事故（如关节状断裂、大的过击石片的出现）也是石核废弃的原因。相比之下，棱柱状和窄面型石核上仍保留进一步剥取石叶的潜力（图1）。

4.4　技巧和打击工具

不同的技巧（如间接打击）和打击工具（如硬锤）很难被鉴别。虽然法国学者在这些问题上做出了很多贡献（例如Pelegrin, 1988, 2000; Inizan et al, 1999），但不同技巧的识别标准仍需要基于不同原料种类的更广泛的实验数据。在SDG1，硅质灰岩和石英岩的打击实验仍在进行。然而，通过台面类型，也可以了解SDG1打击者应用的打击技巧的粗略信息。我们的数据库包含1044个毛坯产品，包括完整的和具有近端的不完整的毛坯（表3A）。大多数台面（约60%）为素面和石皮，较少（约35%）为脊状台面、精修和宪兵帽子状，这与欧洲旧石器时代中期和阿尔泰IUP石制品组合的特征有所不同（表3A）。完整毛坯的侧面轮廓主要是直的和稍微弯曲的（表3B）。超过96%的毛坯台面厚度大于2毫米，平均值大于7毫米（表3B）。基于这些定量数据并结合我们的观察（包括70%的可见的打击泡），直接打击是SDG1剥片者应用的唯一方法，靠台面里面（internal）进行锤击是他们的首选。我们数据库中的一些较薄的台面表明，靠近台面边缘的边缘打击也可能存在于SDG1剥片中。台面外缘角变异较大，峰值在75°—85°（表3D），也符合Pelegrin（2000）观察到的用于软质或硬质实锤进行剥片的台面外缘角情况。根据燧石的实验数据，我们认为在SDG1中，软锤和硬锤也都被用于剥片中。

在以前一些关于SDG1石制品组合的发表文章中（Ningxia Museum, 1987; ICRA-NHAR, 2003; Brantingham et al, 2004），细石叶被用来描述一些小的石叶。这一叫法最初是和技术分析无关，而只与石叶的大、小这些尺寸数据有关。但在东亚和东北亚，甚至在北美，细石叶通常是与压制剥片直接相关，并与旧石器时代晚期的楔形和铅笔头石核相关（Bar-Yosef and Wang, 2012）。此外，由于混淆了技术和类型学研究，Brantingham等（2004）还将SDG2中的

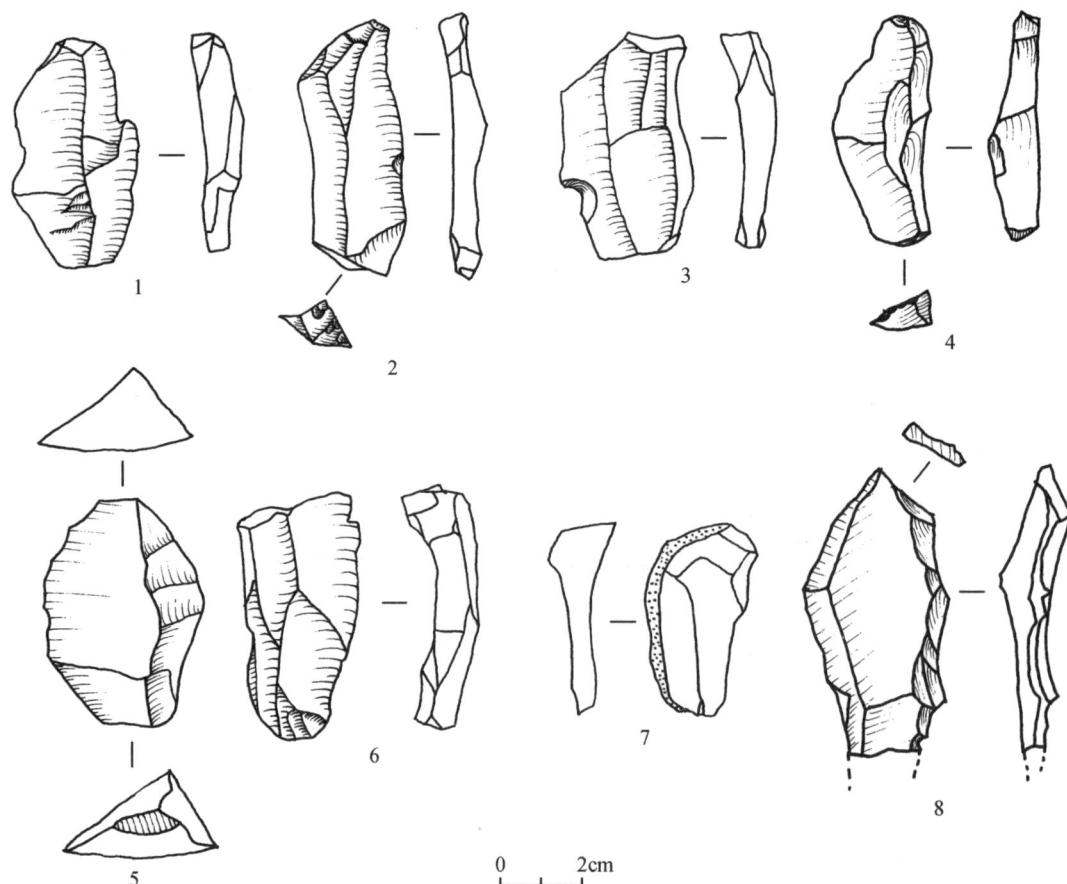

图2　SDG1石核边缘（débordant）石叶

一些所谓"砸击小石叶技术（bipolar bladelet technology）"视为中国北方旧石器时代晚期石制品组合中细石叶技术的祖裔形态。同样的误解也发生在关于东北亚细石叶技术起源的讨论中（Keates, 2007; Kuzmin, 2007）。事实上，在SDG1石制品组合中，我们没有发现任何被Inizan等人（1992）所定义的压制剥片技术出现的典型特征。因此，在分析SDG1石制品组合时，采用细石叶作为一个术语是不合适的，因为只有几个小尺寸的石叶和窄面石核，其剥片技术尚未完全确定。这种错误的分类和命名会给东亚细石叶的研究带来更多的混乱。我们建议优先考虑SDG1石制品组合中表示小石叶的术语bladelet（Tixier, 1963），其只有尺寸上的意义，而无技术上区分的涵义（Hassan, 1972）。

4.5　剥片序列

我们对石叶产品的技术分析表明，在SDG1有两个主要的石叶剥片序列。在第一个剥片序列中，原料被修型和缩减为具有两个相对台面的石核。打击者随后将勒瓦娄哇循环策略应用于石核的一个剥坯面，从这个面上可以生产出大量长石片，有时也可以产生石叶。此外，在石制品组合中我们发现了许多被认为是石核边缘石片的毛坯。这一系列特征与Boëda定义勒瓦娄哇技术相关（Boëda 1995, 2012），即只有一个剥片面用于石叶生产，剥片面和台面有明确层级关系，并不互相转化，剥片使得石核的厚度逐渐变薄。但在一些"宽面"石核上，剥片面也扩展到两侧的窄面。在这种情况下，剥片从一个宽面扩展成一个次棱柱石核的概念。因此，石叶、小石叶和长石片从次棱柱状石核的宽面和窄面上都进行剥片。这种变化的轨迹类似于"旧石器时代晚期的体积（volumetric）变化的概念"（Boëda, 1995），在阿尔泰IUP组合中也有类似情况（Zwyns, 2012）（图3A）。

第二个剥片序列显示了从棱柱状和窄面石核中生产石叶和小石叶。后一种类型的石核的特点是使用鸡冠状石叶来进行最初剥片。这两种石核的剥取具有相似的台面维护和剥片模式，仅在石核最终形状上有所不同（图3B）。一般而言，SDG1石片毛坯具有相对较厚的台面，反映了打击技巧多应用靠台面里面击打。

4.6　修理产品

经过修理的样品占所分析的下文化层样品的14.3%（n=297）。在Brantingham（1999）的文章和（ICRA-NHAR, 2003）1980年的发掘报告中，修理产品的出现频率分别为18.6%和19.5%。低频率的修理表明一些正式的工具可能被带走了。

在20世纪80年代的发掘报告中也观察到了高百分比的断裂石叶生产（62.71%，n=940）。报告（ICRA-NHAR, 2003）的研究者认为这是SDG1打击者故意折断的结果，因为折断的石叶可能被用作复合工具。然而，我们在这些产品的断裂面上没有发现任何明显被截断的修理，只有一个干净的断面。彭菲观察到这种现象在水洞沟地区采集的硅质灰岩的打击实验中经常发

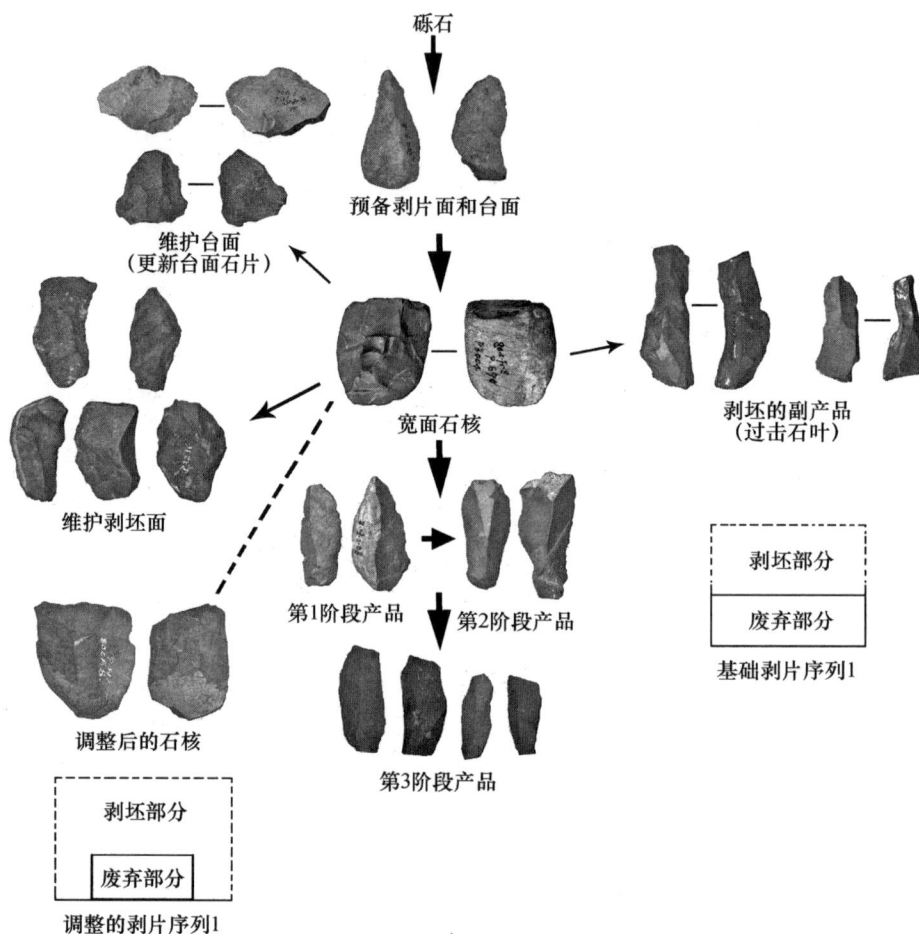

A

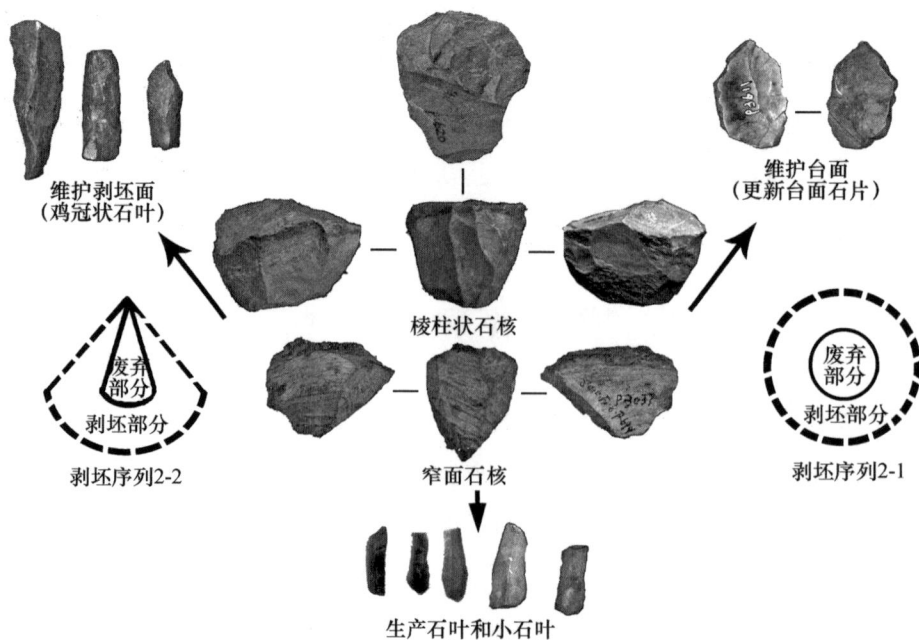

B

图3 SDG1中的两种石叶剥片序列

生。这表明一些石叶的断裂可能是无意的。当然，这一情况还需要更多的实验研究来评估。

修理产品中，47.89%（n=136）的修理发生在毛坯的两侧。这与先前的观察相吻合，即边刮器，所谓的典型的旧石器时代中期工具，在工具类型中占主导地位。在毛坯的远端也有17.61%（n=50）的加工，被视作端刮器。这种中、晚期典型修理工具的混合特征也是黎凡特IUP的特征之一。在经过修理的产品中，我们发现了一个雕刻器-石核。其毛坯是一件较薄的宽面石核。剥片发生在宽面石核的窄边，采用了雕刻器技术，并沿着一个窄边重复。这种技术也是阿尔泰地区IUP组合的特征之一（Zwyns et al, 2012）。

5. 讨论与结论

我们的分析显示，SDG1主要使用的是勒瓦娄哇循环剥片技术，该剥片序列中，从宽面石核上对向剥片生产长石片、石叶和小石叶是主要的生产模式，有时也从宽面转向两侧。棱柱状和窄面石核只是偶尔被用于生产石核和小石叶。

SDG1石叶技术的起源一直备受争议。一些学者倾向于在中国其他旧石器时代遗址中追溯SDG1的石叶技术起源，山西丁村（Jia et al, 1964）和陕西长武窑头沟遗址（Gai and Huang, 1982）都被认为可能与SDG1有关。但近年来，越来越多的学者认识到西伯利亚阿尔泰地区旧石器时代中晚期与中国西北地区同期旧石器时代的密切关系（Brantingham et al, 2001; Bar-Yosef and Wang, 2012; Peng, 2012; Gao et al, 2013; Qu et al, 2013）。在阿尔泰地区，旧石器时代中期到晚期的过渡和这期间不同的技术体系的人群归属是相当复杂的，特别是新发现的"丹尼索瓦人"（Krause et al, 2010）也可能是一些石制品组合的制造者。根据Kara-Bom和Ust-Karakol 1的技术特征，学者将石叶组合分为两个不同的技术传统，分别对应于旧石器时代晚期初段（IUP）和旧石器时代晚期早段（EUP）两个时期（Derevianko and Volkov, 2004; Derevianko, 2005a, 2005b; Zwyns, 2012）。这两种不同传统的起源和传播是研究现代人、尼安德特人和丹尼索瓦人在东北亚的迁徙和相互作用的重要课题。对SDG1石叶生产的研究增加了我们对泛石叶技术可变性的认识，并对东北亚旧石器时代晚期的技术多样性有了新的认识。我们的分析也为SDG1中使用的两种不同剥片序列的特殊形式提供了技术视角。根据我们的分析，SDG1组合的主要剥片系统明显类似于阿尔泰地区的IUP传统。来自SDG1组合的一些数据表明使用了符号，例如鸵鸟蛋皮串珠和雕刻的骨质工具（Qiu and Li, 1978; Peng et al, 2012a）。我们的分析表明，该石制品组合属于近东和阿尔泰地区公认的IUP（Meignen, 2012; Zwyns et al, 2012）。然而，考虑到SDG1可能的年龄范围很广，尽管EUP技术产品的样本量很小，但SDG1的二次剥片体系表明可能存在EUP技术的入侵。

基于Madsen等（2001）报告的大约距今29000至24000年的古老估计，SDG1组合被认为是IUP石叶技术的最南端和最新范围。通过整合西伯利亚和蒙古的年代数据，学者们试图建立一条IUP技术的传播路线：在距今43000年左右出现在东北亚进而辐射到西伯利亚，在33000年到

27000年之间扩散到蒙古戈壁，最后在25000年前在水洞沟扩散到中国西北（Brantingham et al, 2001）。然而，在SDG1的早期年代范围内，可将SDG1的IUP技术的出现追溯到约4万年前（Li et al, 2013a; Morgan et al, in press）。最近令人信服的基于基因的人口学证据使得解释复杂的晚更新世人类生物学和行为变得更加困难（Reich et al, 2010）。Dennell（2009）、Dennell和Roebroeks（2005）指出，与非洲和欧亚大陆西部相比，欧亚大陆东部现代人类生物学和行为的出现一直被忽视，部分原因是其地理位置远离西欧。在新的基因证据的推动下，这一地区越来越吸引学者的兴趣。

SDG1石叶技术的起源与阿尔泰地区、蒙古，甚至中亚的IUP和EUP组合有关。然而，这项技术的总体分布，特别是在中国北方地区，仍然不清楚。来自SDG2的证据（Li et al, 2013a, 2013b），骆驼石（Derevianko et al, 2012; Peng, 2012）和金斯泰（Wang et al, 2010）提供了一些线索。Barton和Brantingham（2007）根据中国北方晚更新世的考古数据提供了时空格局。根据他们的模型，晚更新世的重大气候变化对人类流动和文化进化产生了直接而深刻的影响。如果这个模型与晚更新世东北亚地区的IUP和EUP技术的原始人类的人口扩张和人口收缩相匹配，那么技术扩散从西伯利亚向南扩散了多远？华北地区是否有一些群体反映了文化适应和环境适应过程的综合效应？为了解决这些问题，进一步研究SDG1石叶技术与中国其他旧石器时代晚期石叶组合之间的技术和年代关系至关重要。

长期以来，对中国旧石器时代石器组合的分析方法仅限于类型学和对修理工具的简单描述。学者们提供了重要的数据和关键的见解，但类型学方法导致了关于石制品组合变异性的来源和技术多样性的本质的模糊。在未来的工作中，应该在传统的分析方法中加入技术概念，以澄清晚更新世东部欧亚大陆人类行为变化的重要问题。

致谢：本研究工作得到了中国科学院战略性先导科技专项（批准号：XDA05130202）和国家自然科学基金（批准号：41272032）的资助。彭菲也非常感谢中国博士后科学基金会（2012M520433）。感谢裴树文、陈福友、李锋（中国科学院古脊椎动物与古人类研究所，北京）对SDG1的年代和地层的讨论。作者诚挚感谢Robin Dennell教授和Ben Potts博士对润色手稿的善意帮助和建设性的建议。我们感谢帮助我们改进原始手稿的匿名审稿人。最后，我们感谢水洞沟研讨会的与会者和宁夏当局的热情款待。

［原载Peng F, Wang H M, Gao X. Blade Production of Shuidonggou Locality1 (Northwest China): A Technological Perspective. Quaternary International, 2014, 347: 12-20］

（刘馨远译，彭菲校）

区域多样性背景下中国北方水洞沟遗址第1地点1963年出土大石叶遗存的组合内变化研究

李　锋[1, 2]　Steven L. Kuhn[3]　陈福友[1, 2]　高　星[1, 2, 4]

（1. 中国科学院古脊椎动物与古人类研究所/中国科学院脊椎动物演化与人类起源重点实验室，
中国北京，100044；2. 中国科学院生物演化与环境卓越中心，中国北京，100044；3. 美国亚利桑那大学
人类学系，美国图森，85721-0030；4. 中国科学院大学，中国北京，100049）

摘要：旧石器时代晚期的出现及其早段石器工业的区域变异性是旧石器时代考古学研究的关键，因为这与早期现代人跨越欧亚大陆的扩散和分化等直接相关。所谓的旧石器时代晚期初段（IUP）一直被认为是亚洲北部旧石器时代晚期出现的重要表现。本文研究中国北方的一个主要IUP遗址——水洞沟第1地点1963年出土石制品所反映的组合内变化。我们结合技术和定量属性分析来分析遗址不同的石核剥片序列和石器制作模式。水洞沟第1地点记录了一系列的石核剥片序列，包括简单的石核剥片和生产长薄片状毛坯（似石叶）的预制剥片。简单石核剥片产品可能是来自不同考古层混合的结果而非IUP组合。在长薄片状毛坯的生产过程中，主要策略是对石核的宽面进行不对称开发，生产石叶和长石片，类似于广义上的循环勒瓦娄哇石叶剥片方法。将水洞沟的长薄片状毛坯生产序列与西伯利亚阿尔泰、蒙古北部和外贝加尔湖地区IUP组合的比较表明，在北亚地区，IUP组合的基本的毛坯生产理念具有普遍的一致性，但存在一些区域差异。这些结果指示东北亚地区IUP技术的扩散是多方向的。

关键词：水洞沟；旧石器时代晚期初段；大石叶；区域多样性；第1地点

1. 引　　言

在遗传学方法广泛应用之前，文化传播与人群扩散的模型，包括现代人向亚洲的扩散，主要建立在诸如石制品等的考古学材料上。多年以来，现代人向东亚和南亚扩散的南方路线是学

术界关注的重点[1-6]。然而，最近有学者根据遗传学证据和旧石器时代晚期初段（Initial Upper Paleolithic，IUP）石制品组合的比较，提出现代人的扩散存在一条独立的横跨欧亚大陆东部的北方路线[7-12]。IUP一词通常指旧石器时代晚期初段的组合，其在石叶生产中含有勒瓦娄哇元素。具有这种特征的组合分布在欧亚大陆从地中海东部到东北亚的广大地区。在东北亚地区，西伯利亚、蒙古以及中国北部地区都发现有IUP组合，特别是在环贝加尔湖地区、蒙古北部地区和西伯利亚阿尔泰地区的一些"热点地区"[16-21]。本文的主要目的是研究水洞沟遗址第1地点（SDG1）1963年发掘所得石制品组合内部的差异性，以将这一遗址和组合置于东北亚IUP多样性的背景中进行讨论。我们采用技术分析和定量特征分析相结合的方法，研究遗址内石核剥片序列的变化和工具制作行为。将SDG1的古人类技术策略与西伯利亚阿尔泰地区、蒙古北部和外贝加尔地区的组合进行比较，我们可更全面地认识地区间的差异，并提出人群扩散、文化传播其他可能的模式。

2. 材料与方法

2.1　学术伦理声明

本文研究所有石器标本均保存在中国科学院古脊椎动物与古人类研究所（IVPP，CAS），使用权由IVPP授予。对论文中介绍的材料感兴趣的学者，可以在IVPP的官网上获取联系方式，或通过本文通讯作者联系IVPP。

2.2　水洞沟第1地点（SDG1）发掘历史概述

在水洞沟地区第一阶段研究中确认的五个地点里，SDG1是中国研究最深入的旧石器时代遗址之一。在1923年至1980年期间，在该遗址共进行了四次发掘（图1），总发掘面积超过150m²，出土了大量石制品。1923年，法国学者桑志华（Émile Licent）和德日进（Pierre Teilhard de Chardin）对水洞沟遗址第1地点进行了首次发掘，发掘面积超过80m²，出土了大量考古材料，包括动物骨骼、用火遗迹和约300千克的石制品。步日耶（Henry Breuil）[23]对这批石制品进行了详细研究。这批遗物目前大部分存放在法国巴黎国家自然历史博物馆，少量存放在IVPP。1960年，中国和苏联古生物联合考察队对水洞沟第1地点进行了第二次发掘（面积约为36m²）。此次发掘中出土约2000件石制品，除了保存在中国科学院古脊椎动物与古人类研究所的约300件之外，其余可能已遗失。受发掘方法精细度的限制，1960年的发掘遗漏了许多遗物，在1963年的发掘中，古脊椎动物与古人类研究所的研究者在1960年挖出的土堆中又挑出了大量标本。贾兰坡等[25]就地层和少量典型工具发表了此次发掘的中文报告。随后，中国学者在1963年和1980年分别又进行了两次发掘。本文以1963年出土的遗物为研究对象，这次发掘的细节将于下一节进行介绍。1980年的发掘工作由宁夏博物馆和宁夏回族自治区地质局区域调查队组织，发掘面积为52m²，出土石制品6700件、骨骼残片63件，并发现了几处灰烬遗迹。这批标本目前保存在银川市的宁夏回族自治区文物考古研究所中。多个研究团队都对1980年发掘的石制品进行了研究，出版了一本专著，发表了多篇研究性文章[20, 24, 27, 28]。

2.3　水洞沟1963年发掘历程

虽然SDG1最初被判定为旧石器时代遗存，但1963年由裴文中领导的发掘在上层也发现了新石器时代的遗存[29]。由于这次田野发掘的部分资料缺失，发掘区面积尚不确定。所收集的遗物目前保存在IVPP，包括大至石核、小至长度小于20mm的碎片等各类标本。因此，我们基本可以确定在1963年的发掘中，发掘者对堆积（至少是部分沉积物）进行了筛选，但我们无法确定筛网的尺寸。这批材料的研究最初由IVPP的两个研究小组承担，一组研究石核剥制和毛坯生产，另一组则研究经过二次加工的石器。这两组标本在本研究中均有介绍，它们基本可代表1963年发掘的旧石器层位中出土的完整石制品组合。

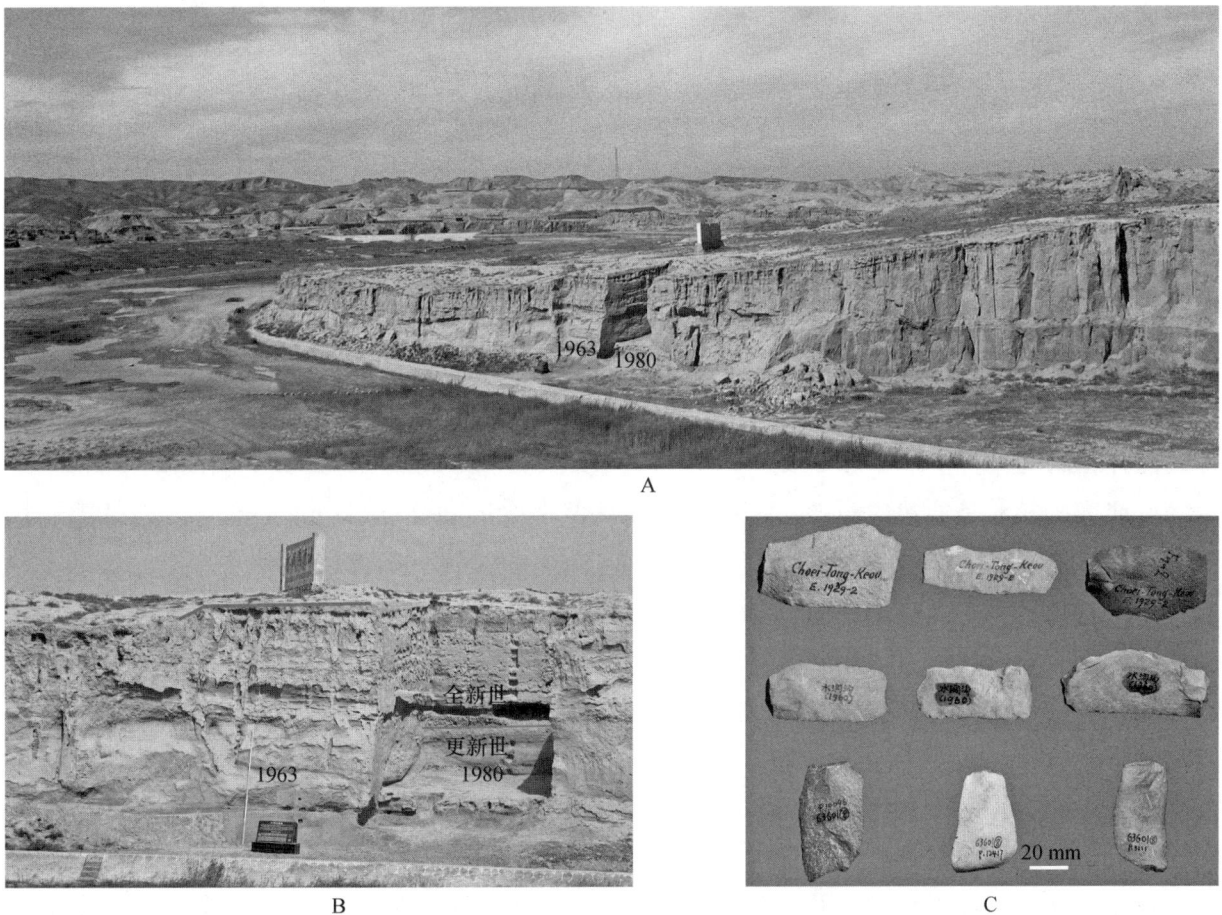

图1　水洞沟第1地点各发掘区及剖面

A. 水洞沟第1地点周围地貌　B. 水洞沟第1地点1963年和1980年探方剖面　C.不同发掘年份出土石制品上的编号信息：

上，19世纪20年代（1923年首次发掘时出土的石制品和随后从1923年挖出的土堆中挑出的标本）；中，1960年；下，1963年

1963年发掘的地层剖面尚未公开发表，但我们可以由标本上的层位编号判断标本的出土层位（图1C）。第8层是主要的旧石器时代文化层，该层出土的标本是本文的主要研究对象。本研究涉及标本共计5476件，是目前水洞沟第1地点最大的一批旧石器时代遗物组合。

2.4　地层与年代

尽管细节内容缺失，但可以确定1963年发掘中将遗址分为8层。第8层主要是更新世文化层，总厚度至少为2m，属于黄河支流的二级阶地沉积物。这一层主要由灰黄色黄土状细砂构成，但长久以来对剖面的描述尚无统一观点。在最近的研究中，刘德成等[30]将"第8层"分为四个亚层，分别为：灰黄色粉砂，块状，钙质胶结，含少量钙结核；灰黄色粉砂，块状，含少量锈斑；灰黄色细砂、粗砂，发育水平层理；浅灰黄色粉砂，发育水平层理，含有点状、管状锈斑。

由于野外发掘记录遗失以及发掘方法粗糙，SDG1的考古材料和年代样品之间的地层关联不甚明了，石制品组合的年代仍然不确定[21, 31]。根据与SDG2年代数据的对比，推测SDG1旧石器文化层的年代应在34ka BP和41ka BP之间（校正后的年代）[31, 32]，但对遗址首次占用的时间可能早至46ka—41ka BP[33, 34]。目前，SDG1的发掘工作仍在进行，未来有望解决该遗址的沉积过程和最早的石制品遗存的年代问题。

2.5　石制品分析方法

在1963年发掘的中，SDG1旧石器时代文化层出土了大量石制品，但这批标本仅在一些评论文章里有简略的提及[35]。本研究将以此次发掘出土的旧石器时代石制品为研究对象，采用几种不同的、互为补充的石器分析方法，旨在全面观测记录石制品特征，并研究石制品组合内部可能存在的变化。

本研究的核心是通过对石核、毛坯和"技术废片（technological pieces）"（包括鸡冠状石叶、石核边缘石片等）的一系列观测来重建基本的剥片过程，从而对古人类在这一遗址中的剥片行为进行评估。对SDG1石核的描述包括台面及剥片面的组织方式、台面的角度及处理方式、剥片的主要产品。石核类型包括：向心勒瓦娄哇石核（Levallois-centripetal）、单向/双向勒瓦娄哇石核（Levallois-unidirectional/bidirectional）、窄面石核（edge-faceted core）、棱柱/次棱柱状石核（prismatic/subprismatic）、雕刻器石核（burin core）、盘状石核（discoid）和多面石核（polyhedral）。单向/双向勒瓦娄哇石核是SDG1以及其他东北亚地区IUP遗存中最常见的类型，在一些文献中也被称为似勒瓦娄哇石叶石核或扁脸石核。不同的剥片方式将通过石核类型量化。"技术废片"则提供了对石核预制和维护等行为的额外信息，这是石核本身可能无法体现的。

技术的偏好和选择可从对标本个体进行特征量化而得到。这种方法主要应用于毛坯和经过加工的标本，为石核分析提供补充信息，并探究对特定毛坯的偏好。本文选取最大长度大于30mm的石制品进行全面的测量和特征分析，对小石片和碎片等只进行简单的观测。

属性分析沿用了Scherri等学者[36]的列表，并做了一些改动：增加了代表台面维护、背面片疤模式和毛坯形态的属性。小型标本（小于30毫米）按原材料分类，作为评估生产水平的辅助手段。尽管1963年的发掘与收集方法与我们现在采用的有所不同，收集到的小型标本依然可以为SDG1的遗址形成过程和石制品加工过程提供有效信息。

以类型学方式将工具分类便于与其他组合进行比较，并可以了解古人类在加工特定工具时对毛坯的选择策略。由于旧石器时代中、晚期的石器类型在这批标本中都很丰富，我们依照F. Bordes[37, 38]以及D. de Sonneville Bordes和J. Perrot[39-43]的类型学方式进行分类，这两种方式也曾应用在以往对水洞沟遗址的研究中[27]。

3. 研究结果

3.1　原料采集与使用

在SDG1中有多种不同的原料用于生产石制品，根据其岩性分为四大类，其中的某些类别如依据严格的岩石学鉴定标准可能包含了多种岩石。遗址保存石皮的石制品表明大多数原材料是采自附近河流沉积中的砾石。在这种情况下，由于石料来自次级来源，它们之间细微的岩性区别并不重要。根据两项独立的原料调查[44, 45]，水洞沟地区的砾石沉积以硅质白云岩和石英岩为主，其次是燧石和砂岩。这些沉积物的尺寸小至厘米级的卵石，大至长20—30厘米的大砾石。水洞沟地区的硅质白云岩（另说硅质石灰岩[45]）通常是细粒的，尽管有时会因内部含有燧石条带而产生不规则破裂，但总体来说相对容易剥片。砾石层中的石英岩虽然是粗粒的，但相对均质。本地的燧石砾石通常含有许多裂隙和节理。

按照由多到少的顺序，SDG1的古人类开采的主要原料包括：硅质白云岩（61.4%）、石英岩（26.3%）、燧石（12.2%），石英及其他岩石（0.1%）（表1）。前两种原料的占比与彭菲等[20]对1980年出土石制品原料的观测结果一致（硅质白云岩占68.4%，石英岩占22.3%）。两种主要原料在石核、毛坯、经二次加工的石制品和废片中的占比相近（表1）。然而，燧石毛坯被加工的比例（53%）远高于石英岩（16%）和硅质白云岩（18%）毛坯（图2）。其原因可能是相较于石英岩和硅质白云岩，古人类更偏好用燧石制作特定类型的工具；也有可能只是因为其他原料的毛坯更适合直接使用。SDG1使用的燧石易碎且内部多裂隙，这很可能是其产生大量燧石小碎屑（62.3%）的原因。这在毛坯生产中也有所体现，三种主要原料中，单个燧石石核产生的大毛坯（≥30mm）比例是最低的。

表1　水洞沟遗址1963年发掘出土的石制品组合的不同原料（第8层）

原料	石核	毛坯（≥30 mm）	工具	碎屑（＜30 mm）	总计
硅质白云岩	176（5.2%）	1380（41.1%）	286（8.5%）	1520（45.2%）	3362（61.4%）
石英岩	53（3.7%）	641（44.6%）	114（7.9%）	630（43.8%）	1438（26.3%）
燧石	20（3%）	110（16.5%）	121（18.2%）	415（62.3%）	666（12.2%）
石英及其他		5（50%）	3（30%）	2（20%）	10（0.1%）
总计	249（4.5%）	2136（39%）	524（9.6%）	2567（46.9%）	5476（100%）

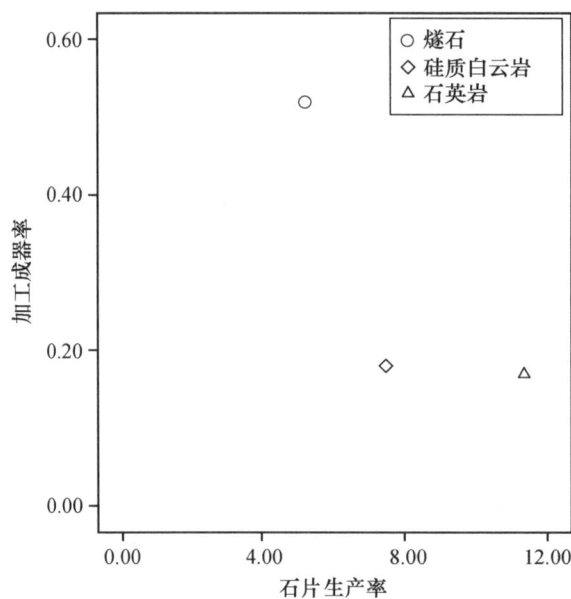

图2　水洞沟遗址第8层1963年发掘出土的石制品组合的原料利用率

3.2　废片分析

虽然不能确定1963年发掘使用筛网的尺寸，但根据标本中含有大量尺寸小于20mm的小碎片（$n=1252$，24%）而几乎没有小于10mm的标本（$n=24$，0.5%）（图3），我们可以确定发掘者至少使用了10mm的筛网。尽管没有与SDG1发现的原料和剥片方式相似的实验数据，但1963年发掘材料的尺寸中，10mm至30mm的废片频率（52.6%）与Schick的实验数据（56.8%）相似（图3）[46]。这表明1963年第8层出土的石制品组合是相对完整的，坡积或冲积作用并没有带走大部分的小型标本。由于缺乏背景信息，我们暂无法详细研究遗址形成的过程，但组合中包含所有阶段的剥片产品和副产品，且保留有相对高比例的小碎屑，表明大量打制行为发生在该遗址内，该组合可提供完整操作链的信息。

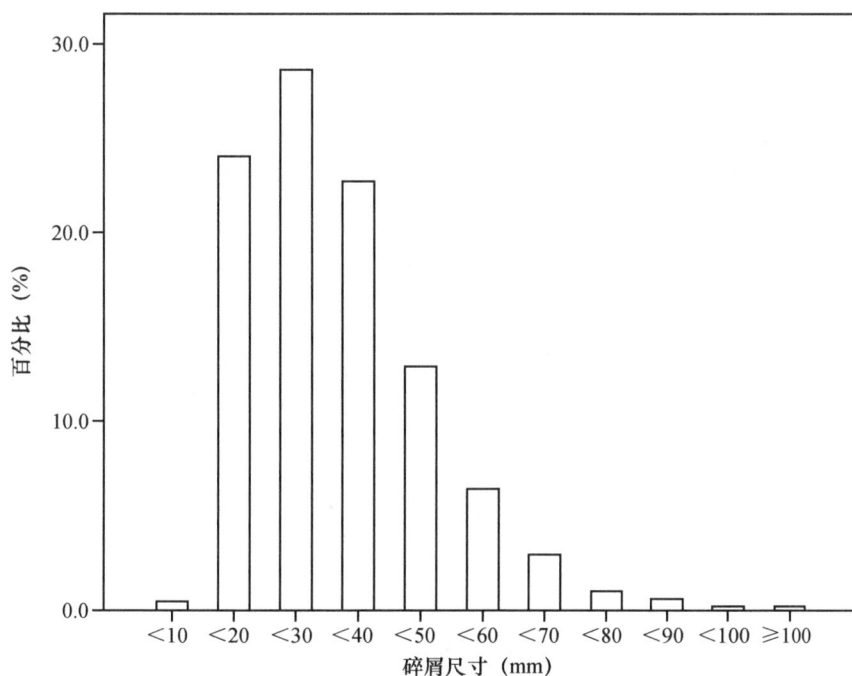

图3　水洞沟遗址第8层1963年发掘出土的石制品组合的废片尺寸分布

3.3　石核类型与剥片策略

石核的剥片策略是IUP技术系统研究的重要一环。我们选择在东北亚地区工作的研究者常用的石核分类方法（表2）对1963年在SDG1发掘得到的大量石核标本进行分类。在本研究中，我们暂不提供精准的石核测量数据；相反，继其他研究之后，我们把重点放在可能代表不同剥制过程的石核的存在与否和频率上。表2总结了1963年在SDG1发现的所有石核类型，可以划分两大类石核：一类是台面和剥片面没有经过系统性预制的简单剥片石核，另一类是对台面和剥片面有意预制的、更系剥片的石核。简单剥片石核主要用作生产石片。简单剥片石核中，单台面剥片（Simple unipolar cores）石核数量最多，尝试石核（tested pieces）、砍砸器（chopper/chopping tools）、多面体石核（polyhedrons）和两极石核（bipolar cores）数量较少。在系统剥片石核中，单向/双向勒瓦娄哇石核（n=94，37.8%）、棱柱/似棱柱状石核（n=35，14.1%）以及窄面石核（edge-faceted core）（n=13，5.2%）则主要用于生产石叶和长薄片状毛坯。系统剥片石核中有5件形态变化较大的标本（2%），我们根据其最终剥片的大小将之归为小石叶石核（bladelet core），其中包含两件雕刻器石核。遗址也存在向心勒瓦娄哇石核（n=6，2.4%）和盘状石核（n=3，1.2%），但总体上很少。

SDG1的单向/双向勒瓦娄哇石核大多类似广义的勒瓦娄哇循环剥片技术产品，尽管有些剥片面没有明确的层级关系[28]。通常，打制者预制一个或两个对向的台面，并从石核上一个相对平且宽的面上剥离细长的石片和石叶，剥片通常是对向的。一些预制的或未完全预制的石核表明，这些石核以扁平的卵石或厚石片（或偶见的平直断块）为原型（图4）。石核台面经过预制，与石制品长轴通常呈斜向夹角。勒瓦娄哇石核上的横向凸度是通过在一侧（有时在两侧）剥下石核边缘石片（debordant）或从侧面修型形成边缘鸡冠状石叶（lateral crested blade）。通常，这两种方法在一个石核上都有使用。纵向的凸度则通过对远端修整，或（在石核存在两个对向的台面的情况下）由对向剥片留下的片疤形成。石核边缘石片和石叶（$n=248$）与鸡冠状石叶（$n=37$）均出现在组合中，但前者更为常见（表3，图5）。石核的背面一般是平坦的或微突起的，被石皮或侵入性片疤所覆盖。单向/双向勒瓦娄哇石核的形态因石核的初始形态和剥片程度不同而有差别，剥片面或十分平坦或略显突出（图6）。由这些石核剥下的大石片和石叶呈矩形或汇聚形，通常可见修理台面，平坦的纵向轮廓，平行的背面片疤，背缘角（EPA）在80°左右。

表2　水洞沟遗址1963年发掘出土的石制品组合的石核类型（第8层）

石核类型	数量	占比
尝试石核	13	5.2%
砍砸器	1	0.4%
预制阶段石核	11	4.4%
单台面石核	21	8.4%
多面体石核	6	2.4%
向心勒瓦娄哇石核	6	2.4%
单向/双向勒瓦娄哇石核	94	37.8%
窄面石核	13	5.2%
棱柱/似棱柱状石核	35	14.1%
棱柱状单向勒瓦娄哇石核	10	4%
雕刻器石核	2	0.8%
石叶石核	3	1.2%
盘状石核	3	1.2%
不完整石核	31	12.5%
总计	249	100%

　　第二类石核是棱柱/似棱柱状石核，这些石核可归纳出两种剥片序列。第一种可以视为单向/双向勒瓦娄哇剥片系统的变体，通常从两个相对的修理台面对向剥片。但剥片时不维护宽而凸起的剥片面，而是利用剥片面的侧边，所以石核体积削减得更多。为检验这种石核与典型单向/双向勒瓦娄哇石核是两种不同的剥片策略还是同一策略下产生不同形态的结果，我们将在另一篇文章中分析石核的三维模型。第二种剥片序列的石核尽管数量很少（$n=4$）（图7），却显示出了更加清晰的体积利用系统：围绕着石核的圆周从一个垂直于长轴的平坦台面上剥取石叶和长石片，石核呈现圆锥形。有少量石核结合了这两种剥片序列（图8），这些标本保留了两个相对的台面，一个是与长轴斜交，一个垂直于长轴。石叶和长石片从垂直长轴的台面上剥下，形成一个圆形的截面；与其相对的斜向台面上剥下的石片只利用了石核的一面，形成了相对平坦的截面。

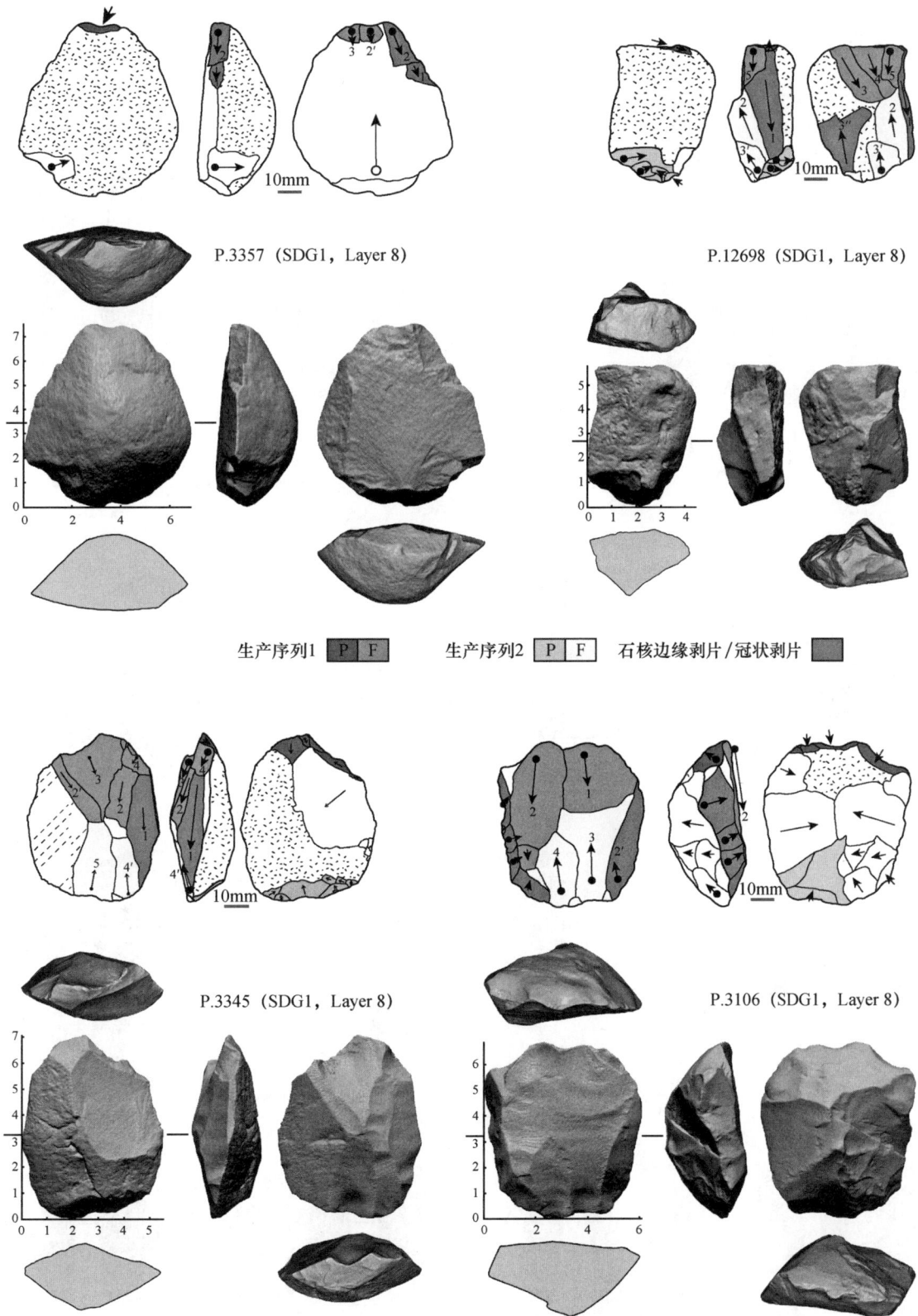

P.3357 (SDG1，Layer 8)

P.12698 (SDG1，Layer 8)

生产序列1 P F   生产序列2 P F   石核边缘剥片/冠状剥片

P.3345 (SDG1，Layer 8)

P.3106 (SDG1，Layer 8)

图4　单向/双向勒瓦娄哇石核剥片的初始阶段和维护阶段

（不同颜色代表不同剥片序列；P，台面；F，剥片面）

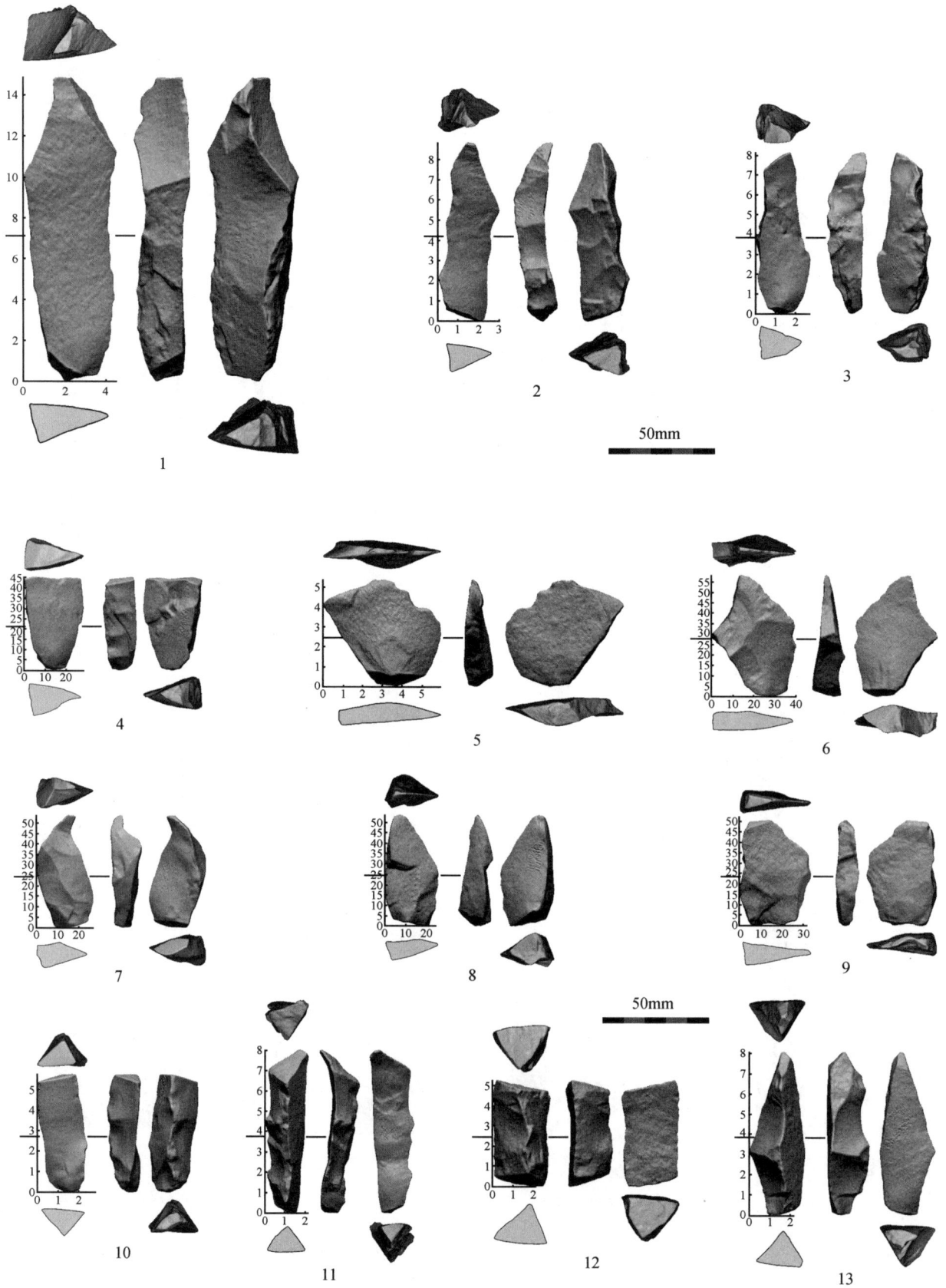

图5　水洞沟遗址第8层1963年发掘出土的石核边缘鸡冠状石叶、石片和向心剥片的鸡冠状石叶

表3 水洞沟遗址第8层1963年发掘出土的各类完整毛坯（依照台面类型划分）

台面类型	普通石片	长薄片状毛坯（石叶和细石叶）	勒瓦娄哇石片	勒瓦娄哇三角形石片	更新台面石片	石核边缘石片	鸡冠状石叶	总计
石皮台面	160（14.3%）	12（3%）			3（15.8%）	20（8.1%）	7（18.9%）	202（10.8%）
石皮和人工台面	15（1.3%）	12（3%）				6（2.4%）	2（5.4%）	35（1.9%）
人工台面	598（53.6%）	211（52%）	1（2.9%）		7（36.8%）	127（51.2%）	17（46%）	961（51.6%）
有脊台面	82（7.4%）	21（5.2%）	2（6%）		4（21.1%）	16（6.5%）	1（2.7%）	126（6.8%）
修理台面	140（12.6%）	122（30%）	25（73.5%）	3（75%）	4（21.1%）	73（29.4%）	10（27%）	377（20.2%）
宪兵帽子状台面		5（14.7%）		1（25%）				6（0.3%）
破碎台面	105（9.4%）	22（5.4%）				6（2.4%）		133（7.1%）
其他	16（1.4%）	6（1.4%）	1（2.9%）		1（5.2%）			24（1.3%）
总计	1116（59.9%）	406（21.8%）	34（1.8%）	4（0.2%）	19（1%）	248（13.3%）	37（2%）	1864

注：完整毛坯包括完整和近乎完整（近端和中段）的石片，以完整石片或近乎完整石片为毛坯加工而成的工具同样计入表格。

第三类石核为窄面石核（edge-faceted core），是从毛坯的一侧进行剥片。其台面的组织形式与单向/双向勒瓦娄哇石核相似，但台面不是修理台面。

生产小石叶尺寸毛坯（宽<12mm）的石核（n=5）采用了多种剥片系统进行剥制。两个"雕刻器石核"以较厚的长石片为毛坯（图9），其台面通过剥片或修理形成，并从厚石片的一侧边剥下窄石叶或小石叶。其他生产小石叶的石核与较大的石核相似，可能是较大的石叶石核的"缩小版"。

3.4 毛坯形态

从毛坯本身或者石核上保留的片疤可知，SDG1的石制品组合中的毛坯包括普通石片、石叶、"技术废片"以及尖状石片（如勒瓦娄哇三角形石片）。与1980年的标本分析结果一致，1963年的标本中毛坯大多是形态和尺寸各异的一般石片和石叶（图10）。在长度大于30mm的标本中，长度大于2倍宽度的石叶出现频率较低（n=180，9.7%）。然而，长薄片状毛坯的破碎率（79.7%）很高，即使其残存的尺寸不能算得上是严格意义上的石叶，许多具有平行的边缘和平行背面石片疤的断片可以被归入长薄片状毛坯之中。总的来说，长薄片状毛坯占毛坯总

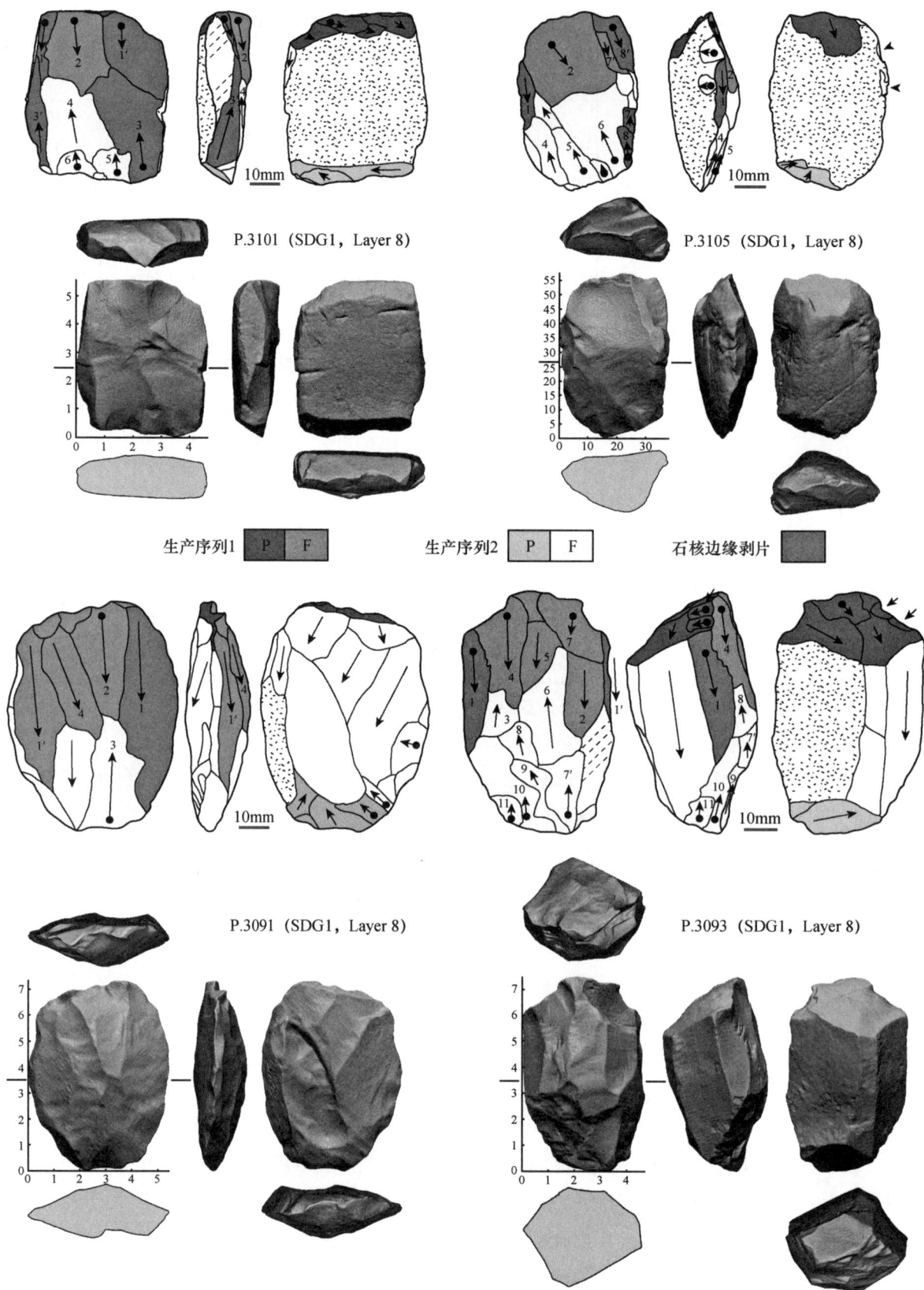

P.3101 (SDG1，Layer 8)　　P.3105 (SDG1，Layer 8)

生产序列1　P　F　　生产序列2　P　F　　石核边缘剥片

P.3091 (SDG1，Layer 8)　　P.3093 (SDG1，Layer 8)

图6　水洞沟遗址第8层1963年发掘出土的各类单向/双向勒瓦娄哇石核

（不同颜色代表不同剥片序列；P，台面；F，剥片面）

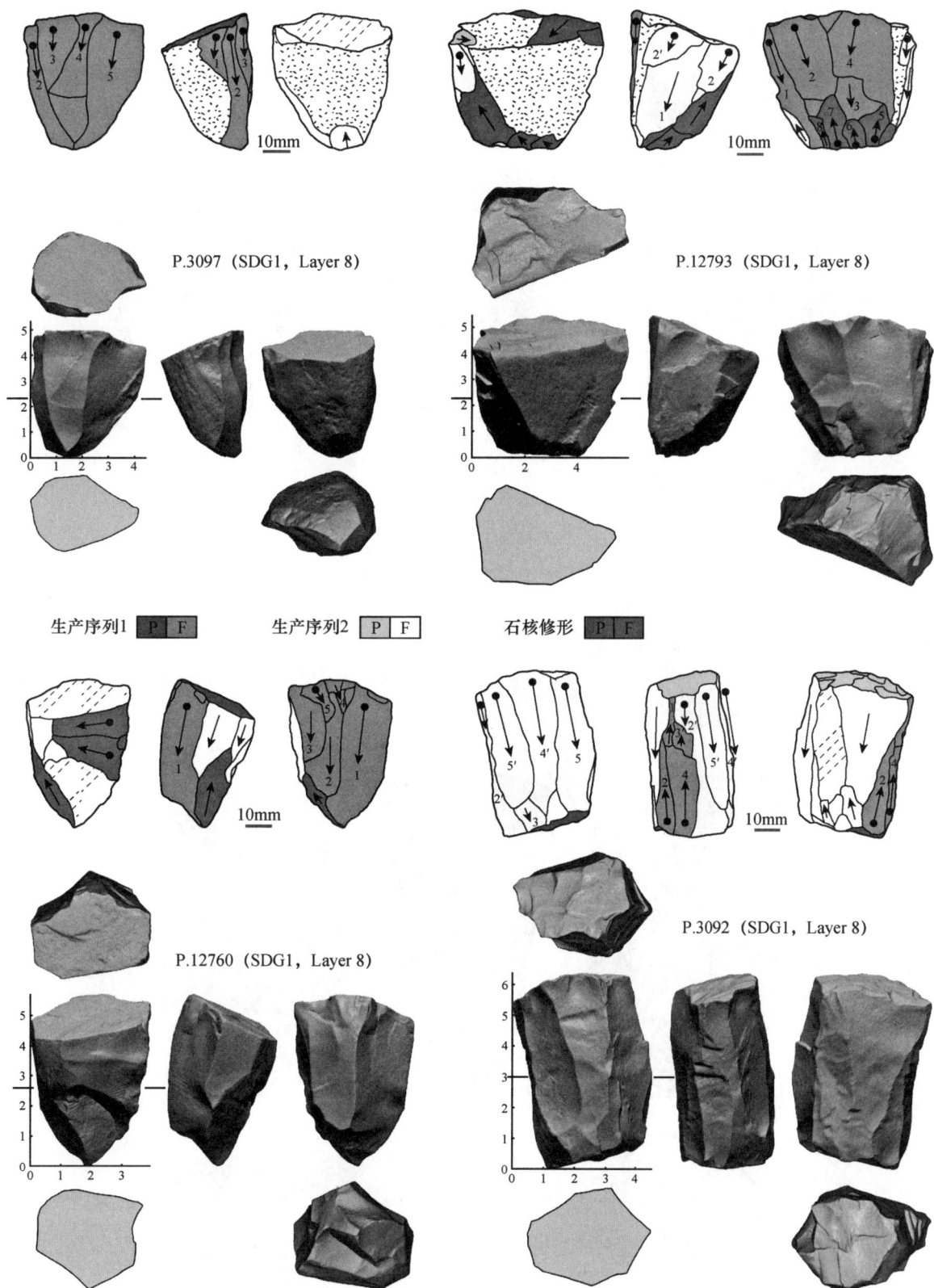

图7　水洞沟遗址第8层1963年发掘出土的棱柱/似棱柱状勒瓦娄哇石核

（不同颜色代表不同剥片序列；P，台面；F，剥片面）

生产序列1 P F　　　生产序列2 P F

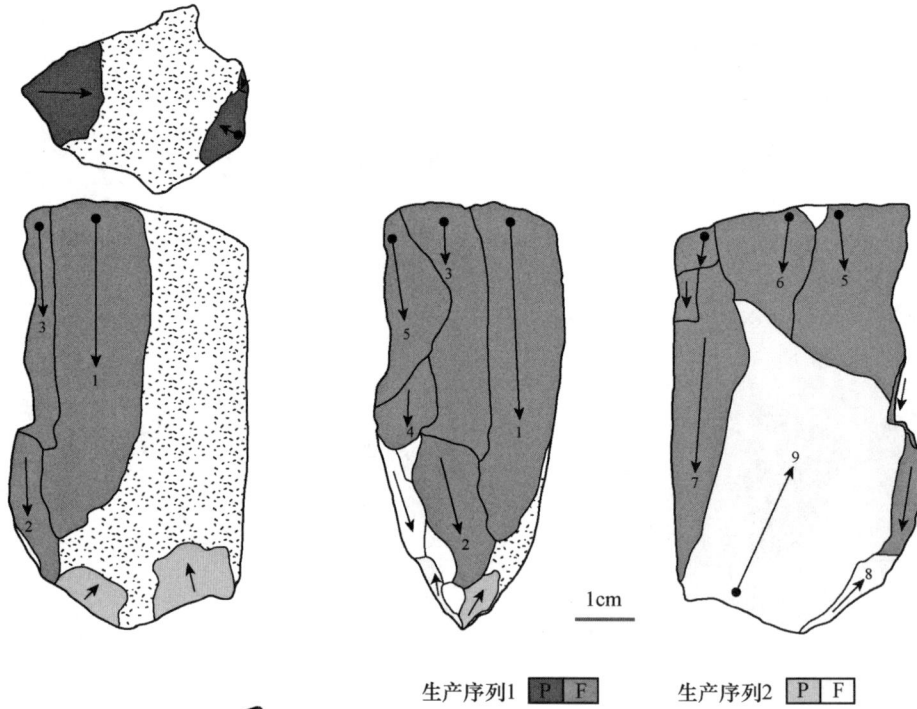

P.12684（SDG1，Layer 8）

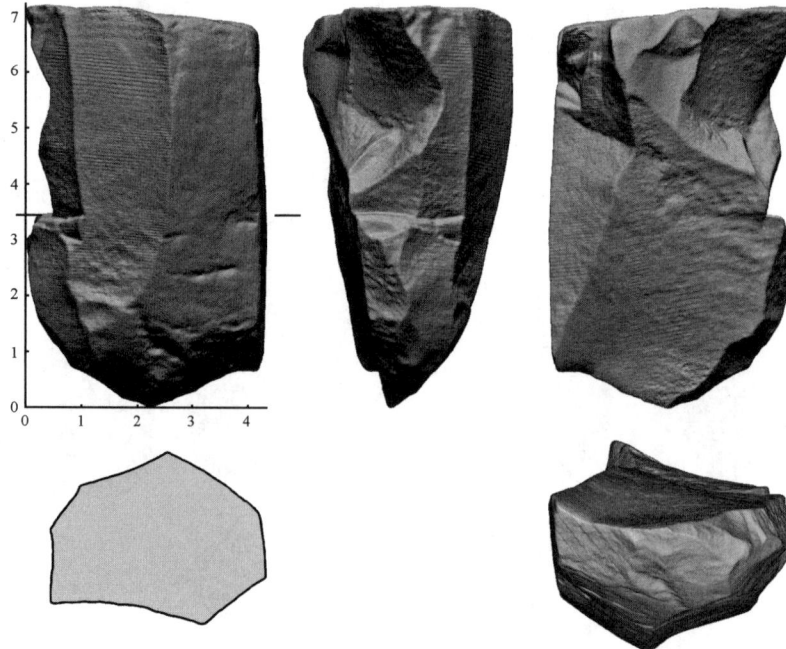

1cm

图8　兼具单向/双向勒瓦娄哇剥片技术与棱柱/似棱柱状剥片技术特征的石核
（不同颜色代表不同剥片序列；P，台面；F，剥片面）

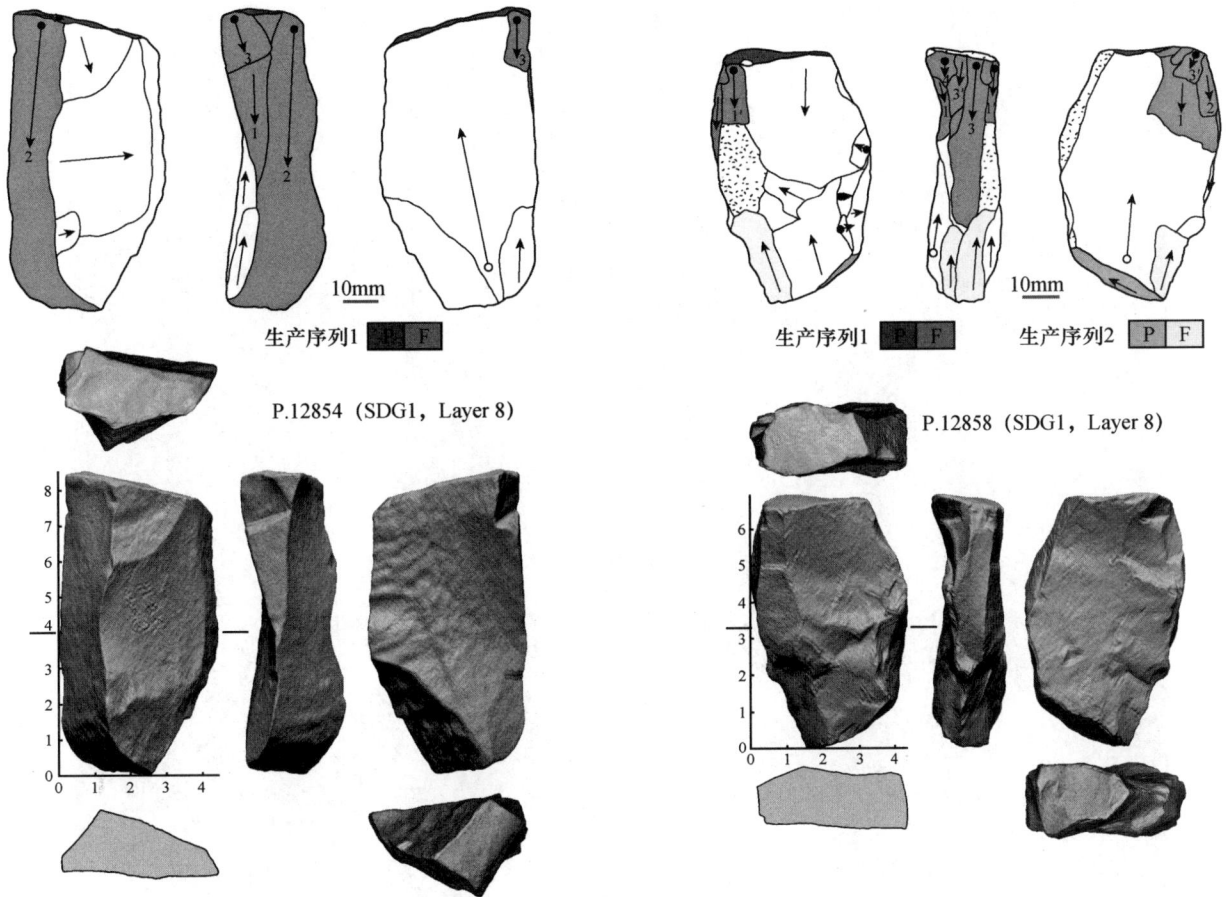

图9　水洞沟遗址第8层1963年发掘出土的雕刻器石核
（不同颜色代表不同剥片序列；P，台面；F，剥片面）

数的21.8%（图11）。一些宽<12mm的片状标本可以算作小石叶，在碎片中也有可能有未辨识出的小石叶残片。为了更全面地评估SDG1小石叶的生产情况，我们将所有尺寸不足30mm的段片（n=285）也纳入研究中。长薄片状毛坯的宽度呈单峰分布，峰值在22mm左右（图12），分布基本对称，略微偏左。鉴于宽度的分布并没有多个峰值，SDG1组合中的石叶和小石叶之间的界限可能比较模糊，大多数的小石叶尺寸的毛坯是大石叶石核剥片的副产物或最后剥片的产品。一方面，少量存在的雕刻器石核和对废弃石核的重复利用，都显示出SDG1的居民有时会特意生产小石叶；另一方面，我们发现石叶无论大小最终都会被加工成形态相似的工具，例如对小型毛坯没有系统的琢背加工。

对台面类型、台面厚度和背缘角的观测表明，石片和长薄片状毛坯往往由不同的方法生产（表4）。石片台面中石皮台面和人工台面的比例更高，而长薄片状毛坯中修理台面比例更高。许多普通石片可能是在石核修型阶段产生的，如在砾石上预制台面，所以石皮台面比例更高。无论是普通石片还是长薄片状毛坯，一些标本的台面外缘上都可见由于调整剥片角度而产生的细小碎疤，这是由于单向/双向勒瓦娄哇石核既生产石片也生产长薄片状毛坯。对台面边缘琢磨的现象极为少见（n=2）。长薄片状毛坯的平均台面厚度（均值=6.6mm，标准差=2.9）

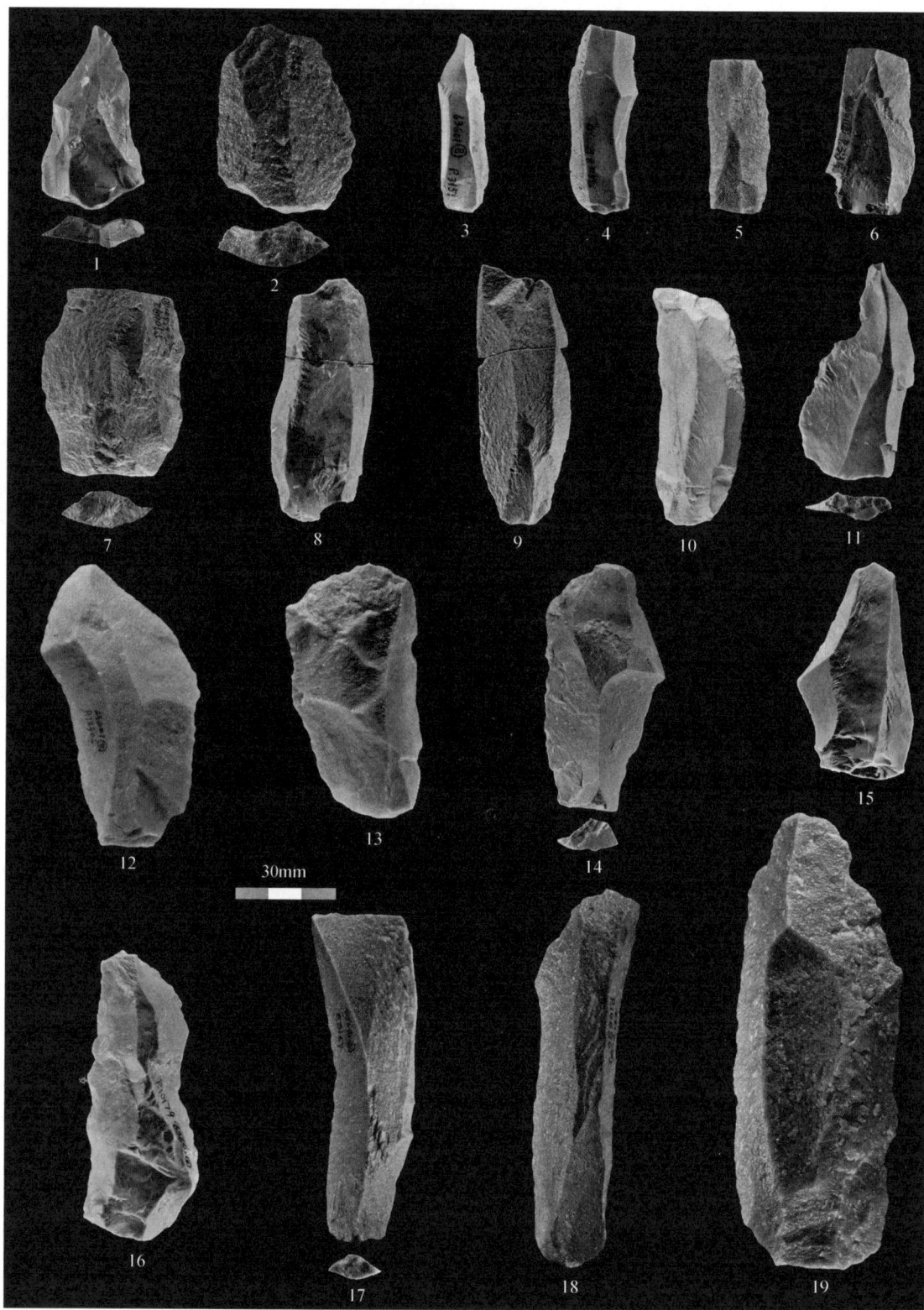

图10　水洞沟遗址第8层1963年发掘出土的各类毛坯
1. 勒瓦娄哇三角形石片　2. 勒瓦娄哇石片　3—10、16—19. 石叶　11、15. 汇聚形石片　12—14. 长石片

表4 水洞沟遗址第8层1963年发掘出土的石叶和普通石片的对比

对比特征	普通石片	石叶	统计显著性
破碎率	38.2%, *n*=1548	79.7%, *n*=706	
完整	957	143	Chi-square=333.63, d*f*=1, *p*<0.001
碎片	591	563	
台面类型	*n*=1116	*n*=406	Chi-square=98.432, d*f*=5, *p*<0.001
石皮台面	160（14.3%）	12（3%）	
石皮和人工台面	15（1.3%）	12（3%）	
人工台面	598（53.6%）	211（52%）	
有脊台面	82（7.3%）	21（5.1%）	
修理台面	140（12.6%）	122（30%）	
破碎台面及其他	121（10.8%）	28（6.9%）	
台面处理	*n*=1116	*n*=406	Chi-square=18.103, d*f*=1ᵃ, *p*<0.001
未处理	848（76%）	263（64.8%）	
具有细碎片疤	267（23.9%）	142（35%）	
琢磨	1（0.1%）	1（0.2%）	
台面厚度（mm）	*n*=897	*n*=336	*t*-value=3.524, *p*<0.001
最小值	0.3	1.27	
最大值	37.4	19.7	
平均值	7.5	6.6	
标准差	3.8	2.9	
台面背缘角（°）	*n*=824	*n*=323	*t*-value=−7.585, *p*<0.001
最小值	45	57	
最大值	113	105	
平均值	74	79	
标准差	9.4	7.1	

a "台面处理"中仅对"未处理"和"具有细碎片疤"类进行了检验。

比普通石片台面的平均厚度（均值=7.5mm，标准差=3.8）小，标准差也小。

以往对1980年出土石制品的研究表明，SDG1的主要剥片技术是硬锤直接打击[20]，这与我们的观测结果一致，如标本可见清晰的打击点、高比例的石皮和素台面，明显的打击泡，台面背缘角集中在75°—80°之间（表4）。生产普通石片和长薄片状毛坯的打击技术没有明显区别。虽然对1980年出土的标本研究[20]认为可偶见软锤和间接打击法，但1963年出土的标本中则几乎没有发现琢磨台面外缘和内缘有唇的现象。这与蒙古北部和外贝加尔地区同时期遗址出土的软锤打击的产品有着显著的区别[18, 19]。

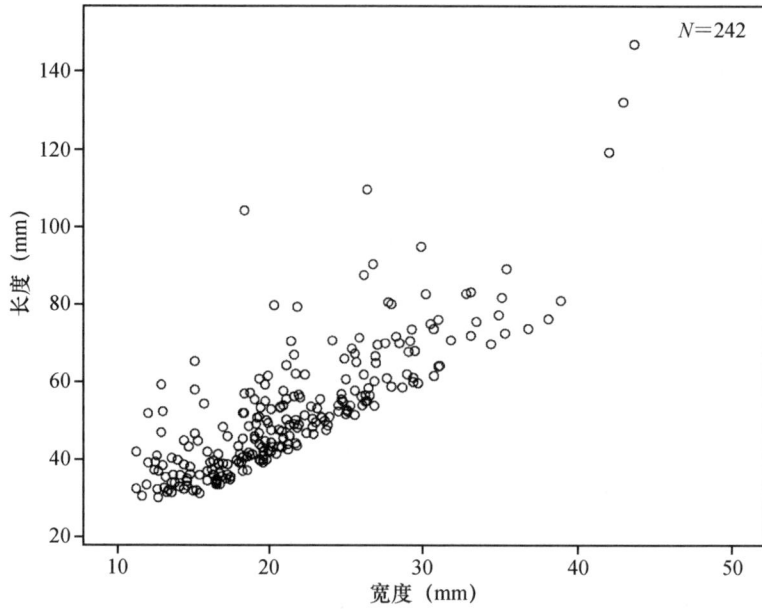

图11　水洞沟遗址第8层1963年发掘出土的石叶长度和宽度散点图
（包括长宽比大于2的技术废片以及近乎完整毛坯）

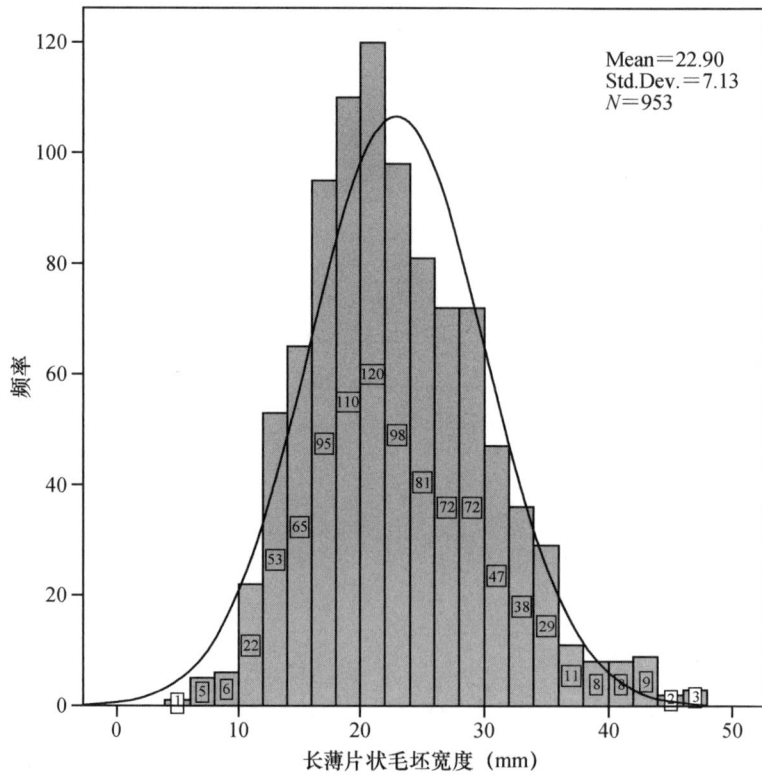

图12　水洞沟遗址第8层1963年发掘出土的长薄片状毛坯宽度直方图
（样本包括小于30mm的毛坯）

3.5　修理工具

图13展示了SDG1 1963年出土石制品组合中的一些修理工具。从传统类型学角度看，典型的旧石器时代中期和晚期工具组合比较常见（表5）。这与不同学者对1980年标本的观测结果一致[20, 27]。修理刃缘基本上是单面修理，少见双面修理。两件标本对近端进行了较精致的加工，分别为反向修理（图13：3）和两面修理（图13：11），使得其底部变薄，可能以装柄为目的。简单（单刃）刮削器（$n=94$，22.5%）占刮削器的大多数，其次为聚刃刮削器（$n=14$）、横刃刮削器（$n=12$）、双刃刮削器（$n=9$）和斜轴刮削器（$n=4$）。单刃刮削器的毛坯主要为石片（67%）。锯齿刃器（$n=130$，31.1%）和凹缺器（$n=30$，7.2%）十分常见，多数以石片为毛坯（73.8%）。更典型的旧石器时代晚期工具类型中，端刮器（$n=48$）、雕刻器（$n=7$）和截断工具（$n=21$）占所有工具的18.2%。旧石器时代晚期的工具类型中，石叶（36.8%）和石片（38.2%）毛坯的比例相近。在1963年的工具组合中，尖状类工具包括石锥（$n=13$）、尖状器（$n=18$）和锯齿刃尖状器（$n=8$）。其中有一组特殊的尖状器，这八个尖状器具有汇聚的锯齿状刃和锐利的尖端，这在1923年出土的石制品组合中亦有发现，图片可参见[23]中的图38和图40。尖状类工具中，石片毛坯（43.6%）的频率高于石叶毛坯（30.8%）。石制品组合中还发现了一些具有一种以上刃缘类型的混合工具（$n=10$，2.4%）。

表5　水洞沟遗址第8层1963年发掘出土的工具类型

类型	数量	以普通石片为毛坯	以石叶为毛坯	其他类毛坯
单刃刮削器	94	63	13	18
双刃刮削器	9	6	3	0
聚刃刮削器	14	11	2	0
斜轴刮削器	4	4	0	0
横刃刮削器	12	12	0	0
锯齿刃器	130	96	17	17
凹缺器	30	22	5	3
石锥/石钻	13	7	3	3
混合工具	10	7	1	2
锯齿刃尖状器	8	5	2	1
尖状器	18	5	7	6
截断工具	21	10	9	2
端刮器	48	27	14	7
雕刻器	7	1	5	1
总计	418	276（66%）	81（19.5%）	60（14.5%）

注：不完整工具（106件）未在此表中体现。

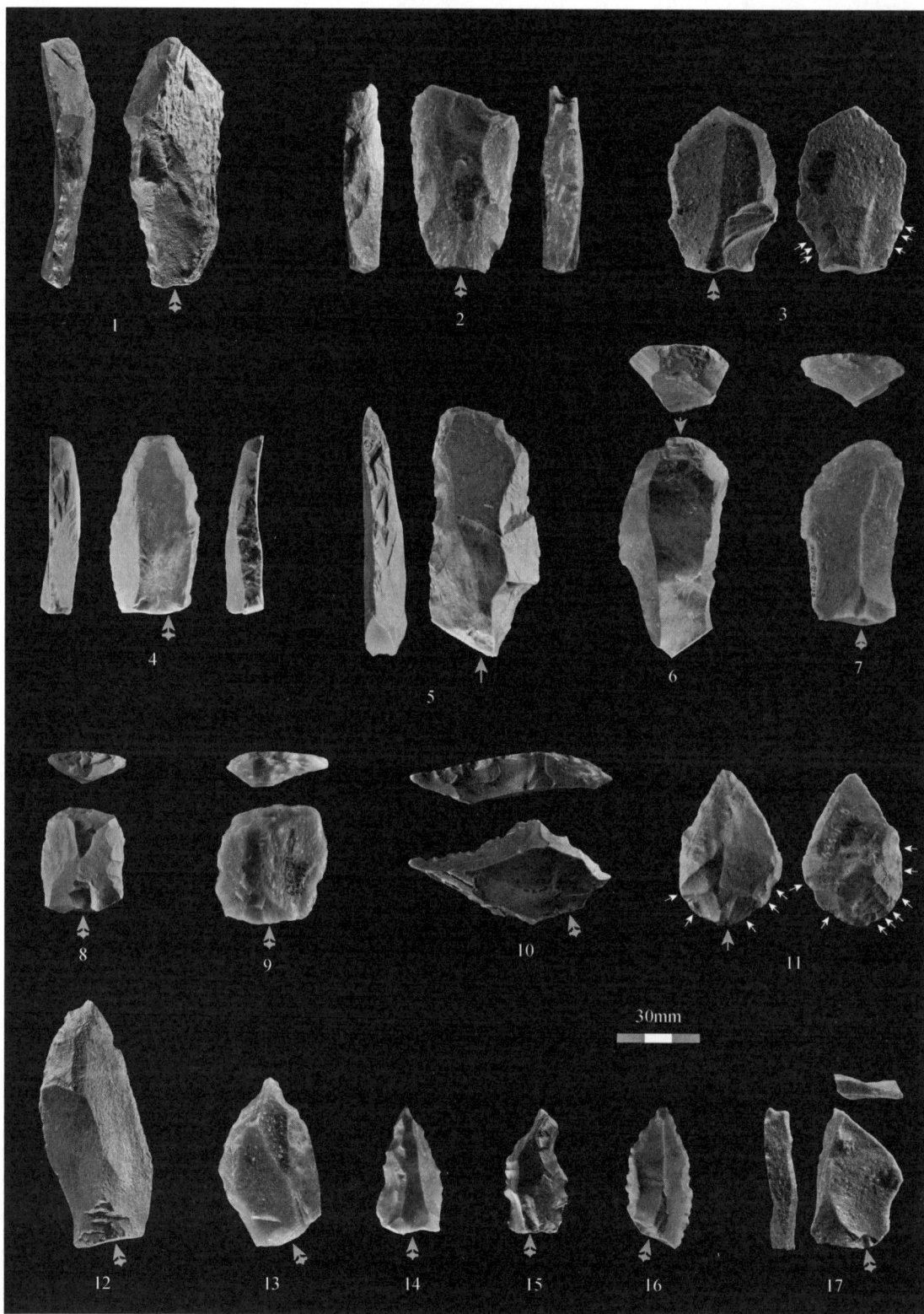

图13 水洞沟遗址第8层1963年发掘出土的工具

1. 单刃刮削器 2. 双刃刮削器 3、4. 聚刃刮削器 5—9. 端刮器 10. 锯齿刃器 11、12. 尖状器 13. 石锥

14—16. 锯齿刃尖状器 17. 雕刻器

综上，工具毛坯中石片毛坯（66%）比石叶毛坯（19.5%）更常见，但尖状器和雕刻器等工具类型以石叶毛坯为主。另外，完整石片总数远大于完整石叶，而石叶残片的比例又远大于石片残片（表4），所以经过修理的石片和石叶的比例是不同的。与石片相比（160/1117=14.3%），完整石叶被加工为工具的比例（38/181=21%）更高。

工具制作者们通过评估其整体形态（长度、宽度、厚度）选择进一步加工的毛坯（表6）。石片工具的平均长度与未加工的石片没有明显区别。尽管对石叶的一端进行修理可能会缩短石叶的长度（如端刮器、尖状器、截端工具和雕刻器），但石叶工具的平均长度明显大于石叶毛坯，这说明SDG1的工具制作者们倾向于选择较长的石叶进行加工。经过修理的石片和石叶往往比未经修理者略宽厚，但对于这两种类型的毛坯来说统计学上的差异并不显著。

表6　水洞沟遗址第8层1963年发掘出土工具的毛坯选择性

			平均值（mm）	标准差	T值	P值
长度	石片	未加工（n=937）	38.9	14.8	−1.316	0.189
		加工（n=179）	40.6	16		
	石叶	未加工（n=349）	43.2	13.6	−4.850	<0.001
		加工（n=57）	56	19.2		
宽度	石片	未加工	35.2	11.1	1.624	0.105
		加工	33.6	13.5		
	石叶	未加工	24.5	6.9	−2.982	0.003
		加工	27.5	7.4		
厚度	石片	未加工	10.8	4.5	−1.864	0.063
		加工	11.5	4.5		
	石叶	未加工	9.3	3.5	−2.296	0.022
		加工	10.4	3.5		

4. 讨　　论

4.1　水洞沟第1地点旧石器时代层位的石制品组合内多样性

以往对SDG1石制品组合的研究主要基于1980年发掘的材料，强调了旧石器时代中期和晚期典型特征的混合。具体来说，石核剥片的序列强调对原料层级和体积的开发，生产石叶或长薄片状毛坯，经过修理的工具为典型的旧石器时代中期和晚期的类型。1963年出土的标本也观察到了这一技术类型学属性的混合。由于地层并不精确，厚逾2米的"旧石器时代第8层"可能实际上包括体现不同频率旧石器时代中期和晚期特征的一个序列的组合。或者说，SDG1的这一特殊组合实际上可能是从基本的旧石器时代中期技术向更经典晚期技术的本地演化的结果。

　　然而，对其附近的水洞沟第9地点剥片策略的研究并不支持这种假设。在水洞沟第9地点，几乎整个组合都来自地表下20厘米的单个地层。数量较少的石制品（n=414）和其有限的分布范围表明，该地点的材料代表一次短暂的活动事件。虽然这一组合较小，但材料十分丰富多样。这一地点发现了单向/双向勒瓦娄哇石核和次棱柱状石叶石核[48]，重建出的剥片序列也与水洞沟第1地点的剥片序列非常相似。遗憾的是在第9地点发现的工具很少。这些石核的数据至少可以说明，在水洞沟第1地点和周边区域发现的技术类型学特征不是多个组合混合的结果，而应该是东北亚IUP特有的一部分。还需要强调的是，在水洞沟地区尚未发现纯粹具有旧石器时代中期特征的或年代为旧石器时代中期的石制品组合，人类约在4.5万—4万年前才开始进入该区域。

　　另一种解释是，在水洞沟第1地点的旧石器时代层位可能是多次人类活动的集合体。其对岸的水洞沟第2地点中，石核-石片组合基本取代了大石叶的组合，占据了其旧石器时代序列的大部分[31, 32]。在水洞沟第1地点深厚的地层中，完全可能也有一个石核-石片技术组合为主的层位。另一种可能性是由于1963年发掘地层控制不准确，发掘者将第7层的部分标本归入第8层从而产生了一个具有混合特点的组合[24]。但水洞沟第2地点的简单石核-石片组合几乎没有标志性的特征，很难将其与石核修型和预制过程中产生的剥片区分。从这个角度来说，有必要再次说明1963年出土石制品组合中含有41个"简单石核"（占完整石核的18.8%）：包含了尝试石核、砍砸器、单极石核和多面体石核。在1980年发掘出的标本中则有64个"简单石核"（占完整石核的38.8%）[27]。这与东北亚地区其他IUP组合有很大不同，如水洞沟第9地点（n=0）[48]、西伯利亚阿尔泰地区的Kara Bom遗址（简单石核占9.5%）[27]。如果简单石核代表着更有组织性石核的初级阶段，就意味着简单石核应该比系统剥片石核体积更大。但在本次所研究的石制品组合中简单石核的平均最大尺寸（均值=59.2mm，标准差=1.1mm）基本与预制石核尺寸（均值=60.4mm，标准差=16.4mm；t值=-0.409，p值=0.683）相同。如此，简单石核就很有可能是水洞沟第1地点石制品组合的一种独立剥片策略，也许对应着一个或几个迄今为止尚未被识别出的旧石器时代晚期活动层。

　　基于对1980年出土标本的研究，Brantingham等[27]认为水洞沟第1地点具有强烈的旧石器时代中期特征。所谓旧石器时代中期工具类型，如边刮器、锯齿刃器等在1963年出土的标本中也很常见。刮削器和锯齿刃器可以用简单石核—石核-石片技术剥下的石片加工而成，也可以用其他剥片策略下所产生的副产品石片修理而成，但很难将这两种情况区分开。在SDG1地点的材料中，简单石核占比较高，且在水洞沟的IUP之后，如水洞沟第2、第7、第8地点，经常出现简单石核-石片组合，这表明以往SDG1出土的旧石器时代标本可能存在简单石核和刮削器/锯齿刃器为主的组合。因此，在SDG1的组合中工具体现出强烈的"旧石器时代中期"特征并不代表一种区域性IUP的特征，而可能是由于不同组合相混合所致。正在进行的SDG1发掘工作会更精确地控制地层，应会有助于澄清这个问题。鉴于此，在比较SDG1的组合和东北亚地区其他IUP组合时，由于部分石制品归属不确定，将重点放在对薄片状石制品的研究上是最优的策略。

4.2 东北亚旧石器时代晚期初段的区域保守性和多样性

尽管学者们已经对IUP组合进行了非常广泛的比较，但许多组合的技术细节仍然缺乏。在此，我们选择西伯利亚阿尔泰、蒙古北部和外贝加尔地区的遗址来讨论IUP组合的一些区域特征。我们使用Tostevin的"行为组"概念，并将其简化，以应用于已发表的东北亚地区IUP文献中的低分辨率数据。Tostevin[49-51]将石器的操作序列分为五组，代表独立的行为决策。这五个组别分别是"石核预制"、"台面维护"、"剥片方向"、"毛坯生产"和"石器加工"。这些也构成了典型石器操作链中间部分的主要组分。在我们的研究中对各种组合应用了检视列表，并包含了一定数量的定量数据。表7显示，不同的IUP组合的石核剥片序列是相似的，特别是在石核预制和石核剥片方向两个方面。最初的剥片通常从石核较宽的面与较窄的面交界处开始，后来在剥制过程中向宽面扩展。石核宽面通常是循环剥片的，在薄片剥制行为之间少有修整。石核剥片面凸度的产生和维持是通过边缘的鸡冠状石叶和石核边缘石片来实现的，两者常在石核上共存。对向剥片产生的长薄片状毛坯的石核很常见，而废弃的石核往往是平的，表明石叶生产策略的一般框架是相似的。然而，也可以观测到地区间的多样性。在对台面的维护上，通过修理来预制台面在大多数组合中都很常见；但在台面预制中也可以观察到不同组合之间的显著差异。例如，外贝加尔地区的Kamenka遗址中，29.9%的石叶台面背缘存在摩擦的特征，通常表现在较小的台面和腹面有唇等特点，这些特征被认为与软锤切线法打制的技术相符[18]。在蒙古北部的遗址，如Tolbor 16[19]，也可以观测到石叶台面高频率地出现边缘琢磨的现象；但在西伯利亚阿尔泰的Kara Bom[16]等遗址，这类台面则很罕见。

由于数据有限，目前很难对东北亚不同的IUP组合中的工具组合进行定量比较。旧石器时代晚期的工具类型包括端刮器、雕刻器、截端工具和边刮器（我们将经过加工的石叶也纳入这一类）出现的频率不一。例如，在Kara Bom的IUP组合中，旧石器时代晚期的典型工具占加工工具的32%—39%[52]。这比SDG1组合中的占比（17.8%）要高，但如上所述，只考虑长薄片状毛坯的情况下，旧石器时代晚期的典型器物占比高达34.6%。旧石器时代晚期典型器物在其他东北亚IUP组合中的比例都要低得多，如Kemenka（8.6%）和Tolbor 16（0.4%）[18, 19]。尖状器在许多遗址中都存在，但根据已发表的文献，SDG 1的锯齿刃尖状器似乎是独一无二的。

对西伯利亚阿尔泰、蒙古北部、外贝加尔地区和中国北部的IUP组合的比较表明，东北亚的IUP在技术上具有一致性，且比较保守。这并不奇怪，因为对IUP的定义主要是基于技术特征。毛坯生产在总体上的相似性与东北亚IUP的强扩散模型[49, 51]相符合。基于放射性碳测年结果，蒙古北部、外贝加尔地区和中国北部的IUP似乎是从西伯利亚阿尔泰地区扩散而来的[53, 54]。软锤切线法的使用以及修整台面边缘琢磨等在蒙古北部和外贝加尔地区出现的频率较高，其他地区则很少。这可能意味着这种打制技术特点是在IUP到达该地区后发展起来的一种区域性适应方法。造成这种情况的一个可能的因素是不同地区使用的原材料不同，但这需要额外进行一些深入研究。有学者曾因SDG1的年代较晚，提出SDG1的IUP是从蒙古传播而来[27, 55]。然而，最近的研究结果表明，水洞沟的IUP比以前认为的要早得多[31, 33, 34]。结合切线打法的不均匀分布，中国北部和蒙古国北部—外贝加尔地区的IUP更有可能是自西伯利亚阿尔泰独立扩散的结果。SDG1独特的锯齿状刃加工也可能是区域性的发展。然而，这些区域性现象背后的机制应结合不同地区的数据进行探讨。

表7　Kara Bom, Tolbor 16, Kamenka和水洞沟第1地点长薄片状毛坯的生产行为

技术要素		Kara Bom [16, 48]	Tolbor 16 [19]	Kamenka [18]	SDG 1（1963）
石核预制					
石核剥片面	循环使用扁平面的长轴	√	√	N=3, 30%	N=94, 37.8%
	循环使用窄面的长轴	√	√	-	N=48, 19.3%
	雕刻器石核	√	N=2	N=3, 30%	N=2, 0.8%
石核维护	石核边缘石片	√	√	N=23, 15%	N=248, 13.3%
	边缘的鸡冠状石叶	√	√	√	N=33, 1.8%
台面维护					
台面修理	修理	√	23%	42.9%	N=122, 30%
台面预制	细小碎疤	√	12%	27.3%	N=142, 35%
	琢磨	少	47%	29.9%	N=1, 0.2%
背缘角		-	-	-	平均值=79°
台面厚度		-	平均值=5.1 ± 3	平均值=7.2 ± 2.5	平均值=6.6 ± 2.9
石核剥片方向					
单向		37%（OH5），48%（OH6）	36%	N=40, 25.6%	N=48, 30.1%
双向		52%（OH5），43%（OH6）	30%	N=68, 43.6%	N=55, 35.3%
背面凸度					
长宽比		-	-	平均值=2.4	平均值=2.3
宽厚比		-	-	平均值=3.2	平均值=2.6

　　水洞沟地区的IUP的另一个明显特征是缺乏装饰品。据报道，在阿尔泰、蒙古和外贝加尔地区的IUP组合中发现有大量的装饰品，尽管这类物品的总数实际上相当有限[52, 56]。报道的装饰品包括鸵鸟蛋皮串珠、穿孔的牙齿和贝壳、刻划过的骨质和象牙吊坠等。一篇评论文章[35]中提到了在水洞沟1963年发掘中发现了一件鸵鸟蛋皮串珠，但层位不确定。可能是由于早期发掘较为粗放和材料收集方式导致SDG1缺乏装饰品。装饰品的缺乏究竟是水洞沟遗址第1地点的区域性特征，还是由于过去发掘方法导致了缺失，只能由正在进行中的发掘来证实了。值得注意的是，SDG1的旧石器时代居民们似乎存在其他的象征行为表现：在1980年的发掘中出土了一件带有刻画线条的硅质白云岩石核[57]。

5. 结　　论

　　本文介绍了水洞沟1963年发掘出土石制品的技术类型学研究结果，这批材料在此前还未经过详细的研究。尽管SDG1的旧石器时代地层背景还有不明确之处，但石制品组合相对完整，有助于了解该遗址石器技术的全貌。在SDG1的组合中有两大类石核剥片的策略，分别是简单的、非系统性的石核剥片和经过预制的石核剥片。简单剥片石核的平均尺寸并未明显大于系统剥片石核，表明在SDG1简单剥片石核可能不是系统剥片石核的初级阶段；相反，简单剥片石核更可能是一种独立的剥片策略。简单剥片石核的存在很可能是由于混杂了来自其他层位，特别是第7层的简单石核-石片组合。在系统石核剥片的序列里，主要的剥片策略体现出了一种不对称的方法，即从石核的一个宽面剥离长石片或石叶。这种方法类似于广义上的勒瓦娄哇循环剥取石叶的方法。其他系统剥片策略则产生了窄面石核（edge-faceted core）、棱柱/似棱柱状石核和雕刻器石核，但最后一类数量很少。从类型学上看，修理工具显示出典型的旧石器时代中期和晚期工具类型的混合特征，其中较高比例的典型旧石器时代中期工具类型可能是混入了其他组合的石制品。

　　由于存在组合被混杂的可能性，在与其他地区的石制品组合进行比较时，我们只比较了石叶生产系统的产品。对东北亚不同地区的IUP组合的比较表明，IUP组合形成了一个连贯的技术综合体，但也存在一些区域差异。尽管在地理上SDG1与蒙古北部和外贝加尔地区更为接近，其石制品组合却与西伯利亚阿尔泰地区的材料更加相似。这表明水洞沟的IUP技术可能是独立地从西伯利亚阿尔泰地区扩散出来的，而非来自蒙古北部[11]。我们认为，IUP在东北亚传播的多方向模型比单线模型更合理。由于不同地区的可用数据不均衡，这一模型在将来可能会被完善甚至替代。本文的观察也提出了更大的研究问题。最明显的问题集中在IUP的地方变体是如何发展的，以及原料、功能或经济限制和社会传播模式在加强或限制多样性方面的作用。一个更广泛的研究问题是，使用IUP技术的古人类如何在广阔的东北亚地区保持技术的连续性。尽管现有的早期发掘材料存在地层和年代不确定的问题，但最近在蒙古北部的发掘，如Tobor 16，对西伯利亚阿尔泰的Kara Bom遗址的重新调查，以及最近对SDG1的发掘，将在很大程度上厘清欧亚大陆东部IUP的起源和意义。

〔原载Li F, Kuhn S L, Chen F Y, Gao X. Intra-assemblage Variation in the Macro-blade Assemblage from the 1963 Excavation at Shuidonggou Locality 1, Northern China, in the Context of Regional Variation. Plos one, 2020, 15(6), e0234576〕

（董华译，张月书、李锋校）

水洞沟遗址第1地点出土的大量石叶断片：
有意截断还是无意行为？

Steven L. Kuhn[1]   李　锋[2, 3]

（1. 亚利桑大大学人类学系，美国图森，85721-0030；2. 中国科学院脊椎动物演化与人类起源重点实验室/中国科学院古脊椎动物与古人类研究所，中国北京，100044；3. 图宾根大学早期史前史与第四纪生态学研究所，德国图宾根，72070）

摘要： 水洞沟遗址第1地点（SDG1）是一处旧石器时代晚期初段遗址，遗址内发现的石叶多是断片，包括石叶近段、中端和远端，完整石叶的数量较少。本文以水洞沟第1地点1963年出土的石制品为研究对象，针对石叶是否被古人类有意截成规范尺寸的片段来制成复合工具这一假设进行探讨。根据断片上锤击痕迹、装柄修理痕迹的缺失以及非标准化的长度分布这些特点，作者推测当时的古人类并未对石叶进行有意识地截断；相反，石叶断片长度与评估石叶坚固程度的指标高度相关，表明石叶断片大多产生于意外的断裂。

关键词： 旧石器时代晚期初段；石叶技术；装柄；复合工具

1. 引言：亚洲更新世时期的装柄技术与复合工具

水洞沟第1地点（SDG1）是华北地区为数不多的含石叶技术的遗址之一，在讨论西伯利亚、蒙古与中国北方地区之间的石器技术与人群扩散方面发挥着重要作用。水洞沟遗址群的诸多地点（图1）皆表明旧石器晚期初段（Initial Upper Paleolithic，IUP）的石叶技术在晚更新世时期就已经扩散至中国西北地区[1-7]。IUP石器工业的技术相较华北典型的小石器工业体系有着明显的差别。与其他学者通常关注SDG1勒瓦娄哇技术和非勒瓦喽哇技术石叶产品不同，本文侧重于探讨遗址内复合工具存在的可能性。由于SDG1发现大量石叶断片，一部分研究者提出，这些石叶断片很可能是古人类有意截断用于充当复合工具的组件。本文对这一假设和它的相反观点，即石叶断片产生于意外破裂，开展系统评估。

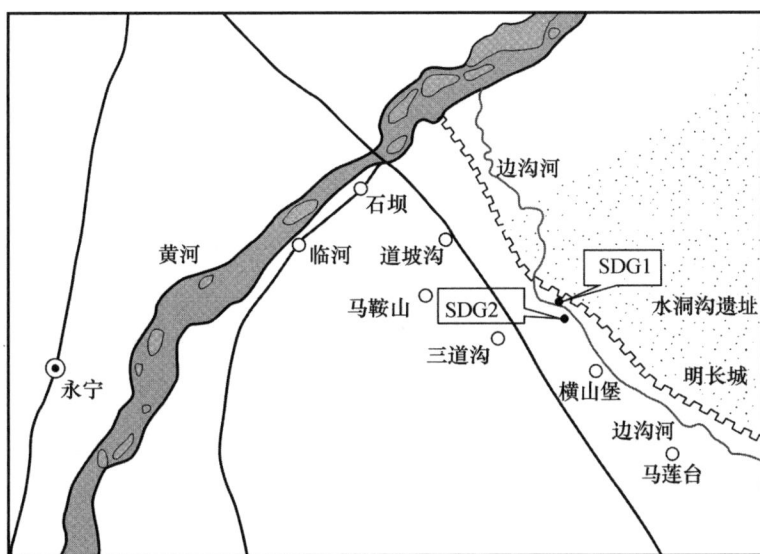

图1 水洞沟第1地点和第2地点的位置图

　　装柄工具最早发现于距今50万—40万年的非洲和欧洲[8, 9]，这一策略在整个更新世时期一直持续和发展。装柄复合工具的发展是人类演化过程中一个重要的里程碑式标志[10, 11]。古人类将石器安装在含有机黏合剂的柄上，这种方式改变了人类对石制品刃缘的施力方式使得石器在切割、刮削以及钻孔时变得更加高效，也从根本上提高了石器使用的效率。柄多是由坚韧耐用、易获得的材料制成的，如骨骼、鹿角和木头等。柄的使用寿命较长，故而恢复磨损后工具的功能只需要更换相对较小的石质小片[12]。从演化的角度分析，复合工具可能标志着人类的一种重要认知发展。依照一种正确的顺序来组装工具的不同部分，这意味着古人类对于物质文化的思考具备了所谓的事前计划性以及"语法"组织性[13, 14]。即便是制造如石矛这样简单的器物，也至少涉及了三套由完全不同技术知识指导的制作程序：第一是使用雕刻、平滑、取直工艺制作长矛杆；第二是打制石器的尖端；第三则是准备将两者连接在一起的材料，诸如胶黏剂和纤维绳，或者两者都需要。学习和掌握上述技能，组装所需材料将之联合成一件可用的工具，无疑是一项较为艰难的认知任务。

　　根据各部分组合到一起方式的不同，人们会使用三种将石器与柄或把手相连的模式。不过，此处所提到的装柄策略相对于Barham[15]在2013年描述的要简单得多，此处我们主要关注柄或被装柄的工具都不得不经历的必要调整，有时两者需要同时调整。模式A，依据石器定制柄部并安装。澳大利亚中部出现过被安装在石刀上带有三齿稃①胶的柄[16, 17]或者是被安装在磨制石斧上的弯曲木柄便是此种模式的例子。考虑到手柄通常比打制石器使用寿命更长，这种策略似乎不太常见，除非像澳大利亚的树胶手柄一样，本身就可重复利用。不过当更耐用的石制品出现后，如磨制石斧和磨制石锛，这种策略便可能会得到更广泛的使用。模式B，为更耐用的柄部定制合适的石器。比较典型的例子是将石矛头的底部加工成适合矛杆前端的形状，或

———————————

① 多产于澳洲的一种植物。译者注。

是将端刮器修理成适应柄部插孔的形状[18, 19]。这种适应性策略是通过修理石器以适应柄部形状来实现的。当柄部比石器制作起来更耗时且更耐用时[20]，这种策略便更显高效，也更为普遍。模式C，对柄部及嵌入的石器均进行修型，以确保石器部分后续是可以被替换的。在这一策略中，更多强调的是设计石器的水平。这是一种可互换部件的技术，常常与19世纪末、20世纪的工业革命联系在一起。然而，它显然也存在于晚更新世欧亚大陆与非洲的细石叶和小石叶工业类型中。

模式C是最复杂的一种策略，它要求古人类做到对石器尺寸和柄部特性了然于胸。虽然这种复合工具的制作难度非常高，但由于其具备可替换刃缘的显著优势，古人类依旧会很大程度上坚定地选择这种方式。研究人员认为，使用可替换的石器部件有利于节约比较稀缺的优质原料，实现设计灵活性的最大化，制造出既高效又易于维护的工具[21, 22]。

在东北亚地区，细石叶技术的扩散使模式C策略开始获得广泛应用。至于这一转变究竟始于何时，至今仍是争议热烈的问题。不过，系统化的细石叶技术的最早出现大致与MIS2阶段的开始同步，距今约24000年[23-29]。水洞沟及其附近区域细石叶技术出现时间稍晚，大约在新仙女木期[30, 31]。无论时间早晚，这样明显的技术转变都表明了该地区古人类的狩猎采集技术也产生了深刻重组[32]。

旧石器时代晚期初段，SDG1石器技术明显地以从棱柱状石叶石核和似勒瓦娄哇石核上剥离大石叶为主[33-35]。如果旧石器时代晚期初段的石器制造者会为石器装柄（这种可能性应该很高），石叶和工具的尺寸则指示了他们可能采用了B模式的装柄策略。因为较大的尖状器和刮削器底部经过了修理，这很可能是制作者刻意为之以使其适应特定柄部的特点。尽管数量有限，但SDG1也确实发现了一些为装柄而在底部有明显修理痕迹的工具。

同时，该地点的石制品中也包含了大量未经修理的石叶断片，与其他文章对它们的看法不同，本文暂将之简单定为相对较短的石叶近端、中段以及远端。这一定义不同于一些情况下暗示它们是被有意截断和修理的。水洞沟第1地点石叶断片的断口多垂直于侧边，整体视图呈直线型（图2）。在1963年发掘的石制品中发现了700余件石叶断片，但完整石叶仅有约100件。尽管它们的标准宽度约为20毫米，远大于细石叶，但是很多这些尺寸的石叶也可用于装柄。本文关注的重点是其平整的截断是否是古人类有意为之。如果SDG1的石叶断片确实是作为复合工具中可替换使用的部件来生产的话，那么就意味着模式C策略在该地区最早出现的时间比细石叶工业在该地区流行的时间早了一万多年。若此，我们便不得不重新思考对IUP的认识，以及它与之后出现的细石叶工业之间可能存在的关系。

古人类会经常地将小石叶大小的毛坯有意截成片段（segment），也许用到的是微型雕刻器技术，这一认识是非常普遍的。然而，较大的毛坯也是有可能被有意截断的。早在20世纪50年代，就有法国的研究者观察到，一些旧石器中期的刮削器是通过对一个面进行有意打击截断制成的[36, 37]。石叶断片可能有多种不同用途。青铜时代早期，黎凡特地区长而宽的迦南石叶（Canaanean blades）在嵌入镰刀柄之前通常被分成几段[38, 39]。有研究者发现，在旧石器时代晚期初段，西伯利亚地区的古人类会有意将大石叶截断用作"雕刻器石核"[40]或定型工具的

图2 SDG1石叶断片

上排：石叶近端 中排：石叶中段 下排：石叶远端（1963年）

毛坯[41-43]。

我们并不是最先意识到SDG1有着大量石叶断片的。研究遗址其他年份出土标本的研究者已经注意到了遗址包含较大比例的石叶断片。例如，研究者发现在1980年出土的石叶中，有62.7%[44]到79.4%[45]左右为断片。1980年发掘报告的作者甚至进一步指出，这些断片是被有意截断作为复合工具嵌入物的。彭菲等学者对此持反对观点，理由是这些断片上缺少与装柄有关的修理。通过对SDG1采集到的硅质灰岩进行初步打制实验，他们认为石叶断片是因打制过程中的事故造成，不过这尚未得到进一步的验证。

在此，本文提出两种关于SDG1存在大量石叶断片原因的假说。

（1）这些断片是有意制作的，目的是用作复合工具的一部分。

（2）这些断片是由于石叶被踩踏、承受了沉积物压力或打击事故而意外产生的。

下一部分我们将描述为评估这两种假说成立与否而做出的验证。

2. 材料与方法

水洞沟遗址群位于中国北部的宁夏回族自治区，黄河以东18千米处的鄂尔多斯沙漠边缘，由12个地点组成。SDG1是1923年法国学者桑志华（Émile Licent）与德日进（Pierre Teilhard de

Chardin）最初确定的地点之一[48]，同时也是中国旧石器时代研究最深入的地点之一。SDG1共经历过4次发掘[49]，首先是桑志华与德日进在1923年进行的发掘，面积超过80m²；1960年，中国与苏联组建的联合考察队到该地点进行了发掘，面积约36m²。此后，中国团队分别在1963年和1980年对该地点进行了发掘（52m²）。SDG1发掘总面积超过150m²，出土大量石制品[50, 51]。虽然SDG1的年代上限最初被认定为旧石器时代，但裴文中在1963年的发掘中于上层发现了新石器时代成分[52]。研究人员已经发表了关于1923年、1960年和1980年发掘材料的简报，以及大量研究性文章。而1963年发现的大量遗存仅在为数不多的出版物中简单提及[53]。

SDG1的考古材料与测年数据之间的层位关系尚未得到很好的解决，一些旧石器时代地层的年代仍不确定。目前，结合该遗址的测年以及其附近的水洞沟第2地点来看，SDG1年代距今约4.1万—3.4万年[54]，但人类首次到达遗址的时间可能会早到距今4.6万—4.1万年[55, 56]。

本文的研究对象是1963年SDG1出土的标本，这批材料目前存放于中国科学院古脊椎动物与古人类研究所（IVPP）。该年度的发掘记录和部分遗存在发掘之后丢失，不过我们可以肯定1963年的发掘中使用了筛网，只是网孔尺寸无法准确确定。张森水等对这批材料进行了初步研究，陈福友随后将其分类存放在底部带有画过线纸片①的塑料盒中。虽然在发掘及转运到IVPP的过程中，石器的边缘可能会不可避免地受到损伤，但肉眼可见的破损非常少。石制品共计3236件，包含较大的石核到长度小于1厘米的碎片，其中完整石叶和石叶断片840件。石制品原料类型丰富，包括硅质灰岩②、细粒的变质石英岩、燧石、脉状石英岩。保存石皮的石制品表明，原料应为采自遗址附近河流沉积的砾石。

本文对石叶断片的研究基于传统的宏观观察，包括原料岩性、是否存在侧边修理（例如凹刃或琢背）以及石叶断片边缘是否存在修理痕迹。测量包括石叶和石叶断片技术长度、宽度和厚度；本文对每件标本的最大技术长、宽、厚均进行了测量，而不是简单估算出一个中间值。因为水洞沟遗址的石叶和石叶断片侧边相对平行且对称，在实际测量过程中单件石器的（长度和宽度）测量值在长宽方向上变化不大。

我们使用四个标准来评估有意和无意截断这两个可替代的假设。

（1）如果石叶断片是复合工具的一部分，我们希望能在上面找到关于装柄修理痕迹的证据，比如在一侧有修理或琢背。

（2）如果石叶是被有意截断，我们希望能找到人为截断的证据，比如在断面找到凹缺或打击的痕迹。

（3）如果石叶断片是用作复合工具的替换部分，那么我们期待能发现尺寸标准化的证据，尤其是断片的长度与宽度。这可从石叶断片长度分布特点上反映出来。如果工具制造者有意选择断裂的石叶来生产所需尺寸的部件，那么我们或许可以看到长度与宽度的分布中出现多

----

① 用于分类，不同的类别被放置于不同的方格中。译者注。

② 也有学者用"硅质白云岩"这一术语。译者注。

峰的或独特的"肩状"分布特点。我们还可预期通过变异系数反映的断片长度变化范围有限。

（4）如果断裂是完全偶然的现象，我们期待断片的长度与石叶的强度密切相关。在承受相同负荷的情况下，更脆弱的石叶将会分裂成更小的断片。

我们用宽度与厚度的乘积来表示石叶断片横截面的面积，从而估计石叶的强度。事实上，计算石叶的抗折断强度是相当复杂的，因为这取决于一些我们无法掌控的因素如原料的硬度和受力负荷模式[57]。不过石叶的横截面面积总是会以某种形式在其中发挥作用。此外，在意外折断的情况下，如果我们假设诸如受力负荷模式等其他关键因素相对于石叶尺寸而言是随机变化的，那么石叶强度或横截区域这一我们可以（部分）控制的变量将与断片长度的变化密切相关。反之，如果古人类将石叶折断是为了生产复合工具插入的部件，那么断片的长度将会和打制者的力度以及打制者使用的折断方式无关。

这四条标准在不同假设情况下具有不同的应用。因为装柄修理痕迹或者故意截断痕迹的存在与否只能作为一种参考性证据，而不能将其作为绝对的判断依据。比如即便不对装柄的一侧进行琢背或边缘修理，石器也可进行装柄；石叶也可以在没有缺口或是打击痕迹的情况下被截断。断片长度的分布并非绝对标准，比较难将其与已知确定的被截断用作装柄部件的石制品组合进行比较。考虑石叶强度与断片长度之间的关系是比较稳妥的标准，但是这只能直接评估第二种假设（意外断裂）的合理性。

3. 结　　果

3.1　标准1（装柄修理）

正如彭菲及其合作者在观察SDG1（1980年）石制品所得结论一样[58]，我们也未发现有宏观证据表明1963年SDG1出土的石叶断片在侧边存在装柄修理痕迹。1963年SDG1发掘出土的石叶断片中并未见到边缘修理和琢背痕迹。仅有少数标本在单侧或双侧有破损。这种破损有可能是古人使用时留下的痕迹，也有可能是后期存放过程中（石制品发掘出土后超过五十年）产生的。然而，就像上文说的一样，这一否定证据并不起决定性作用。

3.2　标准2（人为截断的证据）

没有证据可以表明1963年SDG1发掘出土的石制品中有存在为了便于石叶折断而将边缘修理出凹口的情况。

虽然少数标本（＜占总数的1%）确实在一侧或两侧有打击痕迹，但绝大多数都没有。同样，这一否定证据也不是决定性的，因为原则上石叶可以仅通过施加弯曲压力就被截断，而不留下明显的痕迹，尽管这对于SDG1石制品组合中的大而厚的石叶来说是非常困难的。

3.3　标准3（尺寸标准化）

如果SDG1石器组合的制作者有意截断石叶，那么我们估计他们会尝试制作预定长度的石叶断片，因为这样它们就可以被用作复合工具刃部的可替换部件。因此，石叶的长度，或许宽度也可显示出尺寸标准化的证据。在石制品标准化研究中通常会采用尺寸分布和不同测量数据的变异系数来表现。在接下来的讨论中，我们将SDG1最常见的两种原料——硅质灰岩和变质石英岩（在下面的表格和图表中简称石英岩）分离出来描述。因为不同岩性的石制品尺寸和断裂硬度可能不同，在既定的压力下，一种原料可能比另一种更容易断裂。因为样本数量过少无法进行分析，所以我们未对脉状石英岩和燧石制品进行统计。

图3显示了石叶断片在三维尺寸（长、宽、厚）上的数量分布。如上所述，如果打制者有意生产所需尺寸的石叶断片，那么石叶断片长度与宽度应出现多峰值分布或独特"肩状"分布的情况。但与之相反，该图呈现出平滑的强单峰分布。只有石英岩的石叶断片宽度分布是多峰的，但是这是直方图各组之间边界的一个假象。两峰值之间也只相差3mm。没有迹象显示古人类有特定选择的生产固定长度和宽度的石叶断片。

表1包含了SDG1中完整和破损的未经过修理石叶的平均长度、宽度、厚度以及标准差以及变异系数。石叶断片被进一步分为两个子样本：所有的石叶断片和被认为不到原石叶一半的"小"断片。所有测量的变异系数都在0.276和0.503之间，其中大多数都在0.32到0.40之间。Eerkens和Bettinger[59]认为考古标本的测量值通常在0.017和0.577之间变化，前者是观察者可以感知的最小数值（基于Weber的最小可觉差定律），后者基本上代表着随机变化。

表1　石英岩和硅质灰岩完整石叶和石叶断片的尺寸（mm）

条件	石英岩	变异系数	硅质灰岩	变异系数
完整石叶		$N=20$		$N=79$
平均长度（标准差）	54.69（27.5）	0.503	50.58（13.98）	0.276
平均宽度（标准差）	25.83（9.10）	0.352	23.08（6.95）	0.301
平均厚度（标准差）	12.04（5.36）	0.445	9.33（3.768）	0.404
石叶断片		$N=173$		$N=522$
平均长度（标准差）	35.12（12.10）	0.344	32.96（12.38）	0.326
平均宽度（标准差）	23.58（7.76）	0.320	20.86（6.73）	0.322
平均厚度（标准差）	8.53（3.63）	0.426	7.46（3.03）	0.406
小型石叶断片		$N=88$		$N=240$
平均长度（标准差）	31.041（11.16）	0.360	26.08（9.57）	0.367
平均宽度（标准差）	23.52（7.64）	0.325	20.03（6.83）	0.341
平均厚度（标准差）	8.20（3.51）	0.427	6.58（2.64）	0.401

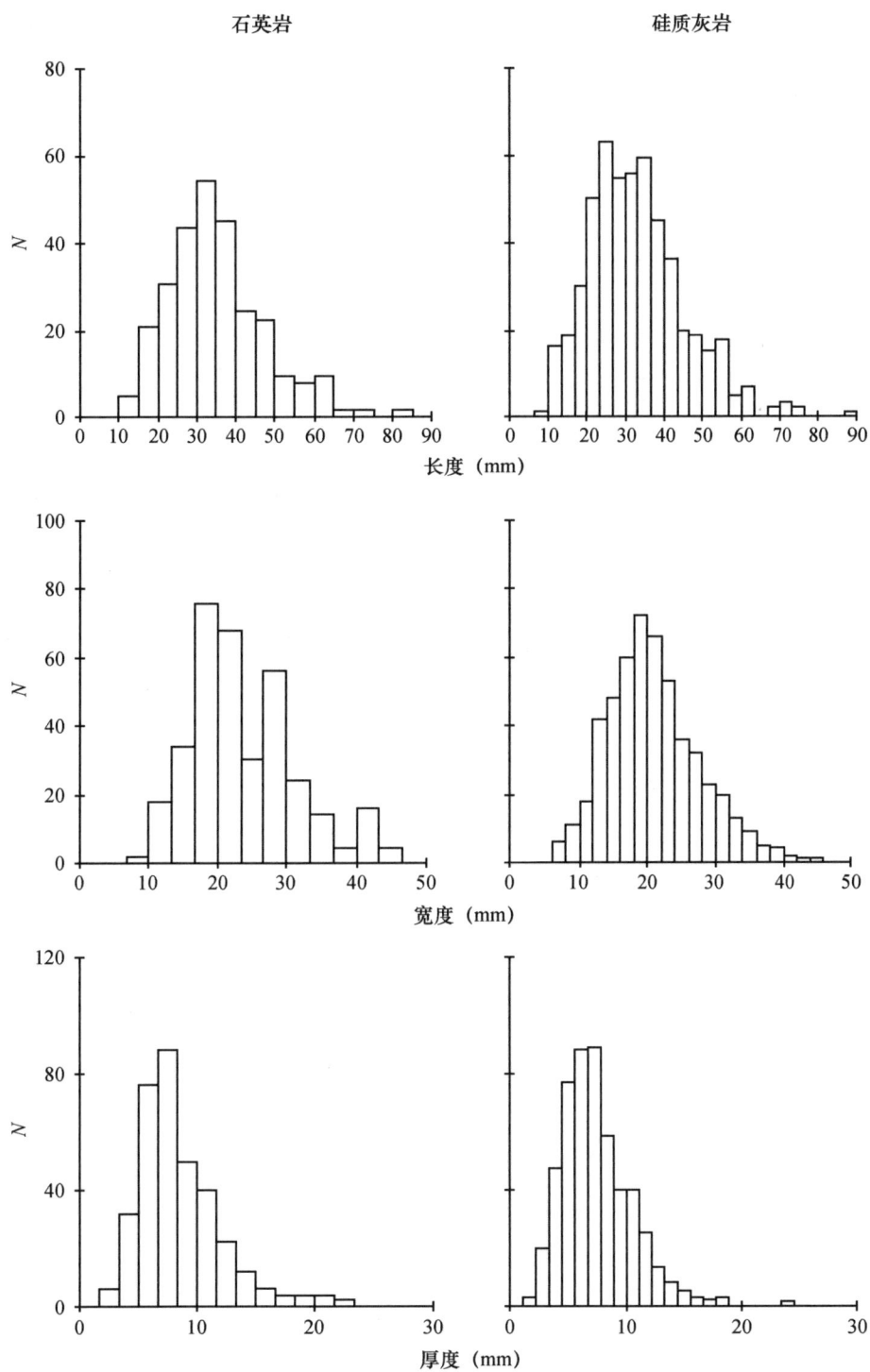

图3 破损石叶和石叶断片的尺寸直方图

水洞沟石叶断片的数值属于Eerkens和Bettinger文章中总结的考古学案例中的高范围，这表明它们并不具备非常标准化的生产特点。我们没有找到可以与SDG1样本相比较的北亚地区细石叶的测量结果，但是，有两组中石器时代的细石器样本长宽厚方面的CV值在0.12至0.26之间[60]，远低于SDG1样本的变异系数值。同样，南非克莱西斯河口中石器时代晚期Howieson's Poort工业几何形断片的变异系数值处于0.19至0.32范围内[61]，大多也远低于SDG1的数值。从这些数据可以看出SDG1的石叶断片在长度上没有达到装柄加工技术的石器工具生产的标准化水平。

3.4　标准4（断片的尺寸与石叶的强度）

边缘修理痕迹、为截断而打制凹口以及石叶断片的尺寸分布都表明水洞沟的石叶断片不是人为生产的。不过，我们也需要评估另一假设，即这些石叶断片是意外产生或沉积后断裂的产物。表2显示了水洞沟石叶断片的长度与断裂强度估值之间关系的回归分析结果，即宽度与厚度的乘积。因为它们可能有不同的物理特性，所以需要对两种石料分别处理。不论在哪种情况下两者之间的回归关系都是非常强的。在最初的线性回归中，横截面约占石叶断片长度变化的79%。该图出现了一些弯曲，尤其是以硅质灰岩为原料的石制品组成的大样本（图4）。将回归公式调整为使用横截面系数的平方，这样可以稍微增加关系的强度，两种石料产生的r^2数值都约为0.81。因为横截面系数是两个线性测量的乘积，所以它与单一的线性测量进行回归是可以使用指数函数的。

回归结果强烈地支持SDG1石叶断片是由于意外产生的这一假设。横截面系数估算的石叶强度预测了大部分断片的长度：正如预期的那样，薄窄的石叶会裂成更小的碎片，而更厚更结实的石叶则会裂成更大的碎片。石叶的横截面积并不能解释断片长度的所有变化，约有19%的断片长度变化不能通过横截面积被预测。这可能受很多因素影响。硅质灰岩和石英岩的物理特性可能因不同砾石而异，因此不存在两个大小和岩性相同的石叶具有完全相同的强度。测量误差可能也有一定影响。当然，我们也不能完全排除SDG1打制者偶尔会花些心思来制作所需尺寸的石叶断片的可能性。但是这种情况发生的可能性微乎其微，对整个石叶断片组合中的长度影响很小。

表2　水洞沟石叶断片的长度与断裂强度估值之间的回归统计（宽度×厚度）

材料	模型	N	r^2	p	斜率（β_1）	Y截距（β_0）
石英岩	长度=$\beta_0+\beta_1\times$（宽度×厚度）	173	0.789	<0.01	0.019	18.334
	长度=$\beta_0+\beta_1\times$面积（宽度×厚度）	173	0.812	<0.01	1.260	−0.748
硅质灰岩	长度=$\beta_0+\beta_1\times$（宽度×厚度）	522	0.793	<0.01	0.024	15.207
	长度=$\beta_0+\beta_1\times$面积（宽度×厚度）	522	0.811	<0.01	1.397	−3.175

注：长度是因变量。

a. 硅质灰岩

b. 石英岩

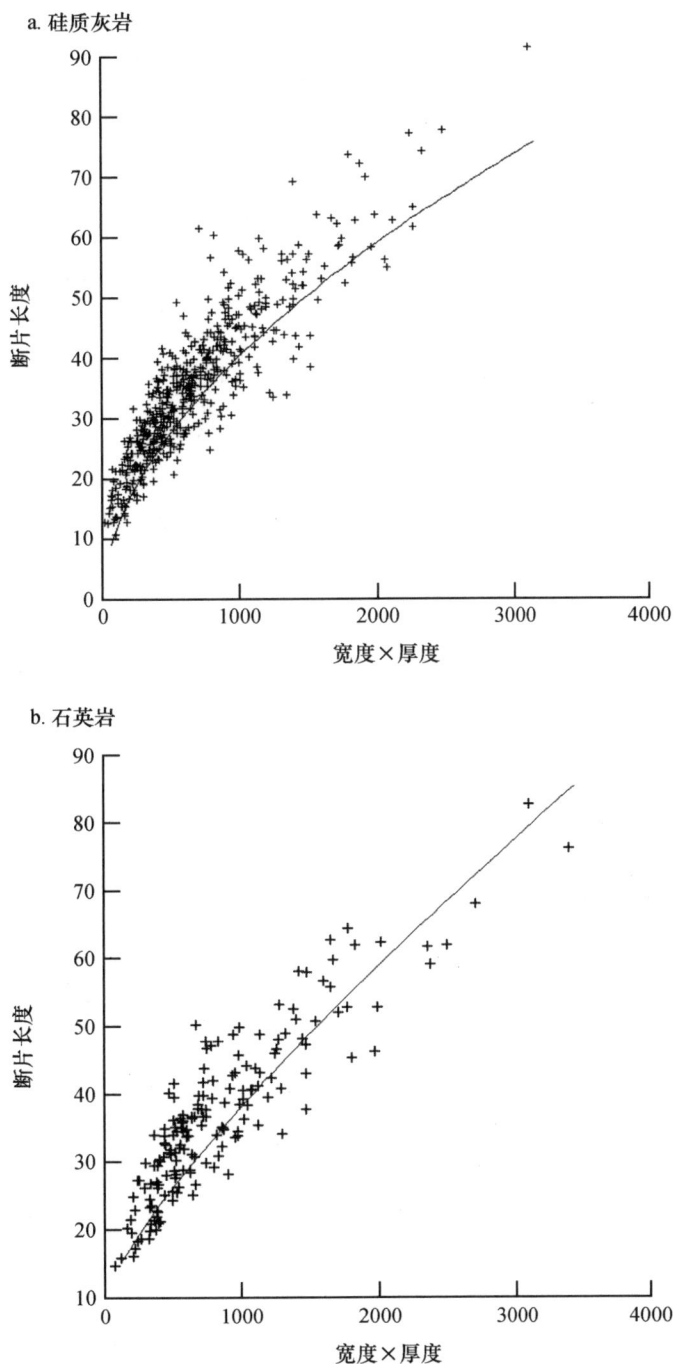

图4　石叶断片的长度与横截面积的关系图

4. 讨论与结论

　　1963年在SDG1发掘出土的石制品中有大量近端、中段以及远端石叶。大量石叶断片让研究者们提出了这些断片是否有意为之，以及旧石器时代晚期初段的打制者是否有意将石叶截断以便装柄的问题。SDG1石叶断片的研究表明，没有证据可以证明石叶断片表现出尺寸标准化、有意截断或者是为装柄而二次加工断片的情况。彭菲等学者[62]在对1980年SDG1发掘材料的研究中也未发现有故意截断或修理的痕迹。另外，横截面积与石叶截断片长度之间具有较强的相关性。因此，我们认为1963年SDG1出土的大量石叶断片是自然断裂的结果。这种断裂既有可能因打制事故产生，也有可能受踩踏或沉积物压力等埋藏后因素影响。不过打制者也有可能偶尔将石叶加工成需要的长度，但是这种情况并不频繁以至于未留下可观察到的明显信号。最后，SDG1石叶破损的程度可以告诉我们一些关于遗址形成的信息，但是这无法反映出更新世时期古人类有意且系统的行为。

　　基于目前的证据，SDG1旧石器时代晚期初段的石器组合中不存在使用模式C来制造复合工具中可替换的标准化部件的证据。这些特殊的策略可能是在距今2万年或者更晚之后该地区出现细石叶技术后才开始使用的[63]。我们不认为在更新世晚期采用模式C这种新的装柄策略能够表明人类重大认知能力的转变。相反，正如许多研究者认为的那样，它很可能代表了对MIS2阶段特定环境和人口条件相关的生存分工组织与流动性变化的适应性响应[64-67]。

致谢：感谢高星研究员和陈福友高级工程师（中国科学院古脊椎动物与古人类研究所）为我们提供了研究水洞沟遗址1963年标本的机会。库恩感谢中国科学院国际人才计划（批准号：2015VEA013），李锋感谢洪堡基金会提供的博士后资助和中国科学院青年创新促进会（2017102）为本研究提供的资助。感谢国家自然科学基金的支持（批准号：41672024、41502022）。感谢两位匿名审稿人和本刊编辑，他们的意见对于本文的改进十分重要。感谢Arina Khatsenovich博士慷慨地分享关于其他地区有意截断石器毛坯的相关参考资料。

（原载Kuhn S L, Li F. Abundant Blade Segments at Shuidonggou, Locality 1: Intentional or Accidental?. Archaeological Research in Asia, 2019, 17: 62-69）

（张垚、王家琪、张雪微译，李锋校）

中国旧石器时代晚期的发展：来自水洞沟遗址的新证据

李　锋[1]　高　星[1]　陈福友[1]　裴树文[1]　张　乐[1]　张晓凌[1]　刘德成[1]

张双权[1]　关　莹[1]　王惠民[2]　Steven L. Kuhn[3]

（1. 中国科学院脊椎动物演化与人类起源重点实验室/中国科学院古脊椎动物与古人类研究所，中国北京，100044；2. 宁夏回族自治区文物考古研究所，中国银川，750010；3. 亚利桑那大学人类学系，美国图森，85721-0030）

摘要：中国北部的水洞沟遗址群包含12个不同的早期史前序列，对揭示东亚向旧石器时代晚期的过渡具有重要意义。本文中，研究人员报道了来自遗址第2地点的最新结果。遗址7个文化层出土了火塘、动物骨骼和多样的石器组合。尽管之前的研究通常与欧洲旧石器时代晚期序列进行了比较，但这项新工作提出了遗址不同的文化发展轨迹。独特的大石叶技术大约在距今410000—34000年前从蒙古或西伯利亚传入该地区，但随后这个石器工业消失了，取而代之的是石片技术。

关键词：中国；水洞沟第2地点；石器技术；深海氧同位素第3阶段

1. 引　言

解剖学意义上的现代人何时取代古老型人群以及欧亚大陆深海氧同位素第3阶段间旧石器时代中晚期过渡的过程这两个问题是近年来学术界争论的焦点（例如Mellars, 1990; Bar-Yosef, Pilbeam, 2000; Mellars et al, 2007）。由于不少学者认为石叶是现代人的标志，上述两个问题的讨论多聚焦在石叶技术的年代及其在欧亚大陆的扩散过程。

位于中国北方地区的水洞沟第1地点出土了含有大石叶遗存的旧石器时代晚期初段组合，这一遗存被认为是似勒瓦娄哇技术生产的（Brantingham, 1999; Brantingham et al, 2001）。该遗址在早期史前中国的研究中占据着独特位置（例如Jia et al, 1964; Zhang, 1990, 1999a; Li, 1993; Lin, 1996; Gao et al, 2002, 2004），而且曾长期被认为可类别同时期的欧亚大陆旧石器遗存

（Boule et al, 1928; Bordes, 1968; Brantingham, 1999; Brantingham et al, 2001）。鉴于中国其他地区很少有研究充分且具有精确年代的类似欧亚大陆旧石器时代晚期的石器组合（Lin, 1996; Gao, 1999），水洞沟在探讨石叶技术的扩散乃至欧亚大陆人群自西向东的迁徙中发挥着至关重要的作用。

自2003年始的水洞沟遗址的研究主要集中在水洞沟盆地多个地点的年代测定、沉积背景、石制品工业和行为模式研究上。本文的主题——水洞沟遗址第2地点包含7个不同且具有良好分层的旧石器时代文化层和丰富的考古材料，故而具有重要意义。相关研究结果为该地区大石叶工业的起源及其年代提供了一个新视角。

2. 水洞沟遗址

水洞沟盆地位于中国北部距黄河以东18千米处的毛乌素沙漠边缘地区（图1）。其位于干旱至半干旱的过渡带，季节性较强，属于受冬季季风支配的大陆性气候。水洞沟遗址群最早由桑志华和德日进于1923年发现并进行了调查（Licent and Teilhard de Chardin, 1925）。德日进最早在水洞沟盆地发现了五个不同的旧石器地点，而在之后的研究过程中，其余七个地点也随之被发现（Zhang, 1999b; Gao et al, 2004, 2009; Liu et al, 2008）。

该地区旧石器时代沉积物的形成年代约为41ka—10ka BP（表1）。多种石器技术组合被确定，其中比较典型的是大石叶技术，简单石核-石片技术和细石叶技术。具体来说，水洞沟最为著名的是第1地点、第9地点以及第2地点早期层位出现的似勒瓦娄哇技术所产生的大石叶组合。而第2地点的大部分层位以及第7、第8地点多是简单石核-石片技术的组合。细石叶技术的

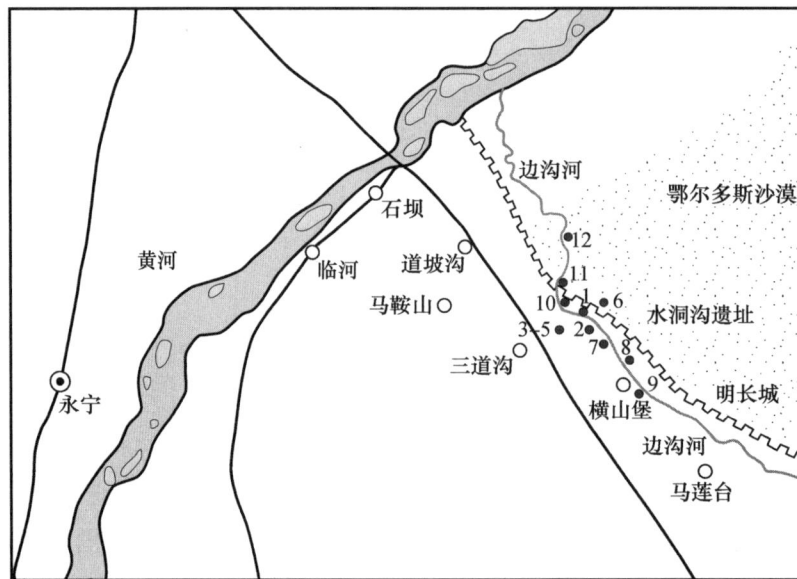

图1　水洞沟旧石器遗址群地点分布

（依自刘德成等2009修改）（1—12分别代表水洞沟第1地点到水洞沟第12地点）

证据则来自于水洞沟第12地点（Liu et al, 2008; Gao et al, 2009），其年代是由光释光（OSL）测定的11ka BP（Liu et al, 2008）。在第6地点的地表也发现了细石叶与石核。截至目前，其他地点相关的技术组合要么较少要么难以进行明确的分类。

表1 水洞沟第2地点的年代数据

文化层	出土位置	埋藏背景	测年材料	测年方法	实验室编号	年代（距今/年）	校正年代（距今/年）*（95.4%）	参考文献
SDG2-CL1	第4层	自然剖面	沉积物	OSL	S2-1	20300 ± 1000		刘德成等，2009
SDG2-CL2	火塘1	自然剖面	炭屑	AMS^{14}C	Bata-132982	26350 ± 190	30984 ± 152	Madsen et al, 2001; 高星等, 2002
SDG2-CL2	火塘2	自然剖面	炭屑	AMS^{14}C	Bata-132983	25670 ± 140	30519 ± 175	Madsen et al, 2001; 高星等, 2002
SDG2-CL2	火塘2	自然剖面	鸵鸟蛋皮	AMS^{14}C	Bata-132984	26930 ± 120	31273 ± 88	Madsen et al, 2001; 高星等, 2002
SDG2-CL2	火塘3	自然剖面	炭屑	AMS^{14}C	Bata-134824	26830 ± 200	31239 ± 111	Madsen et al, 2001; 高星等, 2002
SDG2-CL2	火塘4	自然剖面	炭屑	AMS^{14}C	Bata-134825	25650 ± 160	30503 ± 197	Madsen et al, 2001; 高星等, 2002
SDG2-CL2	火塘5	自然剖面	炭屑	AMS^{14}C	Bata-146355	26310 ± 170	30966 ± 147	Madsen et al, 2001; 高星等, 2002
SDG2-CL2	火塘7	自然剖面	炭屑	AMS^{14}C	Bata-146357	29520 ± 230	34149 ± 342	Madsen et al, 2001; 高星等, 2002
SDG2-CL2	火塘10A	自然剖面	炭屑	AMS^{14}C	Bata-146358	23790 ± 180	28607 ± 290	Madsen et al, 2001; 高星等, 2002
SDG2-CL2	第6层	自然剖面	鸵鸟蛋皮	AMS^{14}C	Bata-207935	28420 ± 160	32734 ± 330	高星等，2008b
SDG2-CL2	第6层	自然剖面	炭屑	AMS^{14}C	Bata-207936	28330 ± 170	32605 ± 344	高星等，2008b
SDG2-CL2	第6层-2L3	发掘	炭屑	AMS^{14}C	BA110217	26450 ± 120	31071 ± 92	
SDG2-CL2	第6层-L18	发掘	炭屑	AMS^{14}C	BA110218	30360 ± 120	34881 ± 124	
SDG2-CL2	第6层-L20-H6	发掘	炭屑	AMS^{14}C	BA110219	25090 ± 90	29933 ± 199	

文化层	出土位置	埋藏背景	测年材料	测年方法	实验室编号	年代（距今/年）	校正年代（距今/年）*（95.4%）	参考文献
SDG2-CL2	第6层-2L4	发掘	炭屑	AMS^{14}C	BA110220	26040 ± 90	30802 ± 142	
SDG2-CL2	第6层-L20-H7	发掘	炭屑	AMS^{14}C	BA110221	2520 ± 30	2606 ± 77	
SDG2-CL2	第6层-L21-H7	发掘	炭屑	AMS^{14}C	BA110226	895 ± 30	824 ± 53	
SDG2-CL3	第8层-L27	发掘	骨	AMS^{14}C	BA110223	28290 ± 110	32561 ± 300	
SDG2-CL3	第8层-L28	发掘	骨	AMS^{14}C	BA110222	27190 ± 100	31385 ± 94	
SDG2-CL3	第8层	发掘后剖面	沉积物	OSL	S2-2	27800 ± 1400		刘德成等，2009
SDG2-CL4	第10层	发掘后剖面	沉积物	OSL	S2-3	20500 ± 1100		刘德成等，2009
SDG2-CL4	第10层-L30	发掘	炭屑	AMS^{14}C	BA110224	985 ± 30	883 ± 48	
SDG2-CL5b	第13层	发掘后剖面	沉积物	OSL	S2-4	29200 ± 2100		刘德成等，2009
SDG2-CL5b	第13层	发掘	骨	AMS^{14}C	BA110227	20280 ± 70	24191 ± 151	
SDG2-CL6	第15层上部	发掘后剖面	沉积物	OSL	S2-5	23600 ± 2400		刘德成等，2009
SDG2-CL6	第15层下部	发掘后剖面	沉积物	OSL	S2-6	38300 ± 3500		刘德成等，2009
SDG2-CL7	第16层上部	发掘后剖面	沉积物	AMS^{14}C	S2-10	29759 ± 245	34395 ± 328	刘德成等，2009
SDG2-CL7	第16层下部	发掘后剖面	树枝	AMS^{14}C	S2-11	36329 ± 215	41445 ± 213	刘德成等，2009
SDG2-CL7	第16层	发掘	树枝	AMS^{14}C	BA110228	980 ± 30	877 ± 47	

* ^{14}C年代使用 Oxcal 4.1 在线软件校正（IntCal 09 curve）。

　　水洞沟第2地点是1923年桑志华和德日进最早发现的五个旧石器地点之一（1925）。Madsen等（2001）和高星等（2002）于1999年和2000年利用在自然剖面上暴露出火塘中的样品进行了放射性碳（AMS^{14}C）年代测定工作（Madsen et al, 2001; Gao et al, 2002）。根据水洞沟第2地点的数据，他们认为这一地区石叶技术产生的时间段应在29ka—24ka BP之间（^{14}C），并且推测大石叶技术在旧石器时代晚期由北向南进行传播。从2003年到2007年，高星等对水洞沟多个地点进行了发掘（Gao et al, 2006, 2008a; Pei et al, 2012）。其中，水洞沟第2地点成为了研究最深入的遗址之一。

3. 第2地点的地层与年代

水洞沟第2地点已发掘面积接近100m^2（图2，图3），揭露了七个文化层（CL），发掘出的遗物包括数个火塘，数千件石制品、碎骨以及鸵鸟蛋皮串珠。其中辨识出了11个火塘或相关用火遗迹：CL1层2处，CL2层7处，CL3层1处，CL4层1处。所有的用火遗迹都是扁平状或者呈现轻微弯曲的盆状，没有明显的构筑痕迹，直径从20cm—1m不等，深度范围则是在40—100mm之间。火塘周围分布着炭屑、石制品与动物骨骼（图3）。大部分的火塘中或距离火塘很近的地方都发现了烧裂的砾石。大部分骨骼碎片是在火塘及其周边发现的，这表明肉类处理和食用集中在火塘周围（Guan et al, 2011）。

遗址地层总厚度为12.5m（图4）。刘德成等（2009）将两个发掘区中的最完整发掘区Unit2的沉积序列描述和解释为湖沼相堆积。底部是细砂层和砾石层，下部为灰黑色泥炭沉积（CL7），中部为浅灰绿色的粉砂，上部为浅灰黄色粉砂状土地层（完整详细描述见Liu，2009）。根据岩性特征可将地层分为18层（图4），其中七个层位含有旧石器时代相对集中的遗迹、遗物。其他层位也有零星的人工制品发现。

综合放射性^{14}C年代（表1），第一文化层（CL7）年代为41.5ka—34.4ka cal BP；第二和第三文化层（CL6和CL5）估算为34.4ka—32.6ka cal BP（基于上下地层的相关年代测算）；第四

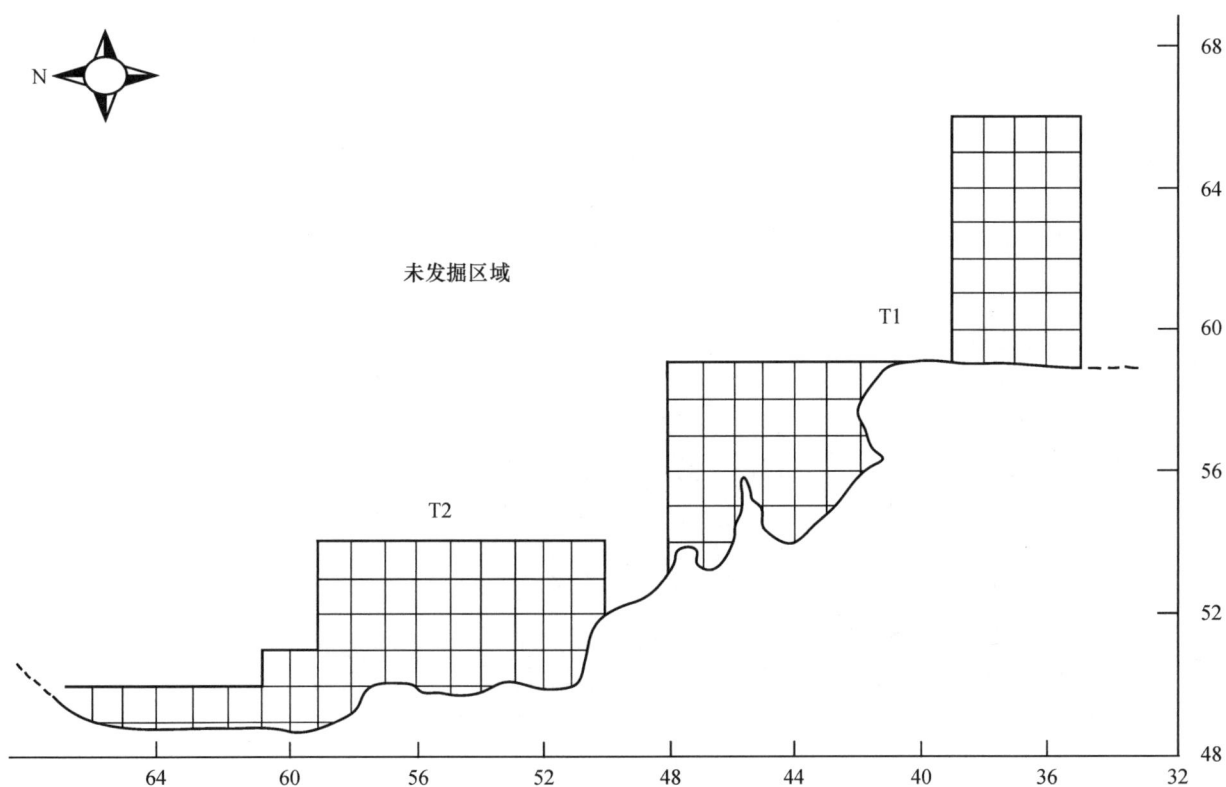

图2　水洞沟第2地点发掘区探方分布

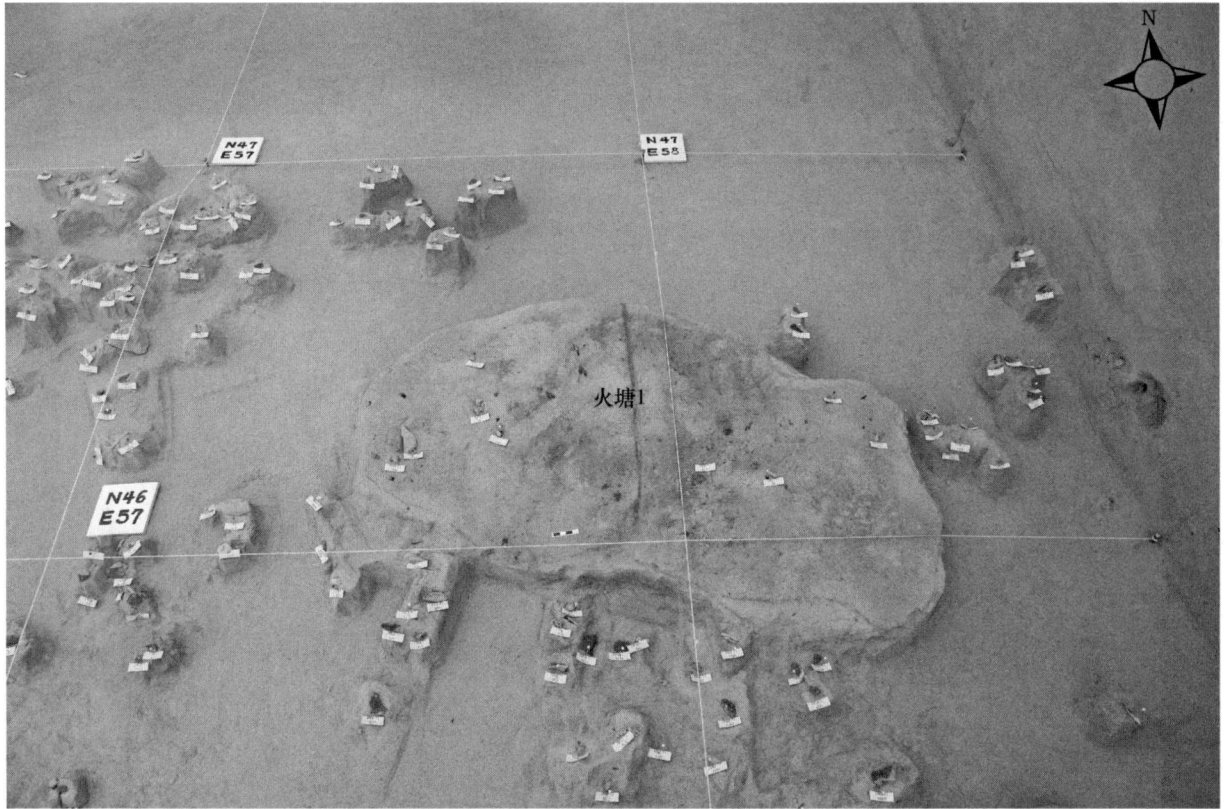

图3　水洞沟第2地点第一文化层出土的火塘1及周围遗物平面图（每个探方为1平方米）

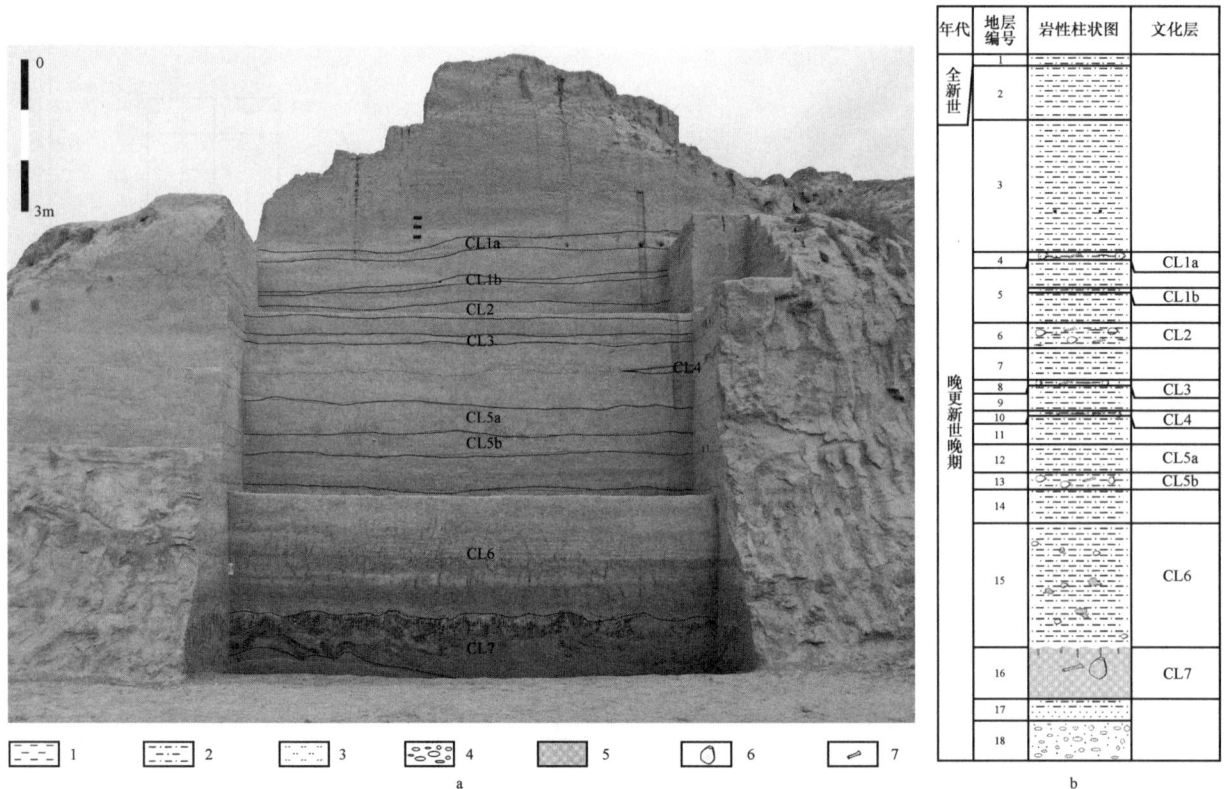

图4　水洞沟第2地点T2地层剖面（b修改自刘德成等，2009）

1. 黏土质粉砂　2. 粉砂　3. 细砂　4. 砂砾石　5. 泥炭　6. 石制品　7. 动物化石

和第五文化层（CL4和CL3）为32.6ka—31.4ka cal BP；第六文化层（CL2）为31.3ka—29.9ka cal BP；第七文化层（CL1）为20.3ka（OSL，BP）

4. 石制品组合的技术和类型特征

水洞沟第2地点最近的发掘发现包括石制品、动物化石和鸵鸟蛋皮串珠在内的遗物。发掘者用全站仪记录了现场发现标本的三维坐标。所有出土自20—50mm操作层的沉积物均通过细网干筛（c.2mm）。因此，来自水洞沟第2地点的遗物样本相对完整，数量也足够我们进行分析（＞15000石制品）。

表2总结了水洞沟第2地点不同文化层石制品组合的基本技术特征。大部分石制品原料来自于周围的河滩砾石，主要为石英砂岩、质量较差的燧石和硅质白云岩。根据石制品大小，所选的河滩砾石直径大部分处于30—150mm之间。一小部分来自CL2的遗物组合中发现黑色和灰色优质燧石保留了白色的白垩皮层，这表明它们是直接从燧石矿脉的原生产源获得的，而不是次生的河滩搬运带来的。但遗憾的是，这一优质石料的来源尚未确定。

表2　水洞沟第2地点各文化层石制品组合技术特征

文化层	石叶石核	石片石核	砸击石核	完整石片	不完整石片	砸击石片	断块	搬运石材	烧石	石锤/石砧	石器	磨石	总计
CL1a	- / -	50 / 0.61%	109 / 1.33%	575 / 7.02%	378 / 4.61%	831 / 10.14%	6078 / 74.19%	84 / 1.03%	1 / 0.01%	10 / 0.12%	76 / 0.93%	1 / 0.01%	8193
CL1b	- / -	4 / 3.15%	4 / 3.15%	8 / 6.30%	6 / 4.69%	5 / 3.94%	77 / 60.63%	20 / 15.75%	-	1 / 0.79%	2 / 1.58%	-	127
CL2	- / -	17 / 0.80%	13 / 0.61%	780 / 36.90%	312 / 14.76%	68 / 3.22%	858 / 40.59%	11 / 0.52%	7 / 0.31%	-	48 / 2.27%	-	2114
CL3	- / -	21 / 2.41%	4 / 0.46%	140 / 16.04%	60 / 6.87%	41 / 4.70%	578 / 66.21%	23 / 2.63%	-	-	6 / 0.69%	-	873
CL4	- / -	2 / 2.44%	2 / 2.44%	25 / 30.49%	14 / 17.07%	5 / 6.10%	31 / 37.80%	2 / 2.44%	-	-	1 / 1.22%	-	82
CL5a	1 / 10.00%	- / -	- / -	- / -	- / -	- / -	1 / 10.00%	8 / 80.00%	-	-	-	-	10
CL5b	- / -	10 / 3.83%	2 / 0.77%	14 / 5.36%	3 / 1.15%	3 / 1.15%	150 / 57.47%	68 / 26.05%	-	3 / 1.15%	8 / 3.07%	-	261
CL6	- / -	2 / 13.33%	-	1 / 6.67%	-	-	11 / 73.33%	-	-	-	1 / 6.67%	-	15
CL7	1 / 6.67%	1 / 6.67%	-	2 / 13.33%	-	-	3 / 20%	8 / 53.33%	-	-	-	-	15

　　就加工过的工具而言，虽然不同的文化层之间存在些许差异，但是水洞沟第2地点所有的工具组合显然都是以石片为毛坯加工的。石叶和石叶状石片作为工具的毛坯极其罕见，但是CL7和CL5a发现了整个序列中仅存的两个大石叶石核（图5）。总的来说，CL6、CL5b和CL4—CL1的大多数石制工具表现出中国北方小石片工具传统的明显特征（Zhang，1990，1997，2002）。

　　石核在各文化层中所占比例都非常小。根据形态和技术特点，除CL5a外，从CL6到CL1层位的所有石核都具有徒手硬锤直接打击产生的简单石片的特点（图6）；只有CL7和CL5a的这两个明显用于系统的石叶生产的石核是例外（图5）。来自CL5a的石核是一个似勒瓦娄哇技术对向扁脸石核，有2个经过修理的台面；而来自CL7的石核则是一个有两个相对台面的窄面石叶石核。这两个石核具有明确的区域特点，与水洞沟第1地点那些被称作旧石器时代晚期初段工业的大石叶组合中的石核相近（Brantingham，1999；Brantingham et al，2001）。出自CL6、CL5b和CL4—CL1的石核都被用来生产简单石片，并未表现出台面和剥片面的相关准备和预制。在CL5到CL1中都发现了砸击石核和石片（图6），但在最上层CL1a的石制品组合中，它们的数量和比例相较其他层位都有显著上升。在大多数情况下，硬锤直接打击都曾是这里生产石片的主要技术。然而，来自CL2层位的几件扁平的石片毛坯的特征则显示其是从原生产源（非本地）的黑色燧石原料上使用软锤进行剥离的，其特征包括小或难以观察到的台面、台面边缘腹部明显的唇以及在台面背部明显的琢磨证据（例如Kuhn，2004）。目前我们没有能够找到与之对应的石核来证明这一文化层出现了软锤打击的技术，但如果该毛坯原材料来源很远的话，我们可能也不会期待能够在遗址找到对应的石核。

　　总体而言，来自水洞沟第2地点的石制品组合揭示出两种截然不同的石核剥片技术。来自CL7和CL5a的石核出现了大石叶技术的明显特征，这种特征将这些层位与水洞沟第1地点串联了起来。CL7（41ka—34ka cal BP）和CL5a（＞32.6ka cal BP）层位的年代也与水洞沟第1地点包含类似技术石核的层位（34ka和38ka，U-Th BP）的年代非常接近（Li et al，2013）。而出自水洞沟第2地点其他主要文化层（CL6、CL5b和CL4—CL1）的石核则呈现了简单的徒手打

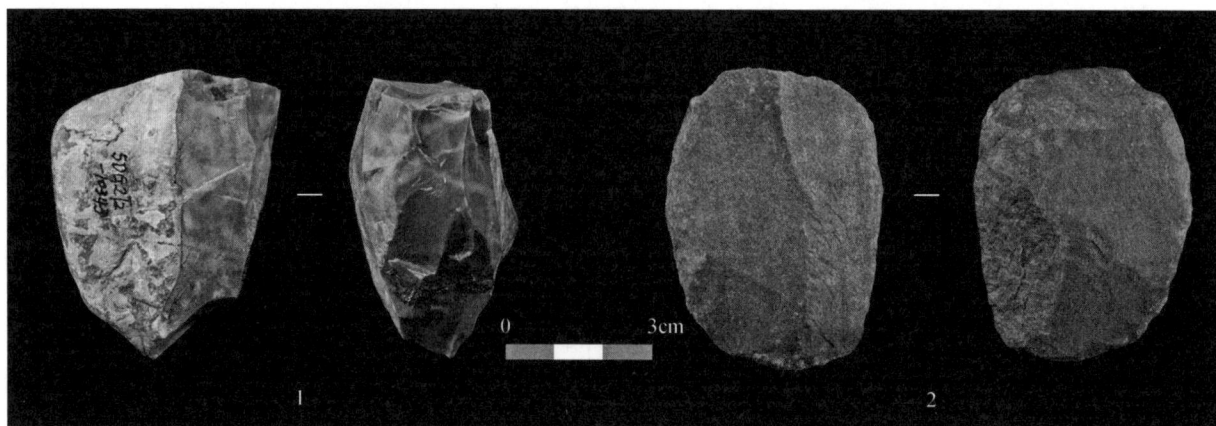

图5　水洞沟第2地点CL7、CL5a出土的石叶石核
1. 似棱柱状石叶石核（CL7）　2. 扁脸石核（CL5a）

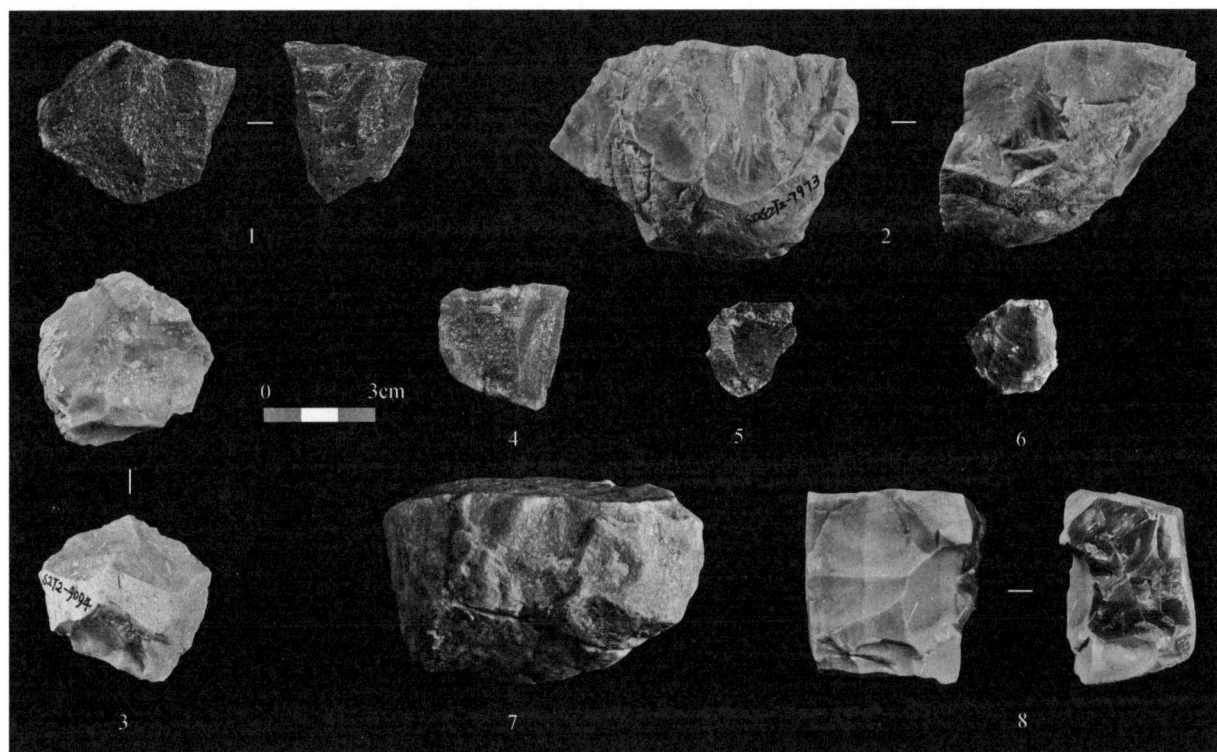

图6　水洞沟第2地点CL1—CL4和CL5b出土的锤击石核与砸击石核

1、3、8. 多台面石核　2、7. 单台面石核　4—6. 砸击石核

（1、4. CL1；2、5、6. CL2；3. CL3；7. CL4；8. CL5b）

击与砸击剥片形式，这在同时期中国北方的晚更新世旧石器时代遗址中非常常见（例如Zhang，1990, 1997, 2002）。

　　在水洞沟第2地点发现的与大石叶石核相关的层位中没有发现经过修理的工具。CL6、CL5b和CL4—CL1这些层位出现的经过修理的工具也表现出中国北方晚更新世旧石器时代的类型和技术特征（表3）。不仅被修理过的工具出现频率很低，而且工具修理强度也很低。CL6、CL5b和CL4—CL1中出土最多的修理工具是边刮器（图7），其中大部分是以相对平坦的石片为毛坯制作的。除了边刮器外，CL2和CL1a中次常见的石质工具是以石片为主要毛坯制作的端刮器，但端刮器在早期的层位中几乎没有出现。其他工具类型，包括尖状器、凹缺器、雕刻器、石锥和砍砸器，在水洞沟第2地点的每个文化层的组合中都有少量出现。

　　源于保存条件和人类活动等各种因素，在2003—2007年的发掘中仅发现了少量的动物骨骼，遗憾的是，大多数都是小的骨头碎片，很难对其进行分类鉴定。根据牙齿计数，蒙古野驴（*Equus hemionus*）和羚羊（*Antelopina*）是在CL2中占比最大的哺乳动物群种类。虽对是否食用鸵鸟（*Struthio* sp.）作为食物尚不清楚，但遗址确实发现了少量的鸵鸟蛋皮串珠（Struthio andersoni，种属通过地表采集品进行鉴定）（Wang et al, 2009）。所有的串珠均出自CL2，除此之外该层位还发现了一个骨针残段。

表3 水洞沟第2地点各文化层出土石器类型

文化层	边刮器	端刮器	尖状器	石锥	雕刻器	凹缺器	砍砸器	石器残段
CL1a	43 56.58%	12 15.79%	3 3.95%	2 2.63%	1 1.32%	3 3.95%	2 2.63%	10 13.26%
CL1b	2 100%	-	-	-	-	-	-	-
CL2	28 58.33%	8 16.67%		3 6.25%	-	2 4.17%	1 2.08%	6 12.50%
CL3	5 83.33%	1 16.67%	-	-	-	-	-	-
CL4	1 100%	-	-	-	-	-	-	-
CL5a	-	-	-	-	-	-	-	-
CL5b	6 75.00%	2 25.00%	-	-	-	-	-	-
CL6	1 100%	-	-	-	-	-	-	-
CL7	-	-	-	-	-	-	-	-

5.讨 论

　　水洞沟第2地点的CL7和CL5a的石核的剥片序列与水洞沟第1地点旧石器时代晚期初段技术的普遍特征非常吻合。用硬锤打击法制造石叶似乎是这一阶段的一个特别明确的指标。毫不奇怪的是，像斜切刃器（chanfreins）、埃米尔汉（Emireh）以及乌姆尔·特尔（Umm el-Tlel）尖状器这些（Kuhn et al, 1999）其他来自近东旧石器晚期初段独特的"标准化石"或经典石器技术组合并没有在水洞沟旧石器时代晚期的层位中出现。但水洞沟的材料却与西伯利亚南部（例如Kara Bom）和蒙古（例如Chikhen Agui）最早的旧石器晚期遗址中的技术组合相似（Brantingham et al, 2001），这表明在中亚、西伯利亚南部、蒙古和中国西北部存在一个旧石器时代晚期初段的特殊区域。

　　对水洞沟第1地点以及第2地点旧石器晚期初段层位的年代进行重新分析后确定了一个粗略的年代跨度——38ka—34ka BP（Li et al, 2013）。考虑到这些中国北方似勒瓦娄哇石叶技术的新年代，我们应该重新讨论这一技术由北到南进行传播的假说和Madsen等（2001: 715）提出的"水洞沟是整个欧亚大陆已知最年轻的旧石器晚期初段技术组合"的这一提法。Madsen等文章中采用的放射性碳样品来自整个层位序列中较高的火塘，可能是在CL2中，在CL4之下没有发现类似的火塘。而CL7的年代估计为41ka—34ka BP，CL5a的年代则大于32.6ka BP（CL3的年代范围），这样的年代使它们与大石叶技术在蒙古地区的出现基本处于相同的时间范围内。虽然看起来西伯利亚地区旧石器晚期初段石叶技术组合的年代要比水洞沟早得多（例如Derevianko,

图7　水洞沟第2地点出土的石器

1—4.单刃边刮器　5、12、13、15.双刃边刮器　6—11、14.端刮器

（1、2、6. CL1；3—5、7—13. CL2；14. CL3；15. CL5b）

2011），但水洞沟和西伯利亚相关遗址之间的年代差距比之前估计的更接近，这表明来自北部和西部的技术或人群的传播速度要比之前预想的更快。然而遗憾的是，至少就目前而言，在中国西北部的邻近地区，比如新疆和内蒙古，还未发现相同时代的遗址，这使得我们无法更详细地描述石叶技术在中国西北地区的引入和扩散过程。

毋庸置疑的是，水洞沟的晚更新世序列的特征相较以往而言更加多样化。水洞沟第2地点的CL6到CL1（CL5a除外）的组合与中国北方许多在细石叶技术出现之前的旧石器时代晚期组合不说一模一样至少也是十分类似，在技术和类型学上符合所谓的石片石器文化传统（Zhang，1990，1997，2002）。这些组合有许多共同的特点，包括对本地原材料的开发、徒手打击、无固定规律的石核利用、不规则的石片、高比例的断块和碎屑，以及修理不精细的非成型工具，有时也包含一些砸击制品。水洞沟第2地点中不同层位之间也有一些行为上的变化，包括石制品制作习惯的变化（基于发现材料密度的变化），比如CL2中不同的原料获取模式和CL1a中砸击制品占比的提升。主要文化层（CL6、CL5b和CL4—CL1）中的石器组合与旧石器晚期初段的相关技术关系不大，它们似乎来源于中国北方晚更新世旧石器工业。这些不同的技术体系在连续层位中存在的证据，与水洞沟作为只存在似勒瓦娄哇石叶技术的普遍印象背道而驰。在旧石器时代晚期的一个或多个相对较短的时段内，该地区使用了似勒瓦娄哇石叶技术，此后，典型的小石片工具又在此地延续了约14000年。此外，根据考古材料的研究，早期的石叶技术对后来的居住成员的技术没有明显影响，这表明在深海氧同位素第3阶段期间可能存在两个不同的人群先后在水洞沟地区生活，他们分别有着不同的文化传统。

Madsen等基于水洞沟第2地点的研究成果，提出了细石叶技术起源于石叶技术与砸击技术相融合的假说。对水洞沟第2地点的砸击法相关产物的研究，特别是对砸击石核的研究，并不能展现这种技术演变过程的细节。尽管剥离的石制品在尺寸上相似，但砸击法与细石叶技术明显涉及存在差异的剥片程序，细石叶技术需要对台面和剥片面进行系统的预制和修理工作，而且通常采用压制法进行剥片（Kuzmin et al，2007）。此外，水洞沟第2地点的文化层发现砸击技术产品的层位未发现石叶，这意味着石叶技术根本不可能影响到砸击技术。CL1a中丰富的砸击制品并不是细石叶技术发展的前兆，而是对非常小的石片的某些功能和经济需求的响应，其性质目前尚不清楚。

6. 结　　论

结合水洞沟在干旱和半干旱地区的地理位置，水洞沟第2地点不同的石器技术体系的揭示有助于更好地了解欧亚大陆东西部旧石器时代晚期序列，以及这两个地区之间可能存在的相互影响。中国北方地区/东亚地区旧石器时代晚期的技术发展路线与西欧以石叶技术为主导的旧石器时代晚期技术路线差异显著，西欧的石器技术发展路线也不应该套用在东亚地区的技术发展过程上。正如水洞沟第2地点所揭示的，一种独特的大石叶技术早在40ka BP这个时间段就可能从蒙古或西伯利亚引进到中国北方地区，但后来却消失了，取而代之的是当地以石片工业为基础的技术系统。这些地区之间巨大的差异应该促使对东亚旧石器时代感兴趣的学者提出一个东亚独特的旧石器时代体系，这个体系不仅包括旧石器时代分期，还应包含对整个东亚地区人群的行为模式和适应策略的分析。

致谢：水洞沟研究项目是中国科学院古脊椎动物与古人类研究所高星研究员与宁夏回族自治区文物考古研究所王惠民研究员发起的项目。本文作者感谢罗丰、钟侃、冯兴无、罗志刚、梅惠杰、王春雪、彭菲、周振宇、马宁、仪明洁等在发掘中的贡献，感谢牛东伟、徐欣、魏屹、徐廷、邢路达、栗静舒在材料整理中的帮助。感谢Mary Stiner教授和John Olsen教授为本文研究提供的建议。感谢两位匿名审稿人对论文初稿的建议和意见。李锋感谢国家留学基金委员会提供的留学基金。本项目得到了中国科学院战略性先导科技专项（批准编号：XDA05130202），国家自然科学基金（批准号：41102016，41272032）的资助。

〔原载Li F, Gao X, Chen F Y, Pei S W, Zhang Y, Zhang X L, Liu D C, Zhang S Q, Guan Y, Wang H M, Kuhn S L. The Development of Upper Palaeolithic China: New Results from the Shuidonggou Site. Antiquity, 2013, 87 (336): 368-383〕

（孟浩琛译，李锋校）

对Keates和Kuzmin的回应

李 锋[1] Steven L. Kuhn[2] 高 星[1]

（1. 中国科学院脊椎动物演化与人类起源重点实验室/中国科学院古脊椎动物与古人类研究所
中国北京，100044；2. 亚利桑那大学人类学系，美国图森，85721-0030）

Susan Keates和Yaroslav Kuzmin对我们发表的关于水洞沟遗址第1地点和第2地点年代学和技术特征的解释提出了宝贵意见。这一评论指出了我们所发表的文章中存在的一些前后不一致之处，作者在此予以更正。然而，他们不同意文章所得出结论的理由却是不充分的。最重要的一点是，现在已经没有理由再采用Madsen等（2001）提出的水洞沟遗址群旧石器时代晚期初段（Initial Upper Palaeolithic，IUP）组合的年代结果。Keates和Kuzmin的批评集中在两个问题上：第一个问题是我们对水洞沟遗址第2地点下层石制品组合特征的描述；第二个问题是我们对年代结果的处理。我们将依次回复这些问题。

水洞沟遗址第2地点存在着少量似勒瓦娄哇石叶的IUP产品，这一点是毋庸置疑的。就这点而言，Keates和Kuzmin至少是同意我们的观点的，即遗址中的石核属于IUP的典型产品而并非石片石器组合。在这些遗物出土的层位中（CL5a和CL7）也发现了数量相对较小的石制品组合，然而我们很难据此得出更多结论。第1地点与第2地点相比有更多的大石叶和石核，但这并不重要——经过多年的发掘，第1地点所发掘的沉积物体量比第2地点（石叶石核出土层位，译者注）大得多，相应的，出土遗物的数量也要多得多。Keates和Kuzmin的其余论点对我们来说很难理解。他们说，"在CL5a和CL7中没有发现其他遗物"（第715页），而事实上我们用表格形式展现了其他遗物的情况。大多数的遗物都是简单的无鉴别特征的石片，无助于辨识毛坯的生产技术。

尽管未直接说明，但Keates和Kuzmin似乎也断言，在第2地点的整个地层序列中都存在IUP产品和石叶生产的证据。这种说法是没有根据的。很明显，其他文化层（CL1—CL4）所出土的更大数量的石制品组合代表了简单石片技术，而缺乏IUP阶段勒瓦娄哇石叶生产的证据。裴树文等（2012）的确提到第2地点出土了28件石叶，但彼时遗址共出土了15942件石制品，而石叶的占比仅为0.18%。我们未确认裴树文等将哪些石制品称为石叶，但他们很有可能将一些长石片划分成了石叶。无论任何情况，如此小的样本量都不能作为系统性石叶生产的证据。Keates和Kuzmin指出的表格中的小问题是正确的。第2地点CL5b中端刮器的数量已被更新为1件；在我们2014年的论文中表2中有另一个小错误，CL3中端刮器的数量现更正为1件。然而，重要的一点是，这些部分不应被归为IUP石制品组合。端刮器与雕刻器并不仅仅出现在IUP阶段石制品组合中，它们也是中国旧石器时代晚期（约在40ka—10ka BP）石片石器传统的代表性器物。

至于年代学的问题，我们完全同意Keates和Kuzmin的观点，即水洞沟第2地点（和第1地点）全部测年结果是混乱且难以厘清的。这在一定程度上是由于多年来不同团队所采集的测年样本间的地层关系并不总是十分清楚或能够相互对应的。虽然在我们的表格中提到的第2地点AMS^{14}C测年结果的背景有一些不一致的地方，但所引用的测年样本（除了Madsen等人发表的那些）都是在2003—2007年发掘期间采集的。这些样本至少有明确的地质学与考古学地层关系。一些测年结果（BA110221、BA110224、BA110226和BA110228）异常年轻。对于第2地点的同一层位来说，OSL年龄数据普遍比AMS^{14}C年龄数据要小，且很多数据与地层并不能对应。我们尚未能解释这一现象，但肯定会在今后的研究中加以解决。鉴于此，我们更多地依靠AMS^{14}C的数据来构建水洞沟遗址第2地点的初步年表。然而，我们并非因为方便起见选择简单拒绝和接受某些测年结果：我们已经解释了我们接受和拒绝它们的理由。例如，正如Keates和Kuzmin的图2所示，CL2的大多数AMS^{14}C年龄数据是相当连贯的，这使得这层的测年结果最为可靠。在CL2以下的地层不可能比CL2更晚，所以我们放弃了CL5b的一个年代数据（BA110227）。Keates和Kuzmin图2中的"年龄-深度"模型的确突出了各种测年结果的问题，但它并非评估遗址各层年代的有效工具。首先，它假设了一个恒定且连续的沉积速度，但沉积物的堆积速度本身是无法被预设的。此外，我们不确定为什么他们反对用OSL所测的年代数据结果，但却用L17的OSL年代数据来锚定年代模型曲线的下端。有趣的是，他们的模型还预测CL7的年龄约为65ka BP，5a层的年龄约为42ka BP，在这些地层中都发现了典型的IUP石制品。至少前一个年龄比任何学者认可的该类产品的测年结果都要早得多。

事实上，我们赞同Keates和Kuzmin对Madesen等（2001）所得出的第2地点AMS^{14}C数据的肯定。正如Keates和Kuzmin的图2所示，他们的数据与最近发掘得到的CL2的年代数据非常接近，而且Keates和Kuzmin似乎同意我们的看法，即这两组数据都与CL2有关。他们在文章中提出的另一个问题是，他们认为CL2的年龄数据与IUP没有关系。正如我们引用的文献中所讨论的，CL2的石制品组合缺乏任何典型的IUP遗物或技术产品，而是代表了石片石器传统的典型组合。在水洞沟第2地点，唯一明确的IUP技术特征，尽管很稀少，都来自于更靠下部的地层（CL5a和CL7），所以一定比CL2更早。

在第2地点发现的IUP材料非常少，因此要确定水洞沟遗址群的勒瓦娄哇石叶、IUP组合的最终年代，我们必须借助于第1地点进一步研究的结果。但第2地点早期IUP遗物的年代至少提供了一些可供检验的假说。事实上，最近报道的其他测年结果显示（Morgan et al, 2014; Nian et al, 2014），研究者们推定的第1地点IUP层位的年代与我们提出的第2地点的年代一致。遗憾的是，早期发掘时地层控制不佳，即使将这些新的年代数据与水洞沟第1地点的特定文化层相对应，也具有一定的不确定性。例如，新的年代研究揭示了第1地点的两个年代序列：原发掘所揭露的左侧剖面（面对1980年发掘区，译者注）的序列被测定为39ka—33ka BP（Nian et al, 2014），而中部的剖面则被测定为46ka—41ka BP。这就提出了一种可能性，即在第1地点，位于同一海拔的旧石器时代沉积物的不同部分可能形成于不同时间。

我们在此试图厘清水洞沟遗址群，尤其是第2地点晚更新世考古学遗物组合的年代和性质。Keates和Kuzmin确实提出了一些有用的建议，但他们没有澄清问题反而让问题变得更加模糊不清。第1地点和第2地点还需要更多的工作，但有两点却是明确的：①Madsen等提供的第2地点的测年结果并不代表水洞沟地区IUP的年代，而是对应于一种较晚的技术；②水洞沟地区IUP技术的出现可能比学者们预期的更早。尽管有许多尚未解决的年代学问题，但我们提出了目前最完整、最详细的年表。同时，它也是一个暂定的年表，我们非常期待未来的工作继续完善它。

致谢：这项工作得到了中国科学院战略性先导科技专项（XDA05130202）和国家自然科学基金委基础研究人才培养基金（J1210008）的支持。

［原载Li F, Kuhn S L, Gao X. A Response to Keates and Kuzmin. Antiquity, 2015, 89 (345): 721-723］

（郭玥婷译，张月书、李锋校）

中国北方旧石器时代晚期水洞沟遗址第2地点的原料经济与流动模式

李 锋[1] Steven Kuhn[2] 陈福友[1] 高 星[1]

（1. 中国科学院脊椎动物演化与人类起源重点实验室/中国科学院古脊椎动物与古人类研究所，
中国北京，100044；2. 亚利桑那大学人类学系，美国图森，85721-0030）

摘要：本文研究了中国北方水洞沟第2地点旧石器时代晚期序列中石器原料经济的变化。遗址地层保存了近14000年的旧石器时代晚期记录，且证据表明石器原料的获取和开发、流动模式和土地利用模式发生了变化。虽然原料在整个序列中大致相似，但当地石料的利用方式随着时间的推移而改变。考古证据也表明，在某些文化层中，古人类越来越多地利用较远的资源。水洞沟地区原料经济的变化应是古人类对流动性变化和对遗址占据的规模及持续时间的反映。遗址文化特征和觅食策略的数据为遗址利用策略的变化提供了独立的证据。本文的研究结果对从成本/效益视角研究华北地区简单石核-石片技术的适应性具有重要意义。

关键词：石器原料经济；旧石器时代晚期；水洞沟遗址；流动性；中国北方

1 引 言

石器原料经济（石器原料的获取、开发和利用）的分析已成为石制品组合研究中的一环，这意味着它对于理解现存的及史前狩猎采集群体的技术行为决策发挥着愈加重要的作用（近期的综述可参阅Adams and Blades, 2009; Hovers, 2009）。作为探索旧石器时代技术的一个基本手段，它可以提供许多有意思的证据，有助于我们理解史前狩猎采集群体的技术组织及流动性（如Andresky, 1994; Ambrose and Lorenz, 1990; Ambrose, 2002, 2006; Blades, 1999; Kuhn, 1995, 2004; Minichillo, 2006）、社会交换网络（Bourque, 1994; Féblot-Augustins, 1993, 2009; MacDonald, 1999）、认知能力（如Wynn and McGrew, 1989）及狩猎采集者的其他特征与适应性。

　　基于常与生态模型相结合的原料利用经济原理，学者们广泛认同在石器技术及流动性模式间存在动态联系（如Ambrose, 2006; Ambrose and Lorenz, 1990; Bamforth, 1986, 1990, 1991; Binford, 1979, 1980; Johnson and Morrow, 1987; Kelly, 1988, 1992; Kuhn, 1991, 1995, 2004; McCall, 2007; Nelson, 1988; Odell, 2004; Surovell, 2009）。对此争论的要点集中于，在确定石器技术组织时是更多地基于石料的丰度及质量还是迁居流动策略（如Andrefsky, 1994）。尽管如此，学者们一致认同，在原料丰度与质量一致的条件下，流动性及遗址功能等因素会对原料利用产生强烈的影响。

　　本文对单一遗址进行案例研究，旨在分析史前狩猎采集群体原料经济的变化，进而基于原料获取及开发提出流动性模式变化的假说。在中国旧石器时代的研究中，学者们对该问题的关注不足（Brantingham, 1999; Brantingham et al, 2000; Gao, 1999, 2001）。水洞沟遗址第2地点（SDG2）位于中国北方地区，该遗址有连续的旧石器时代文化堆积序列，可供研究的文化层时间跨度超过14000年。在各文化层中，使用的本地石料一致，且主要采取石片石器技术生产相似的石制品组合。同时，对于远距离石料的获取及对不同岩性石料的加工方式却存在明显差异。来自其他文化特征和动物遗存的证据表明石料利用的变化与流动性及土地利用模式相关。

2. 时间、技术、原料及流动性

　　近年来学者们越来越多地以投入-产出的视角来讨论石器使用模式及其在考古学材料中的表现。尽管在这些研究中很少严格地遵循规范的生态模式（Bird and O'Connell, 2006），但仍然产生了重要的研究成果，在生态学框架中建立起了原料经济、技术与流动性三者间的动态关系。就最适模型（optimality model）而言，狩猎采集人群的目标是采取可能的最高效的方式获取能量（或使用其他用于评估的通货Currencies），即在特定的时间内能量获取最大化或对于特定能量的获取时间最小化（Ugan et al, 2013）。时间分配是适应生存的主要限制之一，在很多情况下，它可能成为狩猎采集群体适应生存的关键因素（Bousman, 1993; Collard et al, 2005, 2011; Torrence, 1983）。基于这一假设，我们倾向于认为不同的时间分配会改变狩猎采集群体的技术行为决策（Torrence, 1983; Ugan et al, 2003）。尽管时间并不是古人类适应生存的唯一限制因素，然而它切实发挥了潜在的重要作用，并提供了一个现成的理论工具，将诸如技术及流动性等人类行为与食物及原料来源等环境因素联系起来，进而评估人类行为决策。基于广义最适模型考虑投入与产出有助于揭示史前社会技术与流动性的关联。

　　如果可用于进行某项活动的时间有限，那么使用可提高该活动效率的工具是有利的。在其他情况下，执行某一特定活动可能没有实际的时间压力，但为了最大程度地降低机会成本，对特定行为进行时间安排是必要的（Torrence, 1983）。可用于获取资源的时间受到食物与原料等资源的丰度与质量、流动组织模式等觅食活动规划及工具的使用寿命等一系列因素的影响（Ugan et al, 2003）。

尽管石头并不是制作工具的唯一可用材料，但它是全球更新世考古记录中保存最好且最丰富的材料，因而可为史前人类行为研究提供许多有价值的信息。石料的丰度与质量对石器技术及相关的适应行为具有重要影响。古人类适应生存所面临的挑战之一在于是否能在有需要时随时获得可用的工具，但现实情况却很难同时满足原料丰富易得且制作工具的时间充足这两个条件（Kuhn, 1995, 2004）。当遗址周围原料紧缺且工具使用较频繁时，对工具的利用程度及加工频率会相对高（Andrefsky, 1994; Kuhn, 1991, 1995），同时可能存在遗址外原料输入（Binford, 1979; Kuhn, 1995, 2004），这种现象的出现是由于采集原料比维护旧工具的投入更高。另一方面，在原料丰富的情况下，对已有工具的维护没有明显的经济优势，除非石制品的制作投入相对高或活动的时间压力相对大，这种情况通常不见于简单的石制工具中，因而考古学家在原料丰富的遗址中常观察到"浪费"的现象或并不经济的行为。

狩猎采集群体的土地利用与流动性模式均影响原料的丰度与质量以及时间分配，进而影响了石器技术。一般而言，频繁移居的人群无法保证需求出现时能找到原料或有充足的时间去制作工具（Kuhn, 1991; Goodyear, 1989）。为了保证在需要时有可用的工具，狩猎采集者至少会在流动过程中携带一定的原料和工具（Kuhn, 1991, 1992）。这种对于工具组合的运输会造成大量的维护及工具的减缩，这在广义上属于所谓的"精细"石器技术（curated technology）的重要组成部分（Binford, 1979; Bleed, 1986; Kuhn, 1994; Kelly, 1988; Shott, 1996）。在特定的活动中，例如狩猎大型猎物时，获取的机遇和时间有限，必须使用事先制作好的工具（Torrence, 1983, 1989）。在某一特定地点待得越久，人群对该地的原料获取可预测性越强，在获取石料的路途中花费的时间越少，有时可减轻时间压力，因此，在其他条件相同时，我们可预期在该石器组合中经维护再利用的石制品很少，而充当"权宜工具"（expedient tools）的石制品较多。这种模式已在北美的多个遗址中发现（如Parry and Kelly, 1987）。

对遗址占据时间的长短也会影响时间分配。在短期营地中很少有机会去采集原料制作工具，因此停留极短暂的地点所能留下的器物组合中应当大部分为磨损严重甚至破裂的遗址外带入的人工制品（Kuhn, 1991; Surovell, 2009）。然而，如果当地原料丰富，为了节省时间，会更多地使用当地原料。随着在一个地方停留的时间增加，人们拥有更多机会从附近地区获取原料（Kuhn, 1991; Surovell, 2009），并且如果当地原料可用，时间压力会降低。当在一个地点持续停留时，应该能观察到多样的原料类型，有时也可观察到当地原料开发强度降低的现象。

3. 案例研究：水洞沟遗址第2地点

水洞沟遗址位于中国北方地区，西距黄河18千米，位于毛乌素沙地边缘（图1）。水洞沟遗址第2地点（SDG2）发现于1923年，是法国古生物学家桑志华（E. Licent）与德日进（P. Teihard）调查发现并命名的五个地点之一（Licent and Teilhard de Chardin, 1925）。该地点位于边沟河左岸，与著名的水洞沟遗址第1地点隔河相望。第2地点是水洞沟遗址多学科研究项目

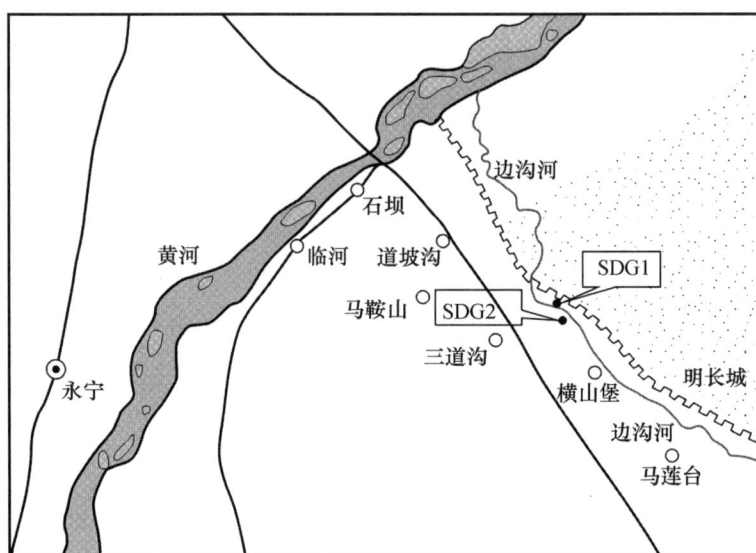

图1　水洞沟遗址第2地点地理位置
（修改自刘德成等，2009）

的主要研究遗址之一，已开展了4个年度（2003、2004、2005、2007）的发掘工作（Gao et al, 2013; Li et al, 2013a; Pei et al, 2012）。

SDG2开设两个发掘区（T1、T2），揭露面积达到100m²。遗址出露剖面厚度约12.5m（各层岩性特征及发掘区域的详细情况参见刘德成等，2009）。地层特征自下而上依次为粉砂层与砾石层、灰黑色泥炭沉积、浅灰绿色粉砂、浅灰黄色粉砂状土。共划分为18个自然层，其中有7个层位包含有旧石器时代文化遗物，自下而上由7至1依次编号（CL7—CL1）（图2）。文化层主要为河湖相沉积，发育水平层理和微波状层理（Liu et al, 2009, 2012）。不同文化层间存在文化遗物沉积间断的时期，反映出古人类对遗址的重复利用（图3）。

与Schick实验（Schick, 1986）的石器碎屑尺寸分布进行比对，结果显示SDG2中大多数石制品组合完整，较少受到水流搬运作用的影响（图4）。然而，来自CL7、CL6及CL5b的石制品组合与实验数据契合程度并不好，这三个层位的大尺寸碎屑比例偏高（表1）。各文化层石制品的分布及密度的差别意味着在不同文化层中人类占据模式的差异。在CL7、CL6、CL5b及CL1b中仅出土少量石制品，它们平均每立方米的出土量分别为0.6、0.3、5.6和7.4件。相对稀疏的堆积表明古人类在这些时期仅在此作相对短暂的停留。相反地，CL3、CL2及CL1a中含有大量灰烬、石器碎屑及动物化石碎片，这些层位的石制品出土密度分别为54.2、60.4及238.2件每立方米，反映出人工遗物的相对连续堆积，很可能是由于较长的居住时间或对遗址的重复占据。值得注意的是，相对于其他仅保存有单个火塘的文化层来说，CL2中保存有数量较多（N=4）的火塘。CL4也非常特别，其遗存集中出土于十分有限的空间范围内。然而，石制品分布所呈现的不寻常且十分生硬的边界表明该层的部分堆积可能受到侵蚀作用的影响（图3）。各文化层的差异有助于我们研究该遗址原料经济及技术行为。

图2 水洞沟第2地点地层剖面

（修改自刘德成等，2009；李锋等，2013a）

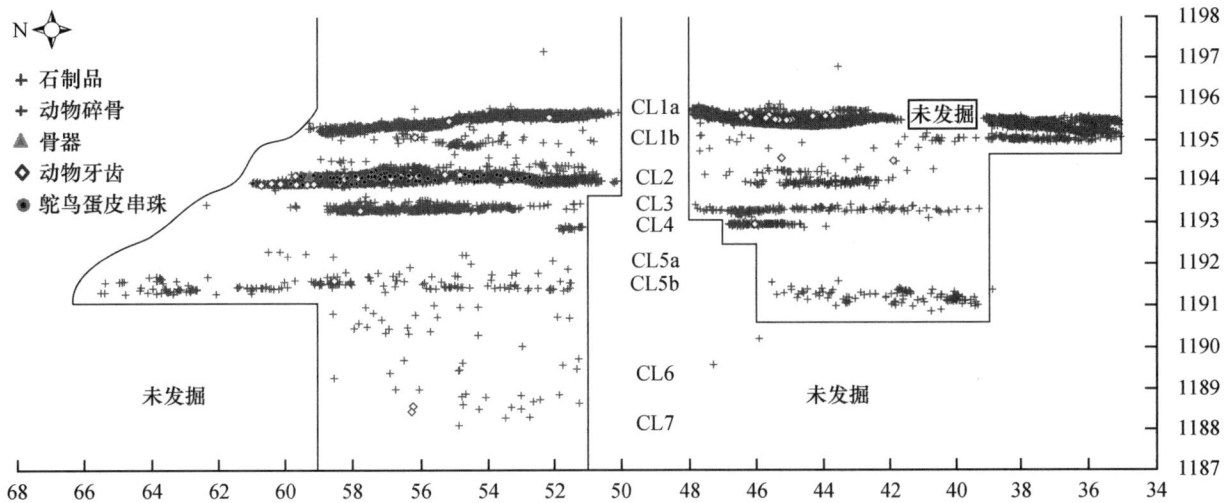

图3 水洞沟第2地点CL7—CL1层出土遗物剖面分布

（X轴代表南—北方向的探方；Y轴代表海拔；单位：m）

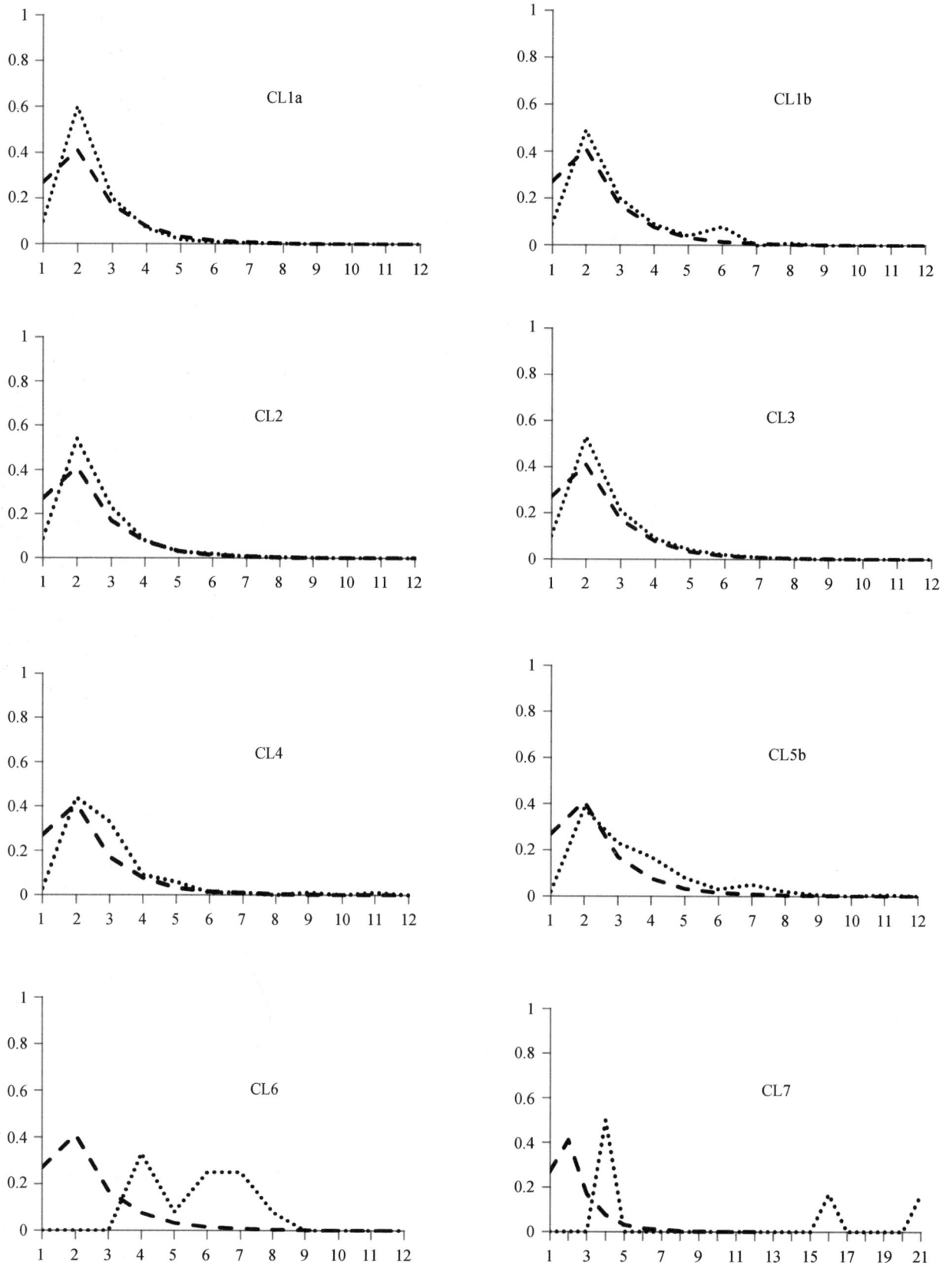

图4　水洞沟第2地点废片尺寸分布（点虚线）和Schick（1986）（线段虚线）实验数据对比结果

从整体的石器技术特征来看，在SDG2各文化层中存在两种不同的技术体系（表1）（Li et al, 2013a）。在CL7和CL5a中出土了几件似勒瓦娄哇技术（Levallois-like）特征的石叶石核，其工业技术与旧石器时代晚期初段（Initial Upper Paleolithic，IUP）水洞沟遗址第1地点及蒙古与西伯利亚地区的一些石器工业技术相似（Brantingham et al, 2001; Li et al, 2013a, 2013b; Li et al, 2014）。出土于CL6、CL5b、CL4及CL1的石制品带有典型的中国北方石片石器技术特点，在各文化层中该技术特点也存在一些差异。^{14}C测年结果显示，CL7为41.5ka—34.4ka BP，CL6与CL5为34.4ka—32.6ka BP（基于CL7及CL4测年结果的推测），CL4与CL3为32.6ka—31.4ka BP，CL2为31.3ka—29.9ka BP。CL1仅有单个光释光测年数据，为20.3ka BP（Li et al, 2013a, 2013b）。最新的^{14}C年代校正数据将CL1年代提早到27.5ka BP。考虑到在整个文化层中光释光测年结果均偏晚，我们认为CL1的^{14}C年龄较为可信（Li et al, 2015; Keates and Kuzmin, 2015）。

CL7及CL5a年代在旧石器时代晚期初段，其石器工业技术特点为运用似勒瓦娄哇石叶技术及似棱柱状（sub-prismatic）石叶剥片方法从大块石核中剥离出较大尺寸的宽薄型石叶或长石片。这些层位出土的石制品较少，且未见修理的工具（表1）。

表1　水洞沟第2地点不同文化层出土的石制品类型

文化层	石叶石核	简单石片石核	砸击石核	石片	不完整石片	砸击石片	断块	搬运石材	烧石	石砧/石锤	石器	磨石	总计
CL1a	-	50	109	576	378	831	6087	84	1	10	76	1	8193
	-	0.61%	1.33%	7.02%	4.61%	10.14%	74.19%	1.03%	0.01%	0.12%	0.93%	0.01%	
CL1b	-	4	4	8	6	5	77	20	-	1	2	-	127
	-	3.15%	3.15%	6.3%	4.69%	3.94%	60.63%	15.75%	-	0.79%	1.58%	-	
CL2	-	17	13	781	312	68	859	11	7	-	48	-	2116
	-	0.80%	0.61%	36.91%	14.74%	3.21%	40.60%	0.52%	0.33%	-	2.27%	-	
CL3	-	20	4	140	60	41	580	23	-	-	6	-	874
	-	2.29%	0.46%	16.02%	6.86%	4.69%	66.36%	2.63%	-	-	0.69%	-	
CL4	-	3	2	25	14	5	31	2	-	-	1	-	83
	-	3.61%	2.41%	30.12%	16.87%	6.02%	37.35%	2.41%	-	-	1.20%	-	
CL5a	1	-	-	-	-	-	1	8	-	-	-	-	10
	10.00%	-	-	-	-	-	10.00%	80.00%	-	-	-	-	
CL5b	-	11	2	14	3	3	150	68	-	3	8	-	262
	-	4.20%	0.76%	5.34%	1.15%	1.15%	57.25%	25.95%	-	1.15%	3.05%	-	
CL6	-	2	-	1	-	-	11	14	-	-	1	-	29
	-	6.90%	-	3.45%	-	-	37.93	48.28	-	-	3.45%	-	
CL7	1	1	-	2	-	-	3	8	-	-	-	-	15
	6.67%	6.67%	-	13.33%	-	-	20%	53.33%	-	-	-	-	

CL6、CL5b及CL4至CL1的石制品组合以简单的石核为代表，无预制台面及剥片面，剥离不规则石片。结合石核、石片及台面的特征推断，剥片采用了硬锤锤击法。然而，也发现一些石片台面较小且外缘具有琢磨痕迹等特征，这表明在这些文化层中软锤技术也被用于优质原料的开发。砸击技术在该遗址多数文化层中均有应用，在CL1中该技术方法应用频率急遽增长。修理工具以边刮器为主，在CL1及CL2中也有一些以石片为毛坯加工精细的端刮器。

这些层位出有少量非石质的人工制品，在CL2中出土了一件断裂的骨针及几件鸵鸟蛋皮串珠饰品。各文化层的动物遗存组合大多以蒙古野驴（*Equus hemionus*）及羚羊亚科（*Antelopina*）占优。由于SDG2出土的动物骨骼样本量小且骨骼高度破碎化，常规的动物考古研究难以开展。然而，各文化层中骨骼碎片的数量及空间分布的差异有助于我们分析狩猎策略的历时性变化。CL2中动物化石碎片的数量明显多于其他文化层，这可能反映出古人类在这一时间段动物资源消费的增加。在CL1a中出土的一件磨石是该地点唯一一件可能证明存在植物遗存开发利用的遗物。

CL7和CL5a的石制品组合与其他文化层相比具有明显不同的技术特征，并且这种区别可能代表着来自水洞沟地区西方或北方的外来人群交流（Li et al, 2013b, 2014）。CL6的人工制品出土于较厚的湖相淤积中，且分布十分零散，反映出这一层位古人类对遗址并非是稳定的长期占据。因此，基于对比研究的目的，本文着重分析使用石片石器技术的晚期文化层（即CL5b、CL4—CL1）中石料的获取与利策略。

4. 石器原料

该遗址石制品的原料以燧石、石英岩及硅质白云岩为主。遗址中燧石的质地、颜色及颗粒组成不尽相同。大部分砾石的磨圆度相当高，这表明各岩性的石料大多采自河床或早期河流阶地的砾石层。边沟河谷的田野调查发现，磨圆石料在河滩上（图5）及遗址附近早期阶地的砾石层中随处可见。据周振宇博士分析，该地区发育的六级阶地的砾石层中石料的岩性无明显差异（Zhou, 2011）。

遗址中燧石相比于其他主要石料，拥有更多样的来源（图6）。黑色或灰色的具有砾石面且常夹杂白云岩条带、多裂隙的燧石（燧石A）来自于遗址附近的河滩砾石。几块质地细腻的夹杂灰色化石的黑色燧石（燧石B）具有新鲜结核面，应来自于结核产地的岩石风化处。遗憾的是，这种燧石的确切来源目前仍未发现，但根据本文第一作者在2011年的调查情况推测，来源地应至少距离该遗址5千米。第三类燧石为质地细腻的夹杂黑色小点的灰色燧石（燧石C）。由于这类燧石制成的石制品未发现石皮，因此难以判断其来源。然而基于其石皮的缺失及目前为止在遗址附近的砾石层堆积中未见该类石料，它很有可能是远距离输入的。第四类燧石（燧石D）的特点是质地细腻且颜色斑杂，它的产地暂时存疑。

图5 边沟河河床砾石出露及水洞沟第1和第2地点的位置
（图片左下角为1米比例尺）

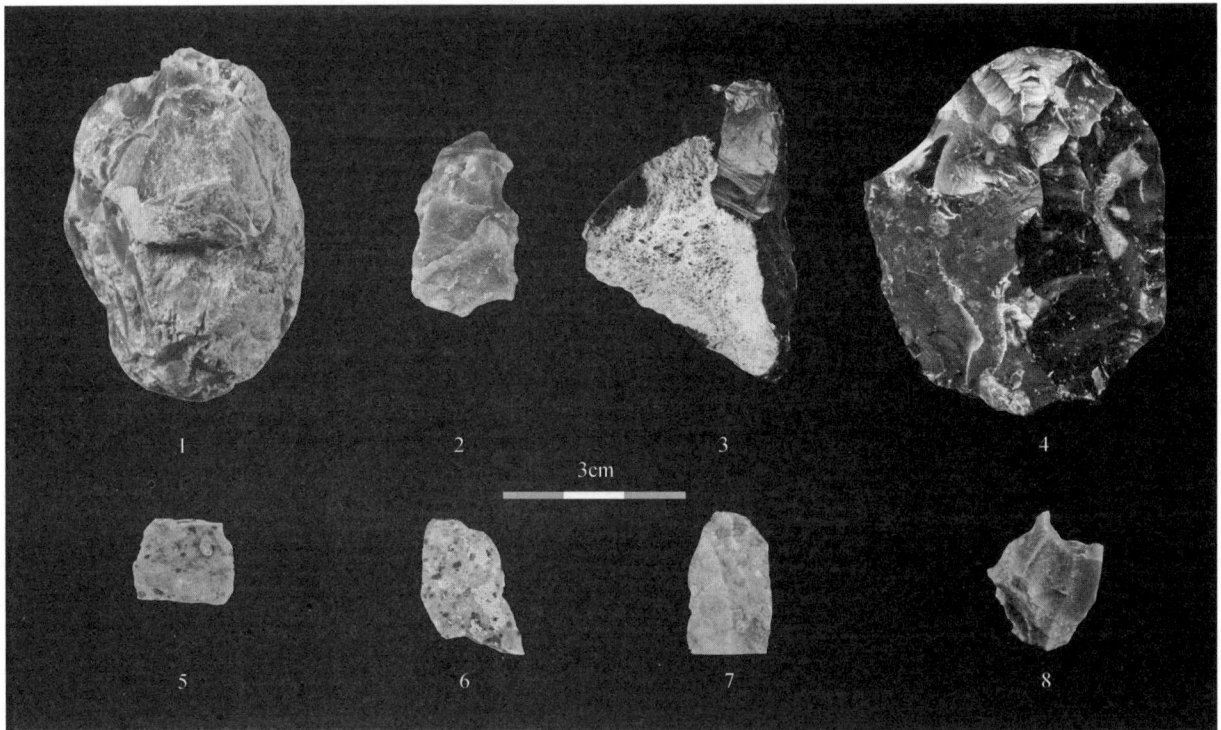

图6 水洞沟第2地点出土的不同类型的燧石
1、2为A类燧石 3、4为B类燧石 5、6为C类燧石 7、8为D类燧石

5. 研究结果：原料获取及利用模式的变化

确定各文化层中石料的来源是分析人类行为的首要任务。表2中统计了各文化层中出土的具有不同来源的各岩性石料的数量及占比。在所研究的文化层中，仅CL2出土的由燧石B制成的石制品能确认是来自于结核产地，而在其他文化层中古人类仅从当地砾石层中获取石料。CL2中原料为燧石B的石制品为修理工具（retouched tools）、毛坯及石屑，未见石核。这个现象与理论预期相符合，即运输距离与加工利用方式相关。我们预期远距离输入的石料在所有类型的石料中应具有最高的利用率（Kuhn, 1994, 2004; Shott, 1986; Surovell, 2009）。因为成品或毛坯拥有更高的利用潜力，相比于石核与断块来说显得"不浪费"（Kuhn, 2004）。

表2　水洞沟第2地点各文化层原料分布

原料类型	产地	CL1a	CL1b	CL2	CL3	CL4	CL5b
燧石A	本地	4074（49.7%）	54（42.5%）	557（26.3%）	425（48.6%）	6（7.2%）	111（42.4%）
燧石B	外来	-	-	265（12.5%）	-	-	-
燧石C	外来？	-	-	89（4.2%）	-	-	-
燧石D	？	-	-	37（1.7%）	-	-	-
石英岩	本地	2207（26.9%）	43（33.9%）	830（39.2%）	184（21.1%）	68（81.9%）	68（26.0%）
规制白云岩	本地	1216（14.8%）	28（22.0%）	307（14.5%）	190（21.7%）	6（7.2%）	76（29.0%）
其他	本地	696（8.5%）	2（1.6%）	31（1.5%）	75（8.6%）	3（3.6%）	7（2.7%）

其他文化层中未见远距离输入的石料，因而分析本地石料的开发利用对于理解SDG2古人类行为模式的变化十分重要。石核利用程度是原料经济分析的一个有效指标。在CL5b、CL4—CL1中，将所有简单锤击石核按照台面数量进行分类。这些石核在剥片时转向无特定规律，为剥离所需的石片会持续转向寻求合适的台面与剥片面。台面的数量，或者更确切地说，石核台面转向的次数是评估这种剥片技术下石核利用程度的一个很好的指标（Clarkson, 2008）。无论是水平转动或是垂直转动，任何一次石核不同面的转换都记录为一次转向。需要说明的是，当剥片面上的片疤大于1.5厘米的时候才记录为成功的转向。表3统计了各文化层中石核类型占比及平均转向次数。首先，我们注意到CL1a、CL2、CL3及CL4的单台面石核占比较高，但在CL1b及CL5b中未见单台面石核，尽管这两个文化层的样本数量较小。各文化层石核转向次数表现出与之相似的模式，相比于其他文化层，CL1b和CL5b的石核转向次数更多。这些观察结果表明CL1a、CL2、CL3及CL4中石核开发利用程度低于CL1b及CL5b。

毛坯（包括大于1.5厘米的完整较大尺寸的石片及石器工具）与石核的比例也是衡量石核利用程度的重要参数。图7反映了SDG2简单石核平均转向剥片次数（横坐标）与毛坯/石核比（纵坐标）间的关系。理论上说，石核平均转向剥片次数越多，我们期望它具有更高的毛坯/石核比。然而，图7中所呈现的趋势与理论模型不一致。毛坯/石核比的最小值出现在石核平

表3　水洞沟第2地点锤击石核类型与石核转向次数

	CL1a	CL1b	CL2	CL3	CL4	CL5b
单台面	16（42%）	-（-）	10（58.8%）	9（50%）	1（3.33%）	-（-）
双台面	22（58%）	4（100%）	7（41.2%）	9（50%）	2（66.7%）	9（100%）
每个石核的转向次数	1.63	2.5	1.76	1.61	1.67	2.11

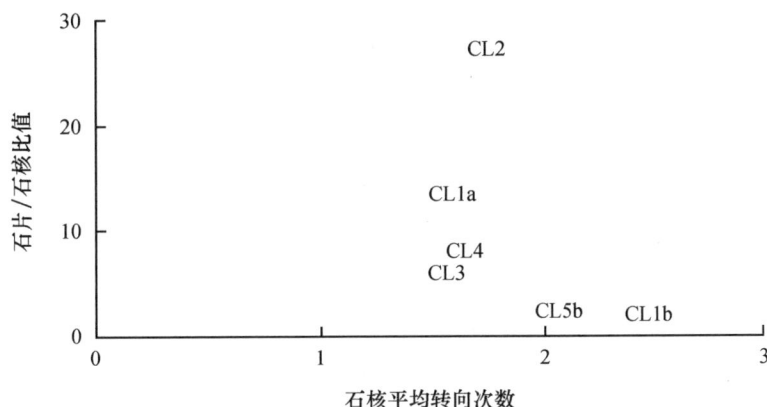

图7　单个石核转向次数与单个石核所生产的毛坯数量的比值［（工具+大毛坯）/石核］

均转向剥片次数最多的CL1b及CL5b，而另外四个石核平均转向剥片次数小于2的文化层中毛坯/石核比的数值落在了相当大的范围。造成这种差异有两种可能性。第一种可能性是，在一些文化层中，石核单个剥片面的产片率较低。另外一种可能性是，在一些文化层中，被使用并最终遗弃在遗址中的毛坯相对较少，更多的毛坯被带离遗址。CL1b和CL5b的石核转向次数（CL1b=10，CL5b=19）与出土的毛坯数量相近（CL1b=9，CL5b=22），而在一些石核的剥片面中观察到其产片率大于1。这种现象可能代表着多数毛坯被带出遗址使用并遗弃。当然，SDG2近年的发掘并没有完整揭露该地区整个史前人类活动区域，因此，这些剥离下来的石制品也可能发现于离发掘区不远的地方。

CL2的观察结果也与模型预期相悖。CL2的毛坯/石核比是各文化层中数值最大的。考虑到优质原料石制品中未发现石核，去除这部分样本的影响后，毛坯比例依旧很大。然而，石核平均转向剥片次数很低。这种现象的形成依旧考虑两方面的原因。假如CL2的石核剥片程度很高，则其剩余尺寸应当很小。对CL1a、CL2及CL3石核平均尺寸进行比较，由大到小依次为CL1a（79mm×61.3mm×44.1mm）、CL2（67.9mm×55.1mm×37.8mm）、CL3（62.6mm×51.3mm×37.8mm）。因此，这个不符合预期的极高的毛坯/石核比应该是其他行为模式的结果，很有可能是将大量毛坯或工具带入遗址中的结果，如那些使用优质燧石制作的石片和工具。同样，不能排除这部分石料来自遗址内未发掘的区域。

在旧石器时代遗存中加工频率（石器/石片+石器）也是一个常用的能有效评估原料利用程度的指标（Barton et al, 2011; Kuhn, 1995, 2004）。一般来说，远距离输入的原料投入成本更高且长距离运输必然伴随着石制品相对长的生命周期，因此我们预期这类石料会得到最大程度的开发利用（如Andrefsky, 1994; Binford, 1979; Dibble, 1991; Kuhn, 1994, 2004; Odell, 2000），但这类石料在遗址中并不常见。在CL2中，相较于由本地石料制成的石制品而言，由外来石料制成的石制品的加工频率要更高（表4，卡方值=25.80，df=1，$p<0.01$）。另外，作者还观察到CL1b和CL5b相对于其他四个文化层具有高得多的加工频率，这表明在这两个文化层中更多的石片被制作成了工具。这一现象可能代表着在这两个文化层中时间压力相对大，这与由石核平均转向剥片次数及毛坯/石核比反映的情况相吻合。在CL1a、CL2、CL3及CL4中相对低的加工频率表明古人类相比于维护已有工具更倾向于制作新的工具。我们注意到在CL1a中砸击法产生的石片数量远多于其他文化层，然而在计算加工频率时并未把砸击石片算入毛坯中，因此使得CL1a加工频率数值偏高（表4）。

表4　不同文化层工具和毛坯（工具+大石片）的数量以及加工率

原料	CL1a	CL1b	CL2	CL3	CL4	CL5b
本地非砸击石片	66/518=12.7%	2/9=22.2%	17/476=3.57%	6/114=5.26%	1/24=4.2%	8/22=36.4%
本地砸击石片	66/1349=4.9%	2/14=14.3%	17/544=3.1%	6/155=3.9%	1/29=3.4%	8/25=32%
外来	-	-	25/169=14.8%	-	-	-

在旧石器时代中期及晚期遗存中，加工指数被广泛应用于石器利用程度的评估（如Andrefsky, 2006, 2008; Dibble, 1995; Eren et al, 2005; Eren and Prendergast, 2008; Eren and Sampson, 2009; Hiscock and Clarkson, 2005; Kuhn, 1990）。在SDG2中，这些指数并不适用，因为该遗址出土的石制品的加工程度较低。在CL2的一些明显用外来原料制作的端刮器上能观察到多层的修理片疤（图6：4），然而，由于样本量（$N=6$）太小难以进行统计学分析。再者，在CL2以外的其他文化层中未见用于制作这几件端刮器的特殊燧石，各文化层石制品组合无法跨石料类型进行比较。

6. 讨论与结论

总体而言，SDG2的CL5b、CL4至CL1的石器技术近乎相同，但原料的获取及利用存在历时性的细微差别。在各文化层中能观察到石料利用程度明显与其来源相关。该遗址各文化层中大部分的石片与工具都由当地砾石层中采集的石料制成。遗址外输入的原料仅见于CL2，且石核的缺失与较高的加工频率表明其利用程度很高。由于目前周边地区未见其他同时代有记录的遗址，因而无法确定这种优质石料究竟是来自于远距离直接采集还是与其他人群交换所得。然而，结合石制品在各文化层的分布模式，我们认为SDG2存在流动性模式及土地利用策略的变化。

从剥片强度及加工频率来看，CL1a、CL2、CL3及CL4在原料利用上十分相似，它们的原料利用率都很低，也就是说，它们的时间压力可能较小或采集石料的成本很低。另外，石制品集中出于一层相对厚的可能是古人类长时段稳定活动或多次重复占据的文化层中（图3）。这种相对长期且活动频繁的占据以及原料低利用率是着重使用当地资源的长期居址或营地的典型特点。尽管在CL1b和CL5b中石料采自当地，但其利用强度相对其他文化层更高，这反映出了相对大的时间压力。这与石制品空间分布模式所反映的现象一致。CL5b文化堆积较厚，石制品空间分布却聚集在数个有限区域内（Liu et al, 2012），这可能反映了相对短期但频繁的占据。在CL1b中，较薄的文化堆积及人工制品有限的空间分布表明古人类在这一时间段于该地点的活动十分短暂，很有可能是单次活动事件。总的来看，CL1b和CL5b很有可能表明此地是短暂停留且活动区域有限的觅食地点。

然而，由石制品空间分布推测的原料经济和占据模式表明在CL1a、CL3以及CL4中此地是以开发利用当地资源为主的相对稳定的居住营地。CL2的古人类也从遗址外获取原料，反映出远距离的觅食活动或存在更为广阔的社交网络。

综合各方面的证据我们可以大体构建SDG2的流动性及土地利用模式（图8）。CL5b的石制品空间水平分布有限而垂直分布较薄，表明在该遗址最初阶段，使用石片石器技术的古人类偶尔迁居至此，且无规律。这很有可能是由于当地环境不熟悉，推测水洞沟盆地是他们主要活动范围的边缘地带。与之相比，晚期的文化层表现出更长时间且频繁的占据。这种更为稳定的居址模式以及对本地原料的低程度利用指示了对当地资源更大强度的开采。然而，在文化堆积间存在许多间断（图3），表明经过一段时间的高强度开发后，由于当地核心资源耗尽，古人类离开了这一地区或迁移到这一地区的其他位置，在资源恢复后才又重新回到当地活动。CL2的遗址外输入石料表明可能存在较长距离的觅食行为或交换行为（Binford, 1979）。

很明显，在所有文化层中，无论古人类从事的是什么类型的活动以及在遗址停留时间的长短，他们对于石料的使用都主要是以一种相对权宜的方式。这种对当地石料的利用方式表明在各文化层的古人类都沿河谷河道进行觅食活动。另外，SDG2的原料经济分析表明这些狩猎采集者的居住模式应有利于他们沿河道采集合适的石料。综合对本地石料的权宜性开发利用及在多数文化层中石制品分布密度与范围不尽相同，我们可以得出各文化层古人类虽然都沿河道进

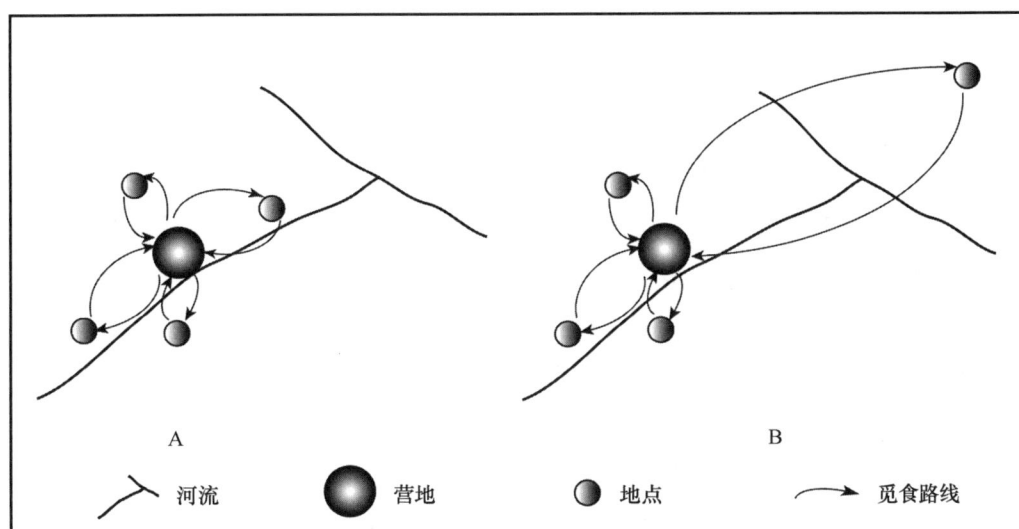

图8　水洞沟第2地点CL5b到CL1石制品所反映的人群流动模式

行短距离的觅食活动，但其流动组织模式不同（图8A）。在CL2中同时存在对当地石料的权宜性使用及远距离材料输入，表明这一层位的古人类有着与其他文化层相似的流动性模式，但存在更广阔的地域探索（图8B）。

CL2中反映出的独特的流动性模式可能是受到气候变化的影响。花粉分析及土壤粒度分析都表明自CL5b至CL1环境逐渐变得干旱（Liu et al, 2012），但目前为止还无法依据这一地点的记录识别出高分辨率的气候事件。水洞沟地区位于夏季风影响范围的西缘，因此，与夏季风相关的气候事件应该能大致地提供这一地区环境变化的证据。依据国内高分辨率的石笋记录建立起的"海因里希事件"（Heinrich events，H事件）的年龄数据相对精确（Wang et al, 2001, 2008）。CL2测年范围约在距今31300到29900年，与3万年前的H3事件年龄相吻合。在这一文化层中发现的大量的火塘（N=4）也暗示这一时期气候变得寒冷。这种干冷的气候状况可能会影响资源分布情况，从而刺激古人类重新规划土地利用模式，为获得食物资源进行更远距离的探索（Ambrose and Lorenz, 1990; Hamilton et al, 2007; Kelly, 2007: 121-131）。在这种气候条件下，古人类面临着更大的生存危机，这可能会鼓励他们在这一地域建立起更广阔的社交网络，与其他人群进行交流（Kelly, 2007: 191）。CL2中也出有较多的（N>70）鸵鸟蛋皮串珠饰品。这些人工制品可能间接证明当时存在一个广阔的社会交流及交换网络。

更进一步说，沿河谷进行迁居流动模式也有助于我们理解中国北方地区石器技术的特点。直至约25000年前细石叶技术在该地区出现，石片石器技术及以刮削器为主的工具组合是自早更新世以来中国北方地区旧石器时代石制品遗存的典型特点。石片石器技术被认为是权宜性的，在时间及精力上的投入要求很低。对于这种简单技术得以长时间存续原因的讨论已超过70年。学者们给出的解释可以分为以下几种（详细的回顾见Brantingham, 1999）：①生物地理和人口模型（如Foley and Lahr, 1997; Lycett and Norton, 2010; Huang et al, 1995）；②文化民族模型（如Movis, 1944, 1948）；③石制品原料经济模型（如Pope, 1989; Schick, 1994; Brantingham et al, 2000; Bar-Yosef et al, 2012）；④行为生态学模型（如Pope and Keats, 1994）；⑤多因素模型（如Brantingham, 1999; Gao, 2013; Gao and Pei, 2006）。

来自SDG2的证据表明石片石器技术在各类资源丰富时具有经济优势。河谷中石料随处可见，可用的劣质燧石、石英岩、硅质白云岩和其他类型石料几乎到处都是。在这种环境中，许多其他生存所必需的资源也可能相当丰富，包括食物、水、燃料和庇护所。也就是说，中国北方地区的环境可能相当特别，其食物资源与石料的分布大面积重合。觅食活动集中的河谷地带也是提供原料的自然区域。在这种情况下，复杂的预制石叶技术无论是在时间还是运输上都没有优势，因而简单的技术在此盛行。在河谷中食物资源的丰度随环境条件变化，会导致流动性模式及遗址占据时长的变化。沿河谷迁居流动可能会影响不同人群间信息交换路线的构建，使之呈直线而非放射状。在一些情况下，这种流动渠道会减少人群间的交流（Perreault and Brantingham, 2011），从而限制技术创新的传播。总之，在中国北方地区这种相对简单且权宜的技术能一直存续到约25ka BP，反映出它既是对食物资源与石料位于同一区域的一种有效应对，也是资源分布影响的古人类沿河道线性觅食活动的副产品。

致谢：水洞沟第2地点的考古发掘是中国科学院古脊椎动物与古人类研究所与宁夏回族自治区文物考古研究所合作开展的。这个项目的成功在很大程度上得益于罗丰教授和王惠民教授的努力。感谢刘德成博士、仪明洁博士和牛东伟博士帮助第一作者开展2011年水洞沟盆地的原料调查。李锋感谢洪堡基金会的资助。该研究得到了中国科学院战略性先导科技专项（批准编号：XDA05130202）、国家自然科学基金（批准号：41272032、41502022）、国家基础科学人才培养基金项目（批准号J1210008）的资助。

（原载Li F, Kuhn S L, Chen F Y, Gao X. Raw Material Economies and Mobility Patterns in the Late Paleolithic at Shuidonggou Locality 2, North China. Journal of Anthropological Archaeology, 2016, 43: 83-93）

（李怡晓译，李锋校）

石叶之后：中国北方MIS3晚期水洞沟遗址第2地点的石片技术

张佩琦[1, 2]　Nicolas Zwyns[1]　彭　菲[3]　Sam C. Lin[4, 5]
Corey L. Johnson[1]　郭家龙[6]　王惠民[6]　高　星[2, 7]

（1. 加州大学戴维斯分校人类学系，美国戴维斯，95616；2. 中国科学院脊椎动物演化与人类起源重点实验室/中国科学院古脊椎动物与古人类研究所，中国北京，100044；3. 中央民族大学民族学与社会学学院考古文博系，中国北京，100081；4. 伍伦贡大学地球、大气与生命科学学院考古科学中心，澳大利亚伍伦贡，2522；5. 伍伦贡大学澳大利亚研究理事会生物多样性与遗产卓越中心，澳大利亚伍伦贡，2522；6. 宁夏回族自治区文物考古研究所，中国银川，750001；7. 中国科学院大学，中国北京，100089）

摘要：与欧亚大陆旧石器时代晚期以石叶为主的石制品组合占主导地位相比，大规模长期的石核-石片技术的延续仍然是东亚晚更新世旧石器技术的一个重要特征。在中国北方，水洞沟遗址的与众不同之处在于，这里既发现有石叶遗存，也发现有石核-石片遗存，因此成为了解MI3S时期区域技术演化的重要考古文化堆积。石叶技术最早大约在41ka cal BP出现在水洞沟遗址第1和第2地点，彼时石核-石片技术体系在中国北方广泛分布。然而，目前学术界还没有对34 ka cal BP之后的石制品组合进行系统的技术研究，以检验石叶技术的出现和消失是否是一个短暂而突然的事件，还是持续并融入到了该地区的其他遗存。本文通过定性和定量分析，重建了34 ka cal BP以后的水洞沟第2地点的石器生产技术。我们的结果表明，在水洞沟34ka—28ka BP的石制品组合中完全没有石叶相关元素。取而代之的是，我们观察到在时代更近的组合中，权宜技术生产石片的技术体系占主导地位。这说明在该地区相对短暂地出现石叶生产技术后，石片技术迅速回归。结合考古、环境和遗传证据，我们认为这种从石叶回到石核-石片传统技术的技术"逆转"反映了东亚冬季和夏季季风之间生态层面的人群流动和适应策略。

关键词：水洞沟；第2地点；石叶技术；适应策略

1. 介　　绍

在旧石器时代的研究中，时期或文化单元的定义通常是基于对石制品和其他人工制品形式和制作技术来区分，这些人工制品的技术和形态特征随着时间和空间而变化。在欧亚大陆的大部分地区，以不同的技术传统为特征，分为早、中、晚三个时段。然而，在东亚，从早更新世到末次盛冰期甚至全新世，石核-石片组合（CFAs）在华北也被称"小石片工业"，在华南称"砾石石器"一直广泛而长期存在[1-6]。CFAs的非制式和权宜性的特征表明，相对简单的石器生产系统一直持续，这与欧亚大陆其他地方在讨论区域多样性时看到的旧石器时代记录的多样化和普遍的技术转变形成了鲜明的对比[1, 7-9]。

为什么CFAs在东亚持续如此之久，至今仍是一个争论的问题，许多假设的解释尚未得到正式检验。石器技术缺乏变化可能与低人口密度有关，这抑制了文化创新与传播[10]，或者相反，因为较低的人口维持了基因延续人群的社会稳定性和规范性[2, 11, 12]。也一些观点认为石器技术缺乏变化的原因或许是石料的质量限制了技术的发展[13, 14]，对木材或竹子等有机材料的依赖[15-17]，人群流动模式的相似性[2]，以及对适应低环境压力和低强度的资源开发[2, 18]。Vaquero和Romagnoli认为，对于权宜技术长期持续的行为，不太可能有单一的解释[19]，石器生产的最小投资策略实际上可以作为古人类行为的基准。从这个角度来看，可能值得研究的是导致高成本技术的出现，或高成本与低成本系统之间转换的条件和制约因素。因此，寻找这种协调关系的证据对于理解东亚CFAs的本质是很重要的。分析与其他旧石器技术同时发生的CFAs，可以让我们更好地评估东亚旧石器技术的连续性和变异（或缺乏）的潜在因素。

东亚CFAs中技术变化的一个明显例子是在深海氧同位素第3阶段晚期（MIS3）在中国北方出现的石叶技术。在水洞沟（SDG）遗址群，三个地点报告了不同数量的与石叶相关的人工制品：水洞沟第1地点（SDG1）、水洞沟第2地点（SDG2）和水洞沟第9地点（SDG9）。除了水洞沟之外，中国北方同时期的石制品组合通常也是一直延续的CFAs技术，缺乏有石叶技术的典型特征和证据。在这种背景下，中国北方突然出现的石叶被认为是来自北方的旧石器时代晚期初段（IUP）技术体系的向南扩散。在更北的西伯利亚草原地带，IUP石叶的年龄大多在48ka—40ka cal BP之间[20-28]。在水洞沟，石叶技术可能也早到41ka cal BP[9, 28-32]，但是在34ka cal BP之后就变得不够清晰。来自SDG2的34ka cal BP之后的石制品组合在类型学上与CFAs相似，SDG8时代更晚的CFAs也是如此[33]。

SDG2的这种技术"逆转"与欧亚大陆其他地方旧石器时代晚期总体发展的趋势相反，在欧亚大陆其他地区，普遍可以发现在旧石器时代晚期主要是石叶技术[34-36]。在可能是中国北方石叶技术起源地的西伯利亚草原地带，石叶技术也在此阶段延续，并被旧石器时代晚期初段的石叶和小石叶剥片体系所取代[23, 37, 38]。在某些地区，小石叶技术的发展取代了大石叶，但毫无疑问，这两种技术在MIS3期间是共存的。相比之下，在中国北方，SDG2的文化序列似乎反映了一个特殊的情况，其中石叶技术扮演了一个相当边缘的角色。目前尚不清楚的是，这项技术是否只是在短时间内出现，还是以某种尚未被辨识的形式持续存在。这些答案尚未可知，但对研究适应性和人口动态这些课题意义深远。

因此，厘清水洞沟技术变化的本质对于理解该地区人类文化适应和人群扩散至关重要。MIS3千年尺度的气候波动可能影响了水洞沟区域和附近区域的环境。这些可能会进一步迫使人类活动和技术行为发生变化[39, 40]。更确切地说，在MIS3后期在东亚冬季风区和夏季风区，分别出现了一种技术分布的地理特征。此外，古DNA研究已经部分揭示了在MIS3时期该地区人口流动和相互交流的复杂程度。在40ka—30ka cal BP之间，以田园洞化石和黑龙江（阿穆尔河）的AR33K为代表的现代人类谱系在中国北方兴起[41-43]，并向蒙古东部扩张，如Salkhit个体的基因组所示[44]。人口的这些变化与两种技术系统之间的地理集群以及似乎发生在SDG2的CFASs技术"逆转"是同时发生的。根据来自西伯利亚Ust Ishim或东欧Bacho Kiro洞穴早至于45ka cal BP的现代人类遗骸，可以发现田园洞谱系是不同于草原带中与IUP石叶组合相关的人群[45-47]。

探究在SDG2的CFAs中是否存在石叶技术的遗物，将为MIS3后期中国北方及其他地区CFAs的技术演变、现状和人群动态提供参考。这样的技术转变在中国北方及周边地区文化演化和人类行为的故事发展中意味着什么？如果石叶技术确实继续占据主导地位，一种可能性是SDG2的石制品组合代表了由于遗址埋藏、遗址功能和/或受限于发掘面积和保存没能发现石叶产品。然而，在这种情况下，我们仍然期望像欧亚大陆其他地方的旧石器时代晚期的组合中的情况一样，能找到至少一些与石叶生产相关的技术元素[35]。否则，任何石叶因素完全消失，可能说明了技术中断和CFAs的替代。而这可能是环境压力、人口变化和流动或与人口结构相关的文化创新和传统的改变，也可能是这些原因共同作用的结果。

要评估这些假设，需要更好地理解该遗址CFAs的技术变化，而不仅仅是简单以CFAs技术为它贴标签。在SDG2中，有关CFAs的技术特点研究并不多[48, 49]，在34ka cal BP之后，石叶技术发生了什么仍然不清楚。在这里，我们对2014—2016年三个年度从SDG2发掘的四个上部层位的石制品进行了深入分析。第一，我们检查石叶技术的任何技术特征是否在更晚的文化层中留下踪迹。第二，是探索CFAs中是否存在与毛坯生产、石核剥片、工具修理和原材料利用相关的技术变化。我们进一步讨论了在MIS3晚期环境变化和人口动态背景下，SDG2旧石器时代晚期的技术变化。

2. 材料和方法

2.1　材　　料

水洞沟是一个由12个地点组成的遗址群，位于黄河以东约18千米处（图1）。在已发现的不同地点中，SDGI、SDG2和SDG9出土了不同数量的石叶制品。SDGl更新世地层中发现的石制品组合通常被认为是IUP的人工制品[20, 28, 51-53]，而SDG2的相关材料仅限于CL5和CL7两个堆积底部层位中发现的少量与石叶相关的石制品[9, 54]。SDG2在2003年至2007年发掘区在1号（T1）和2号探沟（T2），2014年至2016年发掘区在3号探沟（T3）（图1）。根据文化遗迹的分布和沉积序列，发掘者在遗址内确定了7个文化层（CL）。CL7—CL1（CL1包括两个子文化层CLla和CLIb）在所有3个发掘区中都有发现，而CL4只出现于1号探沟[9, 30]。SDG2的地层堆积被认为属于两个沉积过程：底部的CL6—7两个文化层年代约为41ka—34ka cal BP；上层（CL5—CLla）沉积在似黄土堆积中，年代介于34ka—28ka cal BP[30-32]。沉积学和孢粉分析表明，CL3和CL2是在相对温暖潮湿的森林草原植被条件下，很可能是在湖岸环境下沉积的[51]；对CL3—CLla之间的埋藏模拟研究显示这几层堆积形成后，只经历了非常低能量的水

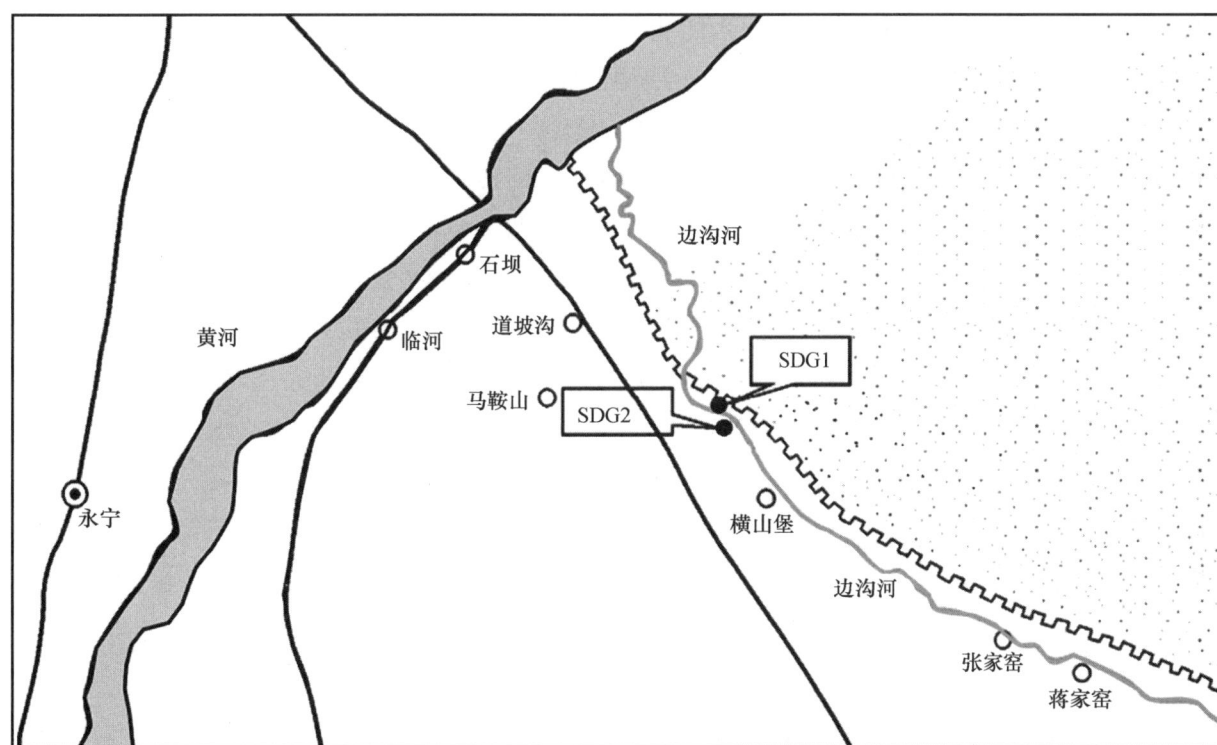

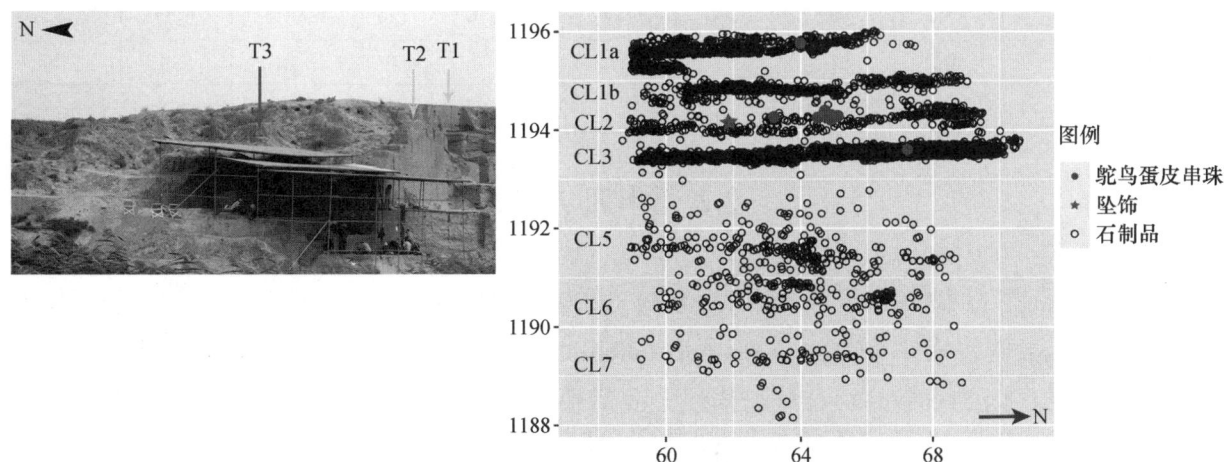

图1　水洞沟第2地点的地理位置和文化层

流改造的迹象，略微改变了石制品的方向走向[55]。从MIS2大约是29ka BP开始，黄土高原向寒冷干燥的环境转变[51, 56]。

2003—2007年的第一次发掘中发现的石制品大部分是CFAs，只有零星石叶和石叶石核在T2的CL5和CL7中发现。虽然有报道称SDG2的上层中缺少石叶技术[54]，但符合石叶测量定义的长石片仍有零星报道出现[57]。因此，石叶技术在该地区出现后延续的时间仍不清楚。除了石制品，SDG2还发现了动物遗骸、木炭、鸵鸟蛋壳碎片、由鸵鸟蛋壳和淡水软体动物制成的串珠及用火遗迹[54, 58, 59]。这些串珠是与晚于IUP石叶技术出现之后的CFAs技术一起出土于T2。

本文研究材料是在2014—2016年发掘计划期间从SDG2的T3发掘区出土的（图1）。发掘中，我们应用全站仪对最大尺寸≥2厘米的遗物进行测量记录，而小于2厘米的石制遗物则按照沉积序列和1米×1米的探方，以5厘米为一层逐层收集。这次发掘也揭露了大量的文化遗迹和出土了大量遗物，包括石器、动物骨骼、木炭、灰烬、鸵鸟蛋壳碎片和串珠，以及一个坠饰；后两种类型的装饰品只出现于地层堆积的上部层位。T3共发掘出≥2厘米的石制品4784件。本文主要研究了4个上部层位（CL3—CL1a）出土的4327件石制品（表1）。标本保存于中国科学院古脊椎动物与古人类研究所，研究获得许可，也符合所有相关规定。此前，这些石制品的技术特征还没有被系统研究。此次对上部层位石制品的研究可以为分析有石叶技术出现之后发生了什么、旧石器时代晚期早段的技术多样性如何、中国北方MIS3晚期人类对环境变化是如何响应等问题提供信息。

表1　水洞沟第2地点样本研究

	CL1a		CL1b		CL2		CL3		总计	
	数量	比例	数量	比例	数量	比例	数量	比例	数量	比例
石核	40	8%	36	6%	46	8%	239	9%	361	8%
石片	56	12%	338	53%	218	40%	887	33%	1499	35%
工具	21	4%	24	4%	49	9%	198	8%	292	7%
石锤	-	-	1	0.2%	-	-	9	0.4%	10	0.3%
断块	329	67%	217	34%	192	37%	1139	43%	1877	43%
备料	42	9%	21	3%	32	6%	193	7%	288	7%
总计	488		637		537		2665		4327	

2.2　研究方法

依据Inizan等人（1999）[60]及Andrefsky（2005）[61]定义的石制品观测属性，我们使用E4-MSAccess数据库软件（https://oldstoneage.com/）对石制品进行分析。然后，这些数据按照各自的文化层内的石制品组合进行描述。我们根据以下三类总结了石片和石片工具的属性数据：所有石制品碎片，包括保留了台面的特征的石制品（石片的最小个体数）和完整的石片。描述性统计和统计检验用于描述石制品组合层面的数量变量和分类属性的频率。我们使用

Mann Whitney U检验（Wilcoxon秩和检验）评估类别之间/类别内属性测量的差异：配对检验评估单个毛坯和石核的测量；毛坯和工具间测量的不配对检验。单因素方差分析用于比较多个类别的石核类型的数值数据。采用0.05的alpha水平来分配统计显著性，但我们通过Bonferroni校正程序进一步将临界阈值修正为0.005，以考虑到多次检验（检验次数=10）[62]。除了定量分析，我们还定性地描述了类型、技艺和制作技术。结合定量和定性方法，对该遗址所研究的文化层中的石制品剥片序列（操作链）进行了整体重建。我们还评估了石制品生产的历时模式和技术行为的变化。

3. 结　　果

3.1　石制品组合的构成

研究的样本主要由碎片和石片/毛坯构成，还有一些石核、修理工具、备料和石锤（表1）。主要的石制品类型是毛坯、石核和工具。在计算了每个文化层主要的石制品类型出现的频率，我们观察到从CL3到CL1b，石片比例增加，修理工具比例少，且呈逐层下降趋势（图2）。在石核数量方面，除了CL1b外，其他层的石核比例是差不多的。CL1b层的石核和修理工具比例最低，但最高的石片比例说明了在较低工具修理比例下，该层的石片毛坯生产率较高。但CL1a的石片毛坯和工具比例均比较低。CL3层各类型分布的比例事实上可以作为整个SDG2各层石制品组合比例的代表。

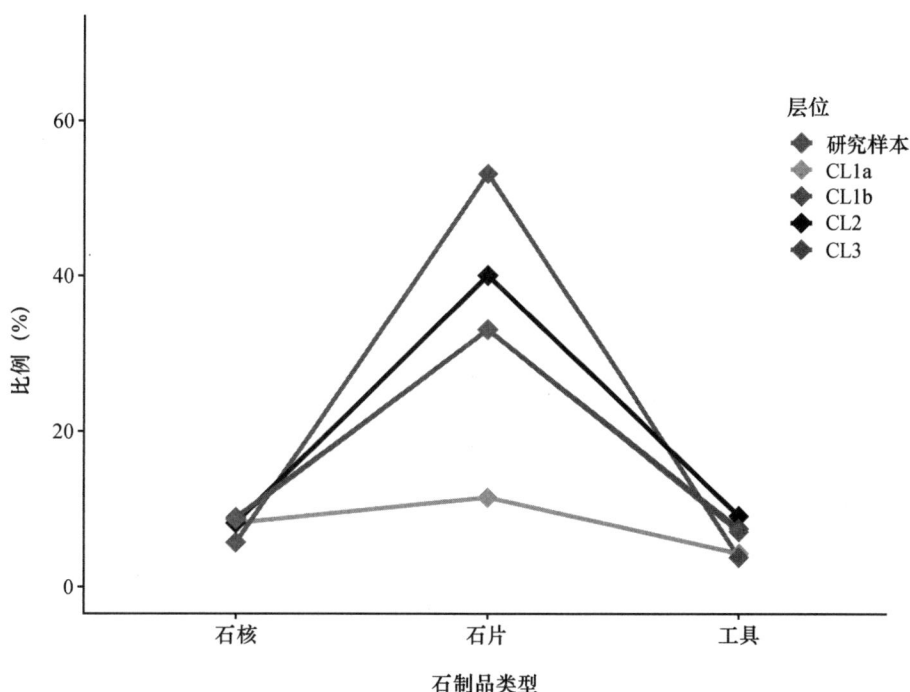

图2　各文化层中石核、石片和工具的频率

在原料方面，硅质灰岩是最常见的（$n=1651$，38.2%），其次是在遗址附近河床里可见的燧石（$n=1104$，25.5%）、石英岩（$n=909$，21%）、砂岩（$n=509$，11.8%）和石英（$n=67$，1.5%）。这一比例与之前T1和T2中发现的石制品组合原料比例一致[54, 63]。从CL3到CL1a，我们观察到石英岩和砂岩的使用率在增加，硅质灰岩和燧石的使用率在降低。修理的工具大多是由硅质灰岩和燧石制成的。总的来说，在SDG2中，原料的使用比例在各层的差别不大。遗物中原料构成比例与最近原料调查的结果不同，调查中我们发现本地原料以硅质灰岩（49.5%）和石英岩（35.5%）为主，砂岩（7.5%）和燧石（4%）较少[64]。但研究的标本中，只在CL2发现了少量非本地优质燧石的石制品[63]，且它们中的大多数要么被修理了，要么有使用痕迹[65]。

3.2 毛坯生产

毛坯的形态和尺寸。上文化层包含1499件毛坯，近一半是完整的（$N=752$，50%）（表2）。另一半比例的构成是断块和碎片，其中包括许多裂片（自打击点垂直断裂）。

表2　毛坯与工具的数量与比例

		CL1a		CL1b		CL2		CL3		总计	
		数量	比例	数量	比例	数量	比例	数量	比例	数量	比例
毛坯	完整石片	25	45%	148	44%	115	53%	464	52%	752	50%
	石片近端	5	9%	34	10%	13	6%	75	8%	127	8%
	完整碎片	12	21%	53	16%	24	11%	103	12%	192	13%
	碎片近端	-	-	7	2%	1	0.5%	22	2%	30	2%
	远端	4	6%	41	12%	29	13%	92	10%	166	11%
	未确定	10	18%	65	19%	36	18%	131	15%	232	15%
	总计	56	100%	338	100%	218	100%	887	100%	1499	100%
工具	完整	7	50%	8	40%	30	70%	72	51%	117	54%
	近端	1	7%	1	5%	2	5%	13	9%	17	8%
	裂片	4	29%	6	30%	2	5%	15	11%	27	12%
	远端	1	7%	-	-	5	11%	19	14%	25	12%
	未确定	1	7%	5	25%	4	9%	21	15%	31	14%
总计		14	100%	20	100%	43	100%	140	100%	217	100%

我们分析完整石片中未经修理石片和修理石片的大小（表3、表4）。两组石制品尺寸没有显示出显著的差异。根据对完整的石片的测量值，我们发现石片的长度和宽度几乎相同。（$Z=-0.496$，$p=0.62$），这与传统的石叶定义（技术长度 > 2×宽度）明显不同。从CL3到CL1b文化层的完整石片无论是未修理的还是修理的，其的长/宽比都始终在1左右（图3）。唯一的例外是CL1a，该层的长型石片多于其他层位。换句话说，整个CFAs的毛坯生产在石片长度和宽度上几乎一致，很少有窄和长型石片。此外，在所有层位石制品组合中，修理工具明显比毛坯长（$U=31423$，$p<0.005$）和宽（$U=37406$，$p<0.005$），但厚度没有超过毛坯

（$U=-4.1$，$p=0.029$），只有CL1a是例外（图3），该层修理工具和毛坯的尺寸差异并不明显。总之，SDG2似乎有一个一致的毛坯生产模式，旨在生产相对较宽的毛坯和明显较大尺寸的工具。

表3　毛坯测量数据（mm）

		所有石片			完整石片			
		长度	宽度	厚度	长度	宽度	厚度	长宽比
CL1a	均值	28.68	19.19	9.085	29.15	22.05	9.68	1.48
	中位数	24.50	17.65	8.59	25	18.69	8.8	1.46
	标准差	10.8	9.57	3.93	13	14.9	4.58	-
CL1b	均值	32	23.37	8.64	27.44	30.06	9.34	0.91
	中位数	29.48	21.77	7.72	27.5	27.84	8.57	0.99
	标准差	9.84	8.02	4.01	8.62	11.2	4.65	-
CL2	均值	35.23	25.42	10.34	30.72	29.19	10.69	1.05
	中位数	31.73	23.46	8.96	27.7	26.57	9.3	1.04
	标准差	12.7	10.1	5.29	11.2	12.6	5.51	-
CL3	均值	33.01	23.80	10.24	27.42	27.68	10.52	0.99
	中位数	29.87	23.80	9.08	25.21	25.54	9.21	0.99
	标准差	10.8	8.48	5.10	10.1	10.4	5.49	-
总计	均值	32.94	23.77	9.85	27.99	28.20	10.29	0.99
	中位数	29.96	22.03	8.63	25.89	25.93	9.09	1
	标准差	10.96	8.74	4.91	10.14	11.21	5.33	-

表4　工具测量数据（mm）

		所有的修理石片			完整的修理石片			
		长度	宽度	厚度	长度	宽度	厚度	长宽比
CL1a	均值	30.96	23.70	9.68	29.8	24.36	11.07	1.24
	中位数	26.59	19.86	8.38	26.01	19.76	8.37	1.31
	标准差	11.2	8.37	5.17	14.1	9.03	6.83	-
CL1b	均值	37.57	28.99	9.1	38.24	38.72	10.57	1.1
	中位数	34.64	27.7	8.15	38.34	37.44	9.85	1.02
	标准差	12.5	11.3	3.87	12	18.2	5.12	-
CL2	均值	37.55	28.59	10.47	32.62	30.34	9.24	1.2
	中位数	32.72	28.27	9.04	30.18	29.37	9.04	1
	标准差	15.4	12.7	7.17	11.6	14.3	5.22	-
CL3	均值	38.28	29.03	12.68	33.90	32.67	12.62	1.04
	中位数	35.63	29.91	12.68	32.06	30.87	11.04	1.04
	标准差	12.8	11.6	6.69	12.6	13.4	7.22	-
总计	均值	35.18	28.59	11.74	33.63	32.01	11.54	1.05
	中位数	35.11	26.06	10.24	32.26	30.77	10.45	1.05
	标准差	13.24	11.63	6.59	12.33	13.89	6.71	-

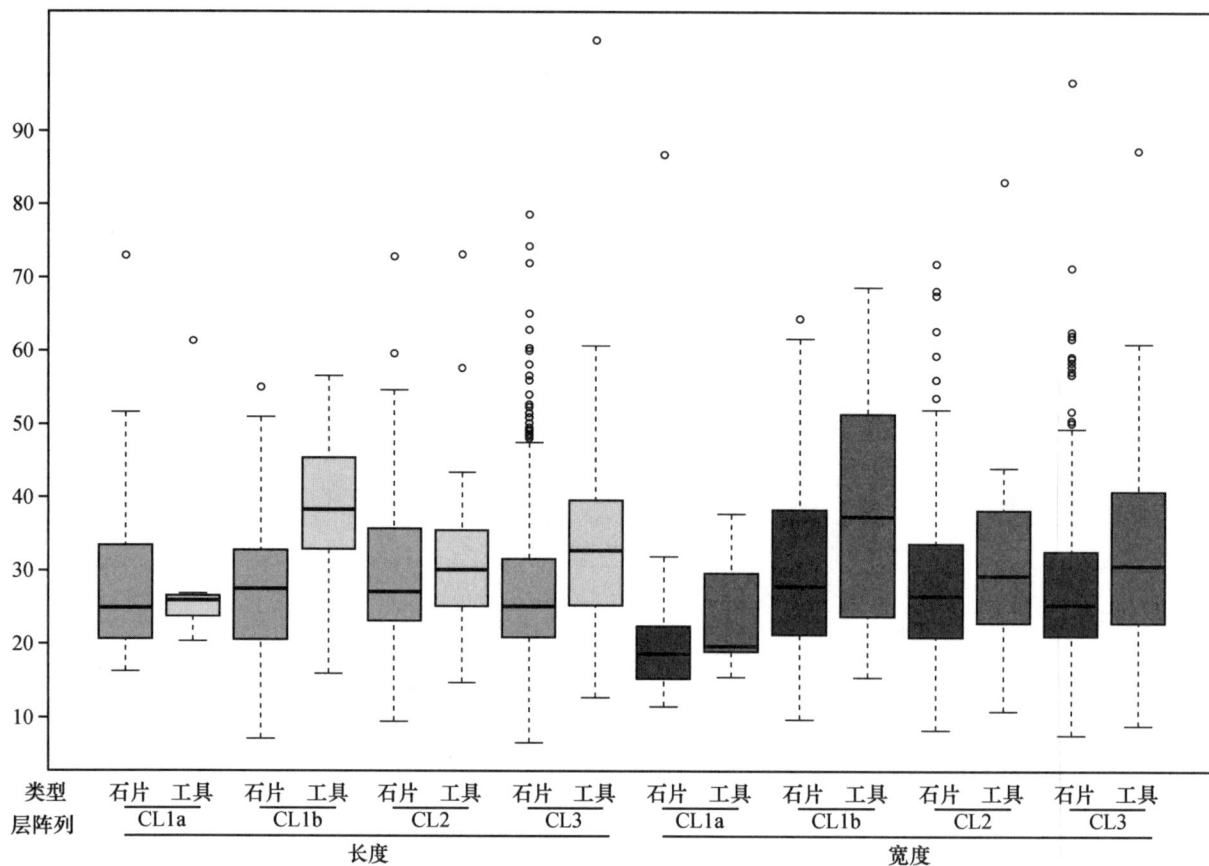

图3　石片和工具的长度与宽度

台面和预制。此次研究中，我们聚焦分析有台面的毛坯和工具。总的来说，SDG2的CFAs缺乏台面预制行为。我们观察了所有保留台面的石制品（$N=1013$），大多数石片和工具的台面类型是素台面，其次是石皮台面，还有一小部分破裂、点状的、线状的、脊状和修理的类型（表5），也还有两种不能确定台面的类型。对于毛坯而言，平均台面厚度和宽度分别为7.55毫米和18.62毫米，均小于修理工具的台面（修理工具的平均台面厚度=8.29毫米；平均台面宽度=21.37毫米）。这可能与我们发现的修理石片往往比未经过修理的石片更大有关。修理后的工具和未修理石片的平均台面角分别为75.8°和79°。我们观察了保留有台面的石片和工具，发现部分台面外缘有修理痕迹，10.4%的毛坯和12.69%的工具上都发现了台面外缘修理的迹象，其中毛坯的这种情况主要出现在CL2和CL3；工具也主要出现在CL2和CL3中（表6）。

表5　台面的类型和比例

	素台面	石皮台面	线状台面	点状台面	破裂台面	有脊台面	精修台面
CL1a	19（50%）	7（18.4%）	5（13.2%）	5（13.2%）	1（2.6%）	1（2.6%）	-
CL1b	119（62.3%）	42（22%）	9（4.7%）	6（3.1%）	6（3.1%）	7（3.7%）	1（0.5%）
CL2	90（56.3%）	26（16.3%）	13（8.1%）	5（3.1%）	13（8.1%）	4（2.5%）	8（5%）
CL3	389（62.3%）	130（20.8%）	28（4.5%）	13（2.1%）	29（4.6%）	12（1.9%）	23（3.7%）
总计	617（60.9%）	205（20.2%）	55（5.4%）	29（2.9%）	49（4.8%）	24（2.4%）	32（3.2%）

表6　台面外缘磨损与打击痕迹的频率

	保留台面的石片（数量）	台面外缘修理（比例）	保留台面的工具（数量）	台面外缘修理（比例）
CL1a	30	1（3.3%）	8	-
CL1b	182	6（3.3%）	9	-
CL2	128	14（10.9%）	32	11（34.37%）
CL3	539	70（13%）	85	6（7.06%）
总计	879	91（10.4%）	134	17（12.69%）

石皮和背疤模式。超过一半的完整工具和毛坯仍然包含一些石皮（图4a）。对于毛坯，大约一半包含很少或没有石皮，其余则多包含10%—40%和40%—60%的石片。CL1a中石皮比例略高的石片占比增加，即有约70%的毛坯中至少有1%—10%的石皮。在修理工具中，石皮比例从CL3和CL2到CL1b和CL1a有明显增加。在CL3和CL2中，大约有一半的修理工具都没有石皮，而在CL1b和CL1a中，10%和10%—40%部分分类的石片比例明显增加。石片的背部片疤模式可以提供有关剥片技术和修理策略的信息。

完整毛坯（N=681）和工具（N=109）上的背疤模式显示，单向是毛坯和工具中最常见的模式；其次是对向、多向和"没有模式"（此类缺乏可辨识的背疤，如因断裂而形成的自然节理面）（图4b）。在CL3至CL1b中仅有几个汇聚状疤痕模式的例子。在各个文化层中，CL2和CL1b的毛坯背疤模式里单向片疤模式的频率最高，而在CL1a中对向模式的比例相对较高。虽然从CL2到CL1a，单向模式仍然是主要的片疤模式，但在修理工具的背疤模式上仍有一些差异。在CL1a和CL1b中，许多工具背面没有清晰的片疤模式，在能观察到的模式中多向片疤模式出现频率要高于CL2和CL3石片的背疤模式。

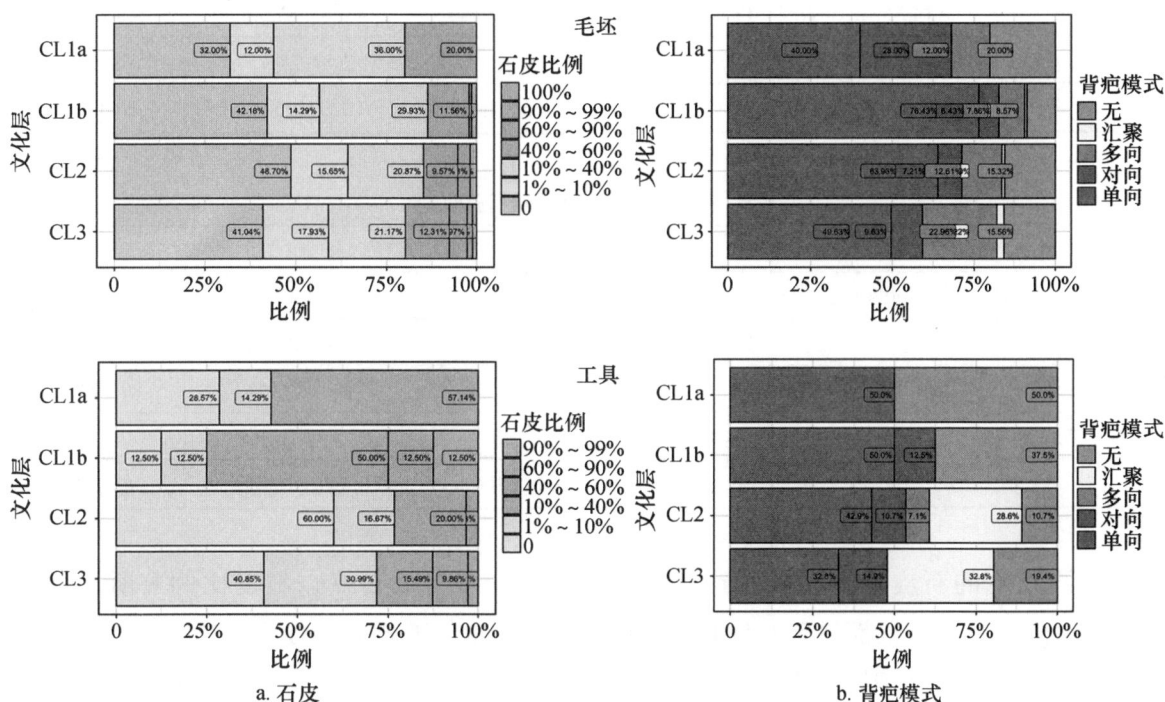

a. 石皮　　　　b. 背疤模式

图4　毛坯和工具的石皮与背疤模式

3.3　石核剥片

从CL3到CL1a共发现361个石核。大量的石核（N=119，33%）仅显示一个或两个片疤，且缺乏清晰的台面和适当的剥片角度，缺乏合适的再剥片的角度这一特点，我们认为它们是经过尝试的砾石/石核。统计发现，CL1a和CL2有更多的尝试石核，其中CL1a有超过一半是尝试石核（表7）。大多数石核（也有石片）是用硬锤技术随意打制的，缺乏精细的修整。但我们观察到也存在一定的剥片序列和随机的石核翻转现象（图5：5—18），有一些砸击石核、石核-石片、盘状或似盘状石片石核（图5：3、4）。似盘状石核大多出自CL3和CL2，而两极石核出现率在CL2至CL1a两层略高。由于石核的剥片几乎没有任何预制或标准化方法，我们只能基于打击台面的数量进行简单分类（表8）。这一分类显示，大多数层位中三个台面的石核数量都差不多，但单台面石核的数量更多，但在CL1b中多台面石核更为常见。我们还注意到，CL3和CL2中的两个石核有一些独特的特点，包括金字塔状形态、旋转剥片模式以把石核放置于硬面进行锤击剥片，而在台面相对端形成琢击点的这些特点（图5：1、2）。

表7　石核类型

	CL1a	CL1b	CL2	CL3	总计
两极石核	3（7.5%）	4（11.1%）	9（19.6%）	3（1.3%）	19（5.3%）
石片石核	-	3（8.3%）	1（2.2%）	25（10.5%）	29（8%）
似盘状石核	1（2.5%）	-	4（8.7%）	7（2.9%）	12（3.3%）
尝试石核	26（65%）	11（30.6%）	18（39.1%）	64（26.8%）	119（33%）
随意石核	9（22.5%）	17（47.2%）	12（26%）	128（53.6%）	168（46.1%）
不确定类型石核	1（2.5%）	1（2.8%）	2（4.3%）	12（5%）	16（4.4%）
总计	40（100%）	36（100%）	46（100%）	239（100%）	361（100%）

表8　基于打击台面数量的石核分类

	CL1a	CL1b	CL2	CL3	总计
单台面石核	16（40%）	8（22.2%）	15（32.6%）	100（41.8%）	139（38.5%）
双台面石核	14（35%）	10（27.8%）	10（21.7%）	69（28.9%）	103（28.5%）
多台面石核	6（15%）	13（36.1%）	8（17.4%）	53（22.2%）	80（22.2%）
不确定类型	4（10%）	5（13.9%）	13（28.3%）	17（7.1%）	39（10.8%）
总计	40（100%）	36（100%）	46（100%）	239（100%）	361（100%）

对于石核上的石皮，我们观察到从单台面石核到多台面石核，石皮比例有所下降（图6a）。80%的多台面石核都只有不到40%的石皮。这显示伴随着剥片强度的增加，台面数量也在增加（图6b）。如果把原料作为一个参数也加入考察，可以发现砂岩石核的石皮比例最高，其次是硅质灰岩、石英岩和燧石。

图5　水洞沟遗址第2地点的一些石核和工具

1、2.单台面石核（石砧辅助石核？）　3、4.盘状/交替剥片的石核　5、6.多台面石核　7、8.边刮器　9.锯齿刃器
10.凹缺刮器　11.裂片　12—15.端刮器　16—18.拼合组

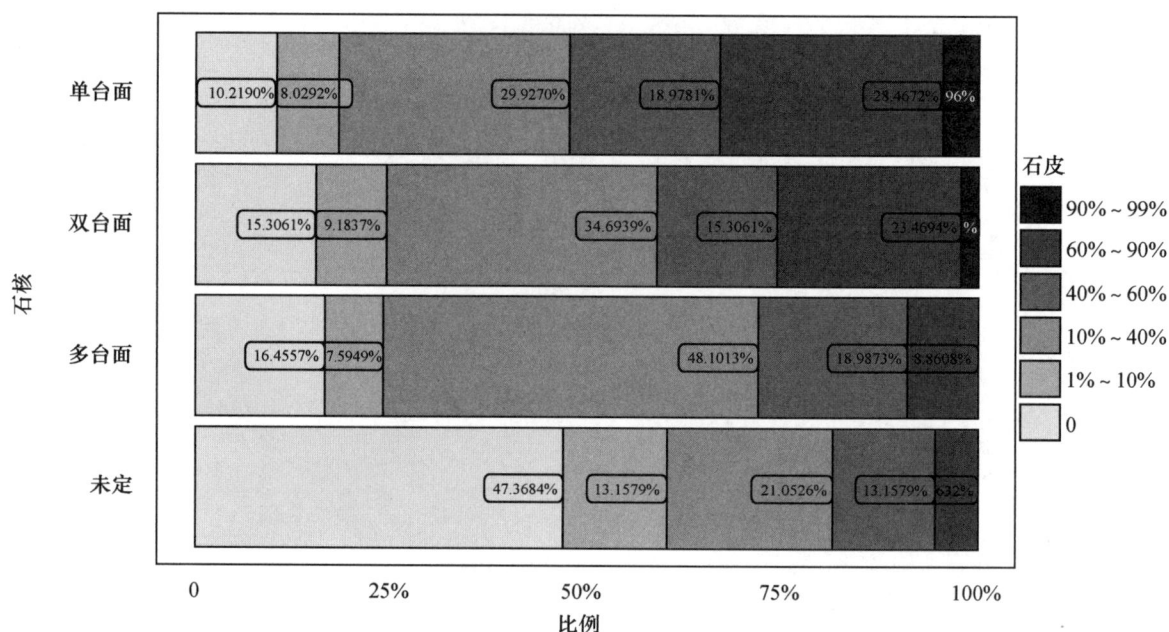

a. 根据台面数量划分的石核表面石皮比例

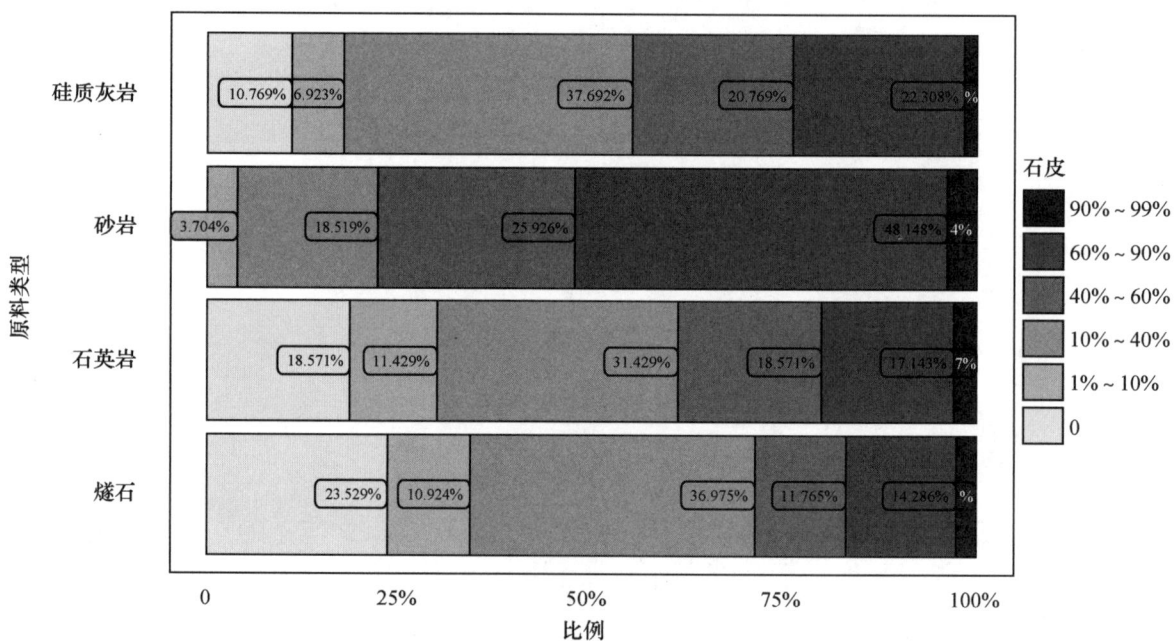

b. 根据原料类型划分的石核表面石皮比例

图6 石核台面和原料的石皮

当我们将石核的长度、宽度与其台面数量进行比较时（图7），我们观察到石核大小与石核台面的数量呈正相关。这表明，拥有更多台面的石核有更大的尺寸。为了更好地理解石核大小形成的原因，我们比较了尝试石核的尺寸（我们认为这代表了毛坯的尺寸大小）和其他类型石核的尺寸，结果它们之间无显著差异。这些研究结果提示，尽管台面的数量可能会随着石核体积的减少而增加，但石核的大小并不能很好地预测剥片的模式。这些发现表明，尽管台面的数量可能随着石核体的减少而增加，但石核的大小并不能很好地预测石核体积减小的程度。因

a. 不同台面类型的石核大小

b. 不同原料类型的石核尺寸

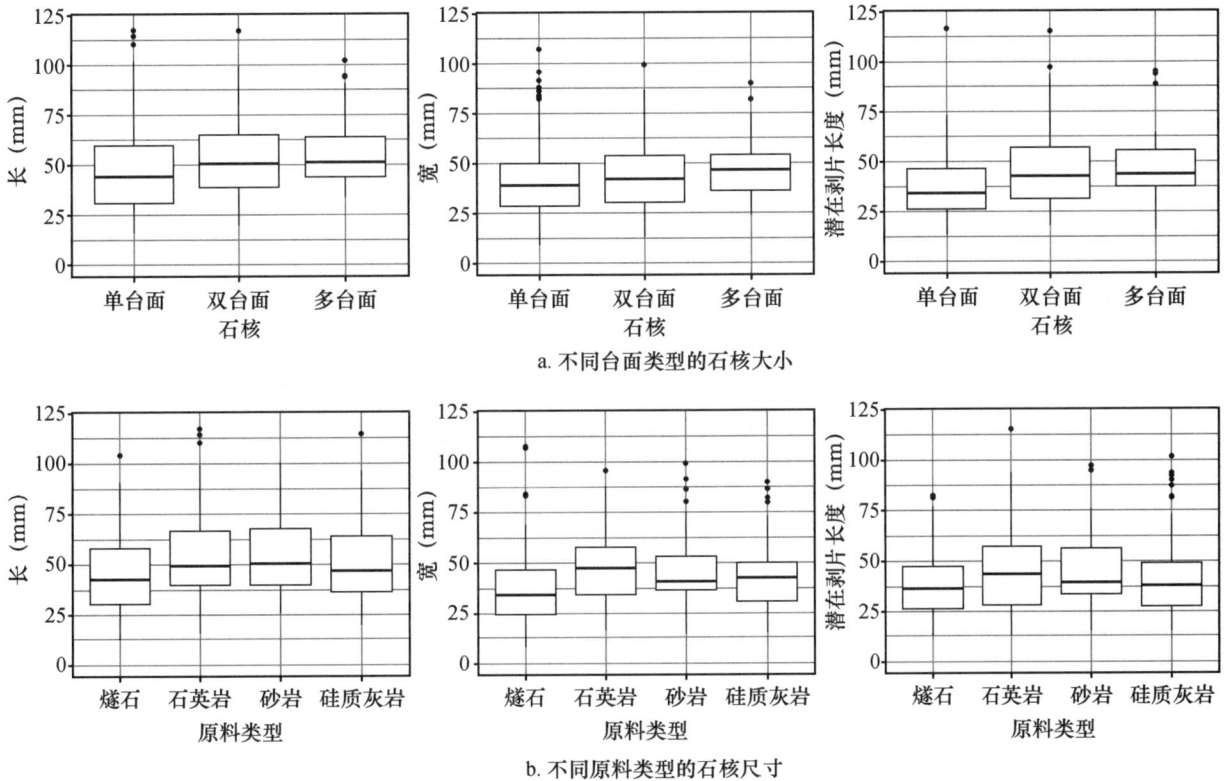

图7　石核的长度、宽度和潜在片疤长度的比较

此，石核毛坯的大小可能不同，但较大的石核被更高强度地进行了剥片。

我们发现不同原料类型的石核尺寸不同（图7b）。砂岩石核有较多的石皮，石核尺寸最大，而燧石石核尺寸最小，石皮面积最少。石英岩和硅质灰岩质地的石核介于两者之间，且前者石核相对较大。为了进一步研究石核的剥片，我们观测了"潜在片疤长度"这一指标，即在充分利用石核剥片面的情况下，毛坯所能达到的最大长度。这个指标是为了帮助我们了解最大毛坯长度是否更接近石核的最长轴。如图7所示，石核之间的潜在片疤长度与石核长度显著不同（$W=76690$，$p<0.005$），而与石核宽度更接近（$W=63590$，$p=0.42$）。这表明石核的剥片不是沿最长轴进行，通常沿最长轴被认为是获得长石片或石叶的最佳选择。总而言之，CL3—CL1a的石核没有证据表明针对石叶生产的标准化形式，也没有与石叶及小石叶产品相关的剥片模式。

3.4　工具修整和原料开发

工具由石片（$N=217$，73.4%）、碎片（$N=58$，19.9%）和石核（$N=17$，5.8%）制成。就类型学而言，这套工具主要由边刮器（$N=168$，57.5%）和其他工具类型，如凹缺器（$N=40$）、锯齿刃器（$N=18$）、端刮器（$N=13$）、裂片（$N=8$）、尖状器（$N=8$）、钻器（$N=3$）和一些未能分类的修理工具（图5：2、3、5、6、10—12、15—17；图10：1—4、6—8）。通过对其边缘的使用磨损分析，发现一些没有明显修理的痕迹石片被使用了[65]。鉴于此，

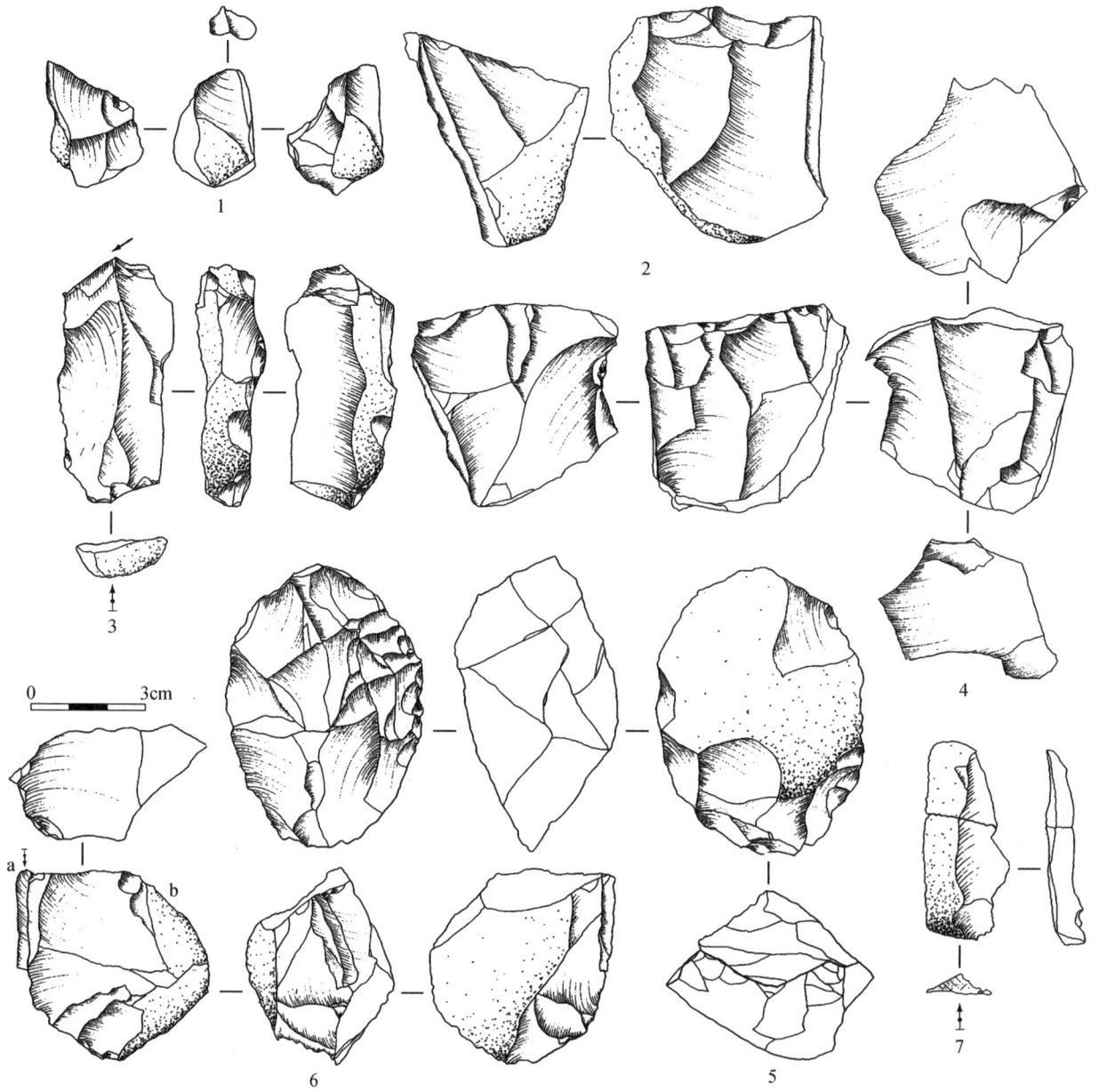

图8　CL3的石核形状和剥片模式的变化

1、2.少数已知的非典型毛坯形式和低频率石核类型的例子；4—6. 石核；3、7. 石片

（1）小石片石核；（2）单向不对称石核；（3）石核边缘翻转石片的伪雕刻器；（4）对向剥片石核；（5）盘状石核、
（6）盘状石核（b）与意外剥片的小石叶（a）；（7）长石片（N. Zwyns绘制）

修理工具的比例可能无法提供对石制品组合中真正被使用了的工具比例或利用过的毛坯比例的准确估计[66]。所有的锯齿刃器都发现于CL3层，但其他工具类型没有因层而异。修理位置和修理方式也没有显著变化，分别是正向修理（N=162，55.5%）占主导，其次是错向修理（N=64，21.9%）和反向修理（N=43，14.7%），以及少数两面修理；边缘大多是直的（116例，39.7%），其次是凸（53例，18.2%）或不规则的（51例，17.46%），也有一些凹刃和有锯齿刃形态。

　　如前所述，工具的尺寸明显大于毛坯尺寸（见图3）。我们进一步调查了该模式是否与原材料开采有关。我们比较了CL2和CL3层位中燧石、石英岩和硅质灰岩三种原料完整毛坯和工具的尺寸，由于CL1b（N=8）和CL1a（N=7）中工具的样本量有限，因此这两层的工具被分组在一起，而不考虑原材料（图9）。工具大于石片的总体趋势似乎主要是由硅质灰岩〔工具在长度（Z=8085.5，p＜0.005）、宽度（Z=8313.5，p＜0.005）和厚度（Z=7808，p＜0.005）上〕

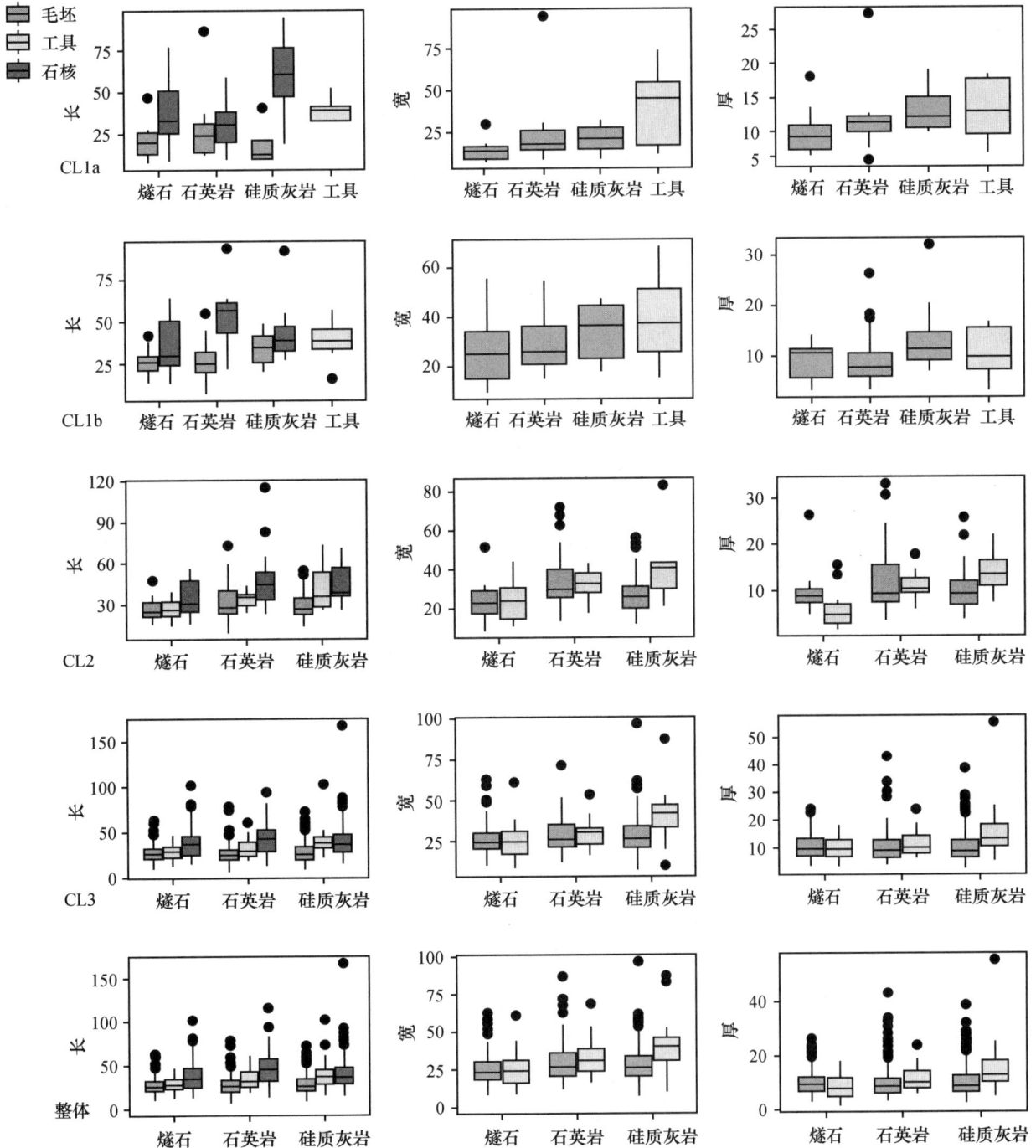

图9　石片和工具三种石料的尺寸

毛坯、工具和石核的长度、宽度和厚度；在CL1a和CL1b中，由于样本量小，所有的工具都被分组在一起，而不考虑原材料

这一原料上体现，这一原料的工具尺寸始终大于石片尺寸，特别是在CL2和CL3两层中。相较而言，燧石和石英岩的工具和毛坯大小没有明显区别。此外，与其他两种材料相比，硅质灰岩的石核和工具的长度更相似。这些结果表明，那些较大的硅质灰岩毛坯被优先选择用于进一步的工具加工，也许是因为硅质灰岩相对细腻（优质石料）的性质导致延展性更好，允许打制者在生产较大的石片时能更好地控制。

4. 讨　　论

4.1　CFAs的历时特征

共同的技术特征。总体而言，以CL3—CL1a为代表的石制品生产的特点是对石核预制的低投入和权宜的剥片。从观察到的剥片序列中可以推断出很少出现预制情况，并且修理的工具缺乏标准化。所选用的原材料多为边沟河床的本地燧石、硅质灰岩、石英岩、砂岩等。石核通常采用硬锤直接打击法剥片，大量尝试石核和石核上的石片表明石核很快被废弃，没有密集的剥片行为，还有些石核可能被搬运至它地[67]。燧石、石英岩和硅质灰岩石核比砂岩更容易剥片，通过长的单台面石核剥片或简单的翻转，就会形成双台面石核和多台面石核剥片。尽管基于石皮比例，我们发现多台面石核的剥片强度略高（图6，图8：2、4—6，图10：9），但它们的尺寸也比其他石核更大。这存在两种可能性，即台面数量和剥片面的增加并不一定意味着它们比单台面或双台面石核有更高的剥片效率；也有可能古人会选择更大的砾石来进行较高强度的剥片。

CFAs中缺乏预制的这一特点与权宜性石器生产策略特征一致，表明古人在预制方面投入很少。大部分石片是通过简单剥片产生的，这一观察结果与拼合显示的单向简单剥片模式相符。结合对毛坯的观察，在SDG2的34ka cal BP之后，我们没有发现明确的石叶生产迹象。修理行为既没有显示工具形态的制式标准化，也没有显示特定的策略。但修理后的工具比出土的毛坯尺寸大，这一情况在硅质灰岩工具和石片对比中尤为突出，表明对修理工具毛坯尺寸多选择更大的毛坯。SDG2丰富的石料供应可能是这种低成本剥片策略的原因之一，这种策略的石制品生产技术从34ka cal BP延续到28ka cal BP。

历时的变化特征。这也是从CL3到CL1a剥片方法和技术发生时间变化的标志。例如，从CL3到CL2，台面外缘修理和连续琢修的频率增加，随后又在CL1b和CL1a急剧下降。CL1b和CL1a的工具修理比例也降低了。就石核剥片而言，在CL3和CL2中出现了涉及交替使用两个面互为台面的剥片模式（图5：3、4，图8：5、6），但在CL1a和CL1b中没有。有些是通过在两个相关的剥片面上剥片（图5：6），只有少量显示石皮保存在一个面上（图8：5），这可能表明剥片过程的层级概念，即剥片方向平行于两个剥片面相交的平面，这一剥片方法接近广义的盘状石核剥片[68-70]，也就是通常所说的两面鼓凸，剥片斜切于剥片面相交的平面。然而，石核上没有发现清楚的预制痕迹，所以也很难与典型的单台面盘状石核[71, 72]或向心剥片的勒瓦娄哇石核相联系[69]。且盘状石核技术至少在MIS6阶段的黄土高原西部至和中国其他地区都有发现，它作为旧石器时代的一种特殊技术特征，也没有明确的时间和地域指示意义[73]。

CL2和CL1b层中发现的另一个例子与在一些金字塔形状石核表面观察到的琢/磨痕迹（图5：1、2）。这些打击痕迹可能与使用这些石核作为实锤、修理工具或琢击工具有关。另外，考虑到这些痕迹往往出现在剥片面远端的突出部位，也有可能是用"石砧辅助剥片，或石砧支撑石核"的方法进行剥片[74, 75]。也就是说，将表面平坦的金字塔形石核作为平台放置在砧上，通过旋转或半旋转剥片。该技术不同于砸击法的垂直轴向砸击[76]，砸击法会产生轴向双极剥落痕迹，是通过石砧反击的劈裂或压缩力，以90°左右的角度将石核劈裂[77]，代价是无法控制剥落方向和尺寸。我们发现的"砧辅助/支撑"技术中，石砧仅仅是一个硬质平面来稳定或者只是放置石核，而不是为了产生反方向的轴向力以劈裂石核[78]。这种剥片方法可能会增加每个石核获得的石片数量[74]，这也与我们观察到的CL1b出现了最高的石片频率这一特点相符。

其他不同寻常的技术特征包括石片石核技术（图10：11），说明剥片偶尔会继续在被剥离目标上进行[79]。从类型学的角度来看，我们注意到只有少数石片可能与勒瓦娄哇石片在形态上类似（图10：10），但在石制品组合中没有其他勒瓦娄哇剥片迹象。同样，个别石制品也符合形态上伪勒瓦娄哇尖状器的定义，但也没有其他明确的证据表明盘状剥片技术存在（图10：12）。这些发现都说明，不要使用孤立的石制品类型作为特定剥片方法的证据，这些情况可能反映的只是一些意外，而并非有意识有设计的生产模式的结果。

此外，我们强调了跨文化层观察到的三个趋势。首先是从CL3到CL1b，石片的比例逐渐增加（图2）。这可以在跨文化层的石片/石核和工具/石片的比例中体现（基于保留台面的毛坯和工具；表9）。随着时间的推移，石片生产率总体呈提高趋势，尤其是CL1b的石片生产率显著提高。在CL1a中，较低比例的石片石核可能与该层尝试石核的比例较高有关。我们还观察到，随着时间的推移，石英岩的使用略有增加，尤其是在CL1a和CL1b这两层中。石英岩是一种比硅质灰岩和燧石更粗糙和更难控制的材料。随着石英岩修理工具使用比例的增加，燧石的使用比例在降低，而两者都显示出较低的修理率。在CL2中，非本地燧石（特别是工具或有使用微痕石片）的石制品出现，被认为反映了这一阶段运输距离和流动性的增加[63, 65]。这些特征似乎表明，在MIS3向MIS2转变的过程中，从CL3和CL2到CL1b和CL1a发生了许多变化。然而，先前关于石皮比例的研究表明在所有四个上层文化层和所有主要原料类型中，石制品组合中石皮的出现率始终不足，这意味着在MIS3晚期，SDG2的许多石制品被带离遗址[64, 67]。

表9 石片/石核和工具/毛坯的比例

比例	CL3	CL2	CL1b	CL1a
石片/石核	2.75	3.64	5.3	0.95
工具/毛坯	0.14	0.2	0.05	0.21

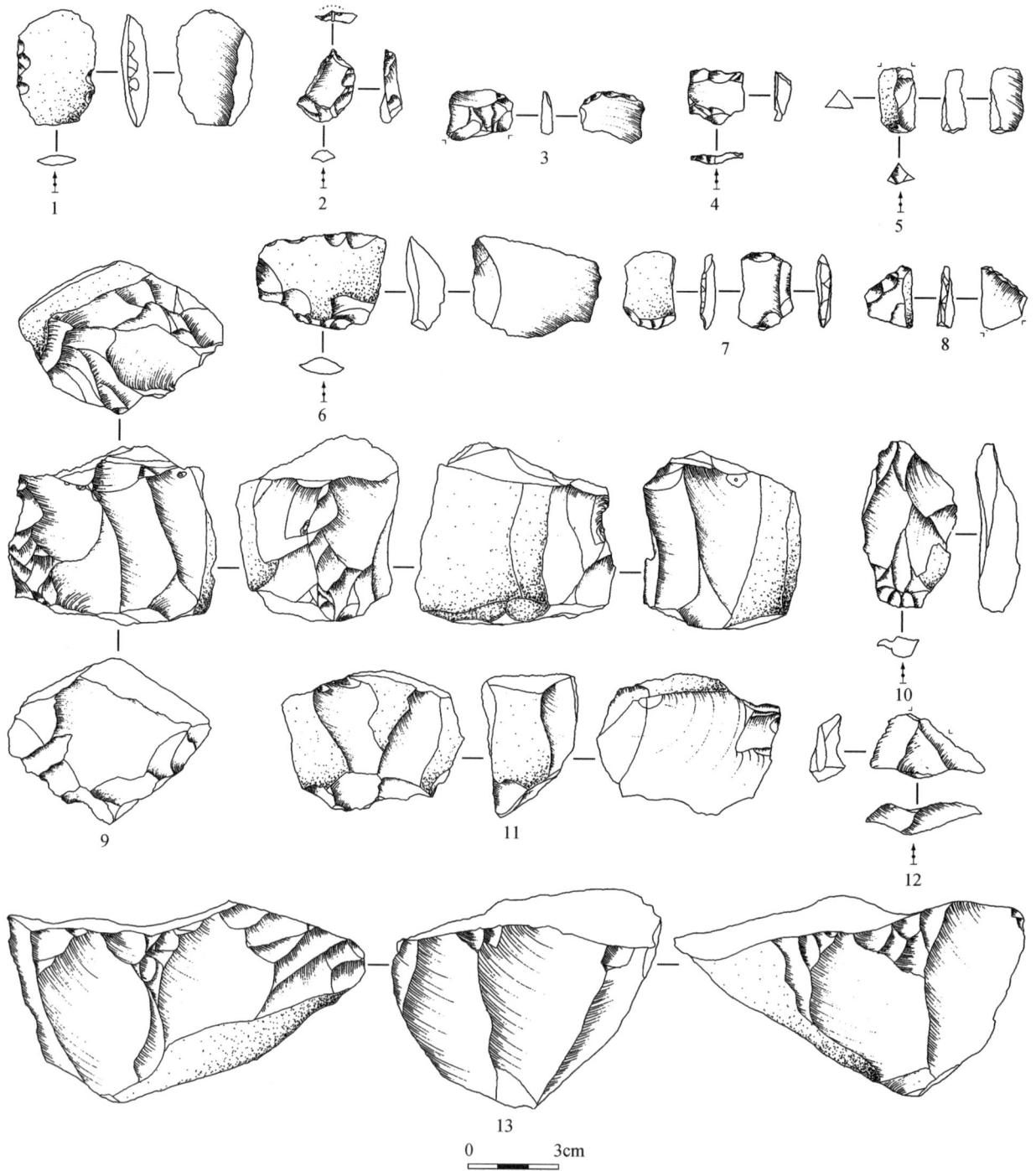

图10　CL1b技术变化标志的示例

一些技术上的变化在遗址出现的频率很低　1—4、6—8. 修理/使用石片；5、10、12. 石片；9、11、13. 石核

（1）修理的带有石皮的石片；（2）钻器；（3、4、8、7）边缘有使用痕迹的石片（？）；（9）多台面石核；

（10）勒瓦娄哇石片；（11）类型1-石片石核；（12）伪勒瓦娄哇尖状器；（13）石砧放置法石核（？）（N. Zwyns绘图）

总的来说，我们的研究并没有发现在34 ka cal BP之后，古人用于毛坯生产、石核剥片或工具修理的整体技术和工艺发生了显著变化。尽管在CL3和CL2中，似乎在工具修理和台面预制方面古人有所投入，并且对硅质灰岩和燧石原料的使用率略高。该地点的石制品生产策略通常说明了类似的权宜之计。这几层石制品组合毫无疑问是以石片技术为主，没有出现长石片生产迹象，也没有标准化工具修理的证据，但选择了用于修理的大石片（特别是硅质灰岩原料的石制品）。除了CL2发现极少数由外来材料制成的工具外，整个石制品组合中废弃的石核/工具很少，这可能反映了原材料来源的接近性。一般的原材料丰富可以部分解释在生产预定毛坯和正式工具时存在较低的选择压力[80]。但的确也有微小的变化，如转向剥落方法（CL3—CL2）的出现，或偶尔使用砧辅助技术，以及可能使用石核作为石锤（CL2—CL1b）。但这些特征在整个文化层出现率很低，目前很难将这些特征与SDG2中更广泛的技术特点联系起来。可以明确的是，石叶技术并没有出现SDG2这几个上部层位的CFAs中。

4.2 石叶之后

环境变化后，技术转向CFAs。SDG1和SDG2大量的测年数据中，较早的年代数据中石叶组合处于41ka cal BP和34ka cal BP之间，这一年代数据比少数较晚的要更可信[9, 28, 29, 31, 32, 81]。这一数据显示了一个人群从欧亚大草原[20, 21, 25, 26]、蒙古北部[27, 82]和/或阿尔泰地区[53]向南扩散的路径。但在34ka cal BP之后，中国北方地区CFAs的优势分布表明，石叶的出现只是该地区延续的技术文化体系中的一个插曲。我们的分析证实，晚于IUP的CFAs里不包含任何石叶元素，也不显示在EUP阶段更北地区和更西地区常见的小石叶产品。虽然偶尔会观察到长型石片，但它们不是石叶技术的结果，而是简单的石核-石片技术产生的。例如，在CL3中发现的几个小石叶中的一个（图5；图10）被重新拼合到一个石片石核（图8：6b），说明剥片是偶然的，而不是从预定的剥片序列中固定产出的。简而言之，我们的结果符合SDG2的CFAs具有权宜性特征[65]。

SDG2石制品组合反映的技术演化是清晰但不常见的技术逆转，这一逆转是从石叶回到MIS3后期在当地广泛使用的非预制的、低成本的石片生产方法。这种逆转与当时在欧亚草原观察到的情况形成了对比，在那里，IUP之后的EUP往往以小石叶技术的出现来界定[23, 37]。与草原地区石叶技术成为区域技术演化中持续的特征不同，其南边紧邻的中国北方演化节奏明显不一致。在41ka cal BP左右突然出现的石叶技术在34ka cal BP的SDG2消失了，在我们研究的石制品组合中没有留下清晰证据。因为没有发现后期沉积扰动，这一缺乏石叶的现象也不能归因于埋藏因素[30, 55]。而且SDG1和SDG2的石叶产品与CFAs都是采用相同的本地石料，所以石叶在SDG2缺乏的原因也不能归咎于原料的质量或可用性[53, 54]。总之，SDG2被认为是一个大本营[50, 63]，其石制品生产的特征是一种权宜之计模式，并显示出较低的石制品利用率。

如上所述，MIS3后期的这一技术转变的时段，其气候特征是频繁的千年尺度的气候振荡[39, 40]。水洞沟位于黄土高原西部边缘，处于东亚夏季风和冬季风的分界处[83, 84]，相对靠近古北生物地理带和东方生物地理带交界处[85-87]。在MIS3后期，随着气候的波动，这一划分大陆性气候和湿润的夏季风气候的交界带，也随之进行了纬向上的变迁[88]。在SDG2，我们发现技术变化与沉积体系从湖泊向陆地的转变有关[30, 32]。此外，我们注意到中国北方的CFAs倾向于聚集在东亚夏季风区范围内，而IUP组合则主要出现在北方内陆大陆气候区。总体而言，技术的分布受到了东亚季风带来的生物地理变迁影响。因此，生态区之间的波动边界可以部分解释MIS3期间两种技术系统的分布。例如，随着东亚夏季风减弱和季风向南撤退，水洞沟周围的气候可能变得更加干燥和寒冷，这反过来引发了像非洲南部一样的狩猎采集人群移动性的变化和相关的技术转变[89]。草原的扩张可能促进了IUP石叶技术及其相关的生存策略在中国北方的扩散。而夏季季风的向内陆推进可能将以石片为基础的技术体系带回了这一区域。然而，相关性不是因果关系，检验这一假设不仅需要更精细的环境重建，还需要更准确地描述人类行为，及其所涉及的环境压力之间的适应机制。同时，环境的影响、流动模式、人口流动和人口历史等因素也有助于解释SDG2观察到的技术变化。

流动模式和/或人口机制。面对上述环境压力，移动集食者可以调整其栖居模式和补给策略[18, 56, 90]。在低环境压力下，靠近原料地的石制品组合的权宜性通常与大本营有关[91, 92]。一般来说，狩猎采集群体在原料地栖居，因此在扩大和维护其工具组合或者说精致化工具方面的压力就很小。同样的情况在大地湾遗址也可以观察到。在那里，丰富的本地石英使得古人并不用承担太多工具制作上失败的风险[56, 93, 94]。虽然这不太可能解释CFAs在东亚这么大区域持续的主导地位，但在SDG2文化演化中，栖居模式及行为适应的改变可能与CFAs技术在34ka cal BP左右复苏有关。

尽管相关文化背景信息还不足，但这一CFAs技术的回归也可能与人口规模和/或密度的总体下降相关[95]。与较大规模人口会促进文化创新及其在当地传播相反，较小的人口密度可能导致文化多样性的丧失[96-98]。Lycett和Norton[10]认为东亚CFAs缺乏"模式2"技术的原因可能与当地人口结构和文化传播有关。随着人口规模的减少，这种"文化漂变"的影响会越来越大，并导致该地区或当地人口缺乏创新和丢失了特定技术[99]。这种基于人口统计学的模型已经被应用于各种考古研究中，包括从所谓的"复杂"到"简单"技术的过渡（见非洲南部的的例子[100]）。然而，在SDG2，鸵鸟蛋皮串珠、穿孔蚌壳，以及在CL2和CL3中发现的与CFAs石制品共出的坠饰，都是旧石器时代晚期的典型特征。这种象征遗物的出现又与人口统计学模型所说的人口下滑不符[58, 59]。我们本以为这些象征行为会被丢失或减少，至少会像石器技术出现了转变一样，但事实相反，装饰品等象征行为在那这一阶段依旧蓬勃发展。所以，我们也必须理解一点，即我们实际上对当时的人口规模所知甚少，像鸵鸟蛋皮串珠这样的装饰品在草原地带和更南点的石叶遗址中都有发现，SDG2的装饰品也可能是这两种技术人群交流的产物。

也有学者认为，东亚CFAs的长期延续表明当地人口的连续性[2, 11, 12]，并没受外来文化影响。从这个角度来看，水洞沟的石叶组合的出现和消失，可能反映了东亚本地人群和邻近地区人群之间时断时续的文化接触。尽管如此，CFAs作为一个石制品组合太笼统，缺乏可被用于研究人群基因的系统发育、推断过去人群的文化特征的具有指证性的指标[82, 101]。此外，越来越多的与CFAs共出的装饰品表明，虽然石器技术一直以简单形式存在并延续，但在该地区还有其他方面的技术创新在以不同于石器技术的节奏进行着[58, 59, 102, 103]。

同时，来自Bacho Kiro Cave（保加利亚）[46]和同时期西西伯利亚Ust'-Ishim[45]股骨的古代DNA和化石研究表明，IUP的制造者最有可能是智人。而在相比之下更南的地方，以田园洞的化石个体为代表的一个独特的智人谱系在大约40ka cal BP在中国北方崛起[41, 104]。在40ka BP到30ka BP之间，在CFAs发生技术"翻转"的时候，这个人群扩散到包括中国北方、黑龙江地区和蒙古东部的广大地区[42, 43]。此外，Salkhit人头盖骨（蒙古Dornod Aymag）显示来自田园洞相关祖先（75%），来自另一个靠近北极圈Yana RHS也确定有约25%的田园洞人群贡献[43, 44, 105, 106]。与田园洞有关的谱系在黑龙江（阿穆尔地区）并没出现，直到末次盛冰期另一支人群扩散至此[43]。Bacho-Kiro谱系和田园洞谱系都对当今东亚人的祖先有贡献，但他们并没有直接的关系[41, 47]。因此，现有的证据表明，在MIS3期间，中国北方和草原带存在复杂的人口机制和文化互动，这涉及不同的人群支系、人口群体和技术。在这种情况下，技术变化可能只反映了这个复杂过程的一小部分。必须承认的是，将石制品的变化与人群演化联系起来仍然是一项众所周知的艰巨任务，需要谨慎对待。然而，鉴于遗传和考古证据在时间和地理上的重叠，人口流动和相互作用仍然是SDG2中技术转变的合理解释。因此，有必要进一步研究该地区的技术演变和人口机制。

总之，在SDG2观察到的技术转变不太可能是由于遗址形成过程、原材料可用性、遗址功能或原料利用造成的。虽然石制品组合缺乏明确的指征意义，但其他行为创新如个人装饰品与人口规模下滑假说不一致。相反，几个涉及人口机制和/或适应环境变化的方案来解释这一技术的翻转更为简洁。我们观察到的技术转变说明了一个突然的情景，而不是一个渐进的适应过程，但它可能仍然反映了与人口流动和/或可能比较强的选择压力有关的人类行为的剧烈变化。最近的遗传学证据支持了MIS3晚期中国北方和邻近草原的文化互动、种群动态和基因流动的复杂情景。事实上，频繁的气候波动导致东亚季风的扩张/衰退，可能使两个生物地理区域之间的过渡地带变成了社会互动和人口流动的理想场所。CFAs的复苏和延续可能反映了其中某个或多个情况。

5. 结　　论

我们的结果表明，SDG2的CFAs在CL1a至CL3变化不大，只是在原料经济上有微小时间趋势变化（例如，石片生产或石英岩使用的增加）。总体而言，SDG2阶段的CFAs在石制品生产方面的共同点大于差异，没有任何清楚的石叶技术。在41ka—34ka cal BP之间存在的石叶生产技术消失了，没有在其后的文化层中留下迹象。相反，34ka BP后的CFAs在工具制造和修理方面没有表现标准化趋势，在控制石片的形状和大小方面的水平也不高。简而言之，与同时在欧亚草原观察到的情况相比，SDG2的组合呈现了一个明显的技术翻转案例，即在MIS3晚期，从之前的石叶技术，回到了非常基础的、毫无预制的CFAs生产。

我们没有发现任何证据表明原料的可用性、抽样偏差、技术要素的可识别或人口规模的下滑在这一技术转变中发挥了重要作用。相反，这一转变更可能归因于该地区对环境变化和人口流动的适应性反映。SDG2的CFAs表明中国北方和同时空的邻近草原之间存在文化互动、人口迁移和扩张以及基因流动。目前，CFAs的技术翻转和延续可能反映了这其中一种或两种情况。考虑到目前的数据局限性，我们期待对该地区的年代和环境进行更高分辨率的重建，这将有助于验证这些解释，并进一步阐明中国北方及其周边地区MIS3晚期人口机制和石制品技术发展的特征。

致谢：我们感谢Julissa Lopez和Caleb F. Chen在数据处理中的帮助，感谢所有在2014年至2016年期间参与水洞沟第2地点发掘工作的同事，感谢编辑和匿名审稿人帮助我们改进文稿。

［原载Zhang P Q, Zwyns N, Peng F, Lin S C, Johnson C L, Guo J L, Wang H M, Gao X. After the Blades: The Late MIS3 Flake-based Technology at Shuidonggou Locality 2, North China. PLOS ONE, 2022, 17(10), e0274777］

（铁卫冬译，彭菲校）

微痕分析对中国北方旧石器时代晚期遗址——水洞沟遗址第2地点石器工具辨识的贡献

张佩琪[1,2]　张晓凌[1,2]　Nicolas Zwyns[3]　彭　菲[1,2]　郭家龙[4]

王惠民[4]　高　星[1,2,5]

（1.中国科学院古脊椎动物与古人类研究所脊椎动物演化与人类起源重点实验室，中国北京，100044；

2.中国科学院生物演化与环境卓越中心，中国北京，100044；3.加州大学戴维斯分校人类学系，

美国戴维斯，95616；4.宁夏回族自治区文物考古研究所，中国银川，750001；5.中国科学院大学，

中国北京，100089）

摘要： 在中国北方，晚更新世考古学文化以石片组合为主要特征。人们对于石器的使用知之甚少，也不清楚这些简单石核-石片技术在如此长时间里获得成功背后的原因。这一地区的大多数石器研究传统上是基于石制品组合的类型分类，这一分类是基于石核和工具类型在石制品组合中出现的次数，来定义遗址性质（例如大本营和后勤点之间的区别）。因此，区分石器和副产品对于更好地理解遗址功能、流动性等变量至关重要。然而，在标准化程度不高的石制品组合中，这一研究方法仍然特别具有挑战性。本文介绍了水洞沟第2地点（32.6ka—29.9 ka cal BP）第2文化层（CL2层）和第3文化层（CL3层）最新发掘材料的初步研究结果。我们使用低倍放大技术分析了经过修理和未修理的石片的微痕，然后将我们的观察结果与几次实验的数据进行了比较。我们的结果可以主要总结为以下两点：第一，我们观察到进行修理的工具和未经修理的石片上的微痕极为相似；第二，对工具分类的类型学研究结果与微痕观察其使用方式并不匹配。研究结果表明，在水洞沟第2地点中，将修理与否作为工具使用的判断标准是有问题的（特别是在涉及工具功能方面）。鉴于工具的使用频率和工具多样性是用于区别遗址功能、工具管理和狩猎采集流动性的数据库，我们认为应该在"石核和石片"的石制品组合背景下进一步研究这个问题。

关键词： 中国北方旧石器时代晚期；石核和石片；工具类型与功能；微痕分析；水洞沟第2地点

1. 研究背景和研究问题

水洞沟地区第2地点（SDG2）是一个记录了从深海氧同位素第3阶段（MIS3之后）到第2阶段（MIS2）的中国北方古人类活动频繁的区域。基于对石制品、装饰品和燃烧遗迹的描述，这些石制品组合通常被认为是旧石器时代晚期的产物（Gao et al, 2008; Guan et al, 2011, 2014; Li et al, 2013a, 2013b; Zhou et al, 2013; Wei et al, 2017）。然而，除了少量的来自水洞沟第1地点中的材料暗示水洞沟第2地点拥有早期石叶技术（Brantingham et al, 2001; Madsen et al, 2001; Li et al, 2013b），水洞沟第2地点中绝大多数的石制品组合都是基于石片制成的。因此，它们也被称为"简单石核-石片技术"。这些石制品组合中最主要的工具类型是简单（尽管有很多种类）的刮削工具，这一特点被认为持续了百万年而没有什么显著变化（Gao, 2013）。这种现象与欧亚大陆西部阶段性变化特征相对比，形成了东亚独有的特点，因此也成为旧石器时代晚期概念的重要内容（Gao and Norton, 2002; Haidle and Pawlik, 2009）。

技术变化的不足是很难解释具体原因的，人群构成的延续性（Gao, 2012, 2014; Gao et al, 2017）、人群规模（Lycett and Norton, 2010）、原料质量/数量的限制（Shick, 1994; Brantingham et al, 2000）、地区资源开采受限和区域族群流动模式的限制都可能是原因（Gao, 2013）。后一种解释是基于生存策略的变化。但是由于石器制作缺乏标准化规范，所以很难辨别这种变化。类型学仍然是描述该地区石器组合最常见的方式之一，同时功能也是最常见的通过居住时长、工具出现频率和遗址性质等推断石制品组合特征的手段（Wei, 2014; Li et al, 2015; Liu et al, 2016）。在此背景下，对石器微痕的研究（Odell, 1981a; Sackett, 1982）为我们理解简单石核-石片技术和人类生存策略之间的关系做出了很大的贡献。

尽管此前的微痕分析（Zhang et al, 2013）中鲜有石制品加工的证据，残留物分析（Guan et al, 2014）却显示石器的制作与加工很可能就在遗址中进行。其他证据例如燃烧特征、动物骨骼和装饰物等表明对动物资源的潜在利用。我们需要更进一步理解古人类在具体遗址中的行为活动来解释"石核与石片"技术的演化现象与意义。在此基础上，我们的解释取决于对不同工具功能和石器、副产品的区分与辨别。因此，证实这种解释的第一步是确定某种类型是否为工具。基于上述观察结果，我们对水洞沟第2地点的材料制定了两种假设来实验。

（1）所谓工具只是修理的产品：找到毛坯中未经修理产品上的微痕来否定这种假设。

（2）工具类型表示特殊的行为：证明工具类型与使用行为之间没有任何关联来否定这种假设。

2. 原 材 料

2.1　遗址地点、地层学和年代学

水洞沟遗址是位于中国西北部宁夏回族自治区的旧石器时代遗址，在黄河以东18千米处（图1）。在其中的12个地点中发现了石叶技术、石核与石片技术和薄刃斧技术都展示了旧石器时代晚期丰富的文化序列（Gao et al, 2013a, 2013b）。水洞沟遗址的第2地点从2003年到2007年（Chen et al, 2014）和2014年到2016年都进行了系统性的发掘工作。其中发现了丰富的石制品组合，主要有石核和石片技术（Li et al, 2013a, 2013b），和不多见的与石叶技术相联系的人工制品。特别是第2地点CL2和CL3中的碎骨、鸵鸟蛋壳碎片、串珠、碳屑和火塘等都与石制品组合相联系。

在2003—2007年的系统性发掘工作中通过光释光法（OSL）和加速器质谱法（AMS）对放射性碳年代的判断，从而对地层序列进行了描述。该堆积包括18个地质层位，其中包含7个文化层（CL7—CL1）（Gao et al, 2008; Liu et al, 2009）。经过光释光测年校准，第7文化层的年代在41.5ka—34.3 ka BP之间；第3文化层的年代在32.6ka—31.4ka BP之间；第2文化层的年代在31.3ka—29.9ka BP之间；第1文化层的年代大约在20.3ka。第6—4文化层（CL6—CL4）没有直接的时间证据，但是该文化层的标本经过测年判断为在34.4ka—32.6ka BP之间（Liu et al, 2009; Li et al, 2013b）。在此，我们重点关注在第2文化层和第3文化层中收集的样本，该样本对应发生在32.6ka—29.9ka cal BP的人类活动。Madsen等人（2001）通过放射性碳时间判断表明该部分的年代大约为29000—24000a BP。这些样本是直接从暴露剖面中的疑似火塘中采集，与具体文化层的对应关系并不清楚。根据对水洞沟第2地点的沉积学原理和花粉分析，第2文化层和第

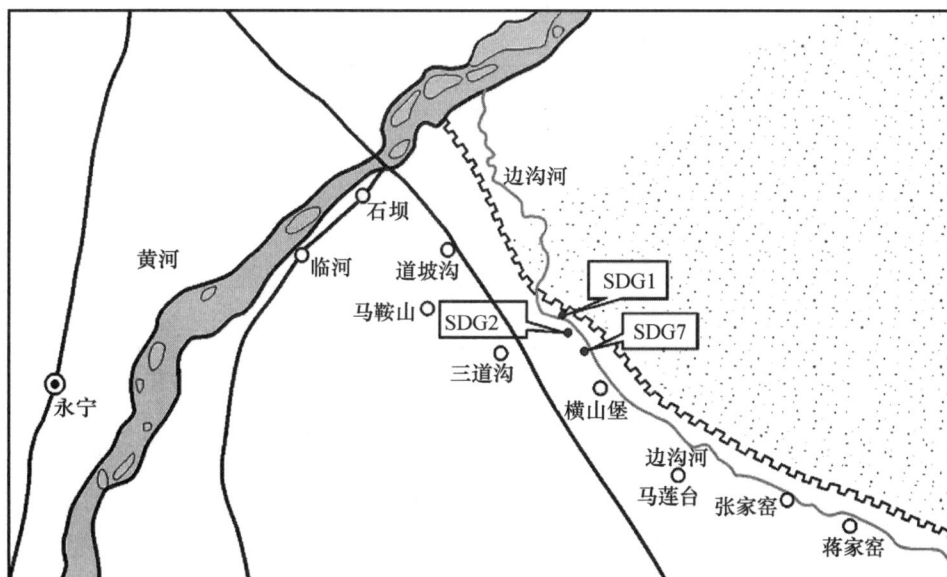

图1　水洞沟遗址各地点位置图（Guan et al, 2014）

3文化层属于一个温暖、潮湿的环境，在29ka—18ka cal BP左右则转向寒冷、干燥的状态（Liu et al, 2012）。

2.2 石器样品

为了进一步分析，我们在第二次正式发掘（2014—2016年）出土石器组合中进行了取样，更具体地说，是在2014—2015年收集的石制品（表1）。第2文化层发掘掘面积约65m²，第3文化层发掘面积约32m²，总深度为1.2m。在该区域，我们在第2文化层和第3文化层中分别选取了369件和1201件石制品（≥2cm）。该样品包括所有修理过的石器（76件）、带有修疤和可能有使用痕迹的（25件），以及带有自然锋利边缘的毛坯（99件）（表2）。挑选出来的石制品占第2层石制品总数的21%（79件），占第3文化层的石制品的10%（121件）。

表1 水洞沟遗址第2文化层和第3文化层出土的石制品

样本	2014—2015年		2016年		总计	
	数量	占比（%）	数量	占比（%）	数量	占比（%）
石核	147	9.36	142	8.48	304	6.49
石片	477	30.38	655	39.13	1292	27.60
工具	89	5.67	141	8.42	325	6.94
碎块	802	50.08	544	32.5	1996	42.63
石锤	2	0.13	9	0.54	13	0.28
备料	59	3.76	173	10.33	384	8.2
总计	1570	100	1674	100	4682	100

表2 水洞沟遗址第2文化层和第3文化层的观测石器样本（2014—2015）

样本	第2文化层		第3文化层		总计	
	数量	占比（%）	数量	占比（%）	数量	占比（%）
刮削器	23	29.11	39	32.23	62	31
凹缺器	3	3.8	7	5.79	10	5
锯齿刃器	-	-	1	0.83	1	0.5
尖状器	-	-	1	0.83	1	0.5
裂片	1	1.27	1	0.83	2	0.5
毛坯	52	65.82	72	59.50	124	6.2
总计	79	100	121	100	200	100

在对原料的研究中，最常见的原材料是硅质灰岩，其次是燧石、石英岩、砂岩，很少发现有石英。我们调查显示原料是本地的，从边沟河河床中采集，而一些细腻的燧石被认为来自其他地方（Zhou, 2010; Li et al, 2016），并非本地。多数修理工具都是由燧石和硅质灰岩制成，因此表3是我们的实验对照组。考虑到石英岩和砂岩工具出现率不高，表4也就没有用于实验参照。

表3　水洞沟遗址第2地点的原材料（2014—2015）

样本	石片	石核	断块	毛坯	工具	石锤	总计
燧石	186	89	391	25	61	-	752
硅质灰岩	260	70	514	94	40	2	980
石英岩	224	56	172	13	35	1	501
砂岩	55	22	282	25	2	-	380
石英	14	2	24	1	4	-	45

表4　水洞沟遗址第2文化层和第3文化层的观测原材料样本（2014—2015）

样本	毛坯	刮削器	凹削器	锯齿状刮削器	工具	石锤	总计
燧石	55	29	4	1	1	1	91
硅质灰岩	54	20	1	-	1	-	76
石英岩	10	11	4	-	-	-	25
砂岩	5	-	-	-	-	-	5
石英	-	2	-	-	-	-	2
数量/总量	-	-	1	-	-	-	1
总计	124	62	10	1	2	1	200

3. 方　　法

3.1　类　型　学

被观测的石制品，包括具有自然锋利边缘的毛坯（99件）、所有修理的工具（76件）和带有可见使用痕迹的石制品（25件）（表2）。根据修理边缘位置，修理过的工具通常被分为刮削器（在一个或多个边缘上至少有3mm的修理痕迹；包括边刮器和端刮器）、凹削器、尖状器、锯齿刃器、裂片（Debenath and Dibble, 1994; Shott, 1999; Andrefsky, 2005; Wang, 2006）。

3.2　微 痕 分 析

我们使用低倍镜（尼康SMZ1500，放大倍数为7.5×—180×）技术来观察磨损的分布，识别原材料的加工方式和硬度（Odell, 1980）。尽管有人对是否能区别自然破损、埋藏过程的破损和真正使用微痕提出了质疑（Sala, 1986; Shea and Klenck, 1993; Grace,1996），但低倍镜观察依旧是区分使用工具和通过表面磨损形态识别加工方式的可靠途径（Odell and OdellVereecken, 1980; Shea, 1987, 1988; Gao and Shen, 2008; Zhang, 2009; Marreiros et al, 2015）。高倍镜技术对抛光和特殊材质的识别并未应用于此项研究中（Keeley, 1980）。低倍技术被认为是最有效的辨认和量化水洞沟遗址第2地点中的石制品细小破损和使用痕迹的方法。实验对照（表5）包括

32种实验工具，由第2文化层和第3文化层的石制品组合中两种最常用的原材料制成：硅质灰岩（7件）和燧石（15件）。工具一般有五种不同的用途：刮（4件）、剃削（5件）、锯切（10件）、切割（2件）和楔入（11件）；三种材料被用于作用对象：木头（22件）和骨头（10件）；男女两性都参与实验：女性（16件）和男性（16件）。在使用方式（FU）中我们计入了包括徒手使用、装柄使用和其他的使用方式（Odell, 1996; Zhang et al, 2009）。

表5　实验样品

样本	燧石		硅质灰岩		总计
	木头	骨头	木头	骨头	
刮	2	-	2	-	4
剃削	2	-	3	-	5
切割	-	1	-	1	2
锯切	3	1	4	2	10
楔入	4	2	2	3	11
总计	11	4	11	6	32

除此之外，我们将考古材料与已发表的不同使用方式、原材料和接触材料实验的使用磨损样本进行了比较（Gao and Shen, 2008; Zhang, 2009）。这个补充数据库建立于2004年，可选用古脊椎动物和古人类研究所（IVPP）举行的北京微痕分析研讨会期间由George Odell建立的低倍法实验数据。数据库中包含有石制品图片、微痕镜下图片和实际石器样本。通过这些我们可以识别和描述磨损痕迹，如破损疤痕和磨圆、抛光或擦痕。

4. 结　　论

研究表明，200件样品中有28件（14%）石制品被发现有微痕。其他的一些微小疤痕不能被识别为是使用造成的（7件）。就使用方式（FU）而言，28件使用过的石制品共有46处使用痕迹（表6），从而表明石制品有多种使用方式。在第2文化层中，我们检验了79件石制品，发现修理工具（8件，占比为10.12%）和毛坯（10件，占比为12.66%）上发现的微痕比例相似。在这一文化层中一共有33处使用痕迹，证明这些工具（10件）被使用了不止一次。与第2文化层相比，第3文化层的石制品（121件）中具有较少的使用痕迹（10件，占比为8.26%），包括修理工具（5件，占比为4.14%）和毛坯（5件，占比为4.14%），使用方式也少于第2文化层（13件）。

表6　微痕分析结果

		观测样本	可能有使用痕迹		确认有使用痕迹		使用功能单元	
		数量	数量	占比（%）	数量	占比（%）	数量	占比（%）
第2文化层	修理工具	27	2	28.57	8	28.58	19	41.3
	毛坯	52	3	42.85	10	35.71	14	30.42
	总量	79	5	71.42	18	64.29	33	71.74
第3文化层	修理工具	49	2	28.57	5	17.87	5	10.87
	毛坯	72	0	0	5	17.86	8	17.39
	总量	121	2	28.57	10	35.71	13	28.26
总计		200	7	100	28	100	46	100

工具使用方式

对于使用—磨损模式，样本中展示了所有的运动类型：刮（削，占比为21%，6件）、锯切（切和切割，占比为29%，8件）、楔入（占比为4%，1件）和多功能工具（占比为21%，6件）。不过一些非典型的磨损也不能与特定的使用方式相关（占比为25%，7件）（图2）。锯切、刮削和多功能的工具使用频率相似 $[\chi^2 (4, N=20)=1.2, p=0.88]$。

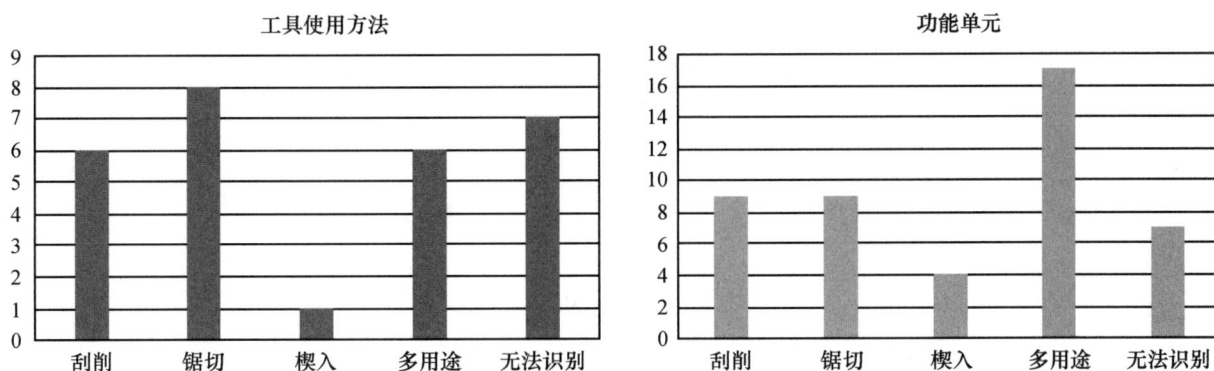

图2　工具使用频率和使用方式

4.1.1　刮（包括削）

刮和削被定义为在接触材料上单向的横向运动。刮削意味着工具的活动部分几乎垂直于原料，而削是指以锐角施加力（Odell, 1981b）。通过使用造成的磨损痕迹通常产生于工具的边缘表面。尽管刮削仍然是在样本中一种常见的工具使用方法（6件，占比为21%），但只有少量被认为属于刮削器的修理工具上发现有实际的刮的痕迹。标本T3-2668（图3：a、b）被认为是刮削器，有明显刮痕。在背面，边缘有中等大小的羽状和阶状远端，同时还有较为明显的磨圆和抛光。在腹面，我们发现了散布的羽状远端。T3-5258（图3：c、d、e）是刮削硬质原料造成的典型使用磨损模式。我们在背面观察到较大的、中等的片疤，在使用的边缘也有明显的磨圆和清晰的擦痕，且与原料的垂直刮削方向一致（图3）。

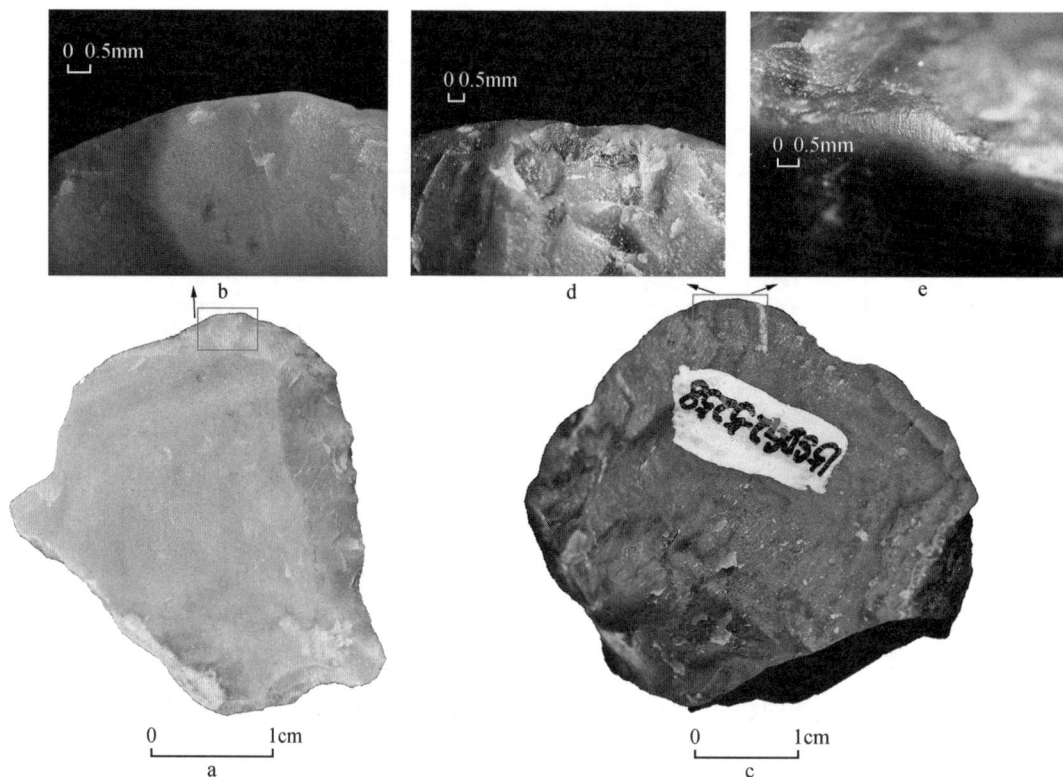

图3　石制品微痕观察

（a）T3-2668　（b）背面的磨圆和抛光（24×）　（c）T3-5258

（d）背面有较大—中等的片疤和磨圆（16×）　（e）边缘的重度磨圆和擦痕（32×）

4.1.2　锯切（包括切和切割）

锯切运动平行于工具纵轴、垂直于加工材料；因此微痕带有一个定向的片疤分布在边缘的两侧。切割显示了类似的磨损模式（Odell，1981b）。这类使用磨损是所有工具类型中最多的（8件，占比为29%）。T3-2384（图4：a、b）在边缘两侧集中分布有中等的羽状片疤，且有着轻微的磨圆，这与我们实验样品里对硬度在中/软等级的材料的锯切形态一致。T3-2999（图4：c、d）有连续的大中型羽状、阶状和铰链状远端（Odell，1981b），在锯切边缘两侧分布着轻/中等的磨圆（图4）。

4.1.3　楔入

这种活动通常与裂片（楔形器）或作为楔子的石片毛坯有关。一端与原料接触，而另一端被锤子敲击（Hayden，1980；Shott，1999）。打击功能单元可以显微镜下可见的重叠的大阶状疤、折断和羽状远端来判断。在第2文化层和第3文化层中有4件标本被划分为裂片。但从微痕分析来看，只有1件可以被看作是楔子。即燧石T3-3196（图5）上，我们观察到4种使用方式，其中2处是楔入的痕迹。这表明该工具至少有两次被用作楔子。打击点上的痕迹大致与用硬锤

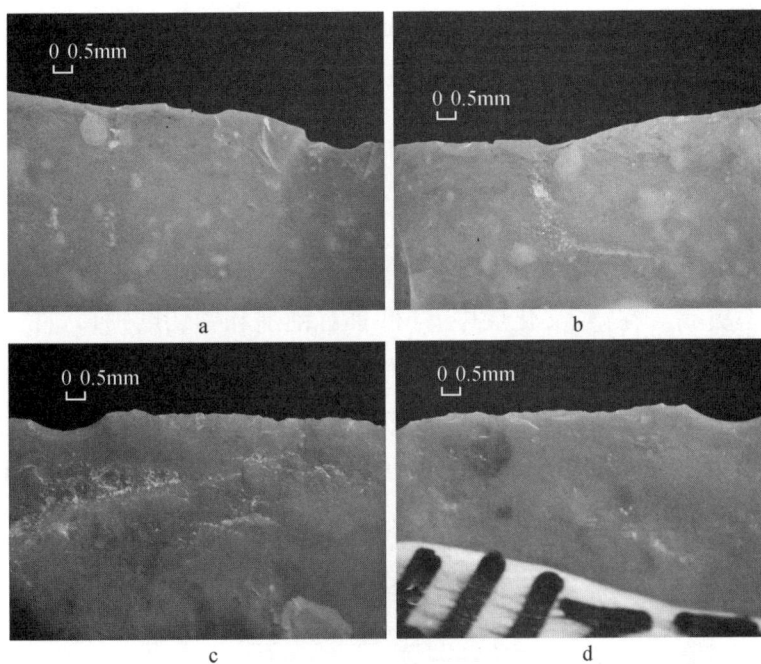

图4　石制品微痕观察

（a、b）T3-2384的背面和腹面远端有圆形的中等羽状片疤（16×）

（c、d）T3-2999背面和腹面有连续大、中羽状、阶状片疤（16×）

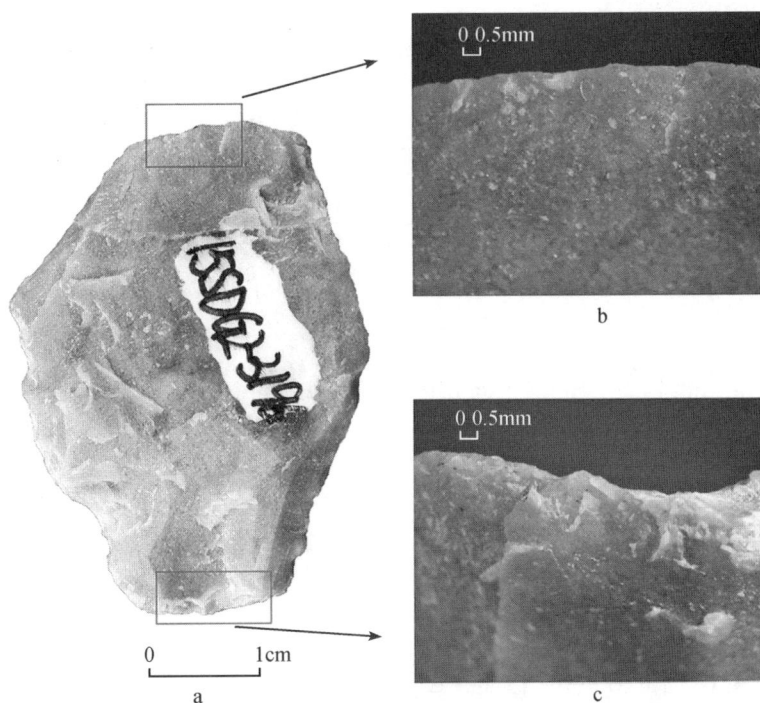

图5　石制品微痕观察

（a）T3-3196　（b）腹面不连续的中小型片疤

（c）远端重叠的大的阶状、铰链状和羽状片疤（16×）

砸击的痕迹相一致。楔入这种使用方式在毛坯的腹面和背面都呈现散布的中到小尺寸的铰链片疤、羽状片疤，它们可能被用于处理木材等材料（图5）。

4.1.4　多功能石器

多功能石器在每个单独的石制品上有几个使用部位，对应于不同的使用方式。多功能石器比常规石制品利用率更高。在第2文化层中有6件具有刮削和锯切磨损痕迹的刮削器。T3-2122（图6）有两种不同类型的磨损痕迹体现出三种使用方式。其中一种的边缘有大的羽状、阶状远端片疤，这些片疤在背面与靠近另一侧边缘的中等尺寸的羽状和铰链状片疤重叠。在腹面只能观察到少量片疤。另一种功能单元的特点是大/中羽状、阶状远端重叠，以及边缘两侧有不均匀的断裂。虽然前者的痕迹与刮削痕迹相一致，但后者仍然被解释为锯切。

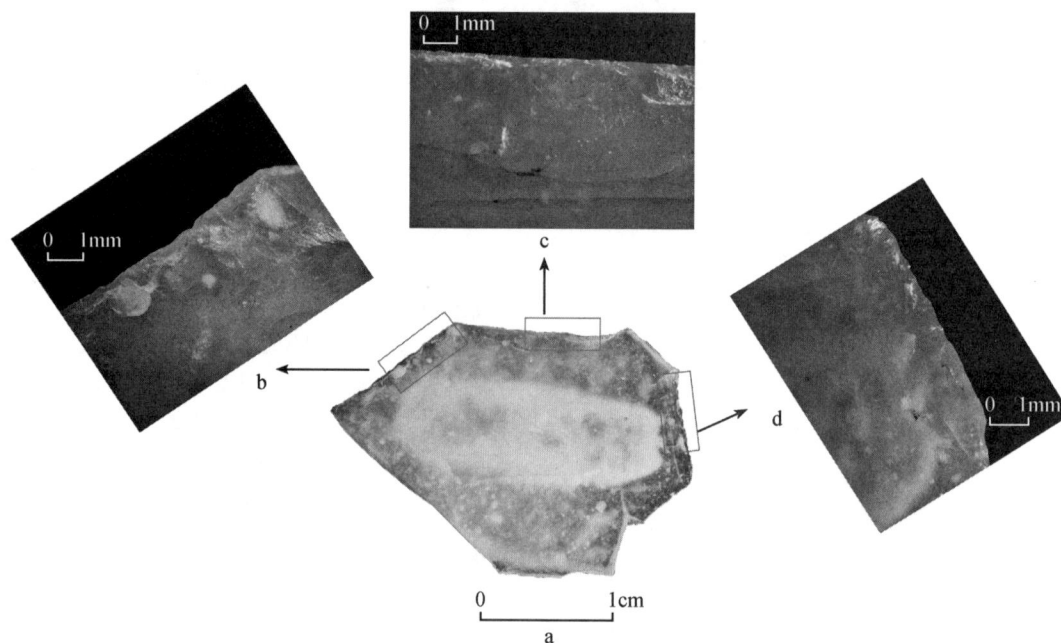

图6　石制品微痕观察

（a）T3-2122　　（b）背面连续大的羽状断裂（24×）　　（c）重叠的大、中羽状和阶状断裂（24×）

（d）背面大的羽状远端断裂（24×）

5. 假设检验

5.1　假设一：仅修理工具被真正作为工具使用

研究样本（200件）占两个文化层中石制品（1570件）总数的12.74%。我们观察到其中只有一小部分（占比为17.5%，35件）有微痕，同时样本中可以分辨的使用痕迹占14%（28件）。在第2文化层和第3文化层中只有1.78%的石制品组合。第2文化层和第3文化层分别出土18件（占比为4.88%）、10件（占比为0.83%）使用的工具。与修理工具相比（78件），经过微痕确认的确为使用过的修理工具（13件）占比仅为17.11%，而且频率要低得多 $[\chi^2（1，N=76）=102.083，p\leqslant0.01]$。此外，我们统计发现分析石片毛坯样本（124件）中的12.10%（15件）都被使用过。在所研究的样本中，修理工具（13件）和石片毛坯（15件）上发现微痕的频率是相似的 $[\chi^2（1，N=28）=0.286，p=0.59]$。功能分析也表明，修理工具和毛坯的使用频率相近。因此，上述结果否认了假设一，也显示在第2文化层和第3文化层两层，工具是否被使用并不只严格针对修理产品。由于修理工具的使用率较低，而与未做修理的石片毛坯之间的使用率相似，修理（被认为是）本身并不能作为使用的一个可靠鉴定指标。

5.2　假设二：工具的类型代表特定的功能

我们通过微痕分析发现在工具类型和特定功能之间没有明显的对应关系。同时通过微痕分析，13件修理工具被分类为刮削器（12件）和凹缺器（1件）。凹缺器只显示了刮削一种使用方式，而刮削器则展示了刮削（4件）、锯切（3件）和多种用途（5件）的使用方式。刮削的使用方式没有明显差异 $[\chi^2（4，N=12）=1.5，p=0.82]$。因此，由于工具类型和使用方式的不匹配，工具功能也否认了假设二。我们也注意到在各文化层工具使用方式的细微差别。总的来说，第2文化层（369件）中的石制品数量要小于第3文化层（1201件），第2文化层中石制品（18件）的使用频率却要大于第3文化层（10件）$[\chi^2（1，N=28）=4.571，p<0.05]$。大多数在不同边缘有超过一处使用单元的石制品（10件）都出土于第2文化层，包括多功能工具（6件）。第2文化层（33件）和第3文化层（13件）中石制品使用单元的频率有明显的区别 $[\chi^2（1，N=46）=17.391，p\leqslant0.01]$。

5.3　结论解释

经观察，假设检验主要受两个因素影响：对修理工具使用率较低，工具类型划分与使用方式并不一致。下面，我们将讨论三点可能影响结果的因素：原料对微痕的影响、使用方法的限制和类型划分。

5.3.1　原材料及工具的使用

水洞沟遗址第2地点中几乎所有使用的原材料（燧石、硅质灰岩、石英岩、砂岩和石英）都能在附近的河流中找到，除了罕见的非本地的燧石（Li et al，2016）。绝大多数的修理工具（76件）都是由燧石和硅质灰岩制成的，观察到微痕石制品也是如此（燧石16件，硅质石灰岩11件），其中只有一件是由石英制成的。作为工具，其原料的物理性质（如硬度或表面粗糙度）会对使用磨损的形成和累积速率产生影响（Lerner et al，2007）。基于我们的实验样品，我们观察到在短时间内使用硅质灰岩很难形成磨损积累，尤其在软质材料上使用时间少于5—7分钟。分析结果表明，只有少数使用过的工具是由硅质灰岩（11件）生产的，这种低频率也可能反映了由于原料的质地或使用时间有限，导致很难识别其表面微痕。另一个影响因素是接触对象。实验表明，在进行肉类等软质材料加工时，如果不接触到内部的骨头，也很难在工具上产生痕迹和可辨认的磨损。虽然在几件石英岩制成的石制品（3件）上观察到可能有人工使用的痕迹，但是这种材料（和石英）并不属于我们初步研究的范围。

5.3.2　低倍法技术

虽然高倍法在检测微痕方面比低功率技术更有效，但许多已发表的研究也强调了低倍法在辨识微痕模式时的优势（Rots, 2003; Rots and Van Peer, 2006; Zhang et al, 2009; Lemorini et al, 2014; Chen et al, 2014）。尽管该技术存在局限性，但我们认为它在区分使用和未使用的刃缘时是足够可靠的，并可以最终识别出基本的工具使用方式，来解决在此提出的基本假设（Odell, 2001; Marreiors et al, 2015）。首次实验我们并未对加工材料的质地进行分类，但它可以在未来补充（或证实）我们的结果。即使低倍法技术低估了工具使用的频率，但也不能解释毛坯的使用频率和不同类型工具之间的差异。

5.3.3　技术与功能

微痕分析的结果与常规的类型学分类存在两个维度的不同。

首先，绝大多数的修理工具没有发现有使用痕迹。就像之前提到的，可能因为低倍法低估了样本中使用工具出现的频率。另外，在处理非制式工具时，通常难以区分较大的不规则片疤和看起来像修理的边缘破损痕迹，也不排除对每一文化层修理产品数量的过高估计。我们注意到有的石制品有相对新鲜的刃缘（与较低的风化磨蚀有关），但埋藏与沉积过程，比如踩踏也可能会产生类似的"伪修理"（McPherron et al, 2014）。对石制品埋藏的深入研究有助于破解这一问题。本研究的第一作者对2014—2015年出土石制品进行了类型分析，本文其他4名国际团队研究人员对2016出土石制品组合（不包括在本研究中）也进行了研究（使用相同的标准来定义工具类型），两次分析的工具使用频率和石制品类型构成仍然具有可比性（表1）。因此观察者的主观判断可能发挥了作用，但它也不太可能解释我们观察到的模式。另一种可能性是，部分毛坯/工具已经被运输走，只留下了最权宜的工具，目前我们也正在使用石皮比率分析对这种假设进行检验（Lin et al, 2015）。

其次，同一类型的工具可能有不同的功能。由于微痕分析主要提供关于工具最后使用的信息，所以工具类型和工具使用方式之间的不匹配可以用工具的精致化修理来解释。但当原料地距离较远或难以便利到达时，精致化修理往往比较困难，但也有可能有其他原因（Binford, 1979; Bamforth, 1986; Andrefsky, 1994, 2008）。在水洞沟第2地点，我们注意到石核主要是通过简单剥片技术产生，大多数产生的石皮在形态上是不规则的（即使经过修理），石制品组合中的仔细的精致化修理（Dibble，1987）（高频出现对横刃的陡刃修理，小尺寸的汇聚型刮削器）并不常见。根据我们的研究结果，单一的使用方式并不能弥补标准化的不足。相反，一些非制式工具（6件）似乎以各种不同方式被使用，表明该地点很容易使用和生产石器，这与通常认为的原料产地较近的资源利用方式是一致的。最后，对来自欧亚大陆西部的其他石制品组合进行更进一步的比较表明，该地对工具生产方法和标准化制式工具的投入相对较少。"石核和石片技术"的时空分布很可能超出了我们在这里基于单个遗址研究的限制，这也表明了人们需要更关注打制石器的灵活性、权宜性，而不是高度标准化的单一目的。这一证据构成了有关解释石核和石片组合背景下的石制品分类的问题（Gao and Norton，2002；Gao，2013）。

5.4　意　　义

从理论上讲，遗址内的技术行为为我们理解场地功能和狩猎者流动性提供了直接的视角（Binford，1980）。基于对石制品空间分布、遗址内行为和原料获取策略，水洞沟第2地点中的第1—3文化层被视为具有"长距离集食者"策略的大本营（Guan et al，2011；Li et al，2016）。我们注意到在研究生存策略时，只有一小部分数据可能来自动物群。石制品数据表明，分析遗址功能或流动性的模型通常需要整合工具使用频率（或工具、石核比率）和工具类型多样性（例如Shott，1986；Barton and Kuhn，1991；Andrefsky，2008；Riel-Salvatore and Barton，2004；Riel-Salvatore，2010）。根据水洞沟第2地点获取的初步结果，我们认为修理产品的低频出现说明工具使用的频率较低。换句话说，我们需要结合微痕、技术和类型方法对更多样品进行研究（也许需要一起使用高倍与低倍法）。上述这类研究将有助于提高工具使用频率估计的准确性，也将有助于理解与"石核与石片"非制式工具生产相关技术行为的多样性。

总的来说，第2文化层和第3文化层之间还是难以找出明显差异。值得注意的是，石制品密度上第2文化层是低于第3文化层，但两层的使用工具数量是差不多的。两个文化层的另一个不同之处在于使用功能单元出现的频率。结合上述观察结果，第2文化层中发现更多的多功能工具和使用单元与工具精致化加工相关，也许是符合更高频的后勤迁徙模式（Binford，1979，1980）。考虑到原料在石制品组合形成中的地位（Bamforth，1990；Andrefsky，1994）——这两个文化层中的石制品主要来自于本地原料，但是我们也注意到第2文化层中的原料中也有一部分来自于其他地方的燧石（9件）。这可能表明该文化层转向更典型的后勤集食行为。值得注意的是，大约在29ka BP（Liu et al，2012），寒冷和干燥的气候开始，流动性的增强可以被视为对环境变化的快速适应（Barton et al，2007；Morgan et al，2011）。

6. 结论和讨论

　　我们对水洞沟第2地点中的简单石核-石片石制品组合进行的微痕分析表明，相较于类型学划分的类型，实际上只有少量石制品被真正作为工具使用。很多修理的工具并没有使用痕迹，但大量未经修理的石片却有使用痕迹。数据也不支持存在特有功能的工具，且不同石器类型之间功能差异并不明显。本研究的初步结果也提示在一个非标准化石器生产组合中，类型学对于判断石器功能的局限性。这也进一步表明，我们需要结合微痕和类型学分类进行跨视角的综合观察分析，从而对工具使用频率进行准确估计。这也对解决工具精致化、遗址功能和移动模式等问题具有重要价值。

致谢：本研究是中国科学院古脊椎动物与古人类研究所与宁夏回族自治区文物考古研究所共同研究课题的一部分，也是第一作者的硕士论文《2014—2015年水洞沟遗址第2地点出土石制品分析》（导师：张晓凌）。感谢李锋对本研究的支持、Sam Lin对论文初稿的评议以及两位匿名审稿人的意见。同时也感谢陈赫、张贝、靳英帅、邢增锐和张月书在模拟实验中的帮助。本研究由中国科学院战略性先导科技专项、绿色丝绸之路泛第三极环境研究（Pan-TPE）、国家自然科学基金项目（资助号：41572022）、国家基础研究发展计划项目（资助号：2015CB953803）资助。

（高绘昕译，彭菲校）

水洞沟遗址第2地点简单石制品组合的本地原料利用模式调查

Sam C. Lin[1, 2, 3]　彭　菲[4, 5]　Nicolas Zwyns[3, 6]　郭家龙[7]

王惠民[7]　高　星[4, 5, 8]

（1. 伍伦贡大学澳大利亚研究理事会生物多样性与遗产卓越中心，澳大利亚伍伦贡，2522；2. 伍伦贡大学考古科学中心地球与环境科学学院，澳大利亚伍伦贡，2522；3. 马克斯·普朗克进化人类学研究所人类演化学系，德国莱比锡，04103；4. 中国科学院脊椎动物演化与人类起源重点实验室/中国科学院古脊椎动物与古人类研究所，中国北京，100044；5. 中国科学院生物演化与环境卓越中心，中国北京，100044；6. 加州大学戴维斯分校人类学系，美国戴维斯，95616；7. 宁夏回族自治区文物考古研究所，中国银川，750001；8. 中国科学院大学，中国北京，100089）

摘要：中国旧石器时代石器生产的随意性和缺乏变化性通常被解释为是环境、生存和人口数量导致的，这或许阻碍了东亚人类群体的文化创新。这种观点源于一种假设，即石器生产的复杂性仅仅反映在复杂的石核消减过程、石器工具类型或非本地原料的搬运和利用上。在本研究中，我们通过调查建立了水洞沟遗址第2地点所在地原材料比例的基准线，论证了水洞沟第2地点古人类对当地丰富石料类型的不同处理。我们观察到在深海氧同位素第3阶段后期，尽管有明显的技术停滞，当地原料的选择和搬运模式仍在不断变化。因此，我们的结果表明，在简单的石核-石片石制品组合中，技术的复杂性不仅表现前述的石核消减、石器工具类型和外来原料的搬运，也体现在对本地石料资源的选择、使用和运输上。

关键词：中国；旧石器时代晚期；石器技术；原料；石核-石片工业

1. 引　言

原料对石器技术的影响通常从经济效率视角被认为与资源供给和能量消耗的成本及收益

有关。如果人群经常长途跋涉，那么，缺少可用石料的不确定性就会增加（Elston, 1990），这将增加对可携带工具的精致加工（curation）（*sensu* Binford, 1979）。在这种情况下，更多的原料会被搬运、维护和丢弃到远离原料地的地方，而且人工制品更有可能呈现出制式化的特质，如被修整和形态标准化，这也表明使用者在延长工具使用时间和提高使用效率方面的投入（Andrefsky, 1994; Bamforth, 1986; Kuhn, 1995; Nelson, 1991）。相反，当人群长期停留在某一地区时，群体移动的频率和距离减少，意味着本地原料会在石制品组合中占据更大的比例（Nelson, 1991; Parry and Kelly, 1987）。在这种情况下，本地化的活动和原料的易获得性会减轻获取石器的经济压力，促使人们更随意或权宜地使用石器（Andrefsky, 1994; Nelson, 1991）。这一标准在石器考古学中的应用一般涉及到制式化（formal）工具类型和非本地原料关于人工制品精细加工的识别（Andrefsky, 1994; Riel-Salvatore and Barton, 2004; Surovell, 2009）。这些要素被当作是在修整和搬运工具上投入的时间和精力的直接证据。相反，用当地可获得原料制作的石制品组合中的非制式（informal）的石制品组合被认为反映了相反的情况，即包括（a）一遇到原料就随手获得，很少优先甄选；（b）缺少对维护/延长石制品使用时长的付出；（c）使用后立即丢弃（没有经过运输）。

然而，非制式石制品组合和权宜技术之间的联系很少用实验数据来证明。反而越来越多的考古研究显示了相反的例子，在这些例子中，非制式石制品展现出精致加工技术的特征，如对这些石制品的搬运和利用效率。例如，Douglass等人（2008, 2016, 2018）使用石皮比率法和石核使用时限模型，证明了澳大利亚全新世几乎完全由当地原料类型制成的非制式石制品组合中广泛存在的人工制品运输和石核利用率维护。其他研究（Dibble et al, 2012; Holdaway et al, 2010; Lin et al, 2015, 2016a; Phillipps and Holdaway, 2016）也使用了类似的石皮比率方法，将法国旧石器时代中期、非洲中石器时代和埃及全新世中期当地原料石制品组合中石皮比例的变化归因于人工制品运输和移动模式的转变。Turq等人（2013）也支持这种非制式石制品常常被搬运的观点。他们发现，法国西南部旧石器时代中期的石制品搬运形式，与我们传统认为只有精细加工的制式工具被搬运的观点并不一致。这些发现意味着过去的流动群体在当时的环境中开展生计活动时，非制式物品被搬运携带的情况可能与制式类型一样多，甚至更多（Dibble et al, 2017; Holdaway and Douglass, 2012）。

重要的是，这些发现表明，除了对石制品精致加工的传统处理之外，技术的复杂性也表现在对用当地原料生产的非制式石制品的选择、使用和搬运（Bamforth, 1992; Lin et al, 2013; Režek et al, 2018）。事实上，这些研究说明，在依靠传统指标识别精细加工时，有可能出现错误的情况（Lin et al, 2015）。也就是说，对这些非制式石制品组合的随意、简单印象，反而反映了我们缺乏对用当地原料制作的非制式石制品组合的精致加工和运输的识别方法（Dibble et al, 2017; Holdaway and Douglass, 2012; Režek et al, 2018; Valquero and Romagnoli, 2018）。在中国，旧石器时代简单的石核-石片技术占主导地位，包括通过使用硬锤、砸击、碰砧技术完成的简单石核消减过程（Bar-Yosef and Wang, 2012; Gao, 2013）。制式人工制品的普遍缺乏与修整过的物品大多以不规则的形状出现，使之难以划分为独立的类型（Gao, 2013）。这一时期的原料使用几乎完全基于当地可获得的石料类型，直至更新世末期都没有直接甄选和搬运质地细腻的原料的明确迹象（Gao, 2013）。虽然存在一些区域差异，如秦岭和淮河以北的石制品组合以小型石片工具为主，而南方的石制品组合则以大型砾石工具为主，并且它们也很可能存在时间上的差异（Bar-Yosef and Wang, 2012; Gao, 2013; Zhang, 1999），但直到更新世晚期，华北和华中地区开始出现正式的石叶和细石叶工具，技术和类型复杂性才有明确的增加迹象（Qu et al, 2013; Wang, 2017; Wang and Qu, 2014; Yi et al, 2013）。

在传统石器技术的组织框架下（如上所述），中国旧石器时代的"简单化"被认为是该地区旧石器时代的人类实行的是简单而灵活的低投资技术，侧重于使用简单的非制式工具。这一技术特征导致了这样的观点：在中国，人类主要以低强度的方式开发资源，因此在技术创新压力上受限（Gao, 2013）。对植物资源采集的侧重，如水果和根茎，而不是狩猎生计也被认为促进了简单砾石和石片工具的使用（Watanabe, 1985）。其他解释将缺乏制式石器技术归因于原料或社会人口因素，这些因素要么促进了石器方法的随意性，要么抑制了复杂技术的发展。例如，有人认为，使用当地石器原料剥片质量不高或主要依靠有机材料（如竹子）生产工具（Gao and Norton, 2007; Toth and Schick, 1993），可以成为中国没有制式化的技术和工具类型的原因（Bar Yosef et al, 2012; Pope, 1988; Toth and Schick, 1993）。在后一种情况下，缺乏对技术性质的辨识，也反映了对这些有机工具的偏见。最近，研究人员提出，该地区的非制式技术可以归因于较低的有效人口数量限制了技术创新的速度和传播（Lycett and Bae, 2010; Lycett and Norton, 2010）。

不管是什么原因，这些观点都反映了一个普遍的观念，即中国旧石器时代的技术表现在某种程度上很反常，其持续的简单性没有遵循类似于欧亚和非洲旧石器时代记录中技术变化的轨迹。解决这个问题也推动了对其他因果关系的研究（见Bar-Yosef, 2015的讨论）。然而，如上所述，除了所观察到的明显的技术简单性之外，可能还有一层行为动力。换句话说，中国旧石器时代持续存在的石核-石片石制品组合反映了没有变化的简单的石器技术，这一观点仍然是一个有待检验的假说。

在此，我们通过对中国宁夏水洞沟第2地点旧石器时代晚期遗址（SDG2）本地原料利用的研究来评估这一问题。考虑到各个层位之间的差异，该遗址的大多数石制品组合都符合中国北方旧石器时代已有数据显示的石核-石片工业类型，它们几乎完全由当地丰富的石料类型制作的非制式化的人工制品组成。没有观察到明显的技术变化，如逐渐出现的制式化的石叶或小石叶生产（Brantingham et al, 2001; Li et al, 2016a; Peng et al, 2018）。在此，我们并不关注石核消减技术和顺序，而是关注原料的选择和搬运。我们使用当地的原料样本控制原料比例和砾石基准线的变化。如果过去的群体使用这些当地原料的特点是权宜加工（即缺乏选择和搬运），那么我们预期SDG2石制品组合中的当地原料部分将落在这些基准线范围内。相反，如果考古的石制品组合与基准线变化相差很大，该数据将显示在海洋同位素3阶段（MIS3）后期，SDG2的居住者对当地石材类型的不同处理。因此，这将表明这种明显简单和随意的技术在原料选择上比随机选择有更多的投入。

2. 水洞沟第2地点

　　SDG2位于中国宁夏回族自治区，是水洞沟（SDG）遗址群中12个露天旧石器时代地点之一（Li et al, 2013a; Pei et al, 2012）。自1923年首次被发现以来，因为第1地点（SDG1）出现了独特的更新世石制品组合，水洞沟受到了很多研究的关注（Boule et al, 1928）。具体来说，SDG1石制品组合是中国为数不多的包含有西伯利亚和蒙古往北的旧石器时代晚期初段（IUP）（Brantingham et al, 2001, 2004; Kuhn and Zwyns, 2014; Peng et al, 2014）石叶技术特征的案例（Derevianko, 2001; Goebel, 2015; Rybin, 2015; Zwyns, 2012; Zwyns et al, 2012, 2014）。这些SDG1旧石器时代晚期初段石制品的存在被认为是与MIS3期间迁入该地区人群（可能是现代人）有关的文化闯入相关的一部分（Gao et al, 2017; Li et al, 2013a, 2013b, 2014, 2016a; Madsen et al, 2014; Morgan et al, 2014, 2017）。

　　SDG2在SDG1东南方向约100米处。这两个地方被边沟河隔开，边沟河是黄河的一条小支流。2003年至2007年期间在SDG2的两个相邻区域（T1和T2；见图1a）进行了发掘，揭露了12.5米厚的地层断面（Li et al, 2013b; Liu et al, 2009）。该地层序列主要由黄色淤泥组成，具有黄土特征，在低能水动力环境如湖岸环境下沉积（Liu et al, 2009）。层状泥沼和泥炭沉积的存在（颜色为灰绿色/黄色）进一步表明SDG2在沉积序列的早期阶段是湖泊沼泽地（Liu et al, 2009）。孢粉记录也表明与SDG2形成有关的古环境是半干旱的，但附近有湿地体（Liu et al, 2009）。

　　在整个地层序列中，根据遗存的密集程度和/或沉积面，发掘者确定了七个文化层（CL1—CL7）。上面四层（CL1—CL4）由呈水平密集分布的遗存组成，中间被不含或仅有少量考古遗迹的沉积物隔开（Li et al, 2013b）；下面层位的文物（CL5—CL7）则更松散地分布在沉积物中，数量较少（见Fig. 3 in Li et al, 2016b）。年代学方面，CL1的光释光测年结果在距今2万年左右（Liu et al, 2009）。关于CL2，Madsen等人（2001）对来自崖壁暴露的样本进行了放射性碳素分析，得出的年代在距今3.4万年至2.9万年之间。此外，CL2和CL3样本的放射性碳素年代在距今3.5万年至3万年之间（Gao et al, 2008; Li et al, 2013b）。CL4—CL6的年龄不太确定，因为这些层位的几个年代都小于距今3万年（Li et al, 2013b; Liu et al, 2009）。李锋等人（2013b）预估在距今3.4万至3.3年之间。CL7的底部出土样品经放射性碳素测定为距今4.3万至4.1万年（Liu et al, 2009）。关于SDG2年龄的更多信息和讨论，见李锋等人（2013b, 2015）、Madsen（2001）等人以及Keates和Kuzmin的研究（2015）。

　　除了丰富的石器和动物遗骸，SDG2还出土了由鸵鸟蛋壳和淡水软体动物制成的有穿孔和着色的珠子（Martí et al, 2017; Wei et al, 2016, 2017）。在石制品方面，除了少数石核表现出一些IUP的特征（Li et al, 2013b; Madsen et al, 2001），大多数石制品组合表现出简单石核-石片特征，只是随时间变化呈现些许变化（Li et al, 2013b, 2016b），但李锋等人（2016b）也发现了各层之间原料开采的细微变化。也就是说，CL1和CL3—CL5中的石制品组合原料完全是在附

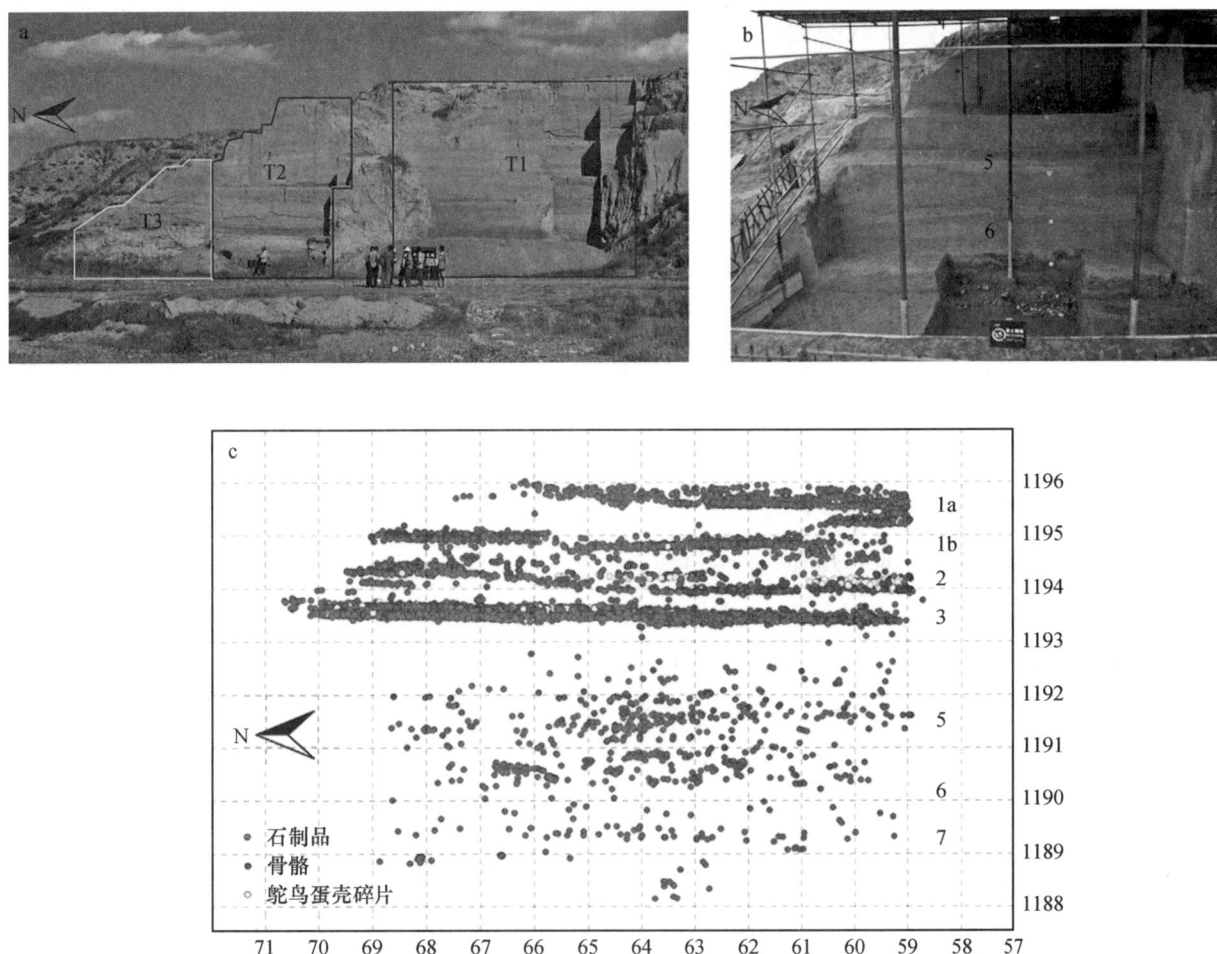

图1 水洞沟探方、文化层及石制品分布

（a）SDG2的T1、T2（2003—2007年发掘）和T3（2014—2016年发掘）三个发掘区的视图 （b）T3的发掘认定了七个文化层
（c）上层（CL1—CL3）根据石制品的密集程度来定义、下层（CL5—CL7）根据沉积层的不同来区分（彩色图片请参阅英文版原文）

近的砾石区域和暴露的砾石层中以砾石采集本地石料制作的。李锋等（2016b）进一步指出，
石制品组合整体的低剥片强度和修理频率表明石制品只经过了有限的精致加工和搬运。这种情
况可能反映了以当地河谷为中心的觅食半径的流动模式。相反，在CL2石制品组合中出现了用
非本地燧石制作的精致加工产品，这表明远距离觅食频率的增加。或者，它可以说明社会网络
的扩展，即远距离的往返促进了非本地原料向石制品组合地区的运输。最后，他们提出，在
CL2观察到的流动性和/或社会网络的变化可能与这一时期更寒冷和更干燥的气候条件有关，后
者会影响到当地环境中食物资源的分配。

2014—2016年，SDG2在与先前揭露的T2的相邻区域（T3）进行了新的发掘（Peng et al，
2018；图1a、c）。除了CL4之外，之前发掘所描述的所有文化层都在T3被发现，其总体特征
相似。也就是说，上三层（CL1—CL3，CL1进一步细分为CL1a和CL1b）是根据剖面上根据遗
存分布密度划分的层位；下层（CL5—CL7）则是较少数量的遗存松散地分布在不同沉积物中
（图1c；与Li et al，2016b的图3比较）。在新的发掘中，共出土超过5000件最大尺寸≥20毫米

的石制品。石制品组合与T1和T2中发现的石制品相似，换言之，它们主要由非制式的人工制品组成，没有显示出明显的标准化生产模式，由当地所获得的砾石原料制成，包括隐晶硅酸盐（在以前的研究中称为"燧石"，为保持一致性，以下称为燧石）、硅质灰岩（在以前的一些研究中，Li et al, 2016b也称为"硅质白云岩"）、石英岩、石英砂岩（以下简称砂岩）和石英（Zhang et al, 2018a）。

3. 材料和方法

3.1　考古学材料

我们研究了T3石制品组合的本地原料成分，以寻找人工制品选择和搬运的证据。来自T1和T2的材料并不包含在研究对象中，因为它们是由以前的发掘者使用不同的发掘记录方式获得的。T3的人工制品绝大部分（98.5%）来自上文化层（CL1a、CL1b、CL2、CL3、CL5）；其余两个底层（CL6、CL7）的数据太少（$n=33$、$n=31$），无法得出有统计意义的结论。因此，我们重点分析了CL1a—CL5的石制品组合。

表1和表2按基本石制品类别和原料类型总结了人工制品的数量和重量。从原料的数量来看，上层石制品组合整体上以硅质灰岩（38%）为主，其次是燧石（26%）、石英岩（22%）、砂岩（11%）和石英（2%）。初步的实地观察表明，这些石料类型大部分都可以在当地找到。然而，与李锋等（2016b）对T1和T2石制品组合的观察相似，T3石制品组合中的燧石是相当复杂的，其中一部分无疑是来自离遗址较远的地方。

表1　按基本类别和文化层划分的T3石制品数量和重量汇总

地层	石核		石片（断片）		石片（有台面）		碎屑（尺寸最大>20mm）		修理产品	
	数量	重量	数量	重量	数量	重量	数量	重量	数量	重量
CL1a	46	5025	102	889	65	726	406	7108	32	362
CL1b	36	4753	386	3482	233	2791	188	2793	21	487
CL2	34	2945	178	2543	130	2037	130	2999	40	681
CL3	255	30,490	1031	12,201	698	9806	1185	24,397	197	5870
CL5	33	3553	82	1271	46	988	107	5735	32	631

注：重量值以克为单位。请注意，修理产品是一个亚类，可以出现在石核、石片和断块上。根据Hiscock（2002）。

所有人工制品的最大长度、宽度、厚度（精确到0.1毫米）和重量（精确到0.1克）都是用电子卡尺和电子秤测量的。人工制品的石皮比例按七个区间测量：0、1%—9%、10%—39%、40%—59%、60%—89%、90%—99%、100%（Dibble et al, 2005）。对石皮使用基于间隔区间的估算已被证明可以减少观察者之间的差异（Gnaden and Holdaway, 2000）。在这里，人工制品的石皮几乎都是光滑、圆润的，并带有水磨/冲积石皮所特有的小坑痕。我们通过用记录的石皮比例的中间值乘以人工制品的表面积来进一步估算每个人工制品的石皮面积。石片和断块的表面积是通过最大长度乘以最大宽度来计算的，而石核的表面积则是由最大长度、宽度和厚度的半轴的椭圆体方程式来近似计算的（见附录A；Douglass et al, 2008; Lin et al, 2010）。与这种测量石皮面积方法相关的误差已被证明高估了约10%，但随着样本量的增加而减小（Lin et al, 2010; 另见Dogandžić et al, 2015）。

表2 按原料类型和文化层划分的T3石制品数量和重量汇总

地层	燧石		硅质灰岩		石英岩		砂岩		石英		其他	
	数量	重量	数量	重量	数量	重量	数量	重量	数量	重量	数量	重量
CL1a	168	2644	184	4843	107	2478	77	2737	11	66	7	255
CL1b	61	1022	57	1255	301	5152	146	3276	2	11	43	312
CL2	92	2284	142	2559	74	2464	30	1152	1	13	3	15
CL3	746	15,182	1107	32,558	365	11,589	179	7010	51	339	23	411
CL5	20	532	90	3802	72	4374	25	1693	11	96	4	62

注：重量值以克为单位。

3.2 原料调查

以往的田野观察表明，SDG2的大部分原料是砾石/砾石形态（带洪积层形成的石皮），可以在地表和遗址附近暴露的砾石层中找到。为了研究这些石料类型在石制品组合中的比例是否与它们所处的背景表现一致，我们在遗址周围进行了原料调查，以建立原料的当前基准变化。将我们的调查结果与考古数据相比较，需要假设自考古沉积物形成以来，原料的可用性基本没有变化。由于各种自然和文化因素会影响当地石头的暴露和/或绝对数量，这一假设可能不成立（Dibble, 1991）。为了解决这一不确定性，我们在两个不同地貌的地方进行了调查，以增加我们收集的样本中原料分布的变化。这两个地点是遗址东北面约120米处的一个暴露砾石层（图2a），以及遗址西南面约200米处的一个地表砾石场（图2b）。从外观上看，这两个地方的原料都有各种各样的尺寸，存在着亚厘米级的砾石到20—30厘米的大砾石（图2d）。

调查采用沃尔曼方法（Douglass and Holdaway, 2011; Wolman, 1954），即调查员沿着100米的横断面行走，每隔1米在不看手触摸方向的情况下向砾石层伸手采集食指碰到的石料（图2c）。通过这种做法在每个调查地点采集了100个砾石样本（图2d）。所有发现的石头都被收集起来，并在原料类型、最大尺寸（长、宽、厚）和重量方面进行分析。

为了确定两个调查样本中原料的相对数量，需要将砾石重量转换为体积以尽量减少不同密度的影响。砾石可能会出现重量相似，但因为密度不同所以体积不同的情况。因此，使用重量来计算原料比例会偏向于过度代表密度大的石头类型。为了确定每种原料类型的密度，我们使用Creaform EXAScan 手持式三维（3D）激光扫描仪将砾石的子样本数字化，通过Geomagic

图2　在SDG2附近的原料调查

（a）一个暴露的岩石层　　（b）一个卵石区域表面（这两个地点的原料丰度水平符合水洞沟地区的一般特点）
（c）使用沃尔曼方法沿着100米的横断面进行样品选择需要注意的是，调查员在采集样品时，眼睛是移开的，以避免采样误差
（d）调查结果从每个采样地点抽取的100个卵石中得出

Studio 10软件计算它们各自的体积（3D Systems, 2007）。随后将得出的体积除以相应砾石的重量，得出每个砾石的比重，然后对每种原料类型进行平均。最后可以将该平均值应用于剩余的原料样本，使砾石重量转换为体积。

此外，这里使用的沃尔曼调查方法，对较大石头进行取样的概率将高于对较小石头进行取样的概率，因此，较大石头的数量在收集的样本中会有过高的代表性。为了处理该尺寸偏差问题，我们遵循Douglass和Holdaway（2011）的做法，应用了Leopold（1970: 135）提出的修正方法，将取样石头的尺寸按"与b轴直径的平方成反比的系数"进行转换。也就是说，我们将每个砾石的体积乘以$1/d^2$，其中d是每个砾石的最大宽度。然后用这个校正后的砾石体积来计算两个调查样本中的总体原料比例。

研究表明，用不同大小和形状的石头制作的石制品组合，其石皮与体积的比例会有所不同（Dibble et al, 2005）。例如，具有更多角状或片状形态的石头会比那些具有更多球形形态石头的石皮表面积更宽。此外，由于体积在三个维度上增加，而表面积在两个维度上增加，所以较大的石头在单位体积上所显示的石皮表面积会比小石头少（见Dibble et al, 2005）。简而言之，如表3所示，石头的表面积与体积之比取决于它们的大小（体积）和形状（例如球形、圆柱形和立方体）。然而，如果我们通过取前者的平方根和后者的立方根来标准化表面积和体积的大小，那么这两个转化后属性之间的关系就会变得恒定，而与尺寸差异无关。表3显示，无论体积有多大差异，标准化的表面积与体积比，球体是2.20，圆柱体是2.42，立方体是2.45。这种几何属性是有用的，因为如果石制品组合是在现场用带石皮的砾石制造的，并且经历了有限的后续人工制品运输，那么石制品组合中石皮与体积的标准化比率应与制造该石制品组合的砾石原石的比率一致（Dibble et al, 2005）。

表3　不同几何形状的固体的表面积和体积比例

数量	表面面积			表面面积/体积			表面面积$^{1/2}$/体积$^{1/3}$		
	球体	圆柱体	立方体	球体	圆柱体	立方体	球体	圆柱体	立方体
100	104.19	126.21	129.27	1.04	1.30	1.29	2.20	2.42	2.45
200	165.39	200.35	205.20	0.83	0.88	1.03	2.20	2.42	2.45
400	262.54	318.04	325.73	0.66	0.60	0.81	2.20	2.42	2.45
800	416.75	504.86	517.06	0.52	0.41	0.65	2.20	2.42	2.45

实体的未转化的表面积与体积比例不是恒定的，而是因形状和尺寸而变化。然而，通过平方根和立方根将两个变量的尺寸标准化，得出的表面积与体积比只因形状而变化，而不因尺寸而变化。从体积推导出表面积的公式是：球体为$4\pi（3 \times V/4\pi）^{2/3}$，圆柱体为$4\pi（V/\pi）^{2/3}$，立方体为$6 \times V^{2/3}$（Dibble et al, 2005）。

使用扫描得到的砾石3D数据，我们通过Geomagic软件计算扫描的表面积，然后用表面积（平方根）除以各自的砾石体积（立方根），得出当地原料的标准化石皮与体积比。重要的是，这些比率之间的差异只反映了石头形状的不同，而不是尺寸的不同。因此，我们可以将从原料中得出的石皮与体积的比率直接与考古数据进行比较，而不必估计过去使用的砾石的大小。此方面不同于石皮比率法（Dibble et al, 2005; Douglass et al, 2008; Lin et al, 2015, 2016a; Phillipps and Holdaway, 2016），后者需要对过去采石者使用的石头的平均大小或数量进行额外的估计或假设。

所有的统计分析都是使用R统计软件（R核心团队，2017）和dplyr（Wickham et al, 2017）、ggplot2（Wickham, 2009）、ggpubr（Kassambara, 2017）、FSA（Ogle, 2018）、scales（Wickham, 2017）和tidyr（Wickham and Henry, 2018）等软件包进行。作为显著性阈值，α水平为0.05。由于在本研究中进行了多项统计测试，我们采用了DunnŠidák校正来尽量减少I型错误膨胀的问题。修正后的显著性水平为0.0085（超过六次检验）。继Marwick（2017）之后，用于再现数据图形和表格值的代码和数据已经实现并可在CC-BY许可下重复使用（附录B）。

4. 结　　果

4.1　原料调查

表4总结了两个采样地点的原料调查结果。尽管在采集的两个样本中各种原料类型的数量和重量范围存在差异，但两个采样地点都显示出了硅质灰岩和石英岩的主导地位，其次是砂岩和燧石。有趣的是，以前的发掘者有注意到当地的砾石岩层中存在石英，但在我们的调查中却没有发现任何石英。

与李锋等人（2016b）的观点一致，在我们的调查样本中，当地的燧石呈棕黑色或灰色，大多以小砾石的形式出现，并广泛具有本身的裂痕。一些燧石以带状的形式出现在硅质石灰岩砾石中，也伴随着大量的裂痕。根据颜色对原料进行的初步分类表明，T3石制品（同样得见于Li et al, 2016b）中可能存在这种当地的燧石类型。然而，我们在调查过程中没有发现任何具有外部尺寸和内部同质性（即缺乏裂痕）、可以证明这些石制品生产的燧石样本。因此，需要更多分析来确定这种当地的燧石类型在T3石制品组合中的实际出现频率。在这项研究中，由于我们不能确定这些燧石来自哪里，所以在分析中排除了燧石。

表4　从两个调查地点收集的原料样本的总结

	燧石	硅质灰岩	石英岩	砂岩	其他
采集点1					
数量	6	47	31	9	7
重量					
合计	340	18388	9620	3806	498
中位数	14	68	125	219	58
范围	10—261	3—7350	25—2260	8—2310	24—204
采集点2					
数量	2	52	40	6	0
重量					
合计	624	25076	27398	1185	-
中位数	321	171	310	180	-
范围	84—558	3—3130	14—3650	31—462	-

我们从调查样本中选择了28块砾石进行3D扫描。硅质灰岩的平均密度为2.81克/立方厘米，石英岩为2.64克/立方厘米，砂岩为2.57克/立方厘米。这些密度值可以应用于所有收集的砾石，以将它们的重量转换为体积。为了进一步描述我们的原料样本，我们进行了双向方差分析（ANOVA），结果表明，原料类型之间的砾石体积（通过自然对数转换以实现近似对称分布）存在明显差异 $[F(2,180)=6.05, p=0.0029]$，同时，样本地点之间也存在差异

［F（1,180）=12.88，p=0.00043］。随后的Tukey测试表明，第2地点的砾石比第1地点要大（调整后的p=0.0045），并且石英岩通常大于硅质灰岩（调整后的p=0.0018）。

图3显示了两个调查地点中三种原料的体积比例。考虑到抽样误差，我们进一步对两个样本进行了1000次迭代的引导，得出了每种原料95%的置信区间。虽然两个样本之间似乎存在差异，即第2地点比第1地点有更多的石英岩和更少的砂岩体积，但每种原料的自举范围在两者之间有明显的重叠。这意味着这两个样本在统计学上不一定不同，观察到的差异可能反映的是采样误差。需要进一步调查以通过增加样本量来解决这个问题。目前，我们通过结合两个调查样本和引导三种原料类型的95%置信区间来最小化抽样误差的影响，以表示它们在SDG2遗址周围的一般代表性。这导致硅质石灰岩占39%—57%，石英岩占36%—53%，砂岩占4%—12%。这些范围用于表示三种原料在SDG2遗址当前背景下设置的基线比例。

对于标准化的石皮与体积比，28个扫描的砾石产生了相对相似的数值，范围在2.25到2.54之间，中值为2.38。单因素方差分析表明，三种原料之间的石皮与体积比没有显著差异［F（2，25）=0.21，p=0.81］。样本的自举95%置信区间平均比率为2.36—2.40。

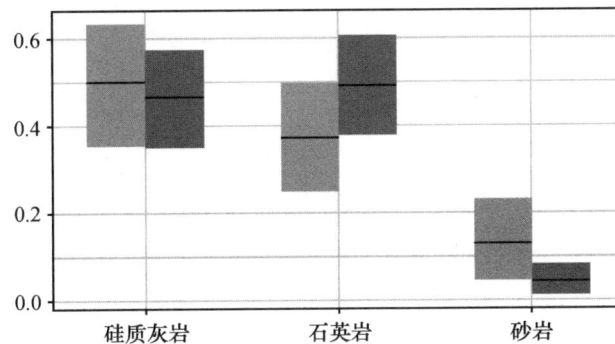

图3　95%置信区间下两个调查样本中硅质灰岩、石英岩和砂岩的体积比例
黑线代表收集到的实际比例；左条代表地点1的样本；右条代表地点2的样本（关于本图例中对颜色的解释，请读者参考本文的网络版）

4.2　考古学分析

除了CL3大得多之外，所检验的其他石制品组合在大小上是相当的。为了尽量减少抽样误差的问题，我们将石制品组合引导超过1000次迭代，以生成四个文化层的平均原料比例的95%置信区间。图4将原料组合与根据调查样本估计的基线比例进行了比较。虽然在大多数情况下，石制品组合体积与基线范围重叠，但也存在原料丰度偏离背景变化的情况。硅质灰岩体积在CL1b中的代表性（underrepresented）不足，而石英岩体积在CL3中的代表性不足。相比之下，CL1b和CL1a的砂岩比例均高于预期范围。假设我们的调查结果代表了更新世期间的原料分布，这些结果表明SDG2的原料偏好随时间而变化。具体而言，在某些时期，硅质灰岩和石英岩更少被利用，而在后期，使用砂岩制作石器的情况有所增加。

关于石皮与体积的比率，我们通过对考古石制品组合的引导，得出三种原料95%的置信区

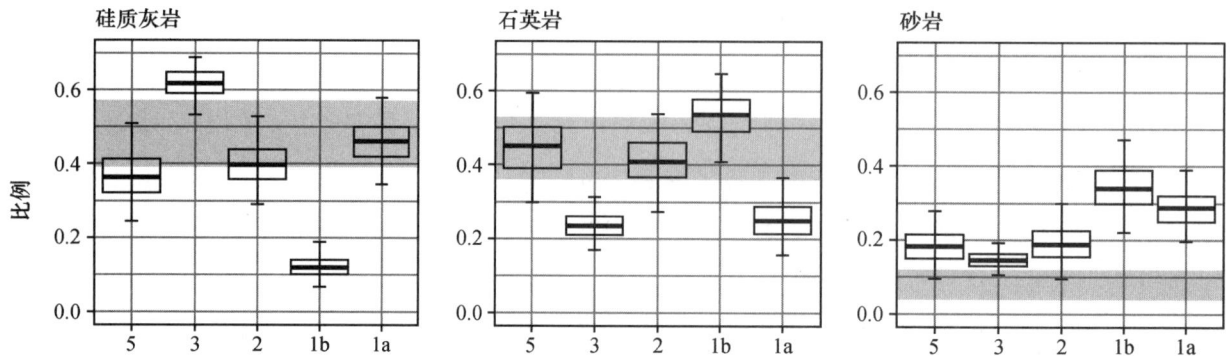

图4　本文所研究的SDG2石制品组合自举的原料体积比例（95%置信区间）

图中横条表示三种原料比例的各自基线范围（关于本图例中对颜色的解释，请读者参考本文的网络版）

间。图5比较了考古学得出的石皮与体积的比率与原料调查得出的置信区间（2.36—2.40）。同样，在有些情况下，石制品组合的石皮与体积比偏离了基准模式。就CL3而言，硅质灰岩的比例偏高，这表明在这些石制品中，相对于体积而言，石皮的含量偏高。这种模式可能是由于将含石皮的石制品搬运到遗址所在地，或在其他地方对不含石皮的石制品进行剥片，造成体积的损失（Dibble et al, 2005）。相比之下，CL2的所有三个原料组合都显示出相对于基准线较低的比率，表明相对于石制品体积而言，整体上石皮都比基准线要低。砂岩组合尤其如此，它在CL2原料组中的石皮与体积比最低。

为了探讨这个问题，我们检查了CL2和CL3石制品组合的石皮与体积比例，分为三个部分：石核、石片和断块（表5；类似方法见Douglass et al, 2016）。CL2所有三个原料组的石皮与体积的比率都低于基准线。很明显，与其他原料类型相比，砂岩的石核和石片尤其具有较少的石皮。这种石皮不足可能是由于在CL2的形成过程中，含石皮砂岩石制品有可能被带离SDG2地点。这些被运走的石制品可能是以大的石片形式被选中的，在简单石核和石片技术中，大的石片在石核消减的早期阶段所占比例过大，因此可能比消减过程中后期产生的石片保留更多的石皮（Douglass et al, 2008; Dibble et al, 1995）。砂岩石核的低石皮与体积比也表明石核具有相对较低的石皮表面积，这可能反映了古人类在早期剥片阶段倾向于剥取大的带有石皮的石片，而导致的一种去皮化结果。

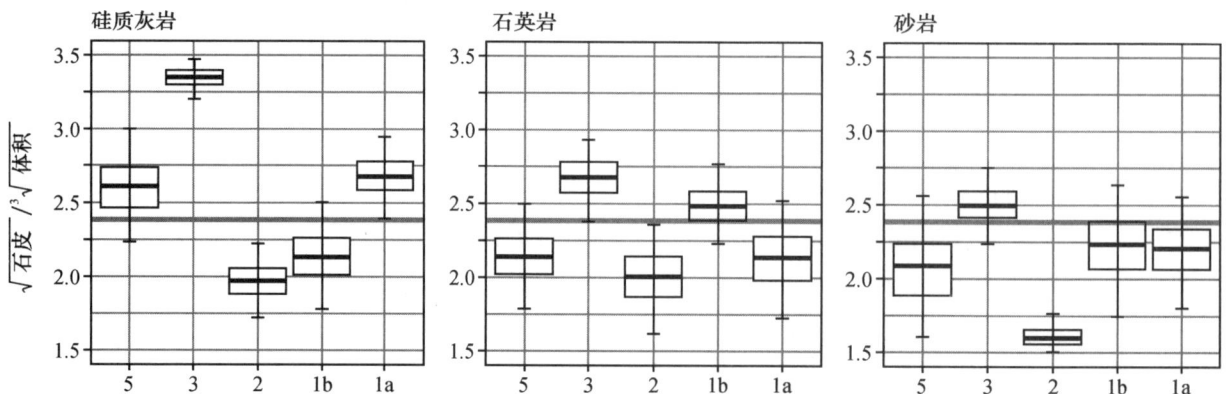

图5　经检验的SDG2考古石制品组合自举原料石皮体积比（95%置信区间）

底部图中的水平线条代表原料石皮与体积比的基线范围（关于本图例中对颜色的解释，请读者参考本文的网络版）

表5 CL2和CL3硅质灰岩、石英岩和砂岩石制品的石核、石片和断块的石皮与体积比率

		石核	石片	断块
CL2	硅质灰岩	2.00	1.55	1.67
	石英岩	1.62	1.81	1.60
	砂岩	1.12	1.14	1.50
CL3	硅质灰岩	3.16	2.67	2.47
	石英岩	2.45	2.14	1.95
	砂岩	2.53	1.80	1.96

就CL3而言，与石英岩和砂岩相比，硅质灰岩石制品在所有三个石制品类别中的石皮比例都较高，且石核中的比例尤其高。需要注意的是，这种差异不能归因于尺寸的变化，因为标准化的石皮与体积的比与尺寸无关。相反，硅质灰岩石核的高石皮比例表明，该石制品组合中缺乏很多石核体积。一个可能的情况是，硅质灰岩石核的平均减少量按比例来说比石皮多，这导致了石制品组合中过多的石皮石核。随后，较少的和不含石皮的石制品（石核、石片、碎屑）被运到其他地方，导致石制品组合中石皮的比例上升至基线以上。

为了进一步研究这些模式，我们提出上述观察到的这些本地石料类型的不同处理是否与石核消减程度有关。我们用石皮比例和石核转向来衡量石核消减行为。使用这两个变量的基本原理是，随着石核消减的进行，我们预计石核石皮比例会减少，石核转向会增加（尽管这些变化不一定会随着减少而线性发生；参见 Clarkson，2013和Douglass et al，2018）。在这里，前者通过每个石核记录的石皮百分比来衡量，后者则是通过石制品组合中的单、双和多平台石核的数量来衡量的。

我们使用非参数的Kruskal-Wallis检验来检查石核石皮比例，因为该变量是按间隔记录的，而不是对称分布的。在调整后的临界水平下，结果表明石核石皮的覆盖率在原料类型 $[H(2)=15.01，p=0.00055]$ 和文化层 $[H(4)=15.33，p=0.0041]$ 之间都有明显的不同。Dunn的Kruskal-Wallis检验表明，砂岩的石核石皮明显少于石英岩（调整后的$p=0.00032$）和硅质灰岩（调整后的$p=0.0030$）。这一结果表明，与其他两种石料类型制成的石核（石英岩的平均石皮覆盖率为35%，硅质灰岩的平均石皮覆盖率为40%）相比，砂岩石核的消减程度（平均58%的石皮覆盖率）通常较轻。就文化层差异而言，Dunn的Kruskal-Wallis事后多重比较调整后的p值均未超过我们调整的临界值0.0073。因此，我们得出的结论是，基于事后检验，文化层之间的石核石皮覆盖率没有明显差异。

关于石核旋转，我们使用卡方检验来检验不同石核类型的比例在原料和文化层之间是否存在统计学差异。检验结果显示，原料组（$\chi^2=10.29$，$df=4$，$p=0.036$）和文化层（$\chi^2=4.47$，$df=8$，$p=0.81$）的差异不明显。综合这些结果，得出虽然T3处砂岩石核的消减程度比不上硅质灰岩和石英岩石核的消减程度，但这些石核在消减过程中旋转的程度没有明显差异。

5. 讨　　论

　　本研究的主要目标是评估SDG2石核与石片石制品组合中当地的原料组成是否符合当前当地原料可用性中所代表的各自基线变化。尽管石器技术明显统一，但我们的研究结果表明，在一些情况下，考古石制品组合与背景比例有显著不同。特别是，我们显示了通常不被认为是"高质量"的石料类型，如砂岩，在过去的某些时期被有意选择并搬运携带。

　　有趣的是，这里考察的两个石制品组合属性（组合体积比和石皮与体积比）并没有相关性。例如，虽然CL3硅质灰岩石制品的石皮相对于体积来说过多，但它们的整体体积丰度落在背景范围内。同样，虽然所有三种原料类型都在CL2石制品组合中显示出石皮相对于体积的不足，但它们的总体体积比例符合基准线模式。石制品组合的这种不匹配表明原料选择和运输的基本过程是相互独立的。换句话说，当某些原料被选择用于工具生产时，并不一定意味着这些材料也被优先搬运。

　　在本研究中，使用石料的体积而不是重量是很重要的，因为它提供了一个标准化的手段来比较原料的丰度和几何形状。如果我们使用重量，那么密度较大的石料类型（例如硅质灰岩）的石制品比例就会被高估。石皮与体积比也会有偏差，因为尽管体积相同，但不同密度的石料会给出不同的重量值。因此，未来对石制品原料经济的研究应该在比较不同的石料类型时考虑不同密度的潜在影响。

　　需要指出的是，这里得出的结果不包括来自T3的燧石制品。如表2所示（同样见于Li et al, 2016b），由隐晶硅酸盐制成的石制品确实在整个SDG2石制品组合中占了相当大的比例。这些材料有可能是阐明SDG2石器技术行为的关键。我们对当地可获得的石料类型的调查中，未能获得任何在尺寸和内部一致性方面能够与考古发掘得到的燧石制品一致的样品。采集到的燧石原料样品尺寸小，且普遍都有裂痕。硅质灰岩砾石中嵌入的燧石条带的存在，使我们对遗址燧石类型背景分析进一步复杂化。鉴于本研究的重点是当地原料的使用，因此我们将分析限制当地来源的石质类型内。未来的研究需要更好地阐明这些隐晶硅酸盐在水洞沟和附近地区的种类和分布。

　　本研究中观察到的SDG2的当地原料利用模式的转变，可能反映了随着时间的推移与石制品选择和使用相关的不同决策标准。例如，CL3的硅质灰岩石制品组合石皮过多，意味着由这种材料制成的石制品被优先运输。然而，硅质灰岩石制品组合体积与基线范围之间缺乏差异表明在这一时期没有针对性地选择这种石料类型用于石片生产。对此的解释可能与这种石料类型的机械性能有关。具体来说，初步观察表明，SDG2的硅质灰岩需要相对较高的敲击载荷才能断裂。如前所述，这一特性由其高比重值支持。虽然这一特性意味着硅质灰岩更难敲击，但也表明用这种原料制作的边缘更耐用（Zhang et al, 2018b），因此使用寿命更长。所以过去的人类在现有的硅质灰岩石器中进行选择，将之作为移动工具箱进行运输并不奇怪。另一方面，在CL2中，我们可能会看到石制品选择和运输制度的转变，即将重点放在了运输较大的石片上。

这种变化可以解释所有三种当地石质类型中的石制品组合石皮的不足。

这种情况说明了石制品的生产、选择、搬运和使用的过程在过去很可能是不相关的。通过独立的证据线索，我们可以初步理顺这些石制品组合形成的背后过程。通过测验SDG2原料的矿物学和机械性能（例如韧性和硬度）并阐明此处观察到的石制品组合模式背后的石制品选择标准来检验这些情况，需要进一步的研究（Braun et al，2009）。

这里研究的数据（来自T3）与之前从T1和T2（Li et al，2016b）采用的数据之间的石制品组合大小存在一些差异。在T1和T2中，CL1a的石制品密度最高。这与此处使用的T3材料形成对比，CL3包含了最多的石制品。这种差异可能部分是由于发掘区域的大小和石制品采集方法的差异造成的。T1和T2的发掘强调了所有石制品的回收，无论其大小，而T3的重新发掘对单独溯源和分析的材料实施了20毫米（最大尺寸）的尺寸限制。鉴于石核尺寸的减小遵循幂律分布，即更小的产品产生的频率更大（Lin et al，2016b），在发掘中有一个更小的记录尺寸界限（cut-off）可能意味着T1/T2组合小尺寸等级上比T3组合要包含更多的石制品。在未来的工作迫切需要通过应用一个标准化的分析设计来阐明这两个数据集的可比性。

虽然我们很想把T3石制品组合模式推及到对景观利用和流动性的更大范围的解释，但SDG2的空间范围有限，意味着该模式可能代表水洞沟景观记录更广泛空间的横向变化。正如Douglass（2010）所证明的那样，露天石制品组合的组成在局部范围内可以存在空间内的广泛变化，这些单独的局部信号本身不一定能传达任何有意义的趋势来解释更大规模的行为倾向（同样见于Shiner et al，2007）。造成这种情况的一个原因是，景观中的不同地方不仅会经历过去群体的不同使用（Binford，1980；Holdaway and Fanning，2014），而且还会经历不同的"冗余"使用。具体来说，如果过去的移动人群反复回到特定地点（可能是因为当地的资源可用性），被丢弃的石制品组合将在这些重复人类活动的地方中出现。例如，随着时间的推移，人们可能会反复访问一个岩石露出区。虽然每次访问的确切目的和用途可能不同，但由于长期重复使用的频繁存在，人们在该处露区处理石制品资源的长期模式将呈现在被丢弃的石制品中。另一方面，如果过去的土地利用更加"分散"，人们不经常返回特定的地点，如Brantingham（2003，2006）所描述的"随机行走"模式，那么不同地点所经历的使用历史将更加不同。因此，整个景观中被丢弃的石制品组合将呈现出这些短期变化的混合体，而不是由地点的重复使用构成长期稳定模式。

揭开石制品组合中不同场所的使用历史的一个可能线索是石制品组合的大小或密度（Barton and RielSalvatore，2014）。如果石制品组合的形成历史或多或少具有可比性，我们预计更长时间的据点冗余会产生更多被丢弃的石制品，而更短暂的地点使用会留下更小的石制品。值得注意的是，许多其他因素，例如群体规模、活动类型与停留时间也会影响被丢弃材料的总体丰度和密度，而石制品多样性被认为是对觅食者占地时间长短评估的一个更有力指标（Schiffer，1987）。然而，鉴于SDG2石制品组合中缺乏离散的工具类型，很难设计出能够有意义地反映过去活动多样性的石制品单元。因此，我们转而使用石制品大小作为调查SDG2占据时间的初步准则。

　　除了CL3（2471件石制品）之外，这里分析的大多数石制品组合在规模上是相当的（300—600件石制品）。差异部分可归因于发掘区域的不同。具体来说，CL5发掘区域的空间覆盖范围小于覆盖层的空间覆盖范围。由于需要留下一个平台来稳固已揭露部分（图1b），CL5的石制品组合规模不能直接与其他部分相比较，除非按照发掘体积进行标准化。另一方面，CL1a—CL3共享相同的发掘空间。这些层位的构成，在剖面上石制品呈层状集中分布于几层，同时被缺乏或只含有较少石制品的沉积物隔开——表明它们可能是在地表稳定期间形成的，石制品被丢弃之后快速沉积。假设这些地层的时间间隔大致相当，CL3的高石制品丰度与其他层位相比就显得非常突出。这种模式可能表明，至少在SDG2T3的有限区域内，CL3之后可能出现了占据时间的变化，即过去的群体在CL3时期比之前的时期更频繁出现在SDG2区域。

　　CL3的石制品组合没有显示出典型的长期占领指标，例如增加的石核消减程度和修理频率——这表明人们不一定长期占据这个地方。相反，更多的石制品数量可能是更频繁地访问该遗址地点的结果（"reoccupation"；见Surovell, 2009）。这种在MIS3后期半干旱条件下地点重复使用的现象表明附近可能存在一些有吸引力的本地资源。例如，在T1和T2地层序列的上半部分，来自莎草科、香蒲、浮萍和水麦冬属的湿地植物花粉特别丰富。这表明在MIS3晚期（Liu et al, 2009），SDG2附近存在沼泽或湖泊。这样的水体及其相关资源丰富的湖岸环境可能会吸引动物物种和早期人类群体。

　　Morgan等人（2011）在甘肃西部黄土高原也记录了MIS3时期类似的以湿地或湖泊为中心的定居模式。这些水体的存在和高降水夏季风系统的周期主导，很可能在MIS3的暖湿期间（Barton et al, 2007），在湖泊周围产生了一个稳定的环境，有丰富的生计资源。在SDG2中，正是在这一时期，我们看到硅质灰岩人工制品，即石核中出现了过多的石皮。考虑到当地的原料丰富，过多的石皮可能反映了非石皮石制品体积被运离石制品地点的倾向。其他研究也发现了类似的石制品组合中石皮过多的模式，但他们把这种模式归结为石核运输。例如，Phillipps和Holdaway（2016）（同样见于 Holdaway et al, 2010）将埃及法尤姆的全新世中期石制品组合的高石皮比率与移动群体的石核运输联系起来。因为"如果携带重量不受限制，石核很可能是一种更通用的选择，这一情况可能发生在持续移动距离不长，但当地原料供应得不到保证的情况下"（Phillipps and Holdaway, 2016: 538），作者认为携带石核的倾向反映了低程度的移动（即缺乏长距离移动）。这种移动模式与湖泊边缘环境下资源的季节性开发进一步相关。

　　如果我们考虑到工具和石核同样有可能在景观中移动，那么CL3硅质灰岩石制品中过量的石皮是由非石皮石片和石核体积的移除造成的。总的来说，CL3的石制品组合可能反映了与法尤姆类似的情况，涉及在更小区域的移动模式下对湖泊环境的重复开发。根据Barton等人（2007）的研究，华北地区在MIS3的湿润/温暖时期的高环境生产力使小型觅食群体能够在湖岸和草原之间自由地、机会性地移动以开发资源。

6. 结　论

　　中国旧石器时代石核-石片组合明显的技术简单性长期以来被解释为反映了低投入的石器技术。尽管SDG2石制品组合在石片生产/石核消减方面没有表现出任何明显的技术趋势，但不能认为这些组合的形成历史与静态的、随意的权宜行为相关。相反，正如本研究所表明的那样，在某些情况下，当地丰富的原料被过去的群体以不同的方式选择和运输。重要的是，这里采用的分析方法在"简单"技术的背景下尤其有用，如中国的石核-石片工业。它揭示了强调石制品技术和类型的传统方法，有时候无法检测到石制品组合的变化。

　　连同之前李锋等人的研究一起（Li et al, 2016b），我们为探讨水洞沟地区的人群流动性和景观利用模型做了些工作。多个遗址点的出现涵盖了广泛的空间区域和时间范围，使得水洞沟成为研究华北半干旱地区晚更新世人类与环境互动的理想场所。明确水洞沟的人群移动和景观利用问题是至关重要的，这有助于将类IUP石叶组合（主要在SDG1；见Peng et al, 2014, 2018）相关的出现过程与中国华北地区典型的石核-石片工业联系起来。为此，对各个已发掘的水洞沟地点进行的现有研究为未来工作奠定了坚实的基础。接下来重要的一步是在一个统一的景观框架内整合和定位来自水洞沟各个地点的数据。通过本研究中使用的方法检查区域数据，并将考古模式与古环境和地质年代学数据相结合，我们就可以开始评估水洞沟地区在MIS3后期的土地利用模式，以及该地区旧石器时代晚期开始的人口和文化进程。

致谢：这项工作得到了国家自然科学基金（批准号：41672024）、中国科学院化石发掘与修理专项资金和中国国家文物局考古发掘专项资金的支持。马克斯·普朗克进化人类学研究所为Sam Lin提供了旅行经费。Creaform EXAScan和Geomagic是由陈福友和中国科学院古脊椎动物与古人类研究所提供的。我们感谢所有参与2014—2016年水洞沟第2地点的发掘人员。张佩琦和Corey Johnson协助进行了石制品分析，张佩琦协助进行了原料调查。Alex Mackay在原料运输方面提供了富有成效的讨论。我们还感谢Matthew Douglass和两位匿名评审员的宝贵意见。

附录A　椭球表面积公式

$sa=4\pi[(apbp+apcp+bpcp)/3]^{(1/p)}$

其中sa为表面积，p为1.6075，a、b、c为全轴的半轴。

附录B　补充数据

　　用于生成图形（站点地图和调查照片除外）和表值的R Markdown格式的数据和R代码在Mendeley Data上存档。本文的补充数据可在网上找到：https://doi.org/10.1016/j.ara.2018.11.003。

［原载Lin S C, Peng F, Zwyns N, Guo J L, Wang H M, Gao X. Detecting Patterns of Local Raw Material Utilization Among Informal Lithic Assemblages at the Late Paleolithic Site of Shuidonggou Locality 2 (China). Archaeological Research in Asia, 2019, 17: 137-148 ］

（陈果译，彭菲校）

水洞沟遗址第2地点本地原料的持续搬运模式

Sam C. Lin[1,2]　彭　菲[3,4]　Nicolas Zwyns[5,6]　郭家龙[7]

王惠民[7]　高　星[4,8,9]

（1. 伍伦贡大学澳大利亚研究理事会生物多样性与遗产卓越中心，澳大利亚伍伦贡，2522；2. 伍伦贡大学地球与环境科学学院考古科学中心，澳大利亚伍伦贡，2522；3. 中央民族大学民族学与社会学学院考古文博系，中国北京，100081；4. 中国科学院脊椎动物演化与人类起源重点实验室/中国科学院古脊椎动物与古人类研究所，中国北京，100044；5. 马克斯·普朗克进化人类学研究所人类演化学系，德国莱比锡，04103；6. 加州大学戴维斯分校人类学系，美国戴维斯，95616；7. 宁夏回族自治区文物考古研究所，中国银川，750001；8. 中国科学院大学，中国北京，100089；9. 中国科学院生物演化与环境卓越中心，中国北京，100044）

摘要：最新方法学的发展表明，我们早期发表的水洞沟第2地点的石皮与体积比的论文是错误的。在此，我们描述了原方法的问题，并发表了修订后该遗址石制品组合的石皮与体积比。更新的结果显示，在深海氧同位素第3阶段后期，水洞沟第2地点存在着持续的石制品搬运模式。

关键词：石器；搬运；石皮；中国旧石器时代；水洞沟

1. 引　　言

在近期发表于《亚洲考古研究》的一篇论文中（Lin et al, 2019），我们证明了在水洞沟第2地点（SDG2）旧石器时代晚期遗址中，用当地丰富原材料制成的石制品组合显示了随着时间推移，组合中石皮与体积比发生变化。我们认为这一发现反映了SDG2在深海氧同位素第3阶段（MIS3）期间石制品搬运模式的变化。然而，我们对石皮与体积比方法的进一步研究发现，我们以前对该方法的应用是错误的，对SDG2石制品搬运的最初解释也是不正确的。本文中我们对之前的方法进行了简单介绍、澄清了错误并提供了最新的结果，新的发现表明在SDG2古人类活动期间，存在着一个持久而普遍的对本地原料的搬运模式。

2. 先前的方法

Lin等人（2019）在研究中根据遗址附近采集的砾石原料样本计算出了石皮与体积比的基准线。如果石制品是以这些带石皮的砾石为原料生产的，并且石制品组合保持完整，即没有被带走或增加任何多余的外来石制品，我们可以预期认为这一石制品组合中石皮和体积的比率与最初带石皮的砾石原料的比率一致。这也是Dibble等人（2005）提出石皮比率法（Cortex Ratio）的前提。石制品组合的石皮比是按比例计算的，因此一个"完整"组合的比例为1（Dibble et al, 2005）。而与石皮比率法不同的是，Lin等人（2019）选择直接使用石皮与体积之间的比率，然后通过两个不同属性的相应维度将数值标准化（即二维表面积是平方根，而三维体积是立方根）。采用这种方法的原因是为了规避对打制砾石的原始数量或平均尺寸的估计，而这是石皮比率法所需要的（Lin et al, 2015; Douglass et al, 2008）。通过对SDG2的石制品组合应用这种替代方法，Lin等人（2019）发现第3文化层（CL3）的硅质灰岩石制品组合比率大大高于基准线，而CL2的硅质灰岩和砂岩石制品组合比率则低于基准线。我们将这些结果解释为其反映了MIS3时期不同原料在该地搬运模式的变化。

3. 问题和解决方案

进一步的研究表明，尽管单个带石皮砾石的石皮与体积比的基准线保持相对稳定（在我们的原材料样本中为2.25—2.54），但无论其大小如何，石制品组合的石皮与体积比都会随着被剥片砾石原料数量的增加而增加（图1a）。这种关系可能是由于随着砾石数量的增多，石制品组合的体积与表面积以不同的速度增长。重要的是，这一发现意味着Lin等人（2019年）所观察到的CL3中硅质灰岩石制品组合石皮与体积比的偏高，可能只是反映了其与其他文化层相比更高的组合密度。而为了比较石制品组合整体石皮与体积的比率，有必要将石制品组合石皮与体积值除以被要剥片砾石的数量。如图1b所示，在图1a中绘制的模拟石制品组合的石皮与体积比在其各自的石皮与体积值除以砾石数量后变得与基准线范围相一致。

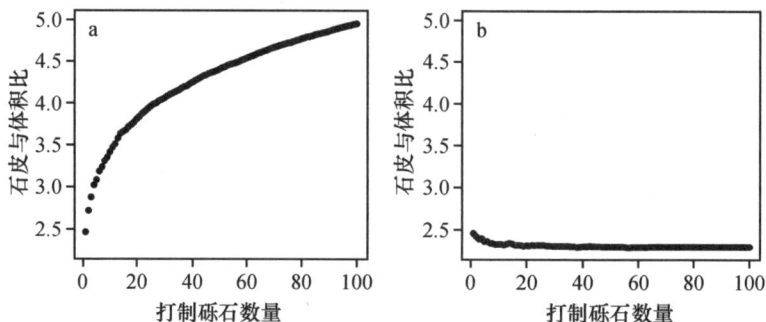

图1　模拟的石皮与体积比与不同数量的打制砾石的比值

（a）使用Lin等人（2019）提出的方法计算的比率　（b）通过先将石制品组合石皮和体积除以砾石的数量计算出的比率

4. 更新的结果

　　我们通过两种方法来估算SDG2石制品组合中打制砾石的原始数量：①使用石制品组合中的石核数量（Douglass et al, 2008）；②用砾石原料大小的估计值除以整个石制品组合的质量。对于②，我们通过使用石皮大于60%的所有石核的上四分位数质量来模拟砾石原石的大小（Lin et al, 2016; Phillipps and Holdaway, 2016），得出硅质石灰岩为141克，石英岩为198克，砂岩为

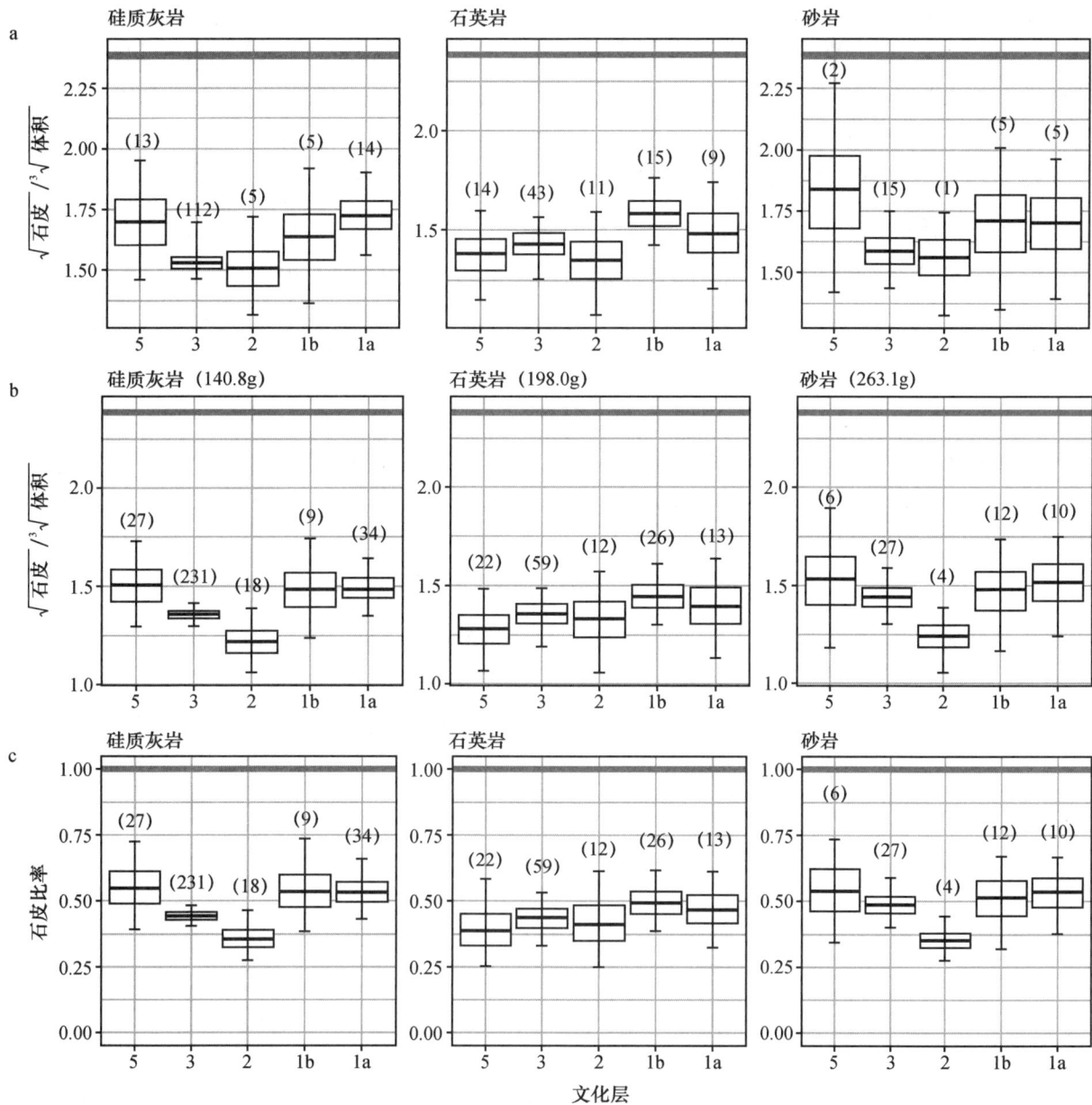

图2　按不同文化层的原料类型划分，更新的石皮与体积比（a、b）和SDG2石制品组合的石皮比率（c）
关于石皮与体积之比，砾石原石的数量是通过使用石制品组合中的石核数量（a）或用石制品组合体积除以砾石原石大小的估计值（b）来近似计算。括号中的数字表示了估计的砾石原石数量。横条代表"完整"石制品组合的预期值（关于本图例中对颜色的解释，请读者参考本文的网络版本）

263克。然后，我们用SDG2石制品组合总体的石皮和体积除以这两个砾石原石数量的估计值，再按照Lin等人（2019）的方法计算石制品组合的石皮与体积比。我们使用R统计软件（R Core Team）和以下软件进行分析：ggplot（Wickham, 2016）、ggpubr（Kassambara, 2018）、dplyr（Wickham et al, 2019）和tidyr（Wickham and Henry, 2018）。

图2a、b绘制了更新的SDG2石制品组合石皮与体积比（自举95%置信区间）与使用两种不同方法的基线比［2.37—2.4；见Lin et al, 2019］自举的95%置信区间。两种方法都显示出一个一致的结果，即所有石制品组合的石皮比例都低于预期，表明石皮在所有地层和当地主要石料类型中的代表性不足。我们使用②中估计的砾石原石尺寸进一步计算这些石制品组合的石皮比率（Dibble et al, 2005）。图2c中所示的结果落在0.5或更低的范围内，表明SDG2的所有石制品在考虑给定的石制品组合预期体积的情况下，石皮含量为一半或更少。最新的结果表明，SDG2不仅仅是在CL2和CL3期间，而是在晚更新世的整个古人类活动期间都发生了大量的石制品搬运。考虑到遗址附近有丰富的当地石料类型，持续存在的石皮缺失可能反映了随着人类群体在边沟河附近的移动，石制品被反复从该地移走。有趣的是，硅质灰岩和砂岩石制品组合的石皮比率模式在整个文化层中遵循着相似的轨迹，CL3和CL2的石皮则比其他层少。另一方面，石英岩制品组合似乎显示出随着时间的推移，组合中的石皮逐渐增加。未来的调查需要进一步分析SDG2当地原材料的搬运模式。

致谢：2014—2016年水洞沟遗址第2地点的发掘得到了国家自然科学基金（批准号：41672024）、中国科学院化石发掘与准备专项资金、国家文物局考古发掘专项资金的支持。

（原载Lin S C, Peng F, Zwyns N, Guo J L, Wang H M, Gao X. Persistent Local Raw Material Transport at Shuidonggou Locality 2. Archaeological Research in Asia, 2019, 20, 100142）

（陈果译，彭菲校）

中国西北地区旧石器时代晚期初段的文化多样性和演变：以水洞沟遗址第7地点为例

牛东伟[1]　裴树文[2]　张双全[2]　周振宇[3]　王惠民[4]　高　星[2]

（1.河北师范大学历史文化学院/泥河湾考古研究院，石家庄，050024；2.中国科学院古脊椎动物与古人类研究所人类演化实验室，北京，100044；3.中国社会科学院考古研究所，北京，100710；4.宁夏回族自治区文物考古研究所，银川，750001）

摘要： 长期以来，有关旧石器中晚期过渡的问题备受热议，但东亚地区直到最近才成为其中重要的一部分。水洞沟遗址群于20世纪20年代发现，并进行首次发掘，出土了旧石器时代晚期初段（Initial Upper Paleolithic，IUP）以石叶为主的石制品组合，越来越为学界所重视。作为水洞沟遗址群的一个重要地点，水洞沟第7地点经过三年系统发掘出土了大量的考古遗存，本文即是对此进行的研究。尽管水洞沟第7地点的考古堆积经过了一定程度的水动力扰动，但是详细的石制品分析仍然识别出遗址中存在的两种石器技术体系。一种是本土的、占据主要地位的石片石器技术（Flake-tool Technology），另一种是外来的似勒瓦娄哇（Levallois-Like）技术体系，其与石片石器技术共存于文化层的下部集中分布层，暗示两种技术体系之间可能存在技术扩散和交流。水洞沟第7地点石器技术的演变和发展揭示出一种文化的镶嵌发展（cultural mosaic）而非技术替代。我们相信水洞沟新的一轮的发掘和研究将为研究中国北方地区旧石器时代中期向晚期过渡提供更多的证据。

关键词： 水洞沟遗址第7地点；中国西北地区；似勒瓦娄哇技术；石片石器技术；技术的扩散和交流

1. 引　言

由于旧石器时代中、晚期过渡问题与古人类学中的经典课题现代人起源密切相关，近年备受考古学家关注（例如White, 1982; Mellars and Stringer, 1989; Klein, 1999, 2000; Bar-Yosef, 1998, 2006; McBrearty and Brooks, 2000; Henshilwood and Marean, 2003; Kuhn, 2003; Straus, 2005, 2009, 2012; Mellars et al, 2007; Joris and Street, 2008; Camps Chauhan, 2009; Derevianko 2010, 2011; Nowell, 2010; Joris et al, 2011; Rebollo et al, 2011）。虽然大多数研究都是基于欧洲、近东和非洲的考古材料，但也有越来越多的研究人员开始关注东北亚地区（例如Brantingham et al, 2001, 2004; Goebel, 2004; Norton and Gao, 2008; Derevianko, 2009; Norton and Jin, 2009; Zwyns, 2012; Kato, 2013; Li et al, 2013a; Madsen et al, 2014; Peng et al, 2014）。作为一处大型旷野遗址群，水洞沟遗址是中国北方发现最早、最重要的旧石器时代晚期遗址之一。自20世纪20年代发现并首次发掘以来，该遗址群受到众多中外学者的关注。

　　水洞沟遗址群位于中国西北宁夏回族自治区的黄土—沙漠过渡带，东距银川盆地东缘的黄河10千米（图1）。1923年桑志华和德日进发现该遗址群，确定了5处地点，并首先对水洞沟第1地点进行发掘，获取了大量的石制品和脊椎动物化石。早期研究者将水洞沟第1地点的石制品描述为"进化的莫斯特"或"新兴的奥瑞纳"，认为水洞沟和欧洲旧石器时代中晚期遗址的石制品类型相似（Licent and Chardin, 1925; Boule et al, 1928; Pei, 1937）。1960年、1963年和1980年水洞沟第1地点又经历了三次发掘（Jia et al, 1964）。其中1980年由宁夏回族自治区考古研究所主持的发掘是最重要的一次，不仅从下层文化（所谓的"水洞沟文化层"）发掘出丰富的旧石器时代的石制品，^{14}C年代为（17250±210）—（26190±800）a BP（见Li et al,

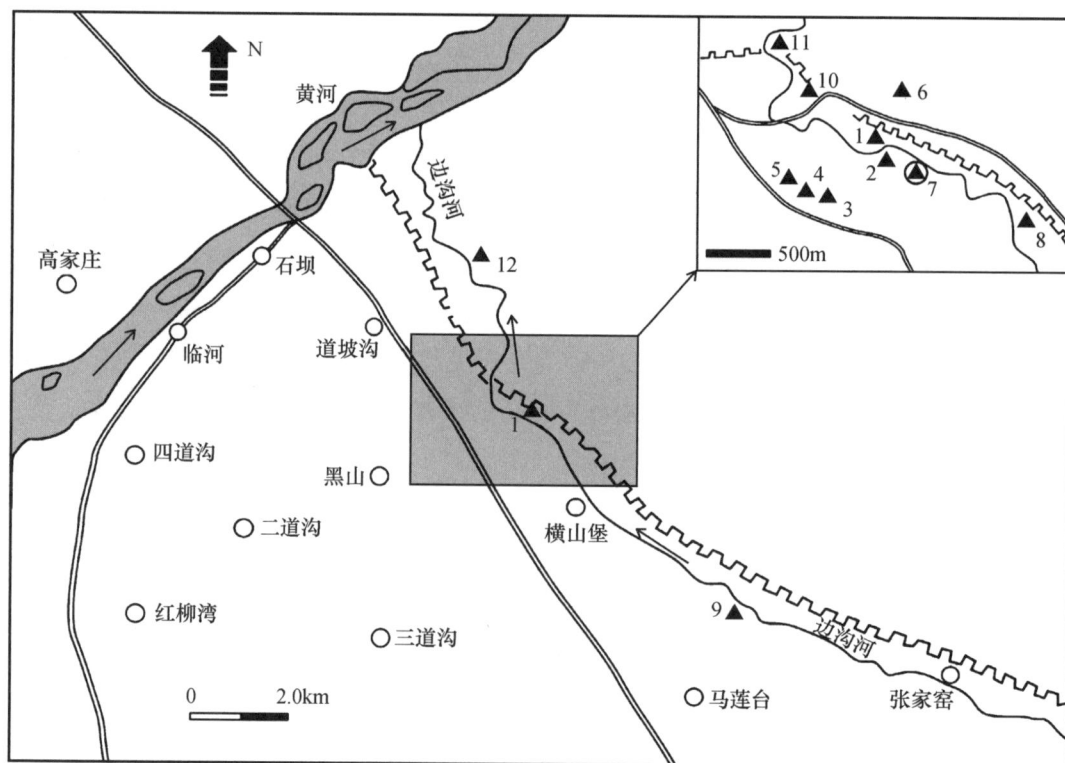

图1　水洞沟遗址群的地理位置和分布（改自Pei et al, 2012）

数字1—12分布代表水洞沟第1地点到第12地点（SDG1—SDG12）

2013b; Morgan et al, 2014; Nian et al, 2014; Peng et al, 2014d等SDG1旧石器文化层更新年代），并且在上文化层发现了新石器时代的文化遗物，^{14}C年代为（5900±70）—（8770±150）a BP（Ningxia Museum and Ningxia Institute of Regional Geological Survey, 1987; Institute of Archaeology of Ningxia Hui Autonomous Region, 2003）。水洞沟第1地点出土了大量似勒瓦娄哇技术和棱柱状石叶石核，被视为旧石器时代晚期初段的石制品组合（Bar-Yosef and Kuhn, 1999, Brantingham et al, 2001, 2004; Li et al, 2013a; Peng et al, 2014）。

2002年以来，中国科学院古脊椎动物与古人类研究所和宁夏回族自治区文物考古研究所对水洞沟遗址进行综合研究，包括地貌、地层、年代、技术以及古环境等。许多新的地点被发现，并对其中一些地点（水洞沟第2、7、8、9、12地点）进行系统的发掘和研究（Gao et al, 2004, 2009, 2013a, 2013b; Pei et al, 2012）。上述工作收获了大量的考古遗存（一些火塘，数以万计的石制品，大量的动物化石，一些装饰品、骨器和颜料）和有关石器技术、年代学和古环境的丰富数据。基于这些发现，国内外学者进行了系统的研究和分析，产生了许多新的研究成果。

水洞沟并非单一的遗址，而是一处包括12个地点的遗址群，这些地点分布在东南—西北流向的边沟河（黄河支流）两岸（图1）。光释光和^{14}C测年显示从大于40000a BP到6000a BP（从更新世晚期到全新世中期）史前人类在此处繁衍生息，但期间存在一些间歇。水洞沟遗址的旧石器时代文化堆积年代区间为大于40ka cal BP到10 ka cal BP，但缺少20ka—12ka BP左右的沉积（Madsen et al, 2001; Gao et al, 2002, 2013b; Liu et al, 2009; Li, 2012; Pei et al, 2012; Morgan et al, 2014; Nian et al, 2014）。该遗址群存在三种技术体系：①第1地点（Peng, 2012a; Peng et al, 2014）、第9地点、第7地点几个较低的水平层（Niu, 2014）和第2地点的CL7与CL5a（Li, 2012; Li et al, 2013a）发现的代表大石叶技术的似勒瓦娄哇技术；②第8地点（Wang, 2010）、第7地点（Niu, 2014）的大部分层位和第2地点的CL6、CL5b与CL4—1层所发现的石片石器技术；③第12地点的细石叶技术（Liu et al, 2008; Yi 2013; Yi et al, 2014）。除了对石制品组合的技术分析，学者们还对水洞沟遗址群进行了许多其他方面的重要研究，包括地貌和古环境（Gao et al, 2008; Liu et al, 2008）、遗址内利用的空间分析和生计策略分析（Guan et al, 2011, 2012），现代人行为的证据（个人装饰品、颜料使用、用火、热处理、骨器、带刻划痕迹的石制品）（Gao et al, 2009; Wang et al, 2009; Peng et al, 2012b; Zhou et al, 2013）。

上述研究成果主要基于水洞沟第1、2、8、12地点的考古材料。但作为一处重要的经过系统发掘的地点，水洞沟第7地点（SDG7）也是水洞沟遗址群不可或缺的一部分，但对其一直缺少详细的分析和研究。因此，本文将对水洞沟第7地点的考古材料进行系统研究，以更好地理解和认识水洞沟遗址群以及其在旧石器时代中、晚期过渡中的地位和作用。

2. 发掘、地层和年代

　　水洞沟第7地点发现于2002年的考古调查工作中，遗址埋藏于边沟河左岸的二级阶地，地理坐标为38°17′51.4″N，106°30′27.4″E，海拔约1205m，位于第1地点东南300米处（图1）。2003—2005年度的连续发掘工作揭露面积约25m²，剖面厚约12m，共分为11个自然层。考古遗存集中出自下部的四层（即7—10层，一个文化层），其下为厚度超过3m的底砾层（图2）。自上而下对文化层进行逐层发掘，每层厚度在5—10cm，共揭露出35个水平层。使用4mm的筛子对发掘堆积进行干筛。发掘过程中对每一个原地埋藏的标本都进行了编号，然后利用全站仪测量了三维坐标。SDG7发掘工作获取了大量的石制品、动物化石和鸵鸟蛋皮碎片（包括2个串珠装饰品），但没有发现火塘。

　　刘德成等（2009）和裴树文等人（2014a, 2014b）对SDG7的地层序列和地质特征进行了分析和记录（图2）。SDG7文化层的沉积物主要由发育于较浅湖滨地区的细粒尤其是粉砂和黏土构成，反映了水动力条件较小的湖滨相沉积环境。最新的光释光测年结果表明SDG7文化层的年代范围是（23±2）ka BP—（30±3）ka BP（关于OSL测年的信息详见Pei et al, 2014b和Niu,

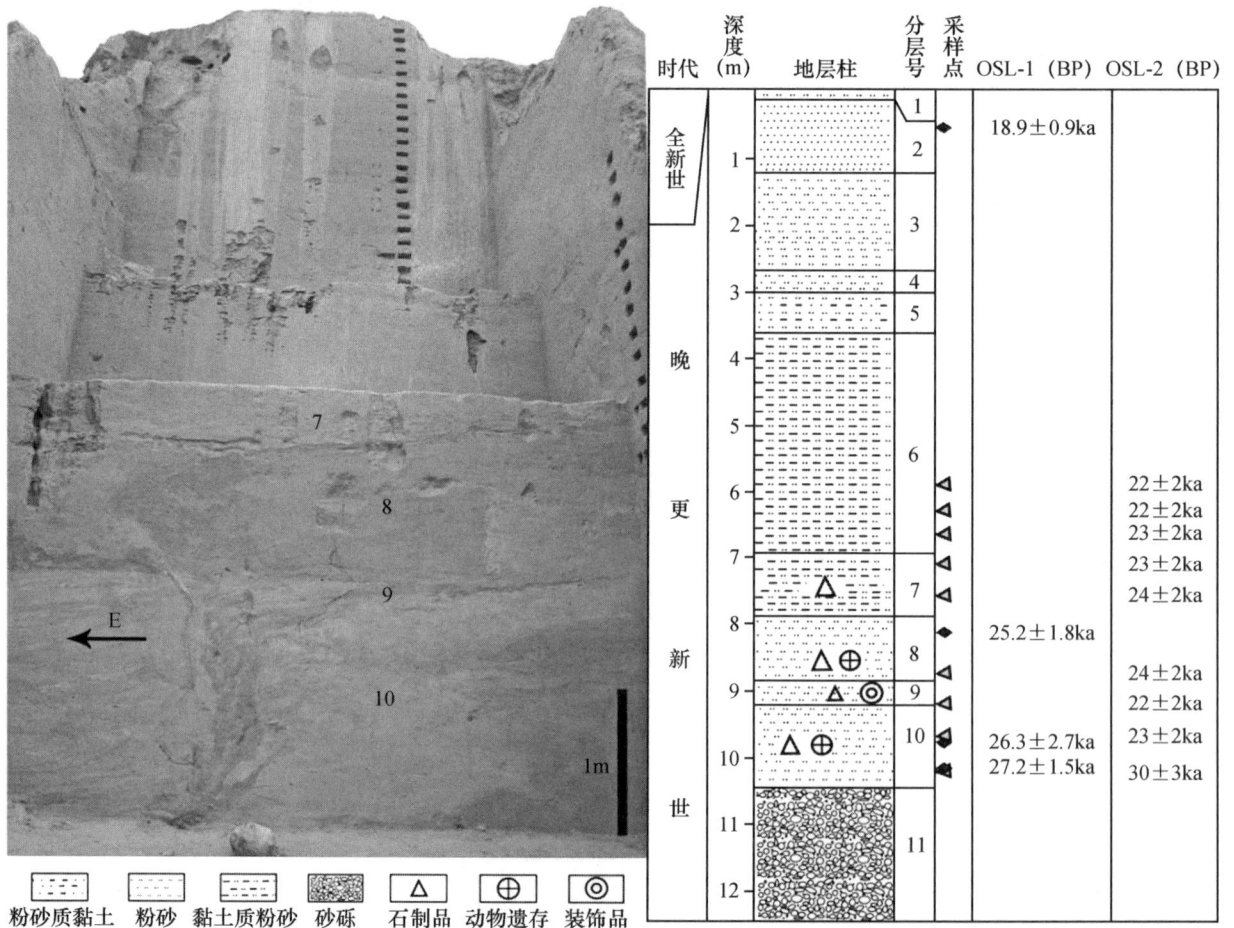

图2　SDG7地层剖面及测年信息图［OSL1测年数据根据Liu et al（2009），OSL2测年数据根据Pei et al（2014）］

2014），大致对应MIS3阶段，处于SDG2的第1和第2文化层之间，由此构建起水洞沟遗址群距今4万年到2万年的年代序列。

地层的波纹和交错层理，以及石制品的带状分布特征表明考古堆积经过了明显的沉积后改造作用。遗址形成过程的研究指出SDG7文化层主要受到两类水营力的扰动。湖水的侵蚀和渗透以及堆积的易崩塌性可能是造成剖面所显示的地层纵向扰动现象的主要因素（图2）。文化层的局部坍塌（在东南方的中下部，E53以东、N51.5以南、1195.5米以下）表明SDG7的古人类生活在湖泊的边缘，可能导致一些遗存向下移动并聚集在一起（最底部）（图3）。另一类营力是依据条带状遗物的集中分布和水流形成的沟痕推断得出的，即文化层的上部曾受到轻柔的片流改造作用（从西北向东南），导致一些遗存产生位移，并带走了一些小尺寸的遗物。然而，其他指标，如遗物密度、技术构成、废片尺寸分布、石制品的保存状况、遗物的倾向和倾角、考古遗存的空间分布、动物化石的埋藏学分析等均表明SDG7文化层虽受到一定水动力的后期改造作用，但影响并不大，因此，该地点仍然适合进行石器技术分析和古人类行为方面的研究（遗址形成过程的研究详见Pei et al, 2014b和Niu, 2014）。

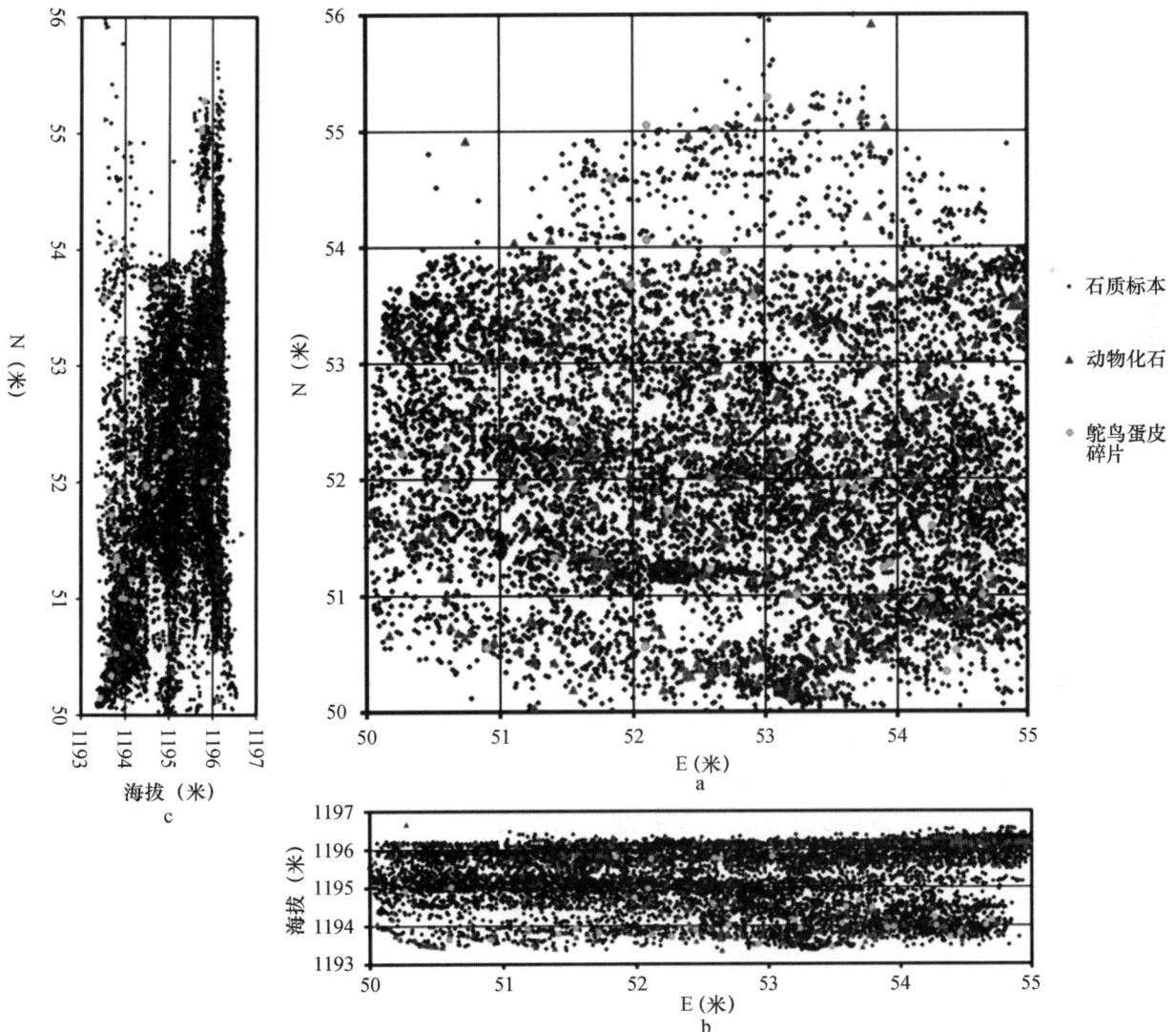

图3　水洞沟第7地点文化遗物平、剖面分布图（改自Pei et al, 2014a）

3. 水洞沟第7地点出土的考古遗存

3.1 石 制 品

连续3年的系统发掘获得了大量的石质标本（*N*=10934，原地埋藏的标本9286件，筛出标本1648件），包括砾石、石核、废片类、砸击产品、工具和打击类（石锤和石砧）。砾石多数比较小（ca. 70%<2cm，88%<5cm），很可能是由自然营力（例如流水）搬运到遗址内，因此本文开展的石制品分析不包含砾石。表1显示了SDG7的基本技术构成，其中废片类数量最多。

表1　水洞沟第7地点的石制品组合

类别		数量	总数	百分比（%）
石核（锤击石核）	简单剥片石核（包括盘状石核）	102	106	1.07
	似勒瓦娄哇石核	4		
废片类	完整石片	538	4125	5.43
	破损石片（有台面）	273		2.76
	碎片（没有台面）	534		5.39
	断块	2780		28.08
				41.66
	小碎屑（<20mm）	5492		55.47
砸击产品	砸击石核	28	52	0.53
	砸击石片	24		
工具		121	121	1.22
石锤/石砧		5	5	0.05
总计			9901	100

3.1.1　原料获取

石制品原料以硅质白云岩（33.23%）、燧石（28.41%，高质量和低质量均有）和硅质灰岩（20.66%）为主。对比研究表明遗址中的原料主要取自附近砾石层中高度磨圆的砾石，代表了开发本地河流或湖岸资源的流动策略。砸击产品中65.4%是颜色多样的高质量燧石，13.5%是石英岩，表明SDG7砸击技术的使用存在原料上的偏好。

3.1.2　石核剥片

SDG7的石核和废片类石制品的分析显示锤击法是主要的剥片技术，但是砸击技术也被用来开发小块的原料，尤其是高质量的小块燧石。就石核剥片技术来说，包括简单石片石核（N=98，锤击法剥片，未经预制）、盘状石核（N=4）、砸击石核（N=28）在内的多数石核只具备简单剥片产品的特征，没有预制台面或剥片面（图4）。与向心剥片的盘状石核剥片策略不同，简单石核剥片策略是通过改变剥片方向寻找合适的台面和剥片面进行剥片。然而，下部集中分布层（LCL）的4件石核具有和水洞沟第1、第2和第9地点发现的同样的似勒瓦娄哇石叶技术特征，该技术也被称为东北亚地区旧石器时代晚期初段（IUP）的代表性特征（Brantingham, 1999; Brantingham et al, 2001, 2004; Li et al, 2013a; Peng et al, 2014）。虽然这些石核的形态不够典型（部分原因是有的原料质量低下），但是其技术理念和操作序列与其他地点的石核呈现一致性。发现的4个似勒瓦喽哇石核，即扁脸石核均以石英砂岩为原料：L29和L35的两件是单向剥片，台面为修理台面；L30和L33的两件是对向剥片，一个是修理台面，一个是石片/素台面。此外，4件石核的剥片面上都有维护所产生的片疤（图4）。石制品的打击特征以及石锤和石砧的发现均表明硬锤锤击法应该是SDG7主要的剥片技术。

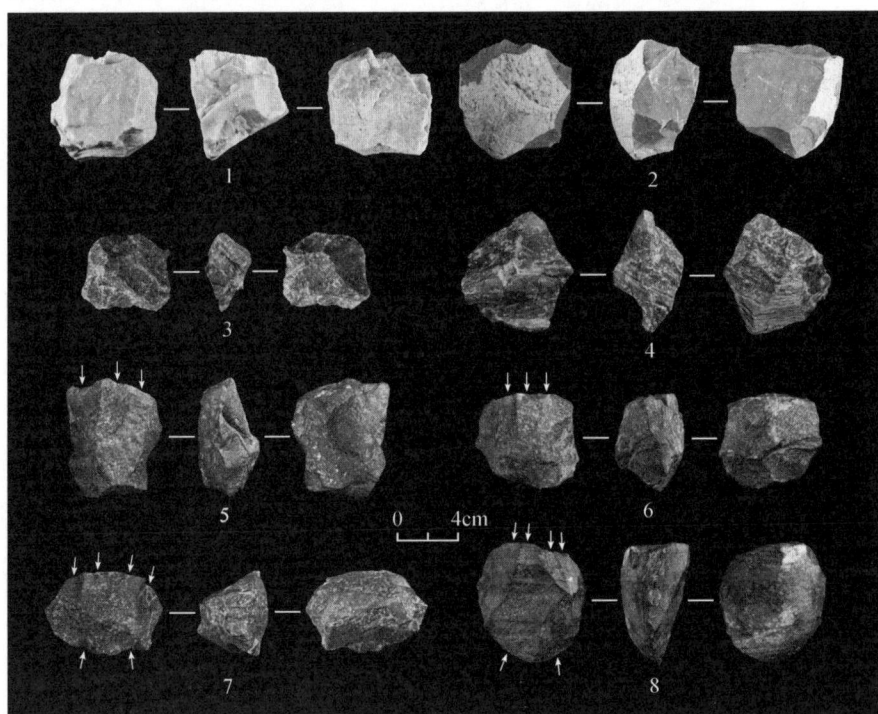

图4　水洞沟第7地点的石核
1、2.简单剥片石核　3、4.盘状石核　5—8.似勒瓦娄哇扁脸石核（箭头表示剥片方向）

3.1.3　工具制作

工具在石制品组合中比重比较小（N=121，1.22%），尺寸也很小。多数工具的毛坯是完整石片（N=72，59.50%）。工具类型主要有五类：刮削器、尖状器、凹缺器、锯齿刃器和砍砸器（图5），是中国北方地区晚更新世典型的工具组合。刮削器是主要的工具类型（N=105，86.78%），利用石片的一个或两个侧边加工而成。大部分刃缘是使用锤击法单向修理而成，加

图5　水洞沟第7地点的工具

1. 盘状刮削器（刮削器周身皆为刃缘）　2、3. 边刮器　4. 凹缺器　5. 锯齿刃器　6. 尖状器　7、8. 端刮器　9. 砍砸器

工程度不高。此外，一些精致的工具（例如端刮器）也出现在遗址中，体现出中国北方地区石片石器技术于旧石器时代晚期的发展和进步。

总之，根据石制品的技术和类型特征，水洞沟第7地点存在两种技术系统。一种是石片石器技术，属于北方地区本土的、主要的技术系统，主要特征是利用简单的锤击法和砸击法进行剥片，无石核的预制过程（Zhang, 1990, 2002）。一些利用高质量原料加工而成的精致的边刮器和端刮器表明了该技术系统在旧石器时代晚期的发展和进步。另外一个是似勒瓦娄哇技术系统，代表性的石制品是4个台面和剥片面均经过预制、用于剥制石叶或长石片的扁脸石核，与SDG1、SDG2的CL5a，SDG9的石核非常相似，可能代表着从西伯利亚/蒙古地区传入的石叶技术（有关水洞沟遗址群似勒瓦娄哇技术的内涵和来源的研究可参见Peng, 2012a; Li, 2012; Li et al, 2013a, 2013b, 2014; Gao et al, 2013b）。

3.2　动物化石和鸵鸟蛋皮碎片

在最近的发掘工作中，SDG7出土了超过2000件动物化石遗存。由于动物骨骼太过破碎，只有一小部分化石能进行分类研究（NISP=119）。根据初步分类判断，普式原羚、蒙古野驴和羚羊亚科数量最多，其次是水牛、兔、中华猫、狐和犬科（狼？）。部分骨骼的表面可观察到切割痕迹，主要分布蒙古野驴的长骨骨干上。SDG7动物群（以中大型动物为主导）的均匀度比值低于SDG12的动物群比值（以小型动物为主），这种现象与古环境研究的结果相矛盾，即SDG7比SDG12地点的古环境更为恶劣（Liu et al, 2008, 2009），这可能暗示了SDG7时期的人群密度相比于SDG12时期要更小（SDG7化石遗存的埋藏学和动物考古学分析参见Zhang et al,

2014）。

虽然没有发现鸵鸟化石，但是在发掘过程中发现了一些灰白色的鸵鸟蛋皮（$N=34$）。值得注意的是，在这些碎片中包含两个串珠（分别出自L25和L27），可视为中国北方现代人的装饰品和象征行为的表现。作为成品，这两个串珠呈环形，两面均经过磨制，与水洞沟遗址群其他地点的串珠具有相同的加工程序（Wang et al, 2009; Wang, 2010）。串珠的孔是由蛋皮内表面向外表面单面钻成。另外，该地点没有发现和SDG2、SDG8（Wang, 2010）相似的染有红色赭石粉的串珠。

4. 讨　论

图3展示了水洞沟第7地点高密度的考古遗存分布。正如侧视图所（图3b、c）展现的，虽然在发掘过程中只辨识出一个文化层，且文化层遭受了一定程度的水流作用的扰动，但是仍然观察到考古遗存可分为三个集中层位，分别为下部集中分布层（Lower Concentrated Layer，LCL，L28—L35）、中部集中分布层（Middle Concentrated Layer，MCL，L19—L27）、上部集中分布层（Upper Concentrated Layer，UCL，L1—L18）。三个层位的界限和1194.5m、1195.5m（海拔）大致重合。到现在为止，没有明确的证据表明这三个层位代表三个古人类生活的不同时段。然而，需要指出的是4个代表似勒瓦娄哇石叶技术的扁脸石核均出自下部集中分布层，与其共存的主要是一些属于石片石器技术的简单剥片石核（$N=33$，排除了12个出自坍塌区域的石核）。中部集中分布层和上部集中分布层都没有发现石叶石核，主要是一些和下部集中分布层一样的简单剥片石核。此外，即使文化层经历了一定程度的后期改造作用，但遗存分布密度的变化仍可表现出不同时期人群活动强度的差异。

似勒瓦娄哇石叶石核（扁脸石核）最早发现于SDG1下文化层，此后在SDG2和SDG9也有发现。李锋（2012）及其他研究人员（2013a，2013b）提出在38ka—34ka BP期间石叶技术进入到水洞沟区域。然而，这一技术并没有延续下去，在距今3.4万年以后被简单石核和石片工具组合取代，且考古材料表明石叶技术对后续的石片石器技术没有产生明显的影响。然而，来自SDG7的考古学材料可能显示了一种不同的技术变化过程。

依据前文的论述，SDG7文化层中占主体地位的石片技术遗存从下到上呈现技术特征的一致性及连续性，而次要的、外来的似勒瓦娄哇技术只在下部集中分布层与石片技术共存（Levels 28—35），在此之上的层位中消失。虽然由于目前较低的测年分辨率，无法根据OSL测年结果［（30±3）ka—（23±2）ka BP］得知SDG7下部集中分布层出土似勒瓦娄哇技术组分的准确时段，但其年代应不早于（30±3）ka BP，晚于SDG1和SDG2似勒瓦娄哇技术的预估年代（Li, 2012; Li et al, 2013a, 2013b; Morgan et al, 2014; Nian et al, 2014; Peng et al, 2014），可能代表了水洞沟遗址区域年代最晚的大石叶技术。即便如此，似勒瓦娄哇石核和占多数的简单石片石核在下部集中分布层中的共存暗示在后者取代前者之前两种技术之间存在扩散和交流。进一步来讲，SDG7的这种技术交流主要表现为似勒瓦娄哇技术对石片石器技术的影响，即在石片工具系统中利用了似勒瓦娄哇剥片技术，体现出水洞沟区域旧石器时代晚期不同时空范围的文化变化模式。然而，虽然水洞沟遗址区域的地理位置和气候背景能够提供一些视角和参考，但是目前对于技术扩散的原因（例如不同人群的交流）仍未可知。中国北方MIS3阶段存在两种不同的技术系统，分别为似勒瓦娄哇技术系统和石片石器技术系统。相比于中国北方长久存在的石片石器技术体系，外来的似勒瓦娄哇技术（可能来自于西北地区）体系（Brantingham et al, 2001; Madsen et al, 2001; Peng, 2012a; Pei et al, 2012; Li, 2012; Gao et al, 2013b; Li et al, 2013a, 2013b, 2014）仅局限在中国西北地区，和蒙古、西伯利亚形成一个区域技术系统（Li, 2012; Li et al, 2014）。而水洞沟遗址区恰位于两个技术体系分布区的过渡地带。晚更新世期间，地域的重合和人群的高流动性为技术扩散和人群间的交流提供了可能。再者，水洞沟遗址群地处沙漠—黄土过渡地带，属于东部季风区的西部边缘，是气候变化的敏感区域。根据一些全球和区域的气候记录，MIS3阶段是一个相对温暖湿润的时期，但是临近末次盛冰期时出现多次气候的波动（例如Shi et al, 1999; Shi and Yu, 2003; Wang et al, 2001; Antje, 2002; Chen et al, 2004），对重要资源（例如水、植被、狩猎动物）的变化有着极大的影响，从而可能推动人群生计模式的调整和流动性的提高，为不同技术的扩散提供刺激性动力。

SDG7考古遗存的分析表明两种技术系统的共存现象并没有持续下去，似勒瓦娄哇技术最终还是消失在本土石片技术连续发展演化的大潮之中。这一技术替代背后的原因可能有很多，例如人群的迁徙和替代、环境的变化、低人口密度导致的技术传播中断等。然而我们应该更加关注其中的一个原因，即旧石器时代晚期的中国北方地区，本土石片石器技术的继承和创新（即在SDG2第2文化层获取高质量的原料和SDG7精致的工具加工）使得人群能够适应多变的环境和生计压力。然而，就目前的考古学材料而言，很难确定技术变化的主要因素，有待将来的进一步研究厘清这一问题。

5. 结　论

作为水洞沟遗址核心区的一个重要地点，水洞沟第7地点是目前水洞沟遗址群综合研究项目的重要一环。连续三年的发掘工作获得了大量的考古遗存，包括近10000件的石制品，大量的动物化石和一些鸵鸟蛋皮碎片（包括2个串珠）。即便该地点曾遭受了一些沉积过程中的扰动作用，但仍可以识别出两个不同的技术系统，即本土的石片石器技术和非本地的似勒瓦娄哇技术体系。相较于先前的有关似勒瓦娄哇技术和石片石器技术之间关系的认识（Li, 2012; Li et al, 2013a, 2013b），SDG7的考古证据表明似勒瓦娄哇技术在水洞沟地区消失以前，两种技术体系之间可能存在一定的扩散或交流。技术变化的整个过程很可能是文化的镶嵌（Cultural Mosaic; Straus, 2005），而不是技术替代。尽管现在对于两种技术共存的时段仍然不确定，但是其他地点所展现出的两者之间的关系，尤其是在SDG1地点，随着2014年新一轮的发掘和研究将会变得更加清晰。新的工作也将为解答中国北方乃至东亚地区旧石器时代中—晚过渡期的时间、内涵和原因提供更多的证据。

致谢：Lawrence Straus和Robin Dennell教授对本文进行了修改和编辑，李锋博士、彭菲博士和葛俊逸博士为石器技术分析和沉积后改造过程提供了诸多修改建议；刘德成博士和年小美博士在地层描述和OSL测年方面提供了帮助。中国科学院古脊椎动物与古人类研究所的同事和宁夏回族自治区的考古工作者为野外工作提供了帮助。审稿人提出了诸多宝贵的意见。在此一并致以感谢。本文得到中国科学院重点部署项目（KZZD-EW-15）以及战略性先导科技专项（XDA05130202）的支持。

〔原载Niu D W, Pei S W, Zhang S Q, Zhou Z Y, Wang H M, Gao X, et al. The Initial Upper Palaeolithic in Northwest China: New Evidence of Cultural Variability and Change from Shuidonggou Locality 7. Quaternary International, 2016, 400: 111-119〕

（闫晓蒙译，牛东伟校）

水洞沟第12地点：中国北方地区旧—新石器过渡期定居与流动的结合体

仪明洁[1]　高　星[2]　陈福友[2]　裴树文[2]　王惠民[3]

（1. 中国人民大学历史学院，北京，100872；2. 中国科学院古脊椎动物与古人类研究所脊椎动物演化与人类起源重点实验室，北京，100044；3. 宁夏回族自治区文物考古研究所，银川，750001）

摘要： 学术界长期探讨中国的新石器时代何时开始，不过，新石器化是一个过程，而不是一个事件。深入研究中国北方地区旧—新石器过渡阶段由流动的细石叶技术觅食者到定居群体的社会-经济变化过程更具现实意义。本文中，作者使用来自水洞沟第12地点的人工制品探讨古人类的社会-经济组织情况，揭示出该遗址被一个较大规模的群体相对长期地占据使用，该群体具有较高频率的个体流动性。与同期的材料对比分析表明，社会组织复杂化的早期阶段出现在使用细石叶的群体中，这是新石器化进程的重要元素。

关键词： 中国；更新世末期；新石器化；细石叶；狩猎采集者；社会组织

1. 导　　言

东亚地区旧石器时代—新石器时代过渡的确切进程和与此相关的人类社会中的技术和经济多样性是被持续讨论的课题（如An, 1978; Lu, 1999; Bettinger et al, 2010; Bar-Yosef, 2011; Liu et al, 2013; Wang et al, 2015; Yue et al, 2019）。许多研究者将东亚农业生产的出现作为新石器化的一个标志（见Zhao, 2020）。考古学证据表明，生活在当今中国地域内的旧石器时代人群在植物驯化方面的发展独立于同时期亚洲西南部新月沃土地带的人群，不过这一过程的细节因现有证据的限制而争论颇多。中国北方地区有着植物资源利用的悠久历史，在末次盛冰期之前或期间（25ka—18ka cal BP）（Liu et al, 2013）已经出现强化的植物开发利用。不过，在全新世之前的一万年间持续的低水平食物生产并不代表驯化。种植与谷物驯化是一种伴随定居转向和其他新石器化变革的缓慢过程（Cohen, 2003, 2011）。因此，我们在中国北方地区的研究集中于旧石器时代末期（20ka—10ka cal BP），以探讨狩猎、采集和定居生存策略，这些策略为定居的最终出现奠定必备的认知积累。

水洞沟遗址群位于宁夏回族自治区银川市附近。自1923年发现以来，该遗址就引起了考古学界的关注，12个地点中8个已被发掘（见Gao et al, 2013; Li et al, 2019）。水洞沟第12地点（北纬38°19′40″，东经106°29′49″）位于水洞沟遗址群中心西北约4千米处，在2005年野外调查发现之前，该地点部分堆积已被砖厂破坏。2007年，由中国科学院古脊椎动物与古人类研究所和宁夏文物考古研究所组成的考古队对水洞沟第12地点开展了约12平方米的考古发掘，出土大量定居之前的人类活动证据。2010年，被水库淹没之前，在该遗址发掘了更大面积，约为100平方米。

因2010年新发掘的材料尚未被分析，本文仅介绍2007年的发现。虽然因为砖厂取土造成了部分破坏而无法确定该遗址的规模，但我们认为2007年发掘的材料揭示出一个适应阶段，能够缩小中国北方地区旧石器时代与新石器时代人群的文化断层。诸多学者从不同层面提供了关于遗址的有效信息（如Liu et al, 2008; Gao et al, 2014; Yi et al, 2013, 2014），但水洞沟第12地点的年代问题仍未解决，因为该地点的[14]C和光释光（OSL测年）报告结果不一致，不足以深入分析人类行为。在中国北方地区有许多同时代的同类遗存，但详细报道却很有限。本文将系统介绍水洞沟第12地点的考古发现，尝试探讨农业驯化前的中国北方地区狩猎采集者的社会组织。

2. 地层学和年代学

水洞沟第12地点所处的地层厚度达9米（图1），属于河流相的沉积序列（Liu et al, 2008）。底部的自然沉积物厚5.3m，灰黄色细砂层，夹薄层黏土条带，含有斑状铁锈，具水平层理（图1中的第四层）。其上覆盖的透镜状地层为灰黑色的含细砂层，有文化遗存（图1中的第三层），在暴露的剖面上长度延伸50米，最厚处可达1.6米厚。因为现场发掘的紧迫性导致未记录考古材料的精准位置，目前尚无法确定该厚度代表一个长期延续阶段还是对该区的多次重复占用。基于文化遗存的特点、沉积物的一致性，我们将第三层视为一个文化层。

在第三层之上的沉积物由浅棕色细粉砂构成组成，厚约2米（图1中第二层），发育水平层理，致密块状，钙质胶结。在该层中下部有一层厚约0.20米的夹少量炭屑层，浅灰褐色，不含人工制品。第一层（图1中第一层）厚0.10米，由现代表土层的松散细粉砂构成，包含打制石器、陶片、金属物在内的扰乱文化遗物暴露在地表，这在水洞沟区域非常常见。

水洞沟第12地点的测年工作运用了光释光和[14]C方法（Liu et al, 2008）。2007年的发掘中采集了4个光释光样本，结果显示，上层地层的CG2年代明显老于下层地层的CG3。同样的，样本CG1和CG3的测年结果也不理想。此前发表的唯一的[14]C数据为从文化层（图1，第三堆积层中的第11亚层）收集的有机物材料中获得的（表1），表明该地点在约12000—11000a cal BP（Liu, 2008）被占据。光释光测年结果要么与沉积层序不一致，要么存在较大误差。[14]C测年可

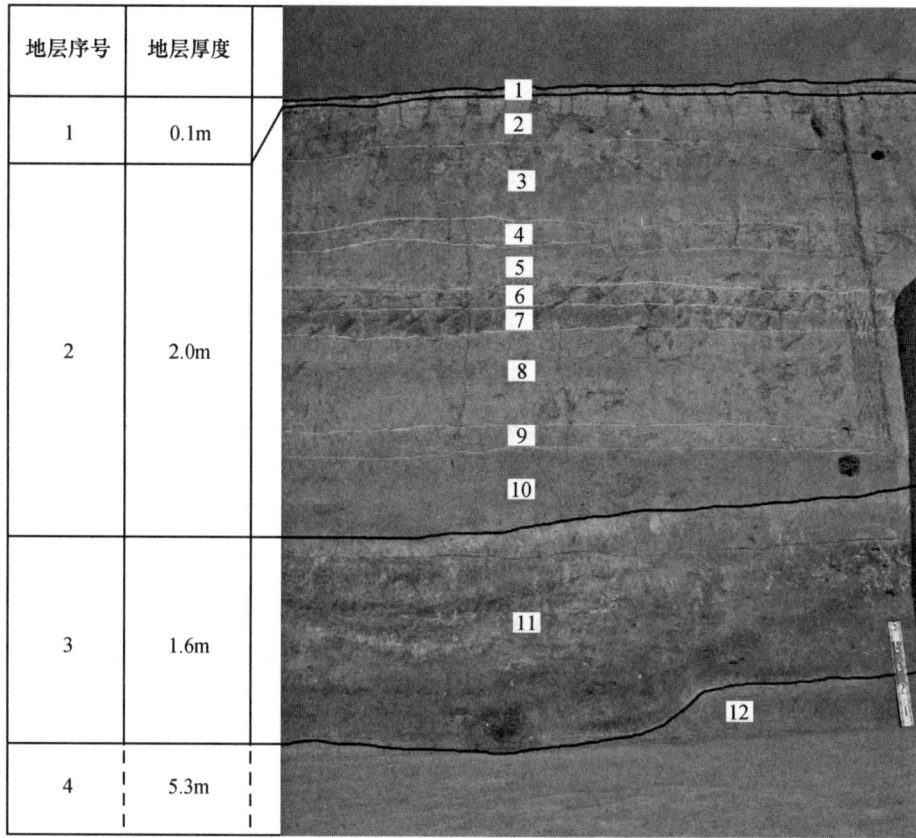

图1　水洞沟第12地点剖面

（标注"11"的为文化层；右下角比例尺为0.50m。图片来自作者）

能也不可靠，因为它使用的是有机物。由于上述测年结果的不理想，我们将更多 ^{14}C样品提交给不同实验室进行年代测定（表1）。结果表明，此前公布的年代数据确实不准确：文化层的年代应该在10500—10200a cal BP之间。

表1　水洞沟第12地点炭屑和骨骼样本的放射性碳定年

实验室编号	放射性碳年龄（a BP）	材料	标准放射性碳年龄（cal BP）		参考
			1σ（68.2%）	2σ（95.4%）	
BA140133	9095 ± 35	骨骼	10260—10220	10371—10194	当前研究
CW-1	9210 ± 45	有机物	10476—10275	10500—10250	
BA140134	9235 ± 30	骨骼	10491—10300	10505—10279	
Beta-376443	9240 ± 30	骨骼	10496—10301	10510—10280	
Beta-376444	9240 ± 30	骨骼	10496—10301	10510—10280	
BA140135	9430 ± 30	骨骼	10705—10594	10736—10580	
LUG06-54	9797 ± 91	有机物	11323—11107	11603—10794	Liu et al（2008）

注：使用OxCal 4.3（Bronk and Ramsey, 2009）和IntCal 13大气曲线（Reimer et al, 2013）校准。

3. 遗 物 特 征

由于砖厂仍在运营，2007年的发掘进度快，没有足够的时间去记录每个遗物的三维坐标。所有沉积物都经过细筛（约2mm）干筛，因此，水洞沟第12地点的信息相对完整。表2总结了从第三层采集到的石制品的基本技术特征，包括数量可观的石核、石片、石锤、有第二步修理的工具及磨石等。这些石制品原料大多是硅质白云岩（39.5%）、质量不佳的燧石（20.5%）、砂岩、石英和石英岩，主要是从附近河滩上获取的砾石。

在该地点发现的大多数未使用石片和断片小且轻，大多来自细石核的预制和剥片过程中的修型。细石叶技术产品在第三层中富集，可分为细石核、细石叶和调整细石核形状产生的石叶（图2、图3）。楔形石核独具特色，显示出存在系统化的工艺流程（Yi et al, 2015）。

表2　水洞沟第12地点的石制品组合

种类	数量	占比（%）
简单石片石核	46	0.51
砸击石核	82	0.91
细石核	95	1.05
石片和断片	3223	35.73
砸击石片	113	1.25
细石叶及其断片	1556	17.25
修型石片	198	2.2
工具	338	3.75
装饰品	1	0.01
碎屑	2250	24.95
断块	1095	12.14
未见人工痕迹	23	0.25
总数	9020	100

我们使用"修型石片"这一术语来描述楔形石核生产的最后预制阶段产生的一些特殊石制品（图3）。这类石制品在形态和技术上与石叶相似，小台面显示使用了软锤法，通过台面外缘预处理和腹部明显的唇，显示出预制工序。不过，在石制品中没有发现石叶石核，楔形石核上一些疤痕的大小和形态表明其与修型石片密切相关，我们推测修型石片是楔形石核预制最后阶段的主要副产品。水洞沟第12地点并不是中国北方地区唯一一个出土此类修型石片的地点，于家沟遗址（属于虎头梁遗址群）的所谓"石叶"，对帮助我们了解细石叶技术具有同样的意义（Mei, 2007）。

在水洞沟第12地点，有二次加工的工具并不多见（表3）。边刮器数量最多，它利用石叶（35.38%）或细石叶（55.19%）制成，与从该地点获得的其他工具一样，都属权宜性的、形态

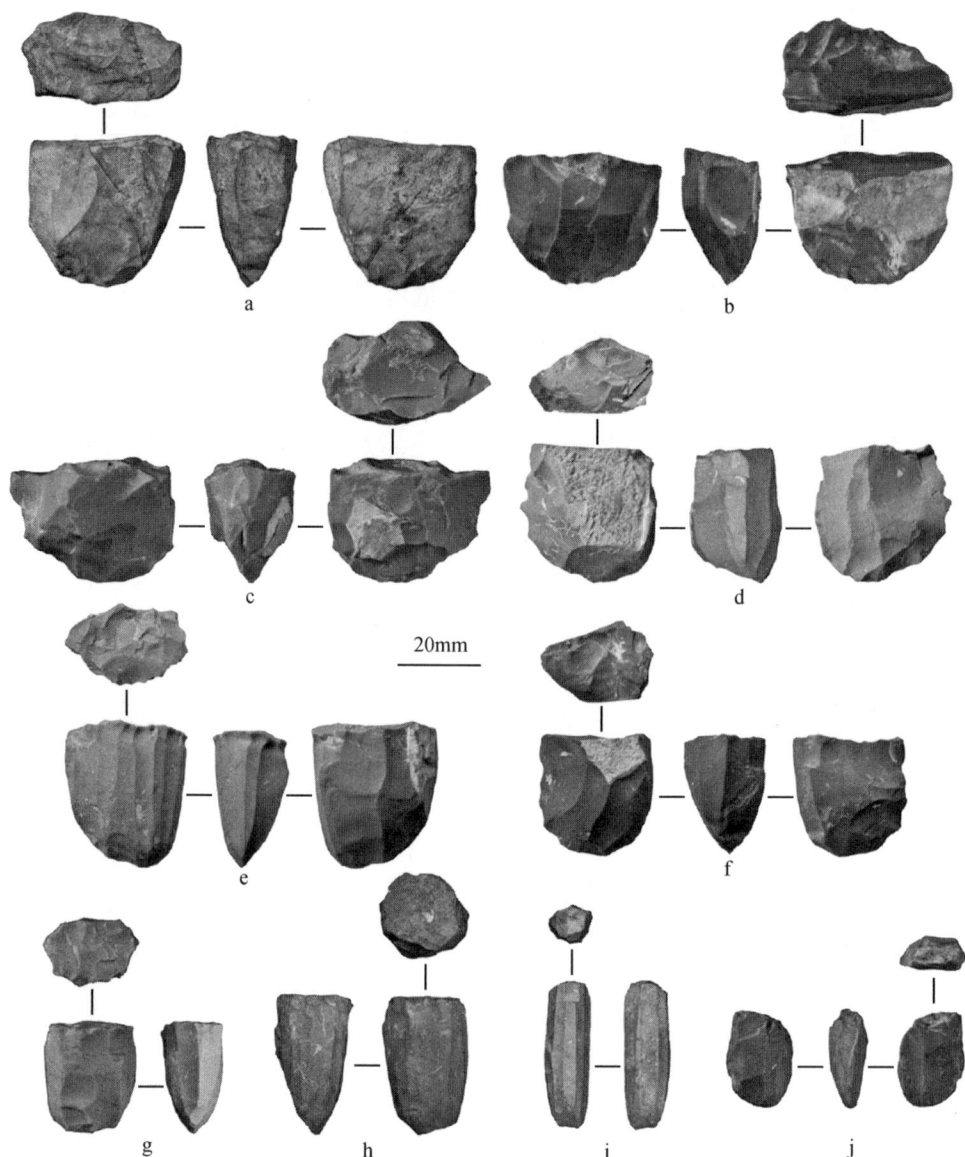

图2　水洞沟第12地点的细石核
（图片来自作者）

不规范的。这可能是因为细石叶可以不做修整、直接使用，所以需要很少的修整。该地点大量细石叶显示出清晰的使用痕迹，为支持上述假设提供了证据。还发现一些研磨石器，包括石磨盘和石磨棒的残段（图4）。我们发现一个近乎完整的石磨棒，在它长轴两端和摩擦面的相对面都有明显破损疤（图4a）。这些器物在传统上被认为用于植物的研磨加工（如Chen, 2019），但这些疤痕，连同在石磨棒摩擦面和长轴一端的红色颜料，表明它们可能具有多种功能。

　　一件该时期少见的通体磨光的石斧特别值得一提（图5a）。根据石器的微痕实验（Gao and Shen, 2008），刃缘的羽翼状崩疤表明它被用来砍伐木材。虽然没有如图5中的石斧那样精致磨光，但同时期，类似的与细石叶组合有关的石斧/石锛已知的有于家沟、李家沟、东胡林、桦阳和桃山遗址（Xie et al, 2006; Zhao, 2006; Mei, 2007; Wang et al, 2015; Yue et al, 2019）。

图3　水洞沟第12地点的修型石片和细石叶

（图片来自作者）

图4　来自水洞沟第12地点的研磨石器

（图片来自作者）

表3　水洞沟第12地点出土工具数量与占比

石器类型	数量	占比（%）
石锤	13	3.85
刮削器	255	75.44
锯齿刃器	12	3.55
石钻	23	6.8
凹缺刮器	9	2.66
尖状器	1	0.3
磨制石器残段	13	3.85
石斧	1	0.3
纺轮	1	0.3
研磨工具	10	2.95
总数	338	100

　　除上述石制品外，我们还发现一件精致磨制的石器残段，特点是每面都有排成一线的三个钻眼（图5b）。这件标本的残存形状表明其原始形状为直径为45毫米的圆，中心穿孔的直径约为5毫米。其横截面形似凸透镜，中间厚6.84毫米，边缘逐渐变薄至2.90毫米。由于该标本的大小和形状与经常在中国新石器时代遗址中发现的纺轮相似，因此可初步认为，水洞沟第12地点有纺织活动，特别是与骨针证据结合在一起时更具有可能性。遗址还出土另一件较小的圆形石制品，直径为17.70毫米，厚5.40毫米（图5c）。但是，这些器物的特征没有前述纺轮复杂。对向钻孔形成的喇叭状孔洞并不位于中心（图5c），推测其功能是装饰品，而不是工具。

　　在水洞沟第12地点采集到超过13000块经火烧、受热龟裂的石块，总重307千克。这些形状不规则的石块在遗址中广泛分布，与其他文化遗存随机混合。基于形态学、岩性分析和实验研

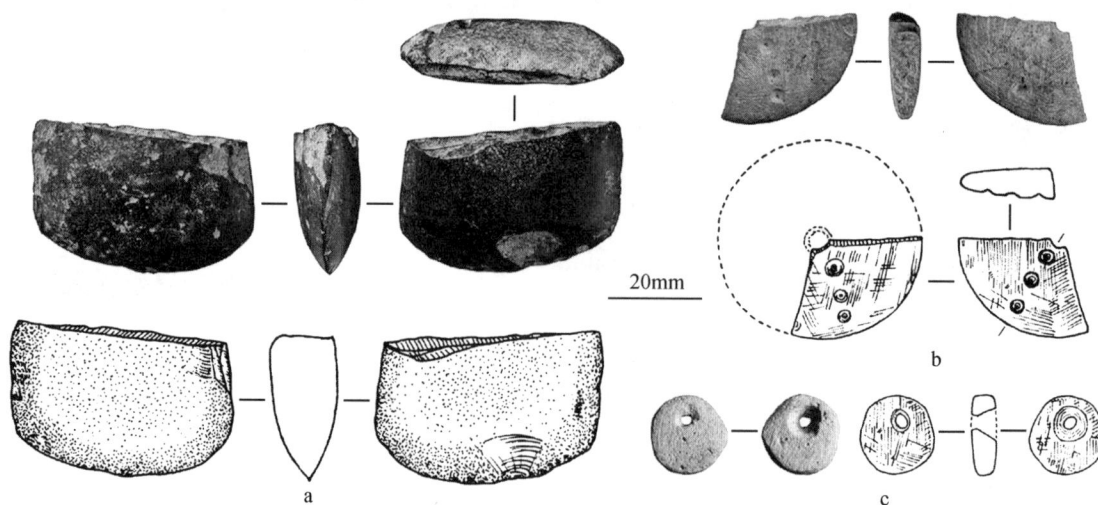

图5　水洞沟第12地点的石制品
（a）石斧　（b）石纺轮　（c）装饰品
（图片来自作者）

究，高星等（2014）认为这些石块被用作保温或"烧石"，加热到高温后浸入水中烹饪食物或烧水。如果这种推测是准确的，那么这些石块显示出先民运用热能于生存实践的先进能力。

　　该地点保存有许多动物骨骼。这些骨骼的主体是野兔（*Lepus* sp.）和普氏羚羊（*Procapra przewalskii*），总共有1821件可鉴定标本，可归于11个种属：1045件野兔（*Lepus* sp.）、103件狗獾（*Meles meles*）、2件小野猫（*Felis silvestris*）、19件鹿（Cervidae）、404件普氏羚羊（*Procapra przewalskii*）、5件野猪（*Sus* sp.）、52件普氏野马（*Equus przewalskii*）、124件水牛（*Bubalus* sp.），另有53件鸟、1件爬行动物和13件啮齿动物。回馈率是捕食者每单位时间狩猎所获得的热量。虽然捕食大型动物的难度更大，但它们产生的能量更多，因而具有相对更高的回馈率。体型较小、速度较快的动物更难捕捉和处理，能量产出较低，这种差异可能导致捕食者按更高的回馈率捕食猎物。根据回馈率可将猎物分为三类：回馈率高的大型动物，回馈率低的敏捷的小型猎物，回馈率低的缓慢的小型猎物。对水洞沟第12地点的动物群组合研究表明，这三类动物群在该地点分布较均匀。与早期的水洞沟遗址群相比，水洞沟第12地点低等级动物的数量和比例增加，表明该地点的人们食用各种各样的动物，标志着"广谱革命"的出现（Zhang et al, 2013）。

　　值得注意的是，水洞沟第12地点出土了36片骨制品，包括一把刀柄、一把骨梭形器、七根骨针和两把骨锥（图6），这些骨骼主要取自普氏羚羊的四肢和肋骨（Zhang et al, 2018, 2019）。形态学数据和体视显微镜观察表明进行过刮削、打磨、切割、刻痕、抛光、钻孔、剥片、修整，偶尔还会采用热处理工艺（Zhang et al, 2016, 2018）。刀柄是中国最早的细石叶复合工具的直接证据，证明细石叶在狩猎之外还在加工处理中发挥了作用。

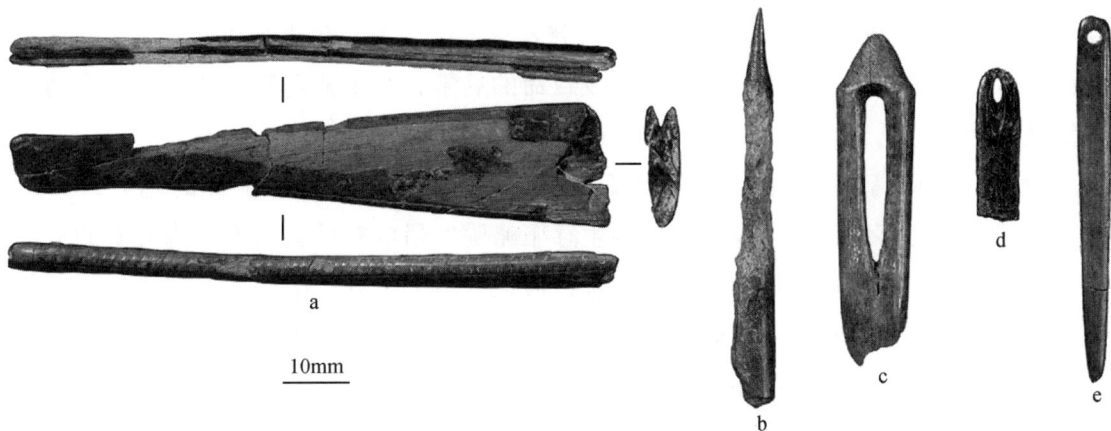

图6　水洞沟第12地点的骨器
（a）刀柄　（b）锥　（c）梭形器　（d、e）针
（图片来自作者）

4. 讨　论

水洞沟第12地点的石核和石片表明，该地点的打制石器以细石叶技术为主体，这也构成了中国北方地区旧石器时代晚期石器技术的普遍特征。水洞沟第12地点的石制品组合、骨器制造、磨制石器和研磨工具的使用、动物资源的消费及火的利用比早期的细石叶遗址更多样化。石器技术相似的同时代遗址还有虎头梁遗址群和柿子滩遗址群（Xie et al, 2006; Song, 2011）。

之前发表的^{14}C测年表明，该地点年代在距今12000—11000年，相当于气候恶劣的新仙女木事件的后半程（Liu et al, 2008），但是，本文对水洞沟第12地点的再次测年表明，它被占据的时间比之前认为的要晚，应在新仙女木期之后，那时的气候条件没那么糟糕（Wünnemann et al, 2007）。

在新石器时代的千年前，细石叶技术是中国北方最具特色、分布最广泛的文化特点。不过，细石叶技术与定居群体之间的联系是模糊的。最近发表的数据表明，在末次盛冰期后，使用细石叶的觅食者占据了中国北方地区（Yi, 2019）。这些数据来自经科学发掘的遗址，具备可靠的测年数据。不应忽视，精致的细石叶技术在新石器时代早期文化组合中仍是重要组成部分。该技术的存在表明新石器时代定居人群的晚更新世祖先与早期使用细石叶的人群有关。尽管一些新仙女木期的遗址表明人类的占据有明显的中断（Wang et al, 2019; Yue et al, 2019），这可能表明觅食者有时会弃用这些遗址或减少对资源的开发，但在中国北方，大多数（即便不是全部）这个时期的遗址都被使用细石叶的觅食者占据。细石叶可能在一系列适应策略中发挥了重要作用（Cohen, 2003; Yi et al, 2013），研究者较普遍认为，在北亚和东亚地区的恶劣环境里——该地区严冬季节狩猎的失败可能会造成致命的后果，为了提高狩猎效率，高流动性的觅食者大量使用细石叶复合武器（Elston and Brantingham, 2002）。

如果确实存在从高度流动的、使用细石叶的人群到定居（农业）群体的趋势，为什么以及如何，一些群体能够从根本上改变他们的生存策略呢？目前对社会组织结构突变的解释仍然不足。如果缺乏对这些策略为何发生变化的理论假说，就无法理解中国北方地区新石器化的过程。我们不应该只是依靠所谓"最早的"考古发现，因为更重要的是解释为何发生了转变。

流动性是狩猎采集者对周围环境特性做出响应的定位策略——最著名的是Binford（1980）的"觅食者-集食者"理论，从迁居式到后勤式流动，复杂和简单的狩猎采集系统都可用这两种流动策略的可变混合来描述。许多案例研究和述评文章都将Binford的模型应用于从更新世到全新世的社会组织变化。Eder（1984）对现代热带森林觅食者巴塔克人群的民族志研究表明，简单区分迁居式和后勤式流动并不足以解释一个群体定居和流动的模式。虽然流动性是个人行为的属性，但这种行为源于其社会和组织情境。因此，流动性在概念上应分为群体流动和个体流动。这两种类型是理解细石叶在中国北方人群从流动到定居的长期过渡中所起作用的关键。

对全球人口的线粒体DNA研究表明，大规模人口增长开始于末次冰消期，在中国约为距今13000年前（Laval et al, 2010; Zheng et al, 2012）。当时，中国北方地区被使用细石叶的流动

开发者所占据。随着人口的增长，高度流动的狩猎采集者的资源供给与需求之间的平衡发生了
变化。因此，随着人口的增长，群体必须调整其生存战略，譬如拓宽他们的食物——众所周知
的"广谱革命"（Flannery，1969）——并加强对附近资源的开发。拓宽生存策略还包括对不同
资源斑块和边缘区域的深度开发，我们称之为"斑块拓展革命"。然而，低生产力斑块的生态
价值也不足以支撑大量的觅食者，即便是在短时间内。由于大群体从斑块到斑块的频繁流动是
不经济的，他们需要更有效率的社会组织形式。大群体可能已在一个高等级的斑块上建立一个
营地，以确保他们能够在很长一段时间内有效地开发该地区——可能是数星期或数月。与此同
时，个人和专业的团队可能会离开居住地去执行特定任务，比如监测环境，或者从外围的低级
斑块中获取资源。简言之，高个体流动的灵活性弥补了较大群体流动性的降低，其中一些觅食
者群体最终发展为定居。陈胜前和余佩琳（2017）认为，农业定居过程可能发生在生活在中国
北方丘陵地区的人群中。

　　技术是由狩猎采集者开发和完善的，以解决不同环境下的"最优"问题，即花费最少的能
量获得最大的回报（Binford，1979，1980；Kelly，1983）。在居住地之间可以携带的物品总数有
限，大多数狩猎采集者群体的流动性相对较高，降低了他们运输物品的总体能力。因此，随着
机动性的增强，工具变得更轻、更不专门化。相反，技术的多样性随着流动性的下降而增加，
直到达到某一阈值（Torrence，1983；Shott，1986）。因此，重型加工工具，如磨石、斧头等，
可能是由流动性较低的群体创造出来的。作为复合工具的组成部分，细石叶具有重量轻、便携
性好等优点。细石叶复合工具结合了骨骼/鹿角和石质尖状器结实而致命的特点，在狩猎和加
工方面都很可靠。此外，这类工具易于维护和修理。细石叶复合工具的优势为更新世末期气候
波动期东北亚的狩猎采集者的生存提供了支持（见Yi et al，2013，2014，2016）。环境的波动，
以及在此期间狩猎采集者人口的增加，影响了一些使用细石叶的觅食者将他们的社会经济组织
转变为更大的定居群体与高个人流动性的组合，水洞沟第12地点显示出这种策略的特征。大量
的烧石、动物组合、磨石和石斧等沉重耐用的工具，表明水洞沟第12地点的居住者长期居住于
该地点。同时，居民也生产许多细石叶，表明对高个体流动性的需求。同时期如于家沟（Mei，
2007）和李家沟（Wang et al，2015）也可观察到相似的现象组合，这些地点的资源条件有利于
支持具有高流动性个体的大型群体长期占据。相比之下，在"不受欢迎"的地区，如青藏高原
边缘地区，觅食者在末次盛冰期采用了一种便携式工具组合，他们的遗址规模仍然很小（Yi et
al，2011），这表明在不太适宜居住的地区存在高度流动性的社会经济组织。

5.结　　论

　　位于中国北方的水洞沟第12地点可以被解释为一个距今约10500—10200年之间的久居的营
地居址，人类活动包括工具的生产、维护以及资源的加工、消耗。居民们用磨光的石斧砍伐树
木，用来取暖、做饭、防御和建造庇护所。细石叶是在水洞沟第12地点作为复合工具的组成部

分生产的，有多种用途，包括狩猎、切割肉类、收割植物、制造骨器和维修木质工具。植物食品用磨制石器加工。更具有推测性的是，该遗址发现的野兔和羚羊骨骼数量可能表明，古人类曾使用诱捕策略来获取皮毛和肉类。绳子可能是用纤维植物由纺轮纺成。在该地点发现的细石叶复合刀具可能被用来加工动物皮毛，以制作工艺复杂的冬服。

基于这种多样化的技术组合，我们认为水洞沟第12地点可能被用作营地居址，如Binford（1980）的民族志记录，这类群体为了获取食物或收集信息等特定的目的，常派遣任务小组前往各地点。中国北方地区的新石器化并非一蹴而就，而是一个包含许多步骤的长期过程。在中国北方旧石器时代—新石器时代过渡期间，以水洞沟第12地点为代表的使用细石叶的人群采用了一种个体流动性强而群体流动性降低的社会经济组织形式。我们认为，这是中国北方新石器时代的基础。我们并不是说所有使用细石叶的觅食者最终都转变为定居，而是指一部分人群适应了各种挑战，只是由此发生的变化是农业产生的第一步。

致谢：感谢罗丰先生和王惠民先生在野外工作中的帮助，感谢水洞沟项目的所有成员。

［原载Yi M J, Gao X, Chen F Y, Pei S W, Wang H M. Combining Sedentism and Mobility in the Palaeolithic–Neolithic Transition of Northern China: The Site of Shuidonggou Locality 12. Antiquity, 2021, 95(380): 292-309］

（章婷婷译，仪明洁校）

水洞沟第12地点对于晚更新世中国北方地区狩猎采集适应策略研究的意义

仪明洁[1, 2]　Robert L. Bettinger[3]　陈福友[2]　裴树文[2]　高　星[2]

（1. 中国人民大学历史学院，中国北京，100872；2. 中国科学院古脊椎动物与古人类研究所脊椎动物演化与人类起源重点实验室，中国北京，100044；3. 加州大学戴维斯分校人类学系，美国戴维斯，95616）

摘要： 旧石器时代晚期气候快速变化对狩猎采集者的影响被考古记录中的各种信息所证明。其中，细石叶技术在华北地区的传播显示出与气候变化的特别密切的联系。水洞沟第12地点（SDG12）的细石叶和功能相关的骨制品、磨制石器技术的出现特别揭示了华北地区晚更新世的适应性多样化。SDG12和其他记录表明，细石叶技术在迁居式流动需求较高的寒冷气候条件下蓬勃发展。除了用于狩猎武器外，细石叶还用于缝制冬季流动所需的适合寒冷天气的精致衣物，骨针和装置细石叶的骨刀柄的存在佐证了这一点。SDG12动物群和研磨石器表明从以大型猎物为主向以植物和小型猎物为主的饮食转变，该策略涉及捕网等大量生产任务，包括制网（纺线）、广泛使用"石烹"煮食以最大限度增加营养回报并作为手工制造的一个重要步骤。我们推测这些变化是随后社会结构变化的基础。

关键词： 细石叶技术；中国北方；狩猎采集者流动性；旧石器时代晚期；水洞沟第12地点

1. 引　言

晚更新世全球气候变化深刻影响了狩猎采集者。特别是这一阶段的两次干冷事件，即末次盛冰期（LGM；ca.24500—18300a BP）和新仙女木（YD；ca.12900—11600a BP），极大地挑战了人类的生存能力。细石叶技术，中国北方地区资源强化利用的一个信号（Elston et al, 2011），是当时人类成功占据这片区域的主要因素。

众所周知，晚更新世期间细石叶技术在整个东北亚迅速而广泛地传播，但对于细石叶的功能仍有争议（例如Elston and Brantingham, 2002; Chen, 2004, 2011; Elston et al, 2011; Yi et al, 2013）。一些学者认为它们的功能主要是作为高度流动性的觅食者使用的狩猎武器（例如Lu, 1998; Elston and Brantingham, 2002; Goebel, 2002; Obata, 2002; Bazaliiskii, 2010; Elston et al, 2011）。相比之下，其他人则认为同样是高度流动性的狩猎采集者，细石叶的手工制作、加工处理功能更重要，特别是在很冷的气候条件下（Dixon, 2010; Yi et al, 2013）。无论如何，很明显细石叶有多种用途（Obata, 2002），在不同的环境中用途可能是不同的，这使得问题无法得到明确的"非此即彼"的解决。因此，我们应该把时间投入到关注细石叶技术更广泛的适应性策略方面的作用，即细石叶技术解决了哪些适应性问题以及石器技术、古环境变化、狩猎采集者流动性和社会组织之间的具体联系。中国北方地区的细石叶考古遗址数量持续增加（例如Zhao, 2006; Mei, 2007; Yin and Wang, 2007; Bettinger et al, 2010; Shi and Song, 2010; Zhang et al, 2011a, 2011b），有详细的环境数据和精确的区域年表，这使综合讨论细石叶技术与相关环境和技术成为可能。SDG12发掘了数千件细石叶技术产品以及磨制石器和骨器，在这方面提供的信息尤其丰富。

本文中，基于对SDG12研究结果的分析以及对中国北方地区相关细石叶遗址和30ka—10ka BP 古气候变化的总结，我们认为：①旧石器时代晚期末段该地区人类的适应策略呈显著的多样性；②细石叶技术的出现和传播与这一时期的气候恶化保持一致，对古人类更为成功适应发挥了决定性作用。在本文中，除非另有说明，所有放射性碳数据均已校准。

2. 环　　境

末次冰期的气候波动在全球范围内由多个指标解释，例如，古里雅冰芯（Thompson et al, 1997）、格陵兰冰芯（Dansgaard et al, 1993; Grootes et al, 1993）、葫芦洞石笋（Wang et al, 2001）和中国黄土高原（Xiao et al, 1995）（图1）。格陵兰冰芯表明，末次冰期发生了20多次温暖气候旋回事件，其中一些发生在短短几十年内，温度变化达到5—6℃（Dansgaard et al, 1993）。30ka—10ka BP期间的气候变化大体上包括四个阶段，即"深海氧同位素第3阶段（MIS3）"、"末次盛冰期（LGM）"、"博令-阿勒罗得（B/A）"和"新仙女木（YD）"，年代如图1所示。

MIS3大体上处于暖湿阶段。古里雅冰芯表明百年时间尺度上的强烈气候变化（Thompson et al, 1997），和中国北方地区的研究基本一致（Liu and Shi, 2000）。黄土高原西部临夏塬堡剖面研究表明31ka—25ka BP气候为中等暖湿（Chen et al, 2004），来自甘肃省酸刺沟剖面的高分辨率孢粉记录也揭示了44ka—25ka BP期间的温暖湿润气候条件，当时植被以针叶林为主，主要由云杉和松组成（Li et al, 2006）。在30ka—24ka BP期间，温暖湿润的环境条件允许水洞沟地区阔叶疏林植被的生长（Gao et al, 2008）。中国西北腾格里沙漠的古湖泊高水位从35ka BP到22ka BP（未校准）左右，区域降水明显增加（Zhang et al, 2002）。这样的条件适合

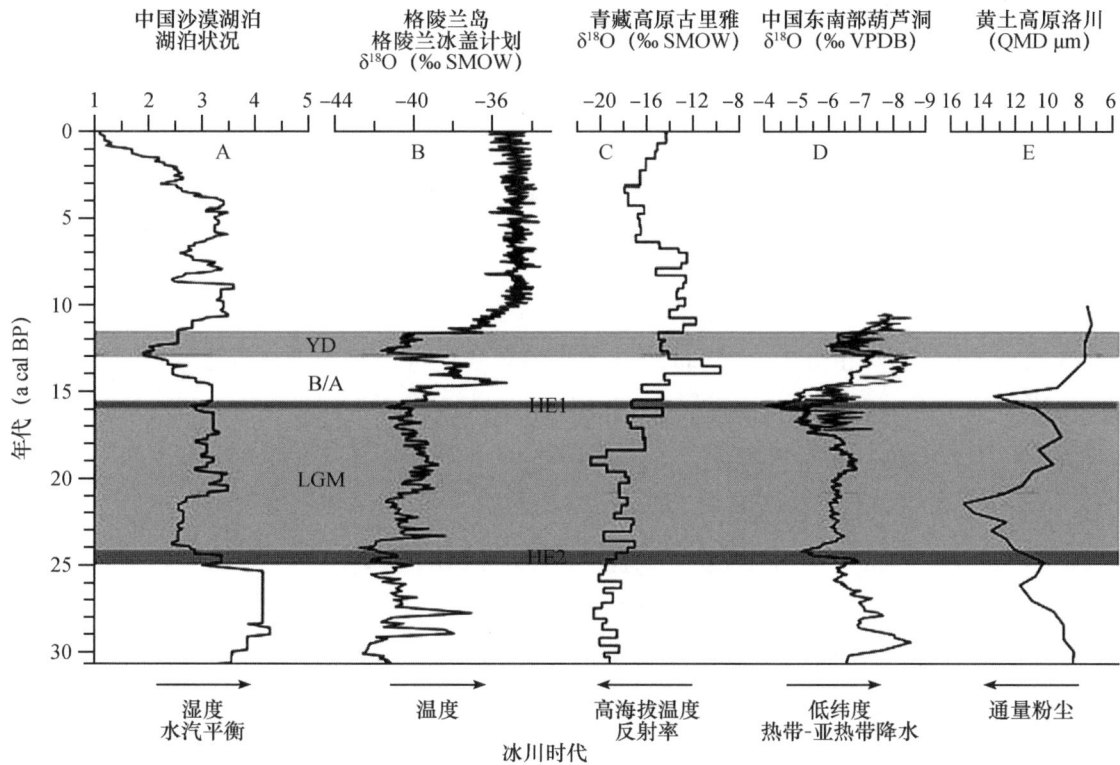

图1　古环境指标对比（修改自Wünnemann et al, 2007; Barton, 2009）

植物和食草动物繁衍生息，导致形成丰富的斑块，促进了人类对这些地区的开发。

中国北方地区LGM阶段的主要特征是夏季风的减弱和冬季风的增强导致温度和水分降低（例如An et al, 1991; Wünnemann et al, 2007）。来自祁连山（Herzschuh, 2006）和黄土高原（Sun et al, 1997; Li et al, 2006）的孢粉记录显示高山和高山荒漠植被的比例很高，表明这个时期的气候条件既干燥又寒冷。这些孢粉结果与湖泊的证据一致，腾格里沙漠古湖泊在LGM期间缩小，在18ka BP左右完全消失（Zhang et al, 2002）。与此同时，冬季的强风导致厚厚的马兰黄土沉积，沙漠向南部和东部扩展（Chen et al, 1997; Ding et al, 1999; Zhou et al, 2002）。与LGM前后阶段相比，这一时期华北地区的考古遗迹相当稀少（Barton et al, 2007），表明环境恶化影响人类生存。

来自葫芦洞石笋的LGM后氧同位素（$\delta^{18}O$）数据表明北半球的降水增加（Wang et al, 2001），古里雅冰芯的氧同位素（$\delta^{18}O$）记录了对应B/A暖期的温度升高（Thompson et al, 1997）。夏季风增强有利于湖泊水位的升高，尽管这些轻微的振荡对水量收支的影响较小，并没有恢复LGM的负增长（Wünnemann et al, 2007）。在此期间，酸刺沟剖面的木本植物成分增多表明气候逐渐变暖和变湿（Li et al, 2006），在鸽子山第3地点（QG3）地点出现含古土壤的二次风成沙相沉积（Madsen et al, 1998）。然而，这些短期发展突然被接下来的YD事件所破坏，该事件由冬季季风主导，其显著特点是更干燥、更寒冷的条件以及中国各种记录所反映的季节性增加（例如Thompson et al, 1997; Wang et al, 2001; Wünnemann et al, 2007）。对黄土高原海原剖面的孢粉分析表明，从11ka—9.8ka BP，该地貌退化为草原和荒漠草原（Sun et

al, 2007）。相应的条件也在QG3地点被记载下来，其风成沙相沉积可追溯到13.5ka—11.6ka BP
（Madsen et al, 1998）。尽管在时间上有区域差异，严酷的YD似乎是突然开始和终止的。

3. 细石叶技术在中国北方地区的推广

明显可以看出，古代环境深刻地影响了史前人类的生存-定居系统，从而影响了技术（包
括石器技术）和社会组织的转变。然而，石器技术的变化也许是史前生存定居模式和变迁的最
佳考古指标。至少在旧石器时代晚期，细石叶技术的出现也许是这些变化中最深刻的。下面简
要介绍这项技术在中国的扩散情况。

中国北方地区早期细石叶技术

近年来公布了许多中国旧石器时代遗址，但明确界定和测年的细石叶遗址仍然少见。在
20世纪70年代，贾兰坡（1972）提出华北地区从旧石器时代早期到晚期主要存在两个平行文化
系统：一个是三棱大尖状器和砍砸器的工具传统（也称为大石器传统），另一个是以刮削器
和雕刻器为代表的传统（或称小石器传统）。在小石器传统中，华北地区的石器组合由早到
晚呈现出逐渐变小的趋势，先是产生细石叶技术的雏形，最后是典型的细石叶。实际上，制
造细长薄石片的技术与制造细石叶的技术不同，但误用的概念对中国学者产生了深远的影响。
其中一个较早的遗址是柴寺（也称为丁村77：01），两个差别很大的数据：贝壳26400 ± 800a
BP左右（The Institute of Archaeology CASS, 1980）、木炭早于40000a BP左右（未校正）（Li
et al, 1980），使这个地点值得怀疑。此外，其地层也受到学者的质疑（例如An, 1983）。来
自小南海遗址的所谓细石叶（第6层的木炭测得结果距今24100 ± 500年左右，The Institute of
Archaeology CASS, 1980），水洞沟第1地点下层和距今28945 ± 1370a BP（未校准）的峙峪遗
址（The Institute of Archaeology CAS, 1977），实际上是又长又窄的石片也被错误地归类为细
叶。在重新分析石制品之后，陈淳等（2010）指出小南海工业不涉及细石叶技术。此外，彭菲
（2012）对水洞沟第1地点的石制品进行复核后，认为下层不存在细石器。

除了上述地点外，下川遗址经常被引用为早期细石叶所在地。然而，虽然确实存在细石
叶技术，但年代测定问题［年代范围从23900 ± 1000a BP（未校准）到16400 ± 900a BP（未校
准）；The Institute of Archaeology CASS, 1978］以及这些日期与细石叶技术之间缺乏明确联
系，限制了它的可靠性。

比上述任何一个更可能的早期遗址是2010年发掘的河南省登封市西施遗址，在其下文
化层的8557件石器中，出土了3个细石核和82个细石叶，炭屑测年约为22ka BP（未校准）
（Gao, 2011）。同样令人信服，而且肯定是中国最早的确切的细石叶遗址之一是山西省柿子
滩第29地点，其七个文化层中都存在细石叶技术。虽然第7层的日期尚未确定，但第6层及以

上可追溯到大约（20500±100）—（18090±70）a BP（未校准）（来自火塘的木炭和骨头；Song, 2011）。龙王汕遗址是这些早期细石叶遗址中的另一个，尽管其放射性碳年代和光释光（OSL）测年的日期存在差异，两者的范围为29ka—21ka BP，但是27ka—25ka BP应该是合理的（Zhang et al, 2011a）。比这略年轻的是宁夏PY03地点，这里发现了一个细石核和两个细石叶，年代可追溯到18350±70a BP（未校准）（Ji et al, 2005）。这些地点非常有说服力地证明，在LGM阶段之前和期间，中国北方地区的狩猎采集者使用了细石叶技术，但既不广泛也不密集。此后，在LGM阶段之后的细石叶技术传播速度相对仍较慢。

可以追溯LGM和YD之间的中国北方地区细石叶技术遗址相对较少，但至少足以说明该技术被采用并随后传播的一般原因。大地湾遗址从MIS3阶段开始被人类占领，首先是采用石片技术的觅食者。细石叶技术出现在第4文化层，时间为20ka—16ka BP，并且在上层的第5层中出现，年代为13ka—7ka BP（Bettinger et al, 2010）。在QG3地点有细石叶技术存在，但是仅占下层沙砾层组合的21%，时间为15ka—13.5ka BP，然后在YD上部沙砾层的晚期组合中增加到68%，时间为12.0ka—11.6ka BP（Elston et al, 1997）。二道梁遗址，放射性碳测年为18085±235a BP，是该时期泥河湾盆地唯一真正的细石叶遗址（Xie et al, 2006），此时的泥河湾盆地石片技术更为普遍，如梅沟、苇地坡和西白马营等地点所示（Xie and Yu, 1989; Mei, 2006）。总之，这些数据表明细石叶和石片技术在LGM和YD阶段之间共存，但石片技术占主导地位。这种关系在旧石器时代晚期末段（LUP）发生逆转，当时细石叶技术转变为主导地位。

细石叶技术于旧石器时代最末期广泛分布于整个中国北方地区，例如虎头梁遗址群、籍箕滩（Xie et al, 2006）、松山（An, 1978）、李家沟遗址的旧石器时代地层（Zhang et al, 2011b）、东胡林（Zhao, 2006）等。也许同样有趣的是，随着细石叶技术的发展，石片技术同步消失。除此之外，LUP狩猎采集者的适应变得更加强化和多样化，如磨光的锛和斧头（大概用于伐木）、用于植物加工的磨制石器、用于编制篮子和衣服的骨锥和骨针所示，这表明高强度的生存策略增加和低档次资源的使用增加。这种现象在较早的遗址地点到处可见，但是与在LUP中观察到的数量和频率并不接近。除了大型的、分层良好的、深度使用的地点外，还有一些遗物数量有限的地表遗存。例如，最近在青藏高原边缘发现了许多考古遗址（见Madsen et al, 2006; Yi et al, 2011），一些遗址埋藏简单，主要是细石叶或石核，但大多数有火塘及伴生的细石叶/石核，分析显示为LUP阶段。这样的遗迹在整个中国北方地区很常见，虽然其中大部分没有明确年代，但很明显，就像青藏高原的例子一样，大多数遗迹都是在LUP期间被人类占据。

那么，未解的问题是，为什么在更新世末期细石叶技术取代了简单石片技术？为了回答这个问题，需要对那些提供了或多或少关于区域生存-定居模式季节性变化的完整证据的罕见遗址进行分析，SDG12就是其中之一。

4. 水洞沟第12地点

SDG12位于宁夏回族自治区边沟河岸，是一个有很厚层位的遗址，沉积物厚9米，可分为四层，第三层含有旧石器时代遗迹（图2）（Liu et al, 2008），由放射性碳和光释光测定为12.2ka—11.0ka BP（Liu et al, 2008）。

2007年SDG12的发掘面积为12平方米，产生了大量文化遗存，包括约9000块碎石和磨制石器、13000多块烧石、10000多块动物骨骼，以及大量骨器，包括针、锥和一个刀柄（Gao et al, 2009, 2013; Yi, 2013; Yi et al, 2013; Zhang et al, 2013）（图3、图4）。虽然细石叶和细石核仅占石器组合的18.3%，但大部分多面体石核和碎屑废料（占所有碎石的75%）可能是细石叶生产的废弃品。存在经过修整的片状工具，但是很不规范（Yi, 2013; Yi et al, 2013）。磨制石器组合很小，但制作精致且功能多样，包括研磨石、石杵、磨石和磨光石斧断块（见Gao et al, 2013中图48、51、52、76），表明出现对植物和木材的加工及对工具的修整。显然，在SDG12细石叶技术是最具优势的技术。

如前所述，大量来自东北亚的可嵌入刃的有机箭镞、尖状器等遗物表明，用作狩猎武器是细石叶技术是最为普遍接受的用途。然而，在SDG12发现的骨刀柄为细石叶在屠宰、手工艺或

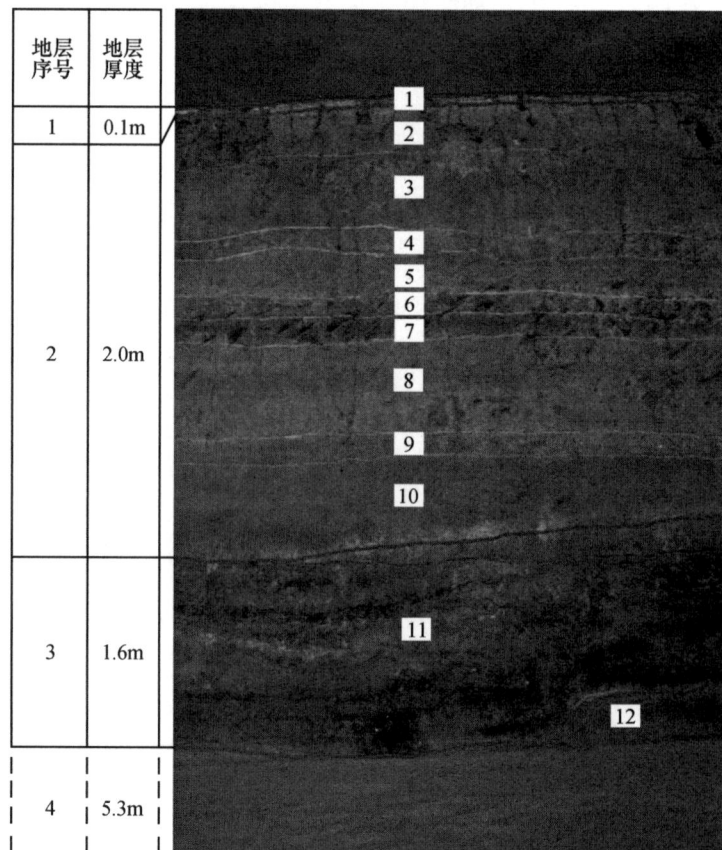

图2　SDG12的剖面图

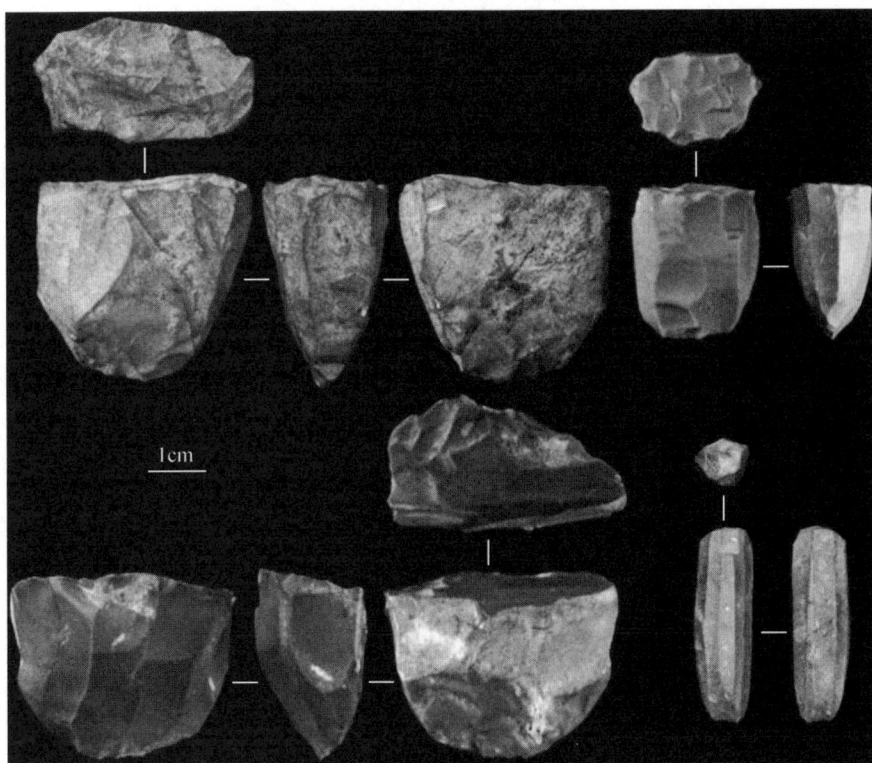

图3　SDG12出土的细石核

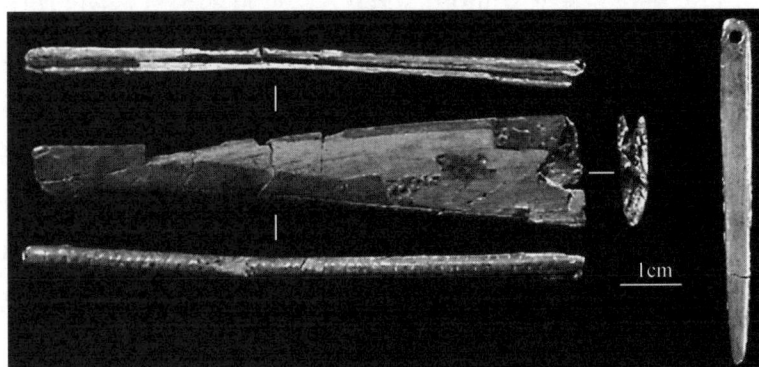

图4　SDG12出土的骨刀柄、骨针

材料加工方面的使用提供了更有力的证据。SDG12骨刀柄开槽用于装置细石叶，准确体现了细石叶的使用方式，可能用于精细切割，并与小孔骨针结合使用，用来缝纫，更广泛地说是专门制造冬季服装以适应严寒"新仙女木事件"环境，这是SDG12人类的主要活动之一（Yi et al, 2013）。

除了暗含服装制造的器物（例如缝纫针）外，大孔骨针也证明了编织的使用方式，可能是用来制作圈套、猎网的绳索，也可能是缝制衣服。根据对SDG12的古环境研究，从孢粉记录中鉴定出香蒲和菖蒲（Liu et al, 2008）。这种植物今天还在用来织网，所以合理推测古人也可能用过。

或许同样与制造业相关的大量火烧岩石，是有记录的煮石的最早证据，可能是与容器相关（Gao et al, 2009）。火烧岩石可能是皮革或木材加工的一个步骤，又或者只是一种从植物和动物中提取额外的营养素的办法，即标志着强化和扩大的食谱。

SDG12的觅食者扩大他们的饮食范围，这不仅体现在指代植物资源利用的磨制石器工具的使用上，还体现在动物遗骸上，与该地区早期遗址的动物遗骸不同，SDG12遗骸保存得相对完好，主要是野兔（*Lepus* sp.；57.4%）和普氏羚羊（*Procapra przewalskii*；22.2%），前者的压倒性数量尤其证明了相当低的能量回报率（Zhang et al, 2013）。

毫无疑问，在LGM期间狩猎采集者放弃开发中国北方大部分区域，而在相对寒冷干燥的YD期间没有这样做，这可能是因为他们已经发展出更适合这种恶劣条件的新策略，完善了新技术。对SDG12的反复、密集占据清楚地表明了这种变化，虽然它不能完全代表YD期间中国北方地区的人类适应情况，但至少以一般方式证明了这种成功的适应性变化以及细石叶技术在这些过程中发挥的核心作用。

5. 讨论和结论

Kelly（1983）简要地将流动策略描述为"狩猎采集者在一年内在景观中移动的方式"，是对周围环境资源分布的定位策略（Binford, 1980）。狩猎采集者移动的目的有很多，包括收集资源信息、建立交换和觅偶网络（Chen, 2004），但主要是为了觅食，也就是说，流动性在很大程度上是一种食物获取策略。狩猎采集者是采取迁居式还是后勤式流动受到其环境资源结构的影响。食物供应因特定环境中的情况不同而有所不同，例如，斑块对比均衡资源区域，无季节性差异对比季节性气候，这意味着觅食者在不同情况下会采取不同的流动策略，并且当一个地区的气候变化时，模式也会发生变化。当环境生产力下降时，迁居式流动趋势会加强（Binford, 1980; Kelly, 1983; Kelly, 1995），狩猎采集者转向更高流动的策略，以便在LGM和YD的恶劣环境中成功生存。

民族志证据表明，技术受到觅食者社会的迁居流动性的影响（Shott, 1986）。在宾福德的觅食者-集食者模型中，精致化技术与后勤式流动性相关，而权宜型工具与迁居式流动性相关（Binford, 1980）。晚更新世的气候波动很大，使得可用的资源不太稳定，因此导致了技术转型。上述考古现象表明，细石叶技术在中国北方地区的传播与环境变化密切相关。尽管该学说有一定争议，但细石叶技术可能起源于35ka BP之前的西伯利亚（Kuzmin, 2007），然后传播到蒙古、中国、韩国和日本。正如我们上面所展示的，细石叶技术在29ka BP之后在中国出现，并在随后的15000年与石片技术相伴，慢慢扩散。在寒冷的YD期间，细石叶遗址在整个中国北方地区广泛分布，但年代可靠的石片遗存几乎不存在。这些现象表明，晚更新世期间细石叶技术在中国北方地区的扩散是一种更适合寒冷条件的流动性变化的迹象。

细石叶技术的传播在LGM之前和期间呈现出缓慢的趋势，这从其稀缺的遗存中可以看出。中国北方地区LGM气候十分严酷。因此，我们可能会问，如果像我们认为的那样，细石叶技术适合在寒冷天气中生存的高移动狩猎采集者，为什么它在LGM期间没有广泛传播？

我们认为，传输缓慢主要是因为该技术属于新的发明，发明后的时间太短，觅食者无法在LGM期间大规模采用。严酷的LGM导致资源的不稳定和稀缺以及恶劣的居住环境。为了应对这些情况，一些觅食者改变了他们的移动策略，变得更加机动，并加强了对斑块的开发，包括所有高/低等级的猎物/植物资源。尽管一些狩猎采集群体改变了他们的移动模式，但数量和效果不足以让细石叶技术广泛扩散。对于没有掌握新技术的群体来说，突如其来的LGM对人类生存和文化传播的挑战太大，它导致了遗址的减少，但并不是说整个中国北方地区都弃用。在这个阶段，那些使用细石叶技术成功生存下来的人类积累了成功的经验，主要表现为利用细石叶的优势和更高的流动性在恶劣的环境中生存。

LGM之后的气候改善使中国北方的温度升高，食物资源更加丰富，这为狩猎采集者提供了重新进入该地区进行更大规模开发的机会。之前放弃中国北方地区的觅食群体再次回归，沿用其传统的低流动性和石片技术。同时，拥有细石叶技术的群体保留了他们在该地区的生存实践。它们的总流动性相对较低，在这些较温和的条件下并不迫切需要细石叶的优势，因此该技术没有很好的机会在人口迁移和不同群体之间的文化交流中传播，而是与石片技术并行发展甚至居于次要的地位。

YD的环境恶化导致了高生存风险，对中高纬度地区的影响尤为明显。由于气温和降水的急剧下降，资源斑块退化，有的甚至消失，这使得觅食者将花费更多时间寻找食物和其他必需品。Torrence（2001）指出，工具和技术的采用、制造、设计和使用策略受到失败所致风险严重程度的强烈影响。高度结构化的工具将用于减少经常遇到的觅食风险（Wiessner, 1982）。在YD期间，狩猎的失败将是致命的，因此需要精心设计的工具来确保狩猎的成功。在中国北方地区，优质石料非常稀有且体积小巧，正如高星等（2006）总结的那样，石英、石英岩和火成岩是主要的石器材料，在机能上不适合制造规范的石质工具（Andrefsky, 1994）。为了节省寻找优质石料的时间，节省原材料成为一个关键问题。对于流动的狩猎采集者，特别是那些生活在LUP面临特殊生存压力的人来说，寻找原材料所节省的时间可以用来获得更多的食物。此外，制作精致的服装以在寒冷天气中保持高流动性也很重要。Wales（2012）提出，生活在最寒冷地区的尼安德特人在冬季会覆盖70%—80%的身体，与尼安德特人相比，旧石器时代晚期的现代人类服装可能更复杂。在中国，这一推测得到了SDG12考古发现的支持。SDG12骨柄的一侧为镶嵌边缘表明，窄且平行刃缘的石制品是必要的。与长期流行的石片技术相比，细石叶技术满足了所有这些需求，因此LGM积累的成功经验使得细石叶技术随着人类迁徙和不同觅食群体之间的文化交流中，在中国北方地区广泛流行。

适应的多样性是LUP考古记录中的另一个突出特征。伴随着社会组织和细石叶技术的变化，伴随磨光石器、研磨器、骨器，以及食物资源的广谱化变化。大量的考古遗址告诉我们，这些多样化的技能帮助觅食者对抗恶劣的环境，并获得足够的资源，尤其是食物资源。Bar-Yosef（2002）推测，由于流动性增加等替代食物获取策略的使用，以色列晚期纳图夫人社会结构发生了变化。在全新世晚期阿拉斯加中部，随着大型哺乳动物数量的减少，人类转向广谱饮食，更多地关注驯鹿和鱼类等季节性丰富的资源，而不是专注于野牛的多季节狩猎，这种转变最终导致了针对季节性过剩资源的定居点存储和后勤式流动（Potter, 2008）。中国北方地区的YD很可能是营地、生计、技术和组织发生类似变化的时期。随着许多大型动物的灭绝，中国北方的狩猎采集者通过改变他们的策略和工具组合来应对，围绕细石叶技术开发了广泛的适应性。中东和阿拉斯加的社会进程可能后来也发生在华北地区。

致谢：感谢罗丰研究员、王惠民研究员在野外工作中的帮助。感谢Robin Dennell教授提出的建议及文字润色上的帮助，对Loukas Barton和Christopher Morgan两位博士在研究中的讨论、水洞沟项目组全体成员同样表示感谢。本项工作得到中国科学院战略性先导科技专项（XDA05130301）、中国科学院重点部署项目（KZZD-EW-15-1）、国家自然科学基金（41102016）、国家基础科学人才培养基金项目（J1210008）、中国博士后基金面上项目（2013M541106）资助。

（原载Yi M J, Bettinger R L, Chen F Y, Pei S W, Gao X. The Significance of Shuidonggou Locality 12 to Studies of Hunter-gatherer Adaptive Strategies in North China During the Late Pleistocene. Quaternary International, 347: 97-104）

（王琦译，仪明洁校）

三

年代环境研究篇

中国大石叶技术年代再探讨——水洞沟第1地点与第2地点对比研究

李　锋[1]　Steven L. Kuhn[2]　高　星[1]　陈福友[1]

（1. 中国科学院古脊椎动物与古人类研究所脊椎动物演化与人类起源重点实验室，中国北京，100044；

2. 亚利桑那大学人类学系，美国图森，85721-0030）

摘要： 水洞沟遗址大石叶技术的出现与年代是探讨欧亚大陆东部石叶技术传播的一个关键问题。Madsen及其同事的颇具影响力的工作使用了他们自水洞沟第2地点获取的测年结果来评估这一区域石叶技术的年代，据此认为来自北方的似勒瓦娄哇石叶技术很晚才到达该区域。本文通过对水洞沟第2地点新发掘的石器组合与第1地点石器组合的对比研究重新检验了水洞沟石叶技术年代的证据，提出了几个重要的认识：①第2地点中第一至第四文化层的石制品组合并非以大石叶为基础，因此这些层位已发表的年代不能代表大石叶技术的年代；②通过对比第1地点与第2地点，我们认为这一区域大石叶技术出现的年代约为距今38000—34000年，这暗示着来自西方和/或北方的技术传播是相对较快的；③第1地点所谓的"水洞沟下文化层"可能同时包含大石叶以及简单石核-石片组合。

关键词： 旧石器时代晚期；[14]C年代；亚洲；石器工业/技术

1. 引　言

石叶技术曾被认为是现代人的标志。虽然这一认知已被摒弃，但在过渡时期以及旧石器时代晚期初段（Initial Upper Paleolithic，IUP）出现的各种系统的石叶生产仍旧是一个相当重要的研究热点（例如Mellars, 1990; Bar-Yosef and Kuhn, 1999; Bar-Yosef and Pilbeam, 2000; Mellars et al, 2007）。在中国北方尤其如此。在中国，很少有遗址发现具有欧亚旧石器时代晚期早段物质文化一般特征的石制品组合，如石叶的生产（Lin, 1996; Gao, 1999; Gao and Norton, 2002）。因

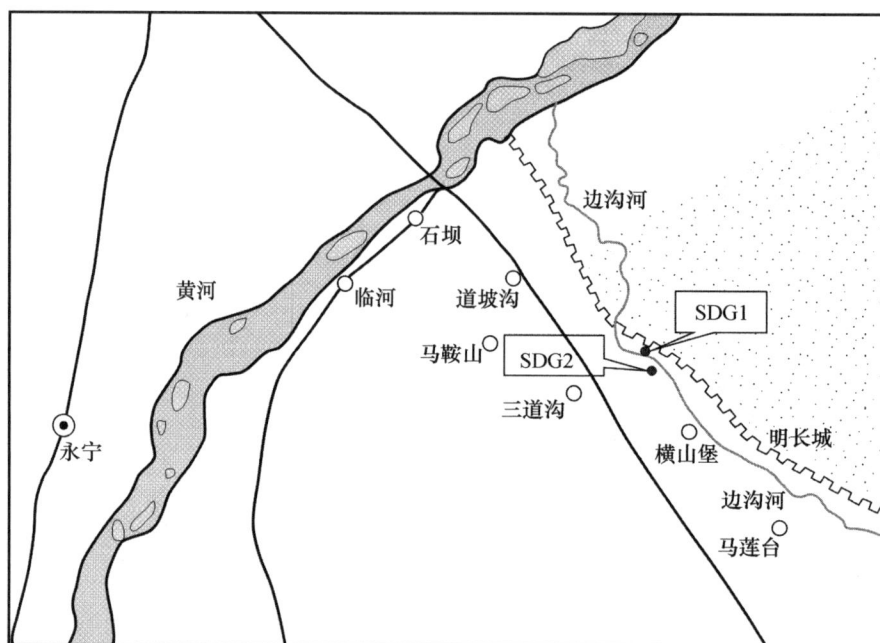

图1　本研究所涉及的遗址及其在华北地区所处的位置

（修改自Liu et al, 2009）

此，出土了大石叶及个人装饰品使用证据的水洞沟遗址（图1）在讨论石叶技术以及其他旧石器时代晚期特征在欧亚大陆东部的扩散中发挥着关键作用（Li et al, 2013）。然而，目前仍有两个关于水洞沟遗址至关重要的问题未完全解决。其一为水洞沟旧石器时代晚期早段的特征，特别是工业或石制品组合之间的变化。其二是这些组合的年代。

Brantingham等学者（Brantingham et al, 2001）对包括Kara Bom（西伯利亚阿尔泰地区），Chikhen Agui（蒙古地区），以及水洞沟第1地点在内的东北亚地区三个遗址的旧石器时代晚期初段进行了对比研究。他们论证了三个遗址石器工业之间较强的相似性以及西伯利亚地区旧石器时代中期及旧石器时代晚期初段之间的连续性。然而，考虑到水洞沟第1地点的修理工具的特点，Brantingham等学者（Brantingham et al, 2001: 744）提出"无论计数程序如何，水洞沟都具有强烈的旧石器时代中期的类型学特征"。

Madsen等学者（Madsen et al, 2001）开展了水洞沟地区的测年工作。测年样品来自于第2地点的自然侵蚀剖面（包括最近暴露出来的火塘）中采集的木炭样本。他们的结果似乎将水洞沟遗址的年代比较确切地置于距今29000—24000年的范围内，这使得他们假设大石叶技术可能源于北方（蒙古），并且很晚才到达水洞沟地区。这一结果被广泛地引用（例如Brantingham et al, 2001; Gao et al, 2002, 2008; Zhang et al, 2010; Derevianko, 2011; Guan et al, 2011, 2012; Pei et al, 2012）。

水洞沟第2地点近期的发掘结果（Li et al, in press）使我们不仅能够使用地层学，而且还可以通过组合的技术特征来重新评估第1地点与第2地点的关系，从而修订水洞沟地区晚更新世的文化序列，包括早期石叶技术的年代。最新研究的发现表明：①水洞沟遗址的技术多样性比以前所描述的要大得多；②出土大石叶生产证据的层位明显比最广泛引用的年代要更早。

2. 水洞沟第1与第2地点的地层及年代

2.1　第1地点

水洞沟第1地点（SDG1）是1923年水洞沟第一次发掘的地点。随后在1960年、1963年及1980年进行了发掘（Licent and Teilhard de Chardin, 1925; Jia et al, 1964; Qiu and Li, 1978; Ningxia Museum et al, 1987）。在各种发掘项目期间和之后，多位地质学家和考古学家对第1地点的剖面分别进行了描述（Jia et al,1964; Ningxia Museum et al, 1987; Zhou and Hu, 1988; Brantingham, 1999; Gao et al, 2008; Liu et al, 2009）。

第1地点的地层序列通常被分为两个主要部分：晚更新世堆积和全新世堆积。本文仅关注晚更新世出土旧石器组合的地层，即所谓的水洞沟文化层或水洞沟下文化层（Jia et al, 1964; Ningxia Museum et al, 1987; Gao et al, 2008）。一些学者将第1地点下文化层视为一个单独的地层（Jia et al, 1964; Ningxia Museum et al, 1987; Gao et al, 2008），但也有学者指出它可以被细分为不同的层位（图2）（Ningxia Museum et al, 1987; Liu et al, 2009）。根据宁夏博物馆1987年出版的发掘报告（Ningxia Museum et al, 1987）的描述，水洞沟下文化层包含两个不同的沉积单元。地质学者刘德成等辨认出其包含四个不同的地质层。据宁夏博物馆的报告（图2），"水洞沟下文化层"由灰黄色似黄土（loess-like）的细沙组成。上层（第3层）为钙质结核层，厚度约50—100cm；下层（第2层）上部包含少量铁质锈斑（redoximorphic mottles），厚度为60—70cm；下部未见锈斑，仅包含极少的人工制品（Ningxia Museum et al, 1987）。而刘德成等（Liu et al, 2009）（图2b）对"水洞沟下文化层"中的四个层位的描述为：第3层，灰黄色粉砂土，块状结构，钙质胶结物，有结核，厚90cm；第4层，灰黄色粉砂土，块状结构，存在少量铁质锈斑，厚280cm；第5层，灰黄色细砂及粗砂，含水平层理，厚40cm；第6层，浅灰黄色粉砂土，含水平层理，有铁质锈斑，无人工制品出土，厚190cm。这两种岩性描述差异很大，但值得指出的是，它们发表于不同的时间。宁夏博物馆的描述是在发掘过程中进行的，当时可以识别出地层与考古遗物之间的联系，而刘德成及其同事则是在发掘后很晚的一段时间里考察遗址时做出的描述。本文将遗址的晚更新世堆积划分为两部分。我们使用术语"水洞沟第1地点下文化层A"，即SDG1-LCL-A（SDG1 lower cultural layer A），它相当于宁夏博物馆报告中的第3层，以及"水洞沟第1地点下文化层B"，即SDG1-LCL-B（SDG1 lower cultural layer B），它相当于宁夏博物馆报告所描述的第2层（见图2a）。

20世纪80年代对第1地点的发掘将"水洞沟下文化层"出土的人工制品合并在一起，这使得我们难以将不同层位的石制品组合分开。但幸运的是，原始发掘报告（Ningxia Museum et al, 1987）以及60年代发掘工作的其他报告（Qiu and Li, 1978; Derevianko, 2011）为我们提供了一些下文化层具有不同文化堆积特征的线索。SDG1-LCL-A（第3层或下文化层上部）出土了

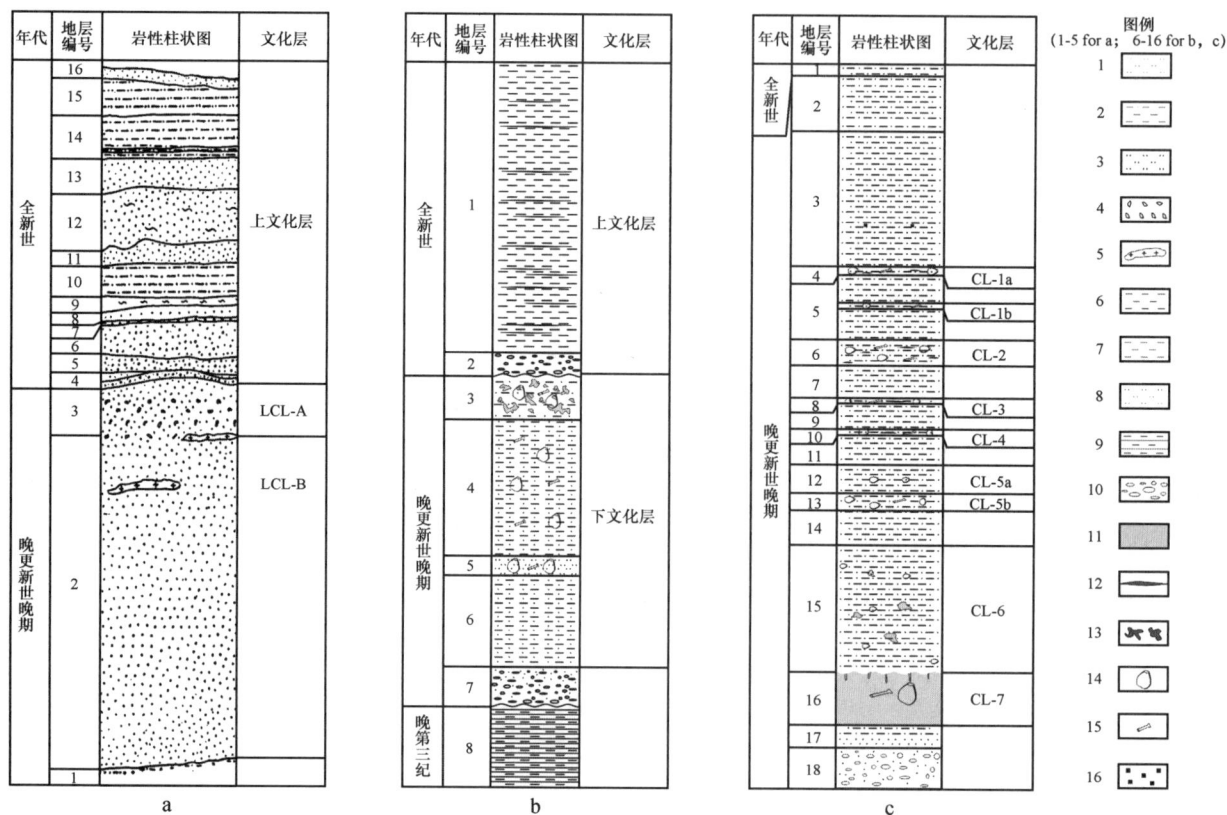

图2　水洞沟第1地点及第2地点的地层剖面（修改自Ningxia Museum et al, 1987; Liu et al, 2009）

（a）宁夏博物馆（Ningxia Museum et al, 1987）报道的第1地点剖面　　（b）刘德成等（Liu et al, 2009）描述的第1地点剖面

（c）刘德成等（Liu et al, 2009）描述的第2地点剖面

1. 细砂　2. 粉砂土　3. 砂砾　4. 钙质结核　5. 火塘　6. 富含黏土的粉砂土　7. 粉砂土　8. 细砂　9. 泥岩　10. 砾石　11. 泥炭

12. 泥炭条带　13. 钙质结核　14. 石制品　15. 动物化石　16. 木炭

两件研磨工具以及一件鸵鸟蛋壳串珠。这些研磨工具的具体位置不明，但串珠很有可能出土于SDG1-LCL-A的下部（Qiu and Li, 1978; Derevianko, 2011）。无论不同层位组合的技术性质如何，重要的是，正如高星等学者（Gao et al, 2008）先前提到的，"水洞沟下文化层"至少包含两种文化堆积，即SDG1-LCL-A以及SDG1-LCL-B。

自1984年以来，研究者们曾多次尝试使用不同的年代学方法来确定水洞沟第1地点的年代（Chen et al, 1984; Li et al, 1987; Ningxia Museum et al, 1987; Liu et al, 2009；另见Gao et al, 2008，表1）。放射性碳测年提供了较为宽泛的年代范围：测年结果包括17250±210a BP、16760±210a BP、25450±800a BP、26190±800a BP以及26230±800a BP（Li et al, 1987; Ningxia Museum et al, 1987; The Institute of Archaeology, CASS, 1991; The Institute of Archaeology of Ningxia Hui Autonomous Region, 2003）。黎兴国等学者（Li et al, 1987）最初报道的[14]C年代为16760±210a BP、25450±800a BP。其他不同的年代数据是因使用了不同的放射性半衰期计算所得（根据中国社会科学院考古研究所1991年的报道，17250±210a BP以及26190±800a BP是利用5730年的半衰期计算而得的）或一些目前未知的因素（如宁夏博物馆1987年发表的年代26230±800a BP）。宁夏回族自治区文物考古研究所（The Institute of Archaeology of Ningxia

Hui Autonomous Region, 2003）认为基于骨骼的最新测年来自SDG1-LCL-A的上部，年代较早的测年结果则是基于SDG1-LCL-A下部的钙质结核测年所得。Madsen等学者（Madsen et al, 2001）及高星等（Gao et al, 2002, 2008）认为，较为年轻的年代组是有机碳污染的结果，有机碳可能是从地层序列中更高的堆积中再沉积产生的。然而，目前还未有地质考古研究来支持这一推测。另外，SDG1-LCL-A的厚度约为50—100cm，因此上下部分的年代很可能是不同的。本文暂时假设这两组放射性碳测年结果都是合理的。

表1　水洞沟第1地点（SDG1）的年代数据

文化层	原始层位（图2a、b）	埋藏背景	测年材料	测年方法	实验室编号	年代（距今/年）	矫正年代（距今/年）*（95.4%）	参考文献
SDG1-LCL-A	第3层上部	发掘	骨	^{14}C	PV-331	16760±210	19919±257	黎兴国等，1987
SDG1-LCL-A	第3层下部	发掘	炭屑	^{14}C	PV-317	25450±800	30196±713	黎兴国等，1987
SDG1-LCL-B	第2层	自然剖面	马属动物牙齿	U-Th	BKY-82042	38000±2000		陈铁梅等，1984
SDG1-LCL-B	第2层	自然剖面	马属动物牙齿	U-Th	BKY-82043	34000±2000		陈铁梅等，1984
SDG1-LCL	第3层	自然剖面	沉积物	OSL	S1-3	28700±6000		刘德成等，2009
SDG1-LCL	第4层上部	自然剖面	沉积物	OSL	S1-4	29300±4100		刘德成等，2009
SDG1-LCL	第4层下部	自然剖面	沉积物	OSL	S1-5	32800±3000		刘德成等，2009
SDG1-LCL	第5层	自然剖面	沉积物	OSL	S1-6	15800±1100		刘德成等，2009
SDG1-LCL	第6层上部	自然剖面	沉积物	OSL	S1-7	17700±900		刘德成等，2009
SDG1-LCL	第6层中部	自然剖面	沉积物	OSL	S1-8	34800±1500		刘德成等，2009
SDG1-LCL	第6层下部	自然剖面	沉积物	OSL	S1-9	35700±1600		刘德成等，2009

＊　碳十四年代使用Oxcal 4.1在线软件校正（IntCal 09曲线）。

　　其他测年方法也被应用于水洞沟第1地点的年代测定。陈铁梅等学者（Chen et al, 1984）报道了来自"下文化层"的基于骨骼的铀-钍（U-Th）年代，宁夏回族自治区文物考古研究所（The Institute of Archaeology of Ningxia Hui Autonomous Region, 2003）认为这些年代样品来自80年代发掘者描述的第2层，即本文被称的SDG1-LCL-B。年代数据为34000±2000a BP、38000±2000a BP（Chen et al, 1984）。

　　刘德成等（Liu et al, 2009）采用光释光（optically stimulated luminescence）测年方法测定第1地点的年代。"水洞沟下文化层"被置于（34800±1500）—（28700±6000）a BP的年代范围内（详见Liu et al, 2009）。彭菲等学者（Peng et al, 2012）报道了一个加速器质谱碳十四（AMS ^{14}C）测年结果，即36200±140a BP，该样品来自于刘德成等（Liu et al, 2009）描述的第3层。尽管在年代范围上放射性碳测年和铀-钍测年有一定的一致性，但将它们与光释光测年进行比较是不可靠的，因为刘德成等与宁夏博物馆使用了不同的文化层划分方案。本文中，我们采用发掘者对地层的原始描述，结合原始地层划分方案的测年结果，推断SDG1-LCL-A上部的年代约为16760±210a BP；SDG1-LCL-A下部的年代约为25450±800a BP；SDG1-LCL-B的年代在（34000±2000）—（38000±2000）a BP之间。最后一组年代与刘德成等（Liu et al, 2009）报道的地层序列下部的光释光测年结果一致。

2.2　第 2 地点

水洞沟第2地点（SDG2）位于第1地点所在的边沟河对岸，相距不到100米（见图1）。作为2003—2005以及2007年野外发掘的一部分，遗址在靠近自然剖面的位置发掘了两个100平方米的区域（单元1与2）。遗址地层序列以湖相沉积为主，总厚度12.5米。刘德成等（Liu et al, 2009）所描述的单元2的地层序列更为完整。它细分为18个层位（见图2c）（完整详细的地层描述见Liu et al, 2009），其中七个层位包含旧石器时代遗存：它们从下至上被命名为第七至第一文化层（CL7—CL1）（见图2c）（Li et al, 2013）。在发掘过程中，以地质层位中人为划分出的2—5cm操作层为单位收集全部遗物。所有原地埋藏标本的三维坐标均使用全站仪记录，所有的考古堆积均用细网（约2mm）进行干筛。

总体而言，来自不同文化层的石制品组合可以分为两组。CL7和CL5a出土了两件与第1地点相似的大石叶石核。出土于CL5a的标本是一件有两个修整台面的似勒瓦娄哇扁脸石核，出土于CL7的另一件标本是一件有两个相对台面的窄面石叶石核（图3）。来自CL6、CL5b以及CL4—CL1的石制品组合显示出较为一致的特征，包括不规则的石片生产和以简单边刮器为主的工具组合。这些层位出土的材料符合华北地区广泛分布的石片工具传统的特点（见图3）（关于技术特征详见Li et al, 2013）。虽然我们在此不详细描述CL6、CL5b以及CL4—CL1的石制品组合，但需强调的是，它们并不存在系统的大石叶生产的证据。

自2001年以来，学者们在第2地点进行了三个独立的测年项目（表2）。如前文所述，Madsen等（Madsen et al, 2001，亦见Gao et al, 2002, 2008）在水洞沟第2地点自然剖面上暴露的火塘中采集了样本。他们的样本所显示的年代跨度为29000—24000a BP（¹⁴C测年）。然而，彼时他们还无法获得发掘后的地层信息。刘德成等（Liu et al, 2009）使用光释光和加速器质谱方法所得数据构建了一个年代模型，得到了CL7到CL3以及CL1的年代。本文作者对发掘中出土的骨头与木炭进行测年，获得了除了CL6和CL1之外的所有文化层的另一组年代。

表2　水洞沟第2地点（SDG2）的年代数据

文化层	出土位置	埋藏背景	测年材料	测年方法	实验室编号	年代（距今/年）	校正年代（距今/年）*（95.4%）	参考文献
SDG2-CL1	第4层	自然剖面	沉积物	OSL	S2-1	20300±1000		刘德成等，2009
SDG2-CL2	火塘1	自然剖面	炭屑	AMS¹⁴C	Bata-132982	26350±190	30984±152	Madsen et al, 2001; 高星等，2002

续表

文化层	出土位置	埋藏背景	测年材料	测年方法	实验室编号	年代（距今/年）	校正年代（距今/年）*（95.4%）	参考文献
SDG2-CL2	火塘2	自然剖面	炭屑	AMS^{14}C	Bata-132983	25670 ± 140	30519 ± 175	Madsen et al, 2001; 高星等, 2002
SDG2-CL2	火塘2	自然剖面	鸵鸟蛋皮	AMS^{14}C	Bata-132984	26930 ± 120	31273 ± 88	Madsen et al, 2001; 高星等, 2002
SDG2-CL2	火塘3	自然剖面	炭屑	AMS^{14}C	Bata-134824	26830 ± 200	31239 ± 111	Madsen et al, 2001; 高星等, 2002
SDG2-CL2	火塘4	自然剖面	炭屑	AMS^{14}C	Bata-134825	25650 ± 160	30503 ± 197	Madsen et al, 2001; 高星等, 2002
SDG2-CL2	火塘5	自然剖面	炭屑	AMS^{14}C	Bata-146355	26310 ± 170	30966 ± 147	Madsen et al, 2001; 高星等, 2002
SDG2-CL2	火塘7	自然剖面	炭屑	AMS^{14}C	Bata-146357	29520 ± 230	34149 ± 342	Madsen et al, 2001; 高星等, 2002
SDG2-CL2	火塘10A	自然剖面	炭屑	AMS^{14}C	Bata-146358	23790 ± 180	28607 ± 290	Madsen et al, 2001; 高星等, 2002
SDG2-CL2	第6层	自然剖面	鸵鸟蛋皮	AMS^{14}C	Bata-207935	28420 ± 160	32734 ± 330	高星等, 2008b
SDG2-CL2	第6层	自然剖面	炭屑	AMS^{14}C	Bata-207936	28330 ± 170	32605 ± 344	高星等, 2008b
SDG2-CL2	第6层-2L3	发掘	炭屑	AMS^{14}C	BA110217	26450 ± 120	31071 ± 92	
SDG2-CL2	第6层-L18	发掘	炭屑	AMS^{14}C	BA110218	30360 ± 120	34881 ± 124	
SDG2-CL2	第6层-L20-H6	发掘	炭屑	AMS^{14}C	BA110219	25090 ± 90	29933 ± 199	
SDG2-CL2	第6层-2L4	发掘	炭屑	AMS^{14}C	BA110220	26040 ± 90	30802 ± 142	
SDG2-CL2	第6层-L20-H7	发掘	炭屑	AMS^{14}C	BA110221	2520 ± 30	2606 ± 77	
SDG2-CL2	第6层-L21-H7	发掘	炭屑	AMS^{14}C	BA110226	895 ± 30	824 ± 53	
SDG2-CL3	第8层-L27	发掘	骨	AMS^{14}C	BA110223	28290 ± 110	32561 ± 300	
SDG2-CL3	第8层-L28	发掘	骨	AMS^{14}C	BA110222	27190 ± 100	31385 ± 94	
SDG2-CL3	第8层	发掘后剖面	沉积物	OSL	S2-2	27800 ± 1400		刘德成等, 2009
SDG2-CL4	第10层	发掘后剖面	沉积物	OSL	S2-3	20500 ± 1100		刘德成等, 2009

续表

文化层	出土位置	埋藏背景	测年材料	测年方法	实验室编号	年代（距今/年）	校正年代（距今/年）[*]（95.4%）	参考文献
SDG2-CL4	第10层-L30	发掘	炭屑	AMS^{14}C	BA110224	985±30	883±48	
SDG2-CL5b	第13层	发掘后剖面	沉积物	OSL	S2-4	29200±2100		刘德成等，2009
SDG2-CL5b	第13层	发掘	骨	AMS^{14}C	BA110227	20280±70	24191±151	
SDG2-CL6	第15层上部	发掘后剖面	沉积物	OSL	S2-5	23600±2400		刘德成等，2009
SDG2-CL6	第15层下部	发掘后剖面	沉积物	OSL	S2-6	38300±3500		刘德成等，2009
SDG2-CL7	第16层上部	发掘后剖面	沉积物	AMS^{14}C	S2-10	29759±245	34395±328	刘德成等，2009
SDG2-CL7	第16层下部	发掘后剖面	树枝	AMS^{14}C	S2-11	36329±215	41445±213	刘德成等，2009
SDG2-CL7	第16层	发掘	树枝	AMS^{14}C	BA110228	980±30	877±47	

* 碳十四年代使用Oxcal 4.1 在线软件校正（IntCal 09曲线）。

第2地点的堆积是一个连贯有序的序列，几乎没有明显的再沉积证据（Liu et al, 2009）。鉴于此，那些显著晚于其上层堆积年代的测年结果可以被摒弃。总体而言，第2地点不同的测年结果是高度一致的。CL1有一个光释光年代，为20300±1000a BP。CL2是包含最多放射性碳测年数据的层位，全部16个测年结果中的13个涵盖了从（26930±120）—（25090±90）a BP的年代范围，这可作为CL2年代的最佳估量。CL3有两个加速器质谱年代，分别为28290±110a BP和27190±100a BP，以及一个光释光年代，为27800±1400a BP。CL4有一个加速器质谱年代，为985±30a BP，以及一个光释光年代，为20500±1100a BP。这两个年代比这层以上的年代要年轻得多，故而被认为是无效的。CL5有一个加速器质谱年代，为20280±70a BP，以及一个光释光年代，为29200±2100a BP。这个加速器质谱年代是异常的，因为它比它之上的许多层位的年代都要晚。CL6有两个光释光年代，上层年代为23600±2400a BP，底部年代为38300±3500a BP。上层年代由于太过晚近无法被接受。最后，CL7有三个加速器质谱年代，分别为980±30a BP、29700±250a BP（上部）以及36270±220a BP（下部）。第一个明显太过年轻因此被摒弃。

为了比较加速器质谱与光释光年代，有必要对放射性碳测年结果进行校正。尽管学者们对40000—30000a BP的时间跨度内的放射性碳校正曲线还有疑虑，但现有的校正系统提供了相当显著的共识（例如Weninger and Jöris, 2008; Reimer et al, 2009）。所有的加速器质谱年代采用OxCal 4.1在线软件（IntCal 09曲线）进行校正。

CL2的许多加速器质谱年代在（31273±88）—（29933±199）a cal BP的范围内非常一

图3　水洞沟第2地点石核及修理工具

1—4. 边刮器　5—7. 端刮器　8、9. 简单锤击石核　10、11. 石叶石核

（1、8来自CL1a；2—7来自CL2；9来自CL3；10来自CL5a；11来自CL7）

致，具有较高的可信度。CL3的唯一一个光释光年代（27800±1400a BP）比校正后的加速器质谱年代（31385±94a cal BP、32561±300a cal BP）稍晚。尽管CL5仅有一个光释光年代而没有加速器质谱年代，但这个年代与CL2和CL3的年代相比要稍微年轻一些。CL6的下部有一个光释光年代（38300±3500a BP），它取自CL6与CL7的交界处，与CL7的年代（34395±328a cal BP、41445±213a cal BP）比较合理地呈现出一致性。

尽管原因还不明确，但第2地点的光释光年代在很大程度上要比同一层或者其上层的加速器质谱年代要更年轻。鉴于光释光年代从下至上没有明确的历时性序列，而同一层（CL2）的加速器质谱年代具有较好的一致性，因此本文更多依赖于加速器质谱年代展开讨论。综合考虑两种测年方法的结果，CL1的年代大概为20300±1000a BP，CL2的年代范围在（31273±88）—（29933±199）a cal BP之间，CL3与CL4的年代在（32561±300）—（31385±94）a cal BP之间，CL5与CL6的年代范围为34395—32561a BP（基于地层学对比），CL7的年代范围在（41445±213）—（34395±328）a cal BP之间。第2、3和4文化层年代之间存在重叠部分，我们认为这是由于这些层位有限的时间跨度以及加速器质谱碳十四测年所存在的不可避免的不确定性导致的。

3. 第1地点与第2地点年代学对比

第1地点与第2地点显著的密切性使我们可以利用年代与一些考古学特征对这两个遗址进行对比。第1地点的早期发掘中并未严谨地控制不同文化层的背景，把所有旧石器时代堆积中的遗物混杂在一起，将其视作一个整体，即包含似勒瓦娄哇石叶技术组合的所谓"水洞沟文化层"。第2地点则具有划分更为精细的完整的考古学序列，它包括出土不同类型组合的多个文化层。一些相似的技术特征使我们能够建立这两个遗址的联系，缩小该地区大石叶技术的年代范围，并识别第1地点不同文化组分可能具有的特征。

Madsen等人（Madsen et al, 2001）使用第2地点自然剖面暴露的火塘（Gao et al, 2002, 2008）的年代来代表水洞沟地区大石叶技术的年代。然而现在看来，它们测年的火塘应该是位于CL2内的，因为第2地点发掘区毗邻Madsen及其同事采样的自然剖面，且CL2是其中唯一的拥有丰富、保存良好用火痕迹的文化层。此外，他们报道的年代与CL2发掘出土遗物获得的年代是一致。出土于第2地点CL2（事实上还包括CL6、CL5b以及CL4—CL1）的人工制品并未显示出石叶生产的证据。相反，这些组合以相对不规整的石核生产石片和以边刮器为主的工具组合为主要特征（见图3）。这个组合数量很大，不见石叶生产并非因为样本量小。因此，包括Madsen等报道年代（Madsen et al, 2001）在内的第2地点CL2的年代并不能代表水洞沟地区大石叶技术的年代，它们事实上是偏晚的。然而幸运的是，出土于第2地点CL7和CL5a的人工制品确实提供了类似曾在第1地点中详尽描述过的石叶技术形式的证据。此外，尽管将放射性碳测年与铀-钍测年相结合存在一些潜在的问题（Bischoff et al, 1988; Madsen et al, 2001），第2地点CL7（34395±328a cal BP; 41445±213a cal BP）与CL5a（>32561±300a cal BP）的放射性碳测年与SDG1-LCL-B的铀-钍年代和光释光年代（34000±2000a BP; 38000±2000a BP）显著一致。鉴于第2地点保存了一个更加完整明确的距今40000—20000年的考古序列，且CL7和CL5a是仅有的出土石叶石核以及相关技术产品的层位，因此我们可以得出结论，水洞沟第2地点CL7和CL5a的年代可以作为水洞沟地区大石叶技术年代的最佳估量值。尽管确切的文化层与地质背景尚不明确，但第2地点CL7与CL5a和第1地点SDG1-LCL-B相似石叶技术的存在以及相近的年代支持第1地点大石叶技术组合来自SDG1-LCL-B的假设。

虽然使用Madsen等（Madsen et al, 2001）的测年结果来代表水洞沟地区大石叶技术的年代并不合理，但第2地点CL2的各种年代与第1地点SDG1-LCL-A下部的年代非常吻合（图4）。这两个层位之间的联系还存在一些其他原因。第1地点SDG1-LCL-A中出土了一件鸵鸟蛋壳串珠，它位于SDG1-LCL-A下部的火塘周围（Derevianko, 2011）。第2地点CL2与SDG1-LCL-A下部的年代大致相同，是第2地点唯一出土鸵鸟蛋壳串珠的文化层。如串珠和石制品有更大的样

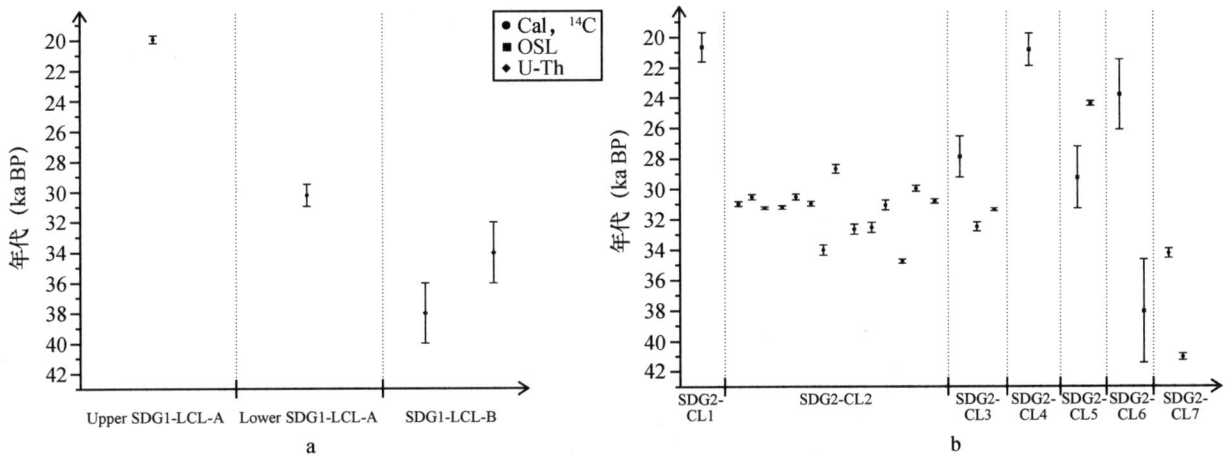

图4 水洞沟第1地点与第2地点的年代对比

（a）第1地点有可能存在的不同文化成分的年代，本图中我们排除了刘德成等（Liu et al, 2009）报道的年代，因为它们无法与
最初20世纪80年代发掘者对下文化层的地层划分准确关联

（b）第2地点不同文化层的年代，排除了过于年轻的年代数据（＜10ka BP）。

本量来进行比较会更为可靠，但我们也可在第2地点CL2与SDG1-LCL-A下部间建立初步的技术与年代上的联系。第1地点的下文化层中甚至还可能存在第三种文化成分。在SDG1-LCL-A中发现的研磨工具与在第2地点CL1中发现的人工制品相似，但在第2地点CL1以下的所有层位中都未发现类似的人工制品。

4. 讨　论

中国大石叶技术的年代对讨论北亚地区旧石器时代晚期技术在欧亚大陆自西向东的扩散至关重要。在第1地点和第2地点发现的似勒瓦娄哇石叶技术在中国并不存在有可能的技术源头，因此几乎可以确定它是外来的文化因素。一些学者接受Madsen等（Madsen et al, 2001）提供的年代，认为水洞沟遗址代表了东亚旧石器时代晚期初段一个非常晚的案例，并进一步提出大石叶技术在几千年的时间里从西向东，继而从北向南逐渐扩散（Brantingham et al, 2001; Madsen et al, 2001; Gao et al, 2002; Derevianko, 2011）。本文提供的数据表明，之前报道的第2地点的年代不能代表石叶技术的年代，石叶技术更合理的年代范畴为距今41445—34000年。这一订正过的年代估计值与蒙古地区的Chikhen Agui遗址校正过的年代（32215±930a BP、25879±324a BP、35278±449a BP，作者采用OxCal4.1以及IntCal09曲线对测年进行校正）大致相同。

由于缺乏具有良好测年的旧石器时代遗址，我们无法重建石叶技术在东亚地区扩散的精确路线。然而我们认同Madsen及其同事的观点，即水洞沟地区的大石叶技术可能代表了从蒙古北部和/或阿尔泰山区扩散而来的文化因素，因为这些区域类似的石叶技术的年代更早。来自西伯利亚地区的Kara-Bom遗址最早的两个旧石器时代晚期[14]C测年结果为43300±1600a BP和43200±1500a BP（Goebel et al, 1993; Derevianko et al, 2000），而蒙古北部Tolbor-4遗址的相似材料的最早^{14}C年代为＞41050a BP和37400±2600a BP（Gladyshev et al, 2010）。然而，对水洞沟第1地点与第2地点年代学的重新评估确实表明，技术扩散的速度比之前测年结果所表明的要快得多。此外，水洞沟与Chikhen Agui遗址年代的相似性表明大石叶技术从蒙古南部到华北地区的传播相当迅速。目前的信息虽然有限，但也表明了最大的时间间隔出现在阿尔泰地区与蒙古南部的遗址和中国的遗址之间。阿尔泰山脉与蒙古南部和华北干旱低地之间的鲜明生态学差异可能阻碍了扩散人群的行进，或者成为在现有的石器制作方法中新方法交流和扩散的障碍。

对水洞沟第1地点与第2地点年代的重新评估与结果的整合对理解整个华北地区，尤其是水洞沟地区的旧石器时代晚期早段具有重要意义。研究水洞沟第1地点更新世石制品组合的考古学者在将其与东亚地区的旧石器遗址进行比较时，主要关注其独特的大石叶技术，尽管他们中的一些学者认识到"水洞沟下文化层"可能包含有不同的文化层（例如Gao et al, 2008）。Brantinghan等（Brantingham et al, 2001: 744）认为水洞沟第1地点的石器组合代表了旧石器时代晚期初段，但高比例的边刮器、凹缺器和锯齿刃器也表明水洞沟具有强烈的旧石器时代中期类型学特征。我们并不否认Brantingham的观察，但基于与第2地点的对比，我们提出第1地点所谓的"水洞沟下文化层"事实上包含不止一个文化成分的假设。下部的文化成分以似勒瓦娄哇技术特征为标志，而上部的两个层位中可能存在简单石片与边刮器为主的组合。因此，在第1地点合并的石制品样品中出现的强烈的旧石器时代中期类型学特征可能是由于早期石叶组合与边刮器主导的石片工具组合（正如第2地点CL6、CL5b以及CL4—CL1的石器组合）的混杂。由于第1地点的现有遗物中可能混合了具有不同技术与类型学特征的石器组合，因此将其作为一个整体与其他组合进行对比是不合理的。唯一可行的策略是依据预制石核和石叶生产的其他产品的存在与特征，将其与其他组合进行比较，因为预制石核和石叶生产对于最早的文化层而言应该是独一无二的。换句话说，预制石核在中国可以被视为独特的技术组合，代表水洞沟地区外来的石叶技术的特点。然而，在水洞沟第1地点下文化层现有的遗物中，这些独特的元素与年代较晚的文化堆积中技术辨识性较差且无显著模式的石片生产的石制品混杂在了一起。

5. 结　论

水洞沟第2地点的考古序列与年代学明确显示，在距今40000—20000年之间水洞沟地区至少有两个年代相继的技术体系。其中最早的技术体系包括从扁平状的、似勒瓦娄哇的石核以及更接近棱柱状的石核上生产大石叶。这些特征标志着从北方和/或西方扩散而来的外来技术。承替它的是一系列以无显著模式的石片生产和以边刮器为主的工具组合为特征的"小石片工具"组合。通过对比水洞沟第1地点与第2地点不同层位的年代与石器技术，基于出土丰富大石叶组合的水洞沟第1地点与第2地点CL7（34395±328a cal BP、41445±213a cal BP）与CL5a（＞32561±300a cal BP）的年代的一致性，本文指出水洞沟地区似勒瓦娄哇石叶技术的年代约为距今38000—34000年。这种独特的石叶组合究竟代表了一个新的人群的侵入还是一套技术观念的传播目前仍不确定。

但无论大石叶技术以何种方式到达水洞沟地区，它并未持续下去。相反，大约在距今34000年，它被简单石核-石片工具组合所取代。第1地点的SDG1-LCL-A下部很可能与第2地点的CL2具有相似的考古学特征，包括鸵鸟蛋皮串珠的存在，而第1地点SDG1-LCL-A的上部则可能与第2地点的CL1具有相似的文化特征。水洞沟第1地点与第2地点序列之间假想的地层和文化关系只能通过第1地点未来的考古发掘来验证。

致谢：感谢王春雪（中国吉林大学）、P. Jeffrey Brantingham（美国加州大学洛杉矶分校）提供的参考资料。感谢彭菲、刘德成（中国科学院古脊椎动物与古人类研究所）关于水洞沟第1和第2地点年代的讨论。这项工作得到了中国科学院战略性先导科技专项（批准号：XDA05130202）和国家自然科学基金（批准号：41272032和41102016）的支持。

〔原载Li F, Kuhn S L, Gao X, Chen F Y. Re-examination of the Dates of Large Blade Technology in China: A Comparison of Shuidonggou Locality 1 and Locality 2. Journal of Human Evolution, 2013, 64(2): 161-168〕

（孔祥梅译，李锋校）

水洞沟第1地点年代重新厘定及其对
东亚旧石器时代晚期初段的意义

Christopher Morgan[1]   Loukas Barton[2]   仪明洁[3]   Robert L Bettinger[4]

高 星[3]   彭 菲[3]

（1. 美国内华达大学人类学系，美国瑞欧，89154；2. 美国匹兹堡大学人类学系，美国匹兹堡，15260；

3. 中国科学院古脊椎动物与古人类研究所，中国北京，100044；4. 美国加州大学戴维斯分校，

美国戴维斯，95616）

摘要：对最近发表的水洞沟第1地点年代数据的回顾表明，将东亚地区旧石器时代晚期初段（IUP）石叶技术出现的时间定为43ka—40ka cal BP是合理的。将水洞沟遗址的年代与韩国、西伯利亚和蒙古等其他亚洲IUP遗址的年代进行比较，也支持了这一论断，表明IUP在东亚最初出现的时间与东欧和西亚IUP的出现时间相一致。这一结论初步表明两种假设：①IUP在40ka cal BP之前独立起源于东亚；②更有可能的假设，即IUP在东亚地区的初次扩散发生在约41ka cal BP。后一种假设与目前对于现代人迁徙抵达该地区和在该地区的演化时间相一致。

关键词：水洞沟遗址第1地点；旧石器时代晚期初段；石叶技术；现代人

1. 引　　言

在亚洲，旧石器时代晚期初段（IUP）的行为革新发生在约41ka—28ka BP之间，主要表现为使用勒瓦娄哇或似勒瓦娄哇技术（Levallois-like techniques）生产石叶，体现出了旧石器时代中期和晚期预制石核技术的特征。鉴于此，将亚洲IUP与欧洲旧石器时代中期（MP），以及更新世晚期解剖学意义上现代人或至少现代人行为在东亚的演化或扩散相联系也就很正常了。因此，IUP对于理解晚更新世时期欧洲和亚洲之间的演化和交流关系，以及识别距今45000—25000年前旧石器时代晚期（UP）人类技术行为如何在欧亚大陆上扩散具有重要意义。

考虑到大多数考古遗址的主要材料为石制品，欧亚大陆IUP的研究集中于石器技术上就不足为奇了。这些被称为特异的勒瓦娄哇技术（lepto-Levalloisian）：包括使用勒瓦娄哇或棱柱形石核剥片特征的技术从预制石核上剥离的石叶、石叶修理工具、具有高度预制台面的石叶和长型勒瓦娄哇尖状器。一些遗址包含旧石器时代中期工具类型，如边刃刮削器和锯齿刃器。在其他一些例子中，出现了具有旧石器时代晚期特征的工具，如端刮器、雕刻器和截断工具（truncations）。另外，部分遗址则同时包括旧石器时代中期和旧石器时代晚期的工具类型。除了狩猎可能是一种主要的经济活动之外，其他行为的研究很少。与更早的旧石器时代中期相比，至少在某些地区出现了对更多样化猎物的狩猎。重要的是，一些学者认为IUP遗址的分布存在一定的时空规律，即早期遗址多分布于欧亚大陆西部，如黎凡特地区52ka cal BP的Boker Tachtit 1遗址，晚期遗址多分布于欧亚大陆东部，如中国的水洞沟遗址（34ka cal BP），中间时间段的遗址则更多地来自阿尔泰及周边地区，如距今46000年前的Kara Bom遗址。东亚缺乏可能发展出了特异的勒瓦娄哇技术的莫斯特工业，除此之外，东北亚的IUP工业也与欧亚大陆西部的IUP存在差异。上述分析表明，IUP可能在东北亚独立起源，然后从西伯利亚经蒙古向南扩散到中国北部地区。然而，这个推论还远远没有盖棺定论。近期水洞沟遗址发表的年代数据与欧亚大陆IUP遗址的放射性碳年代学数据比较分析表明：①IUP技术人群从欧亚大陆西部迁移入东亚，比目前认为的年代早5000—11000年；②预制石核技术在东亚独立起源，与东欧和西亚的类似技术同时发展。

2. 水洞沟第1地点

水洞沟遗址（38°17′55.0″N，106°30′6.2″E）位于中国宁夏回族自治区，北距黄河约5千米，是欧亚大陆最东端的IUP遗址。水洞沟遗址由12个地点组成，分布于6km长河流两岸的晚更新世和全新世河湖相沉积中，文化层测年在距今约35900—6732年间，但具有一定的争议（图1）。水洞沟第1地点（SDG1）于1923年首次发现，具有较长的研究历史，它与"发达的莫斯特文化"和"初期的奥瑞纳文化"的相似性，进而与欧洲旧石器时代中期和晚期的关系从最初的研究中就被注意到。第1地点最重要的考古工作始于1980年，当时宁夏回族自治区文物考古研究所发掘了一个15米深的探方，形成了如今仍显著的地层剖面。该剖面上部8米仍然可见；最下部的地层现在被填埋（图2）。近期的研究集中于对该地点地层和石制品的重新解释上，认为SDG1保存了水洞沟遗址群年代最早的文化层，这对理解东亚IUP和旧石器时代晚期的起源至关重要。

该地点包含全新世和晚更新世文化堆积，其中后者分为5层（第3—7层）。然而，先前的研究识别出3个更新世地层（即第6—8层，后者细分为第8a层、第8b层和第8c层）。由于不同报告的描述、比例尺（或缺乏）和报告剖面分辨率差异，确定这两个解释之间的对应关系受到了很大阻碍，但每种解释的大致序列是相同的（图3）。根据早期的解释，大部分更新世文化

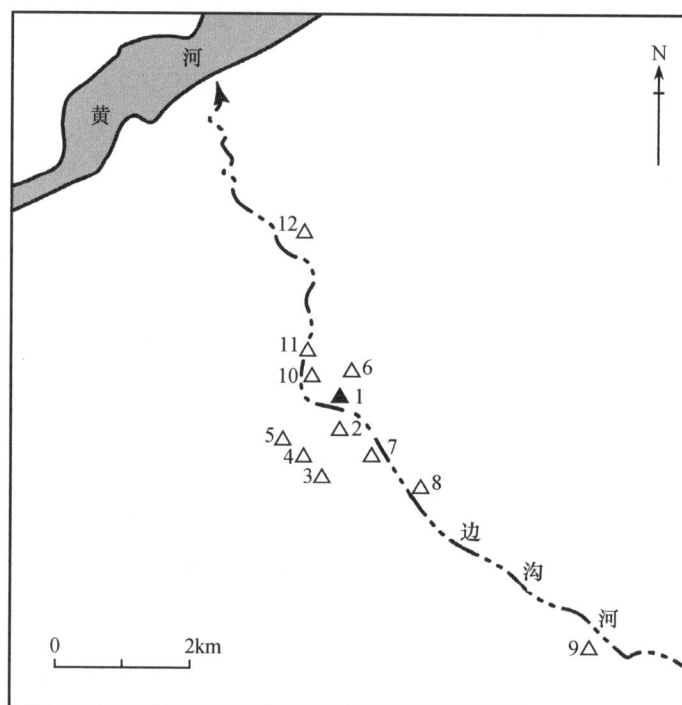

图1 水洞沟遗址12个地点的分布图

图2 SDG1的照片

（拍摄于2011年，显示出全新世和更新世地层，以及2011AMS样品位置。照片C Morgan）

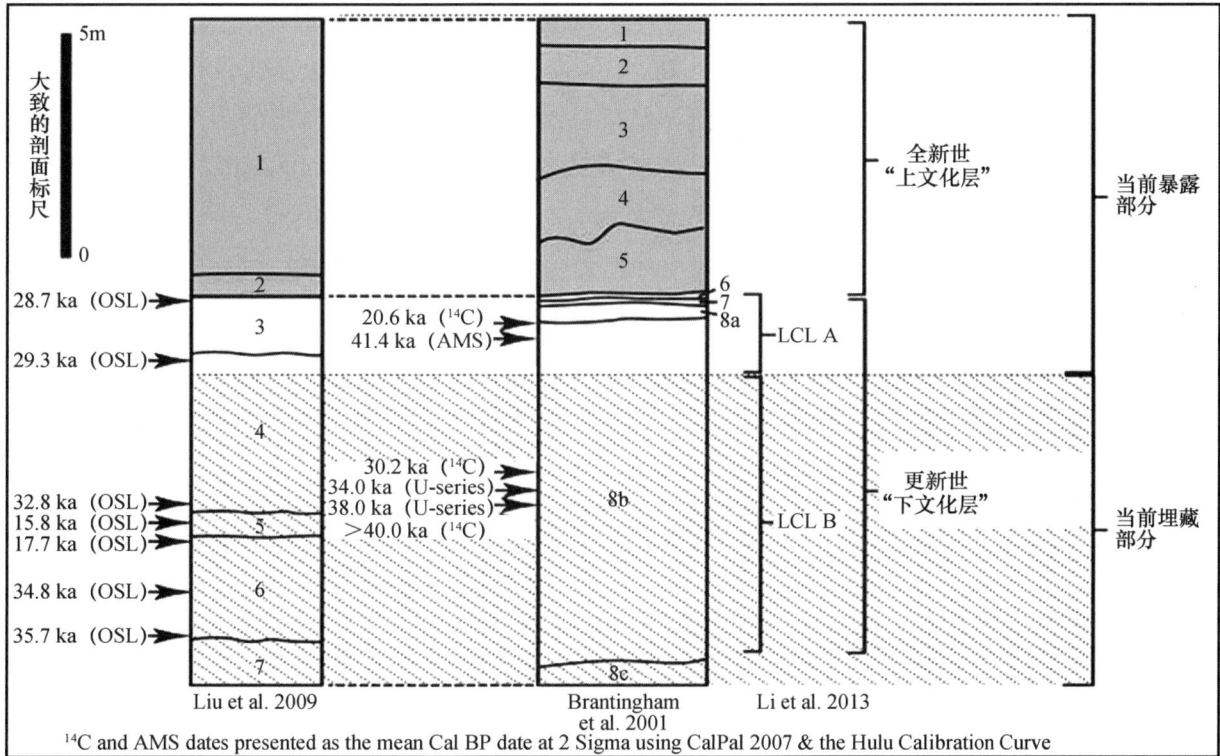

图3　SDG1地层不同解释对比与相关测年结果图

遗存明显来自第8b层；第6层和第7层可能包含二次埋藏的更新世遗存。这些文化层可大致与刘德成等、裴树文等和李锋等最新报告中的第3、4、5和6层（也称为下文化层LCL）相对应。进一步将LCL细分为LCLA和LCLB层，其中LCLA大致对应于刘德成所说的第3层，LCLB大致对应于第4、5、6和7层。需要强调的是，从更新世地层中出土的文化遗存包括5000多件石制品，主要由当地可获取的石英岩、硅化的碎屑岩，和少量较小的隐晶质鹅卵石组成。石制品包括使用频率相对较高的端刮器和锯齿刃器，这些工具更具旧石器时代中期的特征。同时，也出现了扁脸石叶石核、石叶、石叶修理工具、截断石叶，以及以石叶或三角形石片为毛坯的单面修理尖状器，这些工具与欧亚大陆其他特异的勒瓦娄哇和IUP遗址的技术相一致。

在2012年之前，SDG1的更新世地层有3个[14]C测年结果，范围在40000—16760a BP之间。下文化层的7个光释光测年结果范围在35700—15800a BP之间（表1）。与[14]C测年结果相比，光释光测年结果显得更有说服力。在这些测年结果分布中，SDG1的更新世地层（即包含东亚IUP最早证据的地层）的年代测定是有问题的。几个地层倒转（例如刘德成2009年报告中的第4层和第5层）表明存在地层混淆或方法性错误，使得哪个年代数据能够代表该地点的人类活动时间成为难题。

然而，这些测年的问题有一些规律性（表1，图3）。首先，光释光测年数据（除去第5层和第6层中的各一个数据）随着深度的增加而变早，表明光释光测年结果有一定的一致性；第5层和第6层中两个较晚的年代的倒转可推测为，在确定这些河湖相沉积的土壤湿度或剂量率方面存在问题。其次，与大多数光释光年代数据相比，两个[14]C年代明显较晚，并导致显著倒转。需要说明的是，这些测年样品来源于骨胶原和碳酸盐结核，考虑到从此类型材料中获得准确[14]C测年结果的问题，Madsen等（2001: 707）认为这些测年数据被视为最小年龄更加合理。因此，Madsen和高星等都没有采纳这些测年结果是对的，特别是关于最晚的距今16760年的[14]C测年结果（PV-331）所产生的巨大差异。最早的[14]C测年结果，即＞40000a BP，与铀系测年结果大致相同。铀系法测年数据通常比光释光测年或碳十四测年年代更早，导致先前的研究人员建议谨慎使用或不采用这些数据。这两种观点都考虑到了源自骨骼和牙齿的铀系测年法相关的方法性问题。总之，SDG1地点更新世地层年代测定受到了旧的铀系法测年的方法性问题的影响，巨大的年代倒转足以表明光释光测年结果应被谨慎使用。[14]C测年数据的不一致性使其最多被认为是该地点人类活动的最晚时间，或完全不采纳。尽管光释光测年的使用越来越多，[14]C测年仍然是考古年代测定的标准，也是与欧亚大陆其他IUP遗址进行年代比较的最适合的方法。无论如何，根据以上讨论的数据，裴树文等谨慎评估了水洞沟所有地点的最早年代，认为SDG1的最早年代，即最大的年代数据，定为距今约25000年前更加合理。这与先前研究中对该地点早期年代的时间基本一致，但也与SDG1中对碳酸盐结核进行[14]C测年的最小年代数据相似。显然，SDG1的年代问题还需要进一步研究。

表1　水洞沟第1地点晚更新世地层测年结果

地层[1]	地层[2]	样品	材料	方法	实验室年代（a BP）[3]	范围（a cal BP）[4]	参考文献
3		S1-3	沉积物	OSL	28700 ± 6000	34700—22700	Liu et al, 2009
	7—8a	PV-331	骨骼	[14]C	16760 ± 210	20640—19600	CQRA, 1987
4		S1-4	沉积物	OSL	29300 ± 4100	33400—25200	Liu et al, 2009
4		S1-5	沉积物	OSL	32800 ± 3000	35800—29800	Liu et al, 2009
5		S1-6	沉积物	OSL	15800 ± 1100	16900—14700	Liu et al, 2009
6		S1-7	沉积物	OSL	17700 ± 900	18600—16800	Liu et al, 2009
	8b	PV-317	碳酸盐	[14]C	25450 ± 800	30910—29546	Li et al, 1987
	8b	BKY82042	马牙	U-series	34000 ± 2000	38000—32000	Chen et al, 1984
6		S1-8	沉积物	OSL	34800 ± 1500	36300—33300	Liu et al, 2009
6		S1-9	沉积物	OSL	35700 ± 1600	37300—34100	Liu et al, 2009
	8b	82042	马牙	U-series	38000 ± 2000	42000—34000	Chen et al, 1984
3	8b	UGAMS-9682	木炭	AMS	36200 ± 140	41728—41009	Peng et al, 2012 和本文
6		未报告	砂质沉积物	[14]C	＞40000	n/a	Geng and Dan, 1992

　　1. Per Liu et al（2009）和Pei et al（2012）；2. Per Madsen et al（2001）和Brantingham et al（2001）；3. 除非另有说明，年代都是距今时间的公历年份；4. 使用Hulu校准曲线，根据CalPal-2007（Weninger et al, 2012）进行2σ校准的[14]C。

3. 2011年田野工作

　　考虑到上述背景，我们对该地点进行了调查，以确定剖面上是否存在可与光释光测年数据进行比较的[14]C测年材料。通过仔细调查，在第8b层的上部发现了几个小的木炭斑点，其大致对应于刘德成文中地层描述中的第3层和李锋等地层描述中的LCLA层——基本上是该地点含IUP地层的上部。该地层主要由块状粉砂组成，包含沙、小鹅卵石和小砾石等，位于30厘米厚的河流相沉积下方75厘米处，与Brantingham等人中的第7层相对应（图2和图3）。剖面上的木炭碎屑都非常小（长度＜5mm），并深深嵌入原生地层中。从清理过的剖面采集了一个木炭样本（见于最初报告，但Pei et al, 2012中未描述），并绘制到剖面图中（图3）。该样本在乔治亚大学应用同位素研究中心（实验室代码UGAMS）使用Vogel等人描述的AMS方法进行测年，样品（UGAMS-9682）测年为距今36200±140年（$\delta^{13}C$=-23.1），采用CalPal-2007（Weninger et al, 2012）和Hulu校准曲线（Weninger and Jöris, 2008）进行2σ校准后的结果为41728—41009a cal BP（表1），与CALIB 6.1.0和IntCal09曲线进行2σ较准的结果完全相同。

4. 讨　论

东亚IUP的^{14}C校正年代为41ka BP是惊人的，它久远的年代与欧亚大陆许多其他IUP遗址的年代相近，也与SDG1地点底部文化层铀系测年结果一致。然而，与该地点的光释光测年结果相比，这个年代产生的地层倒转是有问题的：它比样本中的两个光释光测年年代早了10000年。当考虑到这两个光释光测年年代在4100—6000年的误差范围时，这个差距可减少到6300年。事实上，如果将刘德成等2009年发表文中的第5—6地层中较晚的17.7ka—15.5ka BP光释光年代除去，SDG1的IUP层位光释光测年大约在37ka—30ka BP之间，比之前的铀系测年和该地区新的AMS测年年代要年轻，但考虑到时间深度和误差范围，这个差距并不明显。该地点较老年代之间的一致性表明IUP的最早年代为41ka—37ka BP是合理的，尽管仍需谨慎。

虽然仅有一个新的年代数据，水洞沟的早期年代与其他IUP遗址^{14}C测年表的一致性非常有趣，足以促使学者重新考虑东亚和欧亚大陆西部IUP遗址之间的关系。为此，我们生成了一个数据库，列出了欧洲和亚洲所有已发表的IUP遗址点（参见线上附录S1）。数据库中遗址的技术描述都符合IUP的标准，并根据各遗址的一手资料将其分别确认为IUP、旧石器时代晚期早段（Early Upper Paleolithic）、特异的勒瓦娄哇技术（lepto-Levalloisian）、Bohunician或者Emirian（参考文献见数据库）。另外，它还包括对欧亚大陆IUP遗址点的二手资料的评估和批判性评论。对于欧洲，后者来源包括Svoboda（2004）、Hedges等人（1994）、Meignen等人（2004）、Richter等人（2008）和Vishnyatsky和Nehoroshev（2004）的文献。对于亚洲西部和黎凡特，来源是Goring-Morris等人（2005）和Kuhn等人（2004, 2009）；对于西伯利亚和蒙古，来源分别是Brantingham等人（2001）、Derevianko等人（2005）、Derevianko（1998）、Goebel（1993, 2004）、Jöris等人（2011）、Kuzmin（2004）、Kuzmin和Orlova（1998）。对于东亚，来源与西伯利亚和蒙古的来源重叠，另包括Bae和Kim（2010）、Bae和Bae（2012）、李锋等人（2013）、刘德成等人（2009）、裴树文等人（2012）、Seong（2011）。

　　回顾这些数据，水洞沟遗址第2地点IUP下部层位的AMS测年数据显示41570a cal BP，与SDG1的较老年代一致。在韩国，越来越多的证据表明（尽管是不确定的）石叶制造和其他IUP类型的遗址的年代可以追溯到43ka—39ka cal BP，包括Yongbang、Wolpyeong、Deosko和Yongho-dong遗址。在亚洲北部，与IUP地层相关的更老的[14]C测年数据至少有24个，包括Kara Bom、Malia Syia、Tsagaan Agui和Varvarina Gora等地点，年代范围约为46ka—37ka cal BP。在东欧，与含Bohunician和特异的勒瓦娄哇技术遗址相关的[14]C测年数据有32个，年代范围为46ka—37ka cal BP，包括Brno-Bohunice和Stránská skála遗址。最后，来自土耳其Üçağizli洞穴遗址的8个[14]C年代范围为44ka—38ka cal BP（Boker Tachtit 1遗址最早的年代在20世纪80年代早期产生，应谨慎使用；尽管如此，后来的年代大致与Üçağizli洞穴遗址的年代重叠）。总之，至少73个[14]C测年数据（9个来自东亚和2个来自北亚）表明在大约46ka—37ka cal BP期间，欧亚大陆的古人类开始使用具有旧石器时代中期和晚期技术特点的石叶技术。

　　这个图通过考虑附录S1中IUP[14]C年代的求和概率分布而进一步完善。尽管用这些方法推断人类占领历史肯定容易引起争论，但这些方法提供了一种解释大量年代数据的方法，同时认识到它们生成的曲线可能由于地层分层、特征的存在或缺失、采样方法，甚至在广阔的地理范围内，不同研究人员在不同考古遗址所获得的资金不同而产生偏差。鉴于此，本研究选择了一种简单但方法论清晰的方法，即每一个[14]C测年年代在求和概率分布中被赋予同等的权重。虽然这可能会在多个年代数据来自单一特征或地层的地点产生样本偏差，但它避免了由事后统计处理[14]C年代所带来的以牺牲准确度来提高精确度的问题，这也符合直接的观点（尽管有争议），特别是对于大型的数据库，即在过去生活的环境中，人口和与之相关的人类活动越多，那么从这个环境中获得和测定碳的可能性越大，因此作为过去人口历史的一般视觉指标是有益的。

　　在此方法背景下，将附录S1中的131个[14]C测年年代（没有公布标准差的年代不包括在分析中）汇集为四个区域，为各区域生成了求和概率分布，并再次使用CalPal-2007和Hulu校准曲线生成每个区域1σ的求和概率分布（图4），使用CalPal-2007是因为它不包含平滑算法来产生求和的概率曲线（例如CALIB6.1），这意味着它生成的曲线更准确地表示从[14]C测年数据得出的概率，因此更适用于当前研究的目标。Hulu曲线是CalPal-2007软件中包含的最新曲线。

　　经观察，有四个主要趋势比较突出。首先，很明显，亚洲西南部和东欧的IUP是同期的，并且时间相当短，大约在46ka—35ka BP之间，跨度为11000年（Levant的46ka BP之前的年代来自于C Morgan等Boker Tachtit 1）。其次，北亚和东亚IUP的时间跨度几乎是这段时间的两倍（即从47ka—24ka BP开始到23ka BP，但大多数是在44ka—28ka BP范围内）。再次，虽然有大量的时间上的重叠，但北亚和东亚的曲线在大多数情况下都比较晚，平均比欧亚大陆西部的遗址年轻7000年以上。最后，中国、韩国、西伯利亚和蒙古的多模态曲线与东欧和亚洲西南部的曲线形成鲜明对比，这表明这些地区的IUP历史可能更为复杂。

　　这些观察结果对IUP人类适应行为的本质以及IUP期间欧洲和亚洲之间的人类演化关系具有重要意义。表面上，北亚和东亚地区普遍较晚的年代似乎支持这样一种假设，即当地的IUP年代较晚，是外来的，可能是由现代人类带入该地区的，这一重建符合许多遗传学证据，与目

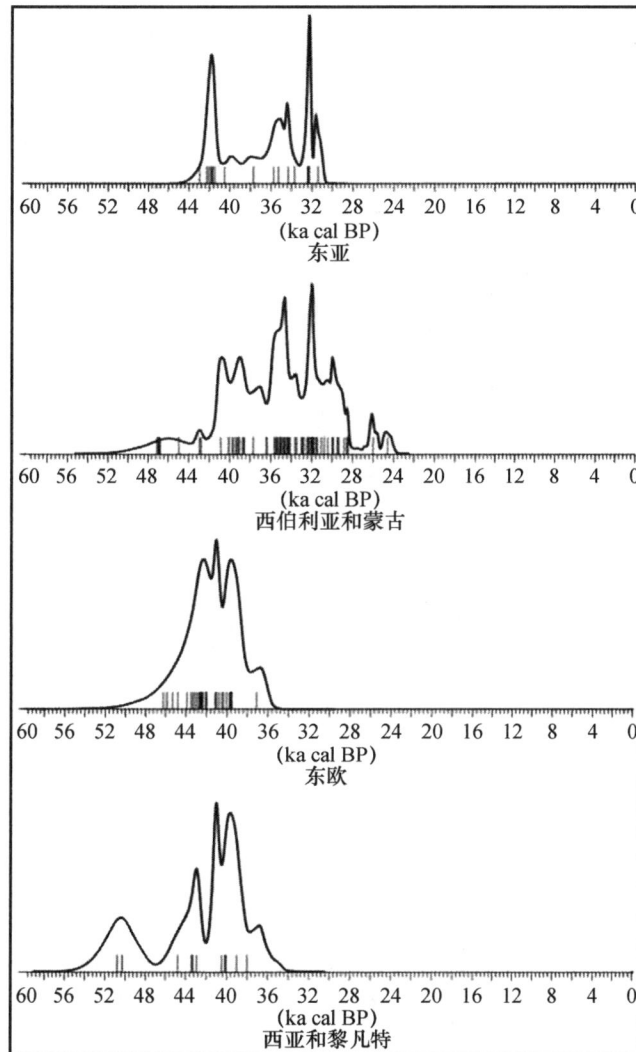

图4 按地理分组的欧亚大陆IUP遗址点的求和概率分布

前现代人在欧亚大陆迁徙的观点相一致。但是，44ka—40ka BP之间的概率分布有重叠，特别是东亚和欧亚大陆西部之间的重叠，这表明了两种可能性。第一种可能性与前面的扩散-迁移假说相似，但注意到东亚IUP的[14]C数据概率分布中在初始阶段出现了一个孤立且显著的峰值，这表明大约43ka—41ka BP这一早期阶段，欧洲/西亚人可能在该地区进行了一次占领，但最终失败了。他们将石叶技术引入了长期以来以简单石核-石片技术为主，更具有旧石器时代早期技术特征的东亚地区。在这种情况下，在36ka cal BP左右，这些行为由已经发展成熟的西伯利亚和蒙古IUP人群再次传入，他们要么迁移到东亚，要么通过贸易或其他文化传播媒介传入IUP技术。第二种可能性是Seong（2006，2009）提出的假说，他认为与IUP相当的石叶技术在大约40ka cal BP前在东亚当地发展起来（相似的观点见Derevianko et al，1998，提出西伯利亚和蒙古IUP直接从之前的莫斯特文化晚期演化而来的假设）。Seong的这一观点是基于朝鲜半岛六个旧石器时代晚期遗址的新测年数据，每一个都至少包含一些石叶生产的证据。并且，这些年代也与水洞沟最早的IUP年代和俄罗斯远东的Geographic Society洞穴的年代相一致。

在评估这些假说时，我们认为水洞沟遗址较早的年代为41ka BP是合理的，而且这些年代数据可以代表特异的勒瓦娄哇文化或IUP的时间。然而，从韩国本土中发现的石叶和预制石叶石核数量很少，不仅与具有旧石器时代中期、晚期和IUP特征的端刮器和锯齿刃器有关，还与只在韩国旧石器时代晚期出现的独特的带肩尖状器有关。韩国IUP明显的独特性可能是原地发展结果（或欧亚旧石器时代晚期文化的本地化变体）；然而，中国的情况则还不太清楚。东亚缺乏旧石器时代中期技术，IUP遗址中发现的旧石器时代中期工具类型和石叶则缺少了演化来源，从而为东亚IUP独立起源的假说增加了阻碍。然而，由于IUP由人群迁徙扩散带入东亚的假说所涉及的距离巨大，且时间范围相对较小，可能在一定程度上支持当地起源的假说，至少表面上看是如此。尽管一些研究人员认为水洞沟的IUP与蒙古或西伯利亚的IUP密切相关，也可能来源于蒙古或西伯利亚。但值得注意的是，水洞沟与Üçağizli洞穴相距6100千米，后者是西亚最早且最好的IUP遗址之一，两个遗址最早年代的间隔约为3400年（水洞沟为41.5ka cal BP，Üçağizli 洞穴为44.9ka cal BP）。鉴于此，如果水洞沟的IUP技术是由外来人群迁徙或扩散带入，只需要1.8千米/年的迁移速度即可实现，即使采用最保守的狩猎采集人群每年的迁徙数据，这一速度也在合理的范围内，这也符合人类向无人居住地区迁移的速度。综上所述，在东亚广泛且稳定出现IUP遗址的36ka cal BP之前，存在一次更早的，年代在40ka cal BP之前的IUP传入历史。

虽然水洞沟的年代数据很少，且其中部分数据存在问题，但最近在甘肃省黄土高原西部，水洞沟遗址以南约380千米的研究支持了上述主张。在那里的大地湾遗址的发掘以及周围农村的调查和试掘工作揭示了丰富的旧石器时代文化序列，显示出更新世晚期古人类行为由早到晚的变化。在大地湾遗址，年代由19个AMS和7个OSL测年数据组成，10米深的堆积记录了约从80ka cal BP到全新世的石器技术和遗址利用的变化。重要的是，该遗址在旧石器时代利用强度最高的时间发生在42ka—33ka BP，表现为密度最大且相对简单的石英石片-碎片（flake-and-shatter）技术。在周围农村的调查和采样工作显示出类似的模式：在以大地湾为中心的约20千米的半径范围内，发现了63个旧石器时代遗址，其中有32个使用AMS、OSL以及相对于明显且年代敏感的古土壤序列位置来定年。其中，19个遗址（59%）的年代在45ka—30ka cal BP之间。对这些遗址的分布和遗物的分析表明，这段时间内被开发环境的多样性最大，与以碎片为主的早期遗址相比，这段时间内所生产的石片和修理工具明显增多。尽管将这些变化与现代人类或表面上的旧石器时代晚期现代人类行为联系起来是可疑的，但Morgan等人认为在45ka—30ka cal BP之间，在黄土高原西部出现的多样化且技术上更为复杂的行为（有争议）相对密集，可能与现代人（modern humans）的迁入有关，或者至少与现代人行为（modern human behaviors）的传入有关。尽管目前的证据大多是间接的，但这些变化与水洞沟遗址IUP的出现处于同一时期（41ka cal BP），表明情况可能确实如此。虽然关于中国现代人起源的话题颇具争议，但这种早期的迁入与大多数关于该地区现代人行为的到来或演变的猜测相一致。然而，这并不排除这个时段内的IUP行为是由欧亚大陆的某个具有镶嵌特征的人种所创造的可能，也不一定表明亚洲IUP与解剖学上的现代人具有本质联系。

5. 结　论

　　总之，有越来越多的证据表明，在41ka cal BP前的东亚出现了IUP行为，这与在西亚和东欧地区类似的IUP行为扩散是同时的。水洞沟遗址最近发表的年代数据为该观点提供了更多的支持。这一同时性表明了两种可能性：一是IUP传入东亚的时间可能比以前认识的更早，在传入后不久就失败了，并在大约4000年后重新传入；二是东亚IUP独立于欧亚大陆西部IUP的发展。尽管远非定论，但需要明确的是，评估这些假设需要对欧亚大陆各地的IUP遗址进行更多的分析和更精确的测年。然而，本文的数据表明了第一种可能性，即在大约41ka cal BP之前，东亚出现了一次IUP的早期传入。

致谢：我们感谢宁夏回族自治区文物考古研究所的王惠民、中国科学院古脊椎动物与古人类研究所的工作人员、犹他州立大学的学生Lukas Trout和Colby Page，以及银川市对本项目的帮助和支持。本项目由加州大学戴维斯分校、匹兹堡大学和犹他州立大学资助。

〔原载Morgan C, Barton L, Yi M J, Bettinger R L, Gao X, Peng F. Redating Shuidonggou Locality 1 and Implications for the Initial Upper Paleolithic in East Asia. Radiocarbon, 2014, 56(1): 165-179〕

（何湘栋、陈果译，马东东、牛东伟、彭菲校）

水洞沟第1地点的年代学研究及其考古学意义

年小美[1,2] 高 星[1] 周力平[2]

（1. 中国科学院古脊椎动物与古人类研究所脊椎动物进化与人类起源重点实验室，北京，100044；
2. 北京大学地表过程分析与模拟重点实验室，北京，100871）

摘要： 水洞沟第1地点（SDG1）发现于1923年，是中国最重要的旧石器时代晚期遗址之一。自发现以来，第1地点发掘出土了丰富的文化遗存和考古材料，但该遗址目前所应用的测年方法有限。本研究对第1地点的两个剖面上的样品采用光释光测年技术（OSL）进行测年，进而讨论其分析结果。通过单片再生剂量（SAR）法对沉积物中的中粒（45—63μm）石英进行年代测定。结果发现，1963年发掘的文化层中提取的5个样品的OSL测年年代在（39±4）ka—（32±3）ka BP之间，而1980年文化层中4个样品的年代为（46±3）ka—（42±3）ka BP。OSL所得数据与新测的AMS^{14}C年代数据一致。测年结果显示，SDG1文化层的年代应该在46ka—22ka BP至之间。勒瓦娄哇石叶技术在水洞沟第1地点出现的时间约为43ka BP，反映了现代人在该地区的扩散时间要比先前认为的更早。因此，目前需要对水洞沟第1地点进行系统的发掘，以明确旧石器时代组合的确切地层关系，从而讨论它们与欧亚大陆晚期旧石器工业的关系。

关键词： 水洞沟；旧石器时代；考古遗址；OSL测年法

1. 简 介

桑志华和德日进于1923年发现了水洞沟第1地点（38°17′55.2″N，106°30′6.7″E）（图1），这是中国正式发掘的第一个旧石器时代遗址。水洞沟遗址位于宁夏回族自治区银川市东南33千米处，包含12个地点（编号为SDG1—SDG12）。本次我们研究主要以位于边沟河右侧的水洞沟第1地点（下文称"第1地点"）为主。第1地点一共经历1923年、1960年、1963年和1980年四次发掘，发现了大量的石器、动物化石、装饰品和用火证据[1-3]。由于测年技术或实验室的选择等限制因素，第1地点的年代仍然存在争议。光释光测年技术（OSL）遗址测年方面具有

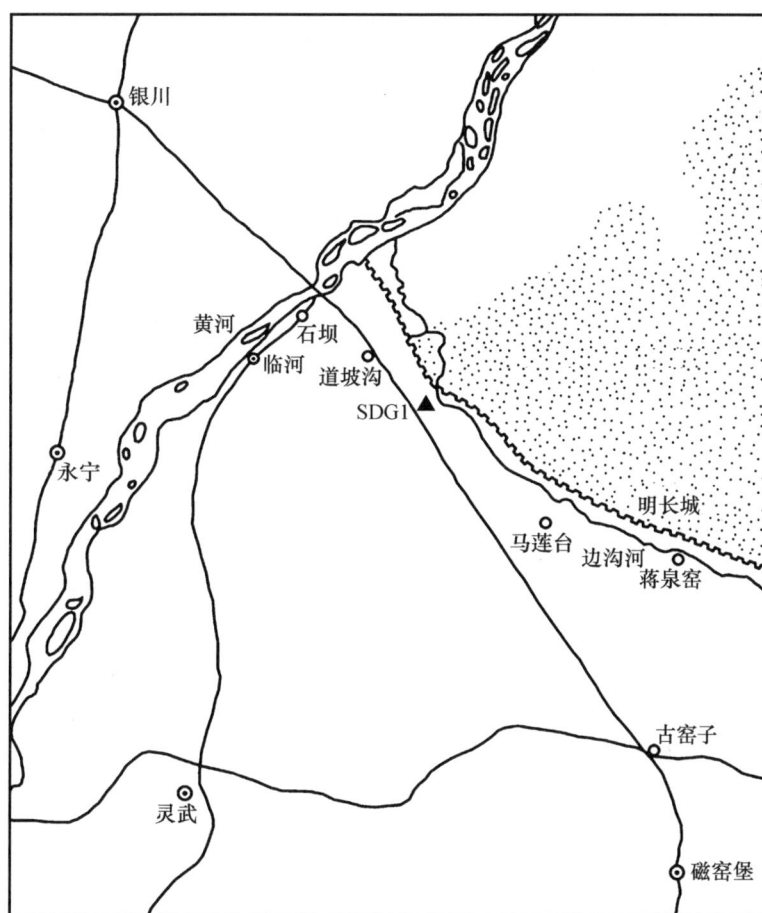

图1 水洞沟位置示意[3]

有效性[4-11]，而且过去二十年间测量精度和范围方面得到了巨大改进。在本次研究中，我们试图采用OSL测年法来精确第1地点的年代范围，以及讨论其在考古学研究中的重要性。

2. SDG 1的研究历史

在1980年的发掘中，第1地点发掘出土6700多件文化遗存，其中5500件来自早期文化层，还出土有来自15种哺乳动物的63件动物化石[3]。出土石制品包括完整的、以熟练剥片技术产生的石核、尖状器、刮削器和石叶。此外，遗址还发现了一件带有刻划（画）痕迹的石制品，为东亚旧石器时代早期人类认知能力的发展提供了一个罕见的证据[12]。第1地点的石器工业以勒瓦娄哇技术生产石叶为特征，可能与西伯利亚和蒙古旧石器时代晚期的石器工业有联系[13-15]。

学者们对第1地点的地层有不同的看法（图2）[16-17]。从地层上看，第1地点的年代序列可分为两个部分：晚更新世和全新世。自遗址发现以来，为建立遗址年代框架，学者们使用了多种测年方法（表1）。根据传统的[14]C测年法和加速器质谱测年法（AMS）、铀系和OSL测年

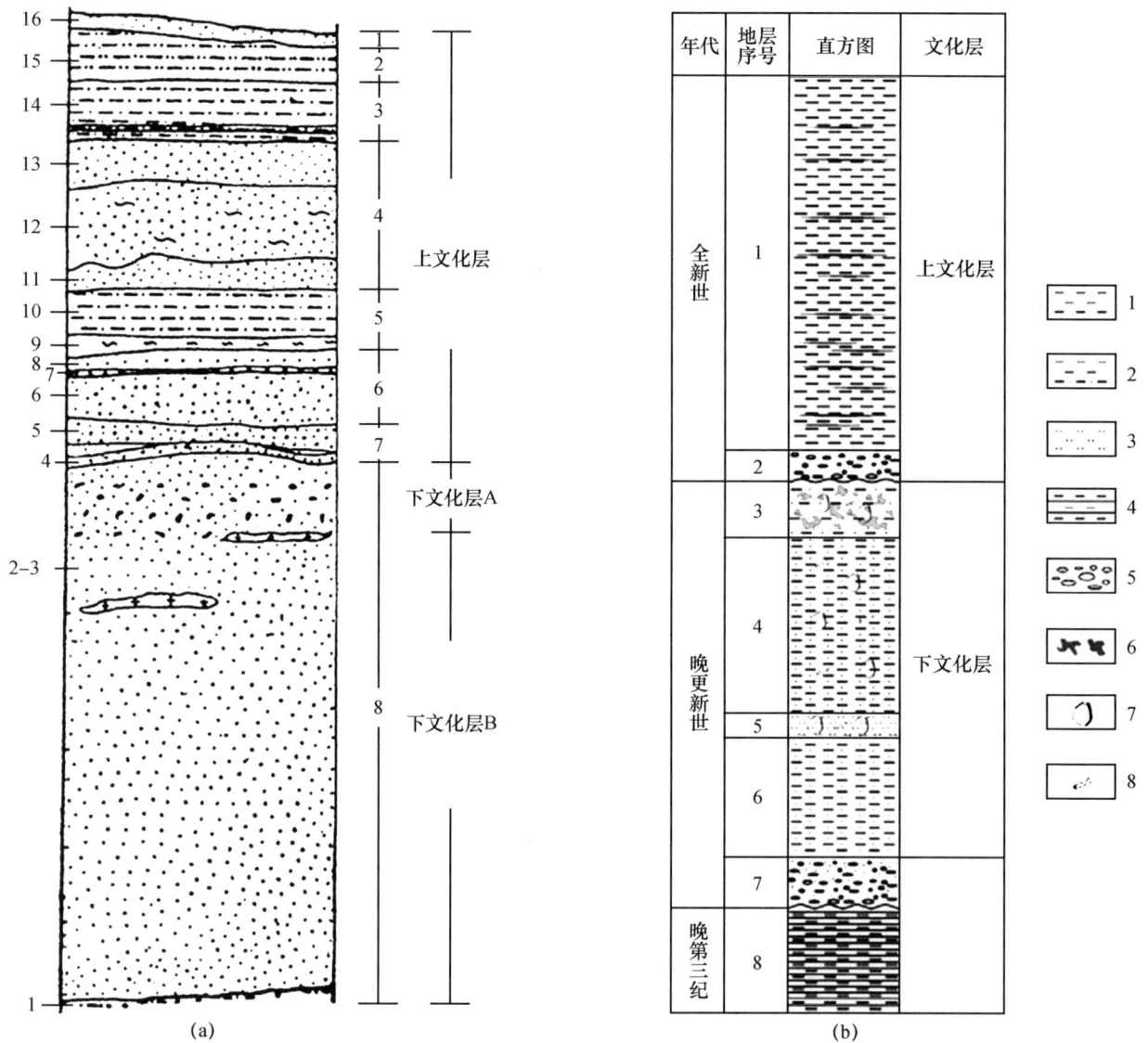

图2　SDG1的地层剖面 [分别由（a）宁夏博物馆（1987）和（b）刘德成等人（2009）绘制]
1. 泥质粉砂　2. 粉砂　3. 细砂　4. 泥岩　5. 砾石　6. 钙质结核　7. 石制品　8. 动物化石

法，我们可以轻易地确定包含新石器时代遗存的全新世地层，但对晚更新世堆积的年代仍有争议。本次研究重点关注包含旧石器时代遗存的晚更新世堆积。黎兴国等人[17]（PV-331，PV-317）和宁夏博物馆（1987）[16]发表的两个测年结果是由同一批数据得出的，但由于校正方法不同而略有不同。此外，骨样（PV-331）很可能被年代更新的碳所污染[18-19]。第1地点早期文化层出土的两颗牙齿的铀系列测年结果为（34±2）ka BP和（38±2）ka BP[20]，年代早于 ^{14}C 测年得出的碳酸盐（PV-317）的年代（25450±800a BP）。OSL测年也被运用于第1地点沉积物年代的测定中，得出文化层的年代为（28.7±6）ka BP和（35.7±1.6）ka BP，但未考虑两个异常值（S1-6、S1-7）[21]。

表1 不同测年方法所得年代数据

样品编号	材料	层位	测年方法	年代		参考文献
				未校准（a BP）	（ka BP）	
PV-330	骨骼	上文化层	Conv. ^{14}C	5900 ± 70		Li et al, 1987
PV-316	贝壳	上文化层	Conv. ^{14}C	8520 ± 150		Li et al, 1987
S25	淤泥	上文化层	Conv. ^{14}C	5940 ± 100		Sun et al, 1991
S31	灰烬	上文化层	Conv. ^{14}C	7436 ± 101		Sun et al, 1991
S37	贝壳	上文化层	Conv. ^{14}C	8190 ± 120		Sun et al, 1991
S1-1	石英	第1层上部	OSL		4.2 ± 0.2	Liu et al, 2009
S1-2	石英	第1层下部	OSL		9.1 ± 1	Liu et al, 2009
BKY-82042	牙齿	下文化层	U-series		38 ± 2	Chen et al, 1984
BKY-82043	牙齿	下文化层	U-series		34 ± 2	Chen et al, 1984
PV-331	骨骼	下文化层	Conv.C	16760 ± 210		Li et al, 1987
PV-317	碳酸盐	下文化层	Conv.C	25450 ± 800		Li et al, 1987
	骨骼	下文化层	Conv. ^{14}C	17250 ± 210		Ningxia Museum, 1987
	碳酸盐	下文化层	Conv. ^{14}C	26230 ± 800		Ningxia Museum, 1987
S1-3	石英	第3层上部	OSL		28.7 ± 6	Liu et al, 2009
S1-4	石英	第4层上部	OSL		29.3 ± 4.1	Liu et al, 2009
S1-5	石英	第4层下部	OSL		32.8 ± 3	Liu et al, 2009
S1-6	石英	第5层	OSL		15.8 ± 1.1	Liu et al, 2009
S1-7	石英	第6层上部	OSL		17.7 ± 0.9	Liu et al, 2009
S1-8	石英	第6层中部	OSL		34.8 ± 1.5	Liu et al, 2009
S1-9	石英	第6层下部	OSL		35.7 ± 1.6	Liu et al, 2009
UGAMS-9682	木炭	第3层	AMS^{14}C	36200 ± 140		Peng et al, 2012

注：以OSL和AMS^{14}C所得层位样品年代来自Liu et al，（2009）；其余年代来源于（1987）。

近年来，彭菲等人[12]发表了新的文化层下部炭屑的AMS和^{14}C测年结果，校正前为36200 ± 140a BP，用OxCal 4.1曲线校准后的^{14}C年代为39410 ± 183a BP[22]。由于目前更新世沉积物的年代从40ka BP到25ka BP不等，第1地点年代序列的范围非常有限，影响了我们对旧石器时代遗存组合特征的认识。

为了改进遗址的年代测定，我们对第1地点的沉积物采用了OSL测年技术。我们从1980年发掘的北区采集了五份样本，其中包括灰绿色的淤泥（L1653—L1656）和黄色的砂石（L2360）。其他五份样品是在1963年发掘北区的西南约10米处采集的，该剖面由灰黄色黄土状的细沙组成，呈现垂直的节理（L2361—L2365）（图3）。根据高星等人[23]描述的第1地点的地质地貌特征（图4），北壁剖面样品层位相当于一个小的湖相沉积物（L1653—L1656）中的第⑤层和第⑦层（L2360）。西南剖面的取样层位对应第⑥层，属于河漫滩相，位于第⑤层之上，年代也晚于它。

图3　SDG1样品采集位置

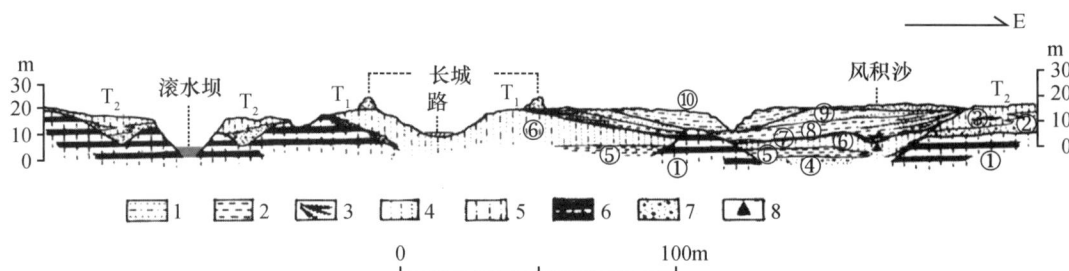

图4　SDG1第四纪地质地貌剖面图

1. 亚砂土　2. 亚黏土　3. 炭质条带　4. 粉砂　5. 黄土状土　6. 红黏土　7. 沙砾　8. 旧石器时代遗址

（资料来源Gao et al, 2008, Fig 3a）

3. OSL测定

　　OSL测年的基本原理是，矿物晶体在搬运过程中被日光照射，矿物先前贮存的信号在沉积时为零。沉积物中放射性物质的衰变将产生辐射能，与沉积物矿物晶体相互作用，实质上是将能量从环境中转移到矿物晶体上，这些晶体储存的能量与它们最后一次暴露在日光下的时间成正比[23]。

　　样品在暗室红光条件下制备，去除样品的外层，然后用10%的盐酸和30%的双氧水去除内层样品中的碳酸盐和有机物。中颗粒石英（45—63mm）是样品主要的粒径部分，由筛分获得。通过用二氧化硅饱和的氟硅酸（30%）蚀刻多矿物中粒级3天，提取中粒石英，然后用盐酸（10%）溶解以去除产生的任何氟化物。石英晶体单层黏附在带有硅油的铝质测片上。其提取物的纯度通过IRSL与OSL强度的比值（<3%）和热释光来确定。

测试在一台配备了$^{90}Sr/^{90}Y$ beta辐照源[24]和470±30纳米的蓝色发光二极管（LED）的Risø-TL/OSL-15/20的热释光/光释光两用仪上进行。激发的光信号经由厚7.5mm的Hoya U-340滤光片进入9235QA光电倍增管进行记录。所有的OSL测量都是在125℃下进行的，使用5℃/s的加热速率以及LED蓝光激发功率设定为最大值的90%（50mW/cm²）。

外部铀（U）、钍（Th）和钾（K）的浓度由中子活化分析（NAA）确定，水含量假定为（20±5）%。总剂量率的计算中，所使用石英的α效率值为0.04±0.02[25]。剂量率使用AGE程序[26]计算。

本次研究采用单片再生剂量法来确定表2中所示的等效剂量（D_e）。样品在260℃下预热10s，然后在125℃下激发40s。在最初的0.64s内对石英OSL信号进行整合，以OSL衰减曲线最后8s的平均值为背景（background），L_x/T_x（表2）的比值用来确定自然或者再生剂量的反应。再生数据是通过对D_e的插值拟合一个指数加线性函数得出的，误差由系统和随机2%的误差计算得出。

表2 单片再生剂量法操作程序

步骤	处理方法
1	给定剂量率，D_i[a]
2	前处理10秒到260℃
3	125℃蓝光激发40秒，L_x
4	给定测试计量率，D_t（16.6 GY）
5	降温到220℃
6	125℃蓝光激发40秒，T_x
7	返回第一步

a 对于天然样品，$i=0$，$D_i=0$。

4. 结果和讨论

本次研究样品的石英OSL信号强度都很大，且以快组分为主，快组分对前0.64s的信号贡献率超过90%。回收率在0.9—1.1以内，所有样品的回收率低于5%。样品L1654在220—300℃之间存在一个D_e预热坪，每隔20℃有三个持续10s的样片（discs），0s后热切割220℃（图5）。因此，SAR协议采用260°预热10s和220°热切割0s。通过剂量恢复实验[27]，进一步检验了SAR方法在确定样品等效剂量方面的适用性。10份L1654样品的自然等分样品被SOL2太阳模拟器漂白15h，然后给予119.3Gy β剂量和16.6Gy测试剂量，斯格圆盘的恢复剂量与给定剂量的比值为0.98±0.03。上述数据表明，SAR方法适用于样品的D_e测定。

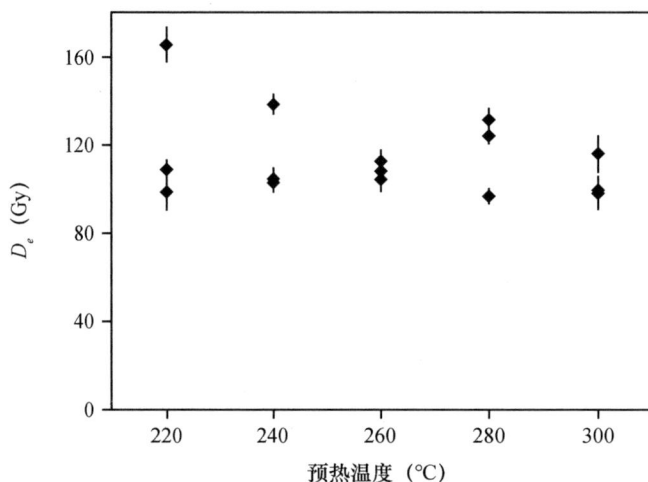

图5　L1654样品D_e值与预热温度的关系图

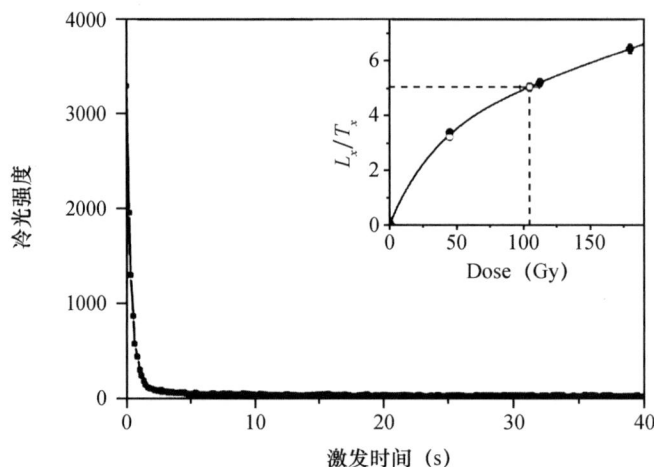

图6　L2365样品的石英OSL衰变曲线
（右上图显示了用石英SAR方法获得的相应样品L2365的衰减曲线）

　　表3列出了使用SAR方法得出的第1地点样品D_e值和OSL年代。图6提供了样品L2365的响应曲线。L2361、L2362、L2363、L2364和L2365等样品在第1地点西南段的文化层中采集，年代分别为（35±3）ka BP、（35±3）ka BP、（33±3）ka BP、（33±2）ka BP和（39±3）ka BP。来自砂层的L2360样品年代为（22±2）ka BP，来自文化层的L1653、L1654、L1655和L1656样品的年代分别为（43±3）ka BP、（43±3）ka BP、（42±3）ka BP和（46±3）ka BP（表3和图3）。因此得出结论——两层之间存在一个侵蚀面，这也与我们的现场观察一致。在实验误差范围内，样品的光学年代往往随着深度的增加而增加，并遵循叠加法则。目前公认现代人类在亚洲的扩散路线是从西伯利亚与蒙古进入中国北部[18, 28, 29]。在西伯利亚Kara-Bom，最早的以石叶为主的旧石器时代晚期工业年代约为43ka BP[30]，而蒙古的最早记录是＞41050a BP（AA-79326）以及通过14C测年法[15]测得的37400±2600a BP（AA-79314）。由于实验方法和材料的限制，目前14C的数据有一定限制性，其适用性可能需重新考虑[31-32]，所以刘

德成等人[21]发表的OSL数据可能存在问题，其年代要晚于AMS[14]C的测年数据。水洞沟第2地点的研究也出现过此类情况，原因不明[21,33,22]。下部文化层样品的[14]C年代为25450±800a BP或26230±800a BP[17]，比其他方法得到的结果要晚些。一般来说，[14]C方法得到的年代数据更可靠，然而在过去的50年间，样品的预处理和材料选择层面的因素造成许多研究中对真实年代的低估[31-32]。第1地点西南段样品的OSL测年结果与U系列[20]和AMS[14]C数据[12]接近，年代大约位于39ka—33ka BP之间。第1地点北段样品的4个OSL测年样品得出的年代约在至46ka—42ka BP之间，比先前西南段样品所测的年代都要更早。根据上述数据，第1地点的旧石器时代晚期堆积年代在（46±3）ka—（22±2）ka BP之间。

表3　使用SAR方法对SDG1的样品进行U、Th、K浓度、等效剂量和OSL测年分析结果

田野编号	实验室编号	深度（m）	U（ppm）	Th（ppm）	K（%）	剂量率（Gy/ka）	D_e（Gy）	试样	年代（ka BP）
SDG1-13-OSL3	L2360	5.2	2.37 ± 0.1	9.19 ± 0.28	1.65 ± 0.06	2.63 ± 0.16	59 ± 3	6	22 ± 2
SDG1-09-OSL1	L1653	6.1	2.50 ± 0.11	7.98 ± 0.24	1.28 ± 0.07	2.27 ± 0.15	98 ± 3	17	43 ± 3
SDG1-09-OSL2	L1654	6.5	2.38 ± 0.11	9.91 ± 0.29	1.55 ± 0.05	2.58 ± 0.16	111 ± 3	15	43 ± 3
SDG1-09-OSL3	L1655	7	2.48 ± 0.1	9.89 ± 0.29	1.68 ± 0.07	2.71 ± 0.17	113 ± 3	18	42 ± 3
SDG1-09-OSL4	L1656	7.6	2.18 ± 0.1	8.96 ± 0.27	1.59 ± 0.07	2.5 ± 0.16	115 ± 2	29	46 ± 3
SDG1-13-OSL4	L2361	7.6	2.7 ± 0.1	9.09 ± 0.27	1.61 ± 0.06	2.64 ± 0.16	91 ± 4	9	35 ± 3
SDG1-13-OSL5	L2362	8.1	2.71 ± 0.1	9.53 ± 0.28	1.64 ± 0.06	2.69 ± 0.17	94 ± 6	8	35 ± 3
SDG1-13-OSL6	L2363	8.6	2.56 ± 0.1	10.4 ± 0.29	1.72 ± 0.06	2.78 ± 0.17	91 ± 5	9	33 ± 3
SDG1-13-OSL7	L2364	9.1	2.71 ± 0.1	11.7 ± 0.32	1.93 ± 0.06	3.07 ± 0.19	100 ± 2	9	33 ± 2
SDG1-13-OSL8	L2365	9.6	2.82 ± 0.11	11.6 ± 0.31	1.75 ± 0.06	2.94 ± 0.18	115 ± 6	8	39 ± 3

水洞沟第2地点位于边沟河的对岸，距第1地点不足100米。该遗址从上到下包含7个文化层（CL1—CL7）[21,33]。第1地点CLB下部（图2a）包含大石片的石制品组合，这样的组合在CL7也有发现（边缘修整的石叶石核），CL5a包含一个类似勒瓦娄哇的石叶石核。CL5a的年代范围约为34ka—33ka BP，CL7约为41ka—34ka BP。由此判断，大石叶技术可能是在约41ka—34ka BP时从蒙古和西伯利亚传播至水洞沟第2地点的[33]。

华北地区旧石器时代晚期石叶工业的传播速度与年代对理解整个东北亚地区早期现代人类的扩散至关重要。随着测年技术的发展，应用先前的测年数据更应谨慎。

通过OSL测年对第1地点的重新研究，推断出大石叶技术的首次出现可以追溯到约43ka BP。因此，水洞沟地区出现勒瓦娄哇石叶技术的时间可能早于先前的论断。拥有石叶技术的智人群体可能由西边扩散至水洞沟地区，然而，石叶技术在水洞沟地区的出现似乎并没有影响到本地的技术传统，这或许反映了末次冰期复杂的迁移、适应和互动模式[28,34]。第1地点工作主要不足是缺乏旧石器时代遗存的详细地层信息，因为早期研究通常假设所有的文物都来自同一时间段的同一地层内。因此，需要进一步的发掘和地层分析来明确第1地点文化遗存的确切位置。

5. 总　　结

　　第1地点年代测定使用了OSL测年法，1963年发掘区西南段的样品的年代为（39±3）ka—（33±3）ka BP，1980年发掘区北段的样品年代为（46±3）ka—（43±3）ka BP。因此得出第1地点文化层年代大约在46ka—22ka BP范围内。中颗粒石英所得的OSL年代在误差范围内呈现内部和地层上的一致性，且与校准的AMS^{14}C日期一致，表明石英OSL信号的完全晒退和OSL年代测定的可靠性。

　　根据所测定的OSL年代，水洞沟地区在约43ka BP出现了的大型石叶技术，比以前得出的年代数据要早，且对本地的石片技术没有明显的影响。这似乎表明本地文化发展的持续性，以及早期智人扩散与互动的复杂轨迹。然而，为了解水洞沟地区石制品技术特征及其与欧亚大陆旧石器时代早期工业的联系，需要对遗址进行进一步系统的发掘，以得到石器组合的精确地层信息。

致谢：我们感谢王惠民教授、彭菲博士、关莹博士和覃金堂博士在样品收集方面的帮助。我们同样感谢R. Dennell教授对于本文有益的讨论。本项工作得到国家自然科学基金（No.41302135）、中国博士后科学基金（No.2012M520383）以及中国科学院战略性先导科技专项（No.XDA05130202）资助。

［原载Nian X M, Gao X, Zhou L P. Chronological Studies of Shuidonggou (SDG) Locality 1 and Their Significance for Archaeology. Quaternary International, 2014, 347: 5-11］

（郭北姮译，彭菲校）

中国北方水洞沟第2地点旧石器时代晚期的年代学模型

彭　菲[1, 2]　Sam C.Lin[3, 4]　Ilaria Patania[5]　Vladimir Levchenko[6]

郭家龙[7]　王惠民[7]　高　星[2, 8, 9]

（1. 中央民族大学民族学与社会学学院考古文博系，中国北京，100081；2. 中国科学院古脊椎动物与古人类研究所脊椎动物演化与人类起源重点实验室，中国北京，100044；3. 伍伦贡大学地球、大气与生命科学学院考古科学中心，澳大利亚伍伦贡，2522；4. 伍伦贡大学澳大利亚研究理事会生物多样性与遗产卓越中心，澳大利亚伍伦贡，2522；5. 海法大学泽曼考古研究所，以色列海法，3498838；6. 澳大利亚核科学和技术组织加速器科学中心，澳大利亚悉尼，2234；7. 宁夏回族自治区文物考古研究所，中国银川，750001；8. 中国科学院生物演化与环境卓越中心，中国北京，100044；9. 中国科学院大学，中国北京，100089）

摘要：水洞沟遗址第2地点（SDG2）为中国北方旧石器时代晚期序列提供了重要证据。该遗址不仅包含该地区最早的装饰品——淡水贝壳串珠和鸵鸟蛋壳串珠，还包含一些特征可能类似于在更远的北方发现的旧石器时代晚期初段（IUP）的石叶技术的石制品。这些革新的考古材料的出现被认为是在深海氧同位素第3阶段期间人群（可能是现代人类）进入该地区。然而，由于现存年代数据的模糊性，该遗址的年代仍然存在争议。在这项研究中，我们对在整个遗址地层中获得的木炭和鸵鸟蛋壳样品进行了系统的放射性碳分析，对所采的木炭样本进行酸碱酸和更严格的酸碱氧化预处理。所得到的年代数据与地层剖面遵循一致的年代-深度关系。根据以前的地层评估，贝叶斯年代模型（Bayesian age model）表明，水洞沟第2地点形成过程可以分为两个阶段：早期阶段为距今43000—35000年，与湖泊沉积环境有关；后期阶段为距今35000—28000年，与快速陆生粉砂堆积有关。含有类似IUP技术的人工制品的考古地层的年代分别为距今43000—39000年和距今35000—34000年。这一发现支持了这样一种解释，即至少在距今41000年以前，水洞沟地区出现了类似IUP的石叶技术。

关键词：水洞沟；第2地点；旧石器时代晚期；^{14}C；贝叶斯年代模型

1. 引　　言

中国旧石器时代给人留下的总体印象是一种长期的技术简单和停滞，其标志是在更新世的大部分时间里，中国北方和南方分别持续存在石核-石片工业和砾石工具工业[1-3]。然而，距今大约4万—3万年前，中国北方的旧石器时代工业突然发生变化，出现了标志创新的技术（例如石叶和细石叶生产）和象征性（例如装饰品）的物质证据，这些特征通常与现代人行为有关。这种转变在中国旧石器时代研究中被称为旧石器时代晚期的开始[1, 4]，被视为反映了人类（可能是智人）在深海氧同位素第3阶段（MIS3）（距今6万—2.7万年）在世界上这一地区的扩散，以及他们与该地区现有人类群体之间可能发生的相互关系[5-10]。

中国北方旧石器时代晚期的一个典型例子是水洞沟遗址（SDG）。水洞沟遗址位于宁夏回族自治区鄂尔多斯沙漠的边缘，由12个露天地点组成，集中保存了在黄土状沉积物中的考古学材料。自1923年首次发现以来，水洞沟遗址受到了大量的关注和研究，因为在水洞沟第1地点（SDG1）出土了独特的更新世石器组合，其中包含勒瓦娄哇（Levallois）技术和石叶（blade）技术的混合物[11, 12]。当今学术界普遍认为，水洞沟第1地点的旧石器组合是由一种大型石叶技术组成的，这种技术与距今47000—30000年前在蒙古和西伯利亚地区更北部发现的所谓旧石器时代晚期初段（IUP）有关[13, 14]。根据其石器特征对IUP进行定义，其包括旧石器时代中期勒瓦娄哇（Levallois）剥片技术和旧石器时代晚期石核立体开发方略的混合，IUP在距今50000—35000年间，出现在一个广大的地理区域，从黎凡特到东欧、西伯利亚、蒙古和中国[15, 16]。在这些地方，IUP代表了旧石器时代晚期的最早形式，反映了在石器技术和其他物质文化方面的一个明显考古学变化，包括骨质工具和象征性材料，如珠子、雕刻物品和一些遗址中发现的穿孔挂件等[15]。

IUP石器技术的特殊性被认为支持了这样一种观点，即IUP代表了一个连续的技术复合体，它可能是由更新世末期分散在欧亚大陆的共同文化产生的[15, 16]。然而，对于哪一个（些）人类群体是IUP的主体仍有疑问，因为迄今为止发现的与IUP组合有明确联系的人类化石非常少[15]。鉴于最近关于欧亚大陆中部/东部晚期人群多样性及其象征性表达和创新技术能力的发现[18-20]，除了智人和其他可能的古人类，尼安德特人和丹尼索瓦人都是IUP的可能候选人[15]。

然而，在东北亚，研究人员通常将该地区的IUP归因于现代人向东亚的扩散[21-23]。事实上，早先在距今45000年的蒙古托波尔16（Tolbor 16）遗址中的发现的IUP与欧亚大草原现代人的最早证据相吻合[21]。这一时期也与该地区考古记录中首次出现的象征性装饰品和骨质工具相吻合[16, 24]。根据现有的东北亚IUP遗址的年代测定结果，研究人员推测该地区的IUP起源于大约47ka BP的阿尔泰地区[16, 19]，并在45ka BP左右向东传播到贝加尔湖地区、蒙古北部、蒙古南部和中国北部[21]。也有人认为有另一条路线，穿过阿尔泰山和天山，到达戈壁沙漠和中国北方[25]。区分这两条IUP传播路径将有助于阐明IUP的性质和演化，并有可能为现代人类向东亚的迁移和传播提供重要信息。然而，由于年龄估计的模糊性，确定IUP传播的时间和路径目前很困难，特别是在中国含有IUP特征材料的地点[15]。

2. 水洞沟遗址IUP的年代测定

作为北亚IUP现象的最南端的例子，水洞沟的年代对于澄清IUP传播的顺序和方向至关重要[8]。然而，尽管进行了大量的年代测定工作，水洞沟的年代仍然存在争议[26, 27]。对于水洞沟第1地点，对遗址年代的现有认识被不一致的测年结果和模糊不清的上下地层联系所困扰。例如，水洞沟第1地点更新世沉积物的许多常用测年时间发表于30多年前，而现在很难评估它们的质量[28-30]。最近，刘德成等人使用光释光测年（OSL）分析确定了该遗址的年代[31]。在用于更新世地层进行分析的七个沉积物样品中，五个样品产生了在36ka—29ka BP范围内的一致的年龄-深度序列，但是在该序列中中断的另外两个样品产生了明显更年轻的结果（16ka BP和18ka BP）。

彭菲等[32]于2014年发表了水洞沟第1地点（SDG1）更新世剖面所采集的木炭屑样品的36200±14014a BP的碳同位素年龄。Morgan等人[8]使用不同的软件和校准曲线将年龄校准为2σ至41728—41009a cal BP，李锋等[33]校准为39323—39227a cal BP。然而，因为木炭样本不是在发掘过程中获得的，而是从裸露和高度侵蚀的剖面中获得的，所以这个年龄估计值和SDG1的IUP环境之间的关联仍然不确定[15]。年小美等人最近对SDG1进行了系统的测年研究，采用了单等分OSL测年法[34]。他们在目前暴露的地层剖面的两个不同区域测定了更新世背景下的样品：北剖面和西南剖面。由此得出的年代将这三个地层单位分别定为46ka—43ka BP、39ka—33ka BP和22ka BP。虽然作者注意到这些剖面沉积物的年代是按地层顺序排列的，但39ka—33ka BP（从西南剖面采集）的样本实际上比46ka—43ka BP（从北剖面采集）的样本海拔低。这两个剖面之间的地层层序存在高度差异的原因尚不清楚。

其他研究人员通过测定该地区其他地点发现的IUP相关遗物的年代，来研究中国北方IUP的时间。例如，在水洞沟西北80千米处的南寺峡谷遗址，Madsen等人发现了少量石制品，这些石制品技术特征与水洞沟大型石叶技术相似[7]。通过测定一件石片上的碳酸盐胶结物的年代，他们报告了41070±890a BP的放射性碳测年年龄[36]，使用IntCal 13校准曲线在OxCal 4.3软件中用2σ校准到约46ka—43ka cal BP[35]。这一年代数据表明，IUP技术很可能是早期从阿尔泰地区经蒙古西部和中部向中国北方地区扩散。虽然这一年代推测可能是合理的，但这些石制品并非来自发掘，被分析的石片本身并不具备任何石叶技术特征。因此，这些石片和IUP现象之间的关联是存在争议的。

水洞沟第2地点、第7地点和第9地点（SDG2、SDG7和SDG9）的考古发掘中发现了其他类似IUP的石器材料[33, 37, 38]。在位于SDG1东南约300米处的SDG7，发现了类似勒瓦娄哇技术的石核，OSL年代测定出土地层年代为（30±3）ka—（23±2）ka BP[38]。在SDG1东南约7千米处的SDG9，也发掘出类似IUP的石制品组合，包括一个对向剥片的勒瓦娄哇石叶石核、一个窄面的棱柱状石叶石核、带有精修台面的勒瓦娄哇石片和一个更新石核台面[37]。一个单一的OSL测年将出土石器的地层定位在大约36ka—27ka BP[5, 37]，但是发掘者认为不要简单地使用这个测年结果，因为考古沉积物距离现代地表相对较近（大约80厘米深）。不幸的是，SDG9已经被建筑破坏，因此今天不可能验证这个年表。

水洞沟第2地点以前的研究。SDG2位于SDG1东南约150米处；这两个地方被黄河的一条小支流分隔。在SDG2发掘之前，Madsen等人[23, 39]描述了一个从剖面几个自然暴露的火塘中采集集的勒瓦娄哇石核，该石核具有对向剥片和一个精修台面。对取自火塘的炭屑和鸵鸟蛋壳样品进行的放射性[14]C测年，8个数据结果显示是在29ka—24ka BP之间。李锋等人[33]使用OxCal4.1软件[35]，应用IntCal 09校准曲线[40]将这些日期校准至约34ka—28ka cal BP。2003年至2007年，中国科学院古脊椎动物与古人类研究所和宁夏回族自治区文物考古研究所对该遗址进行了大规模的发掘[41-43]。考古发掘主要分布在两个相邻区域，T1和T2，揭露了一个超过12米厚的地层堆积[23, 34]。根据沉积特征和考古遗存，研究者划分了18个地质层。下层由绿色粉质黏土和富含有机物的深色沉积物组成，具有清晰的层理和层理，表明在遗址形成历史的早期阶段为湖沼或沼泽环境[31]。上层几乎完全由大量黄色淤泥沉积物组成，带有一些纹理和霰石类鲕粒带。上层和下层之间沉积物的变化表明了该地点以前出现的水体的收缩[31]。上层强调的与湖泊相关的沉积历史得到了花粉记录的支持，这表明半干旱气候地貌环境中存在湿地。

考古遗存包括石器、动物骨骼和遍布这些地质层的鸵鸟蛋壳碎片[43, 44]。根据遗存的聚集程度及其与地质层的相关性，发掘者将这些文物分为七个文化层（CL1—CL7）[31, 33]。上面的五个文化层（CL1—CL5）由水平带状排列的人工制品组成，这些人工制品被沉积物隔开，沉积物中几乎没有考古遗迹。这五个文化层出现在地层序列的顶部至6米深度，并且仅与黄土状黄色淤泥沉积物相关。另一方面，较低的文化层（CL6—CL7）由在黄色淤泥沉积物的最下部和下面的绿色/黑色淤泥质黏土沉积物体中少量分散分布的人工产物组成。

Madsen等人[23]将之前在现场发现有IUP材料的火塘划分于CL2[45]。然而，奇怪的是，在发掘过程中没有发现具有IUP特征的石器材料。事实上，从现场获得的石器材料的特点是随意剥片的石核和石片组合[46]，只有来自较低层位的CL5和CL7的两个石核被认为具有类似IUP技术特征的大石叶技术[33]。

SDG2出土的类似IUP技术的石核提供了一个迹象，表明该地点出现了类似于SDG1和SDG9处观察到的勒瓦娄哇大石叶技术。SDG2的地层序列也为澄清SDG1邻近地区的年代和华北IUP的大致时间提供了重要的信息来源。几项研究确定了该遗址自发掘以来的年代[31, 33, 45, 47]，从发掘样本（包括Madsen等人[23]报告的样本）中得出总共33个年龄估计值（[14]C和OSL）。我们使用OxCal4.3[35]在图1中总结了这些公布的测年数据。使用R_Date命令根据IntCal13曲线[36]校准了14个数据；OSL年龄根据发表年份进行校正，然后使用C_Date命令绘制，该命令指定了正态分布的可能性。这些年龄通常将SDG2考古沉积物的时间定在41ka—27ka cal BP之间，而李锋等人[33]确定的似IUP技术石核的年代定在大约41ka—34ka cal BP之间。但这些年代是有争议的，因为数据之间有明显的差异。除了最年轻的年代（＜3ka）可能由于污染而成为异常值之外，最值得注意的问题是缺乏清晰的年代数据与样品埋藏深度相关性[26]。例如，CL2—CL3中出土样品的14C测年值在35ka—28ka BP之间，但是OSL测得的CL4—CL5的年代为29ka—21ka BP，而14C测得的年代为24ka BP。来自同一地层单位的数据也有不一致之处。来自CL6的两个OSL年龄产生了明显不同的38ka BP和24ka BP年龄，而最低的CL7产生了41ka—40ka cal BP和34ka—33ka cal BP的14C年龄。CL7下的不同单位被OSL定年为20ka BP、65ka BP和

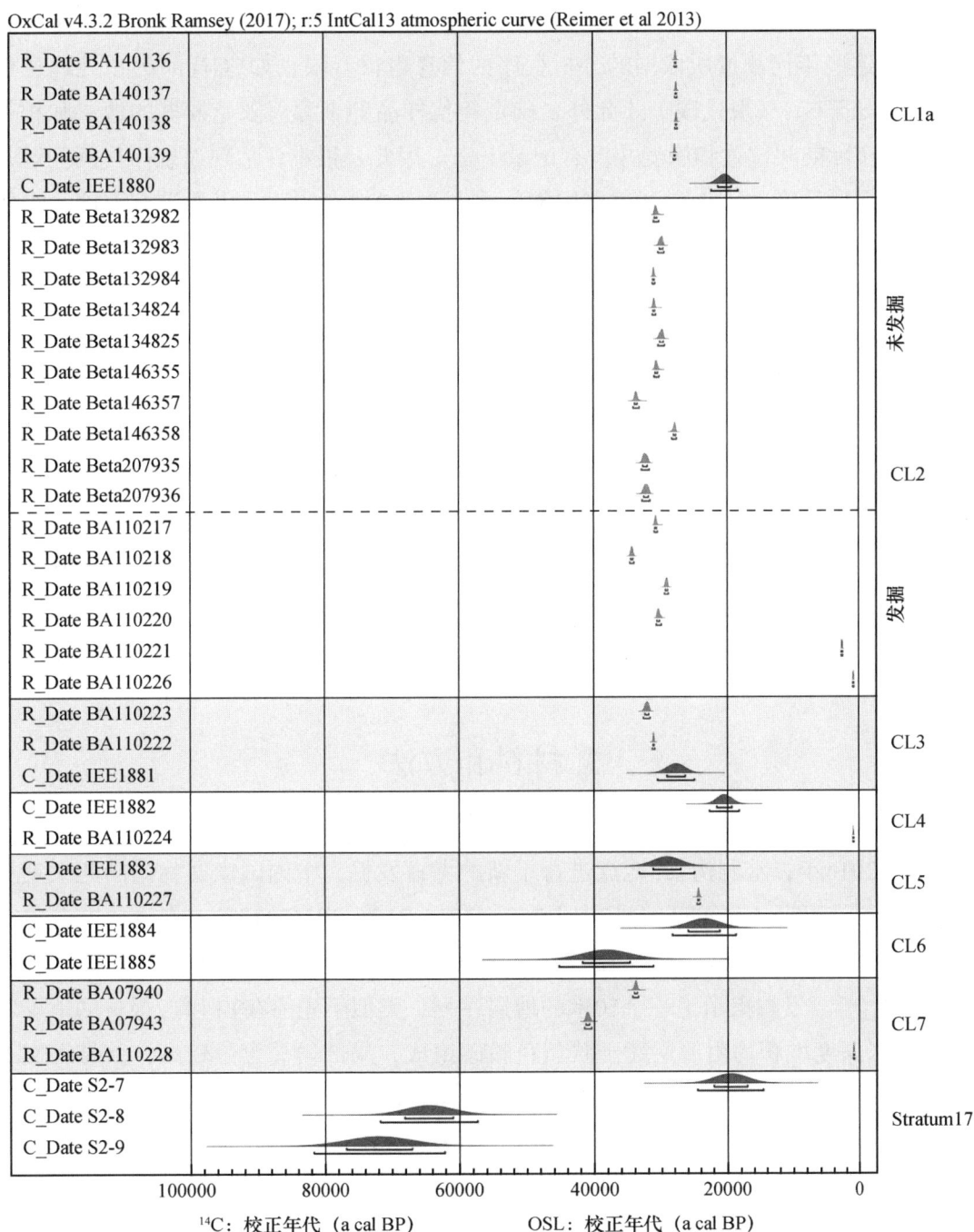

图1　SDG2已发布的测年数据

（年代是按照它们相关的文化层或地层绘制的；然而，在每个地层单元内，样品的顺序遵循其实验室编号顺序，并不反映相对深度；这是因为在样品采集过程中没有记录这些样品的深度）

72ka BP。最近，李锋等[47]对现有的SDG2年代数据进行了"年代纠偏清除"评估，并否定了16个已公布的年代数据，这16个年代数据要么是非常年轻的数据，要么是不符合地层序列的异常值。

虽然这些年代数据不一致的原因尚不清楚，但这个问题可能是由于这些年代是由不同的技术和不同的实验室使用不同种类的样品造成的。例如，CL2的[14]C年代数据由贝塔分析实验室和北京大学实验室测量，而CL3—CL5和CL7的其余放射性碳测年数据仅由北京大学实验室测量所得。关于这些年代测量所依据的分析程序的信息也很有限，如[14]C样品的预处理过程和质量控制措施（如δ^{13}C，%现代碳）。此外，确定年代样品的来源仅限于发掘的地层和相关的文化层，它们的实际空间位置和深度并没有记录下来。因此，很难评估现遗址年代的问题是否与测年样本的地层联系有关。考虑到这些因素，水洞沟第2地点的年代仍然没有定论，需要重新评估。

为了帮助解决这个问题，我们在这里报告了一项对水洞沟第2号地点进行的系统年代测定研究，作为该遗址新的田野研究项目的一部分。将传统的和更严格的预处理方法结合使用，结果显示，我们的数据与以前的数据相比误差更小，并且结合地层序列具有良好的年龄-深度关系。贝叶斯模型（Bayesian model）表明，在过渡到陆相之前43ka—35ka cal BP间，该遗址是一个湖相系统的一部分，在35ka—28 ka cal BP间，该遗址可能是人类周期性占据的湖滨环境。我们的数据将水洞沟第2地点大型石叶石核首次出现的时间定在大约43ka—34ka cal BP，支持李锋[33]和Morgan等人[8]提出的一般年代估计，即水洞沟遗址的IUP最早可能出现在大约41ka BP。这一年代学研究展示出中国北方IUP出现的时间晚于阿尔泰山、蒙古和西北更远的贝加尔湖地区的IUP出现时间，并表明IUP现象在47ka—41ka BP间从阿尔泰地区向东和向南快速扩散。

3. 材料和方法

在2014—2016年，水洞沟第2地点进行了新的考古发掘，中国国家文物局向此次发掘领队高星提供了发掘许可证（许可证编号2014-359、2015-210、2016-230）。上述研究获得了所有必要的许可，符合所有相关法规。新的发掘区域（T3）与之前的发掘区域（T1和T2）暴露的遗址部分相邻[48]。发掘揭示了一个10米的地层序列，类似于先前在T1和T2报告的地层序列。地层顶部至7米深度堆积均由薄层黄土状黄色粉砂组成，局部岩盐含量较高，并带有文石质鲕粒的水平条带（图2）。这些沉积物可能形成于静水环境，如波动的湖滨环境。地层的下部与湖泊或沼泽环境有关，由黑色富含有机物的黏土和绿色粉质黏土湖沉积组成，具有明显的波状层理。层状绿色粉质黏土层包含丰富的氧化还原形态特征，通过层状致密粉砂至黏土粉砂的边界将其与上方的黄壤土粉砂层隔开。

除了CL4之外，在之前的考古发掘中发现的所有文化层在T3中都有发现（图2）。也就是说，上部的CL1—CL5（CL1细分为CL1a和CL1b）由出现在地层上部的呈基本水平分布的人

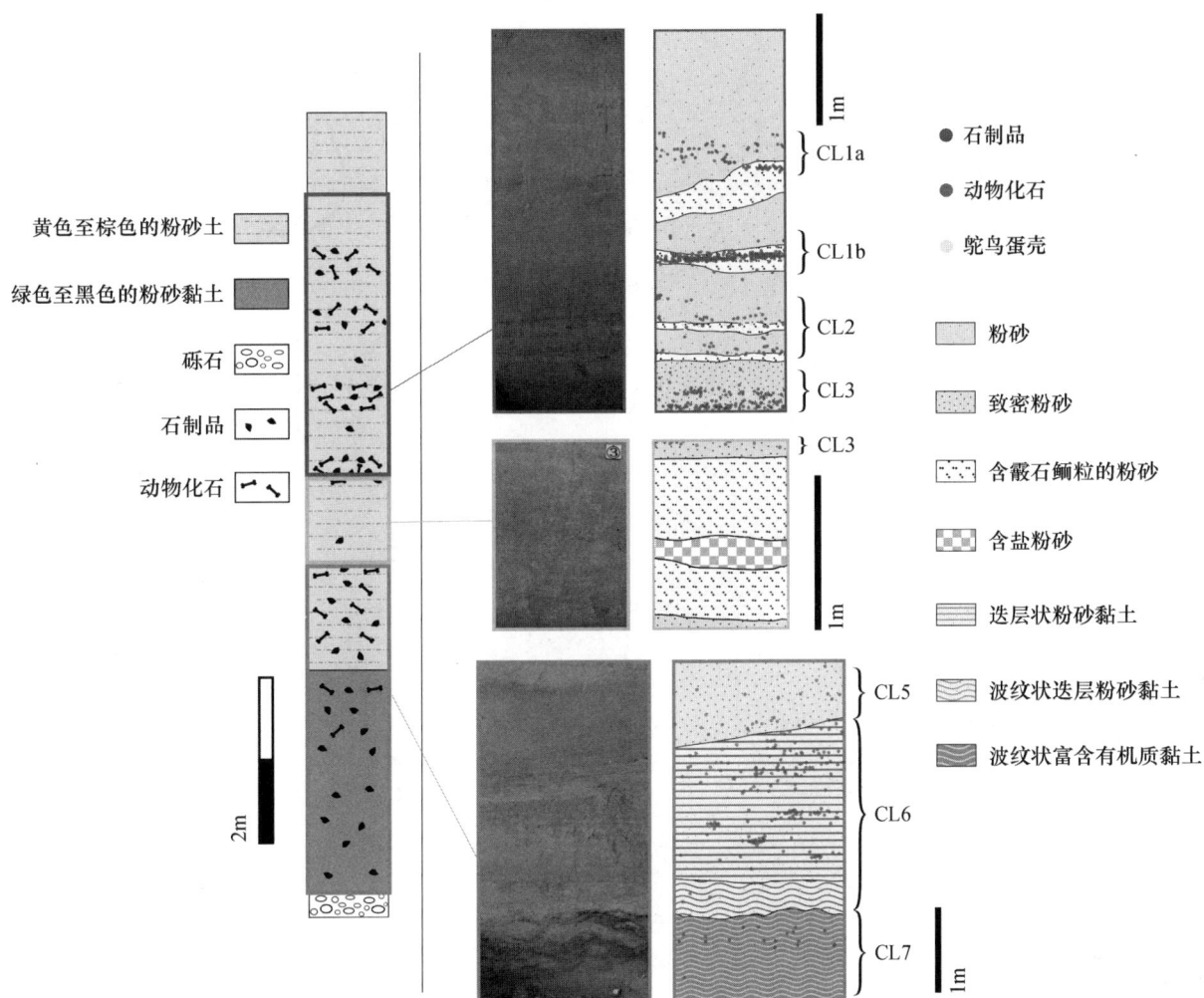

图2　SDG2T3地层

［左侧的柱状图总结了遗址地层序列的一般沉积特征和考古遗迹分布；右侧的照片和示意图显示了地层层序不同部分的特写视图；
与拍摄剖面相对应的三种主要考古遗迹（石器、动物群遗迹和鸵鸟蛋壳碎片）的分布重叠在图例上；旁边标明了七个文化层
（CL1a—CL7）的划分］

工制品层组成。而根据地层定义的下部CL6—CL7只包含少量人工制品，松散地分布在沉积物中。从T3发掘出5000多件最大尺寸大于20mm的石制品，与之前的发掘类似，这些石质材料主要由随意的人工制品组成，这些人工制品是用本地丰富的石料（如硅质石灰岩、石英岩、燧石）制成的，没有明确的制式标准化技术模式[49-51]（图3）。

就埋藏学而言，没有明显可能影响了考古遗存分布的搬运埋藏现象。长型石器和骨骼的倾向倾角在文化层之间显示出随机分布的现象，这表明这些遗存组合不太可能是由流水等埋藏因素搬运而来的。虽然有一些生物扰动的迹象表明草根和小昆虫穴居有一定扰动作用，但这种扰动程度是极小且局部的。遗址内有机物的总体含量很低。大多数出土的骨头都是小而易碎的碎片，用水冲洗时便会碎裂。当在遗址发掘时观察，骨骼显示出一种灰色（可能是方解石）光亮，并周围有沉积物包裹，表明是化学成岩作用而不是机械成岩作用。

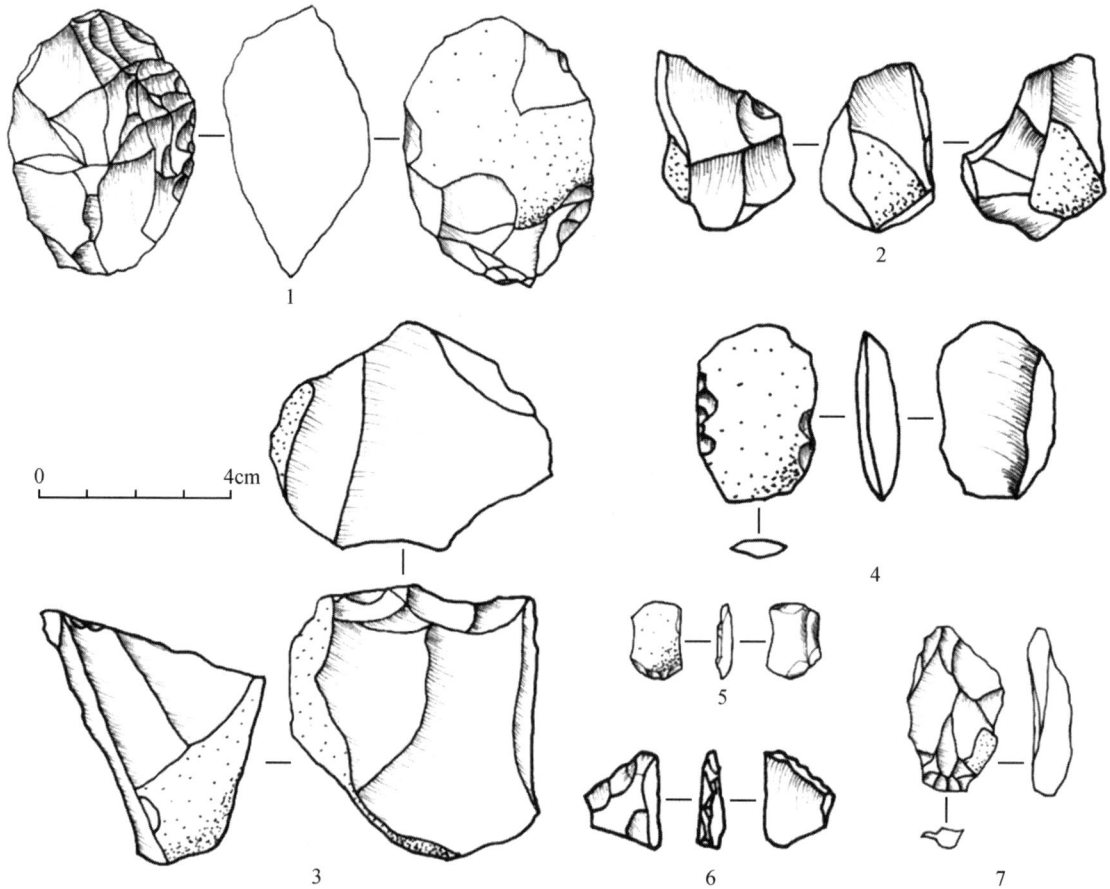

图3　SDG2T3中发现的石器

1—3. 石核　　4—6. 修理石片　　7. 石片

发掘期间，我们在整个地层序列中系统地收集了放射性碳年代测定分析样品。由于在整个地层中缺乏清晰的地层界线，因此我们主要采集与各文化层相关的年代样品。具体来说，对于上面的四个文化层（CL1a、CL1b、CL2、CL3），样品选自与含有密集人工制品的水平条带具有明显相关性的材料。对于较低的三个文化层（CL5、CL6、CL7），更多的是根据沉积物特征从与文化层相关的地质层中收集测年样本。炭屑在整个地层堆积中多有出现，但在沉积物中大多是孤立的零星残存（毫米级）。在这种情况下，我们采取尽可能优先选择燃烧特征明确的木炭，以及较大的独立炭屑和鸵鸟蛋壳碎片被作为测年样本的采样策略。我们尽量避免在发掘区边缘采集的样本，因为这可能是在过去暴露于剖面或受到生物扰动的影响。由于尺寸较小，木炭样品的属和种没有系统鉴定。然而，尚未发表的初步考古工作表明，T3中发现的木炭主要来自速生植物群，包括藜科亚科、柳属、沙枣属、柽柳属和杨属。

我们一共选取了32个样品，代表了SDG2T3发掘区的各文化层。层位较低的单元，特别是与CL6—CL7相关的地质层和底部砾石层，几乎没有考古遗迹，因此这些环境中的样本数量有限。因为CL5和CL6相连地层之间的边界是倾斜的（如图2所示），所以我们为CL5选择了更多的样品，以阐明与下伏CL6的地层边界。这些样品被提交给澳大利亚政府农业和水资源部提供了进口许可证（许可证号0000664336）的澳大利亚核科学和技术组织（ANSTO）进行放射性碳分析。我们对较大的木炭样品采用更严格的酸碱氧化，或ABOX预处理；而传统的酸碱酸（ABA）预处理适用于不可能在ABOX[52, 53]预处理过程中留存下来的较小的木炭样品。预处理过的材料被密封在石英燃烧管中，并在900℃下燃烧，具体方法参考相关文献[54]。释放的二氧化碳经过低温纯化和收集，并在按照标准石墨化程序转化为石墨之前测定其产量[55]。

鸵鸟壳样本在裸眼检查是否存在任何粉末状、潜在的外来沉积物后，经过了严格的清洁处理[54]。具体是通过使用电动打磨机磨去10%至25%的厚度，然后在室温下超声处理，用0.5M HCl化学蚀刻另外10%的厚度，对外壳表面进行物理清洁。随后，样品在Milli-Q中漂洗并烘干。在酸预清洗的玻璃器皿中用浓磷酸进行水解。首先，丢弃约25%的释放的二氧化碳，以消除任何可能的表面成岩污染。剩余释放的二氧化碳被收集并转化为石墨[55]。将石墨靶压入铝阴极，并在ANSTO的加速器质谱装置STAR上测量碳同位素比例[56]。使用标准ANSTO实验室空白校正程序对处理过程中可能出现的污染的测量结果进行了校正，该程序包括来自无放射性碳材料（商业和天然石墨，IAEA-C1参考材料［大理石］）的大量测试样品，按照与研究样品相同的协议对AMS靶进行处理，并与未知阴极一起进行测量。用于δ13C同位素分馏校正的稳定同位素测量在单独的元素分析仪Elementar vario MICRO cube上进行，该分析仪与AMS分析后残留石墨材料上的aMicromass Isoprime IRMS耦合。使用Rstatistical软件[57]以及ggplot2[58]、knitter[59]、rgl[60]、RColorBrewer[61]和car[62]的软件包绘制结果。

4. 结　果

在研究的32个样本中，18个样本成功测出了年龄估值（表1）。这些样品相对于文化层的位置如图4所示。其余14个样品在预处理后没有产生足够的木炭。总的来说，这些日期显示了很好的年龄-深度关系，除了一个与CL2相关的年代明显更年轻（图5）。对应于CL5的两个木炭样品，即OZV655和OZW026，来自比OZV653更深的深度，OZV653是从与CL6有关的底层沉积物中获得的。这是因为，如前所述，CL5和CL6沉积体之间的接触是倾斜的（如图2所示），两个CL5样品来自地层边界较低的部分。一般来说，木炭和鸵鸟蛋壳的年代是相当的。虽然ABOX的年代一般比ABA的稍老，但差别似乎很小。

为了解释我们的年代测定结果并纳入来自地层环境的信息，我们使用OxCal软件[35]构建了一个贝叶斯年代模型（Bayesian chronological model）。使用R_Date命令，根据IntCal13[36]校准所有14C年代。依据收集测年样本的文化层，对年代序列进行建模。因为文化层的定义遵循遗址地层序列，当遗址缺乏清晰可观察的地质单位时，它们为构建遗址年表提供了一个有用的参考。每个文化层被模拟为一个阶段。在每个阶段中，年代估计被假定为无序且均匀分布的。然后根据它们的地层位置将这些排列成一个序列。请注意，当文化层只有一个年龄测定值时，例如CL6、CL7和底砾层，数据直接插入序列中，无需将单位指定为阶段。在阶段之间添加边界，以估计相邻文化层之间的年龄概率分布。对于上面的四个文化层，其中各层人工制品被沉积物体分隔开，而沉积物体内没有考古发现，这些边界代表了文化层之间的"文化差距"。对于较低的三个文化层，边界表示与文化层相关的地层单位之间的过渡。

表1　SDG2T3的新的放射性碳测年数据

层位	材料	样品背景信息	实验室编号	前处理方法	$\delta^{13}C$ 每千分之一	现代炭样 ± 1σ 误差	^{14}C年代数据（a BP）	1σ误差
CL1a	鸵鸟蛋壳	碎屑	OZW260	水解处理	−11.3 ± 0.2	3.80 ± 0.04	26270	100
CL1a	木炭	碎屑	OZV643	酸碱酸处理	−25.0*	3.15 ± 0.05	27770	130
CL1a	木炭	碎屑	OZV644	酸碱氧化处理	−17.1	2.92 ± 0.05	28380	140
CL1b	木炭	碎屑	OZV645	酸碱酸处理	−24.6	3.36 ± 0.07	27250	160
CL1b	木炭	碎屑	OZW261	酸碱酸处理	−22.0 ± 0.1	2.92 ± 0.05	28390	130
CL1b	鸵鸟蛋壳	碎屑	OZV647	水解处理	−12.7 ± 0.1	2.68 ± 0.04	29070	120
CL2	鸵鸟蛋壳	碎屑	OZV650	水解处理	−12.7 ± 0.1	2.77 ± 0.05	28800	150
CL2	木炭	碎片但靠近燃烧遗迹	OZW264	酸碱酸处理	−25.0*	17.27 ± 0.28	14110	130
CL3	木炭	碎屑	OZV663	酸碱氧化处理	−19.7 ± 0.1	2.11 ± 0.04	31000	160
CL3	鸵鸟蛋壳	碎片但靠近燃烧遗迹	OZV651	水解处理	−13.1 ± 0.1	2.44 ± 0.04	29820	120
CL5	木炭	碎屑	OZW267	酸碱酸处理	−23.5	2.33 ± 0.06	30180	220
CL5	木炭	碎片但靠近燃烧遗迹	OZV659	酸碱酸处理	−25.0*	2.12 ± 0.10	30960	400
CL5	木炭	碎屑	OZV661	酸碱氧化处理	−25.0*	2.05 ± 0.08	31230	310
CL5	木炭	燃烧遗迹中获取	OZV655	酸碱氧化处理	−23.3 ± 0.1	2.29 ± 0.04	30350	150
CL5	木炭	燃烧遗迹中获取	OZW026	酸碱氧化处理	−22.7	2.23 ± 0.05	30550	180
CL6	木炭	碎屑	OZV653	酸碱酸处理	−23.3 ± 0.1	1.27 ± 0.05	35100	340
CL7	木炭	碎屑	OZV658	酸碱酸处理	−22 ± 0.3	0.87 ± 0.03	38080	310
底砾层	木炭	碎屑	OZV660	酸碱酸处理	−25.0*	1.00 ± 0.03	36980	280

$\delta^{13}C$ 同位素质谱法分析获得。

* 此值为估算，因为未能测得。

如前所述，SDG2的沉积环境从湖泊沼泽相转变为湖滨相[31]。根据沉积物特征和地层联系，这种变化可能发生在T3的CL6—CL5之间。这两个地层的^{14}C测年数据显示了约5000年的时间间隔，反映了沉积过程可能在此时停止或存在侵蚀假整合。为了测试这种可能的现象，我们记录了两个边界，分别用单独的年龄概率分布来划分CL6的结束和CL5的开始。

一般的t型异常值模型用于评估测量数据中异常值的存在[63]。请注意，我们没有使用木炭异常值模型，因为它是专门为捕捉木炭样本中的内置老化现象而设计的。因此，木炭模型遵循先验指数分布，这意味着异常值只能比模型的时间更早[63]。在这里，我们认为，在我们正在处理的时间范围，木炭内置年龄的影响是最小的。相反，通过使用一般的异常值模型，允许异常值比模型日期更老或更年轻，我们能够更好地捕捉测量年龄之间的不一致。按照Bronk

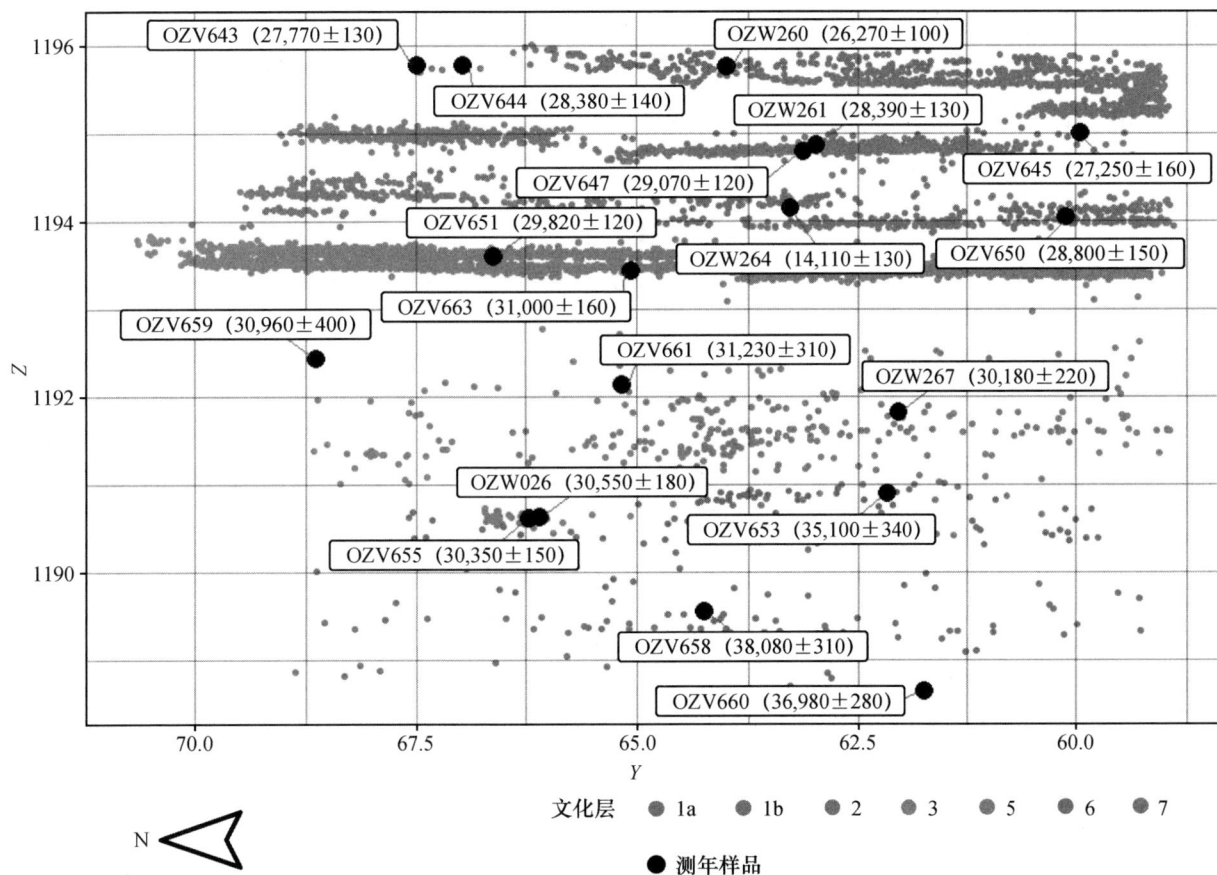

图4　SDG2T3中新的放射性碳样本所处的空间位置

［东—西剖面遗物分布图，样本位置叠加在T3考古遗物的剖面分布图上；Y坐标（X轴）基于实地的遗址网格；Z坐标（Y轴）反映平均现代海平面以上的海拔，单位为米］

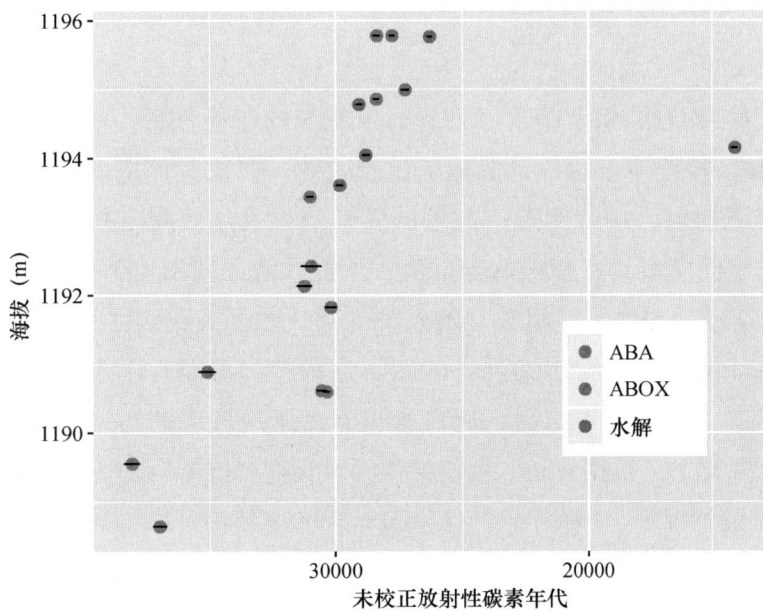

图5　SDG2T3新放射性碳的年龄-深度关系

黑线的宽度代表1σ时的误差范围

Ramsey的说法，每个年龄都被赋予5%的先验异常概率，这意味着我们假设每个年龄估计值都有1/20的机会需要以某种方式进行转换。在模型构建期间，确定测量值为异常值的后验概率，并在建模过程中相应地降低数据权重。例如，如果发现某个日期具有30%的异常值概率，这意味着该日期仅包含在70%的用于生成最终时序模型的建模迭代中。

图6显示了贝叶斯年代模型。三个样本OZV645、OZW264和OZV663具有较高的后验异常值概率（＞80%），在我们的结果中被识别为异常值。有趣的是，OZW264是唯一一个年龄与其他测量日期相差很大的样本。然而，在样品采集过程中，这种木炭被认为出自更可靠的埋藏背景，靠近具有燃烧特征的遗迹。因为这些样本都是在燃烧遗迹之外发现的散落炭屑，所以它们的异常年龄可能反映了由局部生物扰动活动。当然，目前很难确定这些差异的具体原因。

我们的模型表明，SDG2的人类活动开始于大约43ka—40ka cal BP（CL7的起点），当时该地点是湖泊沼泽。在大约40ka—36ka cal BP（CL6末期），SDG2的沉积环境开始转变为陆相环境，在大约36ka—34ka cal BP（CL5开始）的静水湖滨环境下黄色沉积物开始沉积。CL5和CL6之间的两个边界产生了重叠的概率分布，这不支持我们先前的猜测，即在CL6和CL5之间的过渡期间存在一个时间间隙。然而，这个否定的结果可能反映了两个地层之间的测年样本数量的差异，这可能导致模型为CL6的结束估计一个更宽的年龄范围。从36ka cal BP开始，沉积物相对快速地积累，直到28ka cal BP，在5000—8000年内沉积了超过5米的黄土状沉积物。总体而言，这一时期沉积的考古材料的分布集中在近乎水平的文化层（CL1—CL3），表明人工制品主要是在稳定的地表时期被丢弃，随后通过快速沉积作用被掩埋。进一步的沉积分析和新的地质考古研究（包括微形态学）正在进行中，以阐明SDG2沉积环境和遗址形成过程的性质。

5. 讨　　论

这项研究首次对SDG2的整个考古序列进行了系统的年代分析。我们的年代数据提供了良好的年龄-深度关系，并且与它们各自的地层位置一致。以前对该遗址的年代测定研究面临着文化层中样本分布不均匀、年龄倒置、显著的异常值以及年代测定技术之间的差异等问题。这里报道的贝叶斯年代模型具有有限的异常值，因此代表了对SDG2考古序列的可靠估计，为验证以前的年代测定结果提供了一组独立的系统的年代数据。我们注意到CL1a、CL2和CL3上层的年代比先前估计的要老大约2000到3000年。这种差异可能是由于在这项研究中使用了更严格的预处理方案。如果是这样的话，这将意味着由于现代碳的污染，先前公布的这些地层的年龄被低估了。事实上，根据Wood的说法[64]，与这些地层年龄相似的样品（30ka BP）在只有1%现代碳污染的情况下，^{14}C测年会有2000—3000的年龄低估。因此，这一领域未来的年代测定研究需要通过采用适当的样品选择策略和严格的预处理方案来解决污染问题。贝叶斯模型表明SDG2沉积序列主要分为两个阶段。第一个阶段发生在CL7和CL6之间，在底部砾石层上方43ka—35ka cal BP处，随后是第二个更快的阶段，从大约35ka—28ka cal BP，跨越CL5到

OxCal v4.3.2 Bronk Ramsey (2017); r:5 IntCal13 atmospheric curve (Reimer et al 2013)

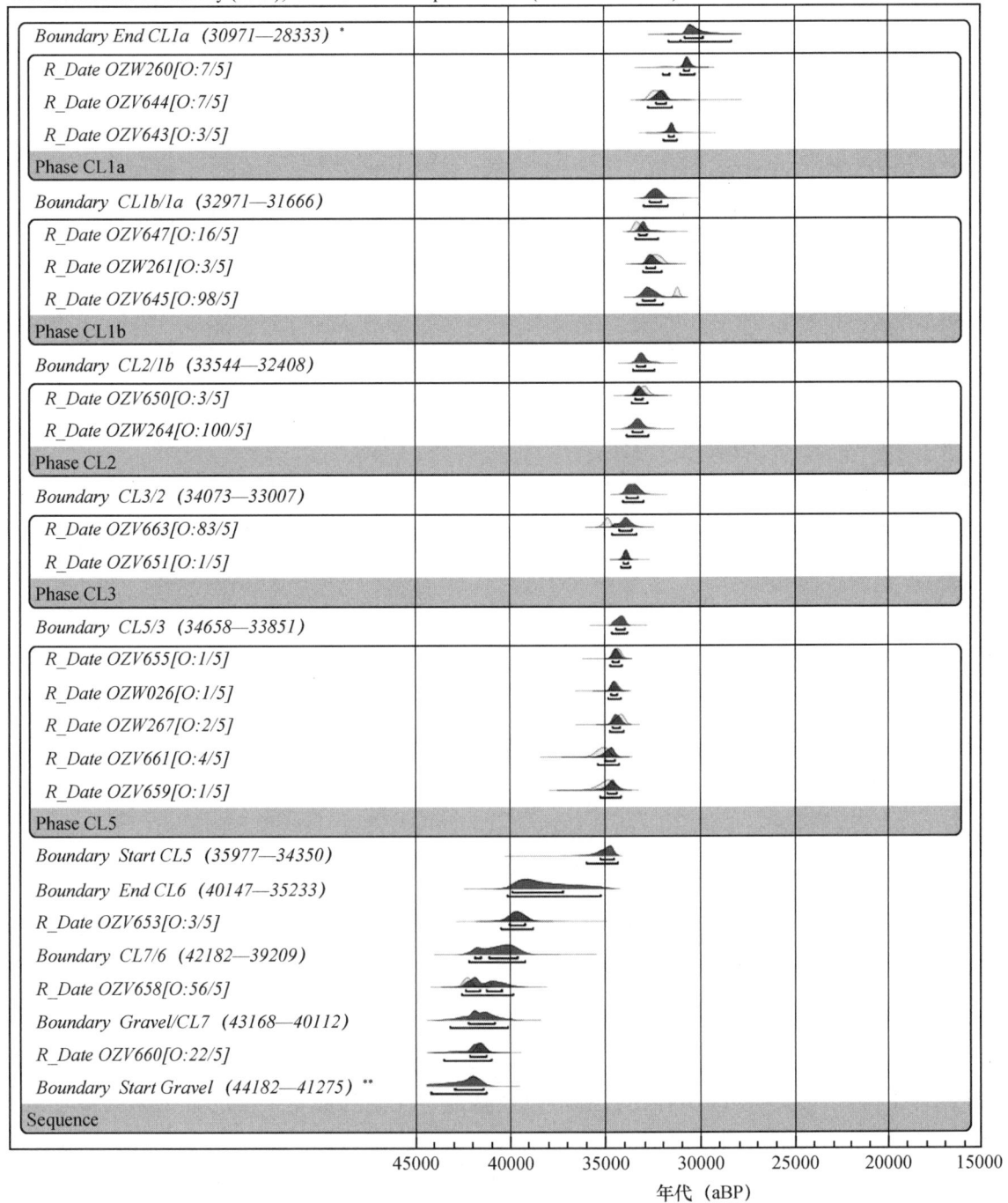

图6　SDG2T3 放射性碳的贝叶斯模型

* 91.5%概率，其余3.9%大概范围是31613—30977a cal BP。
** 95.2%概率，其余0.2%大概范围是44208—44189a cal BP。

（浅灰色概率分布描绘了校准的、未建模的数据；深灰色分布代表建模日期。每个年龄分布下面的两个括号分别代表68.2%和95.4%的概率范围。对于每个建模日期，先验和后验异常值概率显示在左侧样本名称后的括号中［O:后验/先验］。对于每个建模边界，在边界名称后列出了校准后的95.4%概率距今年代范围）

CL1[31]。这一结果支持了之前对CL6和CL5之间的沉积环境从湖沼到陆相沉积环境的断层的解释。根据地层对比，李锋等[33]将这种环境变化定位在34ka—33ka BP之间。相反，我们的年代模型表明，遗址历史中的湖泊阶段结束于40ka—35ka cal BP。

与SDG1的现有测年数据相比，我们的结果也处于该遗址晚更新世年代范围在41ka—20ka cal BP（基于[14]C测年）和46ka—16ka BP（基于OSL光释光测年）之间的这个框架内。然而，值得注意的是，SDG1和SDG2之间的地层对比与关联性仍然不清楚，这两处遗址很可能有不同的遗址形成历史。与SDG2处厚度超过12米的更新世沉积物相比，SDG1的更新世堆积厚度仅限于约7米，并被SDG2处不存在的细砂沉积层所间断。此外，SDG1的更新世地层被6.5米厚的全新统沉积物覆盖，而SDG2的全新统堆积基本缺失。这种地层环境的差异意味着，使用这里报告的年代测定结果得出关于SDG1更新世年代的结论是不合适的。

然而，我们的结果对水洞沟的IUP时间还是有意义的。如前所述，在SDG2的CL7和CL5石制品组合中发现了两个具有似IUP石叶特征的石核[33]。在这项研究结果中，这些石核的年代分别为43ka—39ka cal BP和36ka—34ka cal BP。从表面上看，这些测年结果支持这样的解释，即大约43ka—41ka BP时[8, 33]，类似IUP的大石叶技术出现在水洞沟地区，比阿尔泰地区（47ka—45ka BP）和蒙古北部（45ka BP）的早期IUP遗址更年轻[21, 65]。因此，我们的结果也支持了IUP在到达中国北方之前便已经传播到了蒙古北部地区和贝加尔湖地区的假设。然而，值得指出的是，由于SDG2与CL7有关的沉积层代表湖沼沉积，CL7石器组合可能是扰动材料的混合物，而不是原地丢弃。如果是前者，那么基于这些炭屑样本的测年结果和这种情境下的石器时代的人工制品之间的联系就成了问题。这一问题说明未来的研究仍需通过应用OSL和[14]C分析来系统地确定SDG2的基底湖相沉积的年代。

此外，研究还应更仔细地考虑SDG2处CL6和CL5之间的地层过渡。虽然沉积研究和初步植物考古学分析表明在MIS3期间[31]遗址附近存在水体，但这些水体和水体系统的性质和范围仍然未知。第四纪环境研究表明，中国西北地区的气候在41ka—30ka BP之间更加湿润，这可能是由于夏季风的变化和北半球西风的强烈影响[66]。这种更为潮湿的条件导致了晚更新世时期中国沙漠中大面积湖泊的形成[67, 68]。例如，张虎才等人[68]报告了在MIS3/2期间腾格里沙漠和巴丹吉林（巴丹吉林）沙漠中存在古湖泊以及其他半连通和孤立水体的证据，其覆盖面积超过20000平方千米。SDG2地层序列底部的湖泊沉积相，根据我们的测年结果，其年代为44ka—35ka BP，它的形成便可能与这一时期景观中水体的广泛发育有关。这些水系可能是吸引早期人类来到该地区的重要因素。此外，IUP向东传播到中国的时间可能发生在MIS3中后期。这一时期的潮湿条件以及历史上"河西走廊"湖泊和河流系统的存在，可能提供了一个重要的生态环境和路径，促进了人类群体在现代戈壁沙漠沿线的恶劣干旱环境中的扩散[21, 22, 25, 69]。

然而，值得注意的是，中国西北地区更新世水体的形成时间仍然存在争议。特别是，在这些古湖泊的高湖盆年代测定中，放射性碳测年和OSL测年之间存在差异[70]。虽然[14]C测年通常将湖泊高水位置于MIS3，但OSL对海岸线沉积的分析倾向于认为高水位发生在MIS5的更早时期[71-74]。虽然这种分歧的一部分可能与"对应关系"问题有关（也就是说，通过两种方法确定的年代事件与正在讨论的现象之间的关联是什么？），这两种测年方法不一致的原因仍不清楚。对SDG2湖相沉积更详细的研究有助于澄清这个问题。随着SDG2地区取得更精确的古环境数据，这些未来的研究对于阐明IUP扩散的生态环境和早期人类占据这些地区所需的适应性行为是必不可少的。

6. 结　　论

　　水洞沟的旧石器时代晚期序列的年代一直存在争议，部分原因是似IUP石制品的鉴定。迄今为止，争论主要集中在与可能具有IUP特征的遗物相关的年代学上，包括SDG2等地点的似勒瓦娄哇石核（或宽面石核）。本研究通过对炭屑和鸵鸟蛋壳进行系统的采样和分析来确定放射性碳年代，从而为SDG2旧石器时代晚期序列建立了贝叶斯年代学模型。该模型与之前发表的SDG2的一般年代范围一致，但更重要的是，它提供了一个更高分辨率的年代序列，与该地点现有的地层和古环境数据相一致。我们的发现与现有的约41ka BP北方IUP的年代学模型一致，并支持IUP在向南扩散至中国之前从阿尔泰地区向蒙古北部的扩张。结果还表明，尽管有机材料的保存条件不利且样本量小，但通过仔细的样本选择和彻底的预处理，仍可获得良好的测年数据。重要的是，鸵鸟蛋壳样本的年代与炭屑年代一致。鸵鸟蛋壳在SDG2环境中保存良好，因此可以为该地区其他旧石器时代遗址的未来年代测定提供重要手段。

致谢：上述研究获得了所有必要的许可，符合所有相关法规。中国国家文物局批准了高星任领队的水洞沟第2地点（SDG2）的发掘许可（许可证号为2014–359、2015–210、2016–230）。澳大利亚测年样品的进口许可证由澳大利亚政府农业和水资源部提供给澳大利亚核科学和技术组织（许可证号0000664336）。Sam Lin感谢Zenobia Jacobs和Rachel Wood对OxCal建模的有益指导和建议。Nicolas Zwyns对文章最初草稿的修改提供了宝贵的意见。作者要感谢两位匿名审稿人和博伊西州立大学的余佩琳博士，感谢他们的有益建议。同时感谢学术编辑Andrea Zerboni提供的有益建议。

［原载Peng F, Lin S C, Patania I, Levchenko V, Guo J L, Wang H M, Gao X. A Chronological Model for the Late Paleolithic at Shuidonggou Locality 2, North China. PLOS One, 2020, 15(5), e0232682］

（秦彬译，彭菲校）

中国西北地区水洞沟遗址第2地点（72ka—18ka BP）沉积环境演变研究

刘德成[1] 高 星[1] 刘恩法[2] 裴树文[1] 陈福友[1] 张淑芹[3]

（1. 中国科学院古脊椎动物与古人类研究所人类演化实验室，北京，100044；2. 河南省地质矿产勘查开发局第四地质勘查院，郑州，450001；3. 吉林大学古生物学与地层学研究中心，长春，130026）

摘要：水洞沟遗址晚更新世沉积蕴含了丰富的旧石器遗存，沉积环境的演变对于全面了解古人类的生存条件具有重要意义。为了重建水洞沟遗址的沉积环境，我们在水洞沟第2地点开展考古发掘，并采集样品进行了粒度和孢粉分析。水洞沟遗址72ka—18ka BP期间的环境演变可大致划分为4个阶段：第一阶段（72ka—41ka BP），河流发育砾石和砂层；第二阶段（41ka—34ka BP）形成含大量水生植物的沼泽；第三阶段（34ka—29ka BP），以湖滨相沉积为主，气候相对温暖湿润；第四阶段（29ka—18ka BP），湖滨沉积环境恶化，经历了多次干旱事件，气候也变得越来越干燥和寒冷。

关键词：水洞沟遗址；沉积环境；粒度；孢粉；旧石器时代晚期

1. 引 言

水洞沟遗址是中国境内一处重要的旧石器时代晚期遗址。自1923年发现该遗址以来，国内外学者对其出土的石器和古人类文化遗存进行了研究，并在这一区域开展了大量工作，同时，发表了许多有关其文化发展的学术成果。晚更新世地层（含有旧石器时代晚期遗存）的沉积环境也成为学术热点问题之一。然而，学术界对水洞沟遗址沉积环境的相关问题尚未达成共识。Teilhard de Chardin（德日进）最早将其视为第四纪黄土（Licent et al, 1925）。也有学者持相同观点（Zhou and Hu, 1988; Sun and Zhao, 1991），水洞沟1980年发掘报告中认为其为黄土状粉沙（Ningxia Institute of Cultural Relics and Archaeology, 2003）。高星指出其上部类似于具有黄土特征的洪积冲积层（Gao et al, 2008）。刘德成在对该地区进行调查后认为，应将其归类为湖泊沉积（Liu et al, 2009）。

本文作者在2004—2007年间结合考古发掘，在水洞沟遗址开展了地貌和第四纪地质调查，进一步深入研究该地区的沉积环境。在水洞沟第2地点（SDG2）采集样品进行年代、粒度和孢粉分析。根据岩性、沉积构造、粒度和孢粉分析，重建了水洞沟遗址距今7.2万—1.8万年之间的沉积环境。沉积环境不仅对了解当时人类生存行为提供重要参考，其演变对研究人类生存行为和环境适应也具有重要意义。

2. 研究区域

水洞沟遗址（38°17′N，106°30′E，海拔1200米）位于银川盆地东部边缘，西距黄河18千米。西部为低山丘陵，呈北东—南西向延伸（海拔1400米），东部为毛乌素沙地。边沟河贯穿遗址的大部分区域，由南向北流经该区，最后汇入黄河（图1）。

该地区共发育6级阶地。T2发育广泛，高出河床15米。二元结构明显，下部为砾石，上部为粉砂或局部含有沼泽相地层，底部露出基岩，属基座阶地。T1局部发育于现代边沟河的两侧，也具有二元结构的特征。砾石分选差，上部为多层泥炭条带的湖相沉积。T1侵蚀了T2的上半部分，所以属于上叠阶地（图2）。

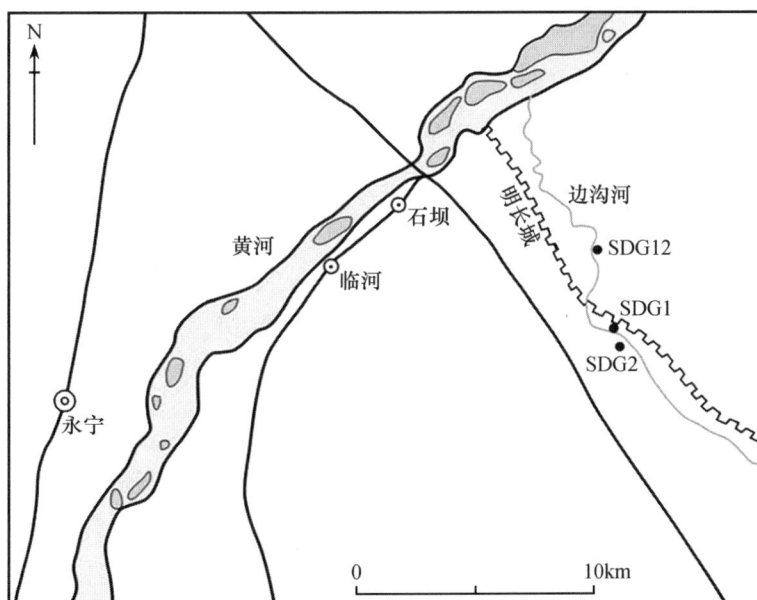

图1　水洞沟遗址地理位置示意图

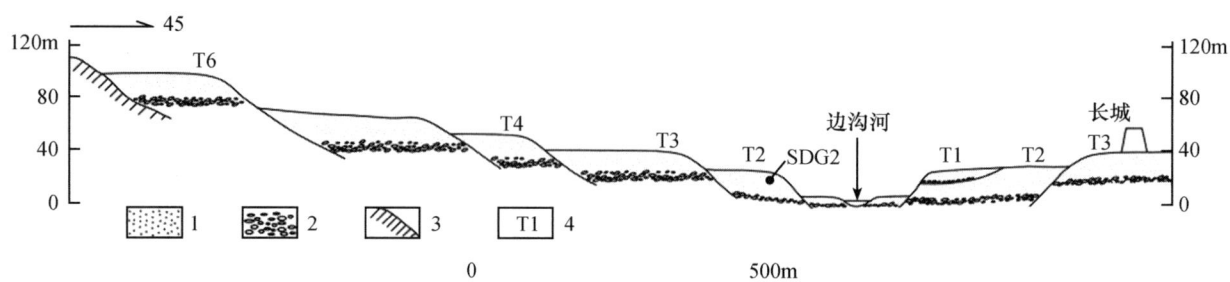

图2　水洞沟地区第四纪地貌剖面示意图
1. 粉砂　2. 砾石　3. 基岩　4. 阶地编号

3. 剖面地层描述

SDG2位于边沟河的南侧（38°17′51.8″N，106°30′09.6″E），埋藏于T2地层中。剖面地层可分为18个自然层，厚度为12.5米。其详细记录可见相关文献（Liu et al, 2009）。具体描述如下。

（1）灰黄色粉砂，为现代表层松散状土。厚0.2米。

（2）褐黄色粉砂，块状。厚0.96米。

（3）灰白色粉砂，块状，较硬，发育水平层理。含有钙、泥质粉砂团块，块径一般不超过5厘米，局部呈长条状，分布没有规律。2.7—3.5米之间含有少量锈斑、炭屑。厚2.34米。

（4）浅黄色粉砂，块状，较硬，发育水平层理。含有石制品、动物化石和灰烬等，属于旧石器时代晚期，为SDG2第一文化层。厚0.14米。

（5）浅黄色粉砂，块状，发育水平层理，偶见灰白色钙质粉砂-黏土质粉砂团块，团块直径5厘米左右。厚1.12米。

（6）浅黄色粉砂，块状，发育水平层理。含有石制品、动物化石和灰烬等，属于旧石器时代晚期，为SDG2第二文化层。厚0.44米。

（7）灰黄色粉砂，致密块状，发育水平层理，含有锈斑。厚0.56米。

（8）浅黄色粉砂，块状，发育水平层理。含有石制品、动物化石和灰烬等，属于旧石器时代晚期，为SDG2第三文化层。厚0.1米。

（9）浅灰黄色粉砂，块状，发育水平层理，含有锈斑。厚0.44米。

（10）浅黄色粉砂，块状，发育水平层理。含有打制石器、动物化石和灰烬等，属于旧石器时代晚期，为SDG2第四文化层。厚0.1米。

（11）浅灰黄色粉砂，块状，发育水平层理，局部有钙质团块，锈斑较多。厚0.5米。

（12）灰黄色粉砂，块状，发育水平层理，含有较多锈斑。厚0.5米。

（13）浅黄色粉砂，块状，发育水平层理。含有石制品、动物化石和灰烬等，属于旧石器时代晚期，为SDG2第五文化层。厚0.3米。

（14）浅灰黄色粉砂，块状，发育水平层理、微波状层理，局部有钙质团块，锈斑较多。

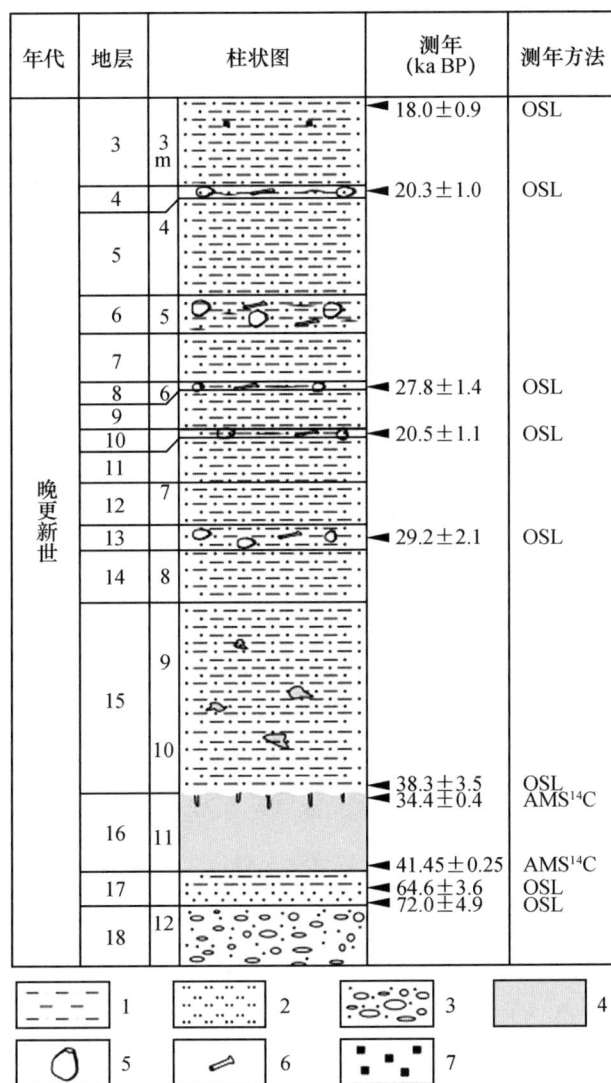

图3　SDG2发掘剖面柱状图

1. 粉砂　2. 细砂　3. 砾石　4. 泥炭层　5. 石制品　6. 动物化石　7. 炭屑（AMS¹⁴C校正测年数据）

厚0.6米。

（15）灰绿色泥质粉砂，块状，发育水平层理、微波状层理，含有较多锈斑，局部有钙结核。厚2.2米。

（16）灰黑色泥炭，块状，有揉皱现象。顶层发育较多虫孔，含有大量植物残体和少量螺壳化石，偶见石制品和动物化石。厚0.9米。

（17）灰黄色粉砂、细砂，发育水平层理，向下粒度变粗。顶、底面皆不平。厚0.4米。

（18）杂色砾石层，砾石主要为灰岩、石英岩。砾石松散，分选较差，磨圆也较差，表面有铁染现象。偶含红色黏土团块。未见底，出露厚度为0.7米。

1—2自然层受人类活动影响较大，由松散的地层构成。3—18自然层是本文讨论和研究的重点。根据岩性和沉积构造可将其划分为四个部分。第1部分（17—18层），下部含有砾石，流水作用使其分布整齐。上部由粗砂-细砂组成，普遍发育斜层理或交错层理。第2部分（16

层）为灰黑色泥炭，呈块状，发育有虫洞。发现了大量的植物残体和少量螺壳化石。第3部分
（14—15层）灰绿泥质粉砂，具有水平层理和微波状层理。第4部分（3—13层）灰黄色粉砂，
层理均匀，微波状。第4部分共有五个文化层。

文化层的加速器质谱（AMS）^{14}C测年数据为29ka—24ka BP（Madsen et al, 2001；Gao et
al, 2003）。最近对SDG2剖面4—17层进行了新一轮的测年研究，年代跨度在距今（72.0±4.9）
ka—（20.3±1.0）ka BP（Liu et al, 2009）。第3层中部的光释光年代为（18.0±0.9）ka BP。
3—17层的年龄跨度约为72ka—18ka BP，为晚更新世沉积。详细数据参考图3。

4. 实 验 分 析

4.1 粒 度 分 析

在SDG2剖面，除18层外，以10厘米间距连续采集样品（共93个），实验由北京大学地表
过程分析与模拟实验室的刘德成博士完成。首先，每个样品注入10毫升浓度为10%的H_2O_2分
解有机质。然后加入浓度为10%的HCl去除样品中的碳酸盐。其次，将样品洗涤至中性，加入
浓度为5‰的$NaPO_3$。再次，将样品煮沸约5分钟，并让其冷却至室温。最后，使用英国制造的
Mastersizer 2000型半自动激光粒度分析仪，对样品进行3次测试，获取平均数。结果表明，该
区沉积物主要由粉砂（2—63μm）和极细砂（63—125μm）组成，占沉积物总量的94.6%，细粗
砂（125—2000μm）含量较低，占2.4%。平均粒径29μm，中值粒径58μm。分选系数是1.3，分
选性较差。偏度在0.25—0.39之间，为正偏，峰型偏向粗粒端，这表明粗粒分选较差。峰度值
约为1.5，为窄峰形态。

粒度概率累积曲线和频率曲线可分为两种组合样式（A型和B型）。A型包括四个组合，一
个滚动组分，两个跳跃组分和一个悬浮组分（图4）。滚动和跳跃组分的截点在700—350μm。
两种跳跃组分的截点位于170μm处。该型说明滚动组分总体含量小于5%，跳跃组分总体含量高
达70%，悬浮组分总体含量不超过30%，以上分析所对应的应为湖滨沉积环境。其频率曲线体
现在粗粒端有一个峰值，与跳跃组分相对应。B型包括三个组合特征，两个跳跃组分和一个悬
浮组分。无滚动组分，频率曲线在粗粒端有不弱的峰值，跳跃组分主要集中在250—30μm，截
点在100μm左右摆动。跳跃组分总体含量为80%，分类良好，斜率较大，表明B型以湖泊沉积
环境为特征。

根据粒度、分选系数、偏度和峰度以及粒度概率累积曲线分析，沉积剖面可分为两个阶段
（图4）。对于第一阶段（第17—14层），沉积过程模型描述了边缘河岸（在图5中用黑色条带
表示）和湖泊（在图5中用带有黑色边框的白色条带表示）的组合。沉积的平均粒径、分选系
数、偏度和峰度波动较大，表明水动力强，但不稳定。第二阶段（第13—3层）沉积搬运作用
以湖泊为主。平均粒径、分选系数和峰度呈周期性波动，反映了一种周期性沉积变化，在整体
稳定的沉积环境下表现为浅湖亚相。

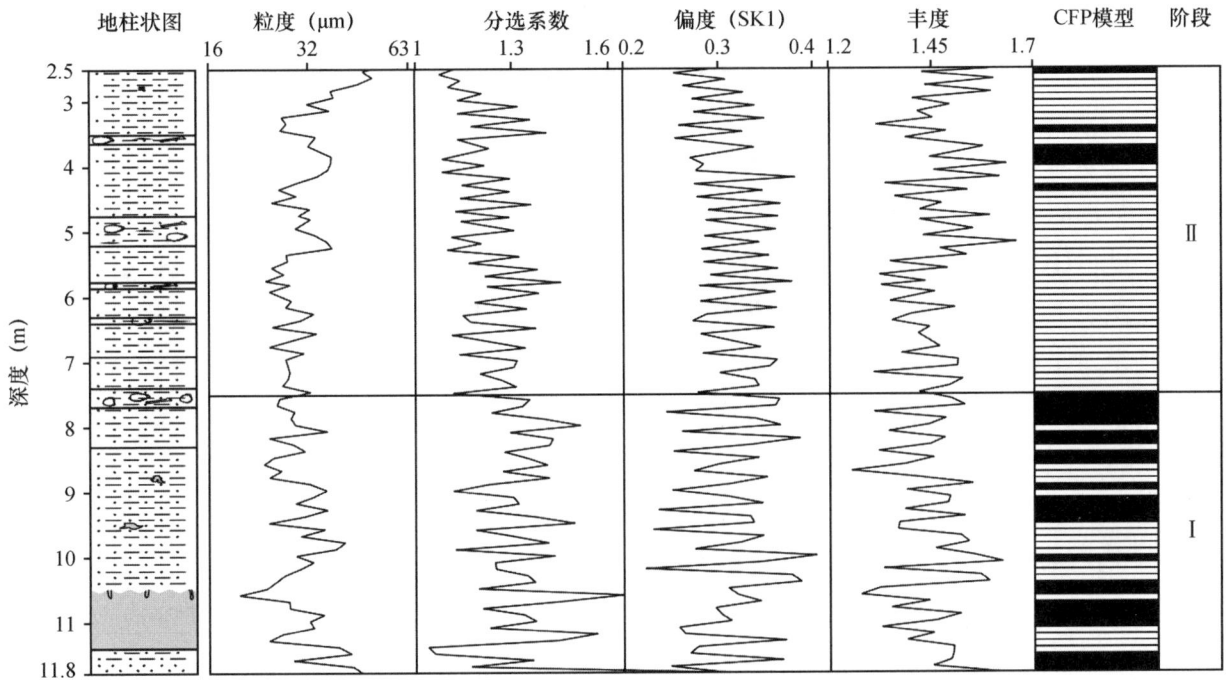

图4 SDG2粒度概率累积曲线图

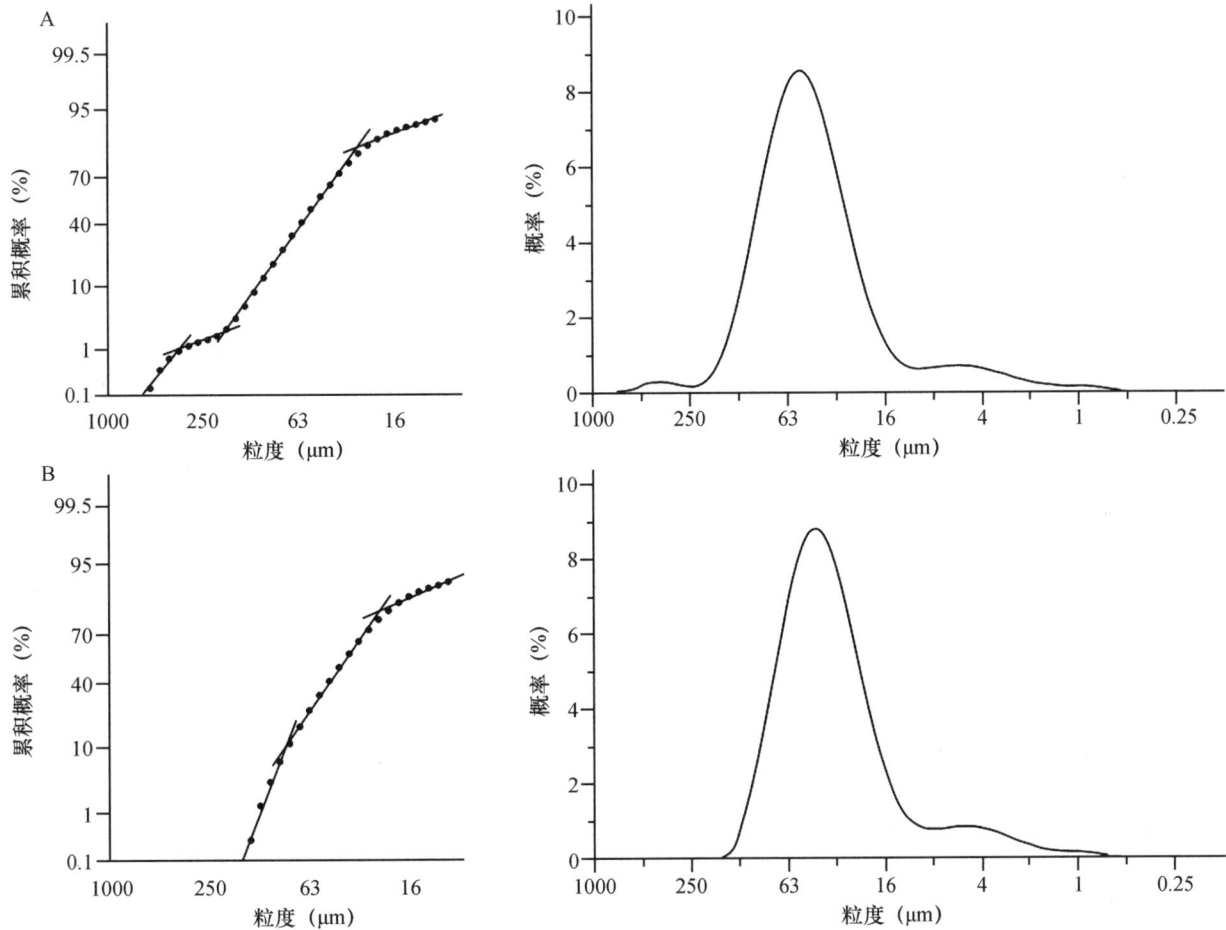

图5 SDG2沉积物粒度分选系数

4.2　孢粉分析

为了系统研究区域内沉积环境，从上述93个样品中选取27个孢粉样品，送到吉林大学古生物学与地层学研究中心孢粉实验室。具体提取方法步骤如下：取样品50克，加入6000粒石松孢子。进行HCl→HF→HCl处理，再用Zn+HI+KI配制的重液浮选集中样品中的孢粉，然后制片并在显微镜下鉴定。结果表明：5个样品含孢粉较多，统计孢粉300粒；有1个样品总计孢粉200粒；其余21个样品含孢粉较少或极少，统计孢粉100粒。27个孢粉样品共统计孢粉3800粒，分属于55个科属。根据孢粉组合特征以及孢粉百分含量变化规律，将孢粉变化曲线划分2个组合带（图6）。

孢粉带Ⅰ（14—17层）：包含10个孢粉样品。孢粉浓度较高（最高达72000粒/克，最低46粒/克，平均11979粒/克），变化较大。草本植物花粉较多，占统计总量的95.9%。主要包括藜科（22.3%）、菊科（20.9%）、莎草科（11.0%）、蒿属（10.2%）、霸王属（9.5%）、毛茛科（7.4%）、虎耳草科（4.5%）和禾本科（2.6%）。木本植物花粉含量很少（3.0%），仅有少量松属（0.9%）和白刺属（0.4%）等。该段孢粉组合反映的区域植被面貌是生长有少量灌木的以菊科和藜科为主的温带草原环境。

孢粉带Ⅱ（3—13层）：包含17个孢粉样品。孢粉浓度极低（最高48粒/克，最低7粒/克，平均20粒/克）。草本植物花粉所占比重略有下降（64.2%）。木本植物花粉含量上升到26.3%，蕨类植物孢子所占比例进一步上升（9.5%）。草本植物花粉组合以菊科（12.8%）、藜科（10.6%）和蒿属（7.0%）为主，含有少量毛茛科（6.0%）、霸王属（5.1%）和禾本科（4.4%）。莎草科等水生植物和湿生植物花粉含量由11.0%急剧下降到1.7%。香蒲属、浮萍属、水麦冬属和菖蒲属所占比重增加至7.4%。木本植物花粉以松属（6.8%）、云杉+冷杉（5.8%）、榆属（5.0%）和桦属（4.7%）为主，还有少量的白刺属和麻黄属（2.3%）。该时段的显著特征是木本植物花粉开始增多（11%—51%），出现比较耐寒的云杉、冷杉等针叶类花粉，同时常见于温带地区的榆属、桦属花粉也占有一定的比例。该区域的总体特征为生长有桦属和榆属的温带荒漠草原环境。

5. 讨　　论

SDG2剖面第18层为砾石层，砾石定向性排列，反映了较强的水动力环境，应该是河床底部的砾石层。第17层，沉积物主要是粗-细砂，发育斜层理和交错层理，说明该时期存在较强的水动力沉积环境。沉积物搬运主要是跃移和悬移，滚动方式次之。含有少量水生植物和湿生植物，与上述沉积特征共同显示为河流相沉积。

第16层为灰黑色泥质粉砂，块状，含有大量植物残体和少量螺壳化石，为典型的沼泽沉积

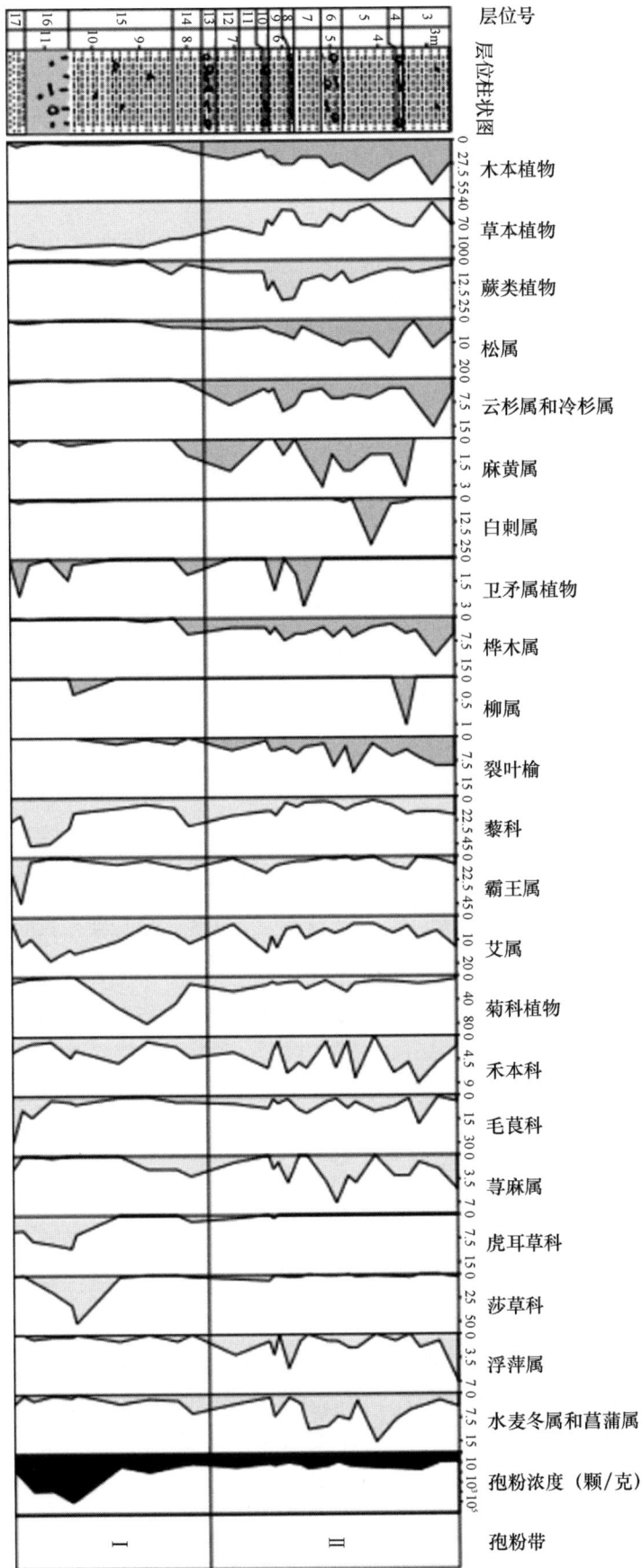

图6 SDG2孢粉图谱

相。第14—15层，为灰绿色粉砂，发育水平层理和波状层理。反映出一定的水动力环境，该地区为生长了少量水生植物和湿生植物的湖滨沉积环境。第3—13层，仍为粉砂层，颜色变为灰白色或浅黄色。以湖泊沉积相为主。根据孢粉分析，这一时段木本植物花粉和蕨类植物孢子含量增多。温带阔叶和针叶树增多，湖泊、湿地环境逐渐退化。反映出当时古人类在湖泊后退的过程中得以在此短暂活动。

水洞沟第7、8和9地点的沉积地层与SDG2相似，水洞沟第1和12地点的沉积地层与SDG2接近（Gao et al, 2008; Liu et al, 2008）。该区域晚更新世末发生在第1地点和第12地点的河流下切侵蚀，导致SDG2缺乏部分地层，早、中全新世的沉积是在此之后形成的。在边沟河及其支流沟渠处的许多地区都可以发现类似的地层。因此，SDG2剖面可以作为该地区的典型剖面。

水洞沟古湖发育于深海氧同位素第3阶段晚期（MIS3a）。MIS3a期间气候相对暖湿也可以在中国的黄土和冰芯中找到证据（Li and Yang, 2001; Yao, 2000）。中国西部湖泊明显扩张（Li, 2000; Yang and Shi, 2003; Zheng et al, 2011）。青藏高原40ka—30ka BP期间湖泊沉积广泛发育，可能与中低纬度日照季节性增加导致高原冰川消融加剧有关（Jiang et al, 2011）。然而，有研究发现，在中国西部黄土高原兰州地区的几个古黄土、沙丘堆积发生在35ka—25kaBP之间，这意味着沙丘形成过程中干旱期增加（Long et al, 2011）。先前认为的MIS3a暖湿气候，在整个中国西北地区不一定是通用的。本文研究表明，水洞沟古湖的发育与MIS3a的湿润气候有关。

童国邦和范淑贤对银川盆地的孢粉分析表明，云杉和冷杉的含量在MIS2显著增加；这一结论是在相对寒冷和干燥的气候基础上得出的（Tong et al, 1995; Fan et al, 2002）。水洞沟古湖因为补水减少，萎缩干涸。因此，该地区河流湖泊的发育和晚更新世气候变化有重要联系。在末次盛冰期，许多区域都观察到了寒冷气候，例如印度洋北方的表层盐度发生了显著变化（Mahesh et al, 2011）。著名第四纪地质学家刘东生院士认为，古人类在此区域生活时，当时存在有物产丰富的湖泊（Ningxia Institute of Cultural Relics and Archaeology, 2003）。同时，刘东生认为该地区环境恶化是由于西伯利亚吹来寒冷干燥的季风。这种观点与本文的分析是一致的。

6. 结　论

SDG2剖面的地层、沉积构造、粒度和孢粉分析结果表明，水洞沟地区的沉积环境在72ka—18ka BP大致经历了4个阶段。第一阶段（72ka—41ka BP）形成河流相沉积。第二阶段（41ka—34ka BP），草本植物繁盛，反映出温暖湿润的草原环境，同时伴有沼泽分布。第三阶段（34ka—29ka BP）草本植物也较繁盛，反映出气候相对温暖湿润的草原环境。第四阶段（29ka—18ka BP）植被覆盖率低，气候转凉并变得总体干燥，属于一个温和的荒漠草原环境，总体上可归为退化的湖滨相沉积环境。

致谢：本文得到了国家自然科学基金（项目编号：40902013）和中国科学院战略性先导科技专项——"气候变化：碳收支及相关问题"（项目编号：XDA05130202）的资助。在2004—2007年遗址发掘期间，感谢王惠民、张晓凌、张乐、马晓玲等在野外调查和样品采集方面的帮助。

〔原载Liu D C, Gao X, Liu E F, Pei S W, Chen F Y, Zhang S Q. The Depositional Environment at Shuidonggou Locality 2 in Northwest China at ~72-18kaBP. Acta Geologica Sinica (English Edition), 2012, 86(6): 1539-1546〕

（周士航译，牛东伟校）

四

生物考古研究篇

欧亚大陆东部旧石器时代晚期的植物利用：来自中国西北水洞沟遗址的证据

关　莹[1]　Deborah M. Pearsall[2]　高　星[1]　陈福友[1]　裴树文[1]　周振宇[3]

（1. 中国科学院古脊椎动物与古人类研究所脊椎动物演化与人类起源重点实验室，中国北京，100044；
2. 密苏里大学哥伦比亚分校，美国哥伦比亚，65211；3. 中国社会科学院考古研究所，中国北京，100710）

摘要： 本项研究，通过试验手段，在水洞沟旧石器时代晚期遗址石器制品中发现了淀粉粒、植硅体和植物组织碎屑等，为MIS3阶段晚期中国西北地区的植物利用活动提供了直接证据。这些结果表明了采集行为在末次冰期的重要作用。所发现的植物种类还可以帮助我们了解人类植物开发的图景，扩充了我们对旧石器时代晚期古人类经济形式的认知。这项研究还揭示了旧石器时代晚期东亚寒冷干燥高地地区古代居民的生存和适应模式。

关键词： 野生植物；旧石器时代；残留物分析；淀粉粒；中国西北

1. 简　　介

自数百万年前人类诞生之日起，对植物资源的开发和利用就已经开始了（Dominguez-Rodrigo et al, 2001; Lee-Thorp, 2002）。从南方古猿简单地收集植物的可食用部分（Puech and Albertini, 1984; Ryan and Johanson, 1989; Ungar, 2004; Grine et al, 2006; Scott et al, 2006; Ungar et al, 2006）到旧石器时代晚期有意识和密集的植物加工（Bar-Yosef, 2002, 2007; Odell, 2004），植物利用活动在农业出现之前的人类进化过程中发生了质的变化。在本文中，我们通过对中国西北旧石器时代晚期水洞沟遗址（SDG）的石器残留分析，对上述这些问题进行了讨论。淀粉粒证据表明，在MIS3晚期（深海氧同位素3阶段，60ka—20ka BP），对于狩猎采集人群而言，可食用植物的采集发挥了重要作用。与此同时，人们开始有意地开发某些目标植物，这表明了该阶段古人类对环境变化和人口增长的反映。

2. 水洞沟遗址背景

　　水洞沟遗址（SDG）群位于中国西北部宁夏回族自治区首府银川市东部（图1）。遗址出土了数万件标本，包括石器、动物骨骼、鸵鸟蛋壳饰品和其他材料。水洞沟遗址第2地点（简称SDG2）的部分石制品被用于本研究，进行了残留分析。

　　由于标本数量巨大，如何选取采样标本非常重要，第一文化层（CL1）和第二文化层（CL2）的开挖面积比较大，测年结果较为丰富，且泥沙沉积受河流作用的影响最小，因此，我们选取了这两个文化层的标本作为残留物分析对象。

　　遗址大多数石制品是由石英砂岩、劣质燧石和硅化白云石制成的。遗址内空间分析表明，SDG2作为大本营，是人类活动的中心，古人类在此进行包括石制品制作、骨工具制造、饰品制作、服装或其他物品的生产（以出土的骨针为基础）等行为（Guan et al, 2012）。

　　CL1光释光年代约20300a BP。Madsen等人（2001）发表了8个来自CL2的未校准AMS¹⁴C年代，大约聚集在26000a BP左右，校正后大约31000a cal BP（Pei et al, 2012）。最近两个未发表的放射性碳素定年结果彼此一致，表明CL2的年龄为33000—32000a cal BP。这些结果表明，CL1和CL2是在MIS3后期沉积的。在MIS3期，由于降水较MIS4期增加，沿河道不同部位形成了一些盆地，导致SDG2沉积物中形成灰绿色土。由于稳定的构造运动，形成了较厚的河流沉积物，形成了小型的冲积洪积平原。SDG2中的一些人为层与这些灰绿色土相关，这意味着人类生活在河岸环境中（Liu, 2008; Liu et al, 2009）。

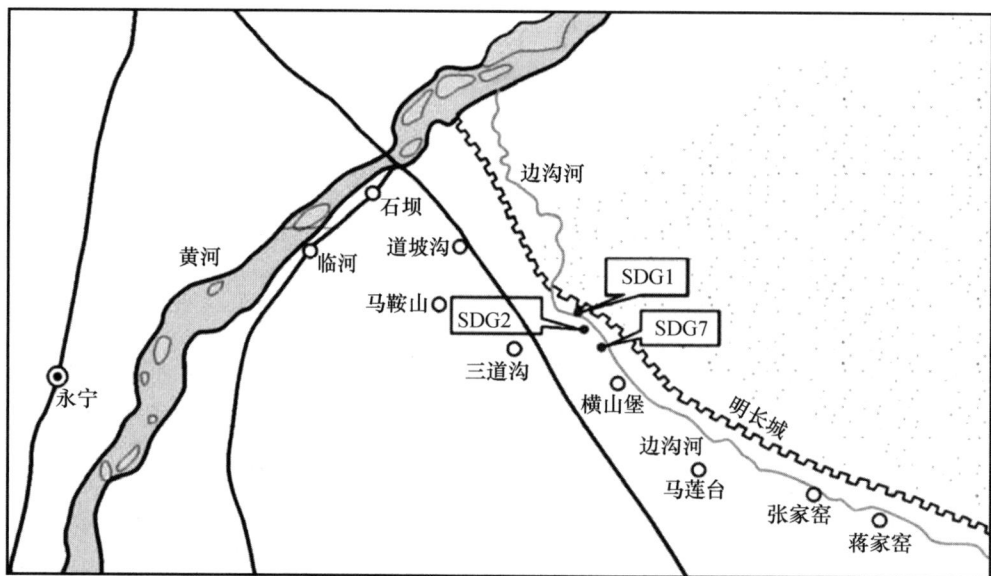

图1　水洞沟遗址地理位置图（依Liu et al, 2009修改）

3. 研究方法：残留物分析

3.1 采　样

SDG2地点的1号发掘区于2007年夏季进行了正式考古发掘。所有使用的挖掘工具都是金属或塑料制成，以防止有机材料的污染。工作区域严格禁止食物和饮料出现。出土物被放置在单独的塑封袋中，没有经过任何清洗或清洁。本研究在采样过程中应用了五个标准（表1）。部分样本是通过一定的功能线索选择的，如使用磨损或修饰的疤痕。但为防止主观性，部分标本是随机选取的，可用于横向比较。

根据这些标准，我们选择了103件石制品，包括石器、石片和断块（图2）。这些文物在密苏里大学哥伦比亚分校（UM）的古人类植物学实验室进行了处理。

表1　采样标准

1. 石制品形态。工具（刮削器、端刮器、尖状器、砍砸器等）和有锐利边缘的石片是最有可能被使用过的标本，因此这类石制品率先被挑选出来
2. 肉眼可见微痕。有些石制品存在着明显的肉眼可见使用痕迹，这些标本很可能被用于加工植物材料，因此也被选择为检测对象
3. 部分圆钝石制品有可能具有研磨植物的功能，也被选择为检测对象
4. 随机选择。选择此类标本的目的是对比和参照
5. 从1至3文化层均选择了一定数量的标本，以进行文化层之间的纵向比较

3.2　实验室方法

我们遵循了Perry（2001）、Chandler-Ezell和Pearsall（2003）、Pearsall等人（2004）的实验室方案（图3）。所有样品的提取物都被制作成显微镜载玻片，在光学显微镜下进行扫描。我们使用加拿大香脂作为植硅体取物的安装介质，淀粉提取物使用100%甘油作为介质，并使用蔡司光学显微镜扫描和捕获数字图像。植硅体和淀粉样品载玻片均在312倍放大倍率下扫描，在400倍放大倍率下拍照。快速扫描表用于记录所有发现的内容，包括载玻片编号、石制品编号和类型、残留类型和计数、残留描述等。

4. 实 验 结 果

在用于对照的环境样品中，发现7份（6.80%）含有植物纤维，3份（2.91%）含有淀粉颗粒。环境样品中没有植硅体发现。在Sed2和Sed3的组合样品中，41件石制品（39.81%）有残

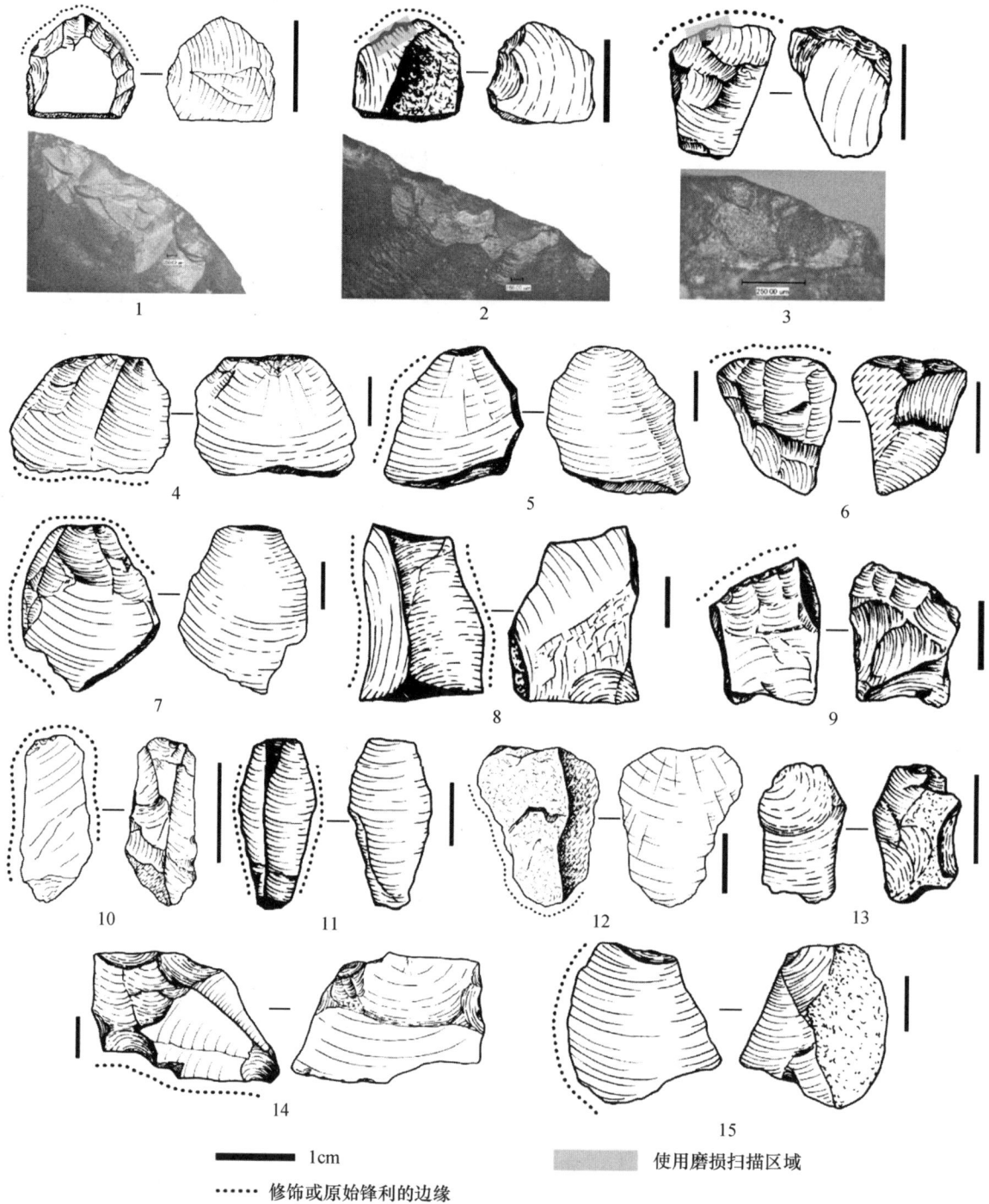

图2　部分被采样石制品

1. SDG2T1-5446以及边缘微痕　2. SDG2T1-6089以及边缘微痕　3. SDG2T1-6047以及边缘微痕　4. SDG2T1-6185
5. SDG2T1-6701　6. SDG2T1-6352　7. SDG2T1-6482　8. SDG2T1-6706　9. SDG2T1-6248　10. SDG2T1-6153
11. SDG2T1-6186　12. SDG2T1-6124　13. SDG2T1- 6209　14. SDG2T1-6549　15. SDG2T1-6331

表2　石制品表面发现不同残留物数量

石制品分类	CL1石制品数量及百分比				CL2石制品数量及百分比				CL3石制品数量及百分比				总石制品数量及百分比			
	被检测	淀粉粒	植硅体	器官碎屑	被检测	淀粉粒	植硅体	器官碎屑	被检测	淀粉粒	植硅体	器官碎屑	被检测	淀粉粒	植硅体	器官碎屑
石器	19	9（47.37%）	2（10.53%）	10（52.63%）	2	1（50%）	0（0）	2（100%）	3	0（0）	0（0）	1（33.33）	24	10（41.67%）	2（8.33%）	13（54.17%）
石片	54	8（14.81%）	2（3.70%）	17（31.48）	12	1（8.33%）	0（0）	1（8.33%）	11	3（27.27%）	0（0）	4（36.36）	77	12（15.58%）	2（2.60%）	22（28.57%）
断块与砾石	0	0（0）	0（0）	0（0）	0	0（0）	0（0）	0（0）	2	0（0）	0（0）	0（0）	2	0（0）	0（0）	0（0）
总计	73	17（23.29）	4（5.48%）	27（36.99）	14	2（14.29%）	0（0）	3（21.43%）	16	3（18.75%）	0（0）	5（31.25%）	103	22（21.36%）	4（3.88%）	35（33.98%）

留物，其中22件（21.36%）有淀粉粒，4件（3.88%）有植硅体，35件（33.98%）有组织碎屑（表2）。3件有发现植硅石的人工制品也有淀粉颗粒，16件带有组织碎片的植硅体也发现有淀粉颗粒（表3，表4）。

表3　湿洗及超声波样品中残留物种类及数量

标本编号	文化层	石制品类型	残留物类型		
			淀粉粒颗粒数	植硅体存在情况	组织碎屑存在情况
SDG2T1-5446	第1层	端刮器	1		
SDG2T1-6006	第1层	石片			√
SDG2T1-6019	第1层	石片			√
SDG2T1-6026	第1层	石片			√
SDG2T1-6029	第1层	石片	3		√
SDG2T1-6031	第1层	石片			√
SDG2T1-6047	第1层	刮削器	2		√
SDG2T1-6089	第1层	端刮器	1		√
SDG2T1-6092	第1层	石片	2	√	√
SDG2T1-6101	第1层	刮削器	1		√
SDG2T1-6112	第1层	石片			√
SDG2T1-6124	第1层	石片	1		
SDG2T1-6153	第1层	两极石片			√
SDG2T1-6174	第1层	石片	1	√	
SDG2T1-6175	第1层	石片	＞50		√
SDG2T1-6180	第1层	尖状器	＞15	√	√
SDG2T1-6181	第1层	尖状器		√	√
SDG2T1-6185	第1层	石片			√
SDG2T1-6186	第1层	石片			√
SDG2T1-6197	第1层	端刮器			√
SDG2T1-6200	第1层	两极石片			√
SDG2T1-6209	第1层	两极石片	2		√
SDG2T1-6213	第1层	刮削器	1		
SDG2T1-6242	第1层	石片	2		√
SDG2T1-6248	第1层	刮削器			√
SDG2T1-6258	第1层	尖状器	1		
SDG2T1-6288	第1层	刮削器			√
SDG2T1-6295	第1层	尖状器	2		√
SDG2T1-6310	第1层	刮削器	1		√
SDG2T1-6325	第1层	尖状器			√
SDG2T1-6331	第1层	石片	1		√
SDG2T1-6352	第1层	石片			√

标本编号	文化层	石制品类型	残留物类型		
			淀粉粒颗粒数	植硅体存在情况	组织碎屑存在情况
SDG2T1-6412	第2层	砍砸器			√
SDG2T1-6482	第2层	石片			√
SDG2T1-6549	第2层	石片	1		
SDG2T1-6579	第2层	尖状器	1		√
SDG2T1-6593	第3层	石片			√
SDG2T1-6663	第3层	端刮器			√
SDG2T1-6691	第3层	石片	1		√
SDG2T1-6701	第3层	石片	1		√
SDG2T1-6706	第3层	石片	>40		√

表4　不同类型淀粉粒在石制品标本上的分布

石制品编号	淀粉粒类型→ 石制品类型↓	1	2	3	4	5	6	7	8	9	10
SDG2T1-5446	端刮器							1			
SDG2T1-6029	石片			3							
SDG2T1-6047	刮削器	1	1								
SDG2T1-6089	端刮器		1								
SDG2T1-6092	石片				1						1
SDG2T1-6101	刮削器										1
SDG2T1-6124	石片					1					
SDG2T1-6174	石片	1									
SDG2T1-6175	石片	25								>25	
SDG2T1-6180	尖状器	2								>15	
SDG2T1-6209	石片	2									
SDG2T1-6213	刮削器		1								
SDG2T1-6242	石片	1			1						
SDG2T1-6258	尖状器	1									
SDG2T1-6295	尖状器						2				
SDG2T1-6310	刮削器			1							
SDG2T1-6331	石片			1							
SDG2T1-6549	石片	1									
SDG2T1-6579	尖状器									10	
SDG2T1-6691	石片								1		
SDG2T1-6701	石片	1									
SDG2T1-6706	石片						>40				

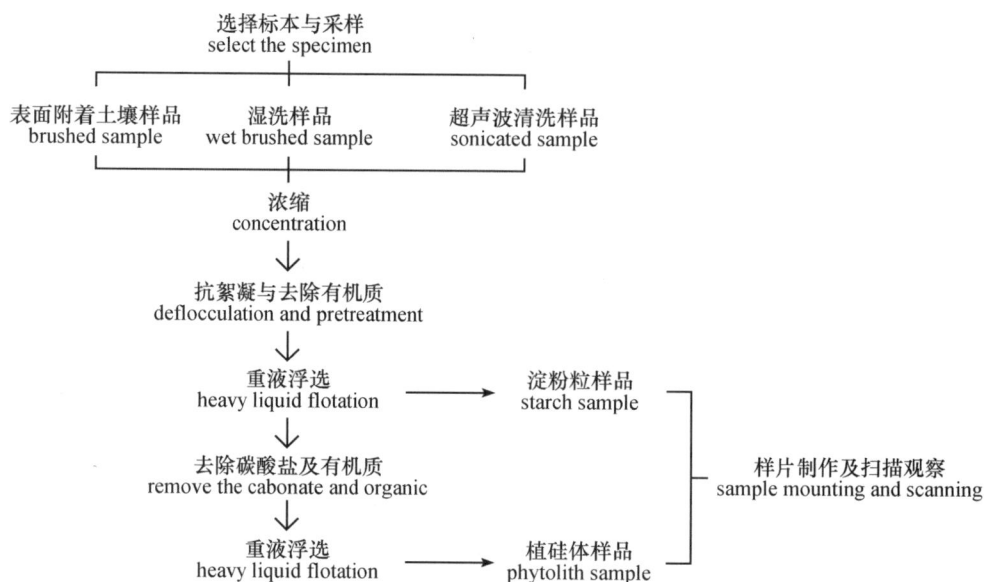

图3　残留物分析实验室流程

4.1　残留的描述

淀粉粒根据形态特征可分为10种形态类型。这些术语来自Torrence（2006）和Reichert（1913）的表述（图4）。

1型：圆形透镜状，直径8—38μm；可见消光十字，两臂直窄，成直角；脐点关闭；无裂缝；层纹可见但模糊（图4a）。

2型：卵形，直径44—56μm；可见消光十字，两臂弯窄，呈直角；脐点偏心且开放；无裂缝；层纹清晰可见（图4b）。

3型：多面球体，长直径18—22μm，短直径15—18μm；可见消光十字，两臂直窄，成直角；脐点居中，部分开放，有y形裂隙；层纹不可见（图4c）。

4型：多边形，直径13—21μm；可见消光十字，两臂直窄，成直角；脐点居中且开放；线形裂隙；层纹不可见（图4d）。

5型：对称多边形晶粒，直径15—18μm；可见消光十字，臂弯窄；脐点居中且开放；无裂缝，层纹不可见（图4e）。

6型：椭圆形，长直径20—28μm，短直径8—13μm；消光交叉存在，臂弯窄；脐点闭合；部分带有裂隙；层纹不可见（图4f）。

7型：不对称肾形，直径10—15μm；可见消光十字，臂弯而窄；脐点居中，部分开放，有y形裂隙，有时无裂隙；层纹不可见（图4g）。

8型：圆锥形，长直径25μm，短直径8μm；可见消光十字，臂直而窄；脐点闭合；裂隙可见；层纹可见但模糊（图4h）。

9型：不规则形，结构不完全发育或不可识别；单颗直径<5μm；10个以上颗粒呈簇状；

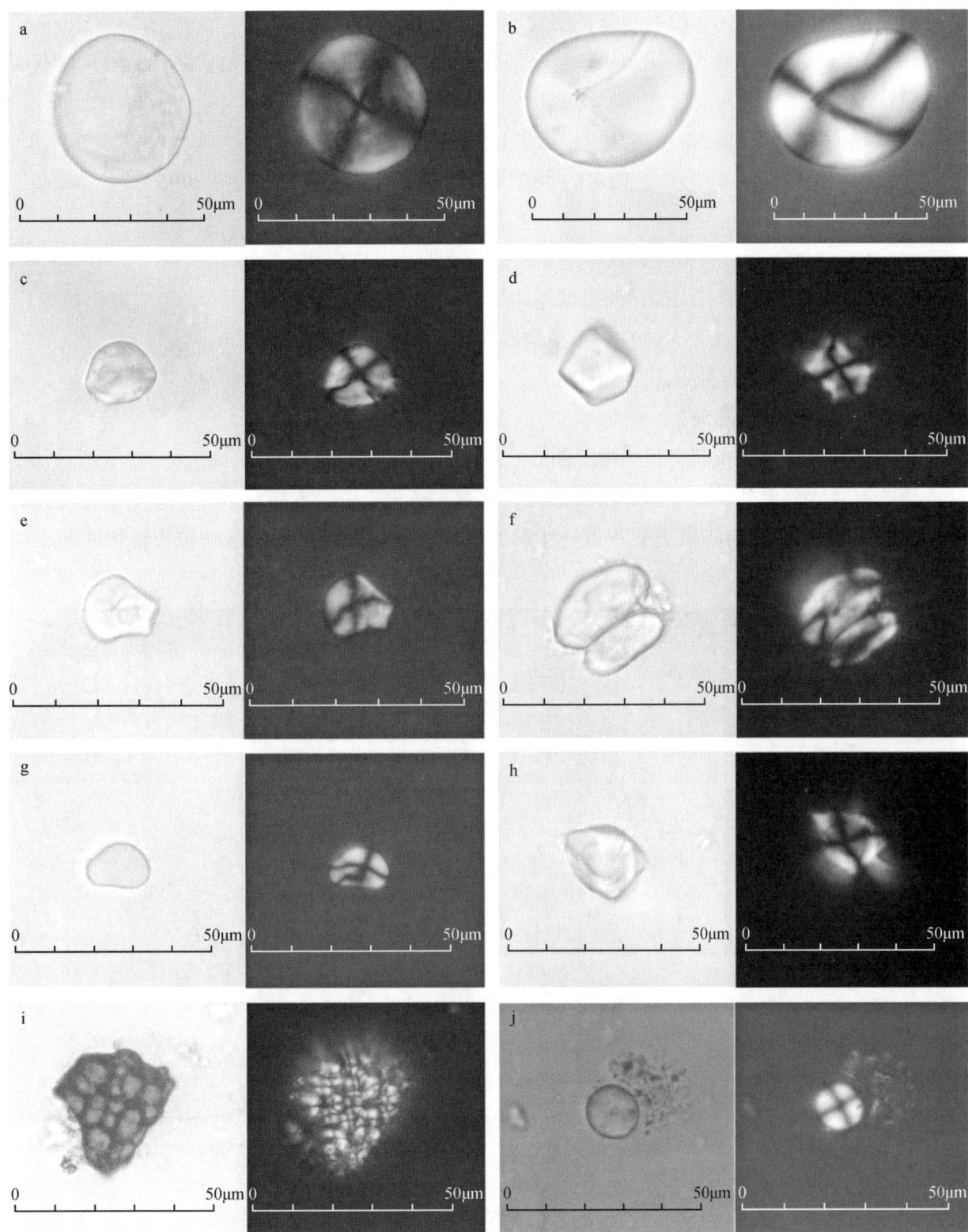

图4　部分淀粉粒残留物

a. 来自SDG2T1-6174　b. 来自 SDG2T1-6213　c. 来自 SDG2T1-6029　d. 来自 SDG2T1-6092　e. 来自 SDG2T1-6124

f. 来自SDG2T1-6299　g. 来自 SDG2T1-5446　h. 来自 SDG2T1-6691　i. 来自 SDG2T1-6579　j. 来自 SDG2T1-6092

可见消光十字；脐点关闭；没有裂缝；层纹不可见（图4i）。

　　10型：球状颗粒，直径8—12μm；可见消光十字，两臂直窄，成直角；脐点关闭；没有裂缝；层纹不可见（图4j）。

　　表4展示了不同类型淀粉粒在石制品标本上的分布情况。

　　发现了三类植硅体（图5）。使用的术语来自ICPN工作组等人的描述（2005）。

　　1.长形表皮细胞

　　a.四面棒状体，两个边带有刺状突起，一面带有凹陷（图5b）。

　　b.刺棒状体。部分带有尖端，此类型通体带有突起（图5a）。

　　c.表面形态不清晰，6个个体在一个植物器官碎屑中出现（图5c）。

　　d.有槽圆柱状体，直径不固定（图5d）。

　　2.哑铃型短细胞（图5e）。

　　3.圆球状体，通体布满突起状物（图5f），解剖部位不明确。

　　植物器官碎屑包括表皮细胞、毛发细胞、管胞、微管组织、木质纤维和一些不可鉴定碎屑（图5g—l）。这些碎屑物质不具备进一步的鉴定特征，但是可以说明这些植物性物质与石制品之间的关系。

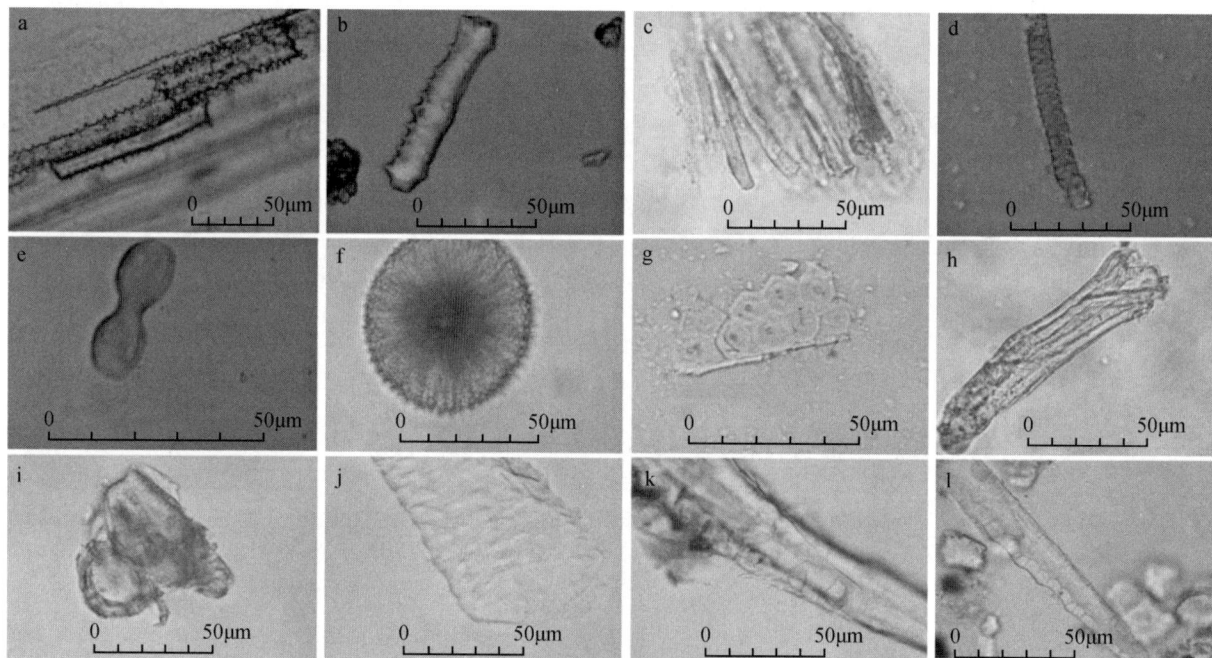

图5　植硅体及其他植物组织碎屑

4.2　残留物识别

　　淀粉粒的鉴定基于以下标准：①密苏里大学古人类植物学实验室现生标本数据库；②中国科学院古脊椎动物与古人类研究所现生标本数据库；③目前已发表的文献。由于用以制备对比数据库的小麦族植物均为现代栽培种，其淀粉颗粒的尺寸与野生种存在着差别。另外，植物的生长时间、营养状态等也会影响淀粉粒的尺寸（Oliveira et al, 1994; Gott et al, 2006）。残留物由于在地下埋藏时间长，并经过了实验室处理的一系列过程，这些因素也可能会改变淀粉粒的尺寸。因此，我们并没有引用尺寸变异这个参数，而只参考颗粒的形态特征。

类型1：圆形透镜状颗粒。此种形态的淀粉粒呈现了小麦族（*Triticeae*）植物的种子淀粉粒的特征（Reichert, 1913; Piperno et al, 2004; Li et al, 2010）。根据现生植物淀粉对比数据库，大麦（*Hordeum*）、小麦（*Triticum*）和黑麦（*Secale*）种子均产生这种透镜状、带有窄直的消光十字和层纹的淀粉粒（图6）。以外，根据已发表文献，小麦族中的山羊草属（*Aegilops*）和冰草属（*Agropyron*）也会产生相似形态的淀粉粒。这些植物的野生种属在目前中国西北地区都有着广泛的分布（Dong and Zheng, 2006; Ma et al, 2007; Li et al, 2009）。由此判断，类型1淀粉粒应该来自于小麦族中某个野生种类的种子。

类型2：卵形颗粒。此类型呈现了薯蓣属（*Dioscorea*）、竹芋属（*Maranta*）、百合属（*Lilium*）和贝母属（*Fritillaria*）植物的地下储藏器官所产生的淀粉粒的形态特征（Reichert, 1913; Emiola and Delarossa, 1981; Erdman, 1986; Moorthy, 1994; Gebre-Mariam and Schmidt, 1998;

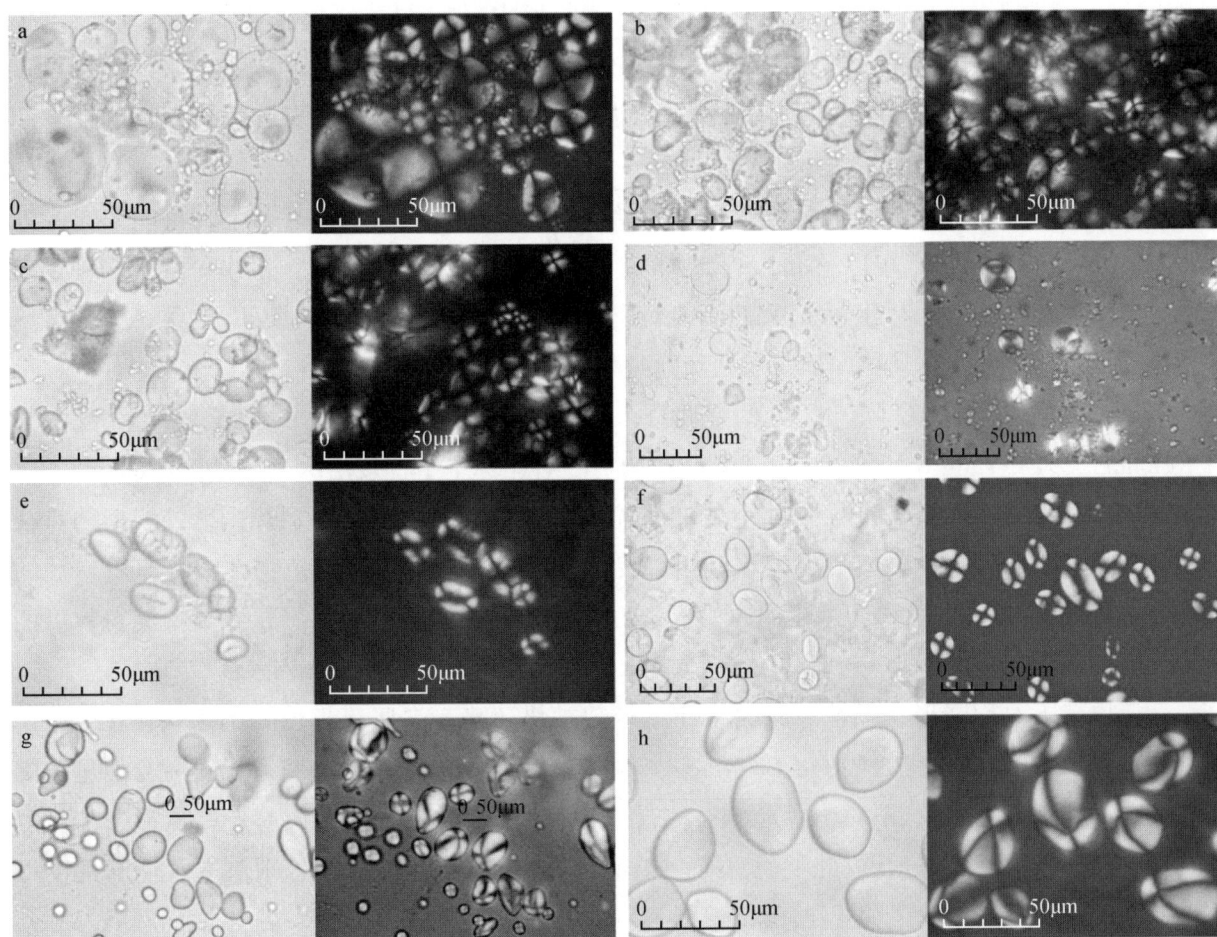

图6 现生对比淀粉样品

a. 驯化黑麦（黑麦） b. 驯化六行大麦（*Hordeum*） c. 驯化二行大麦（*Hordeum*） d. 驯化小麦（*triticum aestivum*）

e. 驯化绿豆（*Vigna radiata*） f. 驯化菜豆（*Phaseolus*） g. 百合鳞茎（*lilium* sp.） h. 驯化山药（*Dioscorea opposita* Thunb.）

Hoover, 2001; Pérez and Lares, 2005; Chandler-Ezell, et al, 2006 Fullagar et al, 2006; Yang and Jiang, 2010）。根据对比数据库，薯蓣属、百合属和贝母属植物的地下储藏器官产生的淀粉粒与类型2最为相似，均体现为形体较大（直径44—56μm）、颗粒呈不对称椭圆形、消光十字臂弯曲、脐点不居中且多居于半径较大的一端、脐点且开放、层纹可见（图6g、h）。薯蓣属在我国约产80种，多分布于温带及亚热带，在宁夏只存在一个种（穿龙薯蓣，*Dioscorea nipponica*）；竹芋属在宁夏目前没有野生种分布；百合属和贝母属在宁夏分别有一个野生种。这些植物的地下储藏器官均可以食用（Ma et al, 2007），并且至今还被当地居民采集。由于MIS3阶段的暖湿气候条件，西北地区可能存在相同或更多种的此类植物，因此，水洞沟居民有可能采集其产生的地下根茎，加入食谱范围之中。由此判断，类型2淀粉粒应来自某些可食用的地下储藏器官，以薯蓣科、百合科和贝母科的可能性最大。

类型3：圆形多面体颗粒。此类型的淀粉粒属于半聚合型，体现为颗粒体上分布着小的平面，这是多个颗粒紧贴在一起挤压发育所造成。根据目前发表的文献（Reichert, 1913; Aranguren et al, 2007; Revedin et al, 2010），香蒲属长（*Typha*）植物的根状茎会产生这种半聚合型的带有个数不定的小平面、个体呈圆或椭圆形、脐点呈Y形开放或闭合的淀粉粒，与类型3的淀粉粒非常相似。而香蒲属植物在中国北方分布非常广泛，尤其是水洞沟地区，因此其可食用的根状茎可能被原始人类采集利用。由此推测，类型3淀粉粒可能来自香蒲属植物的地下淀粉质根状茎。

类型4：六面体颗粒。此类淀粉粒表面的线状裂隙及窄直的十字臂指示了其可能来自禾本科植物的种子（Reichert, 1913; Yang et al, 2005; Ge et al, 2010b）。但是，禾本科内植物种类繁多，产生的淀粉粒形态变异巨大，我们不能对类型4淀粉粒做更细级别的鉴定。

类型5：扇形多面体颗粒。目前未见与此类相似的植物淀粉粒。

类型6：长椭圆状颗粒。此类型呈现了豆科（*Fabaceae*）植物的种子的淀粉粒特征（Reichert, 1913; Yang et al, 2009; Li et al, 2010）。对比标本中，栽培绿豆（*Vigna radiata*）、栽培菜豆（*Phaseolus vulgaris*）等产生的淀粉粒均呈现长椭圆形态、十字臂交叉处线形的特征（图6）。野生豆科中的许多种类也具有相似特征的淀粉粒。野生豆科植物在宁夏有着广泛的分布（Ma, 2007），这也成为潜在的原始人类可利用食物资源。由此推测，此类型淀粉粒可能来自于野生豆科植物的种子。

类型7：不对称肾形状颗粒。此类型淀粉粒曾被描述为来自坚果类植物的果实（Reichert, 1913; Yang et al, 2009），如栗子（*Castanea*）和橡子（*Quercus*）。这些坚果果实淀粉粒呈现的形态包括圆形、椭圆形、不对称肾形、对称肾形，有的个体存在Y形开放脐点，从形态上可以与禾本科植物淀粉粒区分开。此类型只有一颗带有Y型开放脐点的个体，限制了我们对此类型的判断，因此目前不能对此类型给出结论。

类型8：圆锥状颗粒。目前未见与此类相似的植物淀粉粒。

类型9：不可分类颗粒。目前未见与此类相似的植物淀粉粒。

类型10：圆球状颗粒。此类型淀粉曾被描述为来自禾本科，尤其是小麦族植物的种子，但通常属于未发育成熟的个体（Reichert, 1913; Piperno et al, 2004; Li et al, 2010）。我们不能对其进行更细致的鉴定。

植硅体及器官碎屑的鉴定。根据外部形态，植硅体类型1和类型2来自禾本科植物（Mulholland and George Rapp, 1992; Pearsall, 2000），但是目前不能对其进行更细致的鉴定；目前未见与类型3相似的植硅体类型。植物器官碎屑均失去鉴定特征。

5. 讨论与结论

刘德成（2008）对SDG2土壤样品中提取的植硅体进行了分析，发现从文化层中采集的土壤样品中植硅体很少，类型也与我们在残留样品中发现的不同，这表明人工制品残留物并非来源于周围的土壤。此外，土壤样品中淀粉粒含量仅为2.91%，而残留物中的淀粉粒含量为21.36%。因此，我们认为淀粉残留物较大可能性来源于石制品本身的使用过程，代表了与植物加工有关的活动。这里只讨论超声样品产生的残留物，作为古人类活动的指示物。

根据鉴定结果，所采样石制品均与植物加工活动有关。野生草籽、地下贮藏器官和野生豆类都是潜在的人类生存的一部分，提供必要的营养蛋白、纤维和碳水化合物。在末次冰期后期，世界上许多地方的人类饮食发生了巨大的变化。以前没有被大量开发的野生动植物食物变得重要起来，有时甚至成为当地饮食的主要部分（Edwards and O'Connell, 1995）。这种现象以广谱革命的形式出现（Flannery, 1973）。MIS3包括30个持续500至2000年的气候阶段，其特征是冷暖期之间的快速波动（d'Errico and Sánchez Goñi, 2003）。随着时间的推移，这种波动肯定会改变生态条件，并可能影响食物供应，从而影响人类的适应。我们认为这样的情景可以描述中国西北地区的特征。

SDG2的残留物分析表明了中国北方植物利用活动的古老性，至少可追溯到MIS3阶段。旧石器时代晚期是欧亚大陆东部早期现代人行为和适应策略发展的关键时期。在欧亚大陆西部和北美的旧石器时代晚期研究中，对旧石器时代石器工具表面的淀粉粒、植硅体和植物组织碎屑的分析一直是常规操作（例如Piperno et al, 2004; Revedin et al, 2010），但最近才在中国发展起来（例如Yang et al, 2009a, 2009b; Liu et al, 2011, 2013）。本项研究显示了植物残留物分析在亚洲东北部的潜力。

致谢：如果没有以下人的帮助，本研究很难辅助刊印，作者向如下个人表示诚挚的感谢：Neil Duncan博士、Abigail Middleton女士、Christine Hudson博士、Robert Walker博士、李锋博士、仪明洁博士和叶剑飞先生。另外，我们感谢沈辰教授、赵志军研究员、杨晓燕研究员、刘莉教授、Gary W. Crawford教授、张晓凌研究员和Judith Field教授对残留分析和与民族植物学话题的积极讨论。感谢美国学术学会理事会/亨利·卢斯基金会东亚和东南亚考古及早期历史战略研究项目的资助。

［原载Guan Y, Pearsall D M, Gao X, Chen F Y, Pei S W, Zhou Z Y. Plant Use Activities During the Upper Paleolithic in East Eurasia: Evidence from the Shuidonggou Site, Northwest China. Quaternary International, 2014, 347: 74-83］

（关莹译）

更新世中国古人类对食肉动物的利用：
水洞沟第7地点的个案研究

张双权[1, 2, 3]　张　乐[1, 2]　裴树文[1, 2]　高　星[1, 2, 3]

（1.中国科学院古脊椎动物与古人类研究所脊椎动物演化与人类起源重点实验室，北京，100044；

2.中国科学院生物演化与环境卓越创新中心，北京，100044；3.中国科学院大学，北京，100049）

摘要：更新世考古遗址中人类与动物的互动关系一直是古人类学研究的主要课题之一。然而，相对于有蹄类动物而言，我们对这一时段古人类开发利用食肉类动物资源的考古学证据却所知甚少。本文主要基于宁夏水洞沟第7地点出土动物遗存的埋藏学分析结果，初步揭示了更新世阶段中国狩猎采集人群与食肉类动物之间互动关系的一个研究案例。研究表明，古人类极有可能在这一遗址屠宰了一些食肉动物并且烤食了它们的营养物质；而另一种可能性则是，水洞沟古人类开发利用的主要是这些食肉类动物的皮毛而非其营养成分。无论是上述那一种情况，水洞沟第7地点的这一发现都显示了中国晚更新世人群适应于西北地区相对边缘环境的新的生存策略。

关键词：水洞沟第7地点（SDG7）；旧石器时代晚期；切割痕；烧骨；埋藏学；中国西北地区

目前，学者们对旧石器时代古人类生计模式的探讨更多依赖于考古遗址出土的动物骨骼（Stiner, 1993）；传统上，他们的关注点主要集中于较大型的有蹄类动物，如马、牛、野猪、鹿和牛等（Klein, 1978; Bunn, 1981; Bunn et al, 1986; Steele, 2002; Fernandez and Legendre, 2003; Faith, 2008; Voormolen, 2008; Zhang et al, 2012; Wang et al, 2016; Li et al, 2017; Hoffecker et al, 2018; Qu et al, 2018; Sahnouni et al, 2018），关于古人类生存方式的诸多推论也大都来源于此（Charles, 1997; Gifford-Gonzalez, 2018）。这一现象的产生可能主要是因为考古遗址出土的动物骨骼往往以体型较大的哺乳动物为主。然而，动物体型的大小及出现频率并不一定与它们在史前社会中的重要程度有着直接的对应关系（Stiner, 1993; Overton, 2016）：考古遗址中的小型动物遗骸已被证明在揭示古人类社会的一些要素方面发挥了重要作用，如人口规模、迁居模式、社会组织形态和居址利用强度等（Stiner, 1993, 2001; Stiner et al, 1999, 2000; Munro, 2004, 2009; Blasco and Fernández Peris, 2012; Cochard et al, 2012; Gabucio et al, 2014）。

与此观点相呼应，目前古人类学界已经出现了一种新的趋势，即侧重于分析小型动物特别是食肉动物的骨骼遗存（尽管它们在旧石器时代遗址中往往相对更为稀少）。例如，动物考古学证据表明早在MIS7阶段尼安德特人就杀死了一些食肉动物，如狼和狐狸，此类事件背后的主要动力可能是人类对其皮毛的需求（Patou-Mathis, 1997）。欧洲考古遗址中越来越多的利用食肉动物证据的发现也被认为是古人类扩大食谱范畴的标志（Charles, 1997; Gabucio et al, 2014）。此外，在地中海盆地更新世末期的记录中也存在类似动物开发模式的证据（Yeshurun et al, 2009; Ripoll et al, 2010）。

在中国旧石器时代（尤其是晚期）的地层中也经常发现食肉动物的遗骸，见诸裴文中（1940）、张镇洪等（1985）、董为等（2010）、曲彤丽等（2018）、张双权等（2019a）的研究和报道。然而，与世界其他地区相比，在中国史前人类与此类动物的互动关系方面至今仍未有学者进行系统研究。这一明显缺环对于我们探索旧石器时代狩猎采集者生存与适应行为的努力造成了很大障碍。

最近，在水洞沟遗址群的野外调查与发掘中，学者们发现了一系列重要的考古遗址（Pei et al, 2012; Gao et al, 2013; Li et al, 2015）。其中，水洞沟第7地点（以下简称SDG7）因其较好地保存了某些带有人工痕迹的食肉动物遗骸而备受我们关注。本文首先尝试重建SDG7动物骨骼的埋藏学过程，进而揭示古人类开发利用这些食肉动物的方式、目的及其学术意义。

1. 材料与方法

1.1　水洞沟第7地点

SDG7是中国西北地区旧石器时代晚期初始阶段的一个关键性遗址（Pei et al, 2014; Niu et al, 2016），位于宁夏回族自治区（38°17′51.4″N，106°30′20.7″E），大约在黄河以东10千米处，海拔1205米。SDG7埋藏在黄河支流边沟河左岸的二级阶地中，2002年被发现，2003年至2005年经历三次发掘，揭露面积为25平方米。

SDG7堆积可划分为11个自然层；其中，考古遗存仅发现于底部的4个层位（第7—10层），总厚度为3.5米（图1）（关于地层和地质的详细描述，请参考Pei et al, 2014）。对文化层堆积的发掘采取从上至下逐水平层（厚度为5—10厘米）进行揭露的方法，收集并记录原地出土的每件标本，并绘制三维坐标图；出土沉积物用网眼直径为4毫米的筛网干筛，以保证小型遗物的筛选。总计出土9901件石制品，此外还有两件利用鸵鸟蛋壳制作的串珠以及大量动物骨骼（Pei et al, 2014）。石器技术分析表明，SDG7以石片工具为主，其中一些石制品具备类似勒瓦娄哇技术的要素（Pei et al, 2014; Niu et al, 2016）。最新的OSL测年结果显

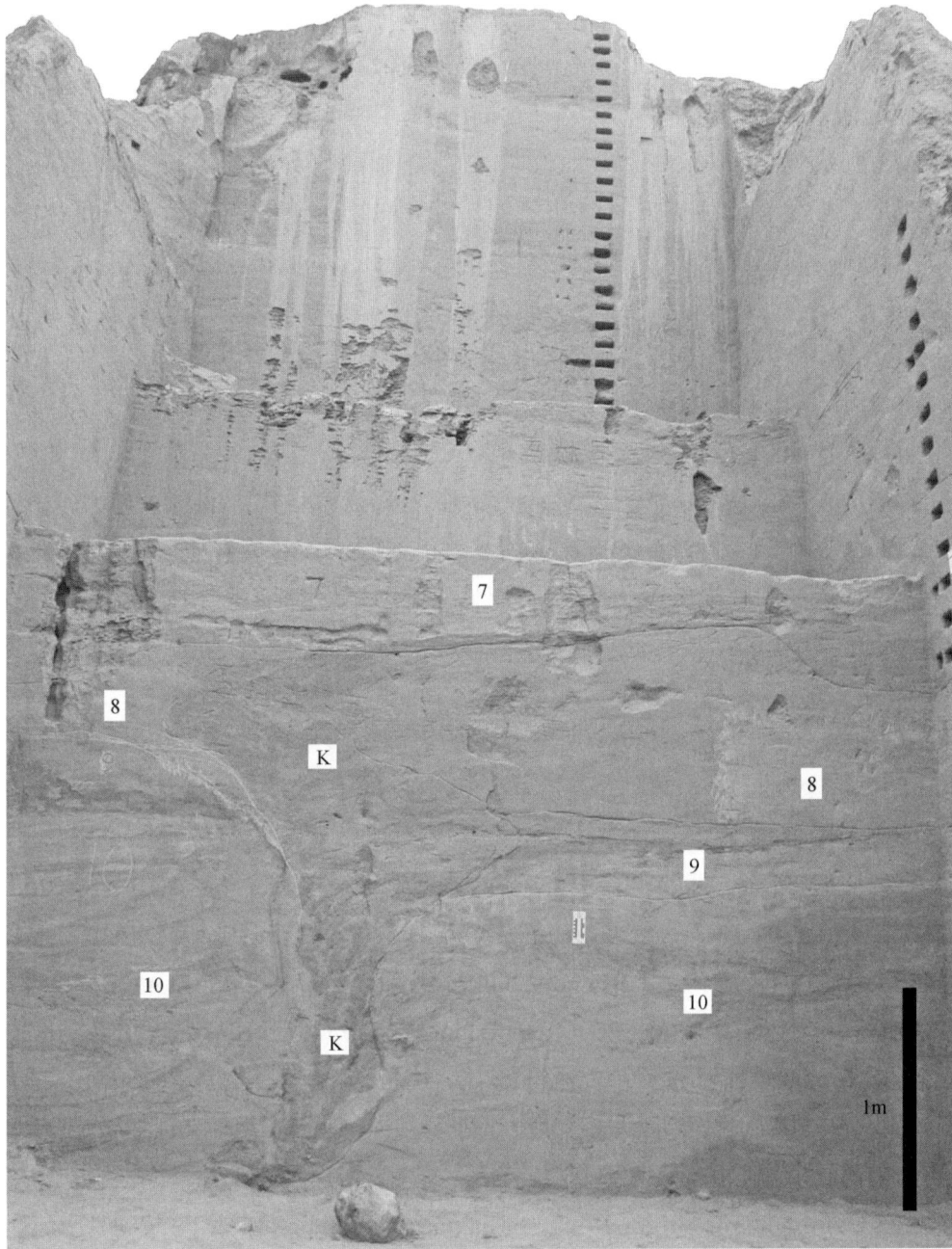

图1　SDG7地层图

示，SDG7文化层年代在（30±3）ka—（23±2）ka BP之间（Pei et al, 2014; Niu et al, 2016）。SDG7位于半干旱和干旱生态系统的过渡地带，对研究史前人类在中国边缘环境中的适应性具有特殊意义。

1.2　动物骨骼遗存

SDG7共出土一千多件动物骨骼（其中486件为编号标本，其余为筛出标本）；其中大部分为破碎骨骼，从形态上无法判别种属。初步研究显示，这些破碎骨骼所属种类包括蒙古野驴（*Equus hemionus*）、布氏羚羊（*Procapra przewalskii*）、水牛（*Bubalus* sp.）、野猫（*Felis chinensis*）、狐（*Vulpes vulgaris*）、犬科（Canidae）、披毛犀（*Coelodonta antiquitatis*）、野兔（*Lepus* sp.）、鼠兔（*Ochotonoides* sp.）和安氏鸵鸟蛋（*Struthio andersson*）（Zhang et al, 2014）。这里，我们将在以往工作的基础之上，对SDG7出土的骨骼遗存进行更详细的埋藏学与动物考古学分析；我们将重点关注遗址食肉动物骨骼组合的形成过程，以期了解史前人类与此类动物之间的互动关系。

1.3　研　究　方　法

本研究依据Binford（1978）的方法对SDG7动物骨骼进行量化（NISP，MNE）；按照Bunn（1982）、Villa和Mahieu（1991）的方法对管状骨的断裂模式与横截面周长类型进行分析，进而对动物群和遗址形成动因提供重要信息。此外，为了评估水流对动物群的改造程度，根据骨骼残存长度对SDG7出土的动物骨骼进行划分（分为＜1厘米、1—2厘米、2—3厘米、3—10厘米和＞10厘米5组）。

我们用10—20倍的放大镜对SDG7所有标本的表面进行全面观察（Blumenschine, 1995；Blumenschine et al, 1996）以确认是否存在各类改造痕迹（风化、沉积物磨蚀、生化腐蚀、切割痕迹、齿痕和敲砸痕迹等），并在Olympus SMZ 1500体视显微镜下进一步辨认。各类痕迹性质的确认主要依据多位学者明确定义与论证的典型特征（Behrensmeyer, 1978; Binford, 1981; Haynes, 1983; Shipman and Rose, 1983; Blumenschine and Selvaggio, 1988; Olsen and Shipman, 1988; Lyman, 1994; Fisher, 1995; Fernández-Jalvo and Andrews, 2003; Domínguez-Rodrigo and Barba, 2006; Njau and Blumenschine, 2006; Domínguez-Rodrigo and Barba, 2007; Bello and Soligo, 2008; Domínguez-Rodrigo et al, 2009; Fernández-Jalvo and Andrews, 2016; Domínguez-Rodrigo et al, 2017; Sahle et al, 2017）。我们从多个角度对骨表进行观察，以确保对细微改变的辨识。为了确定人类利用动物资源的顺序，我们对长骨表面赋存的切割痕迹按照动物骨骼类型和具体部位进行了量化（Domínguez-Rodrigo, 1997; Barba and Domínguez-Rodrigo, 2005）。需要强调的是，为了方便与考古学以及实证数据进行对比，这里我们仅对骨骼表面保存状况较好的标本记录了齿痕、敲击痕和切割痕等出现状况的信息。

考虑到高质量图形系统在切割痕迹识别方面的价值（Domínguez-Rodrigo et al, 2017; Pineda et al, 2019），我们利用北京元中锐科集成检测技术有限公司提供的Olympus OLS 5000激光共聚焦显微镜对一件食肉动物骨骼表面的切割痕迹进行了三维重建与测量。这一设备在物体表面形状与粗糙度的测量方面可以精确到亚微米级别，它在Z轴上的测量精度为1μm左右（0.15+L/100μm，其中L为测量长度）（Olympus, 2019）。考虑到切割痕迹的深度范围（Crezzini et al, 2014），使用该显微镜对骨表面线状痕迹进行三维重建并对其深度进行精确测量，结果是非常理想的。

烧骨是少数几个与人类行为密切相关的特征性遗物之一（Stiner, 1994）。对于SDG7的烧骨，我们按照Stiner等人（1995）制定的原则进行观察与量化，并与其他研究者的实验数据（Shipman et al, 1984; Buikstra and Swegle, 1989; Nicholson, 1993; Fernández-Jalvo and Andrews, 2016）进行对比。此外，我们还应用北京理化分析测试中心（BCPCA）的扫描电镜能谱仪（FEI SEM with EDS-Oxford Instruments Analytical-INCA）对样品进行测试以区分矿物沉积物造成的黑色骨骼与燃烧造成的黑色骨骼。

2. 结果与讨论

2.1　动物种属组成与古生态分析

与之前研究（Zhang et al, 2014）的样本不同，本次分析的材料还包括了从一个大号石膏包中清理出来的动物遗骸（2005年在野外完成了对出土物与堆积物的固定、包裹），并由此确定了一种此前未见的鹿科动物类别（Cervidae）。此次收集的SDG7骨骼共包括158件可鉴定到种属或骨骼部位的标本。其中，属于安氏鸵鸟蛋（*Struthio andersson*）的标本（29块碎片）仅为两枚蛋壳串珠与二十几件未见明显人工改造痕迹的蛋壳碎片；一件披毛犀（*Coelodonta antiquitatis*）掌骨应该是混入文化层的，可能来自一个更晚的层位。还有一件碎裂的双壳类动物标本，由于我们目前对这类动物的埋藏学特征并不了解，因此并未将其纳入本文研究范畴。除去上述三类动物遗存，本文观察分析标本数量为127件（图2）。

如表1所示，适合生存于开放环境的大中型动物类群（如蒙古野驴*Equus hemionus*、布氏羚羊*Procapra przewalskii*）在动物种属组成中相对占优势；而依赖水的类群（如水牛*Bubalus* sp.和

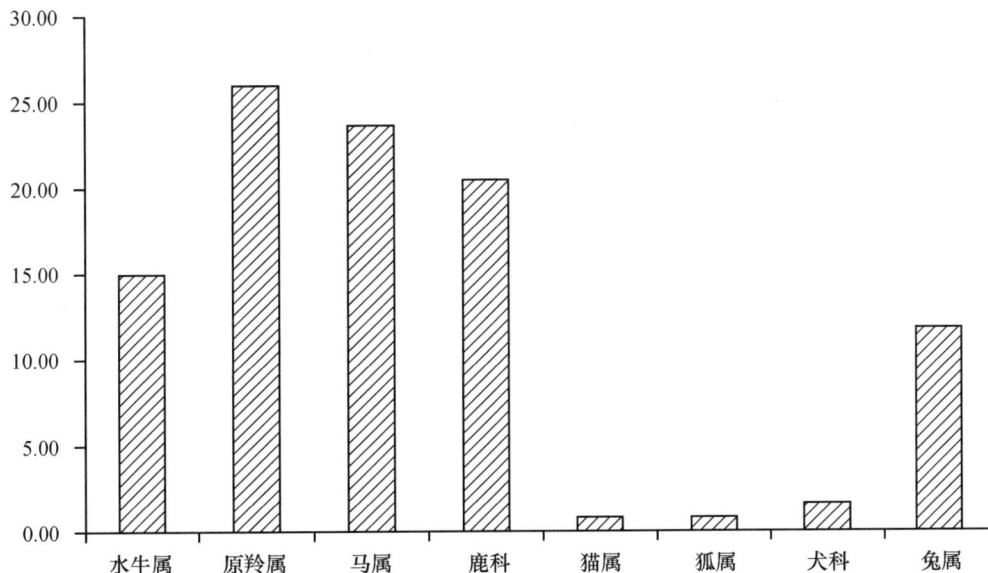

图2　SDG7主要动物种属的出现频率（NISP%）

鹿Cervidae）在动物群中也有很好的代表性。至于小型哺乳动物，似乎与大型动物的数据相吻合，一些种类适应草原环境（野兔*Lepus* sp.、鼠兔*Ochotonoides* sp.），另一些则主要栖息于林地（野猫*Felis chinensis*）、沙地或沙漠（狐*Vulpes vulgaris*）。简而言之，SDG7的动物种属组成清楚地指示了一个镶嵌式的生境，以开阔的草原为主，边沟河贯穿其中，沿河可能分布着稀疏的林地。

表1 SDG7的种属与骨骼单元分布情况（NISP与MNE）

	猫属		狐属		犬科		兔属		原羚属		鹿科		水牛属		马属		
	NISP	MNE	NISP	MNE	NISP	MNE	NISP	MNE	NISP	MNE	NISP	MNE	NISP	MNE	NISP	MNE	
牙							2	1							1	1	
头骨			1	1	1	1			1	1			2	1	1	1	
下颌	1	1									1	1					
颈椎							1	1			1	1	3	3			
胸椎									1	1			2	2	3	3	
腰椎									2	2	1	1			3	2	
肋骨									3	1	4	1	1	1	2	1	
肩胛骨									1	1					1	1	
盆骨									1	1			1	1	1	1	
肱骨							2	2	2	1	2	1	4	1	2	1	
桡骨					1	1	1	1			1	1			1	1	
尺骨							3	2					1	1			
股骨							2	2	2	1	2	1					
胫骨							2	2	5	1	1	1			1	1	
掌跖骨							1	1	2	1	1	1			1	1	
长骨碎片									9	1					8	1	
籽骨									1	1	1	1	4	4	3	3	
腕跗骨							1	1			2	2					
第Ⅰ指/趾节骨									2	2	5	3.5			2	2	
第Ⅱ指/趾节骨											4	4					
第Ⅲ指/趾节骨									1	1	1	1					
总计	1		1		2		15		33		26		19		30		127

2.2 骨骼单元分布与死亡年龄分布

SDG7各类动物（特别是食草类）的骨骼单元分布较为均衡，几乎所有的动物种属都有一系列的骨骼部位在遗址中出现（表1）。值得注意的是，这一动物骨骼组合中广泛存在小型和密度较低的骨骼部位，如指节骨、椎骨以及头骨（不包括牙齿）等。由于这些骨骼更容易被水流搬运（Voorhies, 1969; Behrensmeyer, 1982），它们的存在很大程度上表明水流对SDG7动物骨骼组成的影响相对较弱。此外，SDG7有80%以上的动物遗骸（包括不可鉴定碎骨）尺寸小于3厘米（图3），这一现象也表明此动物群受到流水改造的可能性较小，SDG7主要动物种类的骨骼单元分布模式更可能是人类在遗址消费整个猎物的结果。至于动物的死亡年龄分布，很明显SDG7的所有骨骼部位都是完全愈合的，应属于成熟个体。然而，由于该组合的样本量较小，目前还不能做出确定的结论。

2.3　骨骼表面改造痕迹

对考古遗址出土动物骨骼表面改造痕迹的详细研究一直是揭示各种古人类学、考古学与埋藏学问题的关键证据，尤其是在有人类参与的动物骨骼组合解释上，其作用更为重要（Lyman, 1994; Fisher, 1995; Gifford-Gonzalez, 2018）。例如，Dikika遗址出土动物骨骼表面的切割痕迹被认为是非洲339万年前古人类利用石器消费动物组织的主要证据（McPherron et al, 2010）。然而，动物考古学研究现已表明，在某些情况下，自然的埋藏学因素可能模拟人类的改造过程。因此，近年来，学者们在人工与自然痕迹的鉴定标准以及区别特征方面做了大量的工作（Binford, 1981; Haynes, 1983; Shipman and Rose, 1983; Blumenschine and Selvaggio, 1988; Olsen and Shipman, 1988; Lyman, 1994; Fisher, 1995; Fernández-Jalvo and Andrews, 2003; Domínguez-Rodrigo and Barba, 2006; Njau and Blumenschine, 2006; Domínguez-Rodrigo and Barba, 2007; Bello and Soligo, 2008; Domínguez-Rodrigo et al, 2009; Fernández-Jalvo and Andrews, 2016; Domínguez-Rodrigo et al, 2017; Sahle et al, 2017）。

根据SDG7骨骼组合被改造的状况，我们可以初步得出一些比较明确的结论。首先，我们注意到SDG7中几乎所有的可鉴定标本都处于弱风化阶段，仅部分骨骼表面偶尔可见细小裂纹，表明骨骼进入遗址后被迅速掩埋；因此，本次研究没有因风化的原因排除任何碎骨，以下分析均基于所有的可鉴定标本。在生物改造方面，SDG7骨骼组合中有2件标本表面具有食肉动物啃咬痕迹，约占可鉴定标本总数的1.57%；相比之下，在食肉动物改造破坏后的骨骼组合中，这一比例通常为50%或更高。此外，该遗址未发现被胃酸腐蚀的动物骨骼和幼年食肉动物的遗骸。根据SDG7骨骼表面少数几个食肉类牙齿痕迹的尺寸分析，它们应当是由中小型食肉类啃咬造成，这些食肉动物一般并不具备聚集大型动物骨骼的能力。总体而言，SDG7的所有证据都表明，食肉动物在该骨骼组合的形成过程中并未发挥重要的作用。

啮齿动物，特别是豪猪，是另一个可能在考古遗址中聚集动物骨骼的非人类动因。然而，SDG7完全没有啮齿动物啃咬的骨骼。这一现象在啮齿类巢穴或类似动物骨骼组合中并不常见，从而有力地否定了啮齿类在SDG7动物骨骼富集与改造过程中的主要作用。猛禽和猫头鹰对SDG7动物骨骼组合的贡献也基本能够排除，因为动物群中大中型猎物占主导地位，而且完全未见可归因于猛禽的改造痕迹，如锯齿状边缘或椎骨上的穿孔等（Andrews, 1990）。水流有时可能会集中大量的动物骨骼（Behrensmeyer, 1982）。然而，在这种情况下，许多骨骼表面都会出现擦痕、磨圆或磨光的迹象（Fernández-Jalvo and Andrews, 2003）；SDG7的动物骨骼组合显然不是流水聚集而成，因为仅一件标本表面有此类痕迹。

人类行为活动在SDG7动物骨骼组合中得到了很好的记录。例如，切割痕迹被发现于一些动物种类的骨骼表面（图3a、4b）。其中，9.45%的标本（12件）表面具有切割痕迹，这可能是人类对猎物进行割肉、肢解或剥皮时造成。尽管与实证研究中的相应数据相比，这一比例相对较低（Domínguez-Rodrigo, 1997; Domínguez-Rodrigo, 1999; Lupo and O'Connell, 2002），但仍处于人类造成骨骼组合的数据范围内（偶尔也有类似的甚至更低的切割痕迹频率）。例如，在Die Kelders（Marean et al, 2000）和Sibudu（Cain, 2006），分别有大约10%和1%的动物骨骼表面具有切割痕迹。

值得注意的是，马科动物的切割痕迹出现比例（26.67%，30件马类骨骼中有8件具有切割痕迹）远远高于羚羊（6.06%，33件羚羊骨骼中有2件具有切割痕迹），这种差异可能是由于后者的体型相对较小（从而削弱了使用石器加工尸体的必要性）（Domínguez-Rodrigo and Barba, 2005），或者与该物种骨骼上的肌肉附着力较弱有关（Lupo, 2006; Domínguez-Rodrigo, 2008）。同样明显的是，在SDG7的马科动物骨骼遗骸中，所有切割痕迹均发现于多肉的骨骼部位，要么是上部肢骨（肱骨、股骨），要么是中部肢骨（桡骨、胫骨），而未发现于下部肢骨（掌骨、跖骨）；此外，大部分切割痕迹位于上中部肢骨的骨干（6件碎片中的5件），仅一件标本的切割痕迹位于骨骺。在上中部肢骨骨干部位出现的切割痕迹一般认为是古人类割取大块肌肉组织的证据（Soulier and Costamagno, 2017）。SDG7的切割痕迹在骨骼单元和部位上的分布特征与某些实证研究的结果相当吻合（表2），在这些研究中人类都是最早改造猎物的动因（Domínguez-Rodrigo, 1999）。类似的模式在欧亚大陆和非洲古人类造成的骨骼组合中比较常见（Domínguez-Rodrigo et al, 2007; Yravedra et al, 2017; Zhang et al, 2019b）。

表2　切割与烧烤痕迹在各类动物骨骼部位上的分布

	猫属		犬科		原羚属		鹿科		马属		水牛属	
	CM	BM	CM	BM	CM	BM	CM	BM	CM	BM	CM	BM
头骨				1	1						1	
下颌	1											
椎骨								1	1			
盆骨									1			
肱骨						2		1				
桡骨				1								
胫骨								1	1	1		
肢骨碎片					1				5			
指/趾骨								1	1	1		

注：CM为切割痕迹的缩写；BM是烧烤痕迹的缩写。

虽然没有像切割痕迹那样被广泛研究，但敲砸痕迹作为旧石器时代人类利用石制品获得有蹄类动物骨髓或脑髓而造成的骨骼表面改造痕迹，在考古遗址中也有较好的记录（Blumenschine, 1995; Heinzelin et al, 1999; Domínguez-Rodrigo and Barba, 2006; Norton and Gao,

2008; McPherron et al, 2010; Pickering et al, 2010; Sahnouni et al, 2018; Zhang et al, 2019b）。在SDG7中，似乎只有少数骨骼表面具有此类痕迹（图3f）。实际上，已有许多学者注意到了考古遗址中这种痕迹的罕见性，并将之归因于一系列可能抑制骨骼表面敲击痕迹形成的因素，如骨膜或其他附着的软组织提供的保护等（Shipman and Rose, 1983; Behrensmeyer et al, 1986; Fisher, 1995）。

当骨骼受热时，它会经历一系列的变化，最常见的表现是颜色变化、尺寸收缩、重结晶以及表层开裂与剥落等（Shipman et al, 1984; Buikstra and Swegle, 1989; Nicholson, 1993; Stiner et al, 1995; Fernández-Jalvo and Andrews, 2016）。烧骨经常出土于更新世遗址，特别是那些有明显人类参与迹象的遗址（Schiegl et al, 2003; Karkanas et al, 2007; Morin, 2010; Stiner et al, 2011; Fernández-Jalvo et al, 2018; Rosell and Blasco, 2019; Zhang et al, 2019a; Brain, 1993）。在SDG7的动物骨骼组合中，有一小部分骨骼表面具有黑色/棕色斑块，它们可能经历了一定程度的烧灼。这种局部改造表明，当骨骼仍被肉覆盖时，特别是当烧热的石头或小火苗直接接触到骨骼表面的特定位置时，某些部分会有微弱到中等程度的燃烧（Gifford-Gonzalez, 1989; Speth and Clark, 2006; Fernández-Jalvo and Andrews, 2016; Barkai et al, 2017）。实证研究表明，这种程度的灼烧尚未达到炭化或煅烧阶段，因此更有可能是在古人类烹饪过程中产生的（Gifford-Gonzalez, 2018）。

2.4 食肉动物骨骼表面的改造痕迹

食肉动物在SDG7的动物群中所占比例相对较小。我们从全部标本中仅鉴定出三种食肉动物，包括野猫（*Felis chinensis*）、狐（*Vulpes vulgaris*）与犬科（Canidae）。与有蹄类动物相比，食肉动物的骨骼单元类型出现也相对较少（颅骨、下颌骨和桡骨）（表1）。然而，考虑到食物链中的营养等级，无论是在现代的生境中还是在更新世遗址中，食肉类出现率比较低的现象是极其正常的（Stiner, 1994）。有意思的是，尽管SDG7食肉类的骨骼单元类型与数量均较少，但它们保留了特殊的具有人类学意义的改造痕迹。

2.4.1 小野猫骨骼表面的切割痕迹

第一件具有此类意义的标本属于*Felis chinensis*（野猫）的右侧下颌（编号：SDG7-9235），大概在裂齿（m1）下方的下颌底缘有两道切痕（图3c）（该标本的下颌骨体上有明显的大面积断裂，根据断裂面颜色与下颌其余部分颜色的对比，我们认为断裂是近期产生的，因此在这里没有进一步分析）。第一条切割痕迹的长度约为0.27厘米，第二条切痕长为0.25厘米，二者距离为0.10厘米。这组痕迹为截面呈V字形的深沟；两条切痕明显是直线形的，而且基本相互平行，与下颌体的长轴呈斜角相交（图3e）。对这些痕迹进行显微观察，可以发现肉眼有时无法辨别的微观特征：切割痕迹内部存在一组沿着其轨迹延伸的细小线状痕迹，并且在

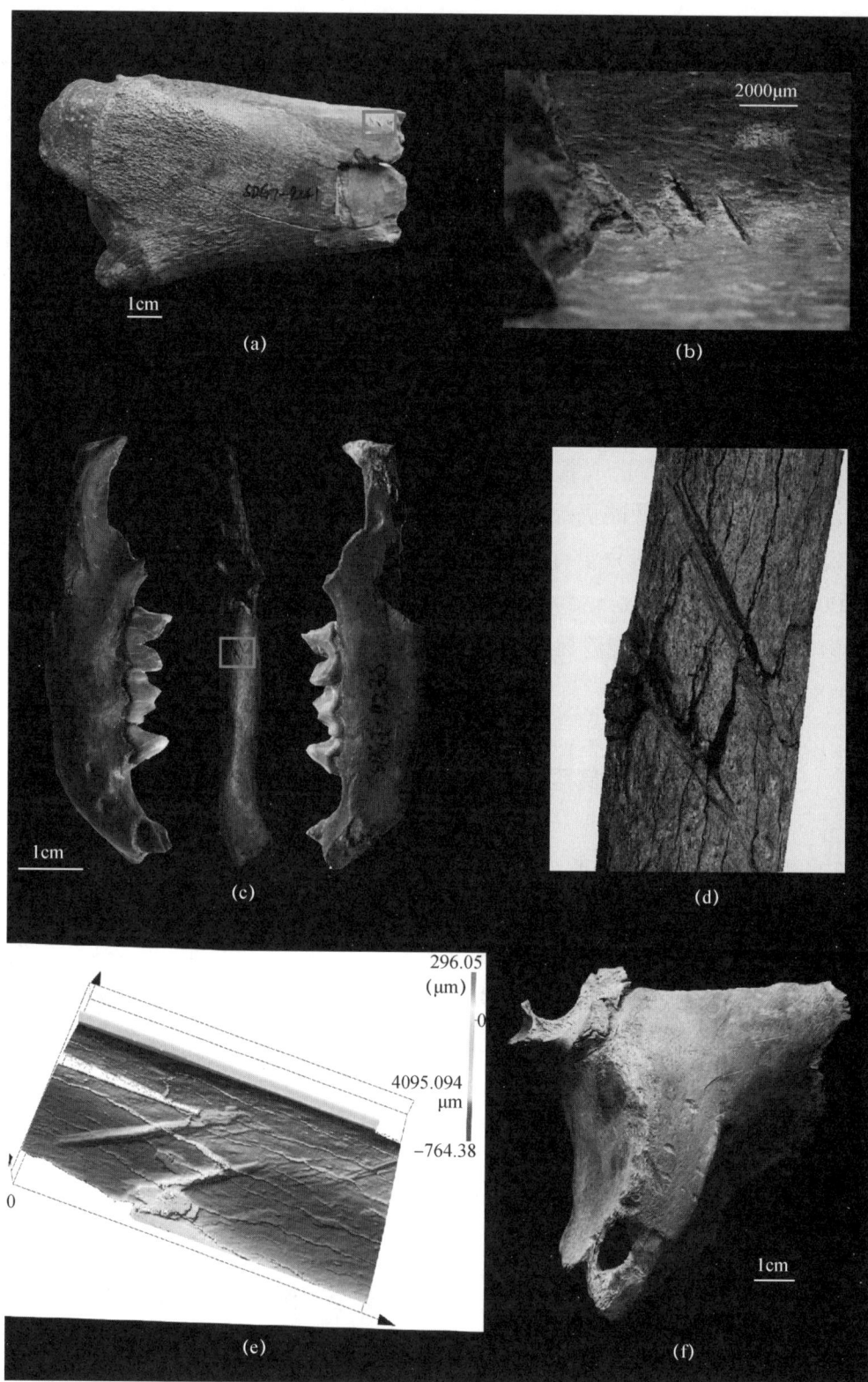

图3　具有人工改造痕迹的骨骼

（a）有切割痕迹的蒙古野驴（*Equus hemionus*）胫骨远端　（b）为（a）中切割痕迹的放大图　（c）有切割痕迹的野猫（*Felis chinensis*）下颌骨　（d）为（c）中切割痕迹的放大图　（e）为（c）中切割痕迹的三维重建，以显示V形截面　（f）有敲砸痕迹的有蹄类头骨碎片切割痕迹附近没有细小的擦痕存在（图3d）。此外，这组切割痕上没有线状痕迹重叠或贯穿也是值得注意的。

考古遗址出土的切痕骨骼被普遍认为是史前人类开发利用肉类资源的有力证据（Lyman，1994；Fisher，1995；McPherron et al，2010；Sahnouni et al，2018）。然而，众所周知，有多种埋藏学过程可能导致骨骼表面线性痕迹的产生。因此，明确区分切割痕迹和非人类活动产生的线性痕迹是推断人类对动物资源开发的基础与前提（Domínguez-Rodrigo et al，2010；Domínguez-Rodrigo et al，2017）。事实上，近几十年来，学者们已经做了许多尝试来建立相关标准以区分切割痕迹与其他自然类痕迹（Shipman and Rose，1983；Olsen and Shipman，1988；Lyman，1994；Fisher，1995；Domínguez-Rodrigo and Barba，2006；Njau and Blumenschine，2006；Domínguez-Rodrigo and Barba，2007；Bello and Soligo，2008；Domínguez-Rodrigo et al，2009；Fernández-Jalvo and Andrews，2016；Domínguez-Rodrigo et al，2017；Sahle et al，2017）。在一些学者看来，切割痕迹是具有V形截面的线性凹陷（Robb et al，2015）。尽管这一属性在有关切割骨骼的文献中被反复强调（Walker and Long，1977；Potts and Shipman，1981），但是，在非人类改造痕迹中也多有类似特征的出现。此外，也有研究表明，切割痕迹的轮廓是高度可变的（Shipman and Rose，1983；Domínguez-Rodrigo et al，2009；Krasinski，2018），因此不应将上述属性作为识别人类活动的唯一依据。

线性痕迹内细小线状痕迹的存在与否最常被用来鉴别骨表改造是否为切割痕（Domínguez-Rodrigo et al，2009；Krasinski，2018）。然而，正如Behrensmeyer等人（1986）、Pineda等人（2019）所强调的，切割痕内部的细小痕迹容易从现代骨骼与化石表面消失，大多数史前屠宰痕迹可能因此而缺乏这些微观特征。此外，研究还表明，一些非人为过程，包括践踏和食肉动物的啃咬，有时也会产生上述的微细特征（Eickhoff and Herrmann，1985；Domínguez-Rodrigo et al，2009；Gaudzinski-Windheuser et al，2010；Pineda et al，2014；Domínguez-Rodrigo et al，2017）。

目前，学界一个普遍认可的事实是：单一属性，无论是V形截面还是内部细小痕迹，都不能用来定义切割痕迹；然而，如果痕迹具有一系列特征，例如，直线形轨迹、V形或_/形横截面、内部细小痕迹的存在等（Domínguez-Rodrigo et al，2009；Domínguez-Rodrigo et al，2017），那么将之鉴定为切割痕迹则是较为合适的。此外，背景性信息，如痕迹的出现频率、走向、分布和位置，也应与痕迹的形态结合起来共同考虑以获得更坚实的鉴别结论（Fisher，1995；Johnson，2007；Domínguez-Rodrigo et al，2012）。

传统上被认为是确认切割痕迹的属性，如V形截面、直线形轨迹、内部细小痕迹的存在等，都在SDG7野猫下颌骨表面的线性痕迹中出现。简而言之，这些特征的共同出现清楚地表明本次发现的线状痕迹是切割痕，而不是践踏痕迹或其他非人类改造的痕迹。这一结论也能得到实验考古方面研究成果的支持：被踩踏的骨骼表面形成的线性痕迹基本未见其内部的细小线状痕迹以及V字形截面（Domínguez-Rodrigo et al，2009；Domínguez-Rodrigo et al，2017）。

总之，SDG7这件带有切割痕迹的骨骼为更新世中国古人类对食肉动物的利用提供了明确的证据。那么，SDG7的古人类捕猎这种动物是出于什么目的？这也是我们应该关注的一个问题。通常认为，古人类利用小型食肉动物的主要关注点在于它们的皮毛（偶尔是牙齿和/或爪子），而不是肉类资源（Crezzini et al, 2014），这与利用有蹄类动物的情况完全不同。虽然样本量不大，但SDG7带有切割痕迹的食肉类下颌骨与这一问题的探讨极为相关。在大多数实验研究中，下颌是对小型食肉动物进行剥皮时经常被切割到的少数骨骼单元之一（Fairnell, 2008; Ripoll and Pérez, 2008; Crezzini et al, 2014）。欧洲旧石器时代遗址中的类似发现也被反复归结为史前人类的剥皮行为。例如，在法国东南部的Lazaret洞穴，在*Lynx spelaea*（一种猫科小型食肉动物）的下颌骨外表面发现了剥皮的痕迹（Valensi and Psathi, 2004）；在伊比利亚地中海中部地区Cova Negra发现的*Cuon cf. alpinus*下颌骨上具有切割痕迹，也被解释为剥皮的证据（Pérez et al, 2012）。在这方面更引人注目的是来自西班牙Abric Romaní遗址O层的*Felis silvestris*的右侧下颌骨，其下缘有一个横向切割痕迹（与SDG7小野猫下颌的切割痕迹位置相同），被认为是去除该动物毛皮的证据（Gabucio et al, 2014）。考虑到SDG7下颌上附着的肉最少，似乎更有理由认为这些痕迹是在剥皮过程中造成的。然而，在Olympus OLS 5000显微镜下测量后发现这两条切割痕迹的深度（分别为86.69微米和90.84微米）与剥皮造成切割痕迹的深度并不一致，而是处于肢解与割肉造成的切割痕迹深度范围内（Crezzini et al, 2014）；欧洲也有考古证据支持史前人类将野猫作为食物（Crezzini et al, 2014; Gabucio et al, 2014）。因此，这种食肉动物在SDG7是否因其毛皮或营养目的而被人类利用，仍然难以有一个确切的答案。未来的新发掘以及对新发现材料的分析可能会对这一重要问题的解决有所启发。

无论如何，这件被切割的食肉动物遗骸在研究中国西北地区史前人群的适应性方面具有独特意义：古人类可能已经开始将小型动物（包括食肉动物）纳入了他们的食物范畴，这可能大大改善了古人群在这种较为恶劣边缘地区环境中的生存率（Madsen et al, 2011）；同样有可能的是，古人类剥取并利用了这些食肉类动物的皮毛，将其制作成在一年中极度多风的寒冷月份迁徙或定居时必需的斗篷、长袍或手套等（Gilligan, 2019）。无论是哪种方式，在很大程度上，这一发现都标志着人类在适应性方面的新变化，这在中国旧石器时代早期是前所未有的。

2.4.2　犬科骨骼表面的火烧痕迹

除了具有切割痕迹的下颌骨，SDG7另一个值得关注的埋藏学证据是一件具有火烧痕迹的犬科长骨。这件食肉动物桡骨表面基本未被改造，只是出现了一个黑褐色的斑块，颜色强度从中心向周边逐渐降低（图4a、b），这与同一地点有蹄类动物骨骼表面的火烧痕迹基本相似（图4c）。这种类型的骨骼改造可能是由史前人类烹饪活动造成的低温燃烧导致（Gabucio et al, 2014）。

然而，已被埋藏学研究证实，在燃烧之外，还有多种埋藏学过程如铁锰污染、真菌、草根侵蚀等，都可能使骨骼表面发生类似的颜色改变（Fernández-Jalvo and Andrews, 2016）。尽管大多数其他自然过程造成的痕迹一定程度上来看较易与火烧痕迹区分开来（主要基于其蜿蜒的轮廓以及腐蚀所造成的微观结构等）（Lyman, 1994; Fernández-Jalvo and Andrews, 2016），然

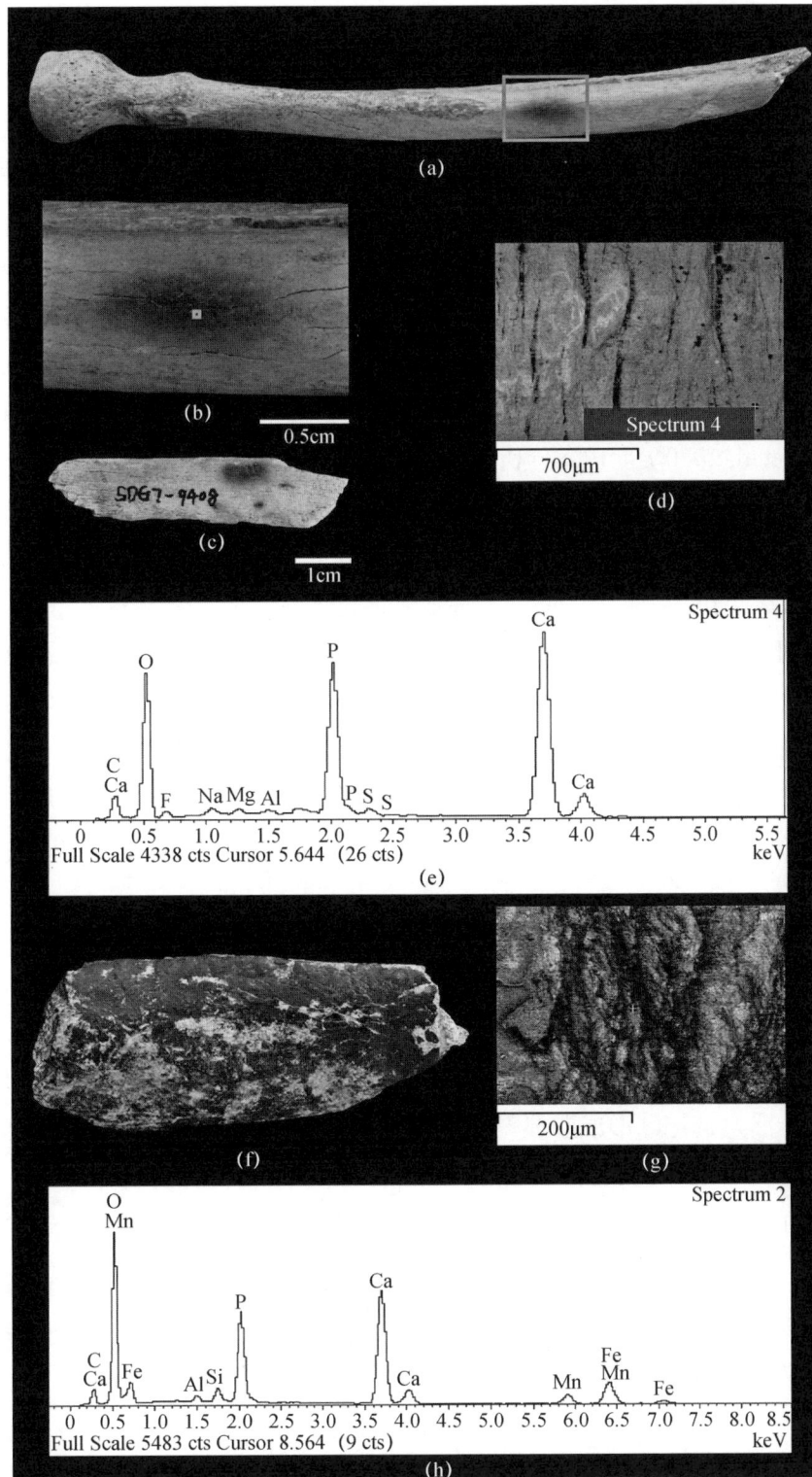

图4 带有黑/褐色斑块的骨骼

（a）有黑色/褐色斑块的犬科胫骨 （b）为（a）中火烧痕迹的细节 （c）有局部改变的有蹄类动物碎骨，其特征与（a）相同 （d）为（b）局部的SEM图 （e）为（c）中黑/褐色斑块的EDS谱图 （f）马鞍山遗址出土的有蹄类动物肢骨标本，表面被铁锰污染 （g）为（f）局部的SEM图像 （h）为（g）中黑/褐色斑块的EDS谱图

而对铁锰污染与火烧痕迹的区分有时却没有想象的那么简单（Stiner et al, 1995; Shahack-Gross et al, 1997; Fernandezjalvo and Avery, 2015）。目前，已有学者采用SEM-EDS分析考古遗址出土的黑色骨骼，以帮助区分可能被火烧过的骨骼与被铁锰污染的骨骼，后者的特征可能表现为分散的斑点、树枝状结构或均匀覆盖于骨骼表面的大片黑色斑块（Fernandezjalvo and Avery, 2015）。

在本次研究中，我们也采用了这一技术手段。尽管SEM图像有着明显的颗粒感（因为本次研究并未对标本进行喷金处理），但EDS分析表明，SDG7这件标本显示有动物骨骼的典型成分（Ca和P含量高）以及少量的Na、Mg、Al和S元素（图4d、e）。我们对贵州马鞍山遗址出土的一件黑色骨骼标本进行了同一分析（图4f），该标本在以前的埋藏学研究中被认为是矿物污染的结果（Zhang et al, 2010）。EDS分析结果显示，马鞍山骨骼的元素组成特点是Mn和Fe的含量很高（图4g、h），与SDG7标本的分析结果差别显著。对SDG7标本进行的EDS分析有效地排除了铁锰污染是肉食动物骨骼表面黑褐色斑块产生的原因，从而证实了我们的推断，即这一骨骼一定程度上被火烧过。

实证与考古研究表明，直接与烧石或火苗接触的、受软组织保护最少的骨骼部分或骨骼表面的特定点会呈现黑褐色（Gifford-Gonzalez, 1989; Speth and Clark, 2006; Fernández-Jalvo and Andrews, 2016; Barkai et al, 2017）。具有这一特征的SDG7食肉类桡骨标本表明此类食肉动物很可能与其他动物一起被火烧烤过。这种对食肉动物的处理方式在更新世欧亚大陆的西班牙Abric Romani遗址的O层也有记录（Gabucio et al, 2014）。

3. 结　　论

有蹄类动物通常是中国考古遗址中最为常见的哺乳动物类群，它们对于研究古人类的食谱与适应生存意义重大；与此形成明显对照的是，肉食类动物在过去几十年中却很少成为有关人类生存研究的关注对象。本项研究表明，古人类是SDG7动物骨骼遗存聚集与改造的主要动因，这为我们探讨该遗址动物（当然包括食肉动物）骨骼组合的形成过程奠定了坚实的基础。具体而言，SDG7食肉动物骨骼表面人工改造痕迹的发现为中国更新世古人类利用食肉动物的首次确认提供了充足的科学证据；这一发现对于我们理解SDG7古人类生计活动以及史前狩猎采集群体在恶劣边缘环境中的适应与生存行为有着独特的价值。

致谢：感谢参与过水洞沟第7地点野外发掘工作的所有考古工作者、志愿者。感谢北京元中锐科集成检测技术有限公司的索明石先生在Olympus OLS 5500显微成像方面提供的帮助。感谢两位匿名审稿人对稿件提出的建议。本项研究由国家自然科学基金（41672023&41772025）资助。

［原载Zhang S Q, Zhang Y, Pei S W, Gao X. Human Exploitation of Carnivores in Pleistocene China: A Case Study of the Faunal Remains from Shuidonggou Locality 7. Science China: Earth Sciences, 2020, 63(1): 132-144］

（张乐译）

鸟类与中国北方史前人类：水洞沟第12地点的鸟类埋藏学分析

张　乐[1]　Luc Doyon[2, 3]　高　星[1, 4]　陈福友[1]　王惠民[5]　张双权[1, 4]

（1.中国科学院古脊椎动物与古人类研究所脊椎动物演化与人类起源重点实验室，中国北京，100044；2.山东大学文化遗产研究院，中国青岛，266237；3.法国国家科学研究中心OMR5199实验室，波尔多大学，法国佩萨克，33600；4.中国科学院大学，中国北京，100049；5.宁夏回族自治区文物考古研究所，中国银川，750001）

摘要： 过去三十年的研究极大地改变了我们对史前鸟类利用的认识：早在欧洲旧石器时代中期，鸟类就被纳入到史前人类群体的文化适应系统中，他们食用其肉获取营养，利用其骨骼制造工具，以其羽毛作为象征和/或技术用途。然而，对史前鸟类利用的研究主要集中在欧洲与黎凡特，在旧大陆的广大地区则没有开展。本文是对水洞沟第12地点（距今约10.5ka cal BP）出土鸟类骨骼的研究。我们的动物考古学、埋藏学与技术分析研究显示，该地点不同鸟类的骨骼单元分布特征不同，骨骼表面人工痕迹的出现比例也存在明显差异。在鉴定出的十多种鸟类中，鸡形目的骨骼数量占主导地位，其次是鹰形目与鸮形目。古人类狩猎鸡形目鸟类很可能是为了食用，而将猛禽的翅膀收集到遗址的目的则可能是为了获取其羽毛，以与石珠相得益彰作个人装饰。此外，一些鸟类的骨骼还被用于工具制造。相关的骨制品研究证据表明，网和/或圈套已被用于捕捉鸟类。配备有小而钝箭头的弓箭很可能被水洞沟第12地点的古人类用于选择性地捕猎雄性雉。

关键词： 更新世—全新世过渡时期；资源的强化利用；动物考古学；象征性行为；骨器

鸟类遗存是何时与史前人类的技术体系、象征性行为以及生计活动产生联系的？这在人类文化演化研究中一直是个模糊不清的问题。两种主要理论认为鸟类资源在史前较晚近的时期才被人类开发和利用。广谱革命理论强调，当人口需求的资源超越了其所处环境承载的动物资源——主要为大中型哺乳动物，鸟类和其他小型猎物就常见于古人类食谱了（Flannery，

1969）。最优化觅食理论（Jochim, 1976; Smith et al, 1983）则指出，技术限制了古人类捕猎鸟类，直到比较晚近时期技术进步到能够相对容易地捕猎到小型动物，即付出能够抵消消耗时，鸟类才进入到人类的食谱。实际上，复杂工具的制作、鸟类的捕猎以及餐前对鸟类的处理（如去除羽毛）都是很消耗时间和精力的，而且与相对容易获取的大型动物资源相比，小型动物能提供的热量又太少（Munro and Driver, 1999; Stiner et al, 1999; Surovell, 1999; Stiner, 2001; Serjeantson, 2009）。然而，有学者认为小型动物也不一定总是高消耗低回报的资源。比如，在某些小型、快速动物数量较多的环境中采用有效的大规模捕猎技术（mass-harvesting techniques），即可能产生等于甚至高于获取大型有蹄类所获得的回报（Morin et al, 2020）。

过去三十年的研究极大地改变了我们对史前鸟类开发的认识。有越来越多的证据表明，尼安德特人猎捕鸟类是为了获取羽毛和爪子，并将其纳入他们的装饰体系中（Peresani et al, 2011; Finlayson et al, 2012; Morin and Laroulandie, 2012; Radovčić et al, 2015; Romandini et al, 2014, 2016; Blasco et al, 2019）。此外，许多鸟类长骨骨管被旧石器时代晚期较早阶段的现代人做成装饰品（Laroulandie et al, 2004; Shunkov et al, 2020）。从技术角度来看，年代最早的乐器——骨笛即由鸟类骨骼制作，它们出土于奥瑞纳文化的地层中，属于欧洲旧石器时代晚期最早阶段（Buisson, 1990; Menéndez and García, 1998; Conard et al, 2009）。从生计角度来看，最早的有关食用鸟类的报道来自于西班牙的Bolomor洞穴的中更新世层。更多类似的证据则来自于晚更新世末期的地层，显示这一时期古人类已扩大了他们的食谱，将鸟类和其他小型动物纳入进来（Villaverde et al, 1996; Munro and Driver, 1999; Stiner et al, 1999; Surovell, 1999; Pérez Ripoll, 2001; Stiner et al, 2000; Stiner, 2001; Aura et al, 2002; Hockett and Haws, 2002; Stiner and Munro, 2002）。

尽管在一些早期遗址发现了鸟类骨骼，但这些骨骼是史前人类通过食腐获得的，还是他们真正具备了猎取这种小型猎物所需的知识和技术？最近的研究表明，在旧石器时代中期和早期，食腐可能是人类最主要获取鸟类的方式（Serjeantson, 2009; Laroulandie et al, 2016, 2020; Negro et al, 2016）。这些研究还强调，饮食多样化并不是以线性方式发生的，觅食技术本身也是多样化的（Blasco and Peris, 2009; Laroulandie et al, 2016; Lloveras et al, 2018; Blasco et al, 2019）。越来越多的学者据此认为，需要更多的研究来记录人类对鸟类的利用，并充分理解鸟类资源在世界各地史前人群文化系统中所发挥的作用。

对古人类与鸟类关系研究的另一个限制在于，此类研究主要集中在欧洲和黎凡特地区，而在旧大陆的东亚，特别是中国基本没有开展。裴文中在其1939年的专著中，已经认识到周口店山顶洞遗址的一些装饰品是由鸟类长骨骨管制作而成（Pei, 1939）。鸟类遗存在周口店第1地点和山顶洞遗址也有出土（Hou, 1985, 1993）。然而，由于缺乏详细的埋藏学分析，因此无法确定在这些鸟类骨骼是如何进入到遗址的。最近在河南的灵井遗址发现了一个站在基座上的雀形目鸟类骨雕，表明在13.5ka BP之前鸟类已经融入到该遗址人群的象征性系统中（Li et al, 2020）。那么，中国史前人类何时、何地、如何以及为什么开始开发鸟类资源呢？

本文是我们对水洞沟第12地点（SDG12）2007年与2010年出土鸟类遗存进行的动物考古

学和骨制品技术分析研究的结果。我们发现，SDG12中不同鸟类的骨骼单元分布不同，骨骼表面人工痕迹的出现比例也存在明显差异。古人类狩猎鸡形目很可能是为了食用，而获取鹰形目和鸮形目则可能是为了它们的羽毛。此外，一些鸟类骨骼还可能被用于工具制造。我们认为，SDG12人群对鸟类资源利用的这种复杂行为可能是长期适应的结果，当然，这一结论还需要对更多遗址出土的鸟类遗存进行多学科合作研究来证明。

1. 遗址背景

SDG12是宁夏回族自治区边沟河流域二级阶地上的一处旷野遗址（图1a），位于著名的水洞沟第1地点（Licent and Teilhard de Chardin, 1925; Boule et al, 1928; Pei et al, 2012; Li et al, 2019）东南3千米处。该遗址于2005年发现，在2007年和2010年经过两次抢救性发掘，发掘面积分别为12m²和100m²，深度为9m。根据土质和土色变化，堆积被划分为12个自然层，其中仅第11层有文化遗物出土。对来自第11层中部的木炭样品进行的初步¹⁴C测年显示，其年代为9797 ± 91a BP（LUG06-54 68.3%的概率：11389—11105a cal BP；IntCal20, Reimer et al, 2020），在考虑标准误差时，其与第10层和第12层的OSL年龄一致（Liu et al, 2008）。对贯穿于第11层的动物骨骼进行的¹⁴C测年显示其年代处于9095 ± 35a BP（BA140133 68.3%的概率：10256—10207a cal BP; IntCal20, Reimer et al, 2020）至 9430 ± 30a BP（BA140135 68.3%的概率：10700—10587a cal BP; IntCal20, Reimer et al, 2020）之间。这些新的结果显示古人类占据SDG12的时间处于更新世与全新世过渡时期，在10700—10200a cal BP之间（Yi et al, 2021）。

SDG12出土的动物骨骼约为40000件左右，其中27.6%的骨骼可以鉴定到种属或部位（表1）。就NISP而言，兔子（*Lepus* sp.）的数量最多；食草动物主要以普氏原羚（*Procapra przewalskii*）、亚洲野驴（*Equus heminous*）、牛（*Bos* sp.）和鹿科动物（Cervidae）为代表；食肉动物以赤狐和獾为主；共有414件骨骼被归为鸟类；啮齿类（1.3%）和鱼类（＜0.1%）的数量相当，都很少。就MNI而言，兔子、普氏原羚和鸟类的数量占整个动物群的81.7%。

SDG12出土的石制品属于中国北方细石器技术传统（Yi et al, 2013）。骨制品包括骨铲、骨锥、骨矛头、骨刀柄、疑似织网工具与骨针（Yi et al, 2013; Zhang et al, 2016b, 2018; d'Errico et al, 2018）。对石制品与骨制品的技术分析表明，SDG12为营地遗址，其狩猎采集者拥有复杂的技术系统，承担着各种任务，例如狩猎、处理猎物、缝纫、织网与植物加工等（Yi et al, 2013; d'Errico et al, 2018; Zhang et al, 2018）。发掘者在SDG12的地表（而不是地层里）曾经采集过一些鸵鸟蛋壳串珠（Wang et al, 2009），近期的研究显示它们的钻孔是通过类似弓钻的技术完成的（Yang et al, 2018）。

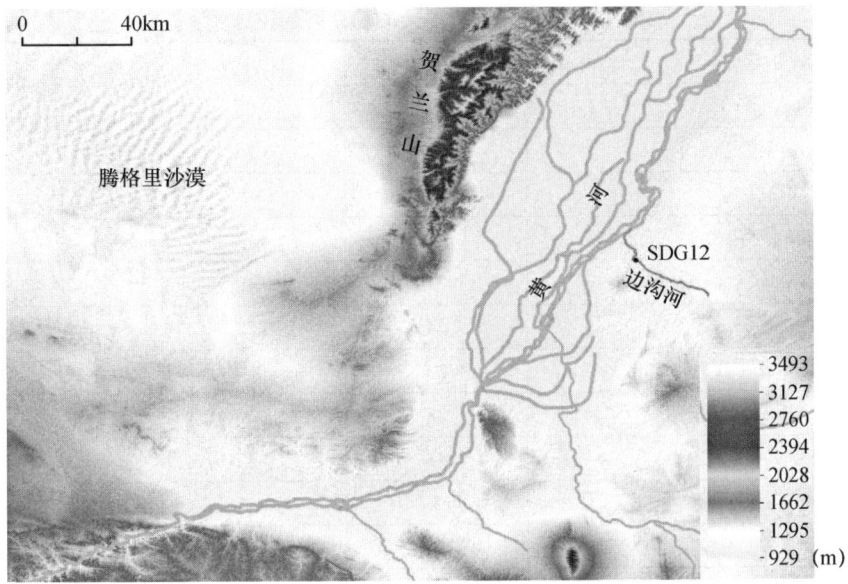

a

b

图1 水洞沟第12地点的位置图（a）和地层图（b）
地层图指示了自然层及其界限（修改自Pei et al, 2012）

表1 SDG12出土动物骨骼的统计

分类	NISP	NISP%	MNI	MNI%
Pisces（鱼）	10	0.09	–	–
Aves（鸟）	414	3.75	31	18.9
Lepus sp.（兔）	4420	40	63	38.41
Rodents（啮齿类）	144	1.3	–	–
Canis lupus（狼）	21	0.19	2	1.22
Nyctereutes procyonoides（貉）	24	0.22	3	1.83
Vulpes corsac（沙狐）	33	0.3	4	2.44
Vulpes vulpes（赤狐）	88	0.8	4	2.44
Meles meles（獾）	46	0.42	3	1.83
Felis microtus（小野猫）	5	0.05	1	0.61
Indeterminate carnivores（不可鉴定食肉类）	70	0.63		
Equus hemionus（蒙古野驴）	861	7.79	4	2.44
Sus sp.（猪）	48	0.43	3	1.83
Cervidae（鹿）	608	5.5	2	1.22
Procapra przewalskii（普氏原羚）	3492	31.6	40	24.39
Bos sp.（牛）	767	6.94	4	2.44
总计	11051		164	

注：鱼和啮齿类的骨骼还在研究中，因此表格中未显示其具体分类和MNI数据。

2. 方　　法

2007年与2010年SDG12的发掘均使用网眼直径为2mm的筛网对堆积物进行了干筛，出土的动物骨骼保存在中国科学院古脊椎动物与古人类研究所（IVPP）。本次研究包括414件鸟类骨骼，其中的413件未被研究过，另外1件为被加工过的鸵鸟长骨骨干，与之相关的研究已经发表（d'Errico et al, 2018）。对这些鸟类骨骼的研究主要依赖于动物考古学与埋藏学的分析方法（Bocheński and Tomek, 1997; Bocheński and Nekrasov, 2001; Bocheński, 2005; Laroulandie 2005, 2010; Lloveras et al, 2014）。通过与现生标本（存于IVPP现生标本室）的对比，进行了鸟类种属与骨骼部位鉴定。我们计算了每种类别的NISP、MNE、MNI，并按照Lloveras（2018）和Lebreton（2017）等人的方法计算了骨骼单元相对的出现频率。根据骨干的骨化程度，骨骺的生长状况（Hargrave, 1970; Lefèvre and Laroulandie, 2013）以及骨骼表面孔隙结构的出现情况（Serjeantson, 2009）推测鸟类的成熟度。鸡形目性别的确认主要依据跗跖骨上距或距疤的出现与否（Serjeantson, 2009）；对于破碎的跗跖骨骨骼，只对保留相关区域（出现或可能出现距的区域）的标本进行性别鉴定以计算成年雄性与雌性的比例。

我们在Nikon SMZ1500体视显微镜（放大倍率在7.5和112.5之间）下对每件骨骼标本都进行了仔细观察。根据文献确立的标准区分自然和人工痕迹（Binford, 1981; Brain, 1981; Shipman and Rose, 1983; Olsen and Shipman, 1988; Andrews, 1990; Fernández-Jalvo and Andrews, 1992, 2016; Lloveras et al, 2008a, 2008b, 2009, 2014; Lyman, 1994, 2008; Dominguez-Rodrigo et al, 2009; Saladié et al, 2013; Rufà et al, 2016, 2020）。边缘的锯齿状破裂、线状齿痕、坑状齿痕、咬穿的齿洞、凹缺疤等被归为食肉类（Binford, 1981; Brain, 1981; Andrews, 1990）和人类牙齿造成的痕迹，因为这两种营力都可能导致上述骨骼的表面改造（Lloveras et al, 2009; Saladié et al, 2013; Rufà et al, 2020）。我们也记录了骨骼被胃酸腐蚀的程度（Fernandez-Jalvo and Andrews, 1992; Lloveras et al, 2008a, 2008b; Lloveras et al, 2014）与切割痕迹出现情况。切割痕迹有不同的长短、宽窄与深浅，一般是具有V字形截面形态的线性痕迹，痕迹内分布更细小的条纹状细痕（Shipman and Rose, 1983; Lyman, 2008; Dominguez-Rodrigo et al, 2009），两壁会出现Hertzian锥（Bromage and Boyde, 1984），痕迹旁边会有肩部效应，尾端会呈倒钩状和尖灭的状态（Shipman and Rose, 1983）。我们也记录了切割痕迹出现位置所属的骨骼部位与具体位置。我们依据Villa和Mahieu（1991）以及Romero等人（2016）建立的原则记录鸟类骨骼破碎形态。劈裂痕迹的特征是骨骼表面有薄层脱落，其下露出粗糙的纤维状结构（White, 1992; Saladié et al, 2013; Blasco et al, 2019）。这种特征主要在人类或黑猩猩折断骨骼（White, 1992; Pickering and Wallis, 1997; Laroulandie, 2005; Fernandez-Jalvo and Andrews, 2011; Pickering et al, 2013; but see Arilla et al, 2019; Blasco et al, 2020）以及人类获取猛禽羽毛的过程中产生（Pedergnana and Blasco, 2016）。通过与实证、考古学证据（David, 2004; Sidéra and Legrand, 2006; Buc, 2011; Zhang et al, 2016a, 2018; d'Errico et al, 2018; Li et al, 2020）的对比我们确认了刮削痕迹，它们是密集分布的平行线状痕迹，由石制品刃缘沿骨骼长轴刮削骨表造成。无论是切割痕迹还是刮削痕迹，我们都记录了它们在骨骼单元上的分布位置及其与骨骼长轴的相对方向——平行、斜交或垂直（Shipman and Rose, 1983; Dominguez-Rodrigo et al, 2009）。颜色变化以及与之相关的物理变化，如裂纹，会被作为骨骼受热的证据（Correia, 1997; Hanson and Cain, 2007; Shipman et al, 1984; Stiner et al, 1995）。我们会具体地记录骨骼单元被烧过的位置，如长骨近端、中段或远端。对鸟类肱骨、桡骨和尺骨进行观测时，我们会记录孔洞和压碎痕迹，这是人类用力掰折鸟类肘部造成的（Laroulandie et al, 2008）。

3. 研究结果

3.1　动物考古分析

3.1.1　种属鉴定

通过与馆藏于IVPP的现生鸟类进行对比，我们将414件骨骼中的413件鉴定到了骨骼部位，其中有12件（2.9%）不能鉴定到具体种属。这些鸟类骨骼至少属于10个种属，生存在多样的群落生境中，如沙漠、草原、灌丛、山崖和森林等。这些种属包括环颈雉、石鸡、山鹑、大䴓、胡兀鹫、耳鸮、雕鸮、鸽形目（按照%NISP的降序排列），以及普通䴓、寒鸦和鸵鸟（后三种鸟类的NISP均为1）（表2）。其中，鸡形目的可鉴定标本数量最多，占所有NISP的82.61%，隼形目的数量也不少（11.83%），夜行的猛禽所占比例则较低（1.69%）。具体到MNI，相对比例变化与上述结果差异很小：鸡形目所占比例最高（64.51%），隼形目其次（19.36%），然后是鸮形目（6.46%）。

表2　SDG12鸟类骨骼的数量统计

分类	NISP（成年）	NISP（幼年）	NISP%	MNI	MNI%
Struthio sp.（鸵鸟）	1		0.24	1	3.23
Buteo hemilasius（大䴓）	33	1	8.21	3	9.68
Buteo buteo（普通䴓）	1		0.24	1	3.23
Gypaetus barbatus（胡兀鹫）	14		3.38	2	6.45
Alectoris chukar（石鸡）	88		21.26	4	12.9
Perdix dauuricae（山鹑）	105		25.36	9	29.03
Phasianus colchicus（环颈雉）	149		35.99	7	22.58
Bubo bubo（雕鸮）	3		0.72	1	3.23
Asio sp.（长/短耳鸮）	4		0.97	1	3.23
Columbiformes（鸽）	2		0.48	1	3.23
Corvus monedula（寒鸦）	1		0.24	1	3.23
可鉴定鸟类标本总计	401	1		31	
不可鉴定鸟类标本	8	4	2.9		
总计	414				

3.1.2　骨骼单元分布

SDG12的鸟类遗存主要以上、中部肢骨为主（表3），其中胫跗骨最多（19.57%），然后是股骨（17.63%）、肱骨（12.32%）、尺骨（11.35%）和桡骨（10.39%）。翼远端与后肢远端的骨骼也有出现，但所占比例较低：包括跗跖骨（6.04%）、指（趾）节骨（4.83%）和腕掌骨（3.38%）。总体来讲，头骨与其他中轴骨的数量较少。这种趋势在每种鸟类的骨骼单元分布中普遍存在，即肢骨数量要多于中轴骨数量。SDG12整个鸟类骨骼组合的中轴骨与肢骨的相对比值为32%，鸡形目的这一比值与之极为接近，环颈雉、石鸡和山鹑的中轴骨与肢骨相对比值分别为34.57%、29.17%和32.91%，胡兀鹫与大䴓的这一比值均为0。

鸡形目和隼形目的翼与腿部相对比值极为不同。鸡形目的腿部骨骼数量高于翼的骨骼数量：环颈雉、石鸡与山鹑的翼部与腿部相对比值分别为49.45%、42.86%和27.84%。而对于隼形目而言，则呈现出不同的分布趋势：大䴓和胡兀鹫的翼与腿部相对比值分别为65.22%和52.94%，表明它们的翅膀在遗址中出现的数量要高于腿部。其中大䴓的高比值可能与其翼远端

表3　SDG12鸟类的骨骼单元数量统计

骨骼单元	SDG12全部鸟类 (MNI=30)				环颈雉 (MNI=7)			石鸡 (MNI=4)			山鹑 (MNI=9)			大鵟 (MNI=3)			胡兀鹫 (MNI=2)		
	NISP	%NISP	C	%C	NISP	MNE	RA%	NISP	MNE	RA%	NISP	MNE	RA%	NISP	MNE	RA%	NISP	MNE	RA%
头骨	1	0.24	0	0	1	1	14.29			0			0			0			0
乌喙骨	28	6.76	12	42.86	12	10	71.43	3	3	37.5	8	8	44.44			0			0
肩胛骨	10	2.42	2	20	2	2	14.29	3	3	37.5	4	4	22.22			0			0
叉骨	2	0.48	0	0	2	2	28.57			0						0			0
胸骨	2	0.48	0	0	1	1	14.29			0	1	1	11.11			0			0
肋骨	4	0.97	0	0			0			0			0			0	4	4	25
肱骨	51	12.32	0	0	12	8	57.14	17	8	100	16	10	55.56	2	2	33.33	2	1	25
尺骨	47	11.35	1	2.13	27	11	78.57	8	4	50	8	3	16.67	1	1	16.67	2	1	25
桡骨	43	10.39	1	2.33	27	10	71.43	5	3	37.5	7	4	22.22	2	2	33.33			0
腕掌骨	14	3.38	4	28.57	1	1	7.14	2	2	25	1	1	5.56	7	5	83.33	1	1	25
第二指节骨	3	0.72												3	2	33.33			
第三指节骨	1	0.24												1	1	16.67			
荐椎	3	0.72	0	0	1	1	14.29	2	1	25			0			0			0
髋骨	5	1.21	0	0	3	1	7.14	2	1	12.5			0			0			0
股骨	73	17.63	1	1.37	32	12	85.71	21	6	75	13	13	72.22	1	1	16.67	3	2	50
胫跗骨	81	19.57	0	0	18	6	42.86	21	8	100	39	18	100	1	1	16.67			0
跗跖骨	25	6.04	1	3.13	8	5	35.71	3	3	37.5	7	4	22.22	2	2	33.33			0
指（趾）节骨	20	4.83	17	70.83	2	2	2.04	1	1	1.79	1	1	0.79	14	14	33.33	2	2	7.14
不可鉴定	1	0.24																	
总计	414		39	9.42	149	73		88	43		105	67		34	28		14	11	

注：C代表完整骨骼的数量，%C代表完整骨骼数量所占百分比。

腕掌骨的出现数量较多有关（RA%=83.33%）。近端肢骨与远端肢骨的相对比值显示SDG12鸟类的近端肢骨数更多（59.82%）。这种趋势在鸡形目成员以及胡兀鹫的骨骼组合中表现明显，相对比值如下：环颈雉为52.96%，石鸡为65.12%，山鹑为77.94%，胡兀鹫为54.55%。然而大鵟的这一数值仅为24.24%，说明其远端肢骨的数量远高于近端肢骨。

3.1.3 年龄和性别鉴定

SDG12的鸟类以成熟个体为主。骨骼组合中只有5件标本（1.21%）表面孔隙结构明显，应属于未成年个体：其中1件属于大鵟，另外4件不能鉴定到种属而只能鉴定到骨骼部位，分别是2件桡骨，1件肱骨和1件股骨（表2）。仅3件环颈雉的跗跖骨还保存距或距疤的出现位置，这些标本的表面状态显示它们属于成年个体。值得注意的是，这3件跗跖骨上均有明显的距（见图2-5a—5c），显示环颈雉雄性个体的数量（环颈雉的MNI为5，因此雄性个体占比为60%）要多于雌性个体。

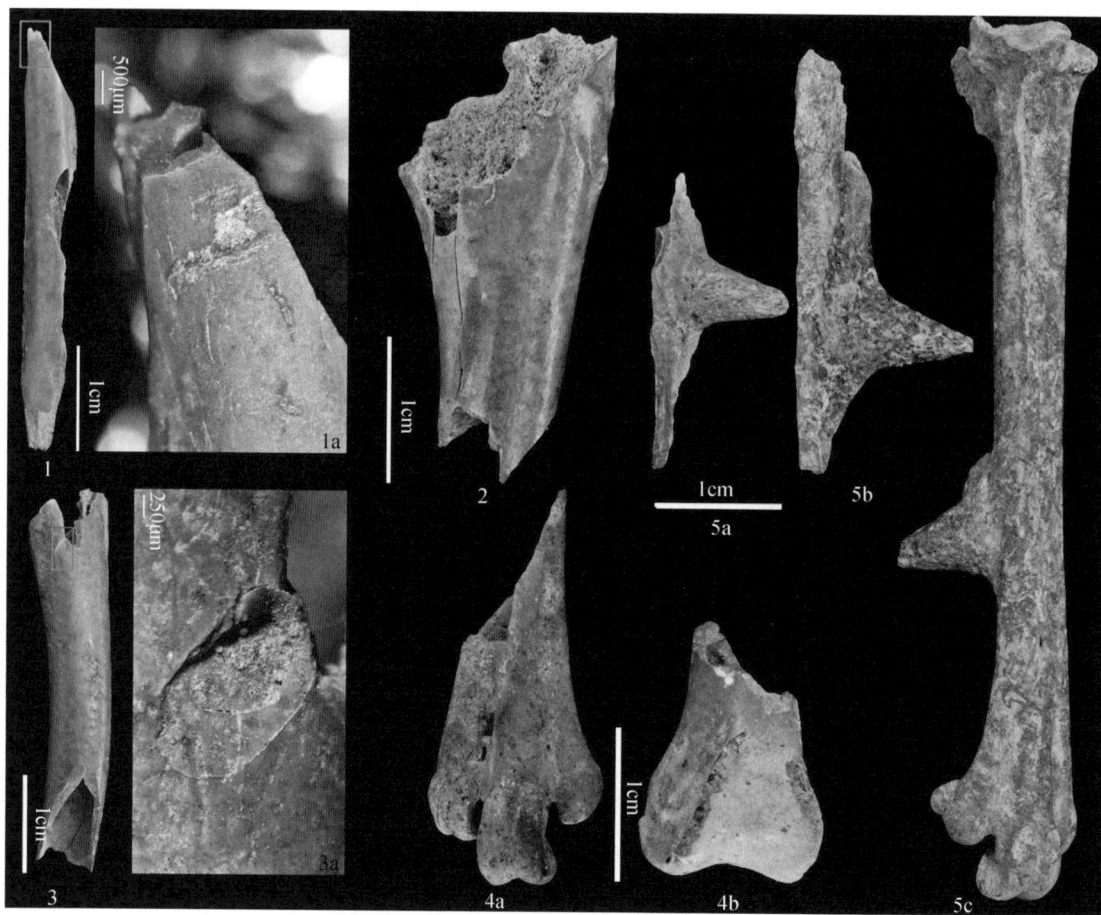

图2 SDG12鸟类骨骼表面的敲砸痕（1）、齿痕（2、3）、烧烤痕（4）以及环颈雉带距的跗跖骨（5）

3.2　埋藏学分析

3.2.1　骨骼的破碎

SDG12的鸟类遗存比较破碎，仅有9.42%的标本为完整骨骼（表3、表4）。小型骨骼，比如指（趾）节骨、乌喙骨和腕掌骨，完整的比例最高。与之不同，长骨的破碎率则很高（95%），未发现完整的肱骨和跗跖骨。在破碎的骨骼中，肩胛骨、腕掌骨和乌喙骨的近端以及肱骨和跗跖骨的远端骨骼数量很多；也有一定数量的尺骨、股骨和胫跗骨的骨干标本。这些标本的长度在8.4—91.2mm之间，平均长度为30.74mm。

表4　SDG12鸟类骨骼的完整程度

骨骼单元	完整		近端		远端		中部	
	数量	百分比（%）	数量	百分比（%）	数量	百分比（%）	数量	百分比（%）
肩胛骨	2	20	7	70	0		1	10
乌喙骨	12	43	12	42.9	3	10.7	1	3.57
肱骨	0	0	7	13.7	24	47.1	20	39.22
尺骨	1	2.1	6	12.8	5	10.6	35	74.47
桡骨	1	2.3	8	18.6	12	27.9	22	51.16
腕掌骨	4	29	5	35.7	1	7.14	4	28.57
股骨	1	1.4	17	23.3	3	4.11	52	71.23
胫跗骨	0	0	2	2.44	13	16.1	66	81.48
跗跖骨	1	4.00	5	20	12	48	7	28
趾节骨	17	85	2	10	0	0	1	5

骨骼破碎形态分析显示，有一定数量的骨骼是在新鲜状态下破碎的（45.88%），可能是人类也可能是食肉类造成的。尽管采用了较为细致的发掘方法，然而还是有较多的鸟类骨骼在发掘过程中破碎了（47.94%）。

3.2.2　骨骼表面痕迹

1）草根腐蚀痕迹
72.64%的鸟类骨骼表面具有草根腐蚀痕迹。这些痕迹在骨骼表面分布较为分散，不会影响骨骼表面其他痕迹的鉴定。

2）齿痕和胃酸腐蚀痕迹
我们在40件鸟类骨骼（9.66%）上发现了齿痕，包括锯齿状边缘（55%）、咬坑和咬穿的洞（27.5%）以及凹缺的疤（22.5%），这些痕迹有时会出现在同一件标本上（图2-2、3）。

受齿痕影响的鸟类骨骼主要属于雕鸮（33.33%）、胡兀鹫（14.29%）和石鸡（13.64%）。表面具有齿痕的骨骼部位包括胸骨（50%）、肱骨（19.61%）、胫跗骨（14.81%）、乌喙骨（14.19%）和股骨（10.96%）。在6件具有咬痕的骨骼（15%）上还发现了表层劈裂的现象。此外，有6件标本（1.45%）被啮齿类啃咬过。

8件标本（1.93%）具有胃酸腐蚀迹象，其中绝大部分（87.5%）被轻度腐蚀，少部分（12.5%）被中度腐蚀。被胃酸腐蚀的骨骼包括环颈雉的1件尺骨、1件桡骨、1件胫跗骨和1件跗跖骨，大鵟的1件趾骨，石鸡的1件胫跗骨，山鹑的1件跗跖骨和1件不能鉴定到种属的乌喙骨。这些标本的长度在11.5—21.7mm之间。

3）人工痕迹

共有56件鸟类标本（13.53%）具有人工改造痕迹（13.53%），包括切割痕、敲砸痕、劈裂痕、烧烤痕、刮削痕以及肢解时造成的压碎和孔洞。在SDG12，有一半以上的鸟类种属（54.55%）其骨骼表面具有人工改造痕迹。其中胡兀鹫和雕鸮的骨骼被人工改造的频率最高，分别为42.86%和33.33%，而鸡形目成员的这一数值则较低：环颈雉为12.08%，石鸡为15.91%，山鹑为12.38%。被人工改造频率较高的骨骼部位包括肱骨（25.49%）、肋骨（25.00%）、胫跗骨（19.75%）、跗跖骨（16%）和腕掌骨（14.29%）。

劈裂痕迹是SDG12鸟类骨骼表面最常见的人工改造痕迹（46.43%）。最常见于胫跗骨、肱骨和股骨；也见于乌喙骨、肩胛骨、肋骨、尺骨、腕掌骨和跗跖骨，但出现率较低（图3-4，表6）。如果仅衡量具有劈裂痕迹的标本数量，那么绝大多数劈裂标本都属于鸡形目（表5），仅一小部分属于胡兀鹫和大鵟。但是当我们衡量相对数量时：胡兀鹫的劈裂标本占其NISP的21.43%；鸡形目成员的这一数值则较低（石鸡为8.00%，山鹑为6.67%，环颈雉为4.70%）；大鵟的比例更低（2.94%）。值得注意的是，隼形目有50%的劈裂标本属于翼部，而鸡形目90.48%的劈裂骨骼属于多肉部位（表6）。

SDG12第二常见的人工改造痕迹是烧烤痕迹（33.93%）。只有肢骨部分具有此类痕迹（图2-4，表5），主要常见于鸡形目的骨骼（94.73%），仅1件大鵟趾节骨的近端骨骺被部分炭化。有18件鸡形目骨骼被烧过，其中有50%被钙化（颜色范围从灰色到白色）（图2-4b），有50%被不同程度地炭化（颜色范围从深棕色到黑色）（图2-4a）。38.89%的骨骼仅部分被烧烤，61.11%骨骼被全部烧烤。被烧过的骨干（55.55%）与骨骺（44.44%）数量相差不多，被烧过的远端骨骺数量（87.5%）却远远高于近端骨骺（12.5%）。

SDG12第三常见的人工改造痕迹是切割痕迹（图3-1—7，表5）。在SDG12，具有切割痕迹的骨骼占鸟类NISP的1.69%，它们主要属于猛禽类，极少属于鸡形目（表7）；包括胡兀鹫的1件肱骨、1件尺骨和1件腕掌骨，环颈雉的1件肱骨和1件趾节骨，大鵟的1件股骨，雕鸮的1件跗跖骨。对于鸡形目来讲，具有切割痕迹的2件标本分别属于翅膀和腿骨。对于猛禽类而言，切割痕迹则主要分布于翼部骨骼。

此外，在3件环颈雉的肱骨上发现了孔洞和压碎痕迹，可能是人类用力掰折其肘部造成。另外，还在1件石鸡的胫跗骨上发现了敲砸痕迹（图2-1）。

表5　SDG12鸟类骨骼表面人工痕迹的统计

分类	切割痕	劈裂痕	烧烤痕	压碎痕	敲砸痕	总计	NISP	百分比（%）
鸵鸟						0	1	0
大鵟	1	1	1			3	34	8.82
普通鵟						0	1	0
胡兀鹫	3	3				6	14	42.86
石鸡		7	6		1	14	88	15.91
山鹑		7	6			13	105	12.38
环颈雉	2	7	6	3		18	149	12.08
雕鸮	1					1	3	33.33
长/短耳鸮						0	4	0
鸽						0	2	0
寒鸦						0	1	0
不可鉴定		1				1	12	8.33
总计	7	26	19	3	1	56	414	13.53
骨骼单元								
头骨						0	1	0
乌喙骨		2				2	28	7.14
肩胛骨		1				1	10	10
叉骨						0	2	0
胸骨						0	2	0
肋骨		1				1	4	25
肱骨	2	7	1	3		13	51	25.49
尺骨	1	1	3			5	47	10.64
桡骨			4			4	43	9.3
腕掌骨	1	1				2	14	14.29
荐椎						0	3	0
髋骨						0	5	0
股骨	1	4	1			6	73	8.22
胫跗骨		8	7		1	16	81	19.75
跗跖骨	1	1	2			4	25	16
趾节骨	1		1			2	24	8.33
不可鉴定长骨						0	1	0
总计	7	26	19	3	1	56	414	13.53

3.3　技术分析

我们在2件标本上发现了刮削痕迹。1件是鸵鸟的长骨骨干碎片，刮削痕纵向分布于骨表（d'Errico et al, 2018）。另外1件是胡兀鹫尺骨的骨干，刮削痕迹分布于近端。这两件标本都

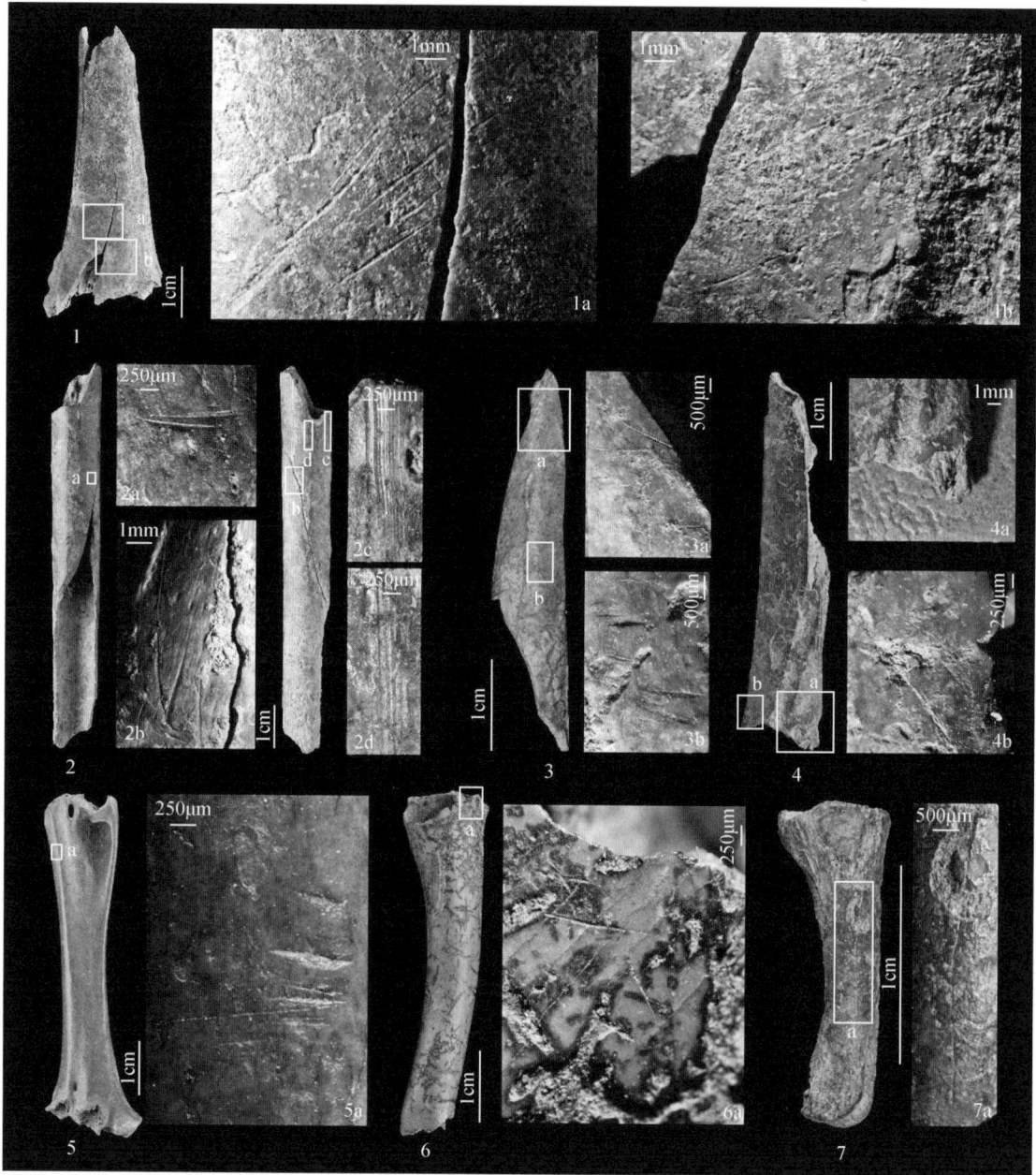

图3　SDG12鸟类骨骼表面的人工痕迹

切割痕迹（1a、1b、2a、2b、3a、3b、4b、5a、6a、7a）、劈裂痕迹（4a）和刮削痕迹（2c、2d）

有风化造成的劈裂面，有一些刮削痕迹即延伸至此，说明骨骼的风化早于刮削痕迹形成。与
SDG12的骨制品及其副产品（Zhang et al, 2016b, 2018; d'Errico et al, 2018）进行对比后，我们
根据鸵鸟长骨碎片的形状、尺寸和技术推测这件标本应该是骨针的毛坯。但是，古人类刮削胡
兀鹫尺骨的原因却暂时还不得而知。

表6　SDG12劈裂痕迹在鸟类骨骼上的分布位置

分类	劈裂标本（n）	骨骼单元
大鸮	1	肱骨
胡兀鹫	1	肋骨
	1	股骨
	1	腕掌骨
石鸡	2	股骨
	3	肱骨
	1	肩胛骨
	1	胫跗骨
山鹑	1	肱骨
	1	尺骨
	1	跗跖骨
	4	胫跗骨
环颈雉	1	股骨
	2	肱骨
	3	胫跗骨
	1	乌喙骨
不可鉴定	1	乌喙骨

表7　SDG12鸟类骨骼表面切割痕迹的统计

分类	具切割痕迹的标本数	骨骼部位名称	长骨位置	图号
大鸮	1	股骨	骨干	3-3
胡兀鹫	1	尺骨	骨干	3-2
	1	肱骨	接近远端骨骺	3-1
	1	腕掌骨	接近远端骨骺	3-4
雕鸮	1	跗跖骨	骨干	3-5
环颈雉	1	肱骨	接近近端骨骺	3-6
	1	趾节骨	骨干	3-7

4. 讨　　论

SDG12的鸟类遗存研究为探讨晚更新世之末中国北方人群的文化适应系统提供了一个新的研究视角；揭示了SDG12人群会根据不同目的获取不同的猎物，考虑到某些鸟类的行为学特征以及SDG12人群的技术特征，这一行为显得尤为重要。SDG12的鸟类主要属于走禽，即鸡形目。它们不善飞翔，不能长距离飞行。当时遗址被草原或稀树、灌丛围绕的沙漠草甸所包围，鸡形目在这样的环境中可能很常见。此外，SDG12的鸟类还包括一些猛禽。隼形目，为日行猛禽，在SDG12的出现数量较多。鸮形目，为夜行猛禽，也有出现，尽管所占比例较低（低于2%）。猛禽类能远距离飞行，每日飞行覆盖面积较大。日行和夜行猛禽都喜欢在悬崖或森林筑巢，而这些鸟类的生存环境距离SDG12都不远。鸟类骨骼指示的此类复杂镶嵌环境也被孢粉分析结果（Liu et al, 2008）证明，这样的环境为水洞沟先民提供了丰富的动物资源，因此他们可以根据需要挑选特定的种属狩猎。

这种选择性的狩猎模式实际上也解释了为什么SDG12人群生活于边沟河附近（Liu et al, 2008; Gao et al, 2013）但遗址内却不见水禽的原因。鱼骨的发现显示SDG12的古人类会利用河滨资源，那么遗址内水禽缺乏的原因可能为：①SDG12狩猎人群认为水鸟的肉不适合作为食物，骨骼不适合制作工具，羽毛也不适合作为象征性饰物；②中高纬度水生鸟类在秋季末至春季初会迁徙至南方，如果SDG12在每年的这段时间被狩猎采集人群占据，环境中即可能不见水禽。遗址中幼鸟骨骼的缺失（即使在出土数量最多的鸡形目骨骼中也基本不见幼鸟标本）在一定程度上支持了第二种解释：如果古人类占据SDG12的季节在秋季末至春季初，此时原有幼鸟已经成年而新的幼鸟尚未出生。

当研究对象为多个种属组成的动物骨骼组合时，骨骼单元分布及表面痕迹的分布位置和频率分析对于解释古人类获取猎物的方式和目的能够提供较为重要的信息。动物考古学、埋藏学和技术分析让我们能够辨别出不同种类鸟骨骼之间的差异，并将之与晚更新世SDG12古人类文化适应的某些特定方面联系起来。

在SDG12，无论是哪种鸟类，长骨（特别是股骨和胫骨）在骨骼组合中均占主导地位；而中轴骨的数量则较少，且绝大部分属于鸡形目。中轴骨在考古遗址出土的数量通常较少，造成这种局面的主要原因往往被认为是与密度相关的破坏作用有关（Andrews, 1990; Finlayson et al, 2012; Blasco et al, 2016）。当我们分析SDG12每种鸟类的翅膀与后肢相对比值时，发现鸡形目是多肉的后肢数量占优势，而猛禽类则是翼部骨骼所占比例较高。通常多肉部位在数量上占优势被认为是与人类利用行为相关，而少肉部位的富集则被认为可能与猛禽类的捕猎有关（Mourer-Chauviré, 1983, Bochenski, 2005），然而这种简单的解释已经备受争议，引用时需要谨慎（Livingston, 1989; Laroulandie, 2010）。大鵟和胡兀鹫较多的远端翼骨并不是猛禽捕食的信号，却表明了人类收集羽毛的行为（例如Serjeantson, 2009）。SDG12鸟类骨骼表面人工改造痕迹的类型和位置为古人类对鸟类利用性质的识别提供了关键线索。绝大多数具有烧痕和劈裂痕迹的骨骼都属于鸡形目。烧烤动物部位时，只要有肉覆盖在骨骼上，被覆盖的部位通常不会被烧到（Giford-Gonzalez, 1989; Buikstra and Swegle, 1989）。肉受热即会收缩，在收缩时如果将关节暴露，关节就会在受热时出现炭化的痕迹。长骨近端骨骺不容易被炭化，因为近端附着的肉比远端厚；这种炭化模式在一定程度上可以证明长骨曾在明火上被烧烤过（Cassoli and Tagliacozzo, 1997; Laroulandie, 2001）。在SDG12，鸡形目绝大部分的炭化骨骼属于腿骨和翼骨的远端部分，这可以解释为鸡形目成员可能被古人类烧烤过。此外，另一个迹象也表明鸡形目是SDG12先民的消费目标，即表面的劈裂痕迹；不论是何种鸡形目成员，绝大多数具有劈裂痕迹的骨骼属于多肉部位，这通常与咀嚼长骨以吸出其中的骨髓有关（White, 1992; Saladié et al,

2013）。

有2件鸡形目的标本表面具有切割痕迹，包括环颈雉的1件肱骨近端和1件指骨，这2件标本的切割痕迹分别是横向和纵向分布的。考虑到鸡形目肱骨近端的肌肉较厚，该部位的切割痕迹很可能是切割鸟类的肉而不是去除羽毛造成的（Blasco et al, 2019）。值得注意的是，石鸡和山鹑骨骼上没发现切割痕迹，但却发现了劈裂痕迹（见上文），鉴于它们的体积小，推测SDG12先民很可能未使用工具而是用手撕扯食用了这些鸟类。

SDG12猛禽类骨骼表面的改造痕迹与鸡形目的区别很大。隼形目的翼骨居多，这本身就很有意思，因为滑翔和翱翔的鸟类，从肱骨的远端到翼尖几乎没有任何肌肉的包裹。而且，当人类获取羽毛时，骨骼很容易被劈裂（Pedergnana and Blasco, 2016; Romandini et al, 2016; Blasco et al, 2019）。胡兀鹫翼骨上的切割痕迹和劈裂痕迹最有可能是在去除初级和次级飞羽的过程中造成的。值得注意的是，尽管大鵟的远端翼骨数量相对丰富，但在这些骨骼上却未发现人工痕迹。

具切割痕迹的大鵟股骨很可能与SDG12先民获取肉食的行为有关。西欧考古遗址出土的猛禽股骨表面分布切割痕迹，即被认为可能是人类食用猛禽的证据（Gerbe et al, 2014; Gómez-Olivencia et al, 2018; Rufà and Laroulandie, 2021）。然而，由于SDG12的样本量较小，又缺乏民族学研究中人类消费猛禽的对比数据（Finlayson et al, 2012），所以上述发现的重要性即被削弱了。

此外，在雕鸮的跗跖骨上也发现了切割痕迹。它们的位置靠近近端骨骺，垂直于骨骼长轴分布。猛禽的跗跖骨通常被一层薄薄的肉和较厚的肌腱所覆盖（Serjeantson, 2009），这些横向切割痕迹的出现可能与获取肌腱的行为有关。然而，由于鸟类的肌腱太短不能用于绑缚，这些切割痕迹的作用仍有待解释；同样的论点也适用于有切割痕迹的环颈雉趾骨。

刮削痕迹发现在2件鸟类肢骨表面，包括1件鸵鸟长骨碎片和1件胡兀鹫的尺骨骨管。刮削胡兀鹫骨管的原因尚不清楚；根据鸵鸟长骨碎片的形状、尺寸等特征以及SDG12骨制品组合的技术分析结果（d'Errico et al, 2018; Zhang et al, 2018），我们推测这件标本可能是制作骨针的毛坯。

一个尚待解决的问题是，哪些营力是聚集SDG12的禽类骨骼主要原因，如果是古人类聚集的，那么这些猎物是如何获得的？一些骨骼表面的牙齿痕迹与胃酸腐蚀痕迹指示了它们复杂的沉积历史。尽管数量不多，但鸡形目头骨与其他中轴骨的存在，以及各类骨骼表面人工改造痕迹（特别是烧烤和劈裂痕迹）的性质和位置，共同表明这些种属主要是被人类食用的。在食用了鸡形目的肉之后，被丢弃的残余部分可能吸引了食肉动物和啮齿动物，所以一些标本表面具有齿痕和胃酸腐蚀痕迹。值得注意的是，SDG12出土的环颈雉跗跖骨只要保存了相关区域，就有突出的距，这一现象显示SDG12先民似乎更倾向于捕猎环颈雉的雄性个体。雄性环颈雉有长而美丽的中央尾羽，在民族学记录中此类羽毛往往被作为头部的装饰（Shen, 2009; Yin and Dai, 2014）。尽管我们没在环颈雉的尾综骨上发现去除羽毛的痕迹，但是SDG12古人类有可能为了其象征性行为或者技术目的而更倾向猎捕雄性个体以获取其尾部羽毛。SDG12羽毛开发较为直接的证据主要来自于猛禽，除了胡兀鹫翼骨上的切割痕迹和劈裂痕迹外，其他猛禽翼骨与腿骨的高比值表明翅膀部分是被优先选择的目标。大多数隼形目和鸮形目翼骨上未见切割痕迹，这本身并不能表明它们的羽毛未被利用。事实上，SDG12的古人类完全有可能徒手移除羽毛，因此骨骼上没有留下切割痕迹。

SDG12先民对羽毛利用行为的确认为我们探讨该区域古人类装饰品的制作和使用提供了新的研究视角。民族学证据表明，用鸟羽毛作为装饰物是一种象征个人成就、地位或财富的重要方式（Clark, 1948, 1952; Sillitoe, 1988; Monzino, 1991; Penney and Longfsh, 1994）。这种行为似乎起源于史前时期（Serjeantson, 2009），可能可以追溯到欧洲旧石器时代中期（例如Peresani et al, 2011; Finlayson et al, 2012; Morin and Laroulandie, 2012）。我们知道SDG12先民能够制作小石珠（Yi et al, 2021），但这些珠子在社会环境中不能引起别人的关注，而猛禽羽毛的大小和颜色则更适合在社交中表达个人和/或群体身份。在资源获取策略方面，猛禽遗骸可能是在从事其他生存活动期间收集到的，这即解释了SDG12骨骼组合中猛禽头骨和其他中轴骨的相对缺失，以及各种齿痕的高频率出现。除了肉和羽毛，SDG12人群还将鸟类骨骼用于骨制品的制作，鸵鸟长骨很可能是在风化状态下被收集到遗址的，胡兀鹫的尺骨也可能是用同样方式被获取的。

由于SDG12鸟类骨骼上缺乏明显的狩猎损伤痕迹，我们只能依靠相关的其他证据为复原捕获鸟类的装置提供一些线索。人类可以用各种方法和技术猎捕鸟类，从简单的投掷木棍、棍棒到更复杂的系统，如网、陷阱和弓箭（Nelson, 1969; Fowler, 1990; Serjeantson, 2009; Moss and Erlandson, 2013）。SDG12骨制品中存在疑似织网的工具（Zhang et al, 2018），这可能表明网和/或圈套已用于捕捉鸟类。然而，考虑到此类工具在人类社会中可能的用途较多，这一论点需要更多的证据来证实。SDG12的鸟类中雄性环颈雉个体过多表明猎捕是有选择性的，这种对鸟类的选择性狩猎暗示古人类可能使用了文献中记载的类似配备有小而钝箭头（尽管我们在遗址从未发现过此类工具）的弓箭（Nelson, 1969; Fowler, 1990; Moss and Erlandson, 2013）。

5. 结　　论

在SDG12的鸟类骨骼组合中，富含肉的骨骼部位在数量上占优势，如肱骨、股骨和胫骨。我们认为这与古人类对鸟的营养开发有关，这一点得到了骨骼表面痕迹分析的支持。证据显示SDG12先民主要食用鸡形目。

与有蹄类动物、兔子相比，SDG12的鸟类骨骼数量相对较少，这表明鸟类仅是SDG12人群主要食物的补充。至少有两种狩猎装置可能被用来捕猎鸟类：遗址附近可能设置了网或网套以捕捉小动物；选择性狩猎，使用了带有小而钝箭头的弓箭，可能用于射击雄雉。古人类也许为了获得羽毛而专门将猛禽的翅膀收集到遗址，羽毛可能与石珠相得益彰作个人装饰。除了肉与羽毛，鸟的骨骼还被用来制造骨制品。SDG12鸟类骨骼的研究揭示了中国北方史前人类复杂的生存策略，该地区古人类对鸟类资源的开发模式与旧大陆西部地区报道的模式完全可比。然而，确定中国最早的鸟类资源开发行为，识别这一行为特征在更广阔的地域和/或时空范围内的异同，则需要结合动物考古学、埋藏学与技术分析进行更多的系统研究。

致谢：感谢侯连海研究员在鸟类种属鉴定方面给予的帮助；感谢匿名审稿人为我们提出建设性意见和建议。本研究由国家自然科学基金（41772025、41672023）、中法徐光启项目（41230RB）、法国波尔多大学人才项目（191022_001）、法国波尔多大学卓越计划文古人类研究项目、法国科学研究中心Labex LaScArBx-ANR的团队（项目编号：ANR-10-LABX-52）共同资助。

［原载Zhang Y, Doyon L, Gao X, Chen F Y, Wang H M, Zhang S Q. Birds and Prehistoric Humans in North China: A Taphonomic Analysis of the Avian Assemblage from Shuidonggou Locality 12. Archaeological and Anthropological Sciences, 2022, 14(8), 157］

（张乐译）

五

象征认知研究篇

中国旧石器时代晚期个人装饰品的早期案例：水洞沟第2地点淡水贝壳串珠

魏 屹[1, 2]　Francesco d'Errico[3, 4]　Marian Vanhaeren[3]　李 锋[1]　高 星[1]

（1. 中国科学院古脊椎动物与古人类研究所脊椎动物演化与人类起源重点实验室，中国北京，100044；
2. 中国科学院大学地球科学学院，中国北京，100049；3. 法国波尔多大学，法国国家科学研究中心 UMR5199实验室，法国佩萨克，33600；4. 南非金山大学地球科学学院演化研究所与古代科学DST-NRF 卓越中心，南非约翰内斯堡，Wits 2050）

摘要：我们对水洞沟第2地点CL3层的一枚淡水双壳类进行了详细分析和报告。该层位于出土了大量鸵鸟蛋皮串珠的CL2层下方约40厘米处。该贝壳种属经确认为河蚬（*Corbicula fluminea*）。该物种于深海氧同位素第3阶段在水洞沟地区出现，本研究通过现代生物群和尸积群的埋藏学分析表明，这枚考古标本是在有人类活动的CL3层同时期的河蚬化石或半化石露头处采集的。对该物种现生贝壳进行研磨实验和显微分析表明，水洞沟出土的贝壳很可能是在粗粒砂岩上进行了研磨加工，目的是在壳顶上开孔并穿绳，以作为个人装饰品使用。对现生贝壳进行刻划实验和显微分析表明，考古标本外表面的痕迹很可能是有意的人为刻划。根据现有的放射性碳测年数据重新评估遗址年代后认为，CL3层年代至少为34ka—33ka cal BP，这使得水洞沟第2地点CL3层中发现的河蚬贝壳成为中国最早的个人装饰品遗存之一，也可能是目前中国最早的贝壳串珠遗存。

关键词：贝壳串珠；河蚬；实验考古；制作工艺；中国旧石器时代晚期

1. 引　　言

个人装饰品通常被认为是现代人象征性物质文化出现的最可靠证据之一（例如［1-6］），它们代表着当前和历史上所有已知人类社会中的一种典型通讯方式，用来传递佩戴者社会和群体身份的编码信息［7-13］。它们也可能标志着人类独特认知和复杂语言能力的出现［14-16］，尽管这一观点仍存在争议[17-20]。虽然个人装饰品出现和多元化的进度和模式是理解我们祖先认知和行为变化的关键，但这样的过程在世界许多地区仍鲜为人知。

　　本文对来自中国水洞沟遗址第2地点的一枚穿孔且可能经过人为刻划的淡水双壳贝类进行了详细分析，并在非洲、欧洲、亚洲和大洋洲已知最早串珠使用证据的基础上讨论了其意义。这件贝壳来自于富含鸵鸟蛋皮串珠地层（其年代为31ka—30ka cal BP[21-23]）之下的层位，因此能够跻身中国发现的最早个人装饰品遗存之一。本文旨在记录该物体经历的自然、人为和沉积后改造的证据，并根据对本研究中参照标本和实验数据的分析，重建该考古标本的原料获取、改造和使用过程。此外，本文尝试讨论产出该物品的文化层年代，并探索这一发现和之前出土的装饰品遗存对梳理中国旧石器时代晚期文化趋势的影响。

1.1　非洲、欧洲、亚洲和大洋洲串珠使用的最早证据

　　目前已知最早的个人装饰品出现在北非和撒哈拉以南非洲（表1），由穿孔的海洋腹足类和双壳类组成[24-25]。在摩洛哥和阿尔及利亚的七个Aterian文化遗址中，小型腹足类*Nassarius gibbosulus*和*N. circumcinctus*被用作串珠，年代为135ka—60ka BP；西亚两个Levantine Mousterian文化遗址也使用以上两种贝类和*Glycymeris*属双壳类作为串珠，年代约为100ka BP。

　　在南部非洲的Still Bay和Howiesons Poort文化遗址中出土了带有穿孔的*Nassarius kraussianus*, *Conus ebraeus*和*Afrolittorina africana*贝壳，年代约为75ka BP。其中许多贝壳出现在远离海岸的地方，有颜料残留，强烈的使用磨损表明曾经长期使用，并且似乎因加热而呈现黑色，目的可能是为了改变其自然颜色[26]。装饰品再次出现在非洲的年代约为50ka BP，此时类型主要是圆形的鸵鸟蛋皮串珠和石珠[2, 27-29]。

表1　已知最早的贝壳串珠

遗址	国家	年代（ka BP）	种属	数量	文化归属	参考文献
Qafzeh	以色列	100—80	*Glycymeris insubrica*	10	Levantine Mousterian	[24][25]
Skhul	以色列	135—100	*Nassarius gibbosulus*	2	Levantine Mousterian	[30]
Oued Djebbana	阿尔及利亚	90	*Nassarius gibbosulus*	1	Aterian	[30]
Taforalt	摩洛哥	82	*Nassarius gibbosulus*	29	Aterian	[31][32]
			Nassarius circumcinctus	3	Aterian	
Rhafas	摩洛哥	80—70	*Nassarius gibbosulus*	3	Aterian	[32]
			Nassarius circumcinctus	1	Aterian	
			Columbella rustica	1	Aterian	
Ifri n'Ammar	摩洛哥	82	*Nassarius gibbosulus*	1	Aterian	[32]
			Columbella rustica	1	Aterian	
Contrebandiers	摩洛哥	107—96	*Nassarius gibbosulus*	很多	Aterian	[32][33][34]
Contrebandiers	摩洛哥	122—115	*Nassarius gibbosulus*	很多	Mousterian	[32][33][34]
Blombos	南非	75	*Nassarius kraussianus*	41	Still Bay	[35][36][26]
Sibudu	南非	70	*Afrolittorina africana*	3	Still Bay	[37]
Border Cave	南非	74	*Conus ebraeus*	2	Howieson's Poort	[38][39]

在欧洲，贝壳可能被用作串珠的最早证据来自两处Mousterian文化遗址，年代约为50ka BP。Cueva de Los Aviones遗址发现了有天然穿孔的*Acanthocardia*和*Glycymeris*贝壳，以及残留红色颜料的*Spondylus*贝壳[40]。意大利Fumane出土了一枚有使用磨损痕迹和富含赤铁矿颜料的腹足类化石，可能是破损的串珠成品，也可能是未经人为改变直接使用的自然物[41]。其他七个年代在130ka—44ka BP之间的Mousterian文化遗址中出土了带有切割痕迹的大型猛禽指骨，被一些学者解读为个人装饰品，而翼骨上的切割痕迹则是为了象征性目的而获取羽毛的证据[42-47]。

欧洲和西亚的许多年代在45ka BP后，尤其是42ka BP后的遗址都出土了个人装饰品。这一时期大多数欧洲遗址出土装饰品与之前的不同之处在于，它们是由各种各样的原料（牙齿、骨头、象牙、石头、众多现生和化石贝壳种属，等等）制成的，并且通常以多样化的形式出现[13,48-50]。

发现于欧洲旧石器时代晚期早段的装饰品使用证据在亚洲和大洋洲很少，但却呈现了不一样的模式。已知最早的大洋洲装饰品较多使用海洋资源，该地区已知最早的个人装饰品是来自新爱尔兰岛Bang Merabak的穿孔虎鲨牙齿，出土于年代为39.5ka—28ka BP的地层[52]；澳大利亚串珠使用的最早证据来自西澳大利亚的Mandu Mandu遗址，在那里发现了22枚*Conus*属的贝壳串珠，年代约为32ka BP[53]。此外，西澳大利亚位于内陆300千米处的Riwi遗址在年代约30ka BP的地层中也曾出土有10枚象牙贝制成的串珠[54]。

相比之下，亚洲旧石器时代晚期早段（EUP）遗址出土的个人装饰品，不仅在原料和类型多样性上与同时期欧洲和西亚出土的装饰品类似，如穿孔哺乳动物牙齿以及石、骨、象牙制成的串珠和坠饰，还出现了以上地区所没有的类型，如鸵鸟蛋皮串珠、带有环形刻痕的骨管以及穿孔的淡水贝壳。在伊朗Yafteh遗址38.4ka—37.8ka cal BP的地层中出土的装饰品包括穿孔的鹿犬齿、以赤铁矿石为原料的仿鹿犬齿以及海洋贝壳[55]。在西伯利亚和蒙古地区，Denisova、Tolbor 4/AH 6-5、Tolbor 16、Dörölj 1/13、Khotyk/A-H 2（40ka—28ka BP，[14]C）、Khotyk/A-H 3（34ka—26ka BP，[14]C）、Podzvonkaya遗址的旧石器时代晚期初段地层中发现了鸵鸟蛋皮串珠；在Kamenka A/3和Denisova遗址年代约40ka—35ka cal BP地层中出土了表面装饰有平行刻痕的骨管；Kara Bom遗址发现了年代为（43.3 ± 1.6）ka BP（[14]C）的骨坠饰；Denisova和Anui 2遗址出土了穿孔淡水贝壳[56-69]。印度Patne遗址年代为30ka cal BP的地层中也发现有鸵鸟蛋皮串珠[70]，在斯里兰卡Batadomba-lena洞穴则发现了贝壳串珠，年代为35ka—30 ka cal BP[71]。

在中国也观察到了类似趋势。辽宁小孤山遗址第2层中发现了貉和小野猫的穿孔犬齿各一枚，其年代可能为43ka—33ka cal BP[72-73]；第3层的下部堆积出土了穿孔马鹿犬齿、食肉类犬齿和有刻划装饰的装饰圆盘残片各一枚[72]，最近由加速器质谱碳十四（AMS[14]C）和光释光（OSL）重新确定了年代，约为30ka—20ka BP[73]；周口店山顶洞遗址[74]的一系列装饰品主要由多种哺乳动物的穿孔牙齿组成，此外还有骨管、海贝壳、石珠和穿孔卵石，年代约29ka—11ka cal BP[75-79]；湖南玉蟾岩也发现了穿孔和牙根处有刻槽的动物牙齿，年代为18ka—13ka cal BP[80]。

山西峙峪发现了一枚人为穿孔的石墨串珠，其年代为33ka—31ka cal BP[81]；河南小南海出土了一块有天然穿孔的椭圆石灰岩，呈现出自然穿孔和崩疤，目前认为是穿绳佩戴所导致，年代约15ka—13ka cal BP[82-83]。河北马鞍山遗址16.4ka—15.5ka cal BP的地层[86]出土有一枚穿孔物品，曲彤丽等[84]在文章中描述为骨坠饰，梅惠杰[85]描述为石坠饰，谢飞等人描述为骨或石坠饰[86]。

中国有两个遗址与上述遗址和西伯利亚遗址显著不同。到目前为止，在水洞沟遗址第1、2、7、8地点仅发现了鸵鸟蛋皮串珠，其年代分别为31.3ka—29.9ka cal BP、（30±3）ka—（24±2）ka BP（OSL）和（31.3±0.1）ka cal BP[22, 87]。在山西吉县柿子滩，鸵鸟蛋皮串珠也占据了主导地位，共出土于五个地点（S1、S9、S12G、S24、S29），年代介于25ka—11.3ka cal BP之间[88]：在S29地点（24.9ka—18.8ka cal BP），鸵鸟蛋皮串珠与壳顶穿孔的*Anadara kagoshimensis*共出；在S12A地点（19.5ka—18.9ka cal BP），鸵鸟蛋皮串珠与有两个穿孔的不明双壳类残片共出；在S9地点（11.8ka—11.3ka cal BP），与两个在壳顶穿孔的Verenidae贝壳、一个在边缘区域穿孔的椭圆形不明双壳类以及一个骨管共出。河北虎头梁旧石器时代晚期遗址群内的于家沟遗址发现了两种类型的装饰品，一种是鸵鸟蛋皮串珠和穿孔腹足类贝壳，另一种是骨管、石坠饰和穿孔贝壳圆盘，年代为12ka—10ka cal BP[85-86]。虎头梁其他年代约13ka—12ka cal BP的地点则发现有鸵鸟蛋皮串珠、穿孔贝壳与骨珠和石珠共出[89-90]。

1.2　水洞沟第2地点的考古学背景

水洞沟第2地点是水洞沟考古遗址群的12个遗址之一，位于中国北方银川东南28千米处的黄河二级阶地上。该地区位于鄂尔多斯沙漠西南缘，气候处于干旱沙漠和半干旱黄土高原之间的过渡地带。桑志华和德日进于1923年首次发现了第2地点[91]，由中国科学院古脊椎动物与古人类研究所于2003—2005年和2007年进行了系统发掘，面积约100平方米，深度约12.5米，共识别出18个地层（图1），其中7个地层中发现旧石器考古遗存，包含丰富的石器工业、动物遗存和83枚鸵鸟蛋皮串珠[22, 92]。

第2地点使用[14]C和OSL方法进行了年代序列测定（表2），但由于后者标准误差较大，且与[14]C测定值存在系统性差异，故对厘清年代序列的贡献甚微。李锋等[96]发表了第2地点的放射性碳年代数据，其中CL7层为41.4ka—34.4ka cal BP，CL6层和CL5层为34.4ka—32.6ka cal BP，CL4层和CL3层为32.6ka—31.4ka cal BP，CL2层为31.3ka—29.9ka cal BP，CL1层只有一个OSL年代数据，为（20.3±1.0）ka BP。Keates和Kuzmin[97]（李锋等[98]对其进行了回复）近期对这一年代序列进行了讨论，他们利用[14]C年代数据的分散性来质疑第2地点石叶技术出现较早的观点。

本研究使用OxCal 4.2.4和IntCal13曲线[99, 100]对该地点的[14]C年代数据进行了校准更新（表2）。由于文化层存在年代序列倒置的情况，因此无法建立贝叶斯年代模型。

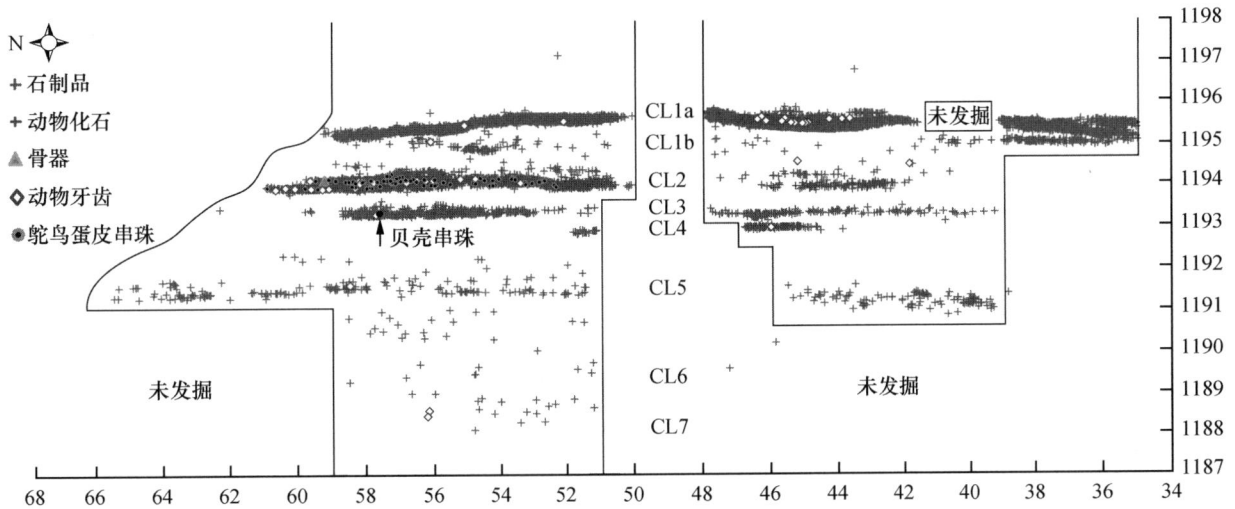

图1　SDG2出土各类遗存的垂直分布情况

（图中标明文化层和贝壳串珠的位置，横纵轴刻度单位为m）

表2　SDG2放射性碳年代数据（引自Gao et al, 2013; Li et al, 2013）

文化层	样品来源	采样背景	测年材料	测年方法	实验室编号	^{14}C 年代（a BP）	校正^{14}C 年代（a BP）（95.4%）/光释光年代*	参考文献
1	CL1	剖面	沉积物	光释光	IEE1880		20300 ± 1000	[92]
2	火塘1	剖面	木炭	加速器质谱	Beta-132982	26350 ± 190	31012–30203	[94][95]
2	火塘2	剖面	木炭	加速器质谱	Beta-132983	25670 ± 140	30339–29414	[94][95]
2	火塘2	剖面	鸵鸟蛋皮	加速器质谱	Beta-132984	26930 ± 120	31207–30818	[94][95]
2	火塘3	剖面	木炭	加速器质谱	Beta-134824	26830 ± 200	31220–30699	[94][95]
2	火塘4	剖面	木炭	加速器质谱	Beta-134825	25650 ± 160	30365–29365	[94][95]
2	火塘5	剖面	木炭	加速器质谱	Beta-146355	26310 ± 170	30975–30204	[94][95]
2	火塘7	剖面	木炭	加速器质谱	Beta-146357	29520 ± 230	34125–33230	[94][95]
2	火塘10A	剖面	木炭	加速器质谱	Beta-146358	23790 ± 180	28283–27572	[94][95]
2	CL2	剖面	鸵鸟蛋皮	加速器质谱	Beta-207935	28420 ± 160	32918–31719	[21]
2	CL2	剖面	木炭	加速器质谱	Beta-207936	28330 ± 170	32822–31620	[21]
2	2L3	原位	木炭	加速器质谱	BA110217	26450 ± 120	30996–30492	[93]
2	L18	原位	木炭	加速器质谱	BA110218	30360 ± 120	34656–34056	[93]
2	L20-H6	原位	木炭	加速器质谱	BA110219	25090 ± 90	29441–28844	[93]
2	2L4	原位	木炭	加速器质谱	BA110220	26040 ± 90	3070 7–29911	[93]
2	L20-H7	原位	木炭	加速器质谱	BA110221	2520 ± 30		[93]
2	L21-H7	原位	木炭	加速器质谱	BA110226	895 ± 30		[93]
3	L28	原位	骨头	加速器质谱	BA110222	27190 ± 100	31324–30965	[93]
3	L27	原位	骨头	加速器质谱	BA110223	28290 ± 110	32665–31655	[93]
3	CL3	剖面	沉积物	光释光	IEE1881		27800 ± 1400	[92]
4	CL4	剖面	沉积物	光释光	IEE1882		20500 ± 1100	[92]

续表

文化层	样品来源	采样背景	测年材料	测年方法	实验室编号	^{14}C 年代 （a BP）	校正^{14}C 年代 （a BP）（95.4%） /光释光年代*	参考文献
4	L30	原位	木炭	加速器质谱	BA110224	985 ± 30		［93］
5	CL5	剖面	沉积物	光释光	IEE1883		29200 ± 2100	［92］
5	CL5	原位	骨头	加速器质谱	BA110227	20280 ± 70	24569–24108	［93］
6	上部	剖面	沉积物	光释光	IEE1884		23600 ± 2400	［92］
6	下部	剖面	沉积物	光释光	IEE1885		38300 ± 3500	［92］
7	上部	剖面	泥炭	加速器质谱	BA07940	29759 ± 245	34351–33490	［92］
7	下部	剖面	木材	加速器质谱	BA07943	36329 ± 215	41475–40441	［92］
7	泥炭	原位	木材	加速器质谱	BA110228	980 ± 30		［93］

* 　^{14}C年代使用在线软件OxCal 4.1（IntCal 09 curve）校正。

　　本文所研究的贝壳标本发现于CL3层，编号为SDG2：T2-9736，三维坐标为 X=50.199m，Y=57.725m，Z=1193.316m。在水洞沟第2地点的其他文化层中均未发现淡水贝壳。这件物品出土时邻近石器、动物骨骼碎片和牙齿，同层出土的石器在类型和技术上具有中国北方旧石器时代晚期的特征，通常是经过硬锤直接打击，偶尔也会使用两极法。高度的碎片化使得对该层动物遗存的种属分类变得困难。在其上覆CL2层中发现的哺乳动物牙齿属于普氏野马、蒙古野驴和普氏羚羊。

2. 材料和方法

2.1　分　类　鉴　定

　　本文研究的贝壳现存于中国科学院古脊椎动物与古人类研究所，对贝壳种属的鉴定标准参照Ruppert等［101］。鉴定结果经由云南师范大学的张虎才确认，他是研究中国西北地区第四纪地层中出土河蚬化石的专家。

2.2　参　照　标　本

　　2015年6月包括两位作者（魏屹、Francesco d'Errico）在内的三人在法国Ispe et Biscarrosse lake（北纬44°26′29.2″，西经1°11′18.2″）湖岸采集了活体河蚬169枚，不同死亡阶段的河蚬1153枚作为参照标本集合。根据法国的规定，收集作为入侵物种的蚬壳不需要许可证（Article L. 411-1 du Code de l'Environnement and Arrêté Ministériel of the 23rd of April 2007）。我们提供了

一封涉及区域环境规划和住宅管理部门的信件，其中声明采集该物种无需许可证。我们还提供了法国法律的文本，其中明确指出河蚬不属于保护种属。这次系统采集持续大约3个小时，主要沿垂直于湖岸线的切面方向选取了四个点分别进行采集：湖岸浅滩，水深0—30cm区域、水深30—100cm区域以及水深100—200cm区域。此外还选择在水深0—30cm的区域用孔径为0.5mm的网筛对面积为1m²的表层沙土过筛，得到了一些活体和死亡的河蚬标本。活的个体放入热水中处理，当贝壳打开后将软组织清理干净。接着将所有标本按照埋藏过程中所受磨蚀的程度进行归类，共分为十级（图2）：Ⅰ级为活的河蚬个体；Ⅱ—Ⅳ级为死亡不久的个体，随着磨蚀级别的增加，壳体颜色更黑，角质层剥落更为严重；Ⅴ—Ⅷ级的贝壳硬壳层磨蚀加剧，并开始在内壳层出现了孔眼；Ⅸ—Ⅹ级的贝壳壳顶消失，且壳体孔洞扩大。

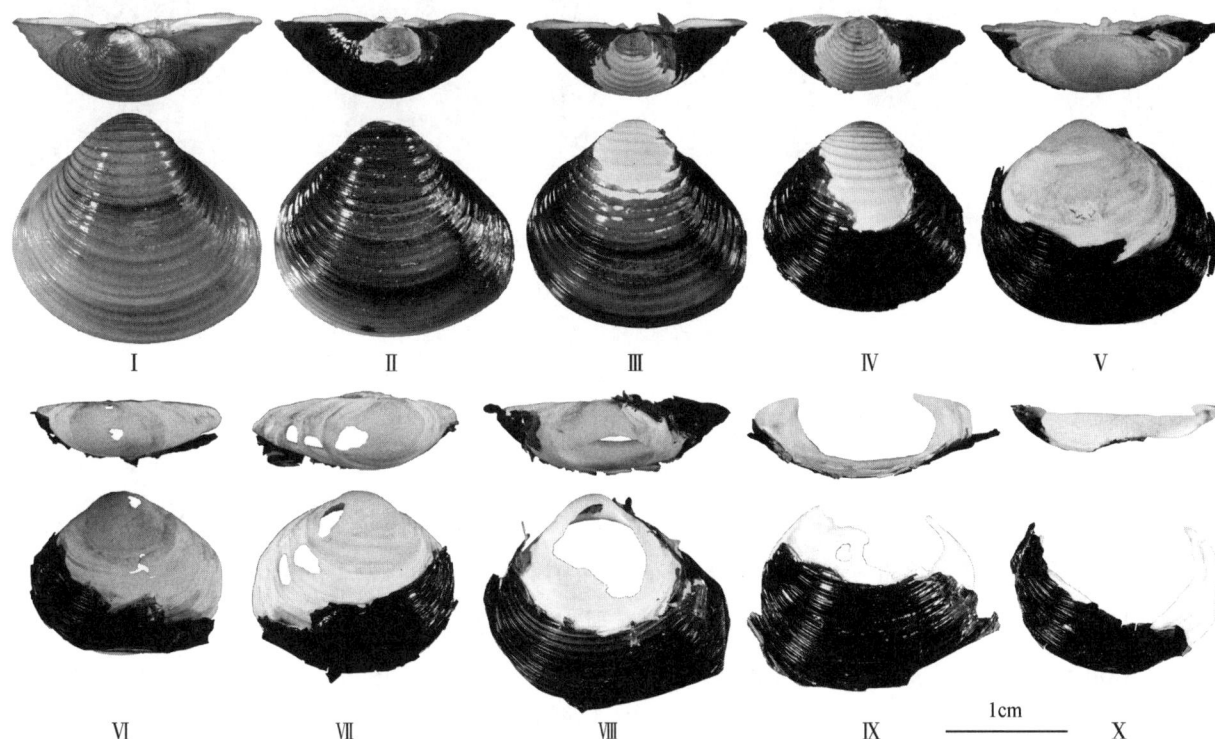

图2 河蚬参照标本各磨蚀等级的形态

2.3 穿孔和刻划实验

我们将保存状况良好的河蚬壳顶分别在玄武岩、花岗岩、粗粒砂岩和细粒砂岩的磨石表面进行研磨。实验过程中，实验者以食指和拇指执标本，沿着垂直于壳体中心对称轴的方向往复移动直到穿孔。此外，实验者还用燧石制成的雕刻器（图3）从贝壳壳顶向远端边缘进行直线刻划，实验标本为保存状况良好的现生河蚬和马珂蛤（*Spisula solida*），后者是一种海洋贝类，其生长环线与考古标本上观察到的相似，比保存完好的河蚬更为平坦。

图3　实验使用的石质工具
（用于河蚬和马珂蛤刻划实验的燧石工具两面照片）

2.4　显微分析

本研究使用配备了Coolpix 990数码相机的Wild M3C双筒显微镜，以及Zeiss MA EVO25型号的扫描电子显微镜对这件考古标本进行了研究和拍照。实验河蚬标本的刻划与磨痕使用配备了DFC420数码相机的Z6 APOA电动显微镜进行观察和拍照，并使用装载了多聚焦组件的Leica Application Suite（LAS）配套程序和Leica Map DCM 3D软件对图像进行处理。多聚焦拍摄能在不同平面高度得到不同景深的图片，并通过算法最终将这些图片制成一张在各个景深都有很高锐度的合成图像。使用Leica Map DCM 3D 软件处理数据能够对研究区域进行3D重建。此外还使用配备有20倍物镜的Sensofar Sneox扫描共焦显微镜扫描了实验标本的研磨和刻划区域，并使用配套的Senso SCAN 6.0软件获得渲染后的标本3D表面。最后使用Adobe Illustrator软件在宏观和微观照片上描绘出考古标本表面人工刻划的痕迹。

3. 结　　果

3.1　分类鉴定

本文的研究对象可初步鉴定为*Corbicula fluminea*（Müller, 1774）[102]的左侧贝壳（图

4）。这种生活在淡水中的双壳类软体动物通常被称为亚洲蚬，属于Cyrenidae科[101]。河蚬原产于东亚和南亚，而现今已广泛入侵其他水生环境中，危及并取代当地的类群[103-105]。现代河蚬生活在年降水量大于800mm（800—1400mm）、年均温度为13.5—17℃的温带至热带湿润地区[106]，在二到三十六七摄氏度的温度下均能存活[107-108]。

图4　SDG-CL3出土的破碎贝壳串珠
（横线指示研磨面位置，竖线指示刻划线位置）

3.2　贝壳产地

现在水洞沟遗址附近的河流和湖泊中没有河蚬生存的证据[106]，然而在该地区MIS3阶段的河湖相环境中广泛存在河蚬化石。目前为止，共有十个古湖泊和湖岸沉积物中出土了河蚬化石，地点包括腾格里沙漠的白碱湖古湖岸、土墩槽、断头梁、张家坑剖面、乌兰布和沙漠的吉兰泰、中蒙边界的额济纳盆地、泥河湾盆地的井儿洼剖面和柴达木盆地的查干淖尔、贝壳堤剖面。河蚬对这些沉积地层的年代起到了指示作用，可追溯到MIS3阶段晚期[109]。距水洞沟200千米的腾格里沙漠岩层露头^{14}C年代为41ka—25ka cal BP[110-111]，这意味着，CL3层出土的河蚬标本采集时可能是水洞沟附近淡水生境中的活体，也可能是较远的含有化石标本地层露头处的贝壳化石。

3.3　埋　藏　学

河蚬的贝壳壳体由外到内主要由三层构成：表壳角质层，由淡黄至淡褐色的贝壳硬蛋白纤维组成；介壳层，一般由六边形棱柱的方解石晶体组成，垂直于贝壳表面排列；内壳层是由文石晶体小板片组成的珍珠层，平行于贝壳表面排列[112, 101]。

我们的调查表明，现生的河蚬活体在该物种普遍生活的淡水环境下能够很容易获得，主要是0至1米间的浅水区域（表3）。遭受不同磨蚀等级的死亡个体也能够毫不费力地在沙滩或浅水区域获得。然而，我们搜集到的河蚬贝壳，无论活体还是已经死亡的个体，从外观上看均与水洞沟出土的考古标本有显著差异。河蚬活体与Ⅱ—Ⅲ级的死亡个体均呈现显著突起的生长环线，而水洞沟标本的生长线却格外平滑和匀称。我们调查采集的河蚬活体当中，95%的标本壳顶尖端位置的角质层消失，由此导致了角质层下覆介壳层表面的局部侵蚀，并且在显微镜下可见微小凹坑（图5a）。这种对壳体的改造是非常表面的，在这一阶段并不会造成壳顶穿孔或出现在水洞沟考古标本上观察到的那种有条痕的小平面。

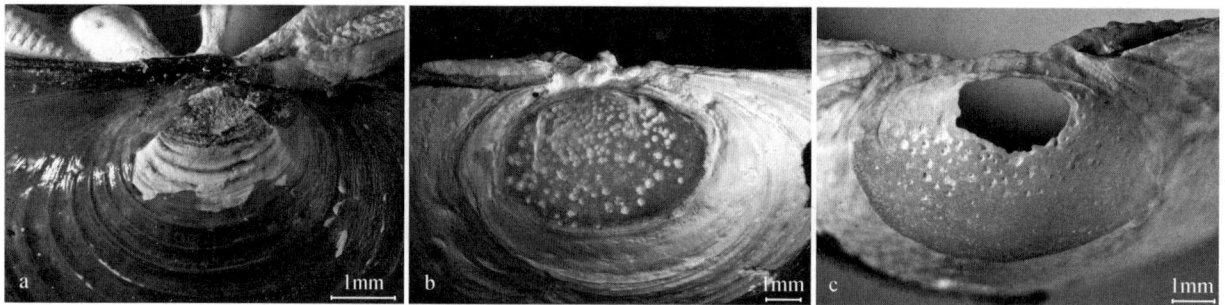

图5　处于不同磨蚀等级的河蚬壳顶形态
（a.等级Ⅰ；b.等级Ⅳ；c.等级Ⅵ）

表3　采集的现生河蚬标本在各磨蚀等级的数量

位置/深度（cm）	磨蚀等级*										总计
	Ⅰ	Ⅱ	Ⅲ	Ⅳ	Ⅴ	Ⅵ	Ⅶ	Ⅷ	Ⅸ	Ⅹ	
岸滩	3	196	77	10	5	8	7	0	41	10	357
0—30	14	230	96	9	2	4	1	0	1	1	358
0—30**	7	170	82	12	4	5	0	1	1	3	285
30—100	136	28	20	13	14	16	7	6	15	7	262
100—200	9	0	4	3	19	6	5	30	5	1	82
总计	169	624	279	47	44	39	20	37	63	22	1344

**　Ⅰ：活体样本；Ⅱ—Ⅹ：不断递增的磨蚀等级。

*　贝壳筛取自沙中。

　　磨蚀初期阶段（Ⅱ—Ⅳ）贝壳壳体的生长线保存完好，但是位于壳顶部位的角质层以及介壳层开始受到侵蚀，并且该部位的内壳珍珠层上也开始出现了大面积的凹坑（图5b）；紧接着在Ⅴ阶段，壳体角质层的缺失和介壳层的侵蚀范围更加广泛。随后的Ⅵ—Ⅷ阶段，贝壳内壳层出现了孔眼（图5c），最终的Ⅸ—Ⅹ阶段贝壳断裂只残留壳体远端边缘部分，呈月牙形。这些现生标本中完全不存在水洞沟标本那样周边明显的断裂现象。

　　不同程度的自然穿孔会在河蚬贝壳上出现（Ⅵ—Ⅷ阶段），但仅出现在死亡个体上，且标本数量只占到了死亡个体总数的10%（表3）。这些穿孔与水洞沟标本上观察到的不完整孔眼的形态截然不同，它们通常有着不规则的轮廓，非常薄的线状边缘，越靠近孔眼附近的贝壳壁越薄越脆弱，在孔眼数量较多的个体上，大面积的介壳层通常会因为经历了脱钙作用而脱落。所有采集的标本中均未观察到水洞沟标本呈现的壳顶形态——十分平坦且遍布条痕的小平面，同样也没有与水洞沟标本外表面凹槽形态类似的痕迹在采集标本中出现。总而言之，水洞沟遗址出土贝壳上发现的一系列改变在我们采集的标本上均不可见，其壳体的保存状态与河蚬活体或者刚死亡不久的个体相近，死亡之后可能并未经历长期在静水环境中逐步磨蚀的过程。水洞沟标本似乎在受到潜在机械磨蚀作用之前就已经脱离了这种环境，并随后被埋藏在一种使贝壳的钙质结构免受化学侵蚀的沉积环境之中，因此这些贝壳可能采集于化石或半化石的岩层

图6　柴达木盆地察尔汗盐湖贝壳堤剖面的河蚬化石

（张虎才提供）

露头处，而不是采自水环境或岸边。水洞沟遗址周边地区的岩层露头处发现含有大量完整和磨损程度较低的类似河蚬化石堆积支持了我们的设想，例如在柴达木盆地察尔汗盐湖的贝壳堤剖面[113]，大量河蚬贝壳化石出土于粉砂质堆积中（图6），呈聚集状态，壳体完整，保存状态良好。

3.4　人工改造

研磨特征

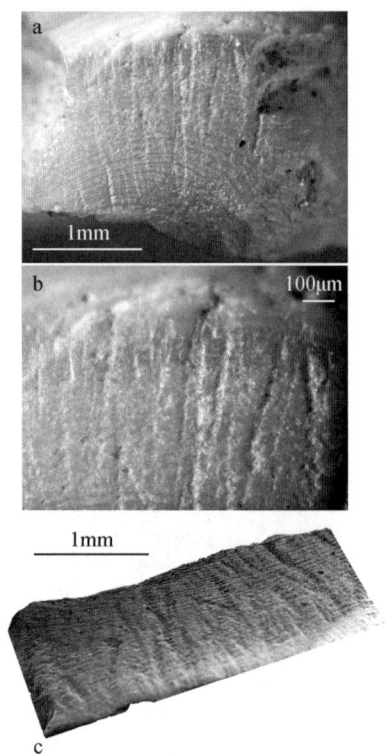

图7　人工改造痕迹
a. 水洞沟贝壳标本壳顶的研磨面　b. 研磨区域的
放大视图　c. 研磨条痕的SEM图片

水洞沟贝壳标本的壳顶由于受到人为研磨而产生了一个平坦的面，其上遍布方向大致平行的条痕（图7）。

该平面的倾角表明，在加工过程中制作者尽量使贝壳的对称轴完全垂直于磨石表面。这些条痕的方向几乎完全垂直于双壳类顶部的连合线，即划分左右两壳的分界线，条痕的形态说明它们是沿着相对方向做来回往复的运动。结合河蚬完整的贝壳形态比对水洞沟标本研磨面的位置和倾斜方向后发现，该平面原本面积可能更大，目前保留的只是断裂后残存的一部分。制作者通过研磨来削减贝壳壳顶部分，其目的是在此处得到一个孔眼，很可能是为了制作可穿系的装饰品。该技术在中国其他一些旧石器时代遗址中发现过[88-89, 74]，也广泛发现于世界其他地区的遗址中[114-117]。实验结果表明，用同样的方法在保存情况较好的河蚬贝壳上复制出类似水洞沟标本大小和方向的研磨面大概需要2—4分钟（图8），而且通过研磨产生的孔眼位于研磨面中部，似圆形，直径大约2—3毫米，十分适合用做装饰品进行穿绳和悬挂。

从显微观察的结果看，标本在不同原料的磨石上进行研磨后产生的平面无论在外观上还是粗糙程度上都有着极大差别（图8）。花岗岩磨石会在贝壳壳顶上留下十分不规则的表面，但几乎无法观察到条纹的痕迹（图8a—c）；在玄武岩上研磨后产生的平面比前者粗糙程度低，并且可以观察到较浅的模糊条痕（图8d—f）；使用粗粒砂岩作为磨石，产生的研磨面性质更加均一，其表面的条痕较深且条痕边缘不规则（图8g—i）；细粒砂岩作用之后则会留下条条分明但较浅的条痕，研磨面相比前三种磨石而言更为平坦（图8j—l）。以上实验结果的差异主要是由不同材质岩石的成分及硬度差异造成的。花岗岩和玄武岩通过粗糙表面与贝壳摩擦发生的机械作用使得贝壳壳体得以削减，而砂岩除了岩体中石英和长石颗粒对贝壳的机械磨损外，

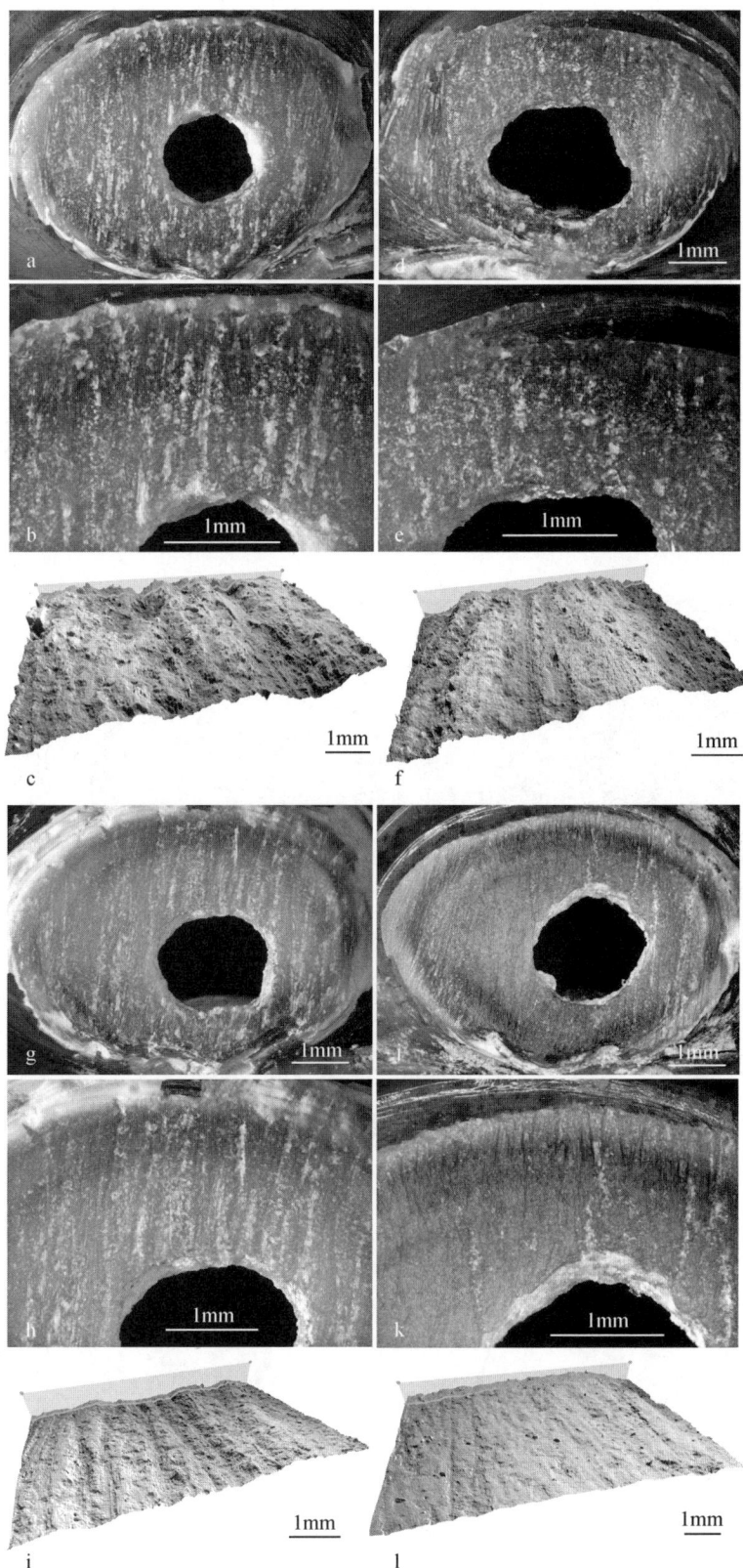

图8　实验产生的研磨痕迹

现生河蚬壳顶被不同石料研磨的表面形态，使用共聚焦显微镜拍摄的显微图像和3D重建

（a—c. 花岗岩；d—f. 玄武岩；g—i. 粗粒砂岩；j—l. 细粒砂岩）

磨石与贝壳接触面的滑动还使其发生了塑性变形，在双重作用下使贝壳得以削减。因此，砂岩研磨后产生的面较平坦，磨痕清晰，其形态和粗细程度反映了磨石中石英或长石颗粒的大小。经对比，水洞沟标本壳顶处的磨损样式（图7）与复制实验中用粗粒砂岩进行研磨后的结果非常相似，而以砂岩为原料的石制品以及砾石原料在水洞沟第2地点十分常见，同时砂岩也是出土这件贝壳装饰品的CL3层最常用的石制品原料之一。因此，我们推测水洞沟标本壳顶是经粗粒砂岩研磨后开口。

刻划特征

水洞沟标本外表面有一条稍显弯曲的线与贝壳中轴线斜交，这条线自上而下由5条相互平行且紧密相邻的线条构成（图9、图10）。我们使用几件不同类型的石器进行刻划实验后，显微观察证明了这种复杂形态的线条是在同一次刻划行为中由于工具尖端与被刻划表面接触点的细微改变所导致的[118-119]。

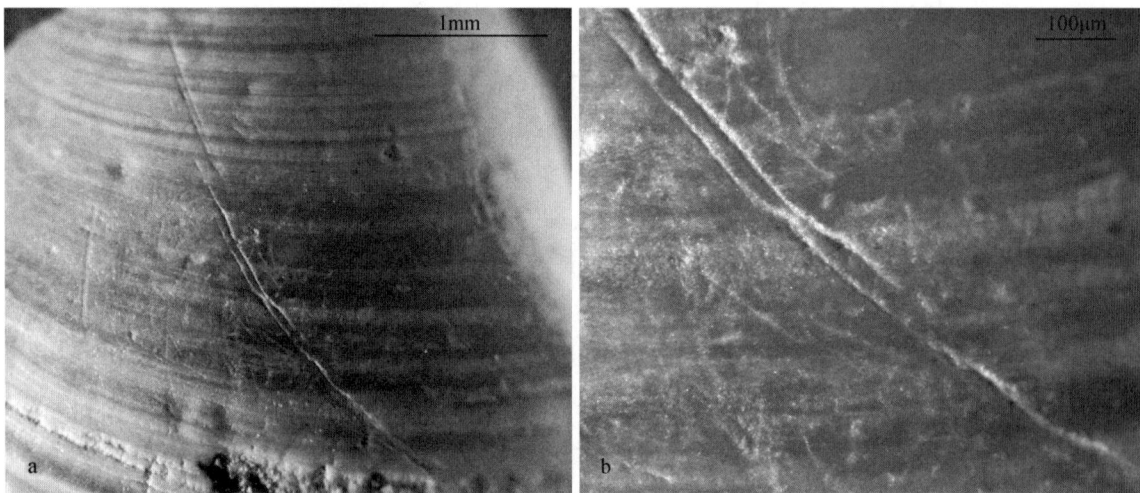

图9　刻划痕迹
a. 水洞沟贝壳外表面的刻划线条　b. 线条中段的放大视图

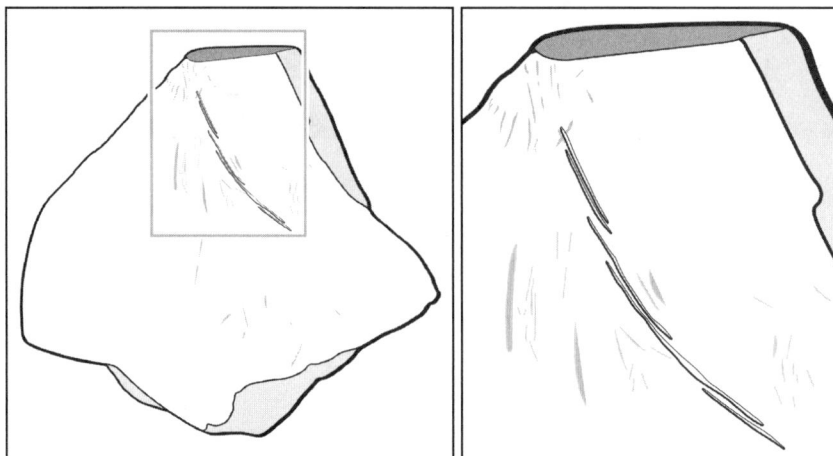

图10　水洞沟标本表面刻划痕迹线图（黑色）和可能的使用痕迹（灰色）

实验结果显示，若石器刻划的对象为保存情况较好的河蚬贝壳，其外表面生长线十分突出，刻划后的线条则不连续（图11a）。因为当工具尖端穿越波动起伏的贝壳表面时，施加在不同水平高度位置的压力是不同的，而且尖端变钝后也不能有效抵达低凹区域；而若使用生长线起伏不显著的贝壳，则能得到连续、稍显错动的平行线条（图11b、c），途经低凹区域还会出现轻微的方向改变（图11d），这些特征与我们在水洞沟贝壳标本上反复观察到的特征更为相近（图9），尤其当刻划工具在贝壳表面缓慢移动并且施力均一的时候，这些特征会更加频繁地显现。

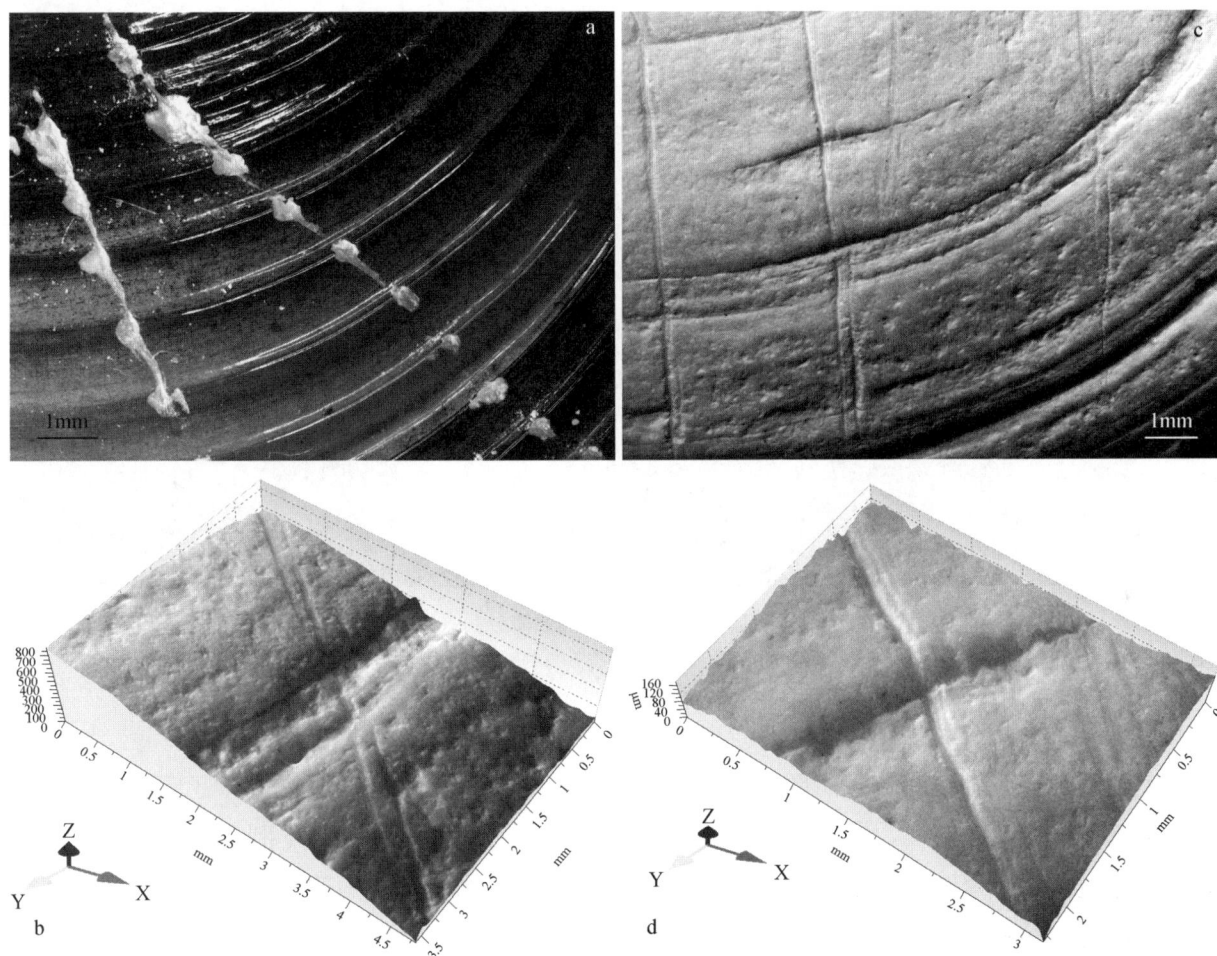

图11 实验产生的刻划线条

a. 生长线凸起的河蚬贝壳表面的刻划线条 b—d. 生长线起伏不显著的贝壳表面刻划痕迹的中断（b—c）和方向变化（d）

使用痕迹

在贝壳标本研磨面上并未观察到明显的因系绳摩擦而产生的使用痕迹（图7），但根据已有实验结果[120]，系绳摩擦常作用于壳顶穿孔靠近铰合处的"桥接"部分，但这部分在水洞沟这件残断的标本上已经丢失。

在水洞沟贝壳标本的研磨面和刻划线条之间的区域还观察到一些磨光痕迹、凹坑和短细、浅显的微条痕（图10、图12）。形态类似的微条痕也发现于刻划线条的两侧和贝壳远端边缘，

图12　水洞沟标本的显微分析

a. 标本线图，标明了b—d图中微痕在贝壳表面的位置　b. 壳顶研磨面与刻划线条之间的微条痕，箭头所指为可能的颜料残留物

c. 分布在刻划线条周边的微痕　d. 靠近贝壳远端的微痕

方向大致与贝壳中轴线相一致（图12）。这些痕迹集中出现表明与其他物体存在反复摩擦，也可能是沉积作用的改造[121-122]，亦不能排除人为作用的可能性。作为人工制品，这枚贝壳很可能在运输过程中频繁与相邻物体接触，或是作为串珠与衣物或其他串珠发生摩擦，因此这些细微的痕迹可以被解释为使用痕迹。

颜料残留物

显微结果显示，在刻划线条和一些凹坑的底部可以观察到微小的浅红色残留物（图12b）。这些物质从颜色和颗粒大小上看与埋藏贝壳标本的黄色砂质堆积有很大区别。对该残留物进行详细的分析不在本文的研究范畴，鉴定其性质是否为颜料不仅需要分析残留物本身成分，还需要对比标本埋藏的沉积物成分。

4. 讨　　论

根据现生河蚬贝壳在不同生境的埋藏信息，本文认为水洞沟第2地点出土的标本极有可能采自与CL3层同时期的化石或半化石遗存在地层堆积的露头处，彼时河蚬贝壳原料并不难获得。对水洞沟标本壳顶的研磨痕迹和复制实验的研究结果证明这是人类有意开孔以制作装饰品的行为。研磨壳顶穿孔的技术在中国一些旧石器时代晚期遗址及其他文化和年代的遗址中也频繁被发现[114-117]，除了系绳作为贝壳装饰品使用，此行为并未被证实用于其他目的。水洞沟标本研磨面的位置和尺寸与实验结果相近，表明这枚贝壳在被丢弃时，壳顶的孔眼至少已经与实验标本上的一样大。因此，相比平面是在研磨制孔的过程中破碎的说法，本文更倾向于将其解释为贝壳在悬挂佩戴过程中，由于受到系绳持续的拉力作用而导致断裂。此外，在本文的研磨实验中，无论磨石的硬度和粗糙程度如何，均未在实验过程中发生壳顶断裂和破损的情况也证实了这一结论。目前对这枚贝壳外表面刻划线条含义的解读尚不明确，尽管从技术层面而言，这无疑是一条有意刻划的痕迹，但线条的走向和深度却完全体现着随意性。如果不是施以颜料增加了可见性，看到这枚贝壳的人很难留意到这条痕迹。本文认为可能是贝壳在从化石露头堆积取出的过程中不慎留下的划痕，也可能是使用者有目的的刻划行为，人们可能通过做标记来明确物品所有权归属，或运用刻划行为来表现特定的象征含义[123-126]，而并非为了向公众展示。

水洞沟第2地点出土的贝壳串珠为探讨该地点的地层、年代、整个序列的装饰品发现以及目前亚洲早期装饰品的证据提供了重要信息。

出土了鸵鸟蛋皮串珠的第2文化层（CL2）与出土了贝壳串珠的第3文化层（CL3）是该地点文化遗存集中产出的层位，两层间夹有厚约40—50厘米的自然层，呈致密块状的灰黄色粉砂，为河边滩和湖泊沉积物[92, 127]。这一现象表明贝壳串珠进入CL3层沉积并被埋藏的事件明显发生在鸵鸟蛋皮串珠出现在该地点的时段之前。由此可以假设：①生活在CL2层阶段的人群仅使用鸵鸟蛋皮串珠，而生活在CL3层阶段的人群仅使用贝壳串珠；②仅一个人群，或这两个人群同时使用两种类型的串珠，但是在CL2层堆积中并未遗失或丢弃贝壳串珠，在CL3层堆积中也并未遗失或丢弃鸵鸟蛋皮串珠。尚未发表文章（Wei et al, in prep）的研究结果显示，目前为止在CL2层出土的83枚鸵鸟蛋皮串珠标本很有可能是不同的工匠个体或群体所制作，或者遗失自多个串珠制品，且在不同时期遗落。这有力地证明了该地点出土鸵鸟蛋皮串珠的数量与人群对遗址的利用强度之间存在紧密联系，这一点也能够从石制品数量上得到佐证。虽然CL3层出土的石制品数量（$n=873$）还不足CL2层出土数量（$n=2114$）的一半，但是根据在CL2层的堆积形成过程中鸵鸟蛋皮串珠的埋藏情况，这个数量也足以假设生活在CL3层阶段的人群制作和使用鸵鸟蛋皮串珠，那么CL3层的地层中也至少能够发现少量的鸵鸟蛋皮串珠。但反过来讲，生活在CL2层时期的人使用贝壳串珠的可能性却很小。目前在CL3层位中只发现一枚贝壳串珠，很可能是由于生活在CL3层阶段的人只佩戴极少量的该类型串珠或该类物品很少被丢弃和遗失。当用鸵鸟蛋皮串珠制作一条完整的珠串时，根据其长短可能会需要几十到几百枚数量不等的串珠，而区区几枚贝壳串珠便足以产生一条精美的项链，有时仅一枚穿孔贝壳也可单独作为坠饰来使用，因此在考古学记录中发现贝壳串珠的可能性远远低于鸵鸟蛋皮串珠，换句话说，即使在CL2层位中完全没有出土贝壳串珠，这类遗物也有被该时期人类用作装饰物品使用的可能性，而生活在CL3层阶段该地点的人类却不太可能制作和使用鸵鸟蛋皮串珠，这说明创造不同内涵堆积的人类群体所使用的装饰品类型可能会有显著差异，这种差异则反映了明显不同的文化属性，或同一文化传统中的文化变迁。从这个方面来说，我们不应忽视CL2和CL3层位间的这段时间跨度。水洞沟第2地点^{14}C测年数据的不一致性以及一些数据呈现出倒置的现象，阻碍了我们分析这枚贝壳坠饰进入到整个堆积序列中的确切时间。这件贝壳串珠进入堆积的时间可能为34.6ka—34ka cal BP或34.1ka—33.2ka cal BP之前，即早于上覆CL2层位开始出现的两个最早测年结果（表2）。然而由于CL3层的最晚测年为32.7ka—30.9ka cal BP，故其精确年代仍存在问题。

　　CL3层中出土的贝壳串珠年代至少可推测为34ka—33ka cal BP，是目前在中国发现的最早装饰品遗存之一，而且也是目前中国已知最早的贝壳装饰品。小孤山遗址第2、3层出土的穿孔兽牙装饰品和骨质装饰小圆盘中有些标本的年代为46ka—43ka cal BP，比水洞沟装饰品年代早，但由于是洞穴遗址的原因，这里的堆积受到沉积后扰动的概率很高，所以会使出土考古遗存的文化层的^{14}C测年数据分布较散且缺乏控制。曲彤丽等[84]也曾指出，该遗址在测年样本和装饰品出处的关系上缺乏确切的记录和描述，控制性较差，因此装饰品年代尚存质疑和争议。倘若有可靠的直接测年结果或出土背景能证实小孤山穿孔兽牙装饰品出现的年代较早，便可以说明水洞沟第2地点的鸵鸟蛋皮和贝壳装饰品代表了一种较晚的装饰品传统。因此在中国可能存在两个不同步但时间重叠的装饰品传统，即来自西伯利亚的穿孔兽牙和来自蒙古的鸵鸟蛋皮串珠，但该假设尚需进行检验。

　　很多出土了装饰品的遗址由于缺乏确切可信的年代数据和遗址形成过程信息，很难得出确定的结论，但是鸵鸟蛋皮串珠和淡水贝壳明显是中国旧石器时代晚期装饰品传统的主要特征，不仅因为该类型的装饰品遗存在不同时段的遗址中均有发现（如柿子滩遗址、虎头梁遗址、于家沟遗址），而且不同遗址的人群制作贝壳装饰品的工艺技术也如出一辙——主要通过磨穿壳顶的方法来完成。

致谢：我们感谢云南师范大学高原湖泊生态与全球变化重点实验室的张虎才教授对贝壳鉴定结果的检验并提供图6；感谢Emma Le Vraux协助采集贝壳对比研究标本，Alain Queffelec协助使用共聚焦显微镜，张双权帮助提供中国出土装饰品的信息以及Gauthier Devilder帮忙绘制旧石器遗址分布图。感谢Jeane Balme及另两位匿名审稿人提出的建设性意见，感谢水洞沟项目的所有成员。

［原载Wei Y, d'Errico F, Vanhaeren M, Li F, Gao X. An Early Instance of Upper Palaeolithic Personal Ornamentation from China: The Freshwater Shell Bead from Shuidonggou 2. PLOS ONE, 2016, 11(5), e0155847］

（魏屹译）

华北地区水洞沟遗址旧石器时代晚期鸵鸟蛋皮串珠的工艺与形态研究

魏　屹[1, 2]　　Francesco d'Errico[3, 4]　　Marian Vanhaeren[3]　　彭　菲[2]

陈福友[2]　　高　星[2, 5]

（1. 北京自然博物馆，中国北京，100050；2. 中国科学院脊椎动物演化与人类起源重点实验室/中国科学院古脊椎动物与古人类研究所，中国北京，100044；3. 法国波尔多大学，法国国家科学研究中心UMR5199实验室，法国佩萨克，33600；4. 南非金山大学地球科学学院演化研究所与古代科学DST-NRF卓越中心，南非约翰内斯堡，Wits 2050；5. 中国科学院大学，中国北京，100049）

摘要：本文报告了对中国北方水洞沟遗址第2地点（SDG2）第2文化层（CL2）鸵鸟蛋皮串珠的详细分析结果，其年代可追溯到约31ka cal BP。这些蛋壳属于已灭绝的安氏鸵鸟。基于显微观察、形态测量分析和模拟实验，确认了其在形态、尺寸、技术和风格上的显著差异。结果表明该遗址串珠的制作工艺与民族志记载的非洲中期和晚期石器时代遗址的技术类似。SDG2同时产出了制作精良和工艺粗糙的鸵鸟蛋皮串珠。本研究的钻孔实验表明，带柄尖状石器可能是用于穿孔的工具。只有零星串珠在内外表面上进行了磨光。串珠的形态和工艺技术表明，不同类型的串珠是由不同工匠制作的。这支持了不同人群曾在约31ka cal BP到访过水洞沟遗址并使用鸵鸟蛋皮串珠作为信息通讯技术的假说。

关键词：串珠技术；装饰品；风格；实验考古；安氏鸵鸟；中国旧石器时代

1. 引　　言

　　人类演化研究中的一个重要难题是确定象征最早影响人类行为的时间和方式。个人装饰品代表了人类特有的一种行为，通过将标准化物品展示在身上的方式来分享、强化以及传递复杂的象征性代码。这是一种受社会惯例支配的信息通讯技术，由具有共同文化的群体内或不同群体的成员使用（Henshilwood and Marean, 2003; White, 2007; Kuhn and Stiner, 2007a, 2007b; Stiner, 2014; Vanhaeren, 2005; d'Errico andVanhaeren, 2007; Chase, 1999; Nowell, 2010; Klein, 2008）。早期使用串珠的行为通常被认为是复杂交流系统、象征性认知和现代文化出现的证据，因此也常被认为是人类语言起源的表现（d'Errico and Vanhaeren, 2009, 2011; Henshilwood and Dubreuil, 2009; Botha, 2008）。

南部非洲、北非和近东地区于100ka—73ka BP首次出现了海洋贝壳串珠形式的个人装饰品（Bar-Yosef Mayer et al, 2009; Vanhaeren et al, 2006, 2013; Bouzouggar et al, 2007; d'Errico et al, 2005, 2008, 2009; Beaumont and Bednarik, 2013; d'Errico and Backwell, 2016）。70ka—50ka BP串珠从非洲和近东的考古记录中消失，之后又重新出现在非洲和欧亚大陆（White, 2007; Miller and Willoughby, 2014; Gliganic et al, 2012; d'Errico et al, 2012; Vanhaeren and d'Errico, 2006; Stiner, 2003）。在约50ka BP的非洲中期石器时代（MSA）和晚期石器时代（LSA）遗址中首次出现了鸵鸟蛋皮制成的圆盘状小串珠。表1总结了已知出土于非洲最早的鸵鸟蛋皮串珠遗存。虽然这些遗址中多数与中期石器时代遗存相关的鸵鸟蛋皮串珠的确切年代尚待核实，但来自Magubike Rockshelter遗址鸵鸟蛋皮串珠的直接测年数据表明，至少在50ka BP鸵鸟蛋皮已作为原料用于个人装饰品制造（Miller and Willoughby, 2014）。

表1 鸵鸟蛋皮串珠的最早实例

遗址	国家	年代	文化属性	参考文献
Boomplaas Cave	南非	42ka BP	MSA	Deacon, 1995; Fairhall& Erickson, 1976; Miller et al, 1999; Vogel, 2001
Bushman Rockshelter	南非	—	MSA	Plug, 1982
Cave of Hearths	南非	—	MSA	Mason and Brain, 1988; Sinclair, 2009
Border Cave	南非	44760—40296a cal BP	LSA	d'Errico et al, 2012
Enkapune Ya Muto	肯尼亚	47664—41595a cal BP	LSA	Ambrose, 1998
Kisese II	坦桑尼亚	40609—32741a cal BP; 22714—21225a cal BP	MSA/LSA	Deacon, 1995
Mumba Rockshelter	坦桑尼亚	32962—29515a cal BP; 52 ka BP	MSA/LSA	Mehlman, 1991
Magubike Rockshelter	坦桑尼亚	50ka BP	MSA	Miller and Willoughby, 2014
White Paintings Shelter	博茨瓦纳	31145—29980a cal BP	LSA	Robbins et al, 2000
Apollo 11 Cave	纳米比亚	24238—23356a cal BP	LSA	Vogelsang et al, 2010
Spitzkloof Rockshelter	南非	—	MSA	Dewar and Stewart, 2012

西伯利亚和蒙古也发现了鸵鸟蛋皮串珠。俄罗斯阿尔泰地区的丹尼索瓦（Denisova）洞穴遗址在中部洞厅（Central Hall）第11层出土了三枚年代早于37ka BP的鸵鸟蛋皮串珠，另外三个出自入口（Entrance）第6层，年代处于深海氧同位素第3阶段（MIS3）（Derevianko and Rybin, 2005; Derevianko et al, 2003; Rybin, 2014）。蒙古中北部的Tolbor 4遗址第4层出土了一枚鸵鸟蛋皮串珠，Tolbor 16出土了2枚，年代分别为31.3ka—30.4ka cal BP和38.3ka—36.9ka cal

BP（Zwyns et al, 2014; Derevianko et al, 2006）。Dörölj 1遗址年代为38.2ka—34.5ka cal BP和34.4ka—32.9ka cal BP的地层中发现了2枚鸵鸟蛋皮串珠（Jaubert et al, 2004）。外贝加尔地区Podzvonkaya遗址的下层堆积出土了1枚鸵鸟蛋皮串珠，东南和东侧堆积出土了8枚鸵鸟蛋皮串珠，年代约为42.2ka—40ka cal BP（Tashak, 2002a, 2002b）。西伯利亚Khotyk遗址AH2-3层中发现了1枚疑似的鸵鸟蛋皮串珠，年代为33.6ka—32ka cal BP和46.9ka—39.5ka cal BP（Kuzmin et al, 2011）。印度西部马哈拉施特拉邦的Patne遗址也发现了鸵鸟蛋皮串珠，年代为30ka cal BP（Sali, 1989; Mellars et al, 2013）。

许多研究都聚焦于旧石器时代串珠的制造工艺和使用磨损（White, 2001, 2007; Vanhaeren et al, 2006, 2013; Bouzouggar et al, 2007; d'Errico et al, 2005, 2008, 2009）。其他研究探索了串珠类型与社会复杂性和文化地理学相关假说的关系（Vanhaeren and d'Errico, 2006）。与欧洲旧石器时代晚期类型多样的装饰品不同，圆盘状的鸵鸟蛋皮串珠是在非洲大部分区域晚期石器时代地层中发现的唯一串珠类型，其生产在这些地区一直延续到历史时期几乎保持不变（Vanhaeren, 2005; d'Errico et al, 2012）。然而，鸵鸟蛋皮串珠并不是想象中那样相同和一致。形状、大小和制作工艺的时空差异使鸵鸟蛋皮串珠成为史前物质文化的复杂元素（Plug, 1982）。不同遗址和层位的鸵鸟蛋皮串珠分析（Jacobson, 1987a, 1987b）将串珠直径的差异解释为族群归属和文化迁徙的结果，之后的Smith等人（1991）支持了该结论，他们发现在南非西南海角附近遗址中尺寸不同的鸵鸟蛋皮串珠组合是由两个不同的群体，即狩猎采集者和游牧者分别制造的。民族学证据也支持鸵鸟蛋皮串珠的大小和制作工艺因人类群体而异的观点（Silberbauer, 1981;Wingfield, 2002）。

由于考古材料相对匮乏，中国的旧石器时代装饰品研究仍处于起步阶段，但近期的发现使这一领域的研究成为可能。宁夏回族自治区水洞沟遗址的第2、7、8地点共发现93枚鸵鸟蛋皮串珠。本文重点研究了该遗址群中最丰富的串珠组合，即SDG2的串珠，通过记录和分析鸵鸟蛋皮串珠的形态、尺寸和技术的重要性，我们认为不同类型的串珠是由不同的工匠制作的，他们可能属于不同的群体。

2. 考 古 背 景

水洞沟（N38° 170′，E106° 300′）是中国已知最早的旧石器时代晚期遗址之一，是一个旷野遗址群，位于中国西北宁夏回族自治区银川市东南28千米处（图1）。水洞沟遗址至少发现了12个考古地点，其中第1、2、3、4、5、7、8、9和12地点于1923年至2007年进行了系统的发掘，出土了包括石制品、动物骨骼和个人装饰品在内数以万计的考古遗存，还有确切无疑的火塘遗迹（Gao et al, 2013）。

过去十年的系统发掘在第2、7、8地点出土了鸵鸟蛋皮串珠。SDG2位于边沟河左岸，2003、2005年和2007年的野外工作中发掘了面积达100平方米的两个独立探方（探方1和探方

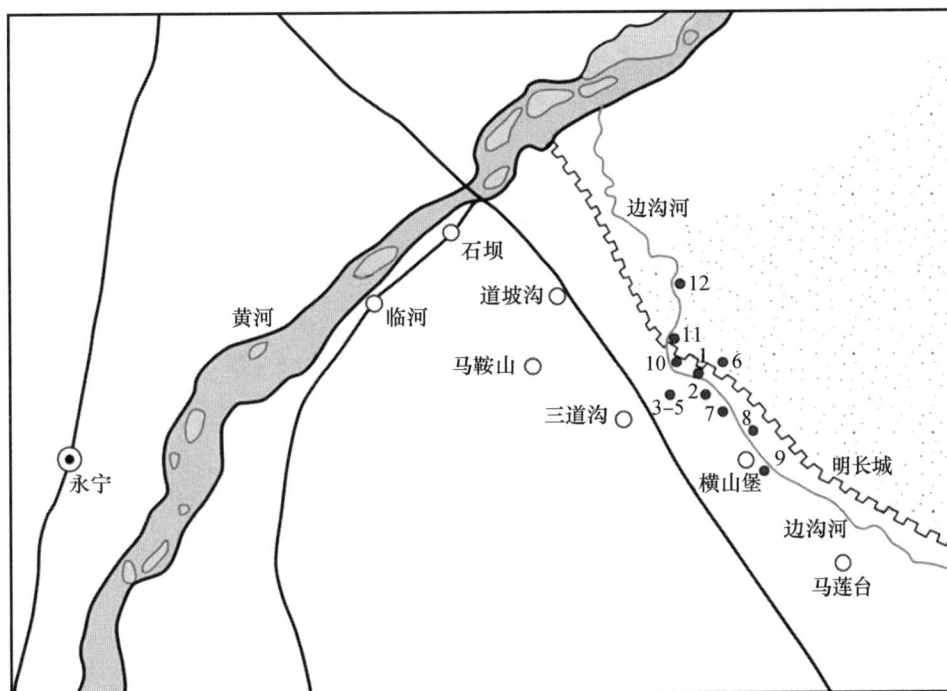

图1　水洞沟遗址的地理位置（数字1—12代表第1地点至第12地点）

（改自Liu et al, 2009）

2）。地层序列共划分出18个层位，厚12.5米，其中有7个文化层，包含一些火塘、数千件石制品、动物骨骼以及几十枚鸵鸟蛋皮串珠（Chen et al, 2012）和淡水贝壳（Wei et al, 2016）。利用加速器质谱（AMS）放射性碳同位素和光释光（OSL）的测年方法对SDG2进行了几项独立的测年研究，综合测年结果表明第一文化层（CL7）年代约41.4ka—34.4ka cal BP；第二和第三文化层（CL6和CL5）约34.4ka—32.6ka cal BP（基于上下层的年代数据）；第四和第五文化层（CL4和CL3）年代约32.6ka—31.4ka cal BP；第六文化层（CL2）年代约31.3ka—29.9ka cal BP；第七文化层（CL1）年代约为20.3ka BP（OSL）（Chen et al, 2012）。

SDG7位于边沟河左岸，SDG2以东，是2003—2005年发掘的一个25平方米的旷野遗址，共识别出大于10米厚的12个地层。其中第7—11地层出土了数以千计的石制品、动物骨骼、鸵鸟蛋皮碎片和2枚鸵鸟蛋皮串珠，其OSL年代在27200±1500a BP和25200±1800a BP之间（Pei et al, 2014）。

SDG8位于边沟河右岸，于2003年发现并发掘。在40厘米厚的剖面上共确认了9个文化层，出土了很多石制品、动物遗骸和少量鸵鸟蛋皮串珠等801件遗存。对1枚破碎鸵鸟蛋皮串珠进行直接[14]C测年的结果为27040±150a BP（Gao et al, 2013），OxCal 4.2（IntCal13曲线）校准后的年代在31.3ka—30.9ka BP之间。

SDG2

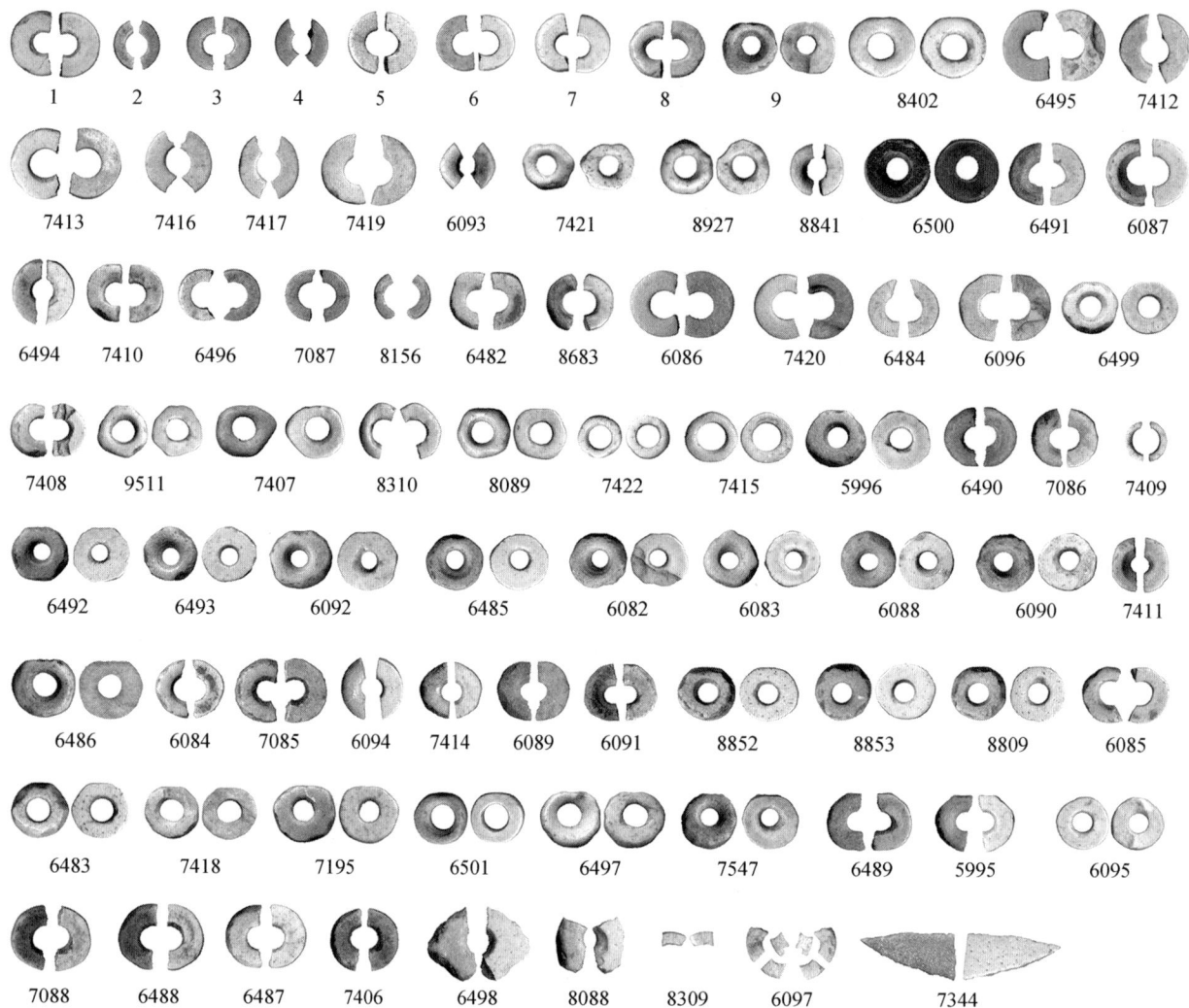

| 1 | 2 | 3 | 4 | 5 | 6 | 7 | 8 | 9 | 8402 | 6495 | 7412 |

| 7413 | 7416 | 7417 | 7419 | 6093 | 7421 | 8927 | 8841 | 6500 | 6491 | 6087 |

| 6494 | 7410 | 6496 | 7087 | 8156 | 6482 | 8683 | 6086 | 7420 | 6484 | 6096 | 6499 |

| 7408 | 9511 | 7407 | 8310 | 8089 | 7422 | 7415 | 5996 | 6490 | 7086 | 7409 |

| 6492 | 6493 | 6092 | 6485 | 6082 | 6083 | 6088 | 6090 | 7411 |

| 6486 | 6084 | 7085 | 6094 | 7414 | 6089 | 6091 | 8852 | 8853 | 8809 | 6085 |

| 6483 | 7418 | 7195 | 6501 | 6497 | 7547 | 6489 | 5995 | 6095 |

| 7088 | 6488 | 6487 | 7406 | 6498 | 8088 | 8309 | 6097 | 7344 |

SDG7

| 6917 | 6417 |

1cm

SDG8

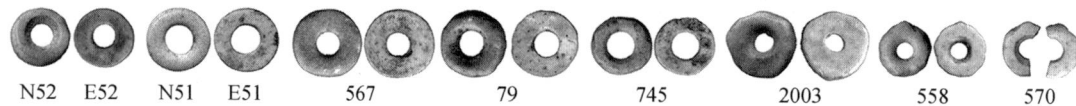

| N52 | E52 | N51 | E51 | 567 | 79 | 745 | 2003 | 558 | 570 |

图2　SDG2、SDG7、SDG8出土的鸵鸟蛋皮串珠

3. 材料和方法

SDG2、SDG7和SDG8地点共发现93枚鸵鸟蛋皮串珠，包括成品和半成品、完整和不完整的标本（图2）。本文研究的串珠标本现存于中国科学院古脊椎动物与古人类研究所。

第2地点2号探方CL2层出土了74枚鸵鸟蛋皮串珠，另外9枚是从同一地层的剖面或灰烬中采集的。这些串珠分布在一个800厘米（长）×800厘米（宽）×30厘米（深）的区域内（Chen et al, 2012）。第7地点的第11层出土了2枚鸵鸟蛋皮串珠（Pei et al, 2014），第8地点发现了8枚，包含地层出土5枚，筛选2枚和地表采集1枚（Gao et al, 2013）。

3.1　分类鉴定

鸵鸟种属可根据蛋壳外表面气孔道开口的排列和数量进行鸟卵学鉴定（Schonwetter, 1927; Sauer, 1972; Sahni et al, 1989; Mourer-Chauvire and Geraads, 2008; Blinkhorn et al, 2015）。Anderson（1923）、Lowe（1931）、杨钟健（1933）、杨钟健及孙艾玲（1960）和安芷生（1964）是中国特有鸵鸟种类的主要研究者。

3.2　穿孔和磨光实验

进行钻孔和磨光实验有助于解释水洞沟鸵鸟蛋皮串珠的表面特征，并据此推断制作串珠的技术和工具。实验方案是基于对水洞沟串珠的分析及已发表的考古学（Kandel and Conard, 2005; Orton, 2008）和民族学研究（d'Errico et al, 2012; Silberbauer, 1981; Wingfield, 2002）成果。实验使用平均厚度为2.5毫米的*Struthio camelus*蛋皮碎片作为原料。表2和表3提供了有关钻孔实验的详细数据。钻孔工具由燧石、哺乳动物和禽类长骨、木材和牛角制成（图3）。燧石通过打制加工出一个尖，其他原料则使用抛光机磨尖。一部分木质钻头还经热处理增加硬度。鸵鸟蛋皮穿孔可以采用三种不同的程序：从内表面穿孔、从外表面穿孔或从内外表面对向穿孔。从内表面穿孔是考古学和民族学文献中记载的主要方法（d'Errico et al, 2012; Kandel and Conard, 2005; Orton, 2008; Plug, 1982; Wingfield, 2002），利用了鸵鸟蛋皮显微结构的优势。蛋皮内表面的乳突层由分散的垂直单元组成，与由更致密的晶体层构成的外表面相比更疏松且易穿透（An, 1964; Zhao et al, 1981; Dauphin et al, 2006）。此外，外表面过于光滑，很难进行有效的钻孔，且由于在钻孔过程中压力向毛坯边缘扩散更容易发生断裂。

表2 钻孔实验信息（A）

工具编号	原料	是否装柄	穿孔编号	实验者		说明	钻孔时长（s）	结果
				性别	年龄			
012	鸟长骨	是	014	女	26	先用石钻头钻一个浅坑，再用装柄的鸟长骨钻孔	2.04	失败
013	骨骼断块	是	013	男	43	钻孔过程加入少量水和细砂土	4	失败
014	羊角断块	是	015	女	26	先用石钻头钻一个浅坑，再用装柄的羊角钻孔	1.13	失败
017	骨骼断块	否	007	女	26	无	4	失败
025	骨骼断块	是	006	男	56	无	4	失败
026	木棍	否	-	-	-	-	-	-
027	木棍	否	-	-	-	-	-	-
028	木棍	否	-	-	-	-	-	-
029	热处理木棍	否	003	男	56	先用石钻头钻一个浅坑，再用热处理的木棍钻孔	3.17	失败
030	热处理木棍	否	-	-	-	-	-	-

图3 鸵鸟蛋皮穿孔实验的工具

（自左至右分别为：4件燧石钻头、1件牛角钻头、1件骨质钻头，均手持使用；5件装柄钻孔工具，钻头由燧石、骨头和牛角制成，以及两件经热处理增加硬度的木质钻头）

　　实验从蛋皮内表面和外表面分别使用两种技术进行穿孔。一种是手持旋转未装柄的钻头，每次旋转动作小于180度；另一种是用绳索将钻头绑在木棍一端进行装柄，并涂上熔化的蜂蜡和松脂进行加固，将该工具在手掌间来回滚搓旋转，每次旋转动作不小于360度。实验者为两名年龄分别为43岁和56岁的男性及两名年龄分别为26岁和31岁的女性，实验工具为11个装柄钻头和16个未装柄钻头。实验记录了钻孔持续时间、钻孔后钻头角度和工具尖端损耗（表3）。另外还有一些标本从蛋皮反面进行了扩孔。

表3　钻孔实验信息（B）

钻头原料	是否修理	是否装柄	穿孔编号	实验者		说明	钻孔时长（min）	结果			
				性别	年龄			钻头角度（°）	钻头磨耗（mm）	穿孔直径（mm）	穿孔圆度
燧石	是	是	019	男	56	垫兽皮防止蛋皮移动	2.08	108	3	4.0915	0.961409396
燧石	是	是	033	男	56	垫兽皮防止蛋皮移动	2.5	58	1.2	3.5875	0.957174032
燧石	是	是	032	女	26	垫兽皮防止蛋皮移动	1.18	76	2	4.592	0.958208955
燧石	是	是	017	女	26	-	0.2	93	2.6	3.735	0.989877464
燧石	否	是	008	女	31	垫兽皮防止蛋皮移动	2.21	63	1.5	4.0985	0.956791597
燧石	是	是	010	男	43	-	1.54	72	0.8	4.334	0.992185704
燧石	是	是	023	女	31	垫兽皮防止蛋皮移动	3.13	70	2.1	4.076	0.991206644
燧石	是	是	027	男	43	垫兽皮防止蛋皮移动	1.11	45	0.3	4.07	0.952975048
燧石	是	是	025	男	43	垫兽皮防止蛋皮移动	0.39	47	1.2	4.076	0.978160641
燧石	否	是	034	男	56	垫兽皮防止蛋皮移动	2.04	52	1.8	4.201	0.964461071
燧石	是	是	028	女	31	垫兽皮防止蛋皮移动	3.42	72	1.6	4.067	0.937589328
燧石	是	否	011	男	43	-	4.14	71	0.6	4.816	0.839923591
燧石	否	否	035	男	56	-	5.32	90	1.3	3.96	0.875
燧石	否	否	016	女	26	-	3.45	112	1.3	5.398	0.926137377
燧石	是	否	009	女	31	-	4.56	108	2.9	4.667	0.90101833
燧石	是	否	002	男	56	-	9.01	82	1.1	5.5335	0.963626686
燧石	是	否	012	女	26	-	10.17	56	1	3.7	0.904271745
燧石	雕刻器	否	022	女	26	45秒起左手垫兽皮捏住蛋皮	3.24	55	1	4.0265	0.876281454

续表

钻头原料	是否修理	是否装柄	穿孔编号	实验者		说明	钻孔时长（min）	结果			
				性别	年龄			钻头角度（°）	钻头磨耗（mm）	穿孔直径（mm）	穿孔圆度
燧石	是	否	021	男	56	-	4.13	78	2.1	4.4025	0.889079597
燧石	是	否	018	男	56	-	6.41	111	5	5.5505	0.900530731
燧石	是	否	020	女	26	-	5.57	80	0.9	4.8645	0.932274081
燧石	否	否	026	男	43	-	2.05	94	2.4	4.4735	0.878832423
燧石	是	否	029	女	31	-	2.12	95	3.2	5.144	0.916542474
燧石	是	否	036	男	56	左手垫兽皮捏住蛋皮	7.45	83	1.2	4.4365	0.942425569
燧石	否	否	024	男	43	-	3.42	66	2	5.7595	0.877893707
燧石	是	否	030	女	31	左手垫兽皮捏住蛋皮	3.29	83	3	5.3205	0.938251366
燧石	是	否	031	女	26	-	4.13	114	5	4.9065	0.843855693

实验还使用不同材质（石英岩、板岩、砂岩、花岗岩、玄武岩）的磨石和细砂对鸵鸟蛋皮碎片的内外表面进行了3分钟的研磨。我们通过将鸵鸟蛋皮碎片在一块细粒砂覆盖的皮革上往复移动来进行打磨，还将鸵鸟蛋皮碎片浸泡在稀释酸溶液中几分钟以模拟自然侵蚀造成的效果。

3.3 显微和形态分析

我们在中国科学院古脊椎所对SDG2、SDG7和SDG8的鸵鸟蛋皮串珠进行了研究和拍照。每个串珠的两面（内表面/凹面和外表面/凸面）都使用Epson Perfection V660照片扫描仪以2400dpi的分辨率进行了数字化信息采集。整个串珠表面分别放大20倍、50倍和100倍进行观察，并使用KEYENCE VHX-600EOS数码显微镜拍摄整个串珠表面。显微镜的多聚焦模块提供了超景深图像，用于观察和记录制作和使用磨损的痕迹。

Keyence显微镜内建软件用于采集形态测定数据，包括串珠直径、双面的穿孔和孔眼、串珠厚度，以及对不完整串珠轮廓和孔眼进行圆形拟合以估算直径。孔径指锥形穿孔的最大直径，而穿孔直径指正反两个锥形交汇处的直径。奥林巴斯NanoFocus μsurf spinning-disk共聚焦显微镜和Sensofar S-neox扫描共聚焦显微镜用于创建实验标本的穿孔和表面特征的三维重建。每个鸵鸟蛋皮串珠的保存状态及形态、技术属性均被记录，包括串珠完整程度、穿孔完整程度、串珠轮廓（圆形/近圆形/多边形）、穿孔直径最窄处位置（近内表面/外表面/中间/圆柱形）、穿孔方向（从内表面/外表面/两侧/未确定）、穿孔居中程度、穿孔截面（锥形/双锥形/圆柱形）、生产阶段和路径、重量、崩疤类型、孔眼外缘条痕和光泽、修疤类型、串珠外缘条痕和光泽、磨损程度、乳突层的削减程度、内外表面条痕和光泽、颜料残留的丰度和位置。此外还参考Kandel和Conard（2005）、Orton（2008）确定了生产阶段和路径。前者区分了两种技术路径，分别包含12个生产阶段。这两条路径在钻孔和修型技术方面有所不同：路径1的毛坯钻孔发生在修整成近似圆盘状之前，而路径2则是先修型。这些阶段包括：①不规则毛坯；②圆形毛坯；③完整的、部分钻孔的毛坯；④破碎的、部分钻孔的毛坯；⑤完整的穿孔毛坯；⑥破碎的穿孔毛坯；⑦完整的、略成形的穿孔串珠；⑧破碎的、略成形的穿孔串珠；⑨完整的、基本成形的穿孔串珠；⑩破碎的、基本成形的穿孔串珠；⑪完整的串珠成品；⑫破碎的串珠成品（表4）。

表4　鸵鸟蛋皮串珠路径1和路径2中的生产阶段（"a"代表完整串珠，"b"代表破碎串珠）

生产阶段	描述		Kandel& Conard（2005）	Orton（2008）
	生产路线1	生产路线2	*与生产线1对应	
毛坯准备	不规则的鸵鸟蛋皮碎片	不规则的鸵鸟蛋皮碎片	-	-
	略修整的鸵鸟蛋皮毛坯	略修整的鸵鸟蛋皮毛坯	1	I
钻孔&修型	钻孔但未钻透的串珠	边缘部分修整的串珠	3，4	IIa，IIb
	完全钻透的串珠	边缘完全修整的串珠	5，6	IIIa，IIIb
	边缘部分修整的串珠	钻孔但未钻透的串珠	7，8	IVa，IVb
	边缘完全修整的串珠	完全钻透的串珠	9，10	Va，Vb
磨光	边缘部分磨光的串珠	边缘部分磨光的串珠	-	VIa，VIb
	边缘完全磨光的串珠	边缘部分磨光的串珠	11，12	VIIa，VIIb

4. 结　果

4.1　实验结果

4.1.1　钻孔

骨、木、角制成的钻头磨损严重，工作几秒钟后便无法继续有效工作（表2），仅在蛋皮表面留下深度不超过500mm的不规则浅坑（图4）。所有的石钻头都能穿透鸵鸟蛋皮碎片（图5）。这些结果表明，水洞沟用于鸵鸟蛋皮串珠穿孔的钻头一定是由坚硬的石头制成。装柄工具比未装柄工具的效率更高更易操作，产生的孔径一般也更小、更对称、更规则（图5，表3）。装柄工具产生的平均孔径为4.08毫米，手持工具产生的平均孔径为4.81毫米（表3）。从内表面钻孔产生的剖面最窄处接近外表面；从外表面钻孔的情况则相反。从两面钻孔产生的双锥形穿孔最窄处位于中间。先从内表面钻孔再从外表面扩孔产生的截面呈双锥状，不过靠近内表面的圆锥体通常比靠近外表面的圆锥体更大更深，且穿孔的最窄处更靠近外表面。石器钻孔产生的大多数孔眼表面都能观察到同心条纹。

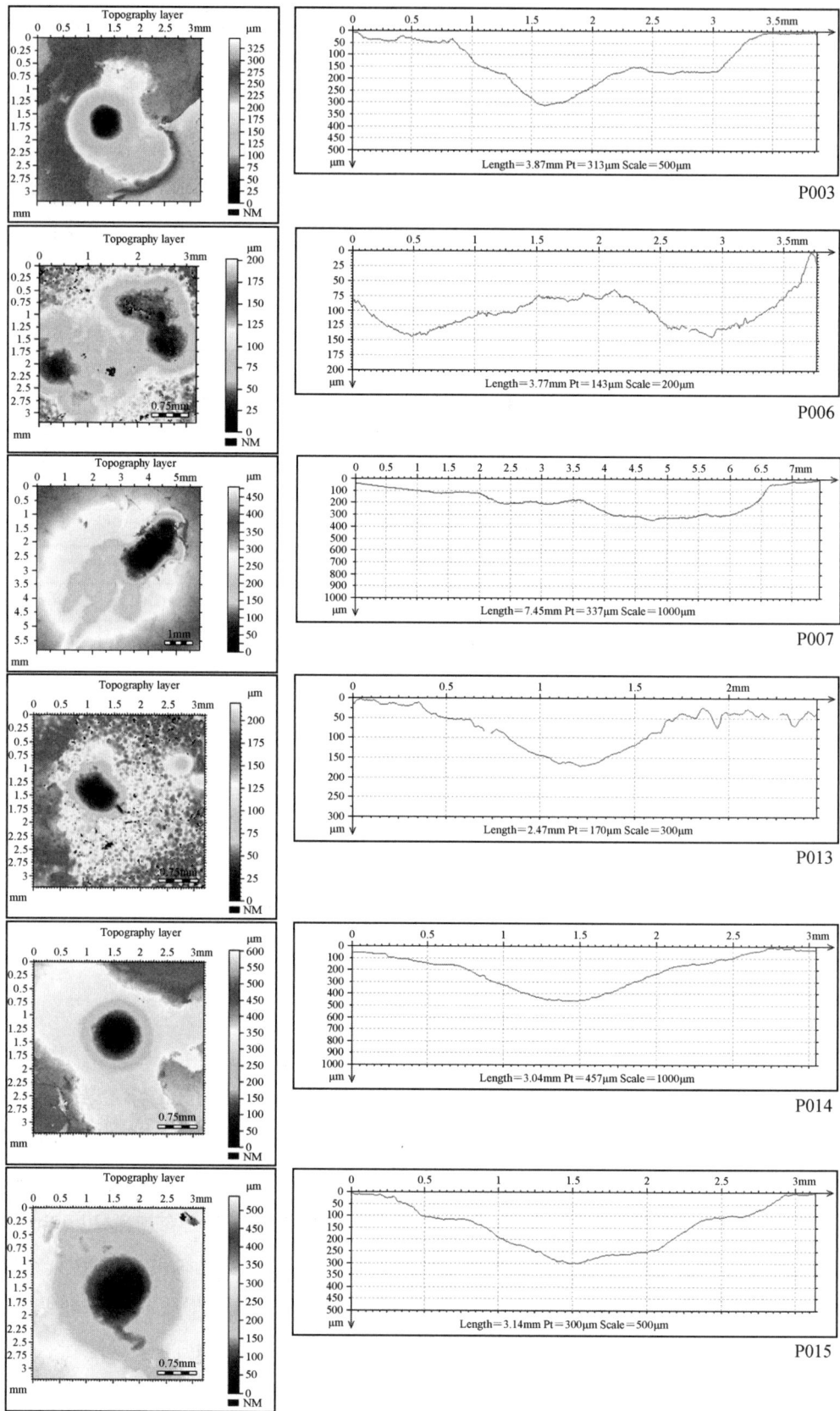

图4　颜色深度图和骨钻（P006、P007、P013、P014）、角钻（P015）及木质钻头（P003）穿孔的剖面图

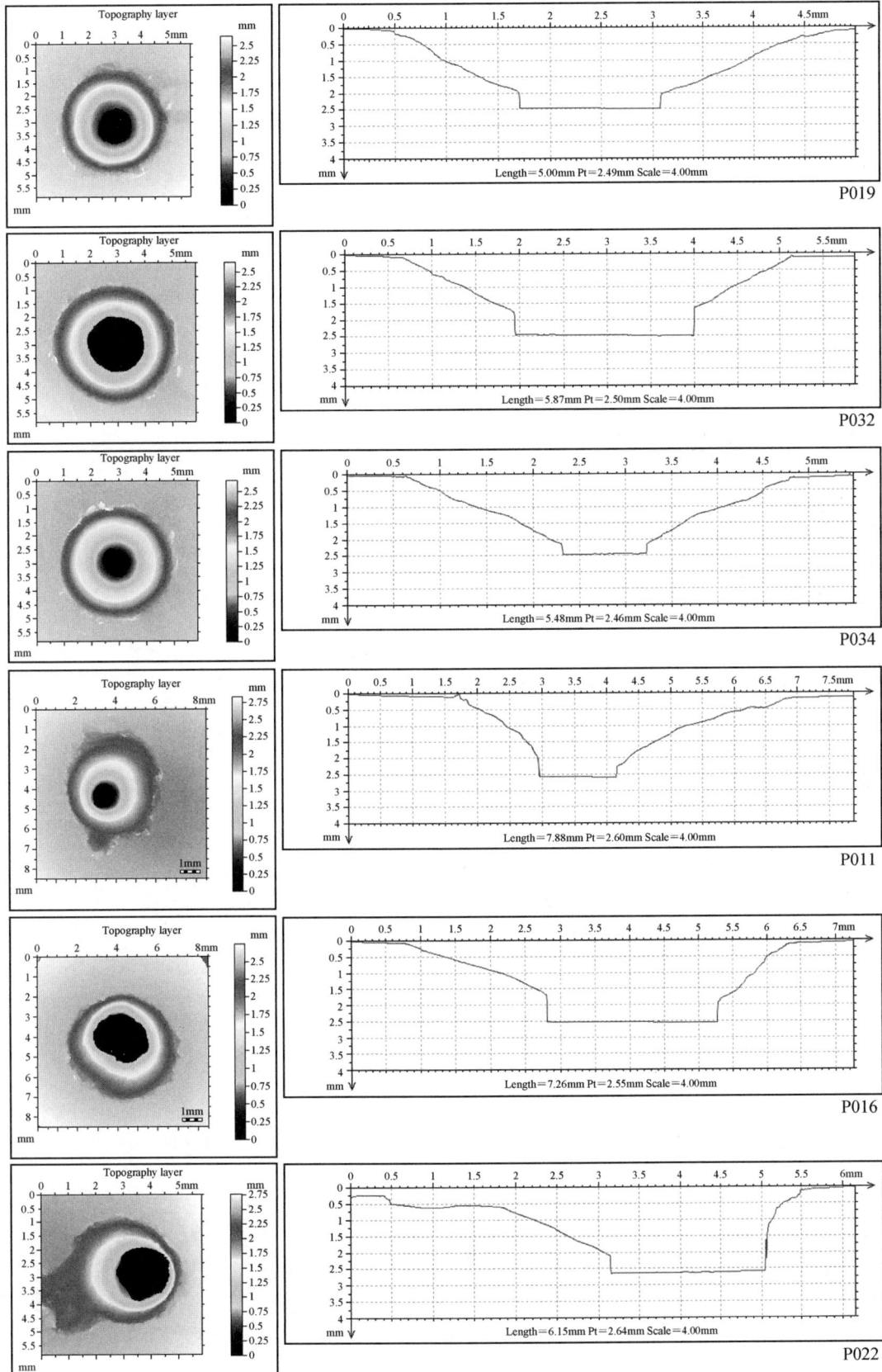

图5 颜色深度图和装柄（P019、P032、P034）、未装柄（P011、P016、P022）燧石工具穿孔的剖面图

4.1.2　磨光

经细砂打磨的碎片（图6）呈现窄细的条痕，对蛋皮的自然特征仅有细微改变；经石英岩和板岩打磨的碎片呈现出浅而清晰的条痕，对内表面的乳突层有局部的轻度削减；经砂岩、花岗岩和火山岩研磨的鸵鸟蛋皮碎片内表面受到显著影响，乳突层完全消失，且内外表面遍布深而宽的凹槽。

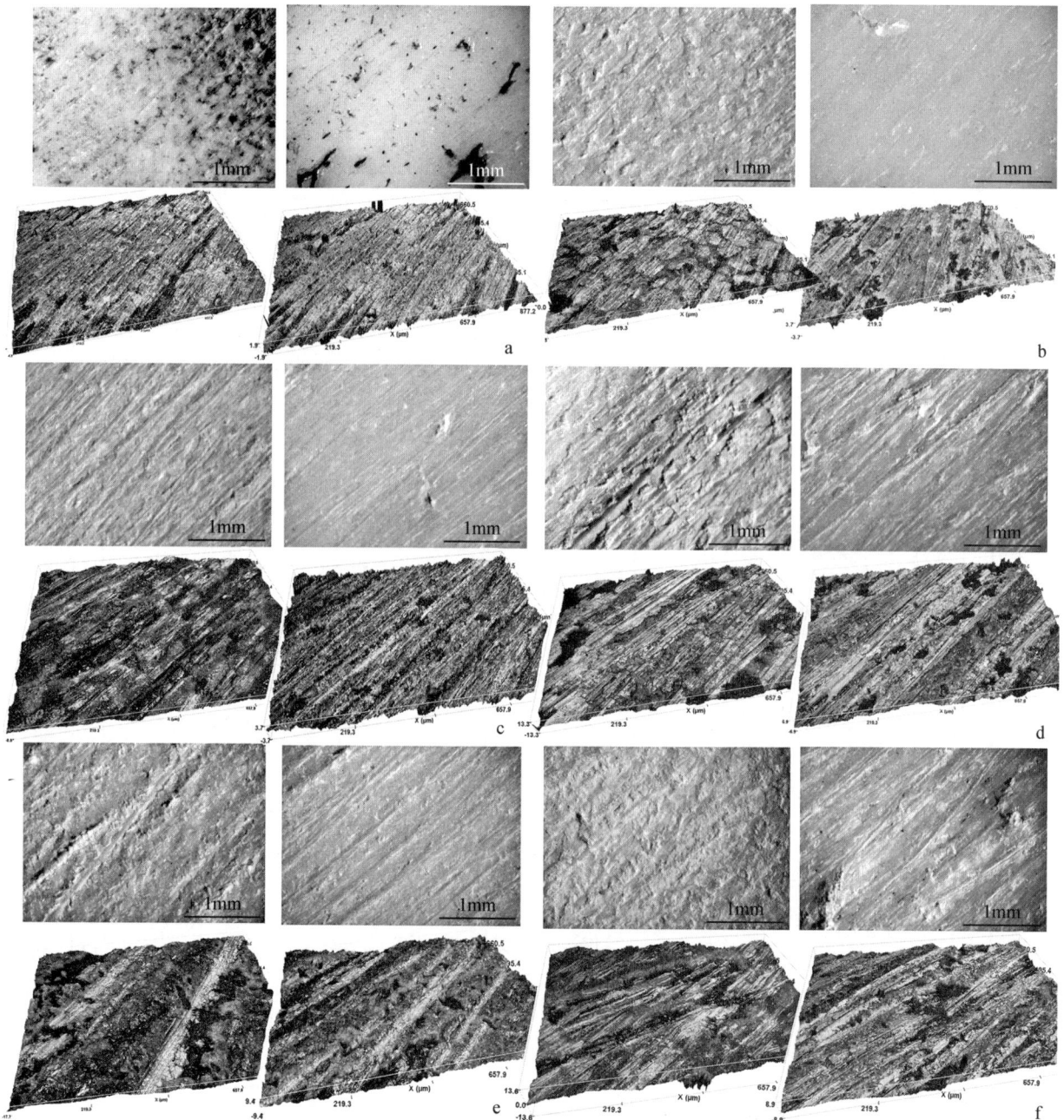

图6　鸵鸟蛋皮经不同材质磨石打磨后的内表面（左）和外表面（右）形态
a. 细砂　b. 石英岩　c. 板岩　d. 花岗岩　e. 砂岩　f. 玄武岩

4.1.3 风化

将新鲜鸵鸟蛋皮碎片在10%的酸溶液中浸泡3分钟后，乳突层上覆的膜被溶解，乳突状结构暴露。又过3分钟后，乳突尖端由于侵蚀作用变得平坦（图7）。

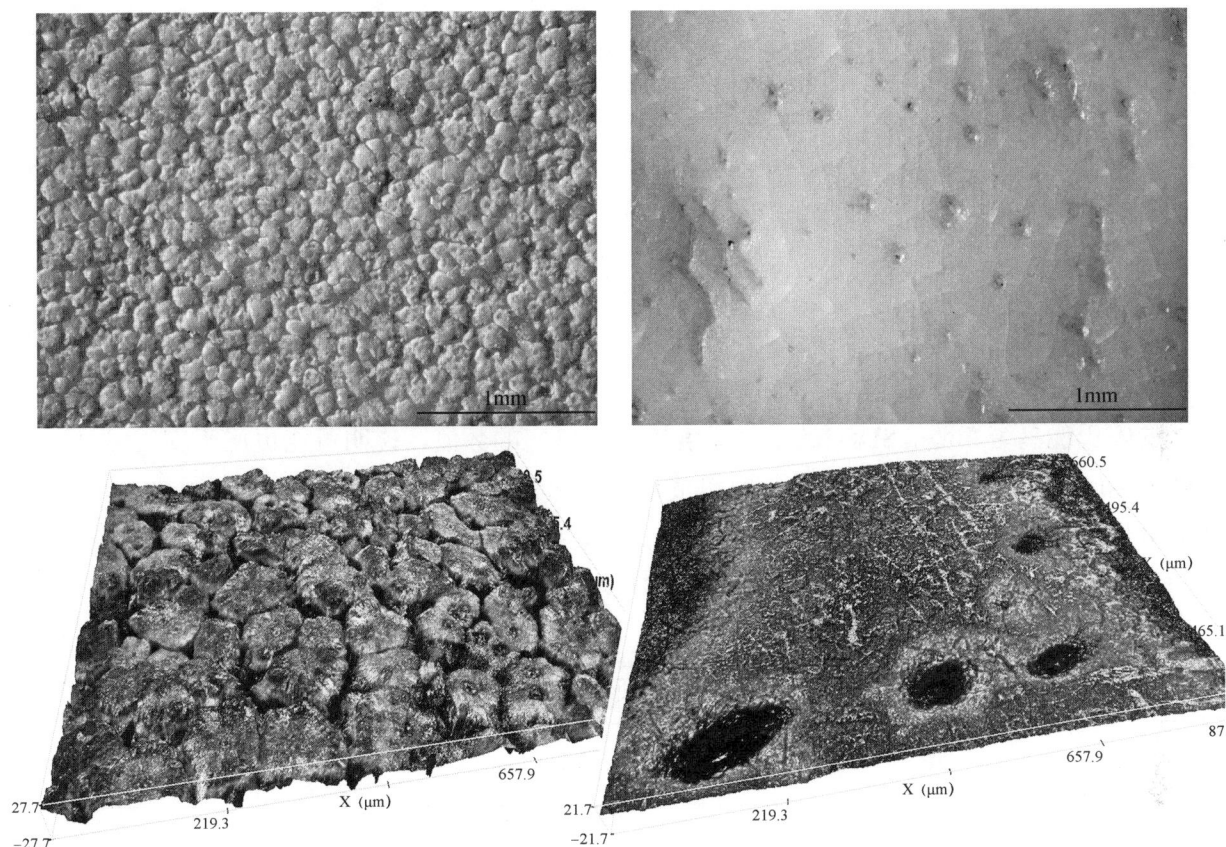

图7 浸泡在浓度10%的酸溶液中6分钟后鸵鸟蛋皮的内表面（左）和外表面（右）形态

4.2 考古标本研究结果

4.2.1 分类鉴定

水洞沟鸵鸟蛋皮串珠属于鸵鸟的化石种：安氏鸵鸟。在SDG2和SDG12发现的蛋皮碎片平均厚度分别为2.1毫米和2.24毫米。气孔开口直径为0.13—0.15毫米，零散分布或排列成短行，或2—5个一组，密度为每平方厘米120—125个（Sauer, 1972）。这种模式与在*Struthio camelus camelus*蛋壳上观察到的相似（图8；表5）。Sauer在对来自华北河南（或山东）更新世黄土堆积和内蒙古查干淖尔的鸵鸟蛋标本的研究中也发现了类似的情况（Sauer, 1972）。然而，根据Lowe（1931）、杨钟健和孙艾铃（1960）、赵资奎等（1981）及Janz等（2009）的研究，在东亚发现的更新世鸵鸟遗存属于一个不同的亚种，称为安氏鸵鸟，其蛋壳明显比非洲鸵鸟的更

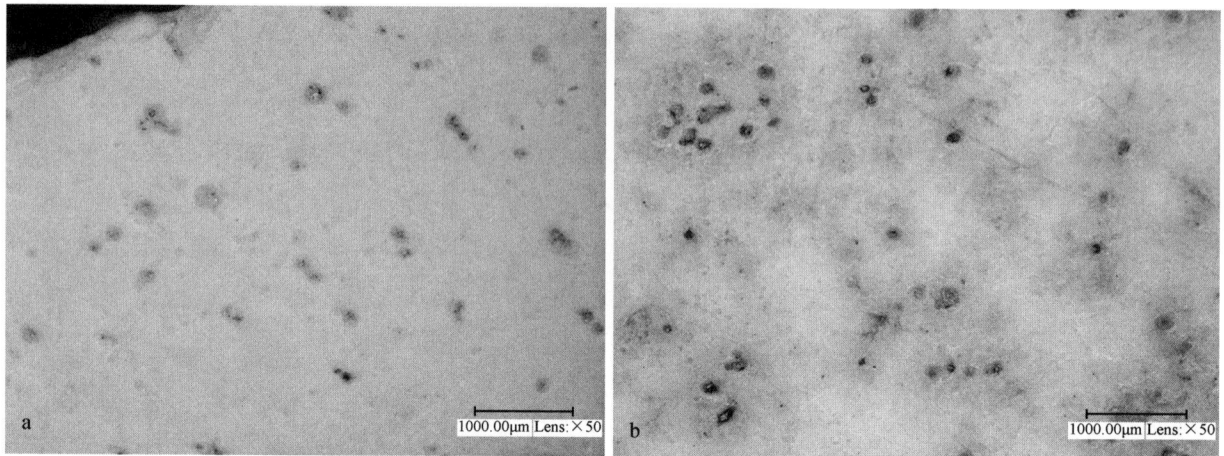

图8 SDG-CL2（a）和SDG12（b）出土鸵鸟蛋皮的气孔分布模式

大更厚。赵资奎等（1981）曾根据Tyler和Simkiss发表于1959年的数据对这两个亚种的蛋壳形态进行了比较，发现非洲鸵鸟蛋壳的平均厚度为1.9毫米，明显比周口店第1地点出土的厚约2.2毫米的安氏鸵鸟蛋壳薄。SDG2的蛋壳厚度接近周口店的数值，说明可能也属于安氏鸵鸟。晚更新世期间，亚洲北部寒冷干燥的气候可能形成了一种选择性压力，导致当地鸵鸟发展出更大的体格且产出更大的鸵鸟蛋（Janz et al, 2009）。王春雪等（2009）也根据扫描电子显微镜鉴定的结构特征将水洞沟遗址的鸵鸟遗存归类为安氏鸵鸟。

表5 各类鸵鸟蛋皮的气孔分布模式 [引自Schönwetter（1927）和Sauer（1972）]

鸵鸟亚种	模式	数量（cm²）	直径（mm）	气孔和孔槽　　1mm
S. c. camelus	①点状气孔	100	0.02—0.03	
S. c. spatzi	②气孔和孔槽组合	70 2	0.01—0.02 0.5	
S. c. australis	③网状孔槽	12	0.5	
S. c. massaicus	③&⑤组合	8	0.8	
S. c. molybdophanes	⑤点状气孔成群分布	10	0.1	

4.2.2 制造技术

几乎所有SDG2、SDG7、SDG8出土的鸵鸟蛋皮串珠都处于制造的最后阶段（成品串珠）。我们对串珠制造技术的识别依赖于对所有出土材料的分析，但不包括SDG2的四枚标本，这些标本过于破碎，无法提供可靠信息。

毛坯生产 SDG2出土了一枚三角形的鸵鸟蛋壳碎片（SDG2：7344），没有穿孔或其他修饰痕迹。它最短边长度（6.2毫米）比99%在水洞沟发现的串珠直径要短，表明该碎片可能并未在该遗址被用作生产鸵鸟蛋皮串珠的毛坯。由于缺少大小合适的碎片（Gao et al, 2013），SDG2绝大多数鸵鸟蛋皮串珠可能是在其他地方制作但丢弃在该遗址的。

穿孔　从蛋壳内表面钻孔是SDG2组合最常用的方法（$N=56$，70%），其次是从两面钻孔（$N=9$，11.25%），从蛋壳外表面钻孔很少见（$N=3$，3.75%）。16枚从内表面钻孔的串珠表现出从反向扩孔的特征。余下串珠（$N=12$，15%）的钻孔方法无法辨认，其中一些呈现圆柱形或近圆柱形的穿孔。这种情况更可能是使用了生产规则穿孔的特定钻孔技术（表6），而非使用磨损的结果，因为通常由串珠和绳索摩擦产生的孔眼边缘的削减并未在这些串珠上观察到。SDG7的2枚串珠和SDG8的8枚串珠中的7枚也都从内表面穿孔，SDG8的1枚串珠是从两面进行穿孔的。CT扫描分析将来可能是一种更精确识别钻孔的方法，特别是能够精准识别先从内表面钻孔再从外表面扩孔以及从两面钻孔的情况（Yang et al, 2016）。

修型　大多数串珠的内表面边缘都有修疤，但一般使用后会被磨平（表6，图9），外表面很少见到。仅有1枚已修型未磨光的毛坯（SDG2：8088），在加工过程中发生了断裂（图10）。

磨光　显微分析表明，许多SDG2的串珠上能观察到外缘经打磨产生的条痕。在能观察到条痕的标本中（$N=56$，70%），其方向大多垂直于蛋壳表面（$N=52$，92.8%），极少方向随机（$N=4$，7.2%）（表6，图11）。SDG7的2枚串珠和SDG8的8枚串珠中的5枚也呈现了垂直条纹。这一观察表明，水洞沟使用了非洲已证实的类似打磨技术，即珠串的一端套在一块木头

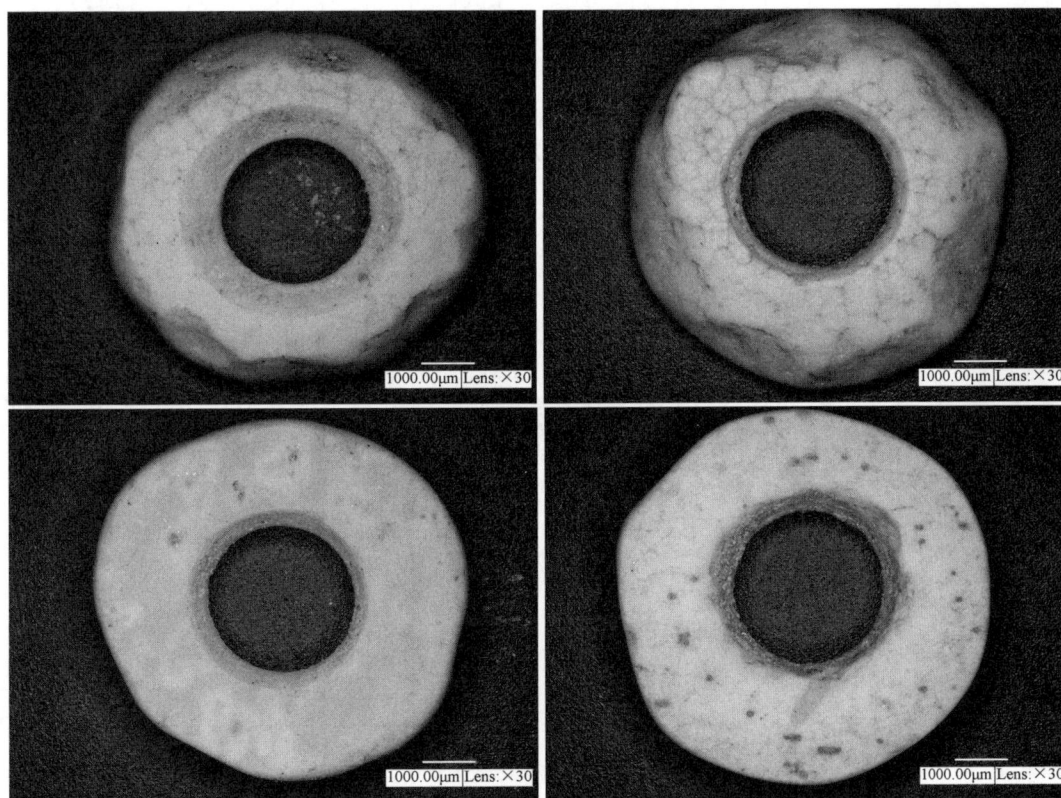

图9　SDG2出土内表面外缘可见修疤的鸵鸟蛋皮串珠

（左：SDG2：6499；右：SDG2：6483）

表6　SDG2的鸵鸟蛋皮串珠数据

编号	层位	Compl. B	Compl. A	SB	CSP	LNP	Dir	DB (mm)	DA (mm)	T (mm)	AS	AP	CSA	WLIS	SIS	PIS	WLOS	SOS	POS	SOR	TSOR	POR	BT
SDG2-1	CL II-ash	N	N	CI	BC	TIS	FIS	8.3	2.78	1.71	N	N	N	H	N	Y	L	N	Y	PD	IS	Y	C
SDG2-2	CL II-ash	N	N	CI	CY	CY	UD	6.83	3.61	1.19	N	Y	N	H	N	Y	L	Y	Y	N	N	Y	B
SDG2-3	CL II-ash	N	N	CI	CY	CY	FIS	7.02	2.84	1.73	N	Y	N	H	N	Y	H	Y	Y	PD	N	Y	A
SDG2-4	CL II-ash	N	N	CI	CY	CY	UD	7.36	3.13	1.53	N	Y	N	H	N	Y	H	Y	Y	PD	N	Y	A
SDG2-8	CL II-ash	N	N	CI	CO	TIS	FIS	7.51	2.74	1.82	N	Y	N	H	UD	Y	H	N	N	N	IS	Y	F
SDG2-9	CL II-ash	Y	Y	PO	CO	TIS	FIS	7.17	2.47	2.04	N	N	N	N	UD	N	N	N	Y	PD	IS	Y	D
SDG2T2:5995	L18 H1	N	N	PO	BC	TIS	FIS	7.51	2.44	1.94	BS	Y	N	M	N	Y	L	N	Y	PD	IS	Y	D
SDG2T2:5996	L18	Y	Y	PO	CO	TIS	FIS	7.7	2.77	1.9	N	Y	OS	M	N	Y	L	N	Y	PD	IS	Y	D
SDG2T2:6082	L18	Y	Y	SC	CO	TIS	FIS	7.44	2.21	1.91	IS	N	N	M	N	Y	H	N	Y	PD	IS	Y	D
SDG2T2:6083	L19	Y	Y	SC	CO	TIS	FIS	7.15	2.35	1.71	IS	Y	OS	H	N	Y	L	N	N	PD	IS	Y	D
SDG2T2:6084	L18	N	N	SC	CO	TIS	FIS	7.6	3.08	1.97	IS	Y	N	M	N	Y	N	N	N	N	IS	Y	E
SDG2T2:6085	L18	N	N	SC	CO	TIS	FIS	7.32	3.1	1.83	N	Y	N	H	N	Y	N	N	PD	PD	IS	Y	E
SDG2T2:6086	L18	N	N	CI	CY	CY	FIS	8.75	3.57	UD	N	N	UD	H	N	N	UD	UD	UD	N	IS	Y	A
SDG2T2:6087	L18	N	N	CI	CO	TIS	FIS	8.89	3.75	1.67	IS	Y	N	M	N	N	M	N	N	PD	IS	Y	UB
SDG2T2:6088	L19 H1	Y	Y	SC	BC	TIS	FIS	7.43	2.37	1.86	BS	N	N	N	N	N	N	N	Y	PD	IS	Y	D
SDG2T2:6089	L19 H1	N	N	SC	CO	TIS	FIS	7.75	2.47	UD	IS	N	N	N	N	N	UD	UD	N	PD	IS	N	D
SDG2T2:6090	L19 H1	Y	Y	SC	CO	TIS	FIS	7.63	2.55	1.84	IS	Y	OS	N	N	N	N	UD	UD	PD	IS	Y	D
SDG2T2:6091	L19	N	N	PO	CO	TIS	FIS	7.33	2.3	1.86	IS	Y	OS	N	N	N	N	N	N	N	IS	N	D
SDG2T2:6092	L19	Y	Y	SC	BC	TIS	FIS	8.02	2.25	2	BS	Y	OS	L	N	Y	L	N	Y	PD	IS	Y	D
SDG2T2:6093	L19	N	N	SC	CO	TIS	FIS	6.85	2.77	1.63	N	Y	N	H	N	Y	H	N	Y	PD	IS	Y	F
SDG2T2:6094	L19	N	N	CI	CO	TIS	UD	8.36	2.68	1.83	N	Y	OS	M	N	Y	L	N	Y	N	N	Y	H
SDG2T2:6096	L19	N	N	SC	CY	CY	UD	8.86	3.64	1.54	N	N	UD	H	N	Y	UD	UD	UD	PD	IS	Y	A
SDG2T2:6482	L20	N	N	PO	BC	TIS	FIS	7.52	3.01	1.86	N	Y	N	H	N	Y	N	N	N	PD	N	Y	C
SDG2T2:6483	L20	Y	Y	SC	BC	TOS	FOS	7.5	3	1.61	IS	N	N	H	N	Y	N	N	N	N	IS	Y	E

续表

编号	层位	Compl. B	Compl. A	SB	CSP	LNP	Dir	DB (mm)	DA (mm)	T (mm)	AS	AP	CSA	WLIS	SIS	PIS	WLOS	SOS	POS	SOR	TSOR	POR	BT
SDG2T2：6484	L20	N	N	SC	CY	CY	UD	7.71	3.22	UD	N	N	UD	UD	N	UD	L	N	N	PD	UD	Y	A
SDG2T2：6485	L20	Y	N	CI	CO	TIS	FIS	7.64	2.46	1.87	IS	N	N	N	N	N	N	N	Y	PD	IS	Y	D
SDG2T2：6486	L20	Y	Y	PO	CO	TIS	FIS	8.33	3.15	UD	N	Y	UD	M	N	Y	UD	-	-	PD	N	Y	H
SDG2T2：6487	L20	N	N	CI	BC	IM	FBS	8.24	2.96	1.72	N	Y	N	H	N	Y	N	N	N	N	IS	Y	H
SDG2T2：6488	L20	N	N	SC	BC	IM	FBS	8.63	3.15	1.88	N	N	N	L	N	N	N	N	Y	PD	N	Y	H
SDG2T2：6489	L20	N	N	PO	CO	TIS	FIS	7.84	2.73	1.86	N	Y	OS	N	N	N	L	Y	Y	PD	IS	Y	C
SDG2T2：6490	L20	N	N	SC	BC	IM	FBS	7.75	2.91	1.7	N	Y	IS	L	N	N	H	N	N	N	N	Y	H
SDG2T2：6491	L20	N	N	SC	CO	TIS	FIS	8.21	3.08	1.45	IS	Y	OS	N	N	N	M	N	Y	PD	IS	Y	UB
SDG2T2：6492	L20	Y	Y	PO	CO	TIS	FIS	7.5	2.21	1.83	N	N	OS	N	N	N	N	N	Y	PD	IS	Y	D
SDG2T2：6493	L20	Y	Y	SC	CO	TIS	FIS	7.34	2.27	2.05	IS	Y	OS	N	N	N	N	N	N	N	IS	Y	D
SDG2T2：6494	L20	N	N	SC	BC	TIS	FIS	8.54	2.95	1.47	N	Y	OS	M	N	N	M	UD	Y	PD	UD	Y	C
SDG2T2：6495	L20	N	N	CI	CY	CY	UD	9.33	3.7	UD	IS	N	UD	H	N	Y	UD	UD	UD	PD	UD	Y	A
SDG2T2：6496	L20	N	N	CI	CY	CY	UD	6.76	3.45	1.47	N	Y	N	H	N	N	N	Y	Y	N	N	N	B
SDG2T2：6497	L20	N	Y	PO	CO	TIS	FIS	8.05	3.31	1.69	N	N	OS	H	N	N	M	Y	Y	PD	IS	Y	UB
SDG2T2：6499	L20	Y	Y	SC	BC	TIS	FIS	7.3	2.86	1.7	N	Y	N	H	N	Y	H	Y	Y	PD	IS	Y	E
SDG2T2：6500	L20	Y	Y	SC	CO	TIS	FIS	8.53	2.86	1.97	IS	Y	N	L	N	Y	L	N	Y	PD	IS	Y	H
SDG2T2：6501	L20	Y	Y	SC	CO	TIS	FIS	6.88	3.26	1.7	IS	Y	OS	H	N	Y	H	Y	Y	PD	N	Y	G
SDG2T2：7085	L20	N	N	SC	BC	IM	FBS	8.44	2.73	1.83	N	Y	N	M	N	Y	N	N	N	RO	IS	Y	H
SDG2T2：7086	L20	N	N	SC	BC	IM	FBS	7.82	2.89	1.66	BS	Y	N	H	N	N	H	N	Y	PD	IS	Y	H
SDG2T2：7087	L20	Y	Y	CI	CY	CY	UD	6.85	3.35	1.56	N	N	N	H	N	N	L	N	N	PD	N	Y	B
SDG2T2：7088	L20	N	N	SC	BC	IM	FBS	8.45	3.15	1.88	N	Y	OS	H	N	N	N	N	N	RO	N	Y	H
SDG2T2：7195	L20	Y	Y	PO	CY	CY	FIS	8.16	2.78	1.62	N	N	N	H	N	Y	L	Y	N	PD	IS	Y	C
SDG2T2：7406	-	N	N	CI	BC	IM	FBS	8.16	2.93	1.62	N	N	OS	M	N	N	N	Y	N	PD	IS	Y	H
SDG2T2：7407	-	Y	Y	PO	CO	TIS	FIS	7.35	3.14	1.9	N	Y	N	H	N	Y	H	N	Y	PD	IS	Y	F

续表

编号	层位	Compl. B	Compl. A	SB	CSP	LNP	Dir	DB (mm)	DA (mm)	T (mm)	AS	AP	CSA	WLIS	SIS	PIS	WLOS	SOS	POS	SOR	TSOR	POR	BT
SDG2T2：7408	L21	N	N	PO	CO	TOS	FOS	7.17	3.08	1.51	OS	Y	UD	H	N	Y	N	N	N	N	IS	Y	E
SDG2T2：7409	L21	N	N	CI	BC	TIS	FIS	5.43	3.51	1.33	IS	Y	N	H	N	Y	H	N	Y	N	N	Y	UB
SDG2T2：7410	L21	N	N	SC	CO	TIS	FIS	7.64	3.06	1.8	N	Y	N	H	N	Y	N	N	N	PD	IS	Y	C
SDG2T2：7411	L21	N	N	SC	BC	TIS	FIS	7.22	2.05	1.96	BS	Y	N	N	N	N	N	N	N	PD	IS	Y	D
SDG2T2：7412	L21	N	N	CI	CY	CY	UD	9.18	3.57	1.49	N	N	N	M	N	Y	N	N	N	N	BS	Y	A
SDG2T2：7413	L21	N	N	CI	CY	CY	FIS	9.27	3.86	1.33	N	N	N	H	N	Y	N	N	N	PD	N	Y	A
SDG2T2：7414	L21	N	N	PO	BC	TIS	FIS	7.34	2.41	2	OS	Y	N	L	N	N	L	Y	N	PD	IS	Y	D
SDG2T2：7415	L21	Y	Y	SC	CO	TIS	FIS	6.78	3.65	1.5	N	Y	OS	H	N	N	H	Y	Y	PD	IS	Y	G
SDG2T2：7416	L21	N	N	CI	CY	CY	FIS	9.13	3.95	1.54	N	N	N	M	N	N	M	Y	Y	N	N	Y	A
SDG2T2：7417	L21	N	N	CI	CY	CY	UD	9.46	4.07	1.47	N	N	N	H	N	N	H	Y	Y	N	N	Y	A
SDG2T2：7418	-	Y	Y	SC	CO	TIS	FIS	7.26	3.1	UD	N	N	UD	H	N	Y	UD	UD	UD	PD	IS	Y	UB
SDG2T2：7419	L21	N	N	CI	CY	CY	FIS	9.25	3.68	1.63	N	Y	N	H	N	Y	UD	UD	UD	N	IS	Y	A
SDG2T2：7420	-	N	N	CI	CY	CY	FIS	8.59	3.79	UD	N	N	UD	H	N	Y	UD	UD	UD	PD	UD	Y	A
SDG2T2：7421	-	Y	Y	PO	CO	TIS	FIS	6.63	2.67	2.01	IS	N	N	H	N	Y	M	N	Y	RO	IS	Y	F
SDG2T2：7422	L21	Y	Y	SC	CO	TIS	FIS	5.78	2.99	1.46	N	Y	OS	H	Y	N	H	N	Y	PD	IS	Y	G
SDG2T2：7547	L21	Y	Y	SC	BC	TIS	FIS	7.28	2.37	2	BS	Y	OS	N	N	N	L	N	Y	PD	IS	Y	D
SDG2T2：8089	-	Y	Y	PO	CO	TIS	FIS	7.17	2.92	1.9	N	N	OS	H	N	Y	N	N	N	PD	IS	Y	F
SDG2T2：8156	L22	N	N	CI	CY	CY	UD	6.44	3.75	1.76	N	N	OS	N	N	Y	N	N	Y	RO	N	Y	B
SDG2T2：8310	L22	Y	N	PO	CO	TIS	FIS	7.15	3.25	1.59	N	N	N	H	N	N	H	Y	Y	N	OS	Y	F
SDG2T2：8402	L22	Y	Y	SC	CO	TOS	FOS	8.54	3.47	1.61	N	Y	OS	H	N	N	H	N	Y	PD	IS	Y	A
SDG2T2：8683	L22	N	N	SC	BC	TIS	FIS	7.2	2.85	1.95	BS	Y	N	M	N	Y	H	N	Y	PD	BS	Y	F
SDG2T2：8809	2L1	Y	Y	SC	CO	TIS	FIS	7.4	2.69	1.64	OS	N	OS	H	N	Y	H	N	Y	PD	N	Y	E
SDG2T2：8841	2L1	N	N	CI	CO	TIS	FIS	7.02	2.71	1.9	IS	Y	N	N	N	Y	N	UD	UD	N	IS	Y	F
SDG2T2：8852	2L1	Y	Y	SC	BC	TIS	FIS	7.57	2.65	1.77	N	N	N	H	N	Y	N	Y	Y	N	IS	Y	E

续表

编号	层位	Compl.B	Compl.A	SB	CSP	LNP	Dir	DB (mm)	DA (mm)	T (mm)	AS	AP	CSA	WLIS	SIS	PIS	WLOS	SOS	POS	SOR	TSOR	POR	BT
SDG2T2：8853	2L1	Y	Y	SC	BC	TIS	FIS	7.61	2.61	1.76	BS	Y	OS	M	N	N	N	N	Y	PD	IS	Y	E
SDG2T2：8927	2L3	Y	Y	PO	CO	TIS	FIS	7.15	2.95	1.7	BS	Y	OS	H	Y	Y	L	N	Y	PD	BS	Y	F
SDG2T2：9511	2L4	Y	Y	PO	CO	TIS	FIS	6.86	2.98	1.8	IS	Y	OS	H	N	Y	H	N	Y	PD	N	Y	F
SDG2T2-5	L21/L22	N	N	CI	CY	CY	UD	8.18	3.32	1.39	N	N	OS	H	N	Y	N	N	N	PD	OS	Y	A
SDG2T2-6	L21/L22	N	N	CI	CY	CY	UD	7.43	3.15	1.22	N	Y	N	H	N	Y	N	N	N	N	N	Y	A
SDG2T2-7	L19	N	N	CI	BC	TIS	FIS	7.8	2.72	1.51	N	Y	N	H	N	Y	H	Y	Y	PD	IS	Y	C
SDG2T2：6498	L20	N	N	PO	BC	IM	FBS	UD	UD	1.82	BS	N	N	N	N	N	N	N	N	N	IS	N	-
SDG2T2：8088	L21	N	N	PO	CO	IM	FBS	UD	UD	1.89	IS	N	OS	N	N	N	N	N	N	N	IS	N	-
SDG2T2：6095	Fragile	-	-	-	-	-	-	-	-	-	-	-	-	-	-	-	-	-	-	-	-	-	-
SDG2T2：6097	Fragile	-	-	-	-	-	-	-	-	-	-	-	-	-	-	-	-	-	-	-	-	-	-
SDG2T2：8309	Fragile	-	-	-	-	-	-	-	-	-	-	-	-	-	-	-	-	-	-	-	-	-	-
SDG2T2：7344	Eggshell	-	-	-	-	-	-	-	-	-	-	-	-	-	-	-	-	-	-	-	-	-	-

注：Compl.B：串珠完整程度；Compl.A：穿孔完整程度；SB：串珠轮廓；CSP：穿孔截面形状；Dir：穿孔方向；DB：串珠直径；DA：穿孔直径；LNP：穿孔直径最窄处位置；
T：厚度；AS：孔眼表面条痕；AP：孔缘修疤；CSA：孔缘修疤；WLIS：内表面磨损程度；SIS：内表面条痕；PIS：内表面条痕；SOS：外表面条痕；SOS：外表面条痕；
POS：外表面光泽；SOR：外缘条痕；TSOR：从内表面；FIS：从内表面；IM：居中；CI：圆形；SC：近圆形；CO：多边形；PO：外缘光泽；CY：圆柱形；BC：双锥形；TIS：近内表面；TOS：近外表面；IM：居中；FIS：从内表面；FBS：从外表面；FOS：从内表面；UD：不确定；IS:内表面；OS：外表面；BS：双面；CO：锥形；L：轻度；M：中度；H：重度；PD：垂直；RO：随机分布；
Y：是；N：否；BT：串珠类型；UB：特殊串珠。

上，左手紧握串珠，右手用磨石对串珠进行摩擦（Wingfield，2002），该过程会在串珠外缘产生垂直的条痕。这种技术被称为heishi（或heishe）（Francis，1984），它不仅确保了整串串珠大小一致和整体美观，也大大减少了串珠加工的时间。Bednarik（2005）发现，当串珠直径小于8毫米时，很难单独打磨一枚串珠，而打磨一枚直径小于10毫米的串珠平均耗时217秒。水洞沟大多数串珠的直径为6—8毫米，逐一修整这些串珠困难且耗时。这表明水洞沟出土的鸵鸟蛋皮串珠很可能是采用与heishi相似的整形技术制造的。

磨光和使用磨损　与磨石摩擦鸵鸟蛋皮碎片表面产生的特征相比，酸腐蚀产生的表面特征更接近于水洞沟大多数鸵鸟蛋皮串珠（图12）上所呈现的。因此我们得出结论，水洞沟串珠表面的磨光很可能是天然腐蚀，或是衣物、佩戴者皮肤摩擦产生的磨损，而不是有意打磨所致。然而，由于规则串珠较薄且内表面光滑，乳突层部分磨光，推测它们被轻微磨平了乳突层，并在皮革或沾有粉砂的皮革上进行有意的摩擦抛光。有些串珠显示出光滑的近圆柱形穿孔，上覆穿绳磨损产生的微条痕，说明经过了长期使用。

颜料残留物和可能的热处理　SDG2的83枚鸵鸟蛋皮串珠中，在62枚串珠的表面、外缘、孔眼和穿孔处发现了红色残留物，其中12枚串珠的残留物尤其丰富（表6）。虽然现阶段确定

图10　SDG2∶8088的内（左）外（右）表面

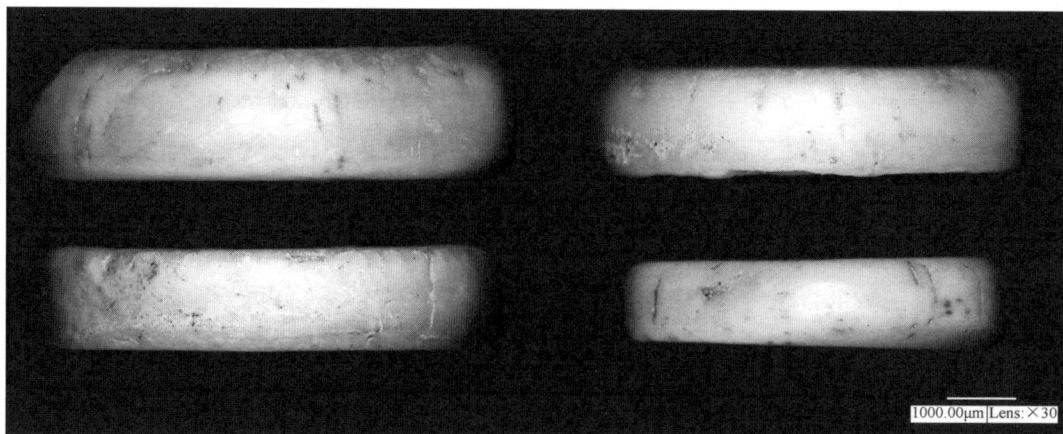

图11　SDG2出土四枚外缘可见垂直于蛋皮表面条痕的鸵鸟蛋皮串珠

（左上 SDG2∶8683，右上 SDG2∶7415，左下 SDG2∶7087，右下 SDG2∶7422）

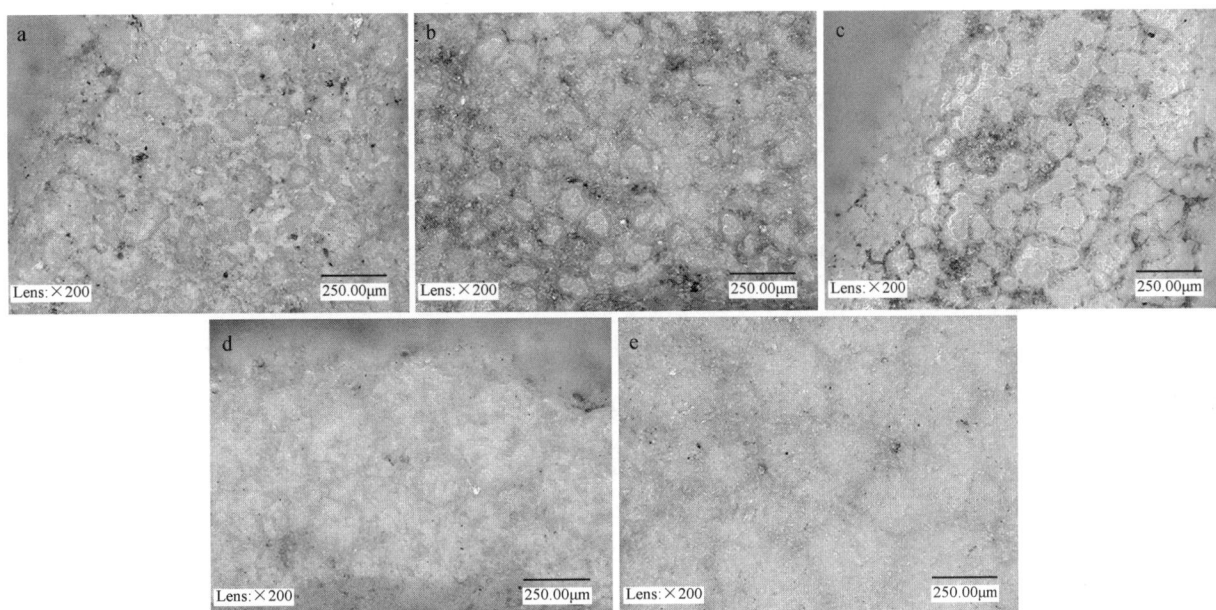

图12　SDG2鸵鸟蛋皮串珠乳突层的表面特征
（a. SDG2：9；b. SDG2：6491；c. SDG2：6486；d. SDG2：6087；e. SDG2：7420）

这些残留物是否是有意用于改变串珠色泽的颜料还较为困难，可能只是接触了经赭石染色的衣物、穿戴者皮肤或穿绳的结果，但就大量红色残留物遍布串珠表面的情况来说，第一种假设似乎是最有可能的。此外，串珠SDG2：6500是唯一除磨光边缘外通体呈黑色的样品，可能在制作完成后进行过热处理。这枚串珠的黑色表面存在使用磨损的痕迹，表明它是在热处理后使用的。SDG8的6枚串珠上也发现了红色残留物，但SDG7的串珠没有。这两个地点均未发现经热处理的串珠。

生产路径　SDG2：6498是水洞沟组合中唯一钻孔未修型的例子，说明人们倾向于选择路径1，即先钻孔再修型（图13）。王春雪等（2011）通过实验证明了路径2比路径1更耗时，且蛋壳破损率更高。因此，较小的毛坯对钻孔工具和工匠的制作技术提出了更严格的要求。

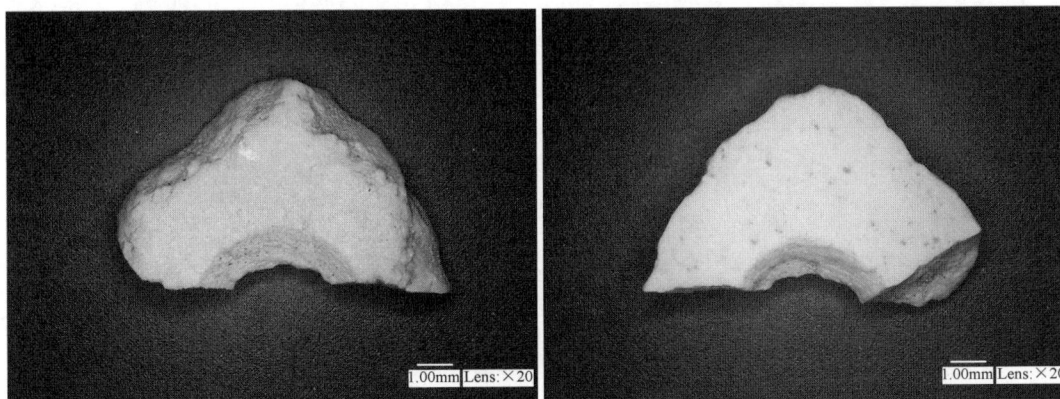

图13　SDG2：6498的内（左）外（右）表面

4.2.3　串珠类型

形态和技术分析表明，制作精良和工艺粗糙的鸵鸟蛋皮串珠在SDG2均有发现。具有规则轮廓、平滑穿孔和光滑表面的串珠通常具有更大孔眼、更薄且更精致的外观。根据这些特征，我们确定了八个具有相似形态和形态测定特征的串珠类型，以及五枚不属于任一类型的串珠（表6，图14、图15）。

类型A（*N*=15）：鸵鸟蛋皮串珠为圆形，直径非常大（平均8.54毫米），孔径也大（平均3.53毫米）。通常钻孔为近圆柱形，横截面为直边，难以确定钻孔方向。外缘垂直于串珠表面，内外表面的边缘都相当规则和笔直。这些串珠很薄（平均1.5毫米），表面轻微抛光，边缘平滑，没有明显的加工痕迹，很可能是装柄工具钻成的。

类型B（*N*=4）：串珠形状为圆形，钻孔呈圆柱形，表面十分规则且高度抛光。与类型A在

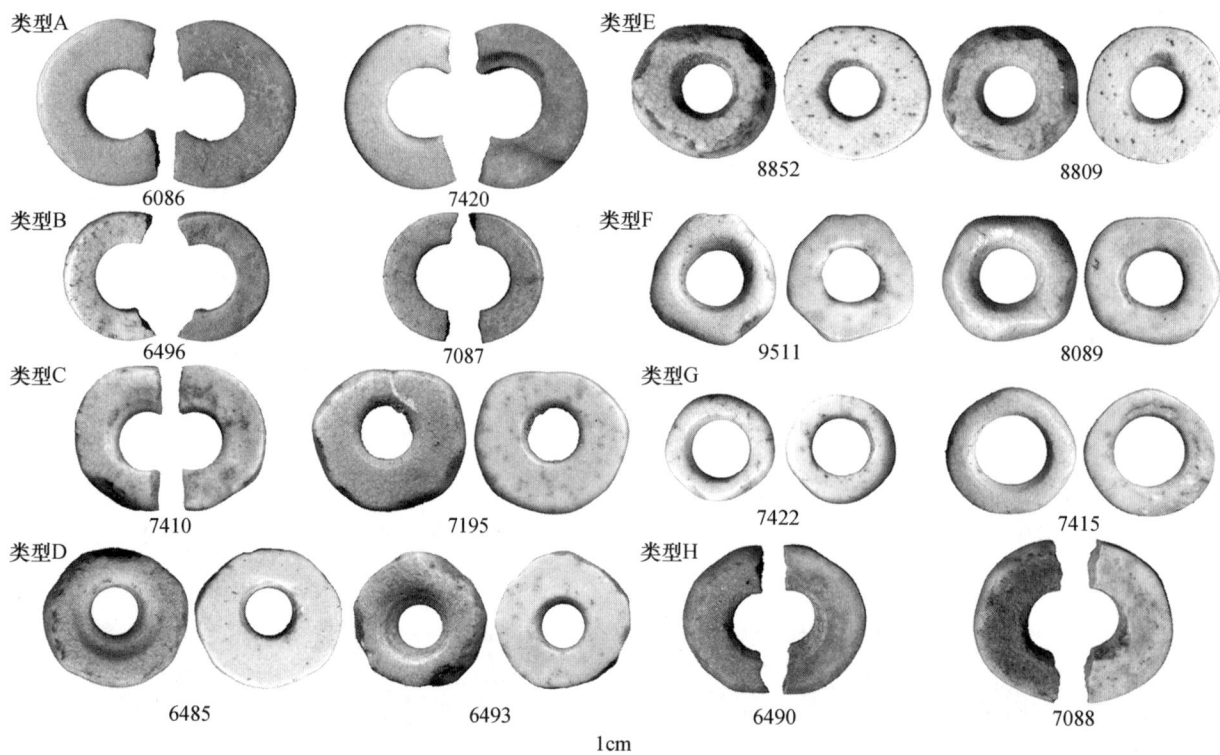

图14　SDG2鸵鸟蛋皮串珠各类型示例

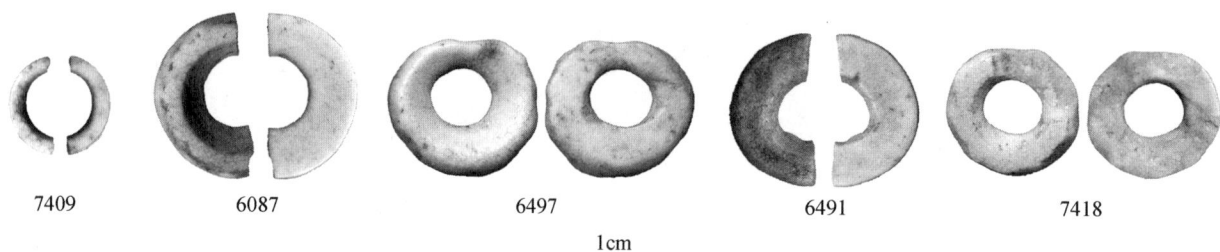

图15　无法归入八种已知类型的鸵鸟蛋皮串珠

形态和技术上相似，但尺寸更小（平均6.72毫米），更薄（平均1.49毫米），穿孔更大（平均3.54毫米），是SDG2发现的最精致、制作工艺最精湛的串珠类型。

类型C（N=7）：近圆形或多边形的鸵鸟蛋皮串珠，直径大（平均7.97毫米），钻孔小，（平均=2.86毫米），平面呈近圆形，径切面呈锥形，表明它们是从蛋壳内表面进行穿孔的。穿孔边缘由于加工时留下的崩疤略显不规则，外缘从横截面来看呈现从内表面到外表面方向的逐渐外斜。虽然外缘没有崩疤，但不似类型A和类型B串珠边缘那般平滑，表明类型C串珠的外缘未经细致打磨。该类型串珠厚度适中（平均1.69毫米），表面轻微磨损，无光泽。

类型D（N=16）：中等大小（平均7.5毫米）的多边形串珠。穿孔非常小（平均2.38毫米），呈圆形，稍微偏离中心位置，呈典型单锥形，极少出现双锥形，钻孔方向均由内表面向外表面钻。孔内壁经常可以观察到钻孔产生的条痕，钻孔边缘没有明显的崩疤。类型D串珠的横截面呈梯形，非常厚（平均1.92毫米），内外表面和外缘极少有打磨和磨光痕迹。工艺粗糙，可能是非装柄工具加工而成的。

类型E（N=8）：中等大小（平均7.43毫米）的近圆形串珠。钻孔圆形，中等大小（平均2.88毫米），稍微偏离中心，径切面为单锥形，部分为双锥形，说明这些串珠钻孔方向主要以内表面向外表面为主。内外表面穿孔的边缘都相当平滑，极少数串珠在外表面会出现轻微崩疤。串珠外缘从内表面一侧可观察到面积较大、有颜料残留的连续崩疤，串珠整体截面呈梯形。与类型D相比，类型E的串珠具有更大的穿孔，更薄（平均1.72毫米），表面平滑且有光泽。类型E的串珠很可能属于同一珠串，因为除标本SDG2：6499外都集中出土于1平方米的范围。它们具有相似颜色和纹理，原料很可能来自同一个鸵鸟蛋壳。

类型F（N=10）：大小中等（平均7.09毫米）的多边形串珠。钻孔近圆形，偏离中心位置，中等大小（平均2.9毫米），径切面为单锥形，从内表面向外表面钻孔。内表面的穿孔边缘未观察到崩疤或钻凿痕迹，磨损严重，平滑有光泽。串珠外缘严重磨光，使横截面中部呈现向外凸出。类型F串珠通体高度磨光，是与软质材料频繁摩擦的结果，因此串珠很可能并非穿在项链上佩戴，而是缝在衣物上使用。

类型G（N=3）：相对较小（平均6.48毫米）的近圆形串珠。穿孔圆形，孔径很大（平均3.3毫米），径切面呈单锥形或近圆柱形，穿孔方向从内表面向外表面。串珠具有高度磨光的外观、平滑规整的穿孔边缘和平直的串珠边缘。串珠外缘经过打磨，垂直于串珠表面，但边缘分布有零星修疤。该类型串珠很薄（平均1.55毫米），磨损严重。

类型H（N=10）：直径很大的（平均8.52毫米）圆形和近圆形串珠。穿孔近圆形，孔径中等（平均3毫米），双面钻孔使得径切面呈双锥状，这种钻孔技术在水洞沟很少使用。内外表面的穿孔边缘均有崩疤，内表面外缘能观察到严重磨光的修疤痕迹。该类型串珠横截面呈梯形，很厚，表面粗糙。

特殊串珠：有五枚鸵鸟蛋皮串珠无法归入上述八种类型，虽然它们与以上各类型串珠在形态和工艺上有相似之处，但也具有完全不同的其他特征。SDG2：7409与类型B相似，但孔径更大，直径更小，是在SDG2标本中最薄最窄的一件，周身规整光滑；SDG2：6087与类型A的串珠尺寸相近，但钻孔开口非常大，表明钻孔工具尖端粗大。孔壁上的钻孔痕迹和外缘的修疤清晰可见；SDG2：6497与类型F串珠的形态几乎一致，但有更大的钻孔开口，几乎与串珠外缘重合；SDG2：6491具有类型H串珠相似的形态，从内表面钻出一个单锥形穿孔，有明显钻痕；SDG2：7418与类型C串珠相似，但穿孔较小，钻孔开口较大，边缘粗糙，有修疤。

4.2.4　形态分析

串珠直径和孔径的相关散点图与基于形态和技术特征的分类结果一致（图16）。串珠类型构成独立的或略微重叠的集合。未归入任何类型的五枚鸵鸟蛋皮串珠中有两枚（SDG2：6087和SDG2：6497）落入类型A的范围；SDG2：6491在类型F的范围内。另两件与任何类型串珠的尺寸差异均很大。

4.2.5　串珠类型分组

八个串珠类型可以划分为三个不同的风格组。类型A、类型B和类型G串珠的特征是外观统一规整且孔径相近，是钻孔、修型、打磨和磨光技术精湛的结果（图16），它们构成了第一个风格组。类型D和E的串珠外观相对粗糙，制作工艺较差；类型F和D的串珠都经过严重磨损；类型D、E、F的串珠直径和钻孔直径相近，构成第二个风格组。类型C和H的串珠尺寸相近且有共同的形态特征，其工艺水平介于第一和第二风格组之间，因此将其划入第三风格组。

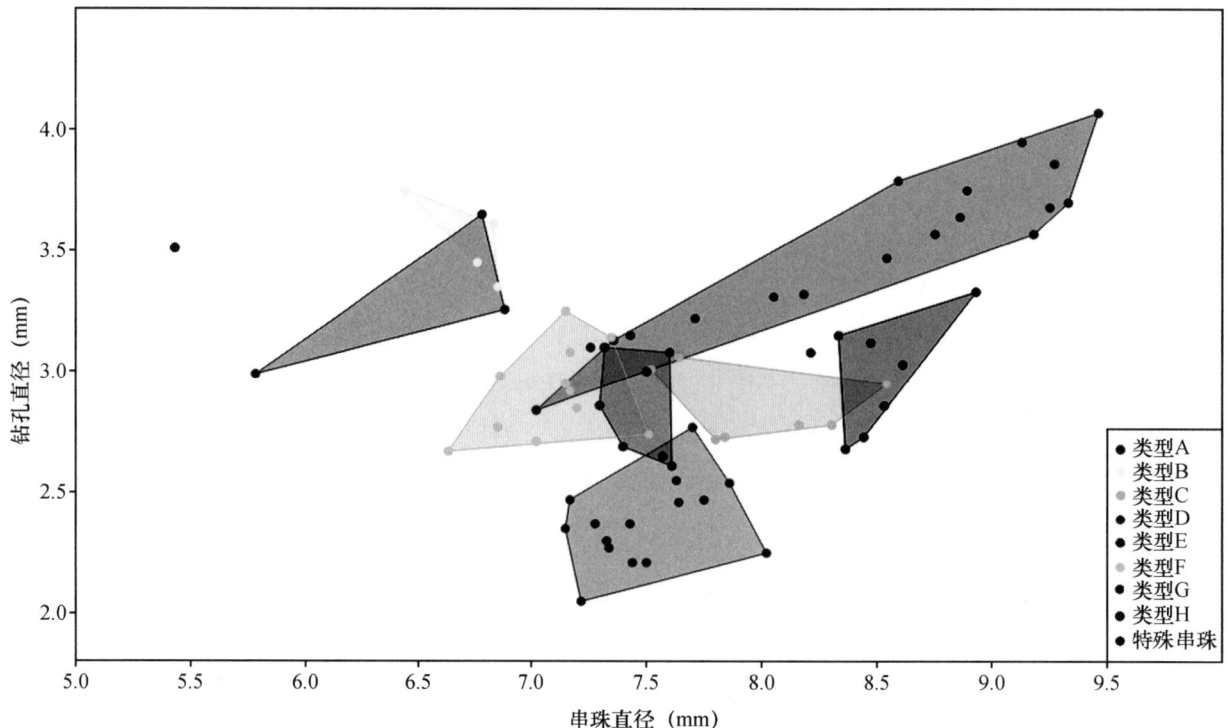

图16　SDG2鸵鸟蛋皮串珠直径与钻孔直径的相关性散点图

4.2.6　空间分布

鸵鸟蛋皮串珠的平面分布（图17）显示，三组串珠部分重叠并在一定程度上聚集。第一组出土于发掘区南部，大多数物品沿南北轴线方向分布；第二组发现于发掘区中心地带，沿东北—西南轴线方向分布，有两枚串珠例外；第三组也集中分布在发掘区中心，有两枚串珠例外。第一组和第二组串珠垂直分布的离散程度大于第三组串珠，后者几乎只集中在10厘米的深度范围内出土。类型D的4枚鸵鸟蛋皮串珠和类型E和H的6枚串珠出土时距离很近，是一个有趣的现象。

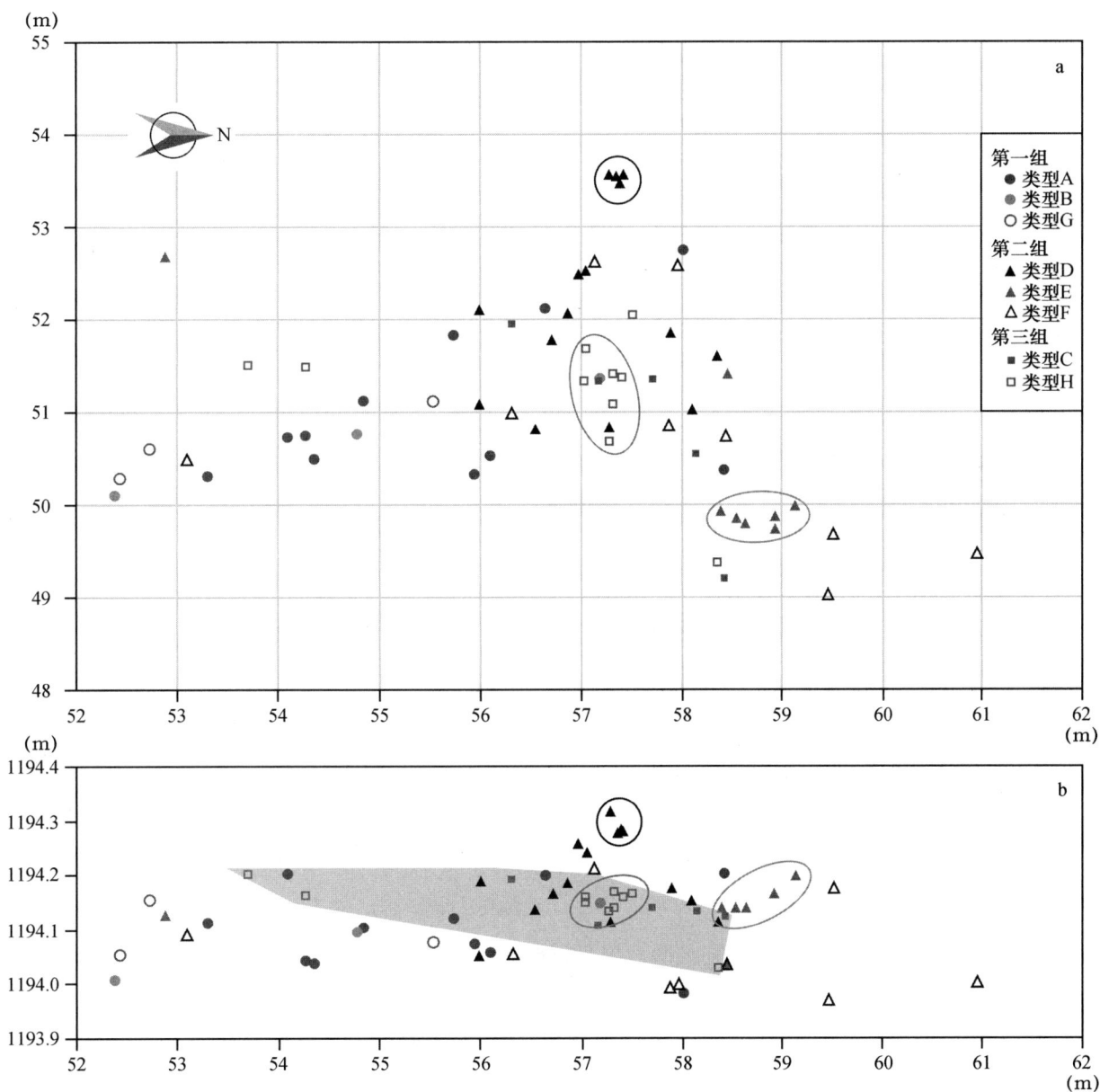

图17　SDG2-CL2鸵鸟蛋皮串珠在水平（a）和垂直（b）方向的分布情况

（圆形分别指示了水平和垂直方向上聚集在一起的类型D、E和H串珠，多边形指示了归入第三组的串珠在垂直方向上的分布情况）

5. 讨论和结论

通过对水洞沟遗址出土鸵鸟蛋皮串珠的研究，我们得以重建其制作工艺，并记录其技术、形态和尺寸变化。这些信息为研究鸵鸟蛋皮串珠在华北地区旧石器时代社会中可能具有的重要作用提供了线索。

圆盘状的鸵鸟蛋皮串珠是一种特殊形式的个人装饰品。与直接利用原料天然外观和形状的动物牙齿或贝壳装饰品不同，鸵鸟蛋皮串珠的制作更加复杂和耗时。成品串珠需要尺寸一致，并需要通过仔细钻孔和打磨做出圆形的穿孔和轮廓。该制作程序还需要具备高度的对称意识、几何意识和对形式的抽象概念。SDG2鸵鸟蛋皮串珠的研究结果带来了两个问题：为什么工匠选择克服重重困难来获得如此小型的串珠？综合分析确定了具有不同技术、形态和尺寸特征的串珠类型，以及少数与八个主要类型不同的串珠，是什么原因导致了这种差异性？

个人装饰品是非实用性的人工制品。它们不仅在个体间和小群体间充当交流媒介，也在由来自远方的人组成的社会网络中表达族属和群体身份。小型串珠表明在制造中投入了更多的时间和精力，需要制作者具有专业化技能及能够接受较高的失败风险。小型串珠更受人们青睐，因为不仅彰显了生产高质量装饰品所必需的高投入，而且具有审美价值。Jacobson（1987a, 1987b）提到，San人在生产较小串珠供自己使用的同时，也生产两倍大的串珠与园艺渔猎者进行交易（Jacobson, 1987a）。博茨瓦纳的D'kar也有类似的案例，Naro人制作较小的串珠供自己使用，而较大的串珠用于售卖（Tapela, 2001）。这表明某些群体更喜欢小型串珠。水洞沟发现的小型串珠表明，生活在该遗址的更新世人类有能力也有意愿生产精致且标准化的物品。

早期研究指出，鸵鸟蛋皮串珠大小的显著差异可用作区分不同群体的风格标志（Jacobson, 1987a; Tapela, 2001），或作为时尚变化的指示（Jacobson, 1987a, 1987b; Yates, 1995; Sadr et al, 2003; Orton et al, 2005）。第二个假设与SDG2的证据不符，因为该遗址不同大小和工艺风格的83枚鸵鸟蛋皮串珠出自30厘米厚的CL2层，其生成时间相对较短。比较合理的解释是：串珠技术、熟练程度、大小和风格的显著差异是不同群体在不同时期丢失或遗弃鸵鸟蛋皮串珠的结果。归属于不同群体和类型的鸵鸟蛋皮串珠空间分布与该解释一致，它展示了三个平面分布部分重叠但完全不同的集群（仅第三组垂直分布较为分散），同时这三个不同的集群分别都是由不同类型的串珠组成的。这可能反映了人类于不同时段在该遗址活动过，并意外丢失了串珠，其间曾发生过从同一件珠饰上丢失或遗弃串珠的情况，并在较短时间内埋藏于该遗址地层中。

各类型串珠特征的一致性表明每组串珠都是使用相似的工具和动作制成的，其制作者是在一个较为广泛技术系统下具有相同差异特征的个体，这个技术系统被所有在CL2层沉积期间到访过SDG2的群体所熟知。换句话说，鸵鸟蛋皮串珠支持了这样一种观点，即在约31ka BP有一些群体曾到访过水洞沟遗址，并使用鸵鸟蛋皮串珠作为信息通讯技术。这些群体中都有一个或几个人掌握制作鸵鸟蛋皮串珠的技术，但各人的技能水平及其在这项工作中所投入的时间和精力差别很大，最终产生了不同的串珠类型。一个有待验证的可行假设是，这三组串珠类型可能对应三个反复到访该遗址的群体，每个群体中都有使用略微不同的工具、技术和动作来生产不同类型串珠的个人。不同程度的使用磨损使原属同一类型的串珠情况更加复杂，研究者在今后的分析研究中需要考虑这一点。

　　SDG2鸵鸟蛋皮串珠的某些类型揭示了一定的技术熟练程度，这是需要不断积累前人经验才能实现的，但是想找到这些遗存的前身较为困难。水洞沟遗址出土的鸵鸟蛋皮串珠与中国传统的石核-石片技术共出，而另一种以勒瓦娄哇石叶和棱柱形石叶石核剥片为特点的石叶工业被认为是40ka—32ka BP间从蒙古和西伯利亚地区传入的（Gao et al, 2013; Li et al, 2013）。鸵鸟蛋皮串珠很可能是从蒙古和西伯利亚地区传入华北后，作为新事物被石核-石片技术群体所使用。该过程可能发生在气候恶化时期，即海因里希3号事件（Porter and An, 1995; Heinrich, 1988; Wang et al, 2001）期间。虽然此类事件对中国北方环境的影响仍需充分的文献证实，对人类的影响也需要进一步评估，但鸵鸟蛋皮串珠自北传入可能是由该气候事件引起的干旱加剧和生态风险所促成的。较高的生态风险通常与高流动性和建立远距离社会联结的需求增长相关（Nettle, 1998; Collard and Foley, 2002; Banks et al, 2013, 2008）。当装饰品成为文化、基因和社会交流的载体，鸵鸟蛋皮串珠的使用可能有助于促成这种联系的建立。

致谢：我们感谢William Banks和Africa Pitarch Martí参与钻孔实验，感谢Shannon McPherron和Alain Queffelec在共聚焦显微镜方面提供帮助。我们非常感谢莱比锡的马克斯·普朗克演化人类学研究所允许我们使用奥林巴斯NanoFocus μsurf spinning-disk共聚焦显微镜。感谢John W. Olsen的修改意见和稿件润色。我们也衷心感谢水洞沟项目的所有成员，没有他们，我们的研究不可能完成。本研究由中法"蔡元培"交流合作项目、中国博士后科学基金项目（No.2017M610804）、北京科学技术研究院青年骨干培养计划项目（No.201712）、国家自然科学基金项目（No.41672024）和ANR项目（No.ANR-10-labx-52）资助。

（原载Wei Y, d'Errico F, Vanhaeren M, Peng F, Chen F Y, Gao X. A Technological and Morphological Study of Late Paleolithic Ostrich Eggshell Beads from Shuidonggou, North China. Journal of Archaeological Science, 2017, 85, 83-104）

（魏屹译）

中国最早的染色装饰品证据：水洞沟第2地点的赭色鸵鸟蛋皮串珠

Africa Pitarch Martí[1, 2]　魏　屹[3, 4]　高　星[4, 5]　陈福友[4]
Francesco d'Errico[1, 6]

（1. 法国波尔多大学，法国国家科学研究中心UMR5199实验室，法国佩萨克，33600；2. 西班牙巴塞罗那自治大学动物学、植物学、生态学系文化遗产研究小组，西班牙巴塞罗那，08193；3. 北京自然博物馆，中国北京，100050；4. 中国科学院古脊椎动物与古人类研究所人类演化实验室，中国北京，100044；5. 中国科学院大学，中国北京，100049；6. 南非金山大学古代科学演化研究DST-NRF卓越中心，南非约翰内斯堡，Wits 2050）

摘要： 串珠是人类通过使用共享的符号语言，将佩戴者的身份信息传递给群体内或邻近群体成员的一种通讯技术。本文关注的是来自东亚最早的通讯技术证据——人工制作的染色串珠——它使个人装饰品所传递的信息进一步复杂化，并在某种程度上将串珠和颜料的表现特征联系起来。我们研究了来自中国水洞沟第2地点（SDG2）第二文化层（CL2）的6枚赭色鸵鸟蛋皮串珠（OESB），年代可追溯至31ka cal BP。对串珠制作工艺、尺寸和磨损情况的分析，以及对串珠表面和CL2层堆积中保存完好的红色残留物样品的SEM-EDS和显微拉曼光谱（μ-RS）研究表明，这些串珠是装饰品，红色残留物是旧石器时代到访水洞沟的人涂覆在其佩戴串珠上的一种颜料化合物。因此，SDG2-CL2红色鸵鸟蛋皮串珠和小孤山红色骨质圆盘代表了中国最早出于象征目的的颜料使用证据。研究结果还发现，用于串珠染色的颜料化合物成分的变化与串珠技术、大小和风格的差异密切匹配。我们认为，这种目前尚未确认的串珠生产和装饰的一致性可能反映了工匠个体在串珠技术、形态和颜料使用方面的标准化，群体内在串珠技术方面的标准化及串珠形态和颜料使用方面的差异性，以及不同群体间在这三个方面的显著差异性。

关键词： 身体装饰品；赭石；象征；颜料混合物；扫描电镜能谱分析；显微拉曼光谱学

1. 引　言

串珠和衣物、刻划符号、纹身、人体彩绘作为人类使用的通讯技术，通过共享的符号语言将佩戴者的身份信息传递给群体内或邻近群体的成员，这一观点不断受到学界的争论（Wobst，1977; Vanhaeren and d'Errico，2006, d'Errico and Vanhaeren，2009, 2011; Kuhn and Stiner，2007; Kuhn，2014; Stiner，2014）。然而这些通讯媒介并不能用于共享和传输相同类型和体量的信息。Kuhn和Stiner（2007）主张，当用于身体装饰时，串珠和颜料在其表现特性上存在显著差异。串珠比人体彩绘传递的信息更持久，更容易被更多的人看到。天然原料（贝壳、牙齿、骨头）的装饰品或雕刻品可能具有高度的标准化和冗余性，这对创建复杂和稳定的符号代码至关重要。串珠很容易反映出信息生产过程中不同程度的投入和技术，特别是当涉及到稀有物品或复杂的制造或串接技术。珠饰可以完好地在个人和代际传递，但人体彩绘或纹身不能转移。串珠可以更好地表示数量，其数量几乎可以无限增加，而在身体介质上使用颜料则会迅速达到极限。串珠比颜料能更加显著地体现生产信息所耗费的精力。然而该方案仅探索了串珠和颜料之间的显著差异，近期的研究（Watts et al，2016）提醒研究者应避免根据这些差异来推断颜料、串珠使用的演化趋势或社会背景（Schoeman，1968; Tyrrel and Jurgens，1983）。

本文关注来自东亚最早通讯技术的证据——人工染色串珠的生产。该技术使人类将个人装饰品所传递的信息进一步复杂化，并在一定程度上将串珠和颜料的表现特征联系起来。民族学材料表明，不同颜色串珠的组合可以由复杂的语法控制，并用于传达群体隶属信息（Morris and Preston-Whyte，1994）、佩戴者社会地位或年轻人公开求爱（Wickler and Seibt，1995）。不同颜色饰品组成的珠饰甚至能在传统法庭上作为有效的法律证据，以证明年轻男女间的关系。

这种通讯技术在人类历史上的出现意味着技术知识的复杂化和专业化。把颜料涂在身体上的工艺不一定对串珠有效，因此将赭石应用于串珠表面并使其持久就需要发明新的方法、修复技术和新黏合剂。此外，串珠色泽可通过各种技术（如研磨、抛光、热处理、涂料、液体浸泡）来改变，其中许多技术不能应用于人体皮肤。这些技术的完善和传播需要社会学习策略的改变和性别或基于社会的知识出现（Sciama and Eicher，1998）。人们对串珠颜色偏好的转变可能反映了主流经济和文化的转变。例如纳图夫文化的绿色石珠被认为与黎凡特地区的农业起源有关，模仿嫩叶的绿色寓意着萌芽，体现了对丰收和丰产的希望（Bar-Yosef Mayer and Porat，2008）。

关于这种原始通讯技术的起源，我们知道些什么呢？许多保存完好的中期石器时代（MSA）和旧石器时代中期（MP）遗址贝壳串珠上都发现过颜料残留物（Henshilwood et al，2004; d'Errico et al，2005, 2008, 2009; Vanhaeren et al，2006, 2013; Bouzouggar et al，2007; Bar-Yosef Mayer et al，2009; Eiwanger et al，2012; Zilhão et al，2010; Peresani et al，2013），说明颜色可能已经在100ka—80ka BP早期珠饰所承载的意义中发挥作用。更有力的证据来自摩洛哥旧石器时代中期Grotte des Pigeon遗址，一些保存完好的贝壳串珠上赭石残留物的分布更像是有意染色，而非与经染色的皮肤或穿绳接触所致，不过也有人提出异议（d'Errico et al, 2009）。赭色鸵鸟蛋皮串珠（OESB）在非洲南部许多晚期石器时代（LSA）遗址中都有报道（Hall and Binneman, 1987; Plug, 1982; Vogelsang et al, 2010），颜料痕迹在欧洲、黎凡特和西伯利亚旧石器时代晚期遗址（Taborin, 2003; Vanhaeren and d'Errico, 2006; Moro Abadía and Nowell, 2015）以及大洋洲的史前遗址（Langley and O'Connor, 2016; Langley et al, 2016; Wright et al, 2016）出土的串珠上普遍存在。

深灰色、黑色通常被解释为热处理的结果，在南非Blombos（d'Errico et al, 2005, 2015）和Sibudu（d'Errico et al, 2008）洞穴遗址中期石器时代，摩洛哥Grotte des Pigeons、Rhafas和Ifrin'Ammar遗址旧石器时代中期（Bouzouggar et al, 2007; d'Errico et al, 2009; Nami and Moser, 2010）出土的海洋贝壳串珠，以及Border洞穴旧石器时代晚期早段（d'Errico et al, 2012）出土的鸵鸟蛋皮串珠，南非旧石器时代晚期Geelbek遗址（Kandel and Conard, 2005）和希腊旧石器时代晚期—中石器时代过渡时期Franchthi洞穴遗址出土的贝壳串珠（Lange et al, 2008; Perlès and Vanhaeren, 2010）上均有发现。有人认为（Kandel and Conard, 2005; Lange et al, 2008; d'Errico et al, 2009, 2015; Perlès and Vanhaeren, 2010）串珠经过有意的热处理改变色泽可能是为了增强其视觉冲击力或通过颜色编码传达意义，与现代珠饰类似（Schoeman, 1983; Wickler and Seibt, 1995）。

对考古学家而言，证明串珠染色的性质存在方法论上的挑战。其颜料残留可能来自富含颜料的地层沉积，或是与染色的皮肤、布料或穿绳接触所致。假定是热处理产生的颜色变化实际可能是埋藏过程所致（d'Errico et al, 2015），也可能是遗失或丢弃的串珠偶然出现在火塘附近造成的。基于遗址背景数据以及对残留物或原料外观、结构变化的详细分析来支持有意改变串珠颜色这一论点的研究仍然很少。

本文研究了中国最早用于象征目的的颜料遗存，包括发现于水洞沟第2地点（SDG2）第二文化层（CL2）的赭色鸵鸟蛋皮串珠，其时代可追溯到约31ka cal BP。文献（Gao et al, 2013）提及该遗址鸵鸟蛋皮串珠上有红色残留物，但并未详细分析以确定残留物的性质、来源，以及有意着色的串珠在中国早期珠饰传统中所起的作用。

中国使用颜料和有意改变串珠颜色的早期证据

东亚13个旧石器时代遗址出土了加工和未加工的赭石碎片、赭色装饰品、人工制品、人类遗骸和赭石加工工具（表1及其参考文献）。大多数情况下，文献和发掘报告只简要报道了考古发现。水洞沟第2地点、第8地点（宁夏）和小孤山（辽宁海城）是最早发现颜料疑似使用证据的遗址。水洞沟第2地点（见2.1节 考古背景）CL2层出土的鸵鸟蛋皮串珠上染有红色，CL3层出土的淡水贝壳坠饰上观察到极少红色残留物；小孤山遗址有刻痕装饰的穿孔骨质圆盘残片上有清晰的红色残留物。裴文中（1939）在周口店山顶洞遗址（北京房山区）发现了鲕状赤铁矿残块，其中两块带有人类加工痕迹。该遗址出土的穿孔的马鹿和亚洲獴犬齿、石珠、鱼椎骨

表1　中国旧石器时代有颜料使用证据的遗址

遗址	位置	年代（ka cal BP）	层位	赭石	装饰品	其他人工制品	参考文献
水洞沟第2地点	宁夏	31.3—29.9	2, 3	-	鸵鸟蛋皮串珠，淡水贝壳	-	Chen et al (2012), Gao et al (2002), Madsen et al (2001), Wei et al (2016)
水洞沟第8地点	宁夏	31.3—30.8	2	-	鸵鸟蛋皮串珠	-	Gao et al (2013)
小孤山	辽宁	19.6—18.6; 26.8—24.9	3	-	装饰小圆盘	-	Fu (2008), Huang and Fu (2009), Zhang et al (1985, 2010)
周口店山顶洞	北京	34—29	2, 4, 5	赭石块	穿孔兽牙，石珠，鱼骨	人类头骨	Chen et al (1984, 1989, 1992), Pei (1939, 1985), Qu et al (2013)
王府井	北京	27.2—25.9; 29.8—28.2	-	赭石块	-	磨石，骨制品	Li et al (2000, 2010)
柿子滩第9地点	山西	11.8—11.3	4	赭石块，赭石片，赤铁矿粉	-	磨石，石磨	Linfen (1989), Shizitan (2002), Song and Shen (2012), Song and Shi (2013), Song et al (2011), Yuan et al (1998)
柿子滩第24地点	山西	20.5—19.9	-	-	鸵鸟蛋皮串珠	骨制品	Linfen (1989), Shizitan (2002), Song and Shi (2013), Song et al (2011), Yuan et al (1998)
柿子滩第29地点	山西	19—18	2	-	鸵鸟蛋皮串珠	-	Linfen (1989), Shizitan (2002), Song and Shi (2013), Song et al (2011, 2017), Yuan et al (1998)
虎头梁：马鞍山	河北	16.4—15.5	3	赭石块	-	-	Xie et al (2006)
虎头梁：73101, 73103	河北	13—12	-	赭石块，红色泥岩	-	-	Gai and Wei (1977)
虎头梁：72117	河北	—	-	红色泥岩	-	-	Gai and Wei (1977)
于家沟	泥河湾	12—11（TL）	5	赭石块	-	-	Mei (2007), Xie et al (2006), Qu et al (2013)
白莲洞	广西	18.4—17.5	3	赤铁矿粉	-	磨石	Yuan and Gao (1994), Qu et al (2013), Zhou (1994)

和人头骨上也发现有红色残留物（Pei, 1939）。不幸的是，这些材料在第二次世界大战期间丢失了。在北京王府井古人类遗址发现了赤铁矿碎片、赭石加工工具和赭石染色的石、骨质人工制品。在山西吉县柿子滩遗址S24和S29地点发现了带有红色残留物的鸵鸟蛋皮串珠，后者还发现有灰色和深灰色的鸵鸟蛋皮串珠，表明串珠可能经过热处理改变颜色。此外在柿子滩S9地点也发现了一枚可能经热处理的鸵鸟蛋皮串珠、一小块赭石和残留有红色粉末的磨石。在广西白莲洞发现了一件赭石加工工具；河北虎头梁73103、73101、72117地点和马鞍山遗址也发现了赭石块的使用证据。

2. 材料与方法

2.1　水洞沟第2地点的考古背景

　　水洞沟第2地点是水洞沟考古遗址群的12个遗址之一，位于中国银川东南28千米处黄河支流边沟河的第二阶地，鄂尔多斯沙漠西南缘，介于干旱沙漠和半干旱黄土高原气候之间。1925年，第2地点首次被桑志华和德日进发现（Licent and Teilhard de Chardin, 1925）。中国科学院古脊椎动物与古人类研究所于2003—2005年和2007年对其进行了面积100平方米、深12.5米的系统发掘（Li et al, 2013），记录了18个地层，其中7个为文化层CL7—CL1，出土了包含石器、动物群、骨器和鸵鸟蛋皮串珠、淡水贝壳等旧石器时代遗存（图1）（Chen et al, 2012; Gao et al, 2013; Liu et al, 2009; Wei et al, 2016）。

　　^{14}C和光释光测年结果表明，第2地点年代处于41.4ka—34.4ka BP（CL7底部）到（20.3 ± 1.0）ka BP（CL1顶部）之间。CL2的16个^{14}C年代介于31.3ka—29.9ka cal BP之间（Li et al, 2013; Wei et al, 2016）。从SDG-CL2层共出土83枚鸵鸟蛋皮串珠，其中74个鸵鸟蛋皮串

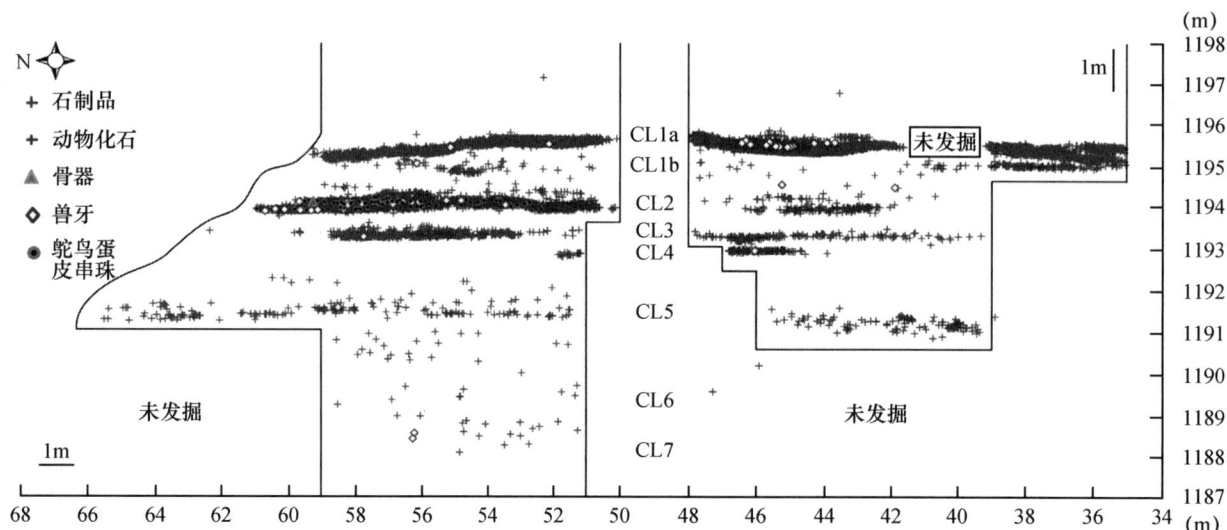

图1　水洞沟第2地点各类遗存的垂直分布
（经魏屹等人修改）

珠来自CL2的2号探方，其他9枚来自剖面和同层火塘。鸵鸟蛋皮串珠集中出土于面积为8米×8米、深度为30厘米的区域内。本文分析了SDG2的CL2中6枚鸵鸟蛋皮串珠上的红色残留物（表2）。其中SDG2-8852和SDG2-8853的出土位置仅相隔几厘米。形态和结构特征表明，水洞沟用于生产串珠的蛋壳属于安氏鸵鸟（Wang et al, 2009）。该种的蛋壳明显比非洲鸵鸟的蛋壳大且厚（Lowe, 1931; Young and Sun, 1960; Zhao et al, 1981; Janz et al, 2009），但气孔的大小和排列特征相同。

表2　本研究中出自SDG2-CL2的鸵鸟蛋皮串珠的背景和技术信息

串珠编号	穿孔截面	穿孔最窄处位置	穿孔方向	修型	磨光	使用痕迹	串珠直径（mm）	孔径（mm）	厚度（mm）	颜料位置
SDG2-6488	双锥形	中间	双面	内表面边缘	是	磨损	8.63	3.15	1.88	穿孔处
SDG2-7085	双锥形	中间	双面	边缘	是	磨损	8.44	2.73	1.83	穿孔处
SDG2-7406	双锥形	中间	双面	内表面边缘	是	磨损	8.16	2.93	1.62	穿孔处
SDG2-8310	锥形	靠近外表面	从内表面	不适用	是	严重磨损	7.15	3.25	1.59	穿孔处
SDG2-8852	双锥形	靠近外表面	从内表面	内表面边缘	是	磨损	7.57	2.65	1.77	外缘
SDG2-8853	双锥形	靠近外表面	从内表面	内表面边缘	是	磨损	7.61	2.61	1.76	外缘

2.2　串珠分析

SDG2-CL2出土的鸵鸟蛋皮串珠保存在中国科学院古脊椎动物与古人类研究所（IVPP）。本研究选取了6枚可提取颜料残留物的鸵鸟蛋皮串珠（图2）。研究人员在IVPP使用配有

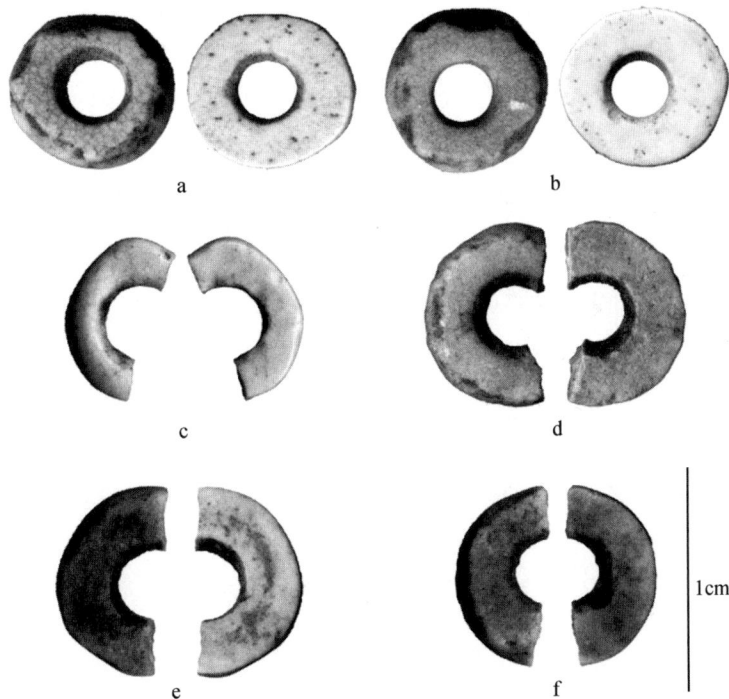

图2　本研究中来自SDG2-CL2的六种鸵鸟蛋壳珠

a：SDG2-8852　b：SDG2-8853　c：SDG2-8310　d：SDG2-7085　e：SDG2-6488　f：SDG2-7406

Coolpix 990数码相机的Wild M3C双筒显微镜和KEYENCE VHX-600数码显微镜进行分析和拍照。每个串珠上记录的形态测量和技术变量包括穿孔截面（锥形/双锥形）、最窄处位置（靠近蛋皮外表面/内表面）、穿孔方向（从内内表面/外表面/两面）、串珠边缘是否修整、磨光、使用磨损、串珠及其穿孔的最大直径、串珠厚度以及红色残留物位置（串珠表面/边缘/穿孔处）。串珠厚度使用电子卡尺测量，串珠及其穿孔最大直径使用数字显微镜配备的软件通过拟合与标本轮廓最接近的圆形进行测量，以估算断裂串珠直径及其穿孔直径。

2.3　残留物分析

SDG2-CL2出土的鸵鸟蛋皮串珠中有75%检测到红色残留物，其中残留物丰富的样品占比21%，而79%样品上的残留物只在显微镜下才能看到。我们在反射光显微镜下使用手术刀逐一仔细地对微小颜料团块进行取样，并用显微镜拍照以精确记录取样区域的位置（图3）。分别从SDG2-8852和SDG2-8853的串珠边缘，破碎串珠SDG2-8310、SDG2-7406和SDG2-7085、SDG2-6488的孔壁采集了红色残留物样品。此外，为了解地层堆积中是否存在赭石，还从靠近鸵鸟蛋皮串珠出土的位置收集了土壤样本（SDG2-CL2-sediment）。SDG2-CL2中并未发现块状颜料。我们首先对这些残留物和土壤样本在波尔多PACEA实验室进行了观察，使用的是一台徕卡Z6 APOA电动显微镜，配有连接LAS Montage和徕卡Map DCM 3D软件的DFC420数码相机。随后用配备了能谱仪的扫描电子显微镜（SEM-EDS）和显微拉曼光谱仪（μ-RS）进行分析。SEM型号为FEI Quanta 200，观测和分析使用15kV加速电压在低真空模式下进行。使用SiLi探测器采集背散射电子（BSE）图像，用SDD-EDAX探测器进行EDS分析。对每个样品进行相似放大倍率（×1450、×3000、×6000）的EDS分析，并保持工作距离恒定（10mm）。每个EDS光谱的采集时间设置为100s。本研究使用的拉曼光谱仪是SENTERRA色散拉曼显微镜（Bruker），分析是以785nm激光和1mW激光功率进行的，以避免分析材料受到热光解作用。采集时间约20s，使用多种复合添加。该光谱仪工作的光谱范围为65—2980cm^{-1}。通过集成彩色相机INFINITY1（Lumenera公司）对工作区域进行观察，并使用OPUS Version 7.2软件包（Bruker Optik GmbH）收集和处理数据。根据获得的光谱与几个光谱库的光谱数据进行比较对矿物相进行鉴定（Castro et al, 2005; Downs, 2006）。

3. 结　　果

3.1　串珠工艺及尺寸

对破碎串珠的显微分析表明，它们是在使用过程中意外或受到沉积作用而破碎的。鸵鸟蛋皮串珠的技术和形态分析（表2，图2、图4）揭示了相似性和显著差异。SDG2-8310具有最小

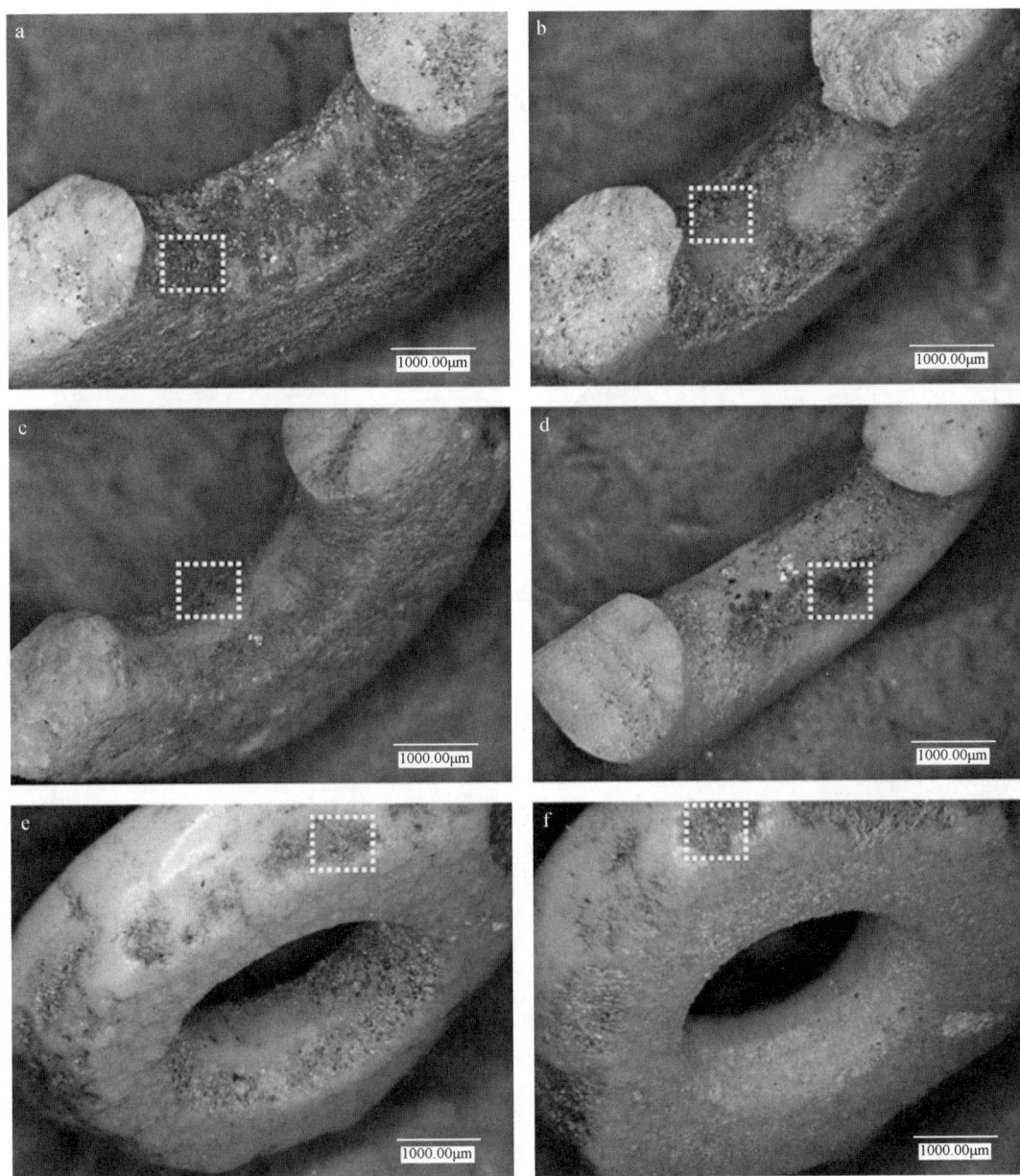

图3　鸵鸟蛋壳珠的照片及残留物取样区域

a：SDG2-6488　b：SDG2-7085　c：SDG2-7406　d：SDG2-8310　e：SDG2-8852　f：SDG2-8853

串珠直径和最大孔径，其特点是磨光程度高，几乎完全抹去了修疤和蛋壳解剖特征，并极大削减了串珠厚度。它具有单锥形穿孔，穿孔最窄处与鸵鸟蛋壳外表面齐平，是工具从蛋壳内表面钻孔产生的，且钻孔动作一直持续到孔的大小符合预期。这是鸵鸟蛋皮串珠穿孔最常用的技术（Kandel and Conard, 2005; Orton, 2008; Yang et al, 2016）。相比之下，SDG2-8852和SDG2-8853具有最小串珠直径和孔径，并未大幅削减串珠厚度，只轻微磨平了遍布鸵鸟蛋皮内表面的修疤。与SDG2-8310不同，这两个鸵鸟蛋皮串珠为双锥形穿孔。穿孔最窄处位置更接近蛋壳外表面，表明是从蛋壳内表面钻孔，等钻出一个较大的孔后，再从外表面轻微扩孔使其形状规则。相比前三枚鸵鸟蛋皮串珠，SDG2-6488、SDG2-7406和SDG2-7085的串珠直径和孔径更大，边

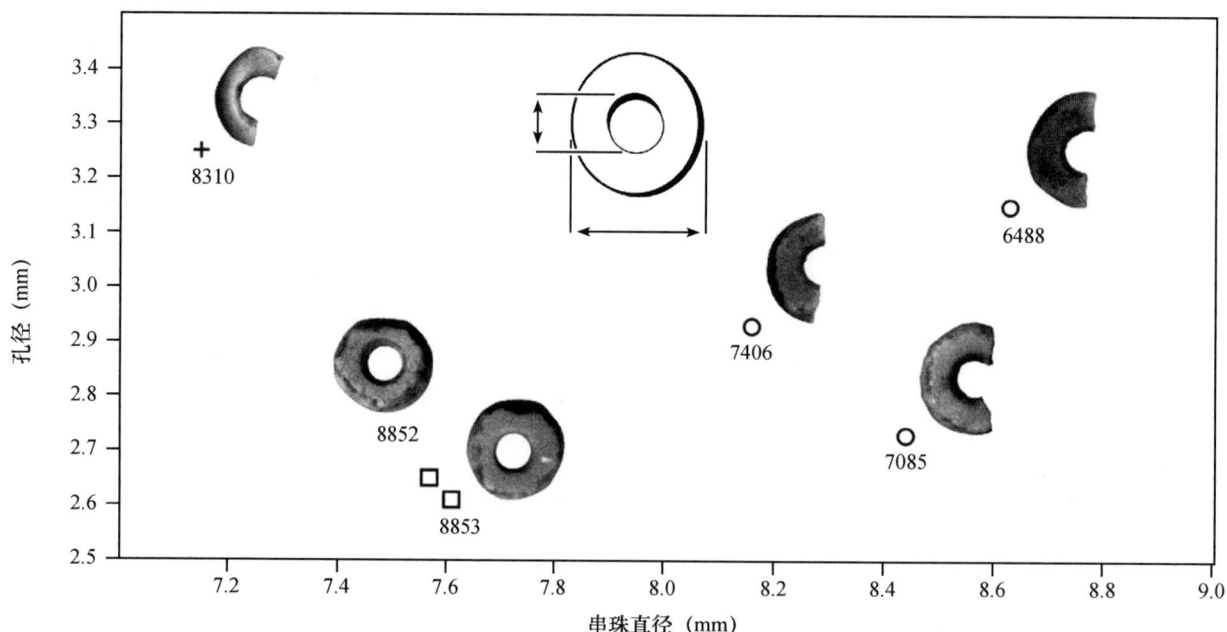

图4　串珠的直径、孔径图

缘经过修整，磨光程度较低。孔截面为双锥形，孔最窄处位于中部，表明钻孔可能与其他鸵鸟蛋皮串珠一样始于蛋壳内表面，然后从外表面扩大已经穿透的孔，直到产生对称的双锥形穿孔，也可能是始于内表面的穿孔并未穿透时就开始从外表面进行穿孔。SDG2-8852和SDG2-8853工艺极相似且串珠直径和孔径几乎相同，而SDG2-7406、SDG2-7085和SDG2-6488在工艺方面类似，但串珠直径特别是孔径差别较大。

3.2　颜料残留分析

对CL2沉积物（SDG2-CL2-sediment）的分析表明与采自串珠上的红色残留物差异较大（表3），是由淡黄色松散的有棱角颗粒（大小可达250微米）构成，铁氧化物比例非常低。SEM-EDS分析表明，沉积物中发现少数富含铁的微小土块（约75微米）与红色残留物中看到的富铁成分存在很大差异，前者由致密的层状黏土状基质混合铁氧化物、锰和少量硅酸盐、云母组成。只有沉积物中的锰浓度能达到1%—3%。这表明附着在串珠表面的红色残留物并非来自CL2的地层沉积物。虽然串珠之间残留物的差异不如沉积物和串珠残留物之间的差异显著，但在颜色、粒度、形态、成分特征、主要成分的关联和分布方面，仍然存在明显的区别和相似性（图5）。代表区域的背散射电子图像有力地说明了这一结果（图6）。

SDG2-8852P（表3，图5a、图6a）和SDG2-8853P（表3，图5b、图6b）粒度范围大（从35微米到亚微米级），晶粒结构不均匀，由黏土大小的晶粒（铁氧化物、板状颗粒团块和硅酸盐）和较大的颗粒（富含Na/K/Ca的长石、碳酸盐和硅酸盐）组成。铁氧化物含量较低，以独立晶粒形式存在，在两个样品中均呈随机分布，云母在两个样品中含量都很少。二者的唯一区

表3 出自SDG2-CL2的鸵鸟蛋皮串珠和沉积物上红色残留物的化学和矿物学分析结果

样本编号	扫描电镜能谱仪结果								显微拉曼光谱仪结果
	小于4微米的颗粒		大于4微米的颗粒						
			个体分析			表面分析			
	形状	成分	形状	粒度（微米）	成分	形状	粒度（微米）	成分	
SDG2-6488P	团块；不规则	Fe（氧化铁）；Si, Al, Ca, K, Mg, Na, Ti（黏土矿物）	板状	5—10	Si（硅酸盐）；Si, Al, K, （富含K的云母）	不规则；有尖角	6—15	富含Na的长石；铝硅酸盐	赤铁矿、石英、钠长石、方解石、白云石、锰氧化物
SDG2-7085P	团块	Fe（氧化铁）；Si, Al, Mg, K, Na（黏土矿物）	不规则；近圆形	50	Ca, Mg（碳酸盐）	不规则；板状	4—12	富含Na的长石；富含K的云母；硅酸盐	赤铁矿、石英、方解石、白云石、磁铁矿、铝硅酸盐
SDG2-7406P	不规则颗粒；团块	Fe（氧化铁）；Ba, S（富含Ba的硫酸盐）；Si, Ca, Fe, Al, Na, K, Mg, Ti（黏土矿物）	板状	7	Si, Al, Mg, Ca, K, Na（铝硅酸盐）	不规则；板状、片状	5—13	富含Na的长石；富含K的云母；富含Ca的碳酸盐；富含Ca/K的长石；的铝硅酸盐	赤铁矿、白云石、石英、锰氧化物
SDG2-8310P	团块	Fe（氧化铁）；Si, Al, Ca, K, Mg（黏土矿物）	有尖角；不规则；近圆形；片状	10—40	Fe（氧化铁）；Si（硅酸盐）；Si, Al, Na, Ca, Mg（富含Na的长石）；Si, K, Al, Ca, Na, Mg（富含K的长石）；Si, Al, Mg, K, Ti, Ca, Na（铝硅酸盐）；Si, Al, Mg, Ca, K（铝硅酸盐）	不规则	5—6	富含Ca的碳酸盐	赤铁矿、钠长石、石英
SDG2-8852P	不规则颗粒；板状微粒组成的团块	Fe（氧化铁）；Si, Al, Fe, Mg, K, Ca, Na, Ti（黏土矿物）	不规则	4	Si, Ca, Al, K, Mg, Na, Ti（富含Ca的长石）	有尖角；不规则；板状	4—16	硅酸盐；富含Na的长石；富含K的长石；富含K的云母；Ti/Mn/Fe氧化物	赤铁矿、石英、方解石、钠长石、高岭石（？）、白云石（？）、锰氧化物

续表

样本编号	扫描电镜能谱仪结果								显微拉曼光谱仪结果
	小于4微米的颗粒		大于4微米的颗粒						
			个体分析			表面分析			
	形状	成分	形状	粒度（微米）	成分	形状	粒度（微米）	成分	
SDG2-8853P	不规则；板状微粒组成的团块	Fe（氧化铁）；Si, Ca, Al, Fe, K, Mg, Na（富含Ca的黏土矿物）	板状	4	Si, Al, K, Fe, Ca, Mg, Na（富含K的长石）	不规则；片状	4—26	硅酸盐；富含Na的长石；富含K的长石；铝硅酸盐；富含Ca的碳酸盐	赤铁矿、石英、钠长石、方解石、文石、云母类矿物、黏土矿物、锰氧化物
SDG2-CL2-sediment	不规则	Fe, Mn（氧化铁）；Si, Fe, Al, Mg, K, Ca, Na, Ti（黏土矿物）	有尖角；片状	4—6	Si（硅酸盐）；Ba, S（富含Ba的硫酸盐）	不规则；片状	30—140	富含Na的长石；含K的云母；富含Ca的碳酸盐；氧化铁（含微量Mn）	不适用

别是SDG2-8852P中检测到了独立存在且少见的Ti/Fe/Mn晶粒。SDG2-8310P（表3，图5c、图6c）与前两个样品的共同之处是粒度范围大（从40微米到亚微米级），且晶粒结构不均匀，存在富含Na/K的长石、碳酸盐和硅酸盐颗粒，但比SDG2-8852P和SDG2-8853P样品中的颗粒大得多。SDG2-8310P与前两个样品差别还在于存在纯铁氧化物团块，这使样品具有明显的橙色和鲜红色。此外只存在零星的黏土矿物和众多大于10微米的板状颗粒。

　　SDG2-6488P（表3，图5d、图6d）与SDG2-8852P和SDG2-8853P的结构和成分均不同，它以富含层状硅酸盐为特征（主要是云母和结晶度低的富Ti黏土薄片）。SDG2-6488P中铁氧化物含量高于SDG2-8852P和SDG2-8853P，分布在样品各处，且大多与黏土基质结合密切。SDG2-6488P与SDG2-8310P的共同点是广泛存在云母，在SDG2-6488P中，这些层状硅酸盐明显与铁氧化物和黏土混合在一起，而在SDG2-8310P中并未观察到它们与纯铁氧化物团块的细小成分相关。SDG2-6488P中云母的比例高于SDG2-8310P。SDG2-6488P中不含碳酸盐岩。零星

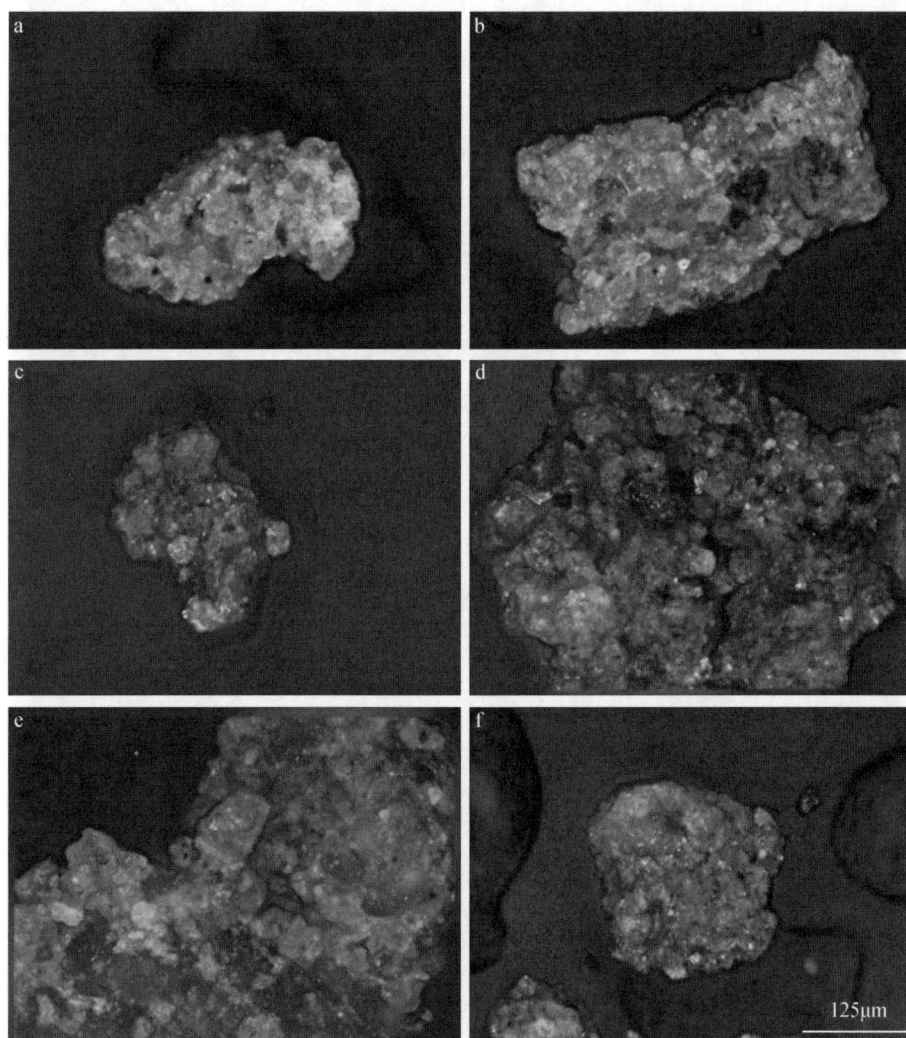

图5　红色残留物的宏观摄影

a：SDG2-8852P　b：SDG2-8853P　c：SDG2-8310P　d：SDG2-6488P　e：SDG2-7085P　f：SDG2-7406P

（本图中有关颜色的解释，读者可参考本文的网页版本）

发现于SDG2-6488P中的长石大小相近（约7—9微米），而SDG2-8310P中长石的粒度范围更大（约4微米到35微米）。与上述样品都不同的是，SDG2-6488P中铁氧化物与黏土质成分伴生，形成含云母薄片的汞混合物。

　　SDG2-7085P（表3，图5e、图6e）和其他样品一样具有粒度不均的特点，与其他红色残留物的主要区别在于，SDG2-7085P中的铁氧化物与覆在石英颗粒上的黏土质混合物伴生。这些颗粒比沉积物中的颗粒更大更圆。此外，与SDG2-6488P相比，SDG2-7085P的云母含量很低，黏土中的氧化铁含量较丰富，K和Na含量较低，微量元素Ti和Mn的含量很低，铁氧化物分布不均匀。

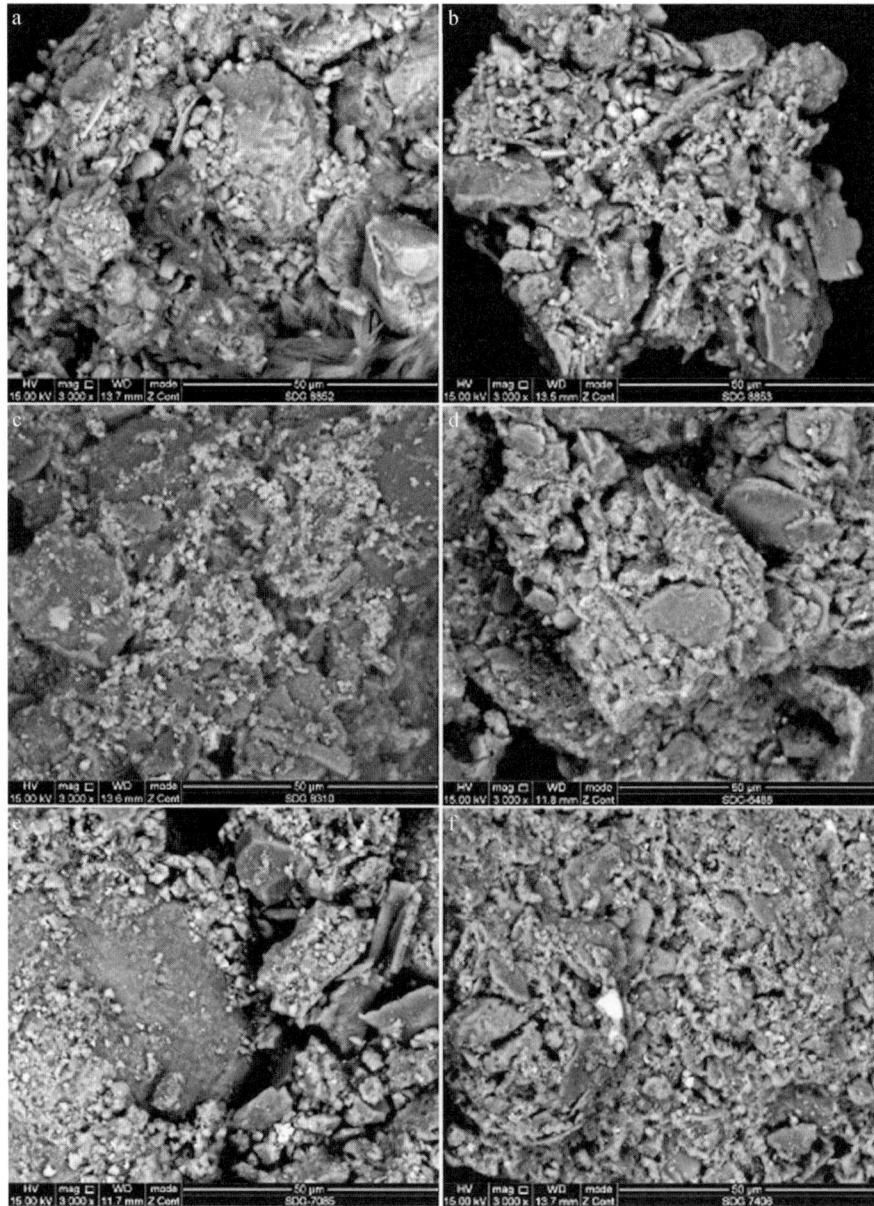

图6　残留物选定区域的背散射电子模式扫描电镜图像

a：SDG2-8852P　b：SDG2-8853P　c：SDG2-8310P　d：SDG2-6488P　e：SDG2-7085P　f：SDG2-7406P

SDG2-7406P（表3，图5f、图6f）的平均粒度较小，晶粒致密，分布均匀，呈层状形貌，与其他样品明显不同。这些特征支持了该样品是由一种未经加工的富铁氧化物的粉质黏土构成，并保留了一些原始的结构特征。Vandiver（1983）认为，与成分、形态不同且穿插散布的颗粒伴生的细小矿物能够反映自然沉积过程，例如含有黏土矿物或其他极小颗粒矿物成分的赤铁矿。SEM-EDS检测到的微量Ti也与矿物的自然伴生相一致，氧化钛常与沉积岩中的黏土矿物相伴生（Bain, 1976）。在SDG2-6488P中也发现了SDG2-7406P中伴生的Ti和Mn。

4. 讨论与结论

黏附在串珠表面与来自SDG2-CL2地层沉积物的红色残留物在粒度和成分上存在显著差异，这表明前者不可能源于CL2沉积期间或之后发生的成岩作用。这意味着鸵鸟蛋皮串珠上的赭石是人类有意施加的。

串珠外观磨损，表明它们被丢弃或更可能是遗失在这里的。鸵鸟蛋皮串珠的穿孔、内外表面和边缘的红色残留物可以解释为水洞沟旧石器时代遗址到访者佩戴串珠表面涂覆的一种颜料化合物。因此，SDG2-CL2出土的红色鸵鸟蛋皮串珠和小孤山的红色骨质圆盘代表了中国最早出于象征目的的颜料使用证据。

考古出土串珠上的残留物很可能只是红色颜料残存的一小部分，这些颜料曾用于浸染穿绳且几乎完全覆盖了串珠表面。由于遗址出土75%的鸵鸟蛋皮串珠带有红色颜料残留物，而在SDG-CL2出土的其他遗物上并未检测到，故可放心假设由大多数鸵鸟蛋皮串珠组成的身体饰品（项链、手镯、耳环等）或服饰当初都是被染成红色的。虽然一些佩戴在身体上的饰品可能是有色和无色串珠交替使用的，但鉴于红色鸵鸟蛋皮串珠的数量以及红色染料会不可避免地沾染无色串珠，这种假设不太可能发生。串珠染色和穿绳实验（Vanhaeren et al, 2013）以及民族学证据（Rifkin et al, 2015; Vowles, 1975; Brantley and Casey, 2000; Nyambura, 2014; Teklehaymanot and Giday, 2010; Lydall and Strecker, 1979）表明，将赭石用于身体装饰需要与黏合剂（通常是黏土、动物脂肪或树脂）混合以有效涂覆，若希望保持涂层均匀，需定期重复这一操作。这意味着串珠颜料化合物无机组分的差异可能反映了同种化合物的非均质性、重复涂覆，或选择不同的富铁矿石来制作不同装饰品的颜料。考古学上讲，前两种情况传递的是个人信息，第三种情况可能传递了群体的偏好。值得注意的是，SDG2-8852和SDG2-8853有相似的尺寸、孔径和制造工艺，出土相距只有几厘米，且红色残留物的质地和化学矿物成分几乎相同。它们最初很可能来自同一件饰品，由同一人制作和染色。工匠们生产类似的串珠及在成品表面均匀涂抹颜料都需要投入精力，由于串珠大小相近和颜色匀称在传递佩戴者信息中发挥着重要作用，这反映了生产视觉一致装饰品所需的高水平技能和意愿。有趣的是，这两件串珠和SDG2-8310在制作工艺和尺寸上的显著差异与其颜料化合物的差异一致，特别是后者检测出了纯铁氧化物团块。它们在技术、尺寸和颜料方面的差异有力说明了SDG2-8310是其他人使用不同钻孔工具制作的，并可能在不同时间到访了该遗址。SDG2-6488、SDG2-7406和SDG2-7085制作工艺相似，但串珠大小和孔径不同，可能是同一人在不同时间制作的，或是拥有相似技能、专业知识和手势习惯的人使用不同钻头制作的。对前两枚串珠（SDG2-6488、SDG2-7406）的颜料残留物分析表明它们可能使用了相同的赭石，但SDG2-6488的颜料中人为添加了云母。SDG2-7085残留物与前两者的不同之处在于铁含量较高，不含Ti和Mn，且含有磁铁矿，说明赭石的地质成因不同。因此，颜料证据表明，这三枚串珠虽然制作工艺相同，但并非同时染色，且属于不同的串珠饰品。考虑到缺乏关于赭石来源的潜在数据，现阶段尚无法推断颜料加工和使用技术的相关信息。但值得注意的是，SDG2-7604P的特征表明曾直接使用了富含铁氧化物的粉砂黏土，这种黏土除直接使用外还可与黏合剂混合使用。

　　总之，我们认为，该分组反映了工匠个体在串珠技术、形态和颜料使用方面的标准化，群体内在串珠方面的标准化及串珠形态和颜料使用方面的差异性，以及不同群体间在这三个方面的显著差异性。虽然该假设需通过更多样品的技术和残留物分析来验证，但本文对技术、尺寸和颜料使用方面差异和相似性的识别为将来的研究指明了道路。我们能够充分了解这种创新的信息技术在中国的最早证据，利用水洞沟遗址串珠制作和使用在个体和群体层面的差异来理解装饰品在这些群体中的作用，重建文化传播机制，并根据CL2形成期间经常到访该遗址的人类群体数量来构想合理的叙事。我们还能够验证颜料化合物中是否存在人类有意添加以改变颜料黏附性、浓稠度和色度的某些成分。用这种方法研究其他来自亚洲和非洲的鸵鸟蛋皮串珠遗存，有助于更好理解这种信息技术是如何在不同大陆出现并最终在某些地区得到强化的。

致谢：我们非常感谢波尔多影像中心（BIC, University of Bordeaux）的Isabelle Svahn在SEM-EDS分析方面提供帮助，以及Gauthier Devilder帮忙绘制插图。我们还要感谢水洞沟项目的所有成员，没有他们的付出这项研究不可能完成。本研究得到了欧洲研究理事会卓越贡献奖（FP7项目下的TRACSYMBOLS No. 249587）、法国国家研究机构（ANR）（ANR-10-labx-52）支持的LaScArBx项目、中法"蔡元培"交流合作项目和中国国家自然科学基金（项目编号：41672024）的资助。Africa Pitarch Martí获得西班牙加泰罗尼亚大学管理局和政府研究基金授予的Beatriu de Pinós博士后奖学金（2014BP-A 00122）资助。

　　附录A. 补充资料：与本文相关的补充数据可以在在线版本中找到http://dx.doi.org/10.1016/j.jaa.2017.07.002.

（原载Martí A P, Wei Y, Gao X, Chen F Y, d'Errico F. The Earliest Evidence of Coloured Ornaments in China: The Ochred Ostrich Eggshell Beads from Shuidonggou Locality 2. Journal of Anthropological Archaeology, 2017, 48: 102-113）

（魏屹译）

水洞沟第12地点的骨针及相关古人类行为研究

张　乐[1]　高　星[1,2]　裴树文[1]　陈福友[1]　牛东伟[3]　徐　欣[1]
张双权[1,2]　王惠民[4]

（1. 中国科学院古脊椎动物与古人类研究所脊椎动物演化与人类起源重点实验室，北京，100044；
2. 中国科学院大学，北京，100049；3. 河北师范大学历史文化学院，石家庄，050024；
4. 宁夏回族自治区文物考古研究所，银川，750001）

摘要：迄今为止，在中国出土规范骨器的旧石器时代遗址寥寥无几。在本文，我们对水洞沟第12地点（12ka—11ka cal BP）出土的7件骨针进行了技术-功能分析。结果显示，它们的制作符合规范骨器的生产流程，包括刮削、磨制、钻孔、雕刻、抛光和偶尔的热处理等。在水洞沟第12地点，骨针可能被古代人群用于生产复杂型衣物以助其抵御冬季的生存风险，当骨针变钝、折断或不适合使用时，它们才被丢弃在原地。

关键词：水洞沟；规范骨器；骨针；刮削；抛光

研究证明，古人类利用骨骼和鹿角制作工具的历史很长，尤其在非洲（Backwell and d'Errico, 2001; Backwell and d'Errico, 2008; d'Errico and Backwell, 2009）：一系列考古研究已经证实南非Swartkrans和Sterkfontein遗址出土的骨制品具有人工属性（Backwell and d'Errico, 2001; d'Errico and Backwell, 2003）。在欧洲，虽然动物骨骼和鹿角在早期遗址中很常见，但在旧石器时代晚期之前，它们很少被作为制作工具的原料来源（Villa and d'Errico, 2001; d'Errico et al, 2003; Klein, 2009; d'Errico et al, 2012）。

为了便于区分现代人和非现代人的骨制品，学者们经常提到"规范"一词（Klein, 1989; Klein, 1995; Milo, 1998）。根据Klein的经典定义，被切割、雕刻、抛光等方式制成的尖状器、锥、钻等骨制品通常被定义为规范骨器（Klein, 1989）；因此，没有经过此类改造的Swartkrans和Sterkfontein骨器不能被纳入这一类别，最早的规范骨器来自非洲旧石器时代中期（MSA）的遗址（Brooks et al, 1995; Yellen et al, 1995; Feathers and Migliorini, 2001; Henshilwood et al, 2001;

d'Errico and Henshilwood, 2007; Backwell et al, 2008）。

规范骨器的制作被认为是与解剖学意义上的现代人（AMHs）密切相关的常规特征（Mellars, 1973; Mellars, 1989; Klein, 1999; Klein, 2000; McBrearty and Brooks, 2000; Henshilwood and Marean, 2003）。然而，d'Errico和Henshilwood（2007）认为，在MSA遗址出现的骨制品可能并不一定意味着当时古人类的行为具有现代性；此外，骨制品在某些遗址的缺失也不能证明当时人类的行为不具备现代性。Backwell等人（2008）认为，MSA规范骨器记录的不连续性表明，社会、人口和气候因素可能是当时非洲和欧亚人群创新性行为出现、消失和再次出现的更有力的驱动因素。在欧洲，Straus（2009）认为旧石器时代晚期人类行为具有多样性，即使是被普遍认同的"艺术大爆发"也受地理位置的限制，并不是在整个欧洲普遍存在。他进一步强调在气候多变时期记录人类策略多样性的必要性，以便深刻理解原始人行为和适应的复杂性（Straus, 2009）。

在亚洲大陆发现了的数百处旧石器时代晚期遗址，其中数十处宣称发现了骨制品，然而，由于缺乏详细的埋藏学观察与描述，某些骨制品在很大程度上被认为是有问题的。在中国仅有少量遗址出土了规范骨器，它们来自北方的周口店山顶洞（Pei, 1939）、小孤山（Zhang et al, 1985），以及南方的贵州马鞍山（Zhang et al, 2010）、白岩脚洞（Cai, 2012）、榨洞（Chen et al, 2004）、甑皮岩（Chinese Academy of Social Sciences Institute of Archaeology, 2003）、鲤鱼嘴（Liuzhou Museum and Guangxi Wenwu Gongzuodui, 1983）和白莲洞（Jia and Qiu, 1960）等。Norton和Jin（2009）最近概述了中国现代人行为的一些考古学特征。除了被认为是现代人类行为的传统特征，如艺术、象征性行为、石器工具的专业化、远程交换和有意识埋葬，他们还纳入了海上长途航行能力与对高海拔地区的适应能力等特征。然而，在这篇综述中，规范骨器未被涉及。这可能与相关证据比较缺乏或者国际同行很难看懂中文文献有关。

为了回应这些具有争议性的研究，我们在这里对水洞沟第12地点（SDG12）的骨针进行系统分析，一方面复原骨针的制作技术及其反应古人类行为的区域性特征，另一方面在中国旧石器时代的时空框架内探讨它们对中国北方古人类生存的价值与意义。

1. 背　　景

SDG12是宁夏回族自治区边沟河流域二级阶地上的一处旷野遗址（Liu et al, 2008; Pei et al, 2012; Yi et al, 2013），位于著名的水洞沟第1地点（SDG1）东南3km处（Licent and Teilhard de Chardin, 1925; Boule et al, 1928）。SDG1的石制品制作技术被认为与发达的莫斯特技术或刚出现的奥瑞纳技术十分相似（Licent, 1925; Boule, 1928），SDG12在技术和年代上明显与之不同，被认为是中国晚更新世细石器工业的典型代表（Gao et al, 2009; Pei et al, 2012; Yi et al, 2013）。2007年对该遗址进行了首次发掘，面积为12m²，总厚度超过9m；确定了12个自然层，考古材料仅发现于第11层，通过¹⁴C和光释光测年获得的文化层年代为12200—11000a cal

BP（Liu et al, 2008）；对所有的堆积都用孔径为2mm的筛子进行了干筛。SDG12共出土约9000件石制品、13000多件烧石、约10000件动物骨骼、少量磨制石器和一定数量的骨制品。石制品主要由细石叶、细石核及其副产品组成。动物种属包括兔、獾、小野猫、鹿、普氏野马、猪、普氏原羚、牛以及啮齿类、鸟类和爬行类等。磨制石器包括磨石、磨棒、磨盘和石斧残段，可能用于加工植物、木材和制作工具。骨制品包括骨柄刀、疑似织网工具、骨锥和骨针等（Gao et al, 2009; Pei et al, 2012; Yi et al, 2013; Zhang et al, 2013）。

2. 材料与方法

本文的研究对象为SDG12规范骨器中数量最多的骨针（7件），其中只有一件骨针是完整的，另一件保留了近端带针眼的部分，其余为中段或远端残段（表1）。

表1　SDG12出土骨针的动物考古学及形态学观测

编号	保留部位	骨骼单元	所属动物大小	最大长（mm）	最大宽（mm）	最大厚（mm）	距尖部5mm处的宽度（mm）	距尖部5mm处的厚度（mm）	距尖部10mm处的宽度（mm）	距尖部10mm处的厚度（mm）
1207	完整	长骨	中型/大型	51.7	4.8	1.9	2.7	1.7	3.1	1.7
133	近端	长骨	中型/大型	（21.60）	6.2	2.3				
1206	中段	长骨	中型/大型	（18.00）	5.1	1.5				
1289	远端	长骨	中型/大型	（28.80）	5	2.1	3.1	1.4	3.6	1.8
1216	远端	长骨	中型/大型	（28.30）	3.5	2.1	3.1	1.4	3.3	1.9
2851	远端	长骨	中型/大型	（29.70）	4.4	1.9	2.5	1.5	3.5	1.8
300	远端	长骨	中型/大型	（17.30）	3.8	1.6	2.7	1	3.9	1.3

注：括号里的数据为残长。

利用数字游标卡尺收集骨针的形态测量数据，包括最大长度、宽度和厚度，距离针尖5mm和10mm处的宽度和厚度（表1）（Henshilwood et al, 2001; Backwell et al, 2008; Bradfield, 2010），以及针眼的直径。在尼康SMZ1500体视显微镜（放大倍率在7.5×到112.5×之间）下对每件标本进行观察，根据文献确立的标准区分自然和人工痕迹（Shipman and Rose, 1983; Behrensmeyer et al, 1986; White and White, 1992; Lyman, 1994; Fisher, 1995）。根据实验、民族学和考古学的对比数据确认骨针表面的制作痕迹和使用痕迹（LeMoine, 1994; Christidou and Legrand, 2005; Griffitts, 2006; Legrand and Sidéra, 2007; Pierre and Walker, 2007; Legrand and Radi, 2008; Bradfield and Lombard, 2011; Buc, 2011; Byrd, 2011）。在可能的情况下，对骨针的坯料进行种属和骨骼部位鉴定；如果不能确定到种属或骨骼部位，则记录其所属的动物大小类别（如小型哺乳动物，包括兔子和獾；中、大型哺乳动物，以普氏原羚和马为主）或骨骼类型（如长骨、密质骨等）。记录每件骨针被修理的位置、制作技术和尖端的使用痕迹。

3. 骨针的描述

骨针通常是由纵向裂开的动物长骨制成，棒状坯料被刮、磨和抛光，在一端形成一个细尖，在另一端会有一个孔（Stordeur-Yedid, 1979; Kovač, 2012）。在SDG12的所有骨针中，只有一件是完整的，完全符合上述定义，其余6件残段是通过与完整标本对比后确认的。尖状的骨制品有时可能会与骨针的远端残段混淆，因为它们都有尖部。在SDG12不存在这种混淆的情况，因为该地点出土的其他两类尖状骨制品形态都不规则，仅尖部被修理，其他部分则保留骨骼破裂的原始状态；但是骨针则被加工得精致、对称，而且骨针的形态和尺寸都比较一致（见图1～图3与表1的测量值）。因此，SDG12断裂的骨针与其他类型的尖状器物是不难区分的。以下是每件标本的描述。

编号1207，完整骨针

该骨针从远端到近端截面都是扁平的；这与中国其他旧石器时代遗址出土的骨针不同，它们通常具有椭圆形截面（Pei, 1939; Zhang et al, 1985; Huang et al, 1986; Huang, 1993）。考虑到长型毛坯的长度和厚度，我们推测这件骨针可能由大型或中型动物的长骨骨干制成。骨针的近端表面很光滑，也很光亮，有非常细小、均匀分布的纵向刮削痕迹（图1d），在显微镜下可见这些痕迹上覆盖着多个方向的细小线状痕迹（图1c）。然而，远端（从中间部分到尖端）表面的线状痕迹则是非常深、宽的，它们可能是重新修理尖部而造成的刮削或磨制痕迹（图1e）。形态分析显示针尖处曾破损过，但其疤痕边缘又被抛光和磨圆，说明尖部在断裂后被使用过（图1f）。针眼为圆形穿孔，一面开口较大（直径2.6mm），一面开口较小（直径1.8mm），孔壁上有螺旋形细纹（图1b），表明它可能由一个非常小的、边缘不均匀的尖状器钻制而成。在针眼顶端边缘观察到一些极细的线状痕迹（图1a），这可能是线穿过针眼并摩擦针孔顶端边缘时形成的。

编号133，近端残段

由长骨的骨干制成，此标本的截面也是扁平的。它通体被烧过，虽然经过抛光处理，但纵向刮削痕迹仍然可见（图2-1b）。针孔是长形的（最大长度为8.3毫米，最大宽度为2.3毫米）而不是圆形，这与现代钢针的针眼较相似。针孔的一面是一个浅槽，浅槽向针尖方向逐渐变深最后贯通标本，在另一面形成一个椭圆形口（最大长度为4.2毫米，最大宽度为1.4毫米）。在这个浅槽中可以观察到纵向的微细线状痕迹，表明针孔可能是由一个表面向另一个表面纵向制作而成（图2-1a）。这件标本被完全抛光，甚至包括针孔的孔壁也被抛光，在其内部与抛光有关的多个方向细纹可能覆盖了原来的修整痕迹（图2-1b）。这件器物的远端劈裂面是横向的，表明它是在干燥状态下断裂的。

编号1206，中间残段

这是一件骨针中间的残段。它的截面也是扁平的，残留的部分规则、对称，恰好与完整骨针（1207）的中间部分形态一致。近端和远端的劈裂面呈现出不同的光泽和颜色，提示破裂

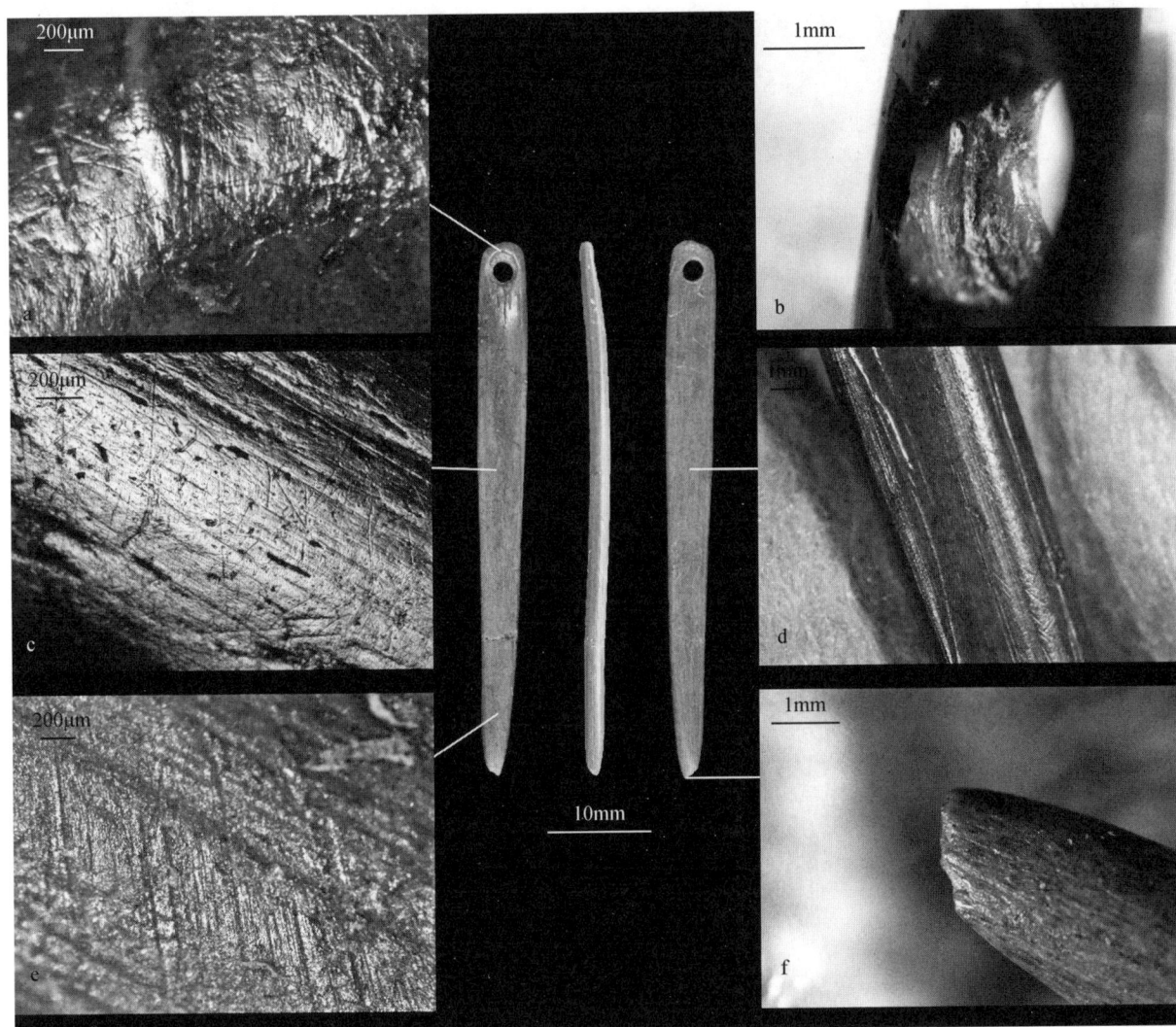

图1

a. 针眼上部边缘分布的细小线状痕迹　b. 圆形穿孔内壁的螺旋纹　c. 多方向细小线状痕迹　d. 均匀分布的纵向刮削痕

e. 刮削痕迹或磨制痕迹　f. 针尖上被磨圆的疤痕

可能发生在不同时期。较平的断裂面（相对较新）可能是在沉积过程中产生的，而较弯曲的破裂面（相对较旧）可能是在制造或使用过程中产生的，当时骨骼还处于新鲜状态。旧劈裂面所在位置是最宽的部分（5.1cm），它向另一端逐渐收缩，直至最窄的端部（即新破裂面所处位置，宽4.6cm），这可能是原来针尖所处的一端。标本表面被分散的草根腐蚀痕迹所改造（图2-2a），但修整痕迹并没有被完全覆盖。平行于长轴的刮削痕迹虽然被抛光痕迹以及与之相关的多方向细小线状痕迹叠压（图2-2b），但前者仍清晰可见（图2-2a）。

编号1289，远端残段

这是一件骨针的尖部，经过刮削、磨制和抛光，表面很光滑并有光泽，有细密的纵向线状痕迹（图3-1b），其上叠压着均匀分布的多方向的细小线状痕迹。标本截面扁平，形状像剑，因此如果用其穿刺皮毛就会形成一个细孔，而不是一个圆孔。其尖端非常锋利，没有再次修理

图2

1. 近端骨针残段　1a. 浅槽中的纵向线状痕迹　1b. 与抛光相关的多方向线状痕迹　2. 骨针中间残段　2a. 平行于长轴的刮削痕迹和草根腐蚀痕迹　2b. 与抛光相关的多方向线状痕迹

的痕迹，但是在显微镜下可以看到一些微小的疤和线状痕迹（图3-1a），表明这件标本在断裂前被使用过，而不是在制造过程中断裂的。近端弧形的断裂面指示骨针可能是在骨骼新鲜状态下断裂的。

编号1216，远端残段

这件骨针的截面呈椭圆形，比SDG12其他骨针要厚一些。表面光亮及非常细的纵向线状痕迹指示，这件器物应该经过刮削与抛光。然而，它们大多被深而宽的再次修理痕迹——磨制痕迹抹去了（图3-2a）。针尖的一个面上被磨出了斜面（图3-2），使得针尖变得较锐。在较大斜面的尖端位置又被磨出两个小斜面（图3-2b），表明针尖可能被重新修整过两次。近端断裂面是横向的，表明它可能是在干燥状态下断裂的。

编号2851，远端残段

标本截面扁平，尖端锋利，是通过刮削形成的。表面分布草根腐蚀痕迹，但细密的纵向刮削痕迹仍然可见。未受影响的表面具有闪亮的反光和细密的线状痕迹（图3-3b），表明此标本被有意抛光过。在显微镜下，针尖是破裂的，疤痕边缘被磨圆表明骨针在断裂发生后被使用过（图3-3a）。近端断裂面是横向的，表明它可能是在干燥状态下断裂的。

编号300，远端残段

标本截面扁平，比其他骨针还要薄一些。光亮的表面布满了非常细密的纵向刮削痕迹。在近端，表面上可以看到一些横向擦痕（图3-4b）。尖端较锋利；远端部分表面被生化腐蚀痕迹

图3

1—4. 骨针远端残段　1a. 针尖上的微小疤痕　1b. 纵向刮削痕　2a. 磨制痕迹（针尖再修理造成）　2b. 针尖再修整造成的小平面
3a. 针尖处被磨圆的疤痕　3b. 经过抛光的表面，具有反光和细密的线状痕迹　4a. 生物侵蚀痕迹，破坏了针尖上可能的使用痕迹
4b. 横向擦痕

覆盖（图3-4a），破坏了尖端可能分布的使用痕迹。近端的断口呈弧形指示骨针可能是在骨骼新鲜状态下断裂的。

4. 讨　　论

SDG12骨针的操作链分析

原料的选择

大多数陆生哺乳动物的长骨基本上都是管状，其中骨干部分很适合制造细长的工具，因为它们大部分是直的、光滑的并具有较高的密度。SDG12的工匠们显然对此有一定的认知。因为这些骨针完全是由没有明显解剖标志的密质骨制成，所以很难将标本的毛坯鉴定到动物种属或具体的骨骼部位。但是，我们可以根据骨骼的厚度大致确定其所属动物的大小等级。每件标本表面都分布着人工改造痕迹，其中特别突出的是刮削痕迹，它对骨针毛坯进行了削薄和修型，对器物整体形状产生了实质性影响。因此，这些骨针最厚的部分应该比骨骼的原始厚度要薄。SDG12出土的长骨碎片厚度测量值表明，骨针很可能由中型或大型动物（主要包括马和牛等）的密质骨制成，这表明SDG12古人类对于制作骨针的原料有一定的选择性。

修型、制孔和抛光

尽管SDG12大部分骨针都是断裂的，但不难看出它们的形状和大小是基本一致的（表1，图1~图3）。所有骨针都是扁平的，形状类似小型的剑（图1、图3），当针尖刺入皮毛时，会在其上形成一个细孔。骨针的制作主要采用了三种修型技术。

第一种是纵向刮削毛坯，以便使粗糙的表面变得平滑。它通常会产生长而平行于长轴的线状痕迹，中间零星较深的痕迹可能是石器不平整的边缘所致。

第二种技术是横向（几乎垂直于毛坯长轴）磨制毛坯，在这种情况下会相应地出现横向或斜向的线状痕迹。所有的骨针都经过刮削，刮削使远端变细或边缘变光滑，其中一些骨针在有限的区域内被进一步磨制，在这些区域刮削痕迹往往被磨制痕迹覆盖。在某种程度上，磨制主要发生在对尖部的二次修整中，以使尖部重新变得尖锐。

第三种技术是抛光。这是一种程度更轻的磨制，并最终创造出一个光滑和反光的表面（Rabinowicz, 1968），在相对高的放大率下（大约100×），可以看到典型的细小线状痕迹。然而，这类痕迹也可能是使用造成的磨损（LeMoine, 1994），很难区分因使用而产生的抛光和有意塑形造成的抛光。实验研究证明，尖头工具对软性材料（如皮革）进行穿孔的过程中，其表面通常会产生横向擦痕（Buc, 2011）。这些痕迹集中分布在顶端或其附近，而不太可能分布在器物的近端与中部，因为在反复穿刺皮料的缝制过程中，骨针的近端或中间部分不会像远端那样频繁地做旋转运动。因此，如果上述痕迹均匀地分布于器物整个表面，则表明它们可能是有意抛光造成。SDG12的骨针都被多方向线状痕迹完全覆盖，包括近端残段和完整的骨针。因此，我们认为这些骨针都被有意地通体抛光过。

热处理技术有时也会被应用于骨制品的加工。不同学者对利用烧骨与非烧骨进行骨制品加工的区别进行了讨论（Evans, 1973; Bird and Beeck, 1980; Guthrie, 1983; Olsen, 1984; Campana, 1989; Knecht, 1997）。一般来说，未经热处理的新鲜骨是一种具韧性的原料，不容易改造，而经过热处理的略干燥的骨骼则更适于工具制造（Bird and Beeck, 1980）。SDG12骨针中只有一件颜色发黑（图2-1），可能被适度加热。这件标本比较特别，其针孔很长，需要非常仔细地加工，才能在小范围内制作出相对较长的孔又不会破坏坯料，经过热处理可能在一定程度上增加成功的概率。然而，很难说该标本是在沉积之前还是之后被烧的，因为这两种情况都可能在火烧后导致骨骼变黑。

SDG12骨针中只有两件还保留着针孔，其中一个是圆形的，另一个是细长的。圆形针孔很明显是由器物的一侧钻通到另一侧的，因为孔壁由一侧向另一侧向心倾斜，最大、最小的口径分列两侧。在孔壁上还观察到一些螺旋状的痕迹，可能由两侧刃缘不平整的钻头在钻孔过程中造成。另一件骨针的针孔是长形的，根据相关材料的对比（Stordeur-Yedid, 1979），推测这种孔可能是由雕刻器雕刻而成的。

利用与丢弃

一般认为，当骨骼在干燥状态下破碎时，往往会出现横向断裂，而在新鲜状态下破碎时，会出现弧形断裂（Johnson, 1985; Villa and Mahieu, 1991）。SDG12的骨针在一端或两端断裂，共产生了七处断口。其中四处是横向的，这意味着它们可能是在干燥的状态下断裂的。研究显示，干燥的骨骼更适合工具的制造（Bird and Beeck, 1980）。当然，这些骨针中有一些可能在制造前被有意地进行过干燥处理（特别是一件有火烧痕迹的标本），而另外一些工具的断裂既有可能是在制造过程中，也可能是在应用过程中，亦有可能是在沉积后造成的。此外，SDG12骨针标本中还有三个断口是弧形的。其中一个应该是在使用过程中产生的，尽管这件标本（1289）的尖端已经磨损（由微痕和条纹证明），但仍然非常锋利，如果这件骨针不是当时从中间部分断裂以至于太短而无法再使用，它可能就不会被遗弃；至于另外两件（1206、300）一件尖端消失了，一件尖端被生化侵蚀了，由于无法获取器物被使用的具体信息，我们很难推测其断裂的原因。但是可以确定，它们都不再适合使用，最后被丢弃。

在所有的七件骨针中，有五件保留了针尖，其中两件（1207、1216）尖部被重新修理过。尤其是标本1216，其针尖可能被重新磨过两次。这两件骨针可能是在严重磨损以至不能有效地发挥作用后被丢弃的。根据标本1216的横向断裂推断，它在被遗弃时也许是完整的，断裂可能发生在埋藏后。这也表明它可能因为其尖部变钝，而不是在中间断裂被丢弃的。另外三件标本的针尖仍然非常锋利，它们都是在骨针中部断裂，可能因为带尖的残段太短，不能再像完整的骨针一样发挥作用，所以被舍弃。

5. 讨论与结论

　　仪明洁等人（2013）认为，SDG12很可能被古人类作为"缝纫营地"，他们聚集在一起生产精致、合身的服装，这有助于应对冬季的生存风险，对高度流动和专业化的生活方式至关重要（Balicki, 1970; Damas, 1972; An, 1978; Lu, 1998）。这一假说得到了SDG12考古证据的支持：①野兔在动物群中占主导地位，它们可能是制衣皮毛的重要来源；②出土的大量烧石可能用于提取制革的油脂；③一把单边开槽的骨刀，其中可能镶嵌细石叶作为刀片，也许用于切割皮或筋腱；④骨针是比上述三种证据更直接的线索，可能用于生产御寒的衣物（Yi et al, 2013）。所有这些证据都在一定程度上指向了衣服的生产和制作。此外，另一个间接的证据是针眼的存在，表明已经出现非常细的线，也许是细的筋腱，也许是植物纤维，这需要复杂的技术把它们纺成细绳，说明SDG12古人类制作衣服的技术可能已经非常熟练。

　　研究表明，身体条件好的成年人可以在极度寒冷的情况下进行短距离的移动，但对于儿童来说，长距离的旅行则是不太可能（Steegman, 1983）。因此，与更早期仅依靠火来对抗寒冷的古人类相比，衣服的制造会使狩猎采集者有更多的冬季活动能力。所以这种即使在今天也与缝制布匹有关的穿孔骨针，对于将SDG12作为"缝纫营地"的古人类来说是非常重要的。骨针的制作并不简单，因此它们不太可能被遗弃，除非针尖变得非常钝，或者在靠近中间部分被折断而变得太短。然而，在小孤山（Zhang et al, 1985）和周口店山顶洞（Pei, 1939）——中国北方地区另外两个出土骨针的旧石器时代遗址，情况并非如此。在那里发现的骨针较尖锐，几乎是完整的，数量较少（小孤山3件，山顶洞1件），它们可能是被意外丢失或就地搁置的。而SDG12作为"缝纫营地"（Yi et al, 2013），带眼骨针可能被持续使用，直到变钝或断裂后被有意丢弃。

　　上述三个地点都位于中纬度的中国北方地区，冬季较寒冷。小孤山和山顶洞的年代属于MIS3寒冷时期（Chen et al, 1989; Chen et al, 1992; Zhang et al, 2010），SDG12则在新仙女木期被占据（Yi et al, 2013）。两者都处于严酷的、寒冷干燥的气候转型期，当时冬季温度比现在温度低。在世界其他地区也是这种情况，大多数发现骨针的旧石器时代遗址都在寒冷的北方（Stordeur-Yedid, 1979）；然而在低纬度的南方，如非洲南部、西亚和南亚，冬季比较温暖，很少有遗址出土穿孔骨针（Newcomer, 1974; Guthrie, 1983; Henshilwood et al, 2001; Henshilwood et al, 2002; Olsen and Glover, 2004; Rabett, 2005; Redmond and Tankersley, 2005; d'Errico and Henshilwood, 2007; Backwell et al, 2008; Kuhn et al, 2009; d'Errico et al, 2012）。Gilligan（2010）认为，穿孔骨针的出现与极端的气候条件相关联，可能与复杂形式的衣物制造有关，如带夹层的合身衣服，它能极大地提高防寒效果；然而，在冬季不那么寒冷的地区，用锥而不是用骨针制作的简单衣物，可能就可以御寒。Hoffecker（2005）认为，制作衣物的技术对于现代人在欧亚大陆北部，特别是在冬季极度寒冷的东欧和西伯利亚定居可能是必不可少的。因此，在旧石器时代晚期中国北方遗址出土的骨针，可能指示了人类为适应冬季严寒而生产复杂衣物的适应性策略。然而，在华南地区也发现了一些年代为20ka—10ka BP的穿孔骨针（Jia and Qiu, 1960; Liuzhou Museum and Guangxi Wenwu Gongzuodui, 1983; China Academy of Social Sciences Institute of Archaeology, 2003），特别是在属于低纬度的广西（N24°—26°），即使在新仙女木时期，冬季室外也没有那么冷，衣服似乎没有那么重要。在这里，针的使用可能不仅与服装制造有关，而且还与织网或编织篮子等有关。在所有这些遗址中都出土了大量的鱼骨和螺蛳壳，这表明捕鱼和收集螺蛳可能是人类重要的生活策略，而使用渔网和篮子会更有效率。当然，这些器物在北方地区也很有用，尽管骨针的主要功能可能是用来缝制衣服。它们是否也与非制衣活动有关？如织网或编筐，仍需在未来进行更详细的比较研究。

规范骨器经常在欧洲晚更新世遗址出土，制作规范骨器的技术一直被认为是现代人从非洲向欧亚大陆扩散过程中的创新。然而，尽管中国有大量这一关键时期的考古遗址发现，但很少出土令人信服的规范骨器。这可能与中国旧石器时代骨制品出土的零散性和正式发表的相关研究较少有关。由于骨针的残段较小，它们在中国记录中的稀缺性也可能与早期发掘较少对出土堆积进行筛选有关。在本文，我们已经证明虽然SDG12出土的骨针大部分是残破的，但仍然可以为讨论中国古人类的生存行为提供重要参考。对SDG12骨针的技术和功能分析表明它们的制作符合规范骨器的生产流程，包括刮削、磨制、钻孔、雕刻、抛光和偶尔的热处理，之后精致、对称和样式统一的骨针可能又被用于生产冬季狩猎所需的复杂型御寒衣物。

致谢：本研究由中国科学院战略性先导科技专项（XDA05130302）、中国科学院知识创新工程重要方向项目（KZCX2-EW-QN110）、国家自然科学基金项目（41302017）共同资助。

［原载Zhang Y, Gao X, Pei S W, Chen F Y, Niu D W, Xu X, Zhang S Q, Wang H M. The Bone Needles from Shuidonggou Locality 12 and Implications for Human Subsistence Behaviors in North China. Quaternary International, 2016, 400: 149-157］

（张乐译）

中国最早的人工磨制牙器

张　乐[1]　张双权[1, 2]　高　星[1, 2]　陈福友[1]

（1. 中国科学院古脊椎动物与古人类研究所脊椎动物演化与人类起源重点实验室，北京，100044；

2. 中国科学院大学，北京，100049）

摘要： 对于有机材料而言，学者们早已认识到它们在深入阐释旧石器时代人类的经济与社会行为方面的重要性。然而，与世界其他地区相比，中国的骨角器研究只得到了有限的关注。因此，作为改变这种局面的第一步，本文研究了水洞沟第12地点（SDG12）狩猎采集群体使用的工具组合中的一个特殊元素——被修理过的野猪犬齿。形态学对比与测量分析显示，此件标本其中的一个牙本质表面应是野猪犬齿咬合面的一部分，其上痕迹应归因于此类野猪的生存习性；另一牙本质表面的线状痕迹则是SDG12古人类磨制造成的，目的可能是将猪犬齿修理成刮削器。SDG12的牙制品是迄今为止在中国发现的年代最早的磨制牙器，它有力地证明史前工具制造者对自然环境中新型有机质材料的性质有了正确认识，并能够将这种认识融入到他们对工具的规划和生产中。

关键词： 旧石器时代晚期；骨角制品；野猪犬齿；磨制；劈裂；水洞沟

20世纪中叶，Raymond Dart创造了"骨角牙文化"一词，提出Makapansgat洞穴中的南方古猿可以制造和使用骨、角和牙制品来维持生计（Dart, 1949, 1957）。几十年后Dart的假设显然没有得到考古证据的支持（Washburn, 1957; Wolberg, 1970; Brain, 1981）；然而自从其有争议的文章问世以来，利用动物牙齿以及其他有机材料（如骨骼、鹿角和贝壳）制造工具的可能性就受到了考古界的广泛关注。在此背景下，世界各地发现了越来越多利用动物牙齿制成的人工制品，其中绝大多数是以猛犸象、熊、狐狸、马鹿、河狸、驼鹿和牛的牙齿制成的装饰品与象征物。比如，在法国、比利时和西班牙旧石器时代晚期遗址中较为常见利用猛犸象牙制成的珠子、吊坠和雕像（White, 1993, 1997; Milisauskas, 2011）。可以肯定的是，旧石器时代的牙器并不只是为了象征性目的而制造。实用工具——例如象牙矛头——在欧洲奥瑞纳（Aurignacian）、格拉维特（Gravettian）和马格德林（Magdalenian）时代的考古记录中都有充分的记载（Villa and D'errico, 2001 and references therein; Nikolskiy and Pitulko, 2013; Backwell and d'Errico, 2014）。除了象牙，野猪獠牙是旧石器时代欧洲、非洲和亚洲人群制作生产用具的另一个主要牙质原料来源。已知最古老案例之一是婆罗洲岛尼阿洞穴（Niah Cave）（约45ka cal BP），在那里发现了利用猪（*Sus scrofa*和*Sus barbatus*）的犬齿碎片制作的工具（Rabett, 2005; Higham et al, 2009; Rabett and Piper, 2012）；在南非的边界洞（Border Cave）也出土了类似的遗物（d'Errico et al, 2012）。

牙制品在揭示史前人类的技术能力、生存行为或象征行为方面的重要性并不亚于骨制品（Miller-Antonio et al, 1999; Schepartz et al, 2005; Schepartz and Miller-Antonio, 2010; Aplin et al, 2016）。然而，有关中国旧石器时代牙制品的研究基本不见，本文首次对此类工作进行尝试，通过对水洞沟第12地点（SDG12）出土野猪（*Sus scrofa*）犬齿制品的系统分析，探讨牙质工具的性质、制作、使用及其反映的史前人类技术能力和生存行为等。

1. 水洞沟第12地点的背景

SDG12是宁夏回族自治区边沟河流域二级阶地上的一处旷野遗址（Liu et al, 2008; Pei et al, 2012; Yi et al, 2013），位于著名的水洞沟第1地点（SDG1）东南3km处（Licent and Teilhard de Chardin, 1925; Boule et al, 1928）。SDG12在年代与技术上明显与SDG1不同，被认为是中国晚更新世细石器工业的典型代表（Gao et al, 2009; Pei et al, 2012; Yi et al, 2013）。该遗址于2007年发掘，面积为12m²，总厚度超过9m，堆积被划分为12个自然层；考古遗存仅发现于第11层（图1），包括约9000件石制品、13000多件烧石、约10000件动物骨骼、少量磨制石器和一定数量的骨制品（Gao et al, 2013; Yi et al, 2013; Yi et al, 2016）。¹⁴C和光释光测年显示文化层年代为12200—11000a cal BP（Liu et al, 2008）。

沉积物分析显示SDG12为原地堆积，仅受到流水的轻微干扰（Liu et al, 2008）。该地点动物骨骼表面也未见流水造成的擦痕。具有其他自然痕迹的标本数量很少，包括2件具有食肉类啃咬痕迹的标本和2件具有啮齿类磨牙痕迹的标本，各占整个骨骼组合的0.1%。约有5.1%（92件）的骨骼表面具有切割痕迹（Zhang et al, 2013），这与欧洲、非洲以及中国晚更新世其他考古遗址的比例相似（Gaudzinski, 1996; Cain, 2006; Zhang et al, 2010）。

SDG12的动物碎骨所属种类包括：兔、獾、小野猫、鹿、普氏原羚、猪、普氏野马、牛以及一些啮齿类动物、鸟类和爬行动物。SDG12的可鉴定标本数为1821（兔子，1045；獾，103；小野猫，2；鹿，19；普氏原羚，404；猪，5；普氏野马，52；牛，124；鸟，53；爬行类，1；啮齿类，13），其中兔类骨骼所占比例最高（约57.39%），羚羊其次（约22%），其余各种属占比都低于10%（Zhang et al, 2013）。石器组合主要由细石叶、细石核（18.3%）及其副产品（75%）组成；其余为经过修理的石器，包括端刮刀、凹缺器、尖状器、钻和雕刻器。磨制石器包括磨石、磨棒、磨盘和石斧残段，以及一些由砂岩制成的小圆盘，可能用于加

图1　水洞沟第12地点的地层图
（修改自Pei et al, 2012）

工植物、木材和制作工具（Gao et al, 2013; Yi et al, 2016）。此外，研究者还在动物碎骨中识别了一些骨制品（Gao et al, 2009; Pei et al, 2012; Yi et al, 2013; Zhang et al, 2013; Zhang et al, 2016; Zhang et al, 2018）。根据出土遗物，仪明洁等人（2013）认为SDG12人群对遗址的占据可能是季节性的，他们在那里从事的主要活动是制作复杂衣物，在SDG12周边古人类可以获得制衣的皮毛以及相关的工具原料等。

2. 材料与方法

　　SDG12的这件牙制品是最近在对筛出骨骼进行动物考古分析时才发现的，所以还没有被系统描述过，现存于中国科学院古脊椎动物与古人类研究所（IVPP）。研究中使用的对比标本——包括古生物化石地点出土的56件野猪獠牙和SDG12的十几件骨制品，也收藏于IVPP。

　　我们在Nikon SMZ1500体视显微镜（放大倍率在7.5—112.5之间）下对每件标本的表面都进行了微观观察；根据文献确立的标准区分自然和人工痕迹（Shipman and Rose, 1983; Behrensmeyer et al, 1986; White and White, 1992; Lyman, 1994; Fisher, 1995）。将SDG12牙制品表面的痕迹与古生物遗址出土完整牙齿上的痕迹、SDG12骨器表面的人工痕迹进行对比。根据SDG12牙器现存形态和尺寸对其所属种属、牙齿类型以及在齿槽中所处位置进行鉴定。

使用数字游标卡尺测量标本的最大长度、宽度和厚度（Henshilwood et al, 2001; Backwell et al, 2008; Bradfield, 2010）。微观图片被拍摄后利用NIS-Elements Documentation 3.22软件对线状痕迹进行测量。根据实验、民族学和考古学的对比数据确认牙器上的制作痕迹和使用痕迹（LeMoine, 1994; d'Errico et al, 2003; Christidou and Legrand, 2005; Griffitts, 2006; d'Errico and Henshilwood, 2007; Gates Saint-Pierre and Walker, 2007; Legrand and Sidéra, 2007; Legrand and Radi, 2008; Bradfield and Lombard, 2011; Buc, 2011; Byrd, 2011; Bradfield, 2012; Bradfield and Brand, 2013）。记录被修理区域、使用痕迹和制作痕迹所处的位置。

3. 结果与讨论

3.1　牙器的描述

SDG12的牙制品（编号：2007SDG12：3266）是由野猪的犬齿中段残片制成，两端有较新的断裂面（最大长度、宽度和厚度分别为14.5毫米、3.7毫米和2.7毫米）。它截面呈三角形，包括一个釉质和两个牙本质表面，其上均有斜向的线状痕迹（图2a—c，图3c、f、g）。第一个牙本质表面（DS1）是黑色/深棕色的，表面密集地分布着较粗的斜向平行痕迹（图3g）。在第二个牙本质表面（DS2），线性痕迹要浅得多，也细得多（图3c），痕迹下方分布着一系列疤

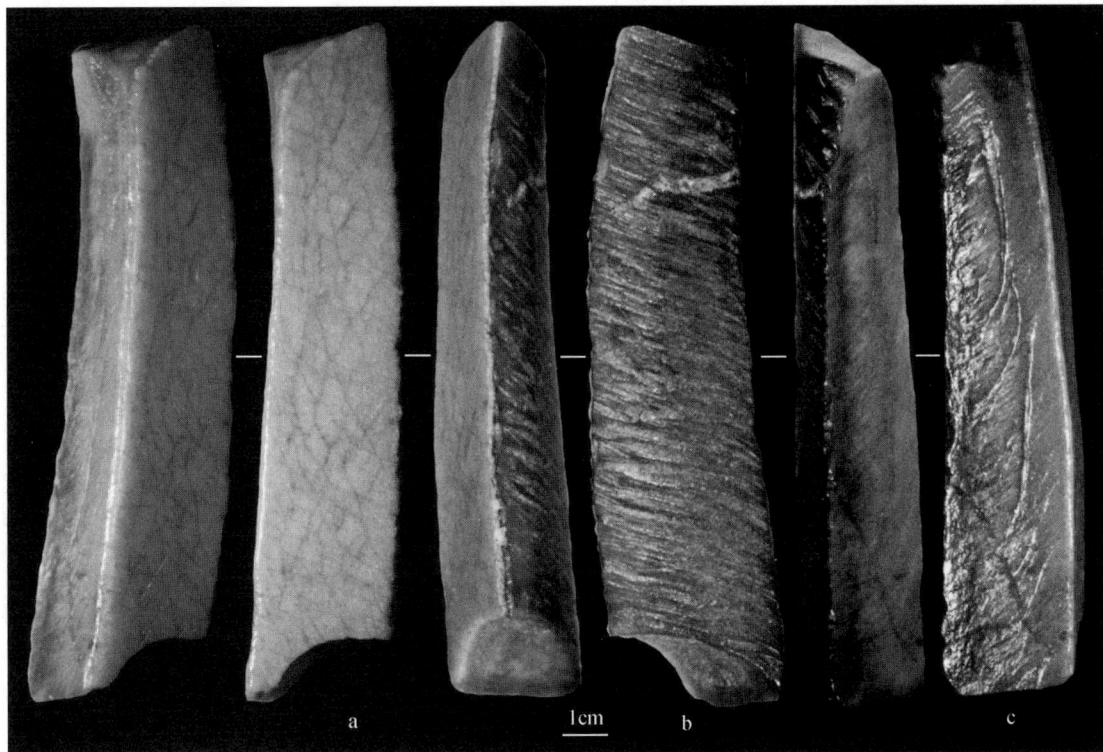

图2　SDG12的牙制品（展示了每个面和每条脊）

a. 釉质面　b. 表面分布较粗线状痕迹的牙本质面（DS1）　c. 表面分布较细较浅线状痕迹的牙本质面（DS2）

痕；在DS2表面的左侧边缘，有一些微小的疤痕叠加在较大的疤痕之上（图2c）。釉质面上布满网状裂纹（图2a、b），其上有一些线状痕迹以及多方向分布的微小线状痕迹（图3f）。DS1上线性痕迹的宽度值在88.27—314.04微米之间，而DS2上线性痕迹的宽度值在41.35—126.44微米之间。双尾t检验表明，两组数据的平均值有明显的差异（$p=0.00<0.05$），boxplot表明DS1的线性痕迹一般比DS2的宽（图4）。

3.2 比较分析

众所周知，野猪会把从嘴里伸出来的獠牙（犬齿）作为打架、觅食和标记树木的有力工具。例如，野猪可能用它们的獠牙作为杠杆举起大石头或其他重物，以获取下面的食物。所以暴露在外的獠牙特别容易受损，在牙齿的咬合面和釉质表面存在疤痕或线状痕迹并不罕见（Konjević et al, 2006），这也正是我们在古生物地点出土的完整獠牙上观察到的现象（图3d、e）。SDG12牙制品DS2上较大疤痕的方向和大小（图3c）基本上类似于野猪在树上做标记或咀嚼硬物时在咬合面上留下的疤痕（Konjević et al, 2006）（图3d）；其釉质表面的斜向线状痕迹及微小线状纹（图3f）也与古生物标本上的无法区分（图3e）；指示这些痕迹应该是野猪生前造成。

犬齿在野猪的整个生命过程中不断生长。相对的上、下犬齿在咬合面相遇，随着下颌的移动，咬合面持续磨损，因此犬齿能够一直保持合适的大小（Mayer and Brisbin, 1988; Rabett, 2004），在这一过程中嚼面可能会产生线状痕迹，有学者认为这些痕迹很难与磨制痕迹区分（Rabett, 2004）。在SDG12牙制品的DS2上，有一系列浅而细的线状痕迹（图3c），为了区分

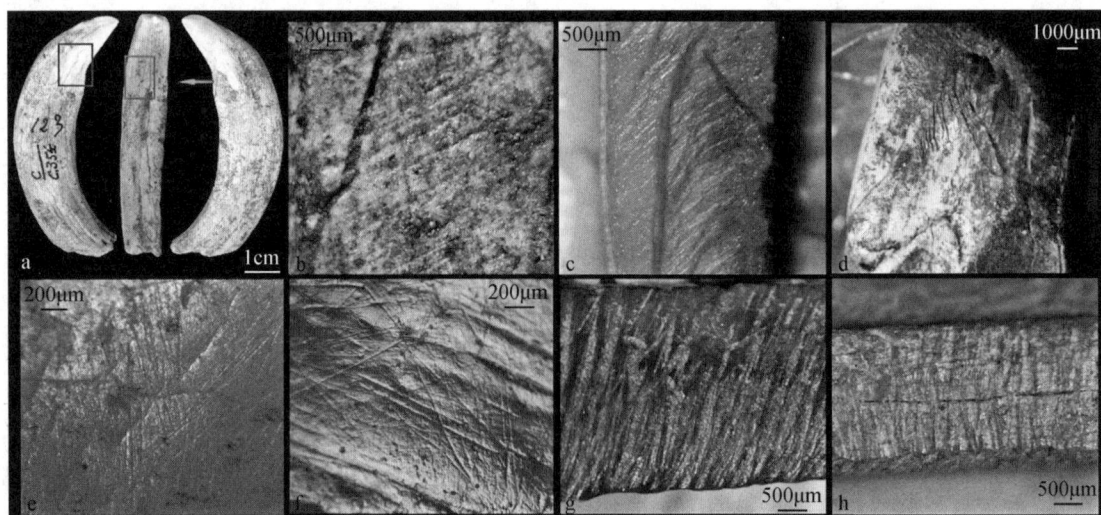

图3 SDG12牙制品表面的痕迹与对比标本表面的痕迹

a.古生物遗址出土的猪下犬齿 b.a图中右侧方框处的放大图 c.DS2上的疤与细线状痕迹 d.对比标本（古生物遗址出土的猪犬齿）上的疤痕 e.a图中左侧方框处自然痕迹的放大图 f.SDG12牙制品釉质表面的自然痕迹 g.SDG12牙制品DS1表面较粗的线状痕迹 h.SDG12骨器表面的磨制痕迹

它们属于自然磨损还是人工磨制造成的线状痕迹，本研究选择了包括古生物地点出土的50多件野猪獠牙以及SDG12骨器表面的痕迹作为对比。研究结果表明，有比例极高的（83.33%）野猪下犬齿其咬合面的下部出现了浅而细、规律排列的线状痕迹（图3b），而在上犬齿和下犬齿的其他部位虽然也有线状痕迹，但排列没有规律。

DS2表面细痕的宽度值从41.35—126.44微米不等，完整猪犬齿表面痕迹的宽度值从35.02—200.26微米不等（图4）。双尾t检验表明，两组数据的平均值没有明显差异（$F=4.618$；$p=0.128 > 0.05$）。DS2表面细痕与SDG12骨器表面磨制痕迹的宽度均值则有明显差异（$F=28.067$；$p=0 < 0.05$）。因此，SDG12牙制品DS2表面的线状痕迹很可能是野猪生前形成的：其间断裂的獠牙被不断磨损，形成的细纹叠加在疤痕上。

然而DS1表面的线状痕迹与SDG12骨器表面的磨制痕迹无论在形态上还是尺寸上都大体相当（图3g、h，图4）；双尾t检验表明，这两组线状痕迹宽度的平均值没有显著差异（$F=2.286$；$p=0.813 > 0.05$）。因此，DS1表面的线状痕迹应是垂直（或略偏斜）于猪犬齿长轴对DS1进行磨制造成的。

综上，在SDG12牙制品的三个面中，DS2实际上是野猪犬齿咬合面的一部分，其表面痕迹应归因于此类野猪的生存习性，而不是人类制作工具的行为；DS1不是獠牙的外表面，而是一个新暴露的破裂面，表面的线状痕迹是SDG12古人类磨制造成的；釉质表面的线状痕迹以及更微细的痕迹也可能源于自然原因，例如野猪标记树木的行为等。

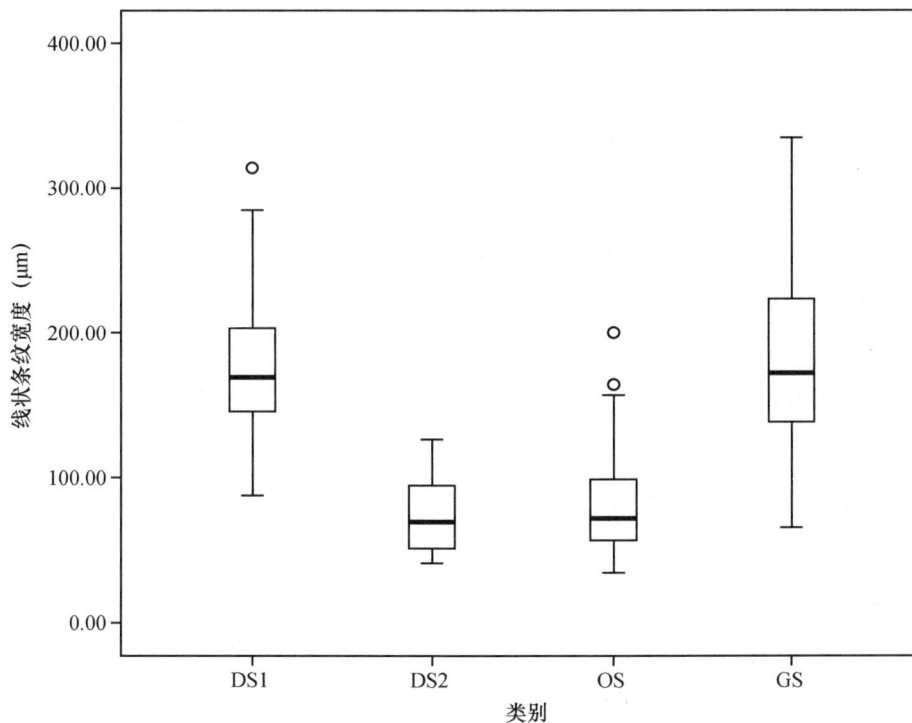

图4　SDG12牙制品与对比标本表面线状痕迹的宽度变化

（DS1=SDG12牙制品的第一个牙本质表面；DS2=SDG12牙制品的第二个牙本质表面；OS=古生物遗址出土猪牙犬齿的嚼面；GS=SDG12骨器表面）

3.3　制作技术和可能的功能

如上所述，DS1是一个新形成的断裂面，表明野猪獠牙曾纵向劈开。事实上，人类可能充分利用了野猪犬齿的自然形态：外部呈三角形，内部有中空结构，形成纵轴上的自然弱点（Maigrot, 2001）。在野猪死亡后，其獠牙往往会开裂；特别是如果它被放置在干燥的环境中或靠近热源时，由于牙本质的骨胶原流失加快可能会导致牙冠断裂，或釉质层从牙本质与釉质交界处脱离（Hillson, 2005）。实验（Marquebielle, 2011）和民族考古学（Jamieson, 2016）研究表明，在牙制品毛坯的制作过程中可以利用野猪犬齿纵轴的弱点，直接敲砸獠牙或将楔子插入裂缝中，用力冲撞楔子来纵向劈裂牙齿。考古证据显示，在欧洲的中石器时代（Marquebielle, 2011）或甚至更早的非洲旧石器时代中期（d'Errico et al, 2012），人类就能够利用野猪獠牙的自然裂缝制作牙制品。SDG12人群似乎也具备这种技术，并对新暴露的表面进行横向磨制，其目的可能是使破裂面变得平整，或者是让两个牙本质面相交的边缘变得更加锋利，又或者是试图磨制出一个尖刃。

标本釉质表面出现的深褐色和网状裂纹是水分和有机成分流失导致的典型烧烤牙齿的特征（Hillson, 2005），因而这件牙制品的制造可能还采用了热处理的方法。新暴露的牙本质表面（DS1）是黑色或深棕色的，与其他两个表面（棕色或黄色）明显不同。这一观察结果表明，热源被放置的位置可能更接近DS1。这只有在獠牙被劈开，DS1被暴露后才能实现。也就是说，对獠牙的热处理可能发生在它被分割之后。实验证明，燃烧可以帮助硬化有机材料（Hillson, 2005）；对新暴露的DS1进行加热处理，可能是为了使其坚硬度增强，进而在之后的制作过程中（磨制或抛光）不易破裂。

类似SDG12牙制品的器物在新石器时代或青铜时代的考古遗址中广为人知，有各种名称和假定的功能。它们被描述为刮削器、穿孔工具、锥、尖状器、凿子、刀、刀片或雕刻器（Harrisson and Lord, 1962; Rozoy, 1978; Maigrot, 2005; Alice, 2006; Gál, 2011; Luik et al, 2011; Marquebielle, 2011; Oleniuc and Luminiţa, 2011），其使用方式可能与相应的石制品相同。新石器时代野猪獠牙制品的微痕分析表明，它们主要用于木材加工，如刮削木制品，或切割、刮削树皮以制作容器（Maigrot, 2001）。新几内亚的现代狩猎采集者用猪獠牙工具作为刮刀来修理箭杆、锛柄、木矛、骨质匕首或竹子弓弦等（Williams, 1930; Blackwood, 1950; Heider, 1970; Rabett, 2004）。

SDG12的牙制品为器物的中段，其两端都有较新的断裂，因此我们不能确认它是否在一端还是在两端有尖，但此标本确有一端变细的趋势，意味着这端可能为尖刃；根据表面磨痕显示，SDG12古人类可能不仅打算磨平新暴露的牙本质表面（DS1），也许还打算制作一个尖刃。然而，这件獠牙制品更有可能是一个刮削器，因为DS1和DS2相交的边缘有一系列小疤，小疤的边缘均被磨圆和抛光（图2c），表明它可能曾工作于某些硬质材料，如木材等。

从形状上看，SDG12的牙制品与SDG12的细石叶基本相似——细长并具有三角形剖面；

而且其尺寸也相当（SDG12细石叶的尺寸范围：长7.4—37.7mm，宽3.5—12.1mm，厚0.9—8.8mm）。研究表明，在SDG12超过39.2%的细石叶被直接当作或被修理成刮削器使用（Gao et al, 2013）。尽管石头和牙齿是截然不同的材料，但细石叶和此件獠牙制品在尺寸、整体形态和边缘破裂方面的相似性，在一定程度上表明二者的功能可能比较相近。

4. 结　论

牙齿是史前遗址中不常被利用制作工具的有机质材料，部分原因是釉质和其下的牙本质基本上是刚性的，较难被开发利用。然而，野猪犬齿具有一定的特殊性：在其死亡后骨胶原流失会导致牙冠开裂；而其内部中空结构造成的牙齿纵轴方向的弱点会加速开裂的速度。本研究表明，水洞沟地区的古人类可能充分地利用了牙冠上最初的自然裂缝，也许通过楔裂和/或敲砸的方式将犬齿劈开；然后将得到的坯料加热使其更结实，以增加之后改造的成功率；最后进行磨制使所需刃缘平整或锐化。SDG12的牙制品与该遗址出土石叶的形态和尺寸基本相似，推测前者可能是细石叶制作技术与有机原料相组合的产品；根据微痕分析结果与民族考古学数据的对比，我们推测SDG12的牙制品可能被用来刮削比较坚硬的材料，如木材或树皮，因此在其刃缘产生了一系列微小的疤。更重要的是，这件牙制品可能记录了通过磨制以获得功能性刃缘的证据——这是一种在全球许多不同地区都发现过的专门为加工有机材料而采用的技术，但在中国从未在牙制品上观察到。因此，SDG12的牙制品是迄今为止在中国发现的年代最早的磨制牙器，它有力地证明史前工具制造者对自然环境中新型有机质材料的性质有了正确认识，并能够将这种认识融入到他们对工具的规划和生产中。为了更深入、系统地了解牙制品的生产和利用程序，未来需要将大量的牙制品及其副产品纳入到相关研究中。

致谢：感谢匿名审稿人为我们提出建设性意见与建议。本研究由国家自然科学基金（41772025、41672023）、中法"蔡元培"交流合作项目（36707NF）的共同资助。

（原载Zhang Y, Zhang S Q, Gao X, Chen F Y. The First Ground Tooth Artifact in Upper Palaeolithic China. Science China: Earth Sciences, 2019, 62: 403-411）

（张乐译）

中国旧石器时代晚期末段骨制品技术与类型的创新：来自水洞沟第12地点的启示

张双权[1, 2]　Luc Doyon[3, 4]　张　乐[1, 2]　高　星[1, 2]　陈福友[1, 2]
关　莹[1, 2]　Francesco d'Errico[3, 5]

（1. 中国科学院古脊椎动物与古人类研究所脊椎动物演化与人类起源重点实验室，中国北京，100044；
2. 中国科学院生物演化与环境卓越创新中心，中国北京，100044；3. 波尔多大学，法国国家科学研究中心，法国佩萨克，UMR5199实验室，33600；4. 蒙特利尔大学人类学系，加拿大蒙特利尔，H3C3J7；
5. 卑尔根大学早期现代人行为研究中心，挪威卑尔根，5020）

摘要： 目前，有关中国旧石器时代骨制品技术的系统研究还相当罕见。这里，我们对中国北方水洞沟第12地点（SDG12）第11层（12ka—11ka cal BP）出土的骨制品组合进行了技术功能方面的分析。这一组合包括六种不同类型的骨制品：楔形器、骨锥、投射类骨尖状器、骨刀柄、疑似缝纫工具以及有刻痕的腕骨等。此外，还有两件标本目前尚难以将其归入特定的器物类型。SDG12的骨制品原料来自于布氏羚羊（*Procapra przewalsikii*）、野兔（*Lepus* sp.）、野猪（*Sus* sp.）、普氏野马（*Equus przewalskii*）等动物的骨骼以及难以进一步鉴定的大中型哺乳动物的骨片。史前人群至少采用了三种方法以获取骨制品毛坯：敲击有一定风化程度的动物长骨、纵向劈开野猪犬齿和大动物的肋骨以及可能的沟裂技术等。刮削和磨制是SDG12人群采用的最主要的骨制品制作技术，此外开槽、刻痕、抛光、钻孔、剥片以及修整等技术元素也有一定程度的体现。研究表明，骨制品的类型及其功能符合SDG12及其他同类遗址为狩猎采集者居住营地的假说。然而，SDG12遗址发现的某些骨制品并不符合"系列专家"假说的场景设定，因为权宜类的楔形器、骨锥等工具可能是由群体中的任何成员生产制作的。SDG12的骨制品组合为我们了解狩猎采集群体在中国北方晚冰期环境下的适应策略提供了重要素材。

关键词： 骨制品；专业化工具套；缝纫工具；刀柄；晚冰期；中国北方

1. 介　　绍

　　规范骨器是指以切割、雕刻、抛光或其他技术方式生产加工与完整修型而成的骨角质工具，例如骨矛、骨锥、骨叉和骨楔等（Klein, 1999）。现有考古资料表明，45ka BP之前，仅非洲和澳大利亚的少数几个考古遗址有规范骨器的发现（Brooks et al, 1995; Yellen et al, 1995; McBrearty and Brooks, 2000; Henshilwood et al, 2001; Jacobs et al, 2006; d'Errico and Henshilwood, 2007; Backwell et al, 2008; d'Errico et al, 2012a; 2012b; Campmas et al, 2015; Backwell and d'Errico, 2016; Langley et al, 2016）。但在45ka BP之后，欧亚大陆开始较为广泛地出现此类器物，特别是在欧洲旧石器时代晚期的考古遗址中，规范骨器的规模更是蔚为壮观（例如Conard and Bolus, 2003; d'Errico et al, 2003, 2012c）。

　　在欧亚大陆的其他区域如中国，具备复杂骨制品技术元素的考古遗址并不多见（Zhang et al, 2016a）。目前，中国北方有规范骨器出土的明确证据来自于周口店山顶洞（Pei, 1939）、小孤山（Zhang et al, 1985; Huang et al, 1986; Zhang et al, 2010a）、柿子滩（Song et al, 2016）和水洞沟（Guan et al, 2012; Pei et al, 2012; Yi et al, 2013）等少数几个遗址。中国南方的同类型遗址则包括穿洞（Zhang, 1995; Mao and Cao, 2012）、猫猫洞（Cao, 1982）、榨洞（Chen et al, 2004）、马鞍山（Zhang et al, 2016a）等数处。截至目前，上述绝大多数遗址的骨制品制作技术尚未得到充分记录与研究，许多工具的"功能"也仅仅只是一种假设（Mao and Cao, 2012及其参考文献）。我们新近发表的贵州马鞍山遗址出土骨角器的研究成果是东亚范围内对此类旧石器物质文化遗存进行系统分析的一次重要尝试（Zhang et al, 2016a），它不仅揭示了35ka—18ka BP之间中国南方骨制品技术的演化趋势，而且也记录了非洲以外已知的最早带倒刺的骨尖状器。

　　本文分析了来自中国的另一个关键的水洞沟第12地点（SDG12）骨制品组合，其年代大致在12.2ka—11.1ka BP之间。这一组合以其良好的保存状态以及多样化的工具类型为其典型特色。目前，虽已有个别标本的照片散见于文献（Yi et al, 2013, 2014; Zhang et al, 2016b），但除部分骨针外（Zhang et al, 2016b），尚未有遗址关键器物类型技术分析方面的成果发表。因此，本项研究的目的即在于描述鄂尔多斯高原特有的骨制品技术特征以及此前亚洲旧石器时代遗址中尚未有过报道的有机质工具类型。本项研究也是一个难得的记录与细石器技术相关联的规范骨器组合的独特机会（参考Wang, 2005）。

　　此前曾有学者指出，发现于SDG12以及其他考古遗址的这些细石叶工具、磨石、特定的骨制品工具组合等代表了东北亚黄土地貌区古老人群对末次盛冰期（LGM）和新仙女木期寒冷环境的适应（Chen, 1983; Yi et al, 2013）。装备有细石叶的刻槽骨柄刀、骨针、骨锥以及用于制造狩猎网具的技术等都可能被用于获取兔皮及生产复杂的越冬衣物（Yi et al, 2013）。然而，从骨制品技术的角度而言，这一解读仅基于对少数骨质工具的初步描述而没有对遗址出土骨角器的制作技术及古人类特定技能等方面的内容进行详细的记录与分析。本文目的即在于重建SDG12古人类上述行为方面的这一严重缺环并尝试鉴别遗址中主体类型的骨制品的相应功能。这也将使我们能够在石制品之外，从另一类物质文化遗存的视角检验"系列专家"假说（Binford, 1980: 17），即SDG12狩猎采集者的生存策略是以标准化的工具生产来应对中国北方地区晚冰期环境背景下的季节性生存挑战的（Yi et al, 2013）。

2. 考古背景

2.1 地点、地层和年代学

SDG12位于边沟河（中国北部宁夏回族自治区）的二级阶地上，在水洞沟第1地点南约3千米（Licent and Teilhard de Chardin, 1925; Boule et al, 1928; Pei et al, 2012）。这一遗址是在2005年的考古调查中发现的（Liu et al, 2008; Gao et al, 2009; Pei et al, 2012; Yi et al, 2013）。2007年，考古人员对面积为12平方米、深度大于9米的区域进行了抢救性发掘，并据粒度、颜色等沉积物特征识别出12个自然层（图1），但考古学材料仅出自约50厘米厚的第11层即灰烬层中。这一层的沉积物曾用2毫米的筛网进行过筛选。第11层可进一步细分为5个亚层即第1亚层（年代最近的）到第5亚层（最古老的）。这些亚层的石制品面貌在类型和技术上是相近的，因此可认为它们属于同一个技术组合（Yi et al, 2013）。第11层中部一块木炭标本的 ^{14}C测年结果为9797±91a BP（11164—11378a cal BP）。考虑到误差因素，这一数据与来自遗址第10层、第12层的光释光测年结果基本吻合（Liu et al, 2008）。综上所述，SDG12应是在新仙女木寒冷事件（c.12900—11700a cal BP; Rasmussen et al, 2014）结束前夕或稍后时段被古人类占据的。

2.2 石器技术

SDG12石制品组合包含9000余件标本，是中国（Gao et al, 2009; Pei et al, 2012; Yi et al, 2013, 2016）以及从中亚至阿拉斯加这一广大毗邻地区晚更新世细石器工业的典型代表（Goebel, 2002; Brunet, 2012; Gómez Coutouly, 2012; Tabarev, 2012; Takakura, 2012; Kato, 2014）。这一遗址以细石核和高度标准化的以压制法剥取的细石叶为主（Pelegrin, 2012），也包括一些端刃刮削器、凹缺器、尖刃器、钻孔器和雕刻器（Gao et al, 2013; Yi et al, 2013）等。这一石制品组合中还有多种类型的磨石类工具（Yi et al, 2013）。此外，遗址中还发现了磨制而成的一块石斧残段、小圆盘以及大量（＞13000件）的烧石碎块（Gao et al, 2013）。上述石制品工业特点表明，狩猎采集人群曾在此遗址进行过包括石制品打制、骨制品制作、植物处理和木头加工等在内的一系列活动（Yi et al, 2013, 2014）。

2.3　动物遗存和埋藏学

SDG12动物遗存包括10000多件可鉴定标本，其中1821件可鉴定到属种或目（小型动物）的级别。兔属（57.4%）是这一动物遗存的主要部分，其次是普氏原羚（22.2%）、水牛（6.8%）、獾（5.7%）、普氏野马（2.9%）和鸟类（2.9%）。其余2.1%的NISP由鹿科、猪属、猫属、啮齿类动物和爬行动物组成（Zhang et al, 2013）。初步埋藏学分析表明，这一动物遗存中约5.1%的可鉴定标本上有人工切割痕迹的存在，这一比例与以类似方法分析的其他中国晚更新世考古遗址如马鞍山（Zhang et al, 2010b）的相应数字大致相当；食肉类及啮齿类齿痕仅见于4件动物骨骼。上述证据表明，SDG12动物群的富集与改造主要是人类行为活动的结果。植物根系腐蚀是这一遗址动物骨骼遭受的最主要的沉积后影响因素。尽管曾有学者认为河流作用是遗址形成的一个关键因素（Liu et al, 2008），但在该遗址的动物遗存中并未发现河流活动造成的明显痕迹。

图1　SDG12地层图（指示了自然层及其界限）

（修改自Pei et al, 2012）

3. 材料和方法

　　SDG12的骨制品现存于中国科学院古脊椎动物与古人类研究所。本次研究使用尼康SMZ1500体视显微镜进行观察，放大倍数为7.5倍到112.5倍。我们根据文献描述的已知判断标准将人工改造痕迹与非人工痕迹进行了区分（Shipman and Rose, 1983; Behrensmeyer et al, 1986; Lyman, 1994; Fisher, 1995）；骨制品人工制作技术和使用痕迹的识别则是基于对民族志及实验研究和考古遗址出土骨制品的观察结果（LeMoine, 1994; d'Errico et al, 2003; Christidou and Legrand, 2005; Griffitts, 2006; d'Errico and Henshilwood, 2007; Legrand and Sidéra, 2007; Pierre and Walker, 2007; Legrand and Radi, 2008; Bradfield and Lombard, 2011; Buc, 2011; Byrd, 2011; Bradfield, 2012; Mallye et al, 2012; Bradfield and Brand, 2013）。当用作骨制品毛坯的骨骼所属动物种类和骨骼部位可以识别时，我们将对这些信息加以记录；反之，我们则根据长骨的骨密质厚度粗略估计其所属动物的体型大小。骨制品的制作技术、加工区域及其使用痕迹的分布位置、类型等信息我们也会予以记录。在测量属性方面，我们以数字游标卡尺收集记录标本的最大长、宽和厚度等数据。基于骨制品形态、大小、使用痕迹和装柄痕迹等方面的形态特征，并充分考虑欧洲、非洲及美洲考古学和民族学领域的相应数据，我们尝试对SDG12出土的骨制品进行类型学方面的研究（LeMoine, 1994; Henshilwood et al, 2001; d'Errico and Henshilwood, 2007; Gates Saint-Pierre and Walker, 2007; Backwell et al, 2008; Bradfild, 2010）。

4. 结　　果

　　本文研究材料为SDG12出土35件骨制品中的16件标本（表1）。这一遗址出土的骨针（Zhang et al, 2016b）类工具并非本文的研究内容，因为它们将是一项全球性对比研究的重要素材。需要说明的是，本文所研究的骨制品数量与此前发表论著（Gao et al, 2013）中提及的相应数字并不一致，因为前者还包括了我们（张双权、张乐）近期在对遗址出土骨骼进行动物考古学分析时发现的多件人工制品。本次研究共鉴别出六种类型的骨制品：楔形器4件（其中一件也曾被当作骨质软锤使用）、骨锥4件、投射类尖状器3件、骨刀柄1件、疑似缝纫工具1件以及有刻痕的腕骨标本1件。此外，还有两件骨制品目前还难以将其归入特定的器物类型。在如下的标本描述部分，我们将顺序显示每一骨制品的图号及其标本号，具体细节如表1所示。

表1　SDG12（第11层）骨制品属性统计表

编号	种属	所属动物大小等级	部位	工具类型	完整程度	长度(mm)	宽度(mm)	厚度(mm)	草根腐蚀痕迹	表面改造程度(%)	磨制	刮削	其他	使用痕迹	图号(宏观)	图号(微观)
132	普氏原羚	中型	桡骨	楔型器及骨质软锤	远端	(69.1)	13.4	4.6	是	60	部分	部分		抛光击打痕迹	图2.1	图3a,b,c
4008	不可鉴定	中小型	长骨	楔型器	远端	(21.3)	6.73	3.11		20	边缘		锤击修理	抛光圆锯痕	图2.2	图3d,e
3091	不可鉴定	中小型	长骨	楔型器	完整	21.7	5.8	4.8	是	100	通体				图2.3	图4a,b
2857	不可鉴定	中小型	长骨	楔型器	远端	(22.2)	(4.6)	4.1	是	70	部分			切向疤	图2.4	图3f
130	普氏原羚	中型	跖骨	骨锥	中段-远端	(56.1)	7	4.5	是	20	部分	部分	打片	抛光圆锯痕	图2.5	图5a,b
2850	普氏原羚	中型	跖骨	骨锥	完整	53.7	19.5	5.7	是	40	部分	部分	加热（？）	抛光	图2.6	图5g
1208	兔属	小型	长骨	骨锥	远端	(19.7)	3.3	1.2		10	部分	修头	加热		图2.7	图5e,f
2859	不可鉴定	中型	长骨	骨锥	中段-远端	22.2+16	9.6	4.9	是	50	部分	部分	加热	抛光	图2.8	图5c,d
1211	不可鉴定	中型	长骨	投射类尖状器	中段-远端	(36.2)	5.5	4.4	是	80	通体	部分			图2.9	图6a
2854	不可鉴定	中型	长骨	投射类尖状器	中段	(18.2)	3.2	3	是	100	部分	通体			图2.10	图6b,c
2858	不可鉴定	中型	肋骨	投射类尖状器	近端	(23.4)	4.2	3.4	是	100	部分	通体	加热（？）	合阶状破裂	图2.11	图6d,e
1213	不可鉴定	大中型	长骨	疑似缝纫工具	完整	46.7	11.1	6.1	是	100	部分	部分	钻孔开槽	抛光	图2.12	图7
141	不可鉴定	大型	肋骨	刀柄	中段	(83.3)	17.1	4.7	是	100	部分	通体	抛光开槽刻划		图2.13	图8
2855	普氏野马	大型	腕骨	锯齿刃器	完整	36.1	27.3	16.2	是	5	部分	部分	刻划		图2.14	图9a
1215	不可鉴定	中型	长骨	未确定	中段	(41.6)	7	3.8	是	100	部分		抛光		图2.15	图9b,c
3266	猪	中型	犬齿	不末确定	中段	(14.5)	3.7	2.7	是	30	部分		加热（？）		图2.16	图9d

注：括号里的测量数据为标本残长。

4.1　保存状况

本文研究的所有骨制品中，只有4件是完整的，其余标本则为原始器物的部分残断，它们分别来自于中段（7件）、远端（4件）以及近端（1件）。这里，需要指出是，上述材料中有一件标本（图2.8，cat.2859）实际上是由无法拼接在一起的两件骨制品残断组成的（但是根据它们的形态、制作技术、火烧痕迹及色调等特征判断，二者应归属于同一器物）。尽管大多数骨制品（＞76%）表面都有植物根系腐蚀的痕迹，但未受这种自然因素影响的骨表部分却保存状况良好，因而我们能够准确地鉴定骨制品表面人工痕迹的出现状况及其具体种类。除植物根系腐蚀痕迹外，我们在这批材料中并未发现其他自然因素导致的骨骼表面改造痕迹的出现。

4.2　骨　工　业

4.2.1　楔形器及骨质软锤

这一类型的工具由四件标本组成。第一件标本整体几乎完整，但其近端和中段稍有一些近现代的破损痕迹（图2.1，cat.132）。第二件标本大致也呈完整状态，但其近端有一旧的断裂面出现（图2.2，cat.4008）。第三件标本不完整，由密质骨制作而成（图2.3，cat.3091）；其横截面为三角形并向远端逐渐变细，最后形成一凸起的楔形面。第四件标本为一小的远端碎片，其近端及侧边部位有近现代的破裂痕迹出现，但仍有部分原始楔形刃缘保留（图2.4，cat.2857）。制作第一件标本的毛坯来自于普氏原羚的一根长骨，可能是桡骨的后侧面；其余三件标本则全部是由难以确定具体骨骼部位的中小型哺乳动物的长骨制成。

这批楔形工具的毛坯很可能是通过击打风化后的骨骼而获得的，这一点我们可以从破裂面的走向（纵向）及其具体形态得到启示（Lyman, 1994: 315-353）。刮削和磨制是对第一件工具进行修型的两种方法（图3a，cat.132）。这一工具的侧边缘是以刮削法进行修型的（图3b，cat.132）；其楔形刃缘的骨表部分有多个不同方向的磨制痕迹，而髓腔面则是只有斜向的磨制痕迹。在多次使用之后，出于重新锐化该楔形刃缘的目的，这件标本又被沿长轴方向再次磨制。在这件标本的楔形刃缘上能够看到明显的使用痕迹，后者呈光亮状且被互相叠压的垂直或稍倾斜于刃缘的细小线状纹所覆盖，这是骨制品作用于特定磨擦性颗粒的典型特征（图3c，cat.132）。在这一工具的侧边缘还可以观察到一些不连续的光亮迹象，可能来源于日常持握或是装柄行为的结果。在近端破裂面附近，标本的髓腔面分布有一组疤痕，表明这一工具可能也被当作骨锤使用过一次（Karavanić and Šokec, 2003; Mozota Holgueras, 2008, 2009, 2012; Mallye et al, 2012）。

在第二件楔形器的制作方面，史前工匠对其毛坯进行了一些轻微的修整，包括右侧边缘一系列相邻小骨片的剥离（图2.2，cat.4008）以及左侧边缘的轻度刮削等。在这一工具的楔形

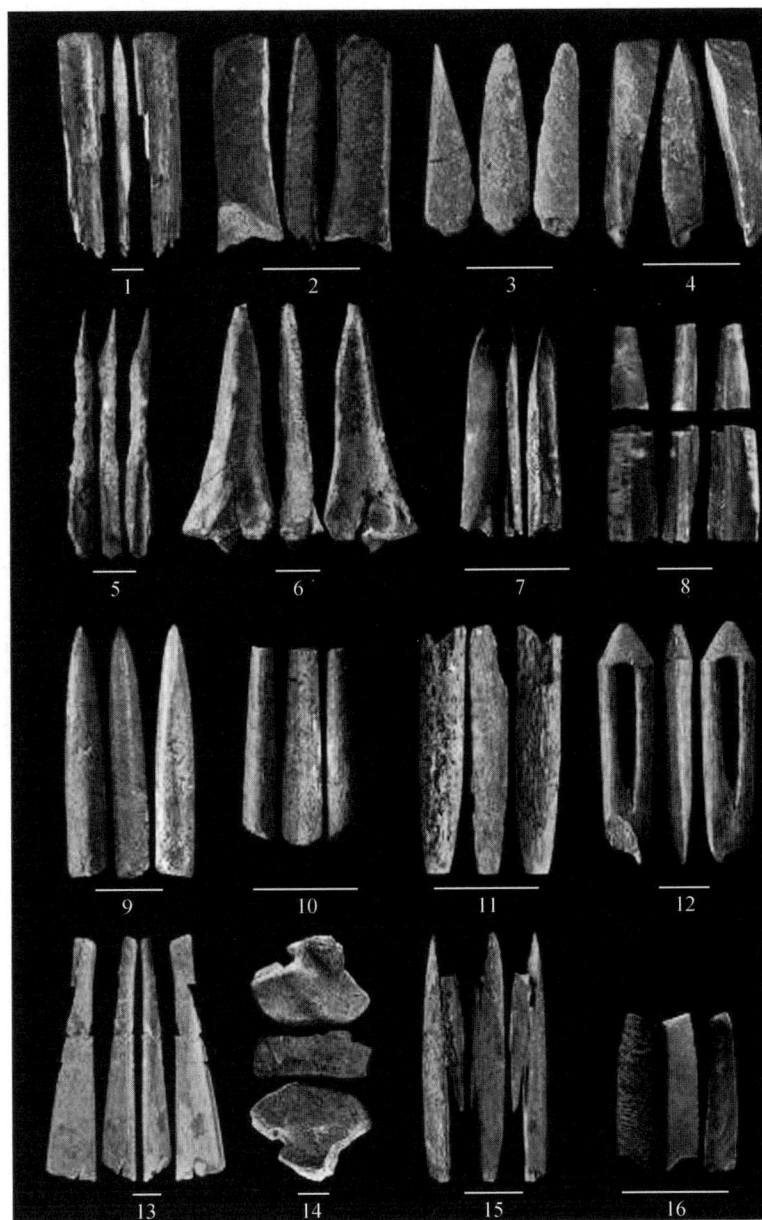

图2　SDG12第11层出土的骨制品

（比例尺=1cm，具体属性信息见表1）

刃缘位置，骨表面有一高度抛光的凸起小面（图3d，cat.4008），而在其髓腔面则有一系列相互叠压的切向排列的阶梯状骨片疤的出现，这些疤的棱脊位置也都有强烈的抛光痕迹（图3e，cat.4008）。这一工具的楔形刃缘大致呈圆锯齿状轮廓，并有一系列的排列紧密的初始破裂迹象的出现。上述特征可能是在以该工具作为楔子对硬性材料施压或击打过程中产生的。这一楔形器的近端破裂面则可能是在使用过程中断裂而成的。

第三件楔形器是通体磨制成型的，包括工具近端的一个使其变得圆钝的小面（图4a，cat.3091）。标本近端有一系列切向排列的骨片疤，其中有一些还被上述小面破坏掉了，表明该小面被磨的目的即在于避免楔形器近端在击打过程中进一步发生破裂（图4b，cat.3091）。

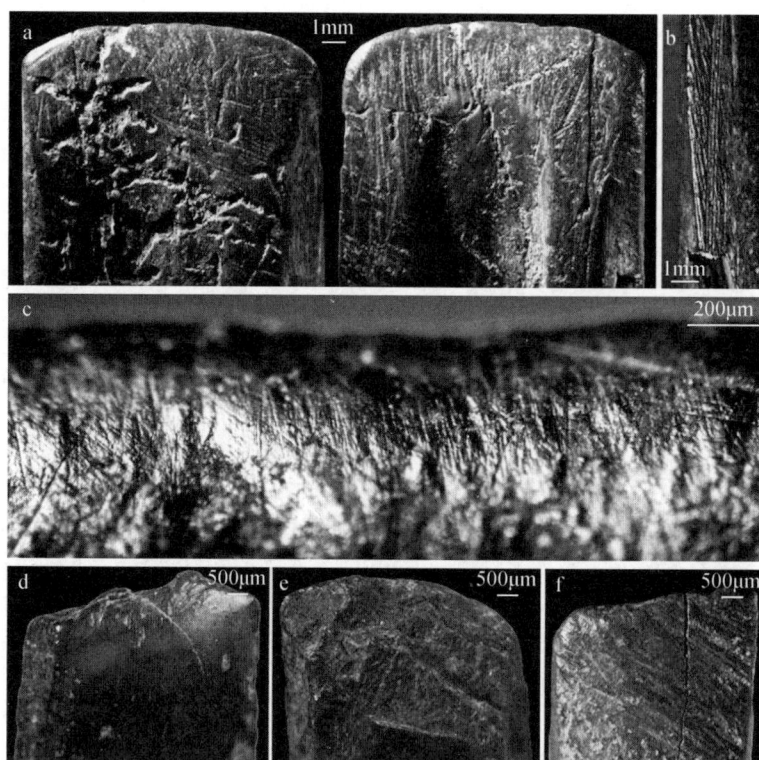

图3 SDG12楔形器的制作与使用痕迹

a—c：132 d—e：4008 f：2857

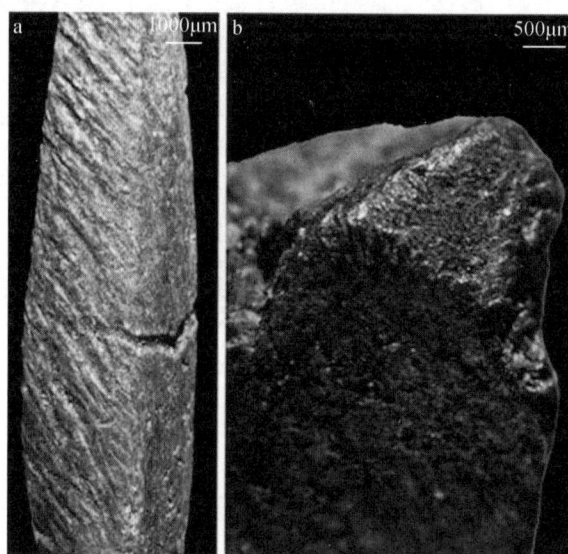

图4 楔形器表面的制作痕迹（SDG12-3091）

第四件工具的楔形面则是通过斜向用力磨制毛坯的端部而形成的（图3f，cat.2857）。与标本SDG12-132表面因磨削过程中磨石自身的颗粒物脱落而产生的纺锤状线形纹不同，标本SDG12-2857的磨制痕迹更显粗砺，似乎是摩擦石英岩等较硬岩石的结果。工具使用过程中产生的光亮覆盖了楔形面的刃缘以及磨制痕迹的棱脊部位。与标本SDG12-4008类似，这一工具楔形面的刃缘轮廓同样呈圆钝的锯齿形，表明它们可能来源于类似的用途（图3f，cat.2857）。

4.2.2　骨锥

此类器物中，有两件是几乎完整的，尽管标本SDG12-130的中段部分遭受了严重的化学类侵蚀（图2.5、2.6，cat.130、2850）。这两件标本分别由普氏原羚距骨的近端骨骺（图2.6，cat.2850）与骨干部位制作而成（图2.5，cat.130）。第三件骨锥则是来自于兔子长骨骨干的碎片（图2.7，cat.1208）；但是该标本的近端部分没有保留下来。第四件器物来源于一幼年中等体型食草类动物的骨干碎片，它由两件无法拼接在一起的工具的中段及远端残部组成（图2.8，cat.2859）。

标本SDG12-130的破裂面走向与形态表明，这件工具的毛坯来源于一件风化的骨骼，其目的是为了获取一个长而稍细的骨条；这一毛坯的一端被轻度剥片以完成修整过程，另一端则是先被刮削后又被斜向磨制而成（图5a，cat.130）。由于长期的使用，这一标本的尖部发育有强烈的光亮，后者甚至部分破坏了磨制过程中产生的线状痕迹（图5b，cat.130）。SDG12-2859的毛坯同样来自于风化的骨骼，这一点可以从标本髓腔面断口的形态与走向得到证明。该工具的远端首先沿标本纵轴方向进行刮削，然后在其侧边缘以及整个尖部又以磨制方式进行

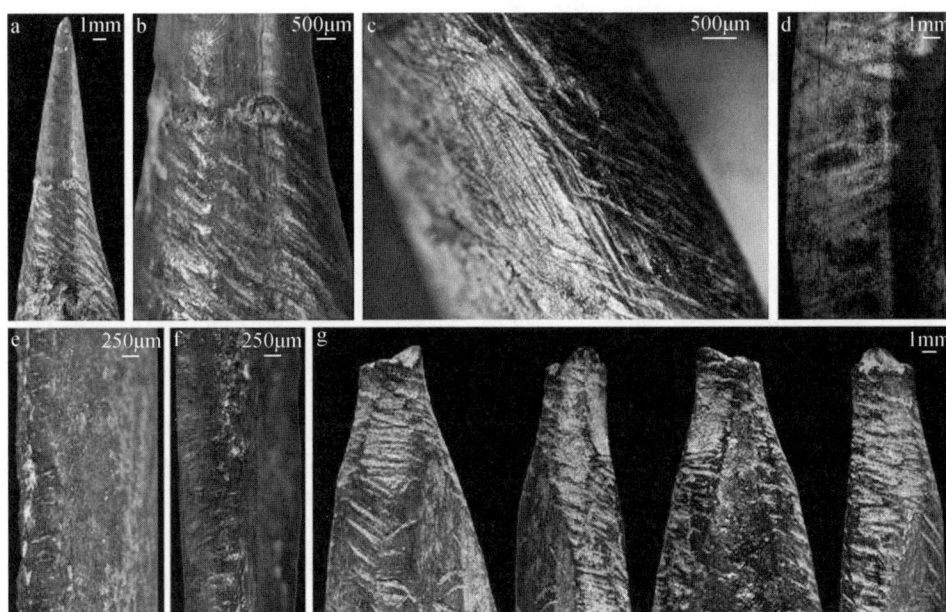

图5　SDG12骨锥表面的制作与使用痕迹

a—b: 130　c—d: 2859　e—f: 1208　g: 2850

了修整（图5c，cat.2859）。因灼烧而产生的横向白色条纹覆盖了骨表的整个左半侧（图5d，cat.2859）；同样因素导致的白色斑块也散见于这一工具的两个残部。标本SDG12-1208的骨料可能也是通过敲击骨骼而获取的，然后再以与骨骼长轴垂直的磨制动作对骨片的边缘和尖端进行修整（图5e、f，cat.1280）。这一工具的尖端可能是被有意识加以热处理从而增强其硬度的。随后，在使用过程中，骨锥上的磨制痕迹也开始逐渐变得光滑；位于光滑磨制面上的纵向线状纹可能是在使用过程中或者是在以刮削方式重新锐化锥尖的过程中产生的。SDG12-2850的制造包括以打击方式获取骨料以及随后的以磨制法加工毛坯的边缘以及部分骨表。这一磨制动作是垂直于或者倾斜于标本长轴的（图5g，cat.2850）；标本尖端的窄缩形态也是类似技术的产物。

4.2.3　投射类尖状器

被纳入本类型器物的标本包括三件骨质投射类尖状器的残断，分别为一件中-远端（图2.9，cat.1211）、一件中段（图2.10，cat.2854）以及一个近端（图2.11，cat.2858）。其中，前两个工具均是选用中等大小食草动物的长骨骨干制作的；第三个工具则是使用了一根来自同等体型的幼年哺乳类动物的肋骨。SDG12-1211除髓腔外均采用斜向磨制毛坯加工而成。标本尖部的磨制痕迹有些已被后期纵向刮削动作造成的长的小面抹去（图6a，cat.1211）。SDG12-2854则是通过刮削整个工具的表面（图6b，cat.2854）并轻度磨制其近端破裂面附近区域（图6c，cat.2854）而加工成型。SDG12-2858的主体是以纵向刮削法制作的（图6e，cat.2858）。该标本的扁平基部位置并未发现明显的制作痕迹（图6d，cat.2858）；然而，结合这一部位的形态及轮廓特征，我们还是认为它是磨制活动的最终产物。在标本的另一端，阶梯形断裂面的出现是投射类骨尖状器使用过程中产生的典型损伤特征（Pétillon, 2006; Bradfield and Lombard, 2011; Bradfieldand and Brand, 2013; Doyon and Knecht, 2014）。

4.2.4　疑似缝纫工具

该器物一端呈尖锐状另一端则为弯曲状，且后者被一老的疤痕部分遮盖（图2.12，cat.1213）。从其厚度判断，这一器物的毛坯应来源于大中型哺乳动物的肢骨。制作这一器物至少应用了四种不同的技术。它的纺锤形的粗型（preform）是以纵向刮削方式加工而成的（图7a，cat.1213）。接着，在骨骼的一端通过两面对钻的方式形成一穿孔。这一孔的截面形态以及孔内同心圆状的条纹表明它很可能是由装柄工具造成的（图7b，cat.1213）。随后，从这一穿孔的位置处开始，纵向切割一条深的凹槽，并使其向两侧方扩大，直至产生一个长形的"眼睛状"的大孔。在器物的两个面，这一凹槽的末端都是向右发散的。上述步骤形成的骨棒被以刮削方式加工而成一个圆形截面的物体。这一"眼睛状"孔洞的最大尺寸分别为28.2毫米（长度）、4.9毫米（宽度）和5.7毫米（厚度）。最后，再将靠近器物最初穿孔位置的那端进行磨

图6 SDG12投射类尖状器表面的制作与使用痕迹

a：1211 b—c：2854 d—e：2858

制，以减少其长度并形成一扁锥（图7c—e，cat.1213）。对于该器物的长期持握可能导致了覆盖其整个表面的轻微光亮现象。目前，我们还很难确定这一工具的具体功能。然而，它的形状很容易使人联想到民族志中记载的缝纫类工具（见讨论）。

4.2.5 刀柄

因受一端及两侧面近现代破裂痕迹的影响，这一由6个碎片拼合而成的长型骨制品几乎已完全裂开（图2.13，cat.141）。该器物由一大型哺乳动物的肋骨纵向剖开而成，且其表面有强烈抛光的痕迹，后者甚至已经覆盖了毛坯加工过程中产生的痕迹。与同一骨制品组合中用以制作骨针的人工加工过的肋骨骨片相比，这一器物可能首先被以磨制方式改造了肋骨的骨小梁

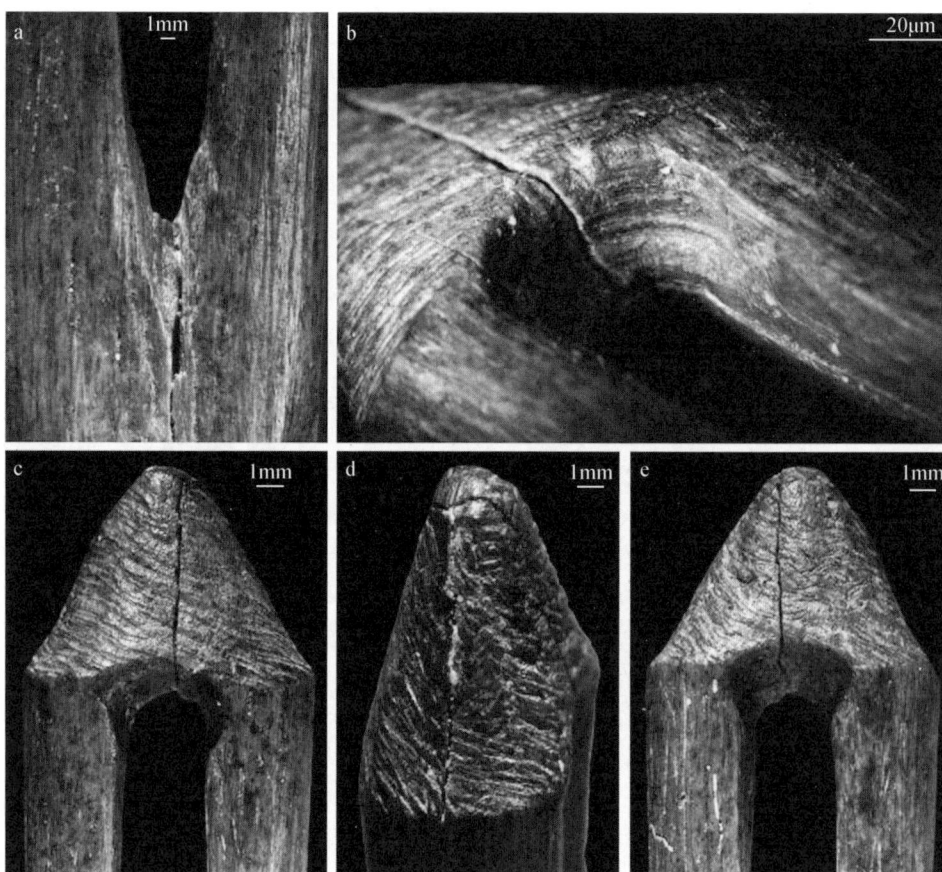

图7　疑似缝纫工具表面的制作与使用痕迹（SDG12-1213）

图8　骨刀柄表面的制作与使用痕迹（SDG12-141）

面，并以刮削方式改造了它的外表面，然后再以抛光法对其进行了最后修整。该骨骼的其中一侧边被小心地切开了一个长的凹槽，可能是为了以后镶入直的小石叶（Yi et al, 2013）。这一沟槽长80.9毫米，宽2毫米，深3.5毫米。此外，在该器物的两侧面都有一个轮廓分明的纵向的浅的切沟，它们与骨骼边缘处相距约1毫米（图8a，cat.141）。在这两个纵向切沟之间的位置，又有两组横向的等距小切口（分别为50个和46个）出现，它们共同组成了一个阶梯状的图案（图8b，cat.141）。这些切口的大小和轮廓表明，它们都是以石制品的同一刃缘一次性刻划而成的。但在长期的持握下这些切口已被严重磨损，且因其横截面太浅而难以进行更进一步的记录分析。

4.2.6　有刻痕的腕骨

这件标本是马（普氏野马）的左边第三腕骨，但因近现代的一次破裂导致了其后侧部分的缺失（图2.14，cat.2855）。植物根系在这一标本的表面产生了严重的腐蚀效果。然而，在该骨骼的远端关节面仍然可见人工磨制的痕迹，在其前侧边缘至少可以分辨出7个平行的切口（图9a，cat.2855）。但是，由于这一骨骼相对疏松的结构以及较差的保存状态，我们很难确定这些切口是否是以一个刃刻划完成的。值得说明的是，我们能够观察到这一标本外表面和上述切口之间在颜色等方面的差异，表明后者是在骨骼已经部分石化时才形成的。

4.2.7　未确定

标本SDG12-1215是一个经过拼合的骨骼的中段部分，在其近端、远端以及纵向位置上都有近现代形成的破裂痕迹（图2.15，cat.1215）。这一器物来源于中等体型哺乳类动物的骨干，其横截面为三角形，并且赋存有纵向的刮削痕迹，后者受抛光过程影响已部分湮灭（图9b，cat.1215）。较强的磨制过程也使该骨片的一端呈逐渐变细的状态（图9c，cat.1215）。

标本SDG12-3266（图2.16，cat.3266）是一野猪（*Sus* sp.）犬齿的中段部分，其远近两端都有近现代的破裂痕迹。这一器物总体呈三角形截面，其中一个表面保留有牙釉质，第二面为野猪的咬合磨蚀面，第三个面则显示了垂直于工具长轴的强烈的有意识的磨制痕迹（图9d，cat.3266）。

5. 讨论与结论

中国北方旧石器时代晚期遗址一般出土的骨制品数量都很少，器物类型也较为有限，如柿子滩第29地点（Song et al, 2016）、水洞沟第2地点（Guan et al, 2012）、小孤山（Huang et al, 1986）等。由于保存状况良好的大型骨制品组合的缺少以及周口店山顶洞（Pei, 1939）遗址丰富骨角制品材料的不幸丢失，使得我们较少有机会探讨中国范围内骨角制品这一特定物质文化的技术和功能特征；水洞沟第12地点出土的丰富骨制品组合使得这一努力重新成为可能。

SDG12的骨制品是以多种技术手段制作的。尽管只有少数标本能够鉴定它们所属的动物类别，我们还是可以看到普氏原羚羊和野猪的骨骼更多地被用来制作骨角类工具；根据骨密质层厚度与形态判断，大多数的骨角制品原料都是来自于普氏原羚的骨骼。此外，还有四件标本是以大型哺乳动物的骨骼制作而成的，它们分别是：磨制的野猪犬齿、带切迹的普氏野马腕骨、由强壮的动物肢骨制成的疑似缝纫工具以及由大型动物肋骨制成的一件骨质刀柄等。

SDG12人群至少采用了三种方法以获取骨制品毛坯。大多数细长形毛坯都是通过击打有一定风化程度的动物长骨而产生。从破裂面的形态来看，这一技术可能也适用于由普氏原羚近端跗骨制作而成的那件骨锥（图2.6）。SDG12骨制品制作的第二种技术指的是对一根大型动物肋骨的纵向劈裂。这一技术是用于获取制造刀柄的毛坯（图2.13）。同样的技术可能也被用于野猪犬齿的加工。事实上，野猪的犬齿极易通过击打而使其沿纵向裂开；特别是在风化以后，野猪犬齿已然发育了一些纵向的裂缝，从而也就使得沿其纵向的劈裂任务变得更为简便（d'Errico et al, 2012c）。最后，SDG12的个别毛坯是以沟裂法获取的（图2.9、2.10、2.12）。那件刀柄工具上纵向深槽以及那件疑似缝纫工具上"眼睛状"孔洞的制作过程表明，纵向沟裂技术在这一遗址有着良好的体现。

磨制和刮削是SDG12中最主要的骨制品加工技术。当二者之间的先后顺序可以确认时，一般都是刮削先于磨制。唯一的例外情况来自于一件投射类尖状器（图2.9），其尖部的微弱刮削痕迹（晚于此处的磨制痕迹）可能是在重新锐化其尖部的过程中产生的。SDG12骨制品

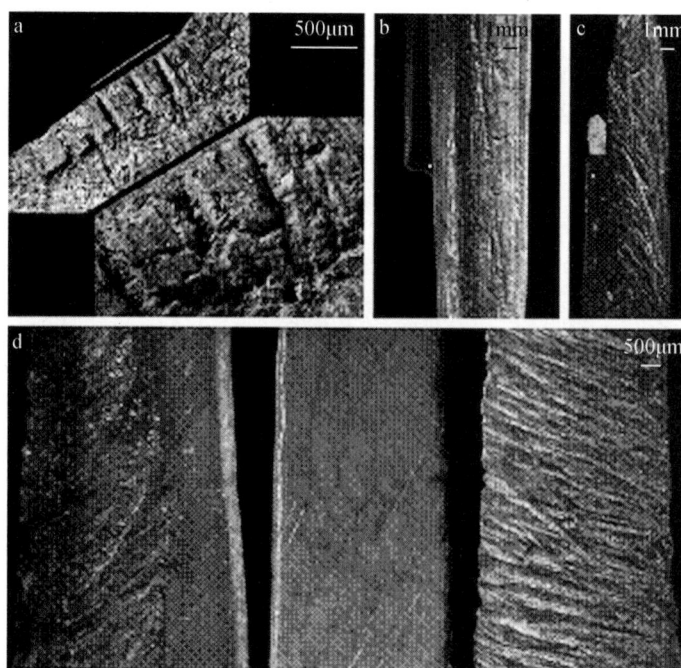

图9 SDG12器物表面的制作痕迹

a：2855 b—c：1215 d：3266

（a中斜线指示位置的放大图位于a右下角）

组合中磨制技术的使用情况与亚洲其他考古遗址的研究结果基本一致（Rabett and Piper, 2012; O'Connor et al, 2014; Aplin et al, 2016; Perera et al, 2016; Zhang et al, 2016a）。相比之下，除意大利卡瓦洛洞穴EⅢ层出土的一件Uluzzian时期的骨锥之外（d'Errico et al, 2012b），这种技术在西欧的旧石器时代晚期遗址中几乎未见（Camps-Fabrer, 1976; Langley, 2016）。尽管也有学者提出磨制技术曾应用于东欧格拉维特时期骨制品加工（Goutas, 2004, 2013）的观点，但其证据还较为欠缺。在非洲大陆，石器时代中期遗址中磨制技术相对较为罕见（d'Errico and Henshilwood, 2007; Backwell and d'Errico, 2016; d'Errico et al, 2012a），但在更为晚近的石器时代晚期则变得常见（Yellen, 1998; Bradfield, 2016）。

其他六种制作技术，包括开槽、刻痕、抛光、钻孔、剥片以及修整等在SDG12骨制品制作过程中的应用都相对较少一些。值得注意的是，这里的前两种技术，它们的应用目的是有着显著的差别的。开槽法既用于骨料的获取，也用于加工一些专业的工具，比如刀柄以及疑似缝纫工具等。刻痕法用于在刀柄上刻划数十个等距的短的切痕或在马的腕骨边缘产生一系列的短的凹口。SDG12骨制品组合中有五件标本上有火烧痕迹的出现，但是目前还难以确认这些痕迹是否是人工有意识热处理的结果。然而，对于以兔子长骨制成的骨锥而言（图2.7），其火烧痕迹仅局限于其尖端位置，这一观察似乎一定程度支持了人工热处理的假设。

SDG12某些类型的骨制品如楔形器、骨椎和投射类尖状器，它们的可能功用可以从其形态、使用微痕（见下文）及其与史前和民族学材料之间的相似性等方面加以合理推测。但是，其他一些类型的骨角器则是因其破碎状态而难以对其功能做出合理的推断（图2.15、2.16）。我们在解释为刀柄的那件骨制品上的沟槽内并未发现镶嵌的细石叶。然而，这一工具在技术和形态上却与已知晚近时期的完整的刀柄类器物类似，如约8.5ka BP的西凉（Liu, 2007）、7.9ka—6.6ka BP的上寨（Cui et al, 2010）、7.9ka—6.0ka BP的大地湾（Yi et al, 2013; Bettinger et al, 2015）等，这一现象清楚地表明，我们目前研究的材料和这些刀柄应为同一类器物；显然在至少4000年的时间范围内，这一器物在中国北方史前人群中的用途并未发生改变。如果我们将高度标准化的细石叶当作包括这一复合刀具生产活动在内技术系统的一个考古学指征的话，那么这一器物（图2.13）可能代表了从细石叶在中国出现之初直至SDG12期的一个罕见的文化传统的延续现象。在这一技术系统中，以压制法剥取的标准化的细石叶将明显有助于刀刃部位的维护与修复。此外，在SDG12刀柄上出现的细小、精致的装饰性图案可能象征了群体关系或个人所有权（Wiessner, 1983; Barton, 1997; Bar-Yosef, 2002）；假如我们接受细石叶与刀柄相关联这一假设的话，上述象征性关系可能早在30ka BP就已在中国史前人群中发挥作用了。

对于遗址出土的那件疑似缝纫工具，我们还没有在民族学记录中发现可以与之进行对比的材料。民族志中用以织网的梭要么两端各有一个深的凹槽，要么就是一端尖锐另一端凹陷且有一个被尖齿纵向穿越的大的孔眼（Keddie, 2010; Bless et al, 2015）。虽然我们在SDG12出土的这件工具上并未发现上述特征，但其圆的形态以及两种制作技术的应用都与这一器物为家庭生活用具的解释相吻合，或许它是与骨针一起，共同构成了制作网具及衣物接缝的工具套（Yi et al, 2013）。我们在欧亚大陆西侧的旧石器时代晚期并未见到类似的工具，那里的狩猎采集人群在编织和织网活动中使用的是不同形态的骨制品（Soffer, 2004）。

我们的观察结果显示，SDG12多件骨制品表面都有使用痕迹的出现。在楔形器、骨椎及疑似缝纫工具功能区位置出现的抛光痕迹是此类器物上保留的最主要的使用痕迹。楔形器（图2.2）和刀柄（图2.13）上的抛光痕迹可能分别是装柄和持握的结果。疑似缝纫工具的"眼睛状"孔洞也在其长期使用过程中因磨损而发生原始轮廓的轻微变形（图2.12）。遗址骨制品组合中其他的使用类痕迹包括楔形器功能缘的圆齿状弯曲（图2.2、2.4）以及因击打而产生的切向片状疤痕（图2.3）等。由大动物肋骨制成的投射类骨尖状器（图2.11）上有一台阶状断口的出现，这是武器类复合工具在冲击作用下呈现出的一种典型形态。最后，遗址中还有一楔形器曾被当作软锤使用过一次（图2.1）。SDG12楔形器表面出现的不同类型的使用痕迹，表明这类器物之间还是有着功能方面的明显差别的（图2.1）。SDG12-132上观察到的由特定摩擦性颗粒产生的抛光痕迹（图3d）表明这一工具曾在处理动物皮毛的过程中被当作端刮器使用过（Christidou and Legrand, 2005），其他楔形器（图2.2—2.4）功能区位置出现的圆齿状弯曲轮廓与片疤则表明它们可能曾发挥过类似薄刃斧的功能。

总之，SDG12骨骼组合展示了水洞沟人群对已知史前改造骨质材料技术方法的娴熟掌控，并且从多个方面来看，他们的技术能力在复杂性方面已可与欧洲旧石器时代晚期的人群相媲美。归属于同一骨制品分类（例如楔形器、骨椎、骨尖状器）的不同器物在技术、形态方面存在的较大变异表明，同一类骨制品之间也有广泛的差异与区别。SDG12这种在器物类型以及个体标本特征方面都存在变异的现象表明，我们目前所看到的骨角器材料可能只是最初制作、使用、丢失或弃置在遗址的全部人工制品的一个不完整的体现。例如，遗址中出现的某些楔形器可视为完全修型后的规范骨器类工具（例如端刮器），而其他一些楔形器则视为权宜工具更恰当一些（例如薄刃斧）；某些骨锥的功能区非常尖锐，而另一些骨锥的同样位置则更为粗大。那些有特定专业用途的骨制品，如疑似缝纫工具、刀柄、有刻痕的腕骨以及磨制的猪犬齿等，显然代表了明显不同类型器物在遗址的偶尔应用。

上述观察结果部分符合近期提出的一个假说，即SDG12的工具套反映了史前人群对晚冰期寒冷环境的一种文化适应。根据这一假说，SDG12被解释为狩猎采集者以各种行为活动（如狩猎、动物尸体处理、缝制衣物、织网、处理植物等）储备越冬物资的一个居址。这种专业化的高度有效的文化物品的生产是由"系列专家"即史前群体中掌握特定专业技能从而能够制作高度标准化器物如细石器的个体成员（Yi et al, 2013）加以保障的。SDG12用于加工多件骨制品的技术元素如磨制或许是以该遗址中出现的磨石等工具完成的。SDG12骨制品曾经可能发挥的功能（如狩猎、切割与处理兽皮、缝制衣服、织网等）符合居址假说及这一骨制品工具套是对寒冷环境一种有效适应的观点（Goebel, 2002）。然而，并非遗址出土的所有骨质工具都能够符合"系列专家"假说的期望场景，即标准化的工具生产、材料加工与运输都是由掌握特定专业技能的人完成的。尽管刀柄和疑似缝纫工具可与此假说吻合，但史前人群中的任何成员都可在必要时制作完成一些权宜工具如部分楔形器和骨锥等。我们可以对上述差别做出以下解释：用于制作细石叶的高质量的石器原料被搬运至遗址并由专业的石制品剥片人员对其进行加工，而许多骨制品则可能来源于易于获取的动物尸体并在遗址现场得以使用并随后加以弃置。我们可以看到，SDG12骨制品组合清楚显示了一个以不同专业技能完成多样化计划任务的复杂的技术系统。为了更好地理解此类任务中史前人群制作、使用骨制品时所必须依仗的行为能力的复杂性，我们可能还需要有一个更加丰富的骨制品组合（其中的每一种工具类型都有更大数量的标本规模）；当然，最理想的情况是，骨制品制作过程中产生的那些副产品也能够得以良好保存。尽管如此，SDG12出土的骨制品组合还是为我们提供了一个了解中国鄂尔多斯高原晚冰期环境下狩猎采集群体适应生存行为的难得机会。

致谢：感谢匿名审稿人提出的建设性修改意见。感谢国家自然科学基金项目（41672023、41772025）和中法"蔡元培"交流合作项目（36707NF）的资助。本项研究还得到挪威研究理事会卓越资助计划、SFF中心早期智慧行为（262618）和法国科学研究中心Labex LaScArBx-ANR团队（ANR-10-LABX-52）的部分支持。Luc Doyon感谢法国国家科学研究中心环境研究所（CNRS-InEE）的资助。

（原载Zhang S Q, Doyon L, Zhang Y, Gao X, Chen F Y, Guan Y, d'Errico F. Innovation in Bone Technology and Artefact Types in the Late Upper Palaeolithic of China: Insights from Shuidonggou Locality 12. Journal of Archaeological Science, 2018, 93: 82-93）

（张双权译）

中国水洞沟遗址第12地点采集的鸵鸟蛋壳串珠技术的显微CT研究

杨益民[1,2] 王春雪[2,3] 高 星[2] 顾 周[1,2] 王 宁[2]

肖提桥[4] 王昌燧[1,2]

（1.中国科学院大学考古与人类学系，北京，100049；2.中国科学院古脊椎动物与古人类研究所脊椎动物进化与人类起源重点实验室，北京，100044；3.吉林大学中国前沿考古研究中心，长春，130012；4.中国科学院上海应用物理研究所，上海，201800）

摘要：鸵鸟蛋壳串珠是一种重要的人类装饰品，反映了现代人类行为、思维能力和认知水平的发展。虽然对于旧石器时代晚期遗址和新石器时代早期遗址出土的鸵鸟蛋壳串珠的制作流程已有研究，但对详细的钻孔技术知之甚少。本研究首次利用同步辐射显微CT（SR-μCT）技术对鸵鸟蛋壳串珠进行扫描，了解鸵鸟蛋壳串珠的微观结构、钻痕和穿孔形状。与其他研究钻孔技术的方法相比，SR-μCT具有独特的优势，在孔道中的黏附土壤不易去除的情况下，它可以消除孔道中黏附土壤的影响。结果表明，①SR-μCT可以从孔隙分布上区分现生的非洲鸵鸟和史前安氏鸵鸟蛋壳的种类，与其他具有破坏性的方法（如解剖学方法、DNA、蛋白质分析）相比，SR-μCT具有物种鉴定方法无损、速度快的特点；②根据鸵鸟蛋壳微观结构对其内外表面进行无损判断，有助于推断钻孔方向；③根据实验结果，不连续扭钻法与多旋转钻孔法的穿孔形状和钻孔痕迹不同。根据这些标准，利用SR-μCT对水洞沟（SDG）遗址第12地点发现的可能在1.1ka BP遗弃的鸵鸟蛋壳串珠进行了检测，结果表明大部分古老的鸵鸟蛋壳珠都是先从内部钻孔。根据孔眼形状和钻孔痕迹，表明这些珠子是采用不连续扭钻法与多旋转钻孔法两种方法，这表明水洞沟遗址的先民在全新世早期就掌握了一些钻孔技术，多旋转钻法的使用体现了古人的技术发展。据我们所知，这是多旋转钻孔方法在我国应用的最早证据。此外，本研究为了解旧石器时代晚期的鸵鸟蛋壳珠的钻孔技术提供新的途径和重要的参考。

关键词：鸵鸟蛋壳串珠；钻孔技术；同步辐射显微CT；水洞沟遗址

1. 引　言

现生鸵鸟（*Struthio camelus*）主要生活在非洲，安氏鸵鸟（*Struthio anderssoni*）生活在中国北部和蒙古直到全新世早期（距今8900年）（Janz et al, 2009）。鸵鸟蛋壳（OES）串珠是最早的人类装饰品之一（Ambrose, 1998; d'Errico et al, 2012; Miller and Willoughby, 2014），串珠的生产可以反映现代人类行为、思维能力和认知水平的发展（Henshilwood et al, 2004; Bouzouggar et al, 2007）。鸵鸟蛋壳串珠的制造可能涉及切割、修剪、钻孔和研磨。因此，对鸵鸟蛋壳串珠的生产技术的研究可以了解关于史前人类生产技术能力。在所有的工作技术中，钻孔发挥着更重要的作用（Kandel and Conard, 2005; Orton, 2008），因为该技术可以满足不同的要求，包括成型、装饰或装饰各种饰品，有时也可以满足复合工具的生产。尽管在南非一些晚期石器时代遗址（Kandel and Conard, 2005; Orton, 2008）和中国新石器时代早期遗址（Wang et al, 2009）中识别了鸵鸟蛋壳串珠的制作流程，但鸵鸟蛋壳串珠的详细钻孔技术仍不清楚。

鸵鸟蛋壳的钻孔有两种基本方法：一种方法是使用石制尖状器进行不连续扭钻转动法（即扭钻法）；另一种方法是完整的循环重复动作（即多旋转钻孔法），包括泵钻、弓钻和用手来回搓钻的手钻。然而，据我们所知，目前还没有标准来区分生产鸵鸟蛋壳串珠的扭钻法和多旋转钻孔法。

水洞沟遗址（38°20′11.6″N，106°29′56″E）位于中国宁夏毛乌素沙地边缘，是一处旧石器时代晚期至新石器时代的重要遗址（Pei et al, 2012）。在该遗址出土了许多不同生产阶段的鸵鸟蛋壳串珠。2008年10月中旬，野外考察团队在第12地点附近采集了密集分布的100多个鸵鸟蛋壳碎片和串珠。王春雪等人（2009）对这些鸵鸟蛋壳和考古背景进行了介绍。根据地层资料和光释光（OSL）测年法，这些鸵鸟蛋壳串珠可能在全新世早期被遗弃，这应该与第12地点第11层的人类活动有关（Wang et al, 2009），其年龄约为9264 ± 107cal BC（Liu et al, 2008）。一般来说，在石器时代晚期（Orton, 2008），有两种不同的制造途径来生产鸵鸟蛋壳串珠。王春雪等通过对2009年发现的鸵鸟蛋壳串珠的复制实验和统计分析，构建了一个完整的鸵鸟蛋壳串珠生产链，并确定了生产路线1（Pathway 1），即在对毛坯进行修型之前，先进行钻孔。此外，有些鸵鸟蛋壳串珠是半成品，这为研究中国新石器时代早期的钻孔技术提供了难得的机会。

由于在考古发掘中钻孔工具的发现和鉴定比较困难，史前钻孔技术的研究主要依赖于对钻孔工具痕迹和孔道形状的解释，表明钻头的尖端形态和所使用的钻孔技术存在差异（Gwinnett and Gorelick, 1979）。到目前为止，有三种观察钻孔的方法：第一种方法是在光学显微镜或扫描电镜下直接观察孔的特征；第二种方法是制作负硅橡胶印模，然后在扫描电镜下观察（Gorelick and Gwinnett, 1983; Kenoyer and Vidale, 1993; Stocks, 1993; Sax et al, 2004）；第三种方法是利用微X射线计算机断层扫描（μCT）重建穿孔的三维数字模型（Yang et al, 2009）。考虑到水洞沟遗址出土的鸵鸟蛋壳串珠易碎，难以完全去除穿孔中附着的土壤，会导致硅橡胶铸件产生偏差，因此选择μCT对钻孔技术进行分析。此外，μCT可以提供扫描对象内部结构的详细信息，并成功应用于鸵鸟蛋壳珠的研究（Yang et al, 2013b, 2013c; Gu et al, 2014）。本文首次利用同步辐射微CT（SR-μCT）对鸵鸟蛋壳串珠的微观结构特征进行了了解，有助于确定蛋壳种类和钻孔方向。然后，重建现代鸵鸟蛋壳串珠的正负模型，以确定不同钻孔方法的特点。基于这些标准，我们将讨论来自水洞沟遗址第12号地点的史前鸵鸟蛋壳串珠的钻孔技术。

2. 材料和方法

2.1　样　　品

本次实验所分析的鸵鸟蛋壳串珠是于2008年在水洞沟遗址第12号地点北部2千米的区域收集的。从观察扫描电镜显示的微观结构来看，确定鸵鸟蛋壳串珠的种类为安氏鸵鸟（*Struthio camelus*）。这些鸵鸟蛋壳串珠的生产分为四个阶段，包括毛坯制备、钻孔、修理、磨光（Wang et al, 2009）。我们从最后三个阶段中选取了30颗珠子进行SR-μCT扫描，但只介绍和讨论了典型珠子的扫描结果，其信息见表1，部分史前鸵鸟蛋壳串珠的光学照片见图1。

表1　典型史前鸵鸟蛋壳串珠与现代鸵鸟蛋壳串珠的信息

样品编号	原始标本号	描述	对应图号
1#	SDG12A：004	部分钻孔	图3
2#	SDG12A：014	部分钻孔	图4
3#	SDG12A：052	穿透	图5
4#	SDG12A：030	穿透	图6
5#	SDG12A：038	穿透	图7
6#	SDG12A：019	穿透并磨圆	图8
7#	-	现代用尖状器复制的穿孔串珠（扭钻法）	图9
8#	-	现代弓钻复制穿孔串珠（多次旋钻法）	图10
9#	-	现代非洲女性用手钻复制的串珠	图11

2.2　复制实验

本次实验选用的原料是现生非洲鸵鸟（*Struthio camelus*）蛋壳碎片，分别采用扭钻法和多旋转钻孔法生产鸵鸟蛋壳串珠。用燧石或硅质白云岩块打制的尖状器进行扭转钻孔。由于泵钻、弓钻、手钻的钻头运动相似，选用弓钻进行多回钻，采用燧石制成的细石叶作为钻头。对于每一种钻孔方法，一个人钻10个珠，然后由另一个人重复。此外，还选取了现代南非土著人通过手钻加工的一颗鸵鸟蛋壳珠进行对比。手钻是一种附着在木轴上的尖形金属钻头。

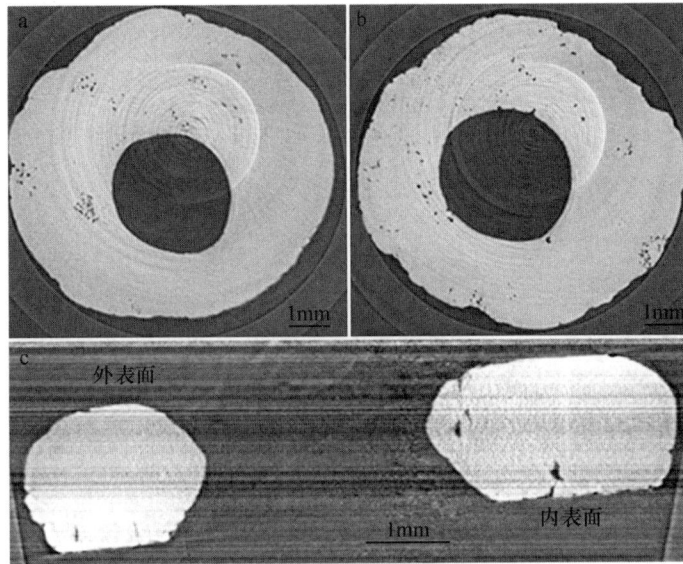

图1　现生非洲鸵鸟蛋壳串珠7#CT切片

a. 外层CT切片　　b. 内层CT切片　　c. 径切面

2.3　SR-μCT扫描和三维重建

我们在上海光源（中国SSRF）的BL13W光束线站对全部的鸵鸟蛋壳串珠进行扫描。扫描的珠子被放置在一个开放的样品平台上。高度为4mm、宽度为2cm的平行同步辐射X射线指向物体，源能量设置为30keV。CCD探测器的空间分辨率为13μm。扫描时间约为10min。扫描数据通过使用Mimics 12（Materials ialize，比利时）软件进行成像和分析，其可以根据CT切片重建每个珠子的正模型和其穿孔的负模型。因此，可以更好地观察穿孔形状和钻孔痕迹。

3. 结果与讨论

3.1　鉴定史前鸵鸟的种类

图1a、b分别显示了现代非洲鸵鸟蛋壳串珠7#的外层和内层的横截面。图2a、b分别显示了水洞沟遗址中安氏鸵鸟蛋壳串珠6#的外层和内层的横截面。如图所示，鸵鸟蛋壳串珠的横截面可能存在孔隙。图1a、b显示非洲鸵鸟蛋壳的孔隙分布密集，而图2a、b显示史前鸵鸟蛋壳的孔隙分布更为分散。更特别的是，通常可以看到在蛋壳中有10多个孔密集地聚集在一起（图1a、b）。通过解剖学方法确定这些史前鸵鸟蛋壳串珠中的一个未知物种被鉴定为安氏鸵鸟（*Struthio anderssoni*），并且如图2所示，所有史前的鸵鸟蛋壳珠都具有类似的孔隙分布。因此，所分析的史前蛋壳串珠应该同属于相同的物种，即安氏鸵鸟。

图1c和图2c是相应的鸵鸟蛋壳珠子的径切面。虽然CT切片不能显示不同鸵鸟物种的柱层和

图2　古安氏鸵鸟蛋壳串珠6#CT切片

a. 外层CT切片　　b. 内层CT切片　　c. 径切面

锥体层的差异（Wang et al, 2009），但图1中蛋壳与图2中蛋壳的孔隙分布不同。因此，SR-μCT可以在无损模式下判断鸵鸟蛋的种类。近年来，从鸟类蛋壳中提取的史前DNA或蛋白质已被用于鉴定物种（Oskam et al, 2010; Stewart et al, 2013）。然而，与SR-μCT相比，这两种生物方法在区分鸵鸟蛋壳物种方面都具有耗时、昂贵和破坏性。

3.2　确定钻孔的方向

无论是图1还是图2，鸵鸟蛋壳串珠的外层截面的孔隙密度都比内层低，因此外层比内层更紧密、更牢固。相应地，每个鸵鸟蛋壳串珠的内层和外层已经被识别并标记在相应的图形中。在钻孔但未穿孔的1#和2#鸵鸟蛋壳串珠是从里面钻孔的（图3、图4），3#、4#和5#是完全钻但没有磨的，它们的负模型表明孔是双锥形的，应是从对向钻孔的（图5b、图6b、图7b），并且从一端钻得比从另一端钻得更深。从图6、图7可以看出，较深的钻孔端总是在鸵鸟蛋壳珠的内表面。一般情况下，先钻深的一侧。因此这表明，史前人类在制作鸵鸟蛋壳时，是先从内表面钻孔；当接近完全穿透时，停止钻孔，再从外表面钻孔。

对于图8a中的6#珠，由于钻头的负面模型（图8b）所揭示的是凹形柱状孔眼，因此判断钻孔方向非常困难。孔的形状可能是最后磨削阶段或长期磨损的结果。无论如何，成品的生产工艺信息在最后的磨光阶段消失了。因此，半成品比成品保留了更多的技术信息。

史前人类选择从鸵鸟蛋壳的对向钻孔应与其微观结构有关。鸵鸟蛋壳串珠的外表面比内表面光滑坚硬，在外表面很难找到合适的钻孔位置。假如从外表面钻孔很容易的话，史前人类可以在珠子下面放一块圆形的石头或其他东西来支撑，此外这些鸵鸟蛋壳珠的毛坯几乎是平坦的。因此，鸵鸟蛋壳串珠的弯曲程度不应是古人首先选择内表面钻孔的主要原因。

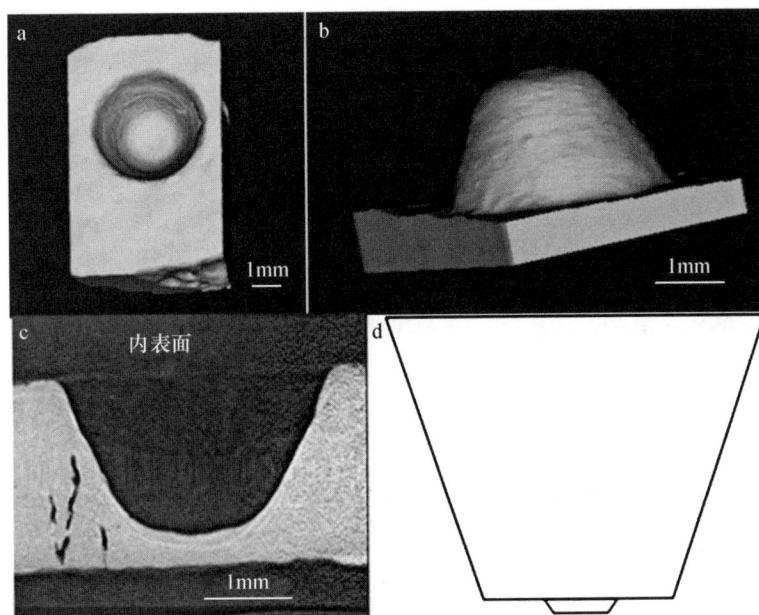

图3　1#珠的虚拟模型和钻头
a. 内表面正面模型视图　b. 孔道负面模型视图　c. 纵截面　d. 钻头

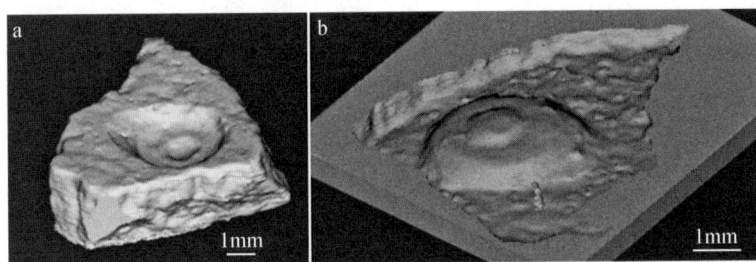

图4　2#珠的虚拟模型
a. 内表面正面模型视图　b. 孔道负面模型视图

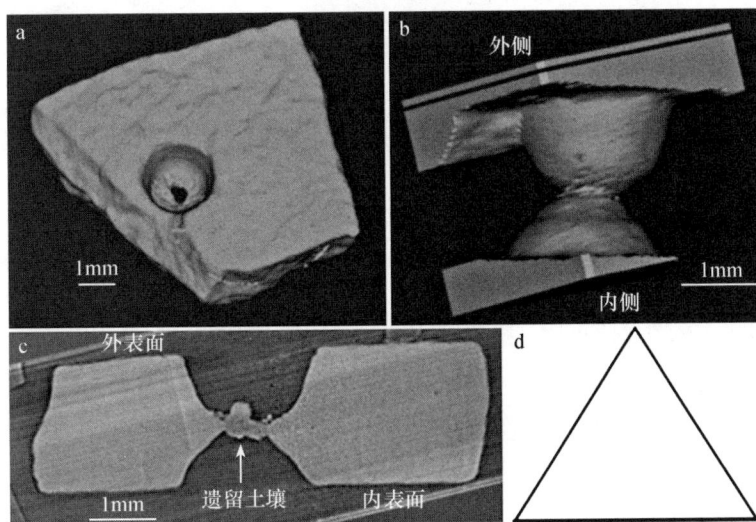

图5　3#珠的虚拟模型和钻头
a. 外表面正面模型视图　b. 孔道负面模型视图　c. 纵截面　d. 钻头

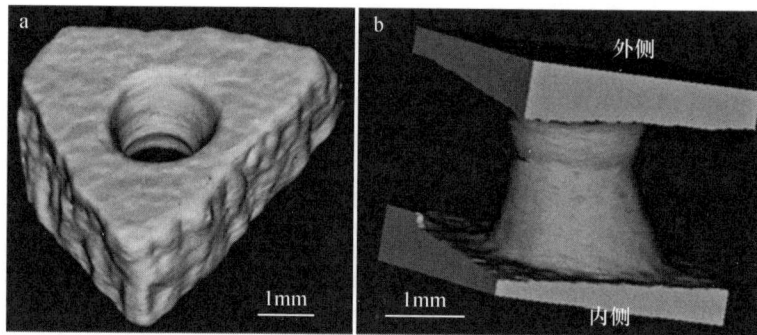

图6　4#珠的虚拟模型
a.外表面正面模型视图　b.孔道负面模型视图

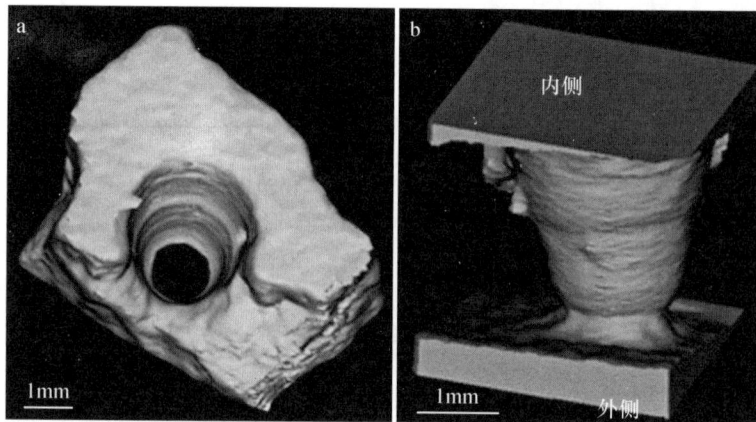

图7　5#珠的虚拟模型
a.内表面正面模型视图　b.孔道负面模型视图

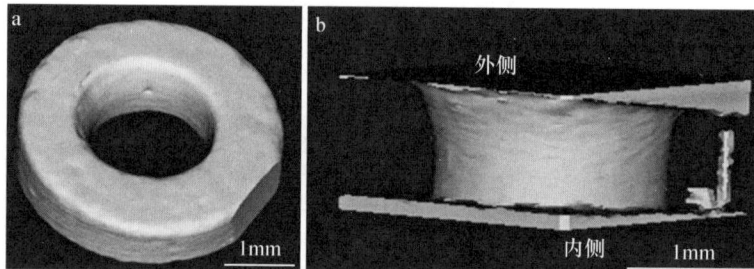

图8　6#珠的虚拟模型
a.外表面正面模型视图　b.孔道负面模型，穿孔左侧磨损

　　复制实验还表明，从外表面钻孔时通常会发生断裂（Wang et al, 2009）。我们从外表面钻孔的时间越长，蛋壳就越有可能破裂，从外表面钻孔的时间短，大多数情况下蛋壳不会破裂。因此，古人很可能会选择内表面作为钻孔的开始，以避免高的断裂率。在我们的钻孔实验中，通过对向钻孔比从一端钻孔更容易制造鸵鸟蛋壳串珠。特别是从内表面钻得越深，钻难度越大。此外，当钻头从内部突破外表面时，对向钻孔可以避免造成串珠断裂形成碎片（Wang et al, 2009）。因此，与单向钻孔相比，对向钻孔可以省力省时，也可以提高产品产量。

3.3 不同钻孔方法的特点

在观察不同钻孔方法下生产的20个复制的鸵鸟蛋壳珠之后，扭钻法和多旋转钻法在钻孔的负面模型方面具有各自的特点。7#珠（图9）是通过尖状器从对向用扭钻法制作的鸵鸟蛋壳珠，8#珠（图10）是用弓钻从对向用多旋转钻法的鸵鸟蛋壳珠。虽然7#珠的正面模型，孔看起来是圆形的（图9a），但是负面模型（图9b）显示的穿孔形状是不对称的，并且负面模型的表面有时看起来是波动的，这意味着孔的内壁是凹槽。8#珠正面模型（图10a）穿孔也呈圆形，但负面模型（图10b）显示的穿孔形状为锥形对称圆柱，表面不波动。总之，要从孔的正面模型上来区分两种钻孔方法是非常困难的，而根据它们负面模型来区分则比较容易。

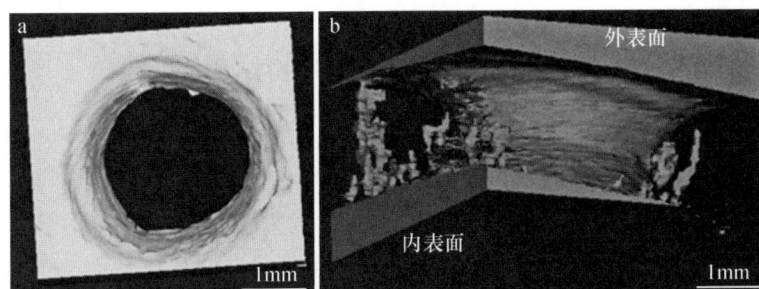

图9　7#珠的虚拟模型
a.外表面正面模型视图　b.孔道负面模型

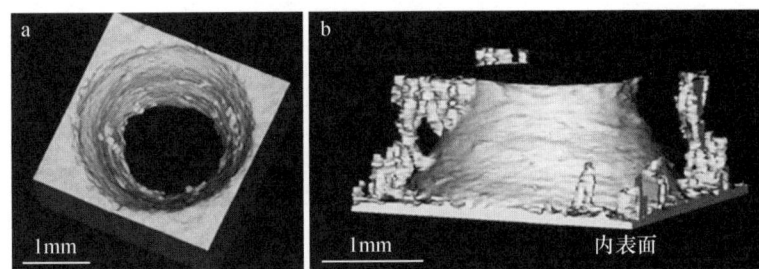

图10　8#珠的虚拟模型
a.内表面正面模型视图　b.孔道负面模型

两种钻孔方法的不同是由于钻头的运动造成的。当使用扭钻法时，钻头在钻孔活动中旋转不规则，角度范围有限。然而当使用多旋转钻法时，钻头可以持续旋转，从而形成规则的穿孔形状。

对于通过手钻钻孔（图11a），从内部看（图11b），较深的钻孔端的形状类似于锥形对称的圆柱体，并且类似于通过弓形钻头钻出的8#珠，这证实了多旋转钻孔方法标准的可靠性。从外部看，另一端的形状（图11b）是不对称的波动表面，表明采用了扭钻法。因此，首先用多旋转钻法（手钻）从内部钻到较深的孔中，然后用扭钻法从外表面完全穿孔。

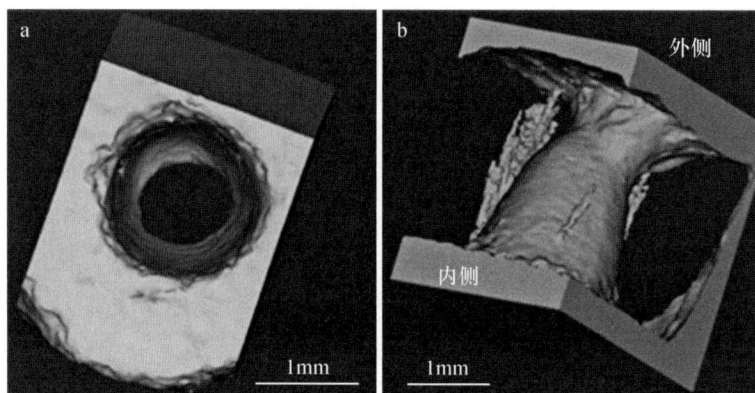

图11　8#珠的虚拟模型

a. 内表面正面模型视图　b. 孔道负面模型视图

3.4　史前鸵鸟蛋壳串珠的钻孔技术

在图3和图4中，珠子1#和2#被钻孔，孔道的深度不同，但均未钻透。与2#珠（图4）相比，1#珠钻得较深，具有多旋转钻法的特点，穿孔形状为锥形圆筒状（图3b）。此外，如图3c中孔的纵剖面所示，在孔底中心处存在一个较小的凹陷。这个形状意味着钻头的顶部几乎是平的，在中心有一个小的凸起。从图3c中，可以得知孔底直径约1100μm，类似喇叭的突起部位直径约500μm，高度约60μm；根据观察，在图3d中我们发现钻头有一个小凸起，这可以提高其切割能力。

2#珠（图4a）孔的底部的中心有一个明显的凹陷，孔的下部看起来像一个锥形圆柱体。但对于孔的上部，即孔的开口，形状不规则，具有扭钻法的特点。因此是先用一个点标记孔，再用多回转钻孔的方法扩大和加深孔。

3#珠（图5）从对向钻孔，其两个方向的穿孔形状均为规则，说明采用了多旋转钻法。从外表面钻孔孔道形状为一个纵截面为梯形的锥形圆柱体（图5c）。然而从内表面钻的孔的孔道形状为纵向呈三角形的圆锥体（图5c），根据图5c孔的纵剖面，在图5d中给出了对应的钻头。因此，确定了多旋转钻法中使用的另一种钻头，这种钻头的锥度更大，也会增强其切削功率。

4#珠（图6）从两个相反的方向钻孔，其对向的穿孔形状具有多旋转钻法的一些特点。从对向开始的锥形趋势很相似，因此可能使用的是相似的钻头。此外左侧穿孔已经磨损，这可能是用绳子将其串起造成的。

5#珠（图7）从两个相反的方向钻孔，穿孔形状和表面与9#南非现代鸵鸟蛋壳珠（图11）非常相似，内表面采用多旋转法钻孔，外表面采用扭转法钻孔。

6#珠是成品珠，正面模型中具有圆形和凹圆柱形孔眼（图8a），这可能表明有钻柱磨损的双锥钻孔或单向钻孔。因此，很难获得有关钻孔技术的详细信息。但考虑到孔道是对称的，且孔内壁有少量同心纹垂直于孔轴线，应该是使用圆柱形钻头或棒状多旋转钻法对孔进行最小研磨（d'Errico et al, 2012）。

由于图3d和图5d中钻头的形态分别为锥形圆柱体和锥形，应该是使用实心钻头进行钻孔的。在这些鸵鸟蛋壳串珠中发现了许多由燧石、白云岩或硅质石灰岩制成的细石叶、细石核和石片（Wang et al, 2009），一些具有梯形或三角形截面的细石叶与北美用于穿孔贝壳珠的钻头的形态相似（Nigra and Arnold, 2013）。此外，鸵鸟蛋壳的莫氏硬度约为3（Texier et al, 2013），在钻孔实验中，鸵鸟蛋壳很容易被燧石制成的穿孔器钻穿（Wang et al, 2009）。因此，这些硬度高于鸵鸟蛋壳的细石叶和石片可能作为史前人类所使用的钻孔工具。

4. 总　结

本文首次采用SR-μCT技术，在无损模式下检测了鸵鸟蛋壳串珠的微观结构、穿孔形状和钻孔标记。现代非洲鸵鸟和史前的鸵鸟的蛋壳具有不同的孔隙分布特征（Yang et al, 2013a），SR-μCT可用于对两种鸵鸟蛋壳的区分。根据对于钻孔的三维虚拟模型，可以将非连续扭钻法与多旋转钻法区分开来（图5c）。因此，在孔道污染物不易清除的情况下，利用SR-μCT方法研究钻孔技术具有独特的优势。

在此基础上，我们使用了SR-μCT对水洞沟遗址第12地点发现的可能在1.1ka BP遗弃的鸵鸟蛋壳珠进行了检测，结果表明，与成品和长期磨损的鸵鸟蛋壳珠相比，半成品的鸵鸟蛋壳珠能提供更多的钻孔信息。完整的钻孔程序可包括：①在开始时使用扭钻法（例如，从内表面钻孔）；②用多旋转钻孔法扩孔，使用两种钻头；③对珠子进行对向钻孔；④穿孔后用多旋转法将孔磨成圆柱形。因此，在全新世早期，中国的史前人们就已经掌握了一些钻孔技术，这反映了史前人类的技术水平。此外，水洞沟遗址发现的这些鸵鸟蛋壳串珠是我们所知的中国最早使用多旋转钻法的证据，是史前人类工作能力技术发展的一个里程碑事件。

鸵鸟蛋壳串珠的生产是现代人类行为、思维能力和认知水平发展的重要标志，在许多旧石器时代晚期遗址中发现了大量的鸵鸟蛋壳串珠。在非洲已知的最早的鸵鸟蛋壳串珠可以追溯到至少5万年前（Miller and Willoughby, 2014）。本研究为未来对于古人类所遗留下来的鸵鸟蛋壳串珠的研究提供了重要参考。

致谢：国家重大科学仪器发展项目（2014YQ240445）、中国科学院战略性先导科技专项（XDA05130303）、国家自然科学基金项目（40802002）、中国科学院青年创新促进会基金项目（2013281）。特别感谢J.M.凯诺耶教授提出的宝贵建议。

（原载Yang Y M, Wang C X, Gao X, Gu Z, Wang N, Xiao T Q, Wang C S. Micro-CT Investigation of Ostrich Eggshell Beads Collected from Locality 12, the Shuidonggou Site, China. Archaeological and Anthropological Sciences, 2018, 10: 305-313）

（高原译，彭菲校）

六

其他研究篇

多视角三维重建（SfM）摄影测量软件在旧石器时代遗址发掘提取石制品定位中的应用

彭　菲[1]　Sam C. Lin[2, 3]　郭家龙[4]　王惠民[4]　高　星[1]

（1. 中国科学院古脊椎动物与古人类研究所，中国北京，100044；2. 马克斯·普朗克进化人类学研究所人类演化学系，德国莱比锡，04103；3. 伍伦贡大学考古科学中心地球与环境科学学院，澳大利亚伍伦贡，2522；4. 宁夏回族自治区文物考古研究所，中国银川，750001）

摘要： 虽然摄影测量作为一种有效的、低成本的生成详细三维模型的方法，在考古学和遗产管理方面已经很流行，但模型所得出测量结果的准确性是否足以用于研究仍有待确定。基于一个便捷的现场模型处理方案，我们报告了从中国水洞沟第2地点旧石器晚期遗址发掘面的摄影测量模型中，对石制品定位信息准确性的初步分析结果。模型所得出土信息的误差范围容易达到厘米级；一些空间坐标位置的准确性容易受到采样发掘面范围大小的影响，但影响很弱。虽然观察到的误差范围大于旧石器时代发掘提出的阈值，但在对定位精度要求较低的情况下，这是可以接受的。我们也发现了可能的误差来源，并讨论了如何通过额外的系统检测来提高模型的准确性。

关键词： 摄影测量；多视角三维重建（SfM）；人工制品定位；模型精度；旧石器发掘

1. 引　言

发掘具有破坏性，也就是说，我们获取数据的过程本身就破坏了一些考古信息的来源。由于没有两个考古沉积物是相同的，所以发掘是一种不可重复的实验形式（Barker, 1982），即使空间非常接近，也不可能用另一个发掘的结果来验证。从这个角度来看，发展出尽可能全面记录和保存考古发现的沉积背景的能力是非常宝贵的，这一措施不仅是为了保护，更是因为它有助于产生一种数据存储形式，可以从中产生数据用于未来的研究。为此，越来越多的三维（3D）成像技术业已证明其在挖掘过程中记录考古现场方面卓有成效（Barceló et al, 2003; Doneus et al, 2011; Lerma et al, 2010; Losier et al, 2007; McPherron et al, 2009; Roosevelt et al, 2015; Rüther et al, 2009）。在这些数字化技术中，摄影测量在考古研究和遗产保护中的普及体现在应用的日益多样化上（Bleed et al, 2017; De Reu et al, 2014, 2013; Doneus et al, 2011; Douglass et al, 2015, 2017; Magnani and Schroder, 2015; Olson et al, 2013; Porter et al, 2016）。

摄影测量法是一种根据三角测量确定重叠照片中各点位，从而从照片中获取测量结果的方法（Linder, 2009）。多视角三维重建（SfM）方法进一步允许通过冗余、迭代过程自动解析不同照片的倾向，该过程从重叠图像的大型数据集中检测特征（McCarthy, 2014; Snavely et al, 2008; Westoby et al, 2012）。摄影测量在考古学中的广泛应用部分归功于低成本、现成的SfM软件（如PhotoScan、3DF Zephyr Pro、123D Catch），这些软件可以自动处理照片，在用户相对最少的操作下生成复杂、详细的三维模型。随着原始数据收集（即摄影操作）的相对简单，摄影测量已被用于数字化记录各种考古材料，从文物、人类足迹、地貌、建筑到更大的景观（Ashton et al, 2014; Barazzetti et al, 2011; De Reu et al, 2013; Doneus et al, 2011; Douglass et al, 2015; Kersten and Lindstaedt, 2012; Magnani, 2014; McCarthy, 2014; Meldrum et al, 2011; Porter et al, 2016; Sanz et al, 2010）。

2. SfM摄影测量的准确度

这些多视角三维重建软件包生成的摄影测量模型的质量有很大差异（Magnani, 2014）。这是因为模型的准确性和精度取决于大量的因素，包括建模对象的纹理配置、照片拍摄时的照明条件和相机设置、镜头畸变和相机校准、输入照片的质量、照片之间的重叠程度、是否包含编码目标，以及模型处理过程中使用的各种设置（Douglass et al, 2015; McCarthy, 2014; Porter et al, 2016; Magnani et al, 2016）。

许多研究将其与全站仪、物理测量和激光/结构光扫描等更成熟的记录手段获取的数据进行比较，以评估摄影测量模型的准确性（Douglass et al, 2015; Green et al, 2014; Koutsoudis et al, 2014, 2013; Magnani and Schroder, 2015; Magnani et al, 2016; Nocerino et al, 2014; Sanz et al, 2010; Sapirstein, 2016）。目前观察到的误差范围是图像采集和模型构建中使用的协议以及物体的规模、使用的控制点数量和每张照片中捕获的总面积的结果（McCarthy, 2014）。一些记录较大景观的研究报告了几厘米范围内的误差，而其他记录小物体的研究则观察到了亚毫米级的误差。例如，Magnani及其同事（2016）将从PhotoScan石制品模型中获取的几个测量值与手工卡尺测量值进行了比较，结果显示误差最多约为1.0毫米。同样，Sanz及其同事（2010）报告了根据地面控制点的数量，他们的岩画模型的高程坐标仅有毫米到亚毫米的误差。Koutsoudis及其同事（2013）观察到他们的PhotoScan和激光扫描的基克拉迪人俑模型之间的平均差异在0.04毫米和0.005毫米（标准差为0.007—0.009毫米）。在另一项研究中，Koutsoudis及其同事

（2014）检查了一座奥斯曼帝国的纪念碑，结果表明，他们的PhotoScan三维模型与测距仪采集的一系列数据相比，有2毫米的加权平均差异（标准差为14毫米）。

Doneus及其同事（2011）在比较他们发掘面的PhotoScan模型和地面激光扫描数据时，报告说他们的摄影测量模型的垂直精度在95%的置信区间（CI）内为40毫米。De Reu及其同事（2013）比较了他们的Photoscan模型中地面控制点的实际坐标和估计坐标。他们使用均方根误差记录了三个空间轴之间4—16毫米的误差，均方根误差是观测值和估计值之间平均平方差的平方根。Nocerino及其同事（2014）量化了激光扫描数据和希腊-罗马城墙的摄影测量模型之间的欧几里得距离，并指出用"正常"照片策略（即垂直于城墙壁拍摄的照片）构建的摄影测量模型在模型的某些区域出现了高达30毫米的变形。另一方面，用会聚的或"倾斜"策略拍摄的照片构建的模型显示出最小、最均匀的模型变形。

虽然与SfM模型相关的绝对误差确实存在很大差异［根据Sapirstein（2016）的总结，在2—40毫米之间］，但Sapirstein（2016）观察到，相关的精度，可以被定义为观察到的误差与建模场景的大小之间的比率，实际上在这些研究中是相对一致的。在相似的精度下，可以从模型中得出小物体的测量值精确到亚毫米级，但对于较大的建筑特征，只能精确到厘米级。这是有道理的，因为与扫描仪自动确定模型比例的3D表面扫描不同，摄影测量模型的大小需要根据具有已知距离或坐标的地面控制点来计算。虽然这个额外的模型缩放步骤进一步增加了所得模型的整体尺寸精度的不确定性，但这也意味着模型精度取决于建模对象的比例或大小。因此，对模型误差的评估需要与被建模物体或场景的相关尺寸一起考虑。Sapirstein认为（2016），开发标准化方法来提高模型精度，如使用多个目标作为控制点，也许与实现高精确度一样重要，甚至更重要。

3. 旧石器时代研究中点定位的精度

可接受的测量精度误差水平是多少？从分析的角度来看，可接受的测量精度水平在很大程度上取决于派生数据的分析目标。虽然毫米级别的不一致对于人工制品的测量来说是可以容忍的（Magnani et al, 2016），对于地貌或景观尺寸来说甚至是微不足道的（Magnani and Schroder, 2015），但它会对考古背景的更精细方面产生重大影响。考古学中的背景（context）指的是"通过分析人工制品组合变化、背景构成和空间位置之间有据可查的关联而产生的考古数据特征"（Stein, 2008: 113）。在这里，我们重点关注考古学背景的定位，包括人工制品在现场的位置、高度和倾向与沉积环境的关系。定位的数据不仅对理解考古学组合形成的沉积过程很重要（Bertran and Texier, 1995; Dibble et al, 2006, 1997; Kluskens, 1995; McPherron, 2005; McPherron et al, 2005），而且对解释过去活动和行为的空间组织也很重要（Alperson-Afil et al, 2009; Enloe, 2008; Kroll and Price, 1991）。如今，定位信息通常是在发掘过程中通过全站仪以点的形式采集的，在3D空间内以点的形式记录空间信息，其坐标为三个空间轴：水平方向

（X）、纵向（Y）和垂直深度（Z）（McPherron and Dibble, 2001）。

尽管全站仪中点定位的精度通常被认为是非常高的，但仍有许多因素会导致明显的测量误差。例如，在站点架设期间引入的任何不一致都会成为所有后续记录的系统误差（McPherron and Dibble, 2001），并且在记录过程中通过棱镜对准的变化可能导致额外的随机误差（McPherron, 2005）。全站仪测量的误差也与规模有关，因为坐标是根据距离和角度来计算的。角度测量的误差随着与机器的距离增加而增加。因此，当测量距离较大时，尤其是在测量距离超过全站仪和参考基准之间的距离时，在测站设置或棱镜角度对准期间引入的不一致会在测量距离时转化为更大的误差。

全站仪所记录人工制品定位的巨大误差会导致不正确的地层判定和背景评估（McPherron et al, 2005）。例如，由于角度对齐的变化，人工制品的倾向可能会随着定位测量中的毫米级误差发生显著变化（McPherron, 2005; McPherron et al, 2005）。高程测量中的厘米级误差会导致"纵向空间分布的普遍混淆"（McPherron et al, 2005: 248）和不同数量的微地层信息的损失。

那么，记录考古材料定位的可接受精度是多少呢？在少数系统考虑考古背景下全站仪误差的研究中，McPherron及其同事（2005）建议于法国西南部的旧石器时代中期洞穴发掘中，在全站仪设置中使用5毫米阈值作为三个空间轴之间的集体误差。他们这个误差阈值在人工制品的地层判定和人工制品的倾向分析中产生的结果是可接受的（McPherron, 2005）。

4. SfM与全站仪在点定位精度上的比较

最近的许多研究表明，SfM软件能够生成质量接近或优于激光扫描仪的模型（Georgantas et al, 2012; Porter et al, 2016）。因此，该技术能否达到高精确度和准确度不是我们要问的问题。相反，我们想问的是如果全站仪被广泛接受为考古学中记录点定位数据的标准，那么是否可以用SfM模型测量人工制品定位信息，其精度是否可以与通过全站仪获得的数据相媲美？我们以中国北方地区水洞沟第2地点旧石器时代晚期遗址的发掘为例来研究这个问题。

通过使用全站仪数据作为基线参考，本研究测试的零假设是从SfM模型得出的点定位信息的总绝对差异在5毫米的阈值之内。我们进一步假设，模型的准确性与建模表面的大小有关。因为发掘面往往是相对平坦的，因此空间变化大多发生在水平方向上，任何一个点的水平轴（x和y）的误差将取决于附近的水平误差。重要的是，如果通过放置地面控制点来对模型进行地理校正，水平轴上的坐标误差应该随着点远离这些控制点而增加。因此，如果地面控制点的数量保持不变，那么模型导出坐标的总体误差（至少在x和y方向）应该会随着建模表面积的变大和地面控制点密度的降低而增加。此外，如上所述，到目前为止，使用SfM摄影测量软件的研究报告了类似的精度水平（Sapirstein, 2016）。如果不对不同空间尺度的模型进行不同的处理以保持或提高精度（如在较大的表面上放置更多的地面控制点）（Sapirstein, 2016），模型精度的绝对误差应该随着场景的大小而增加。

我们还假设，模型的坐标误差与地表起伏/地形相关。由于3D建模通过使用多边形来抽象化现实，因此模型捕获的信息量将取决于所用多边形的大小（或用于构建这些多边形的点的密度）。另一方面，如果多边形的大小保持不变，当建模的地表地形有更复杂的起伏时，信息损失应该更大（Chen and Yue，2010）。由于地表地形在很大程度上反映了地表高程的变化，我们预计地表起伏会影响z方向测量的不准确性。

这项研究的基本原理来自于中国旧石器发掘的普遍做法，即在一个发掘层面（即"水平"层或"水平"面）内，发现的人工制品被留在其原始位置，以便对暴露的表面进行视觉记录。因此，随着更多人工制品的暴露，发掘速度会大大减慢。更重要的是，在暴露出一个层面后，发掘工作需要停止，以便对地表进行拍照，并对石制品进行位置记录和收集。在这一步骤中，现场工作人员暂停发掘。在大规模的露天发掘中，每一个暴露的层面都需要受到同样的处理，随着发掘的进行，这个过程的代价会变得高昂。鉴于获取现场照片的相对速度和在每个野外日结束时生成详细模型的能力，周振宇等（2016）最近提出使用SfM摄影测量软件包（PhotoScan）来提取人工制品的定位信息作为一种可选择的替代方法，该方法可以大大减少提取人工制品位置所需的现场时间。本研究根据周振宇等（2016）提出的工作流程进行了修改，主要目标是建立与相对便捷的摄影测量协定相关的人工制品定位的准确性。本研究的结果评估了SfM模型作为记录考古材料空间信息数据的可靠性，特别是在旧石器时代的发掘环境中，石制品的位置和倾向构成了理解石制品组合形成和沉积的重要数据。

5. 考古遗址

水洞沟（SDG）遗址群位于中国宁夏回族自治区鄂尔多斯沙漠西南部边缘。在水洞沟遗址确定的12个地点中（Pei et al，2012），第1—5地点最早被发现，第1地点于1923年由法国学者德日进和桑志华发掘（Boule et al，1928）。发掘出的已灭绝哺乳动物化石和石制品为中国旧石器时代研究提供了重要证据。随后，中国和俄罗斯的研究团队于1960年、1963年和1980年在第1地点进行了后续发掘（Jia et al，1964; Ningxia Museum et al，1987）。第1地点的更新世地层可追溯到距今3.5万或4万年至2.5万左右（Li et al，2013; Morgan et al，2014; Pei et al，2012; Peng et al，2012）；相关的旧石器时代晚期石制品由于其独特的以石叶为主的组合而受到广泛关注，这与该时期华北地区其他以石片为主导的石制品组合不同（Brantingham et al，2001; Peng et al，2014）。

2003年，水洞沟新发现了另外有明显的人工制品的七个地点（第6—12地点）（Gao et al，2004）。2003年至2007年间，中国科学院古脊椎动物与古人类研究所与宁夏回族自治区文物考古研究所对第2—5、7—9和12号地点进行了正式发掘。近年来，这批新研究已在一系列出版物中报道（Chen et al，2012; Niu et al，2016; Pei et al，2014; Wang et al，2015，2007; Yi et al，2014）。在不同地点沉积在多个文化层中丰富的考古材料，证明了人类在距今4万年到1万年之间反复在水洞沟地区活动（Gao et al, 2013）。

　　然而，就石器技术而言，尽管在第2、7和9地点的不同文化层中发现了石叶线索（Li et al, 2013; Niu et al, 2016; Pei et al, 2012），但水洞沟的石叶技术的出现仍有争议，因为第2和第7地点的组合中石叶元素的总体比例很低，第1地点石叶组合的地层和年代归属仍不清楚（Keates and Kuzmin, 2015; Li et al, 2015）。此外，目前还不清楚各种形式的石叶技术及其分布如何与水洞沟各个地点同时出现的石核和石片技术相关联（Gao et al, 2013）。为了解决这些问题，最近启动了一个新的研究项目以确定第1和第2地点的更新世沉积之间的地层关系，并更好地了解水洞沟各个地点旧石器时代晚期石制品组合的技术内涵和年代联系。2014年至2015年期间，对第2地点进行发掘（T3），发现了6000多件人工制品（包括石制品、鸵鸟蛋壳碎片和珠子）以及大量的动物遗骸。本文的研究是在2015年发掘T3时进行的。

6. 方　　法

　　我们将T3发掘面被分为四个不同大小（1m×1m、1m×2m、2m×2m、3m×3m），石制品密度也不同的重叠样本区域（图1）。发掘面的东部边缘与垂直剖面的底部相交，在图1中部分可见。需要明确的是，沿东边边缘的石制品是位于发掘面的，而不是沿垂直剖面暴露。暴露在发掘面的石制品首先通过在每个石制品旁边放置一个带有唯一标识符（ID）的固定标签来标记。之后，用黑色记号笔标出每个石制品最高点的位置（图2），然后用全站仪记录并放入遗址坐标网格中。此处全站仪是按照McPherron和Dibble（2001）的方法设置的，在与独立的基准

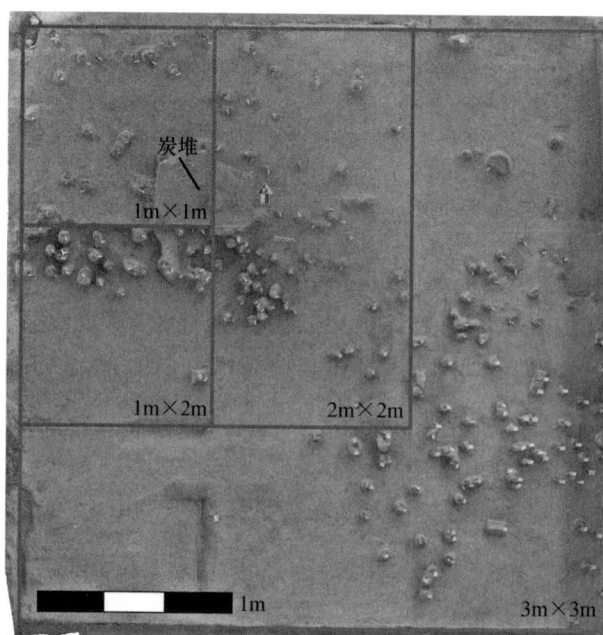

图1　本研究中检验的发掘面

［矩形表示四个不同大小的样本区。除1m×1m的正方形外，其他所有的样本区都包括之前较小的样本区（例如，1m×2m的区域包括1m×1m的样本区）；每个白色标签都标志着一个石制品的位置］

图2　带有唯一ID的石制品标签和表示每个石制品最高处的黑色标记点示例

进行核对时，其综合误差低于5毫米。

　　为了获得用于建立3D模型的照片，我们系统地拍摄了每个样本区的图像，包括一系列水平间隔为30cm的平面照片，覆盖了整个样本区，并以30cm的间隔沿样本区域倾斜拍摄（图3）。我们也拍摄了额外的照片，其中包括重复照片，以确保所有样品区域得到充分记录（Douglass et al, 2015）。使用的相机是经过预校准的尼康D5200，配有18—140mm的镜头。虽然定焦镜头更适合摄影测量，但变焦镜头在SfM技术的考古应用中是常用的（De Reu et al, 2013, 2014; Doneus et al, 2011; Koutsoudis et al, 2013, 2014）。照片是以恒定光圈f/8，ISO（国际标准配置）传感器设置为200，焦距18毫米拍摄的；根据现场的照明条件调整设置。在照片采集过程中使用了三脚架，以最大限度地提高每张照片的清晰度。照片采集完毕后，将人工制品从发掘面提取。

　　随后对照片进行逐一检查，模糊或虚焦的照片被排除。将照片输入PhotoScan软件包（专

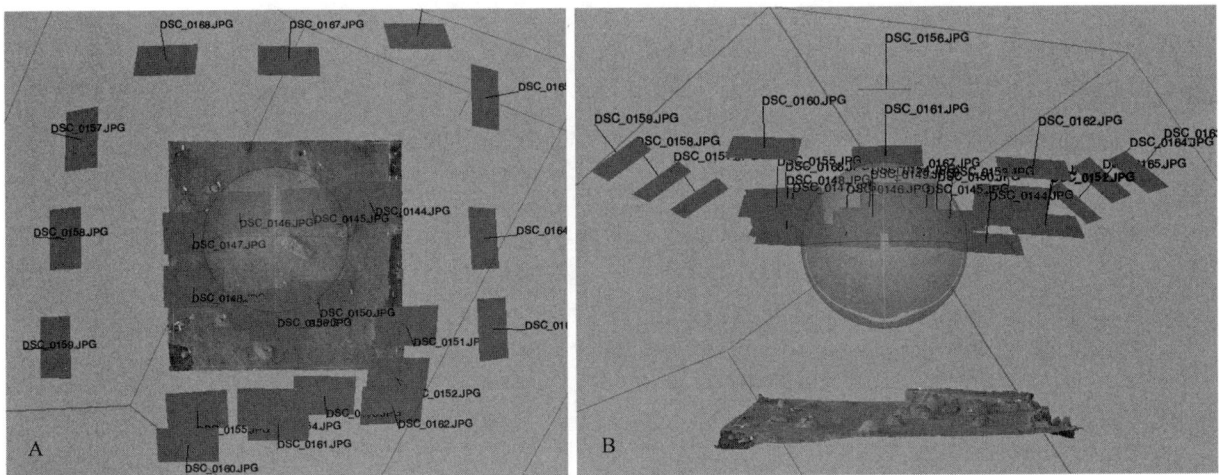

图3　1m×1m样品区域的相机位置
（A）平面图　（B）侧视图

业版）（Agisoft LLC 2016）后，对每张照片应用"蒙版"功能，以在模型处理前隔离不需要的区域。PhotoScan处理步骤的细节已在其他地方进行了总结（Douglass et al, 2015）。请注意，较小样本区域的照片也包括在较大样本区的处理中。在模型处理过程中，改变创建密集点云的质量设置（一组在3D空间中勾勒目标对象外表面的数据点）会直接提高所生成模型的分辨率，即更高的质量设置会产生更多的数据点（Douglass et al, 2015）。然而，使用更高的质量设置也会显著增加计算时间（我们最小的1m×1m样本区的测试样本需要超过24小时来完成）。尽管我们认识到使用较高的设置会直接提高我们的模型精度，但考虑到此处测试的快捷目的，我们选择了中等质量用于所有样本区密集点云的构建，因为如果需要日常制作模型，使用该设置以控制合理的计算时间是可行的。另外，考虑到可接受的速度和处理需求，高质量设置被用于Photoscan的其余处理步骤（即照片对齐/倾向、网格构建）。对于模型纹理的生成，使用了"正射影像"纹理映射模式和"马赛克"纹理生成参数，以最大限度地提高发掘平面上的纹理细节。

一个模型完成后，在PhotoScan中以四个石制品的全站仪坐标作为地面控制点进行地理校正。所记录的石制品（由黑色记号所标记）在模型中被明确识别，并且在样本区域的四个角处彼此相距最远（图4）。这样放置控制点的原因是为了帮助在整个样本区域均匀分布标记之间的误差。尽管研究表明，使用的地面控制点数量对所产生模型的最终精度有直接影响（Sanz et al, 2010; Sapirstein, 2016），但在我们的模型中所使用地面控制点的数量保持不变，以评估人工制品位置的误差。

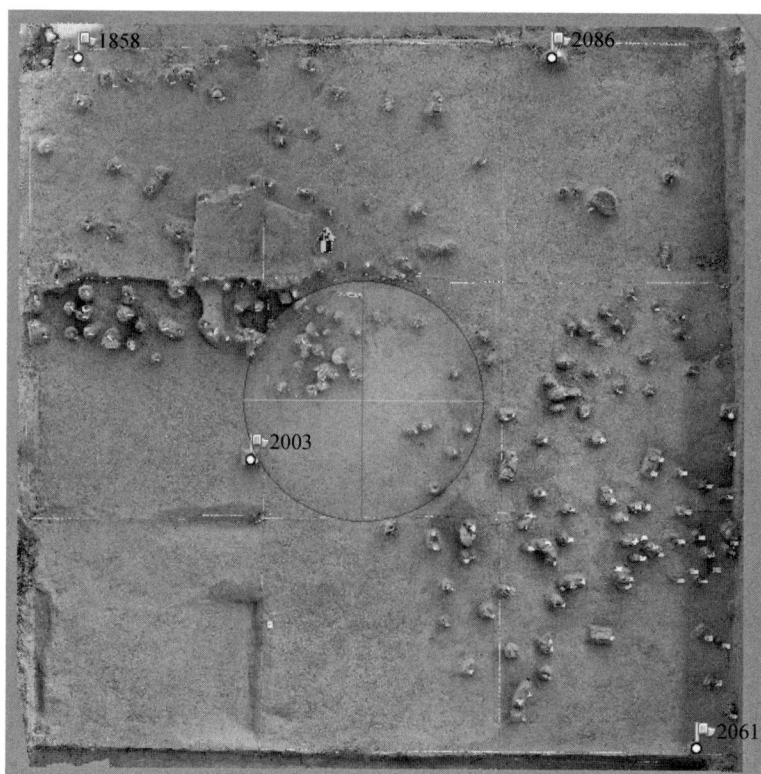

图4　将四个石制品作为地面控制点放置在3米×3米的正方形中进行地理校正（数字是石制品的ID）

在地理校正步骤之后，x、y平面正射影像和数字高程模型（DEM）从PhotoScan导出到Global Mapper软件（Blue Marble Geographic, 2016）。生成DEM时使用了0.96毫米的像素间距，因为较大的单元尺寸会导致模型分辨率大幅下降，特别是在处理更复杂的地表地形时（Chen and Yue, 2010; Doneus et al, 2011）。在Global Mapper中，正射影像和DEM被网格上的纬度/经度线性映射所覆盖（没有投影），为样本区域正射影像上的特定点提供三维坐标信息。其中，每个人工制品通过视觉识别，并手动记录相应的3D坐标（x、y、z）。发掘面的现场照片被用来协助识别。总之，对于四个样本区域中的每一个，我们都导出了两组用于人工制品定位的坐标数据：即全站仪记录的最高点，以及基于PhotoScan构建并在Global Mapper中识别的3D模型最高点。

模型导出的坐标和全站仪坐标在x、y和z中的差异被总结为最大、最小和平均差、标准差、平均绝对误差和绝对误差的95%置信区间（CI）。用于地理校正的四个石制品被排除在外，因为根据定义，它们的全站仪数据和摄影测量模型的坐标是相同的。

为了测试表面积对模型精度的影响，我们比较了不同大小的模型，但只用了落在1m×1m样本区域内的人工制品的坐标。我们采用这种选择标准是因为不同大小的样本区相互重叠，因此不代表独立的样本；较大样本区域的变化取决于其中包含的较小样本区。因此，直接比较不同大小的模型之间的坐标误差是不合适的。另外，仅使用从3m×3m样本区域产生的模型被用来测试地表起伏的影响，以控制表面积的其他混杂影响。在后一项分析中，样本区域的DEM被输入QGIS软件（Quantum GIS Development Team, 2016）。基于DEM，在QGIS中生成了一个单独的栅格表面，总结了其中包含的每个栅格单元的斜率。在这里，斜率代表某个位置的倾斜度，用相对于周围八个单元值的一阶导数来计算，单位是度。在将全站仪坐标作为矢量点叠加到斜率栅格表面后，我们在每个人工制品矢量的周围生成了两组距离为4厘米和6厘米的缓冲区。每个人工制品矢量周围缓冲区内的平均斜率由区域统计函数汇总。

采用一般线性回归模型，从三个空间轴的绝对误差方面评估表面积和地表地形对模型精度的影响。这里采用了0.05的显著性水平（Alpha）进行分析。然而，由于本研究进行了多项统计检验（McDonald, 2009），我们面临着多重检验会增加I类错误的问题。为了尽量减少这个问题，我们对0.05的显著性水平（超过9次测试）进行了Dunn-Šidák校正，得到的校正显著性水平为0.0057。

7. 结　　果

表1总结了与四个样本区相关的摄影测量模型的基本属性。地面控制点之间5—6毫米的误差可能与我们的全站仪设置协议有关，该协议允许在设置期间最大综合误差小于5毫米。在报告分析结果之前（如下），我们首先考虑从3D模型中手动识别人工制品时遇到的一些常见困难。

7.1　人工制品识别

大体上来说，由马赛克设置产生的模型纹理足以代表在野外拍摄照片的原始分辨率。然而，在GlobalMapper中手动识别人工制品的步骤中遇到了明显的困难。在许多情况下，表明人工制品最高位置的黑色标记点未能出现在模型纹理中（图5A—C）。在这些情况下，采用了额外的现场照片来帮助识别过程，这很可能会使人工制品坐标派生额外的随机误差。许多人工制品标签在模型纹理中不清楚、被裁剪或模糊（图5D—F），可能是由于照片拍摄过程中标签的移动所造成。在这些情况下，现场照片再次被用来帮助确定每个人工制品相关的ID号码。这些清晰度问题在复杂地形地点尤为常见（图5I）。还有一些情况是，即使借助现场照片也无法从模型中直观地识别人工制品（图5G、H），因此被丢弃。总的来说，我们能够成功识别出各个样本区域中的大多数人工制品坐标（表1）。

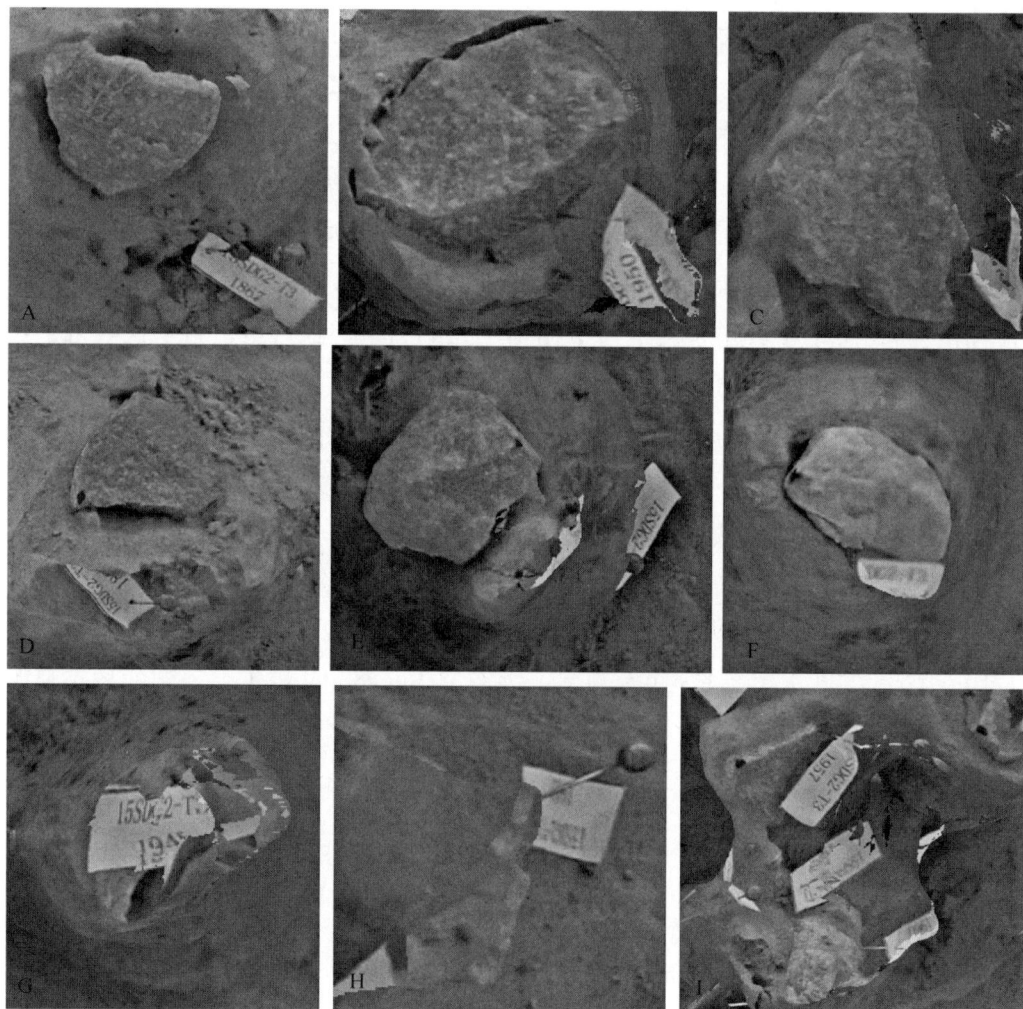

图5　石制品信息丢失示例

A—C. 黑色标记点未能出现在石制品上　D—F. 石制品标签不清晰或丢失　G、H. 石制品不清晰　I. 由于存在多个高低不一的基底，在地形复杂的地区常见的清晰度问题

表1 四个样本区域的模型信息

采样范围	图片数量	密集点云点数量	三角面	地面控制点误差（mm）	实际面积（m²）	模型中石制品数量	模型中全站仪记录标本数量
1×1	25	7623650	246406	4.9	1.19	29	29
1×2	54	6080542	658718	5.2	2.40	58	59
2×2	95	10931906	1336052	5.9	4.84	116	122
3×3	176	21731759	2697102	5.5	10.79	213	225

7.2 模型精度

表2比较了模型得出的x、y、z坐标与全站仪数据。总的来说，四个模型的所有三个空间轴的平均绝对误差在2—6毫米之间，尽管其中一些模型在95%的置信区间下确实达到了厘米级的范围，这些结果否定了我们的零假设。x和y的平均绝对差似乎随着样本面积大小的增加而增加。另一方面，z的平均绝对差如果不随样本面积大小而减小的话则保持相对稳定。

表2 摄影测量模型和全站仪数据之间x、y、z的坐标差异（毫米）

	面积	最大	最小	平均值	标准偏差	平均绝对差	95%绝对均差置信度
x	1×1	10.00	−3.00	3.16	3.68	3.72	0—7.80
	1×2	11.00	−6.00	2.35	3.71	3.57	0—9.35
	2×2	68.00	−41.00	−2.26	10.70	6.49	0—37.45
	3×3	103.00	−36.00	0.79	10.70	5.11	0—14.80
y	1×1	5.00	−9.00	−2.04	2.89	2.76	0—9.40
	1×2	3.00	−9.00	−2.46	2.72	3.02	0—7.35
	2×2	48.00	−25.00	−0.94	7.4	4.54	0—18.13
	3×3	34.00	−83.00	−0.43	8.66	5.06	0—17.80
z	1×1	10.00	−9.00	1.92	4.80	4.00	0.6—9.40
	1×2	11.00	−2.00	2.20	2.33	2.39	0—6.68
	2×2	14.00	−17.00	0.39	4.86	3.77	0—10.45
	3×3	16.00	−14.00	2.11	4.25	3.89	0—9.60

7.3 样本表面积和模型精读

表3和图6总结了不同大小的模型在1m×1m样本区域内的3D模型和全站仪坐标差异。一般线性模型表明模型面积大小对y（$t=2.87$，$p=0.005$）和z（$t=3.92$，$p<0.001$）的绝对误差有显著影响，但对x（$t=0.66$，$p=0.51$）没有影响。也就是说，这两个测试调整后的R^2（通过模型中预测变量的数量调整R^2）是非常低的（y：调整后的$R^2=0.005$；z：调整后的$R^2=0.12$），表明不准确性可能更多地受到其他背景因素的影响。

表3 摄影模型与落在1米×1米样本区域内测量人工制品全站仪数据之间的坐标差异（毫米）

	面积	最大	最小	平均值	标准偏差	平均绝对差	95%绝对均差置信度
	1×1	10.00	−3.00	3.20	3.66	3.76	0—9.40
x	1×2	11.00	−5.00	1.77	3.86	3.23	0—9.13
	2×2	11.00	−6.00	0.71	4.34	3.36	0—9.65
	3×3	11.00	−6.00	1.85	3.88	3.56	0.65—8.40
	1×1	5.00	−9.00	−2.08	2.84	2.72	0—7.80
y	1×2	3.00	−8.00	−2.31	2.78	3.00	0—6.75
	2×2	2.00	−8.00	−2.46	2.90	3.11	0—7.33
	3×3	2.00	−9.00	−4.33	2.66	4.48	0.65—9.00
	1×1	10.00	−9.00	1.92	4.80	4.00	0.60—9.40
z	1×2	11.00	1.00	3.38	2.47	3.38	1.00—8.50
	2×2	14.00	−6.00	4.71	3.69	5.14	1.00—11.30
	3×3	14.00	2.00	5.93	2.15	5.93	3.30—10.10

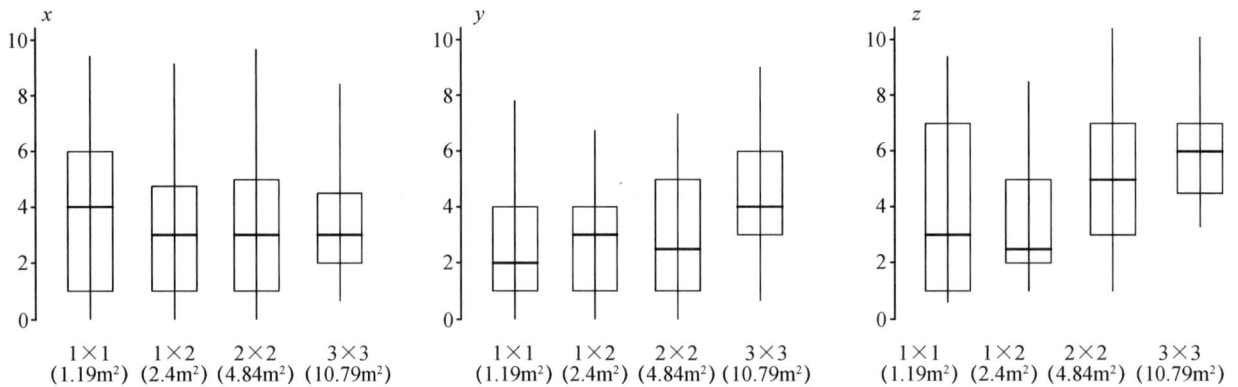

图6 落在1m×1m样本区域内的人工制品的摄影测量模型和全站仪数据之间的绝对*x*、*y*、*z*坐标差（mm）

（箱线图中的水平线代表中位数、四分位数；箱线图外的晶须是5%和95%的分位数）

7.4 样本表面起伏和模型精度

图7显示了在3m×3m样本区DEM和坡度栅格表面上的人工制品位置。一般线性模型表明，在两个缓冲距离内的每个人工制品相关的平均表面倾斜角对*x*（4厘米：*t*=1.63，*p*=0.10；6厘米：*t*=2.19，*p*=0.030）、*y*（4厘米：*t*=−0.86，*p*=0.39；6厘米：*t*=1.24，*p*=0.22）、或者*z*（4厘米：*t*=−0.68，*p*=0.50；6厘米：*t*=−2.37，*p*=0.019）的误差没有显著影响。

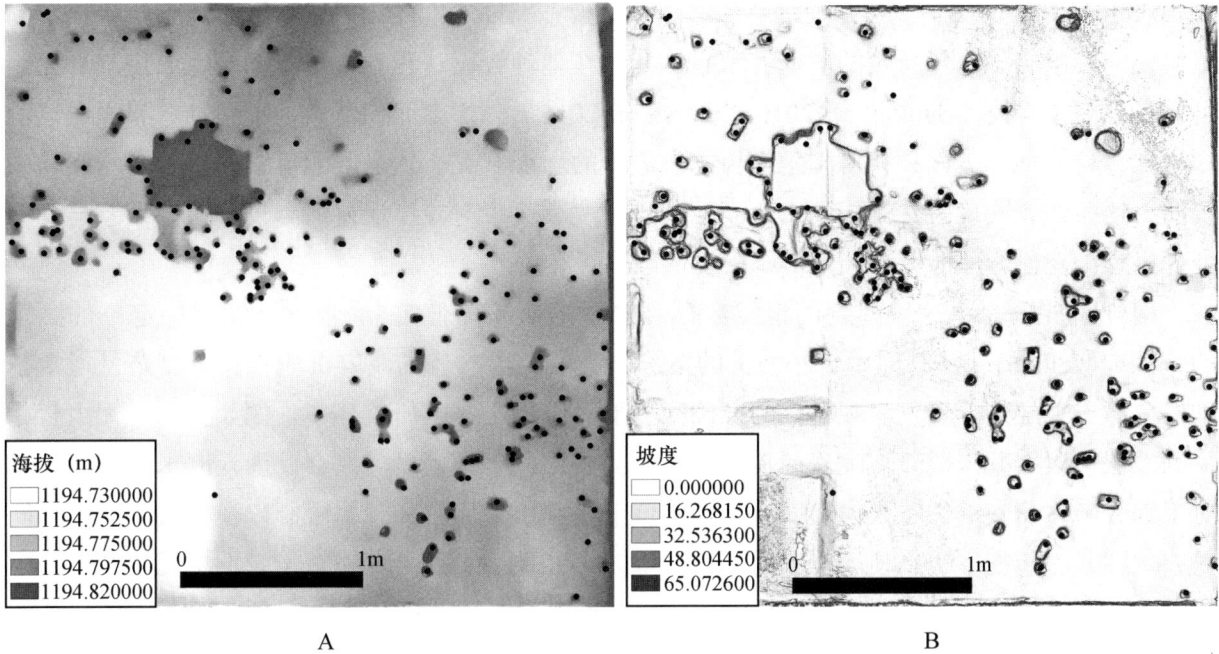

图7　DEM（数字高程模型）（A）和3m×3m样本区域的坡度光栅图（B）
（黑点代表人工制品的点定位）

8. 讨　　论

我们的结果表明，在所采用的便捷模型处理方案下，摄影测量模型数据中与水平轴（x和y）相关的误差要大于垂直轴（z）的误差。基于3m×3m的模型，包括我们整个研究区域的累积误差，z的误差通常在0—10mm之间，而x和y的误差大多在0mm和15mm到20mm之间。尽管四个模型的累积平均绝对误差（表2）意味着x和y的误差随着样本面积的扩大而增加，但统计评估表明，表面积只对y和z的误差有意义。目前尚不清楚为什么表面积对水平轴的影响不一致（即对y有意义而对x没有）。然而，统计模型的低效应量表明，虽然有意义，但表面积对模型精度的影响是非常微弱的。另一方面，表面起伏对人工制品坐标的精度也没有显著影响。

在我们目前的工作流程中，摄影测量模型中任何给定人工制品的三个空间轴之间的综合误差很容易达到厘米范围。这个误差水平超过了全站仪记录的一些限制，比如McPherron及其同事（2005）提出的5毫米的阈值，而且可能不足以为分析提供足够的定位精度，比如人工制品方向和微地层区分。一方面，使用高质量的设置来构建密集点云将直接提高模型精度，而未来计算能力的发展无疑将改善目前使用高设置时所面临的技术问题。

考虑到统计结果，我们各模型中z的累积平均绝对差值相对稳定，这意味着纵轴上的随机误差实际上是相对稳定的。相比之下，两个横轴上的累积平均绝对差值的增加指向影响模型误差的额外变化源。具体来说，多项研究已经证明了模型质量与一系列因素之间的联系，包括地面控制点的密度、照片的位置和分辨率以及模型处理设置（Douglass et al, 2015; Magnani et al,

2016; Sapirstein, 2016）。更好地理解这些因素与模型精度之间的关系，有助于建立指导摄影测量协议的标准，以满足特定的研究需求。例如，在地理校正过程中使用更多的地面控制点无疑可以提高模型精度（Sanz et al, 2010; Sapirstein, 2016）。样本面积越大，水平轴的累积误差明显增加，这可能与表面积相对于地面控制点数量的增加有关。这个问题可以通过未来的实验来澄清，这些实验明确设计用于隔离地面控制点密度和放置对模型误差的影响，这些误差与模型处理过程中建模表面的大小和其他质量设置等因素有关。

同样重要的是，这里提到的定位数据可接受的误差阈值（5毫米）是针对特定条件制定的，例如McPherron及其同事（2005）的案例中，旧石器时代的洞穴沉积物具有复杂且通常精细的（微）地层划分。这里观察到的准确度可能足以用于其他研究环境。例如，与露天组合相关的地层可以有几米厚。伴随着稀疏的人工制品集中，研究人员可能会认为几厘米的随机误差对于划分考古材料的位置来说是微不足道的。考虑到由于后勤和预算限制以及相关的观察者间误差，在某些情况下仍在使用较旧的定位技术，例如使用卷尺计算相对于发掘单元位置的人工制品位置，这些旧技术的随机性和系统性可能超出了我们研究中产生的范围。在这样的环境下，SfM摄影测量方法可能是一个有吸引力的替代方案，用于导出/归档人工制品定位数据，特别是如果它的应用可以大大减少现场时间和成本的话。同样，这里观察到的误差范围可能比大型步行调查中常用的手持式全球定位系统（GPS）装置小得多，后者的误差范围可达数米。即使是差分GPS装置，其随机误差也可达1米（Monteiro et al, 2005）。因此，如果能见度允许，摄影测量方法在大规模景观调查中可能是有用的，特别是在无人机技术的帮助下（Chiabrando et al, 2011），可以在一个内部更一致的3D空间中生成人工制品或地形信息的定位数据。

除了模型的精度，使用摄影测量模型来推导人工制品定位数据的一个重要问题是无法在模型中获取考古材料的实际沉积位置。具体来说，如果发掘照片是在收集暴露的人工制品之前拍摄，那么由此产生的摄影测量模型只能记录有关这些人工制品暴露顶面的空间信息，而不是它们的实际沉积位置。虽然可以通过开发与人工制品底层相关的独立模型来规避这个问题，但这种做法会大大增加获取和处理所需的数据和模型的数量。如果只对人工制品的顶面进行建模，那么高差的问题对于评估考古材料的沉积和地层背景时，会对模型得出的点源数据的可用性具有重要影响。例如，沉积在同一表面的两个不同厚度/体积的物体会有相似的底面高程，但具有不同的顶面高程。

为了更仔细地研究这个问题，我们考虑了整个样本区域人工制品上最顶端的点（由黑色标记）和它们各自的底部位置（定义为每个人工制品下方的中间点）之间的绝对高差；这两组数据都是在我们发掘期间由全站仪记录的。在四个样本区中，人工制品顶部和底部表面的平均高差在12—13毫米之间，尽管实际差异可能高达75毫米。这些高差很可能反映了在我们的组合中占主导地位的人工制品的厚度，其中大部分是石片，以及它们在暴露的发掘表面的相对位置（例如，平躺与倾斜的角度）。因此，我们预计这种高程误差在不同的组合中会有不同的变化，这取决于所代表的石制品种类以及它们的沉积结构。还需要指出的是，这里讨论的坐标误差是随机的，而不是系统性的，这意味着即使是记录点的相对位置也很难确定。因此，将这些数据用于分析目的时可能会导致相当大的误差。

当然，如前所述，这个高程误差的问题可以通过从人工制品采集前后的照片生成单独的模型来解决。然而，时间和后勤方面的额外成本与摄影测量方法的好处相比，需要在特定项目的背景下进行评估。也就是说，对于某些研究环境来说，人工制品高程中的这些厘米级误差可能是微不足道的，比如大规模的调查或发掘，其中考古材料的背景和年代信息依赖于它们与特征的关联，而不是地层位置。

9. 结　　论

研究人员已经证明，在受控条件下，SfM摄影测量可以取得接近甚至超过激光扫描仪的结果（Georgantas et al, 2012; Porter et al, 2016）。然而，鉴于照片是无比例尺的，由此产生的模型精度和准确度不可避免地以输入的地面控制点涉及的相关测量比例尺来表示。虽然优化SfM模型的一般精度和准确度本身就是一个有价值的目标，但另一个研究策略是探索提高与特定模型比例和研究目的有关的摄影测量精度。在我们的案例中，目标是探索SfM摄影测量作为一种手段，以足够的精度记录人工制品的定位，达到分析的目的，同时也加强发掘过程的后勤支持。

本研究的结果表明，在我们相对便捷的记录和处理协议下，从SfM模型得出的人工制品定位的坐标误差大大超过了在某些发掘背景下为全站仪测量提出的阈值。这一结果提醒我们，在背景信息（包括人工制品的高度和倾向）对有关考古材料的解释起重要作用的情况下，直接使用模型得出的定位数据进行分析，需要进一步的研究来系统地评估其他因素对模型准确性的影响，以建立适合特定现场条件的协议。但是，可能还有许多其他研究环境可以接受此处报告的定位准确性水平。在这些环境中，可能包括大规模的露天发掘和调查，SfM摄影测量作为一种低成本、快速和有效的解决方案来获取现场背景数据，可能具有吸引力。特别是，将图像纹理投射到3D模型上的能力意味着摄影测量能够以相对整体的方式数字化地捕获背景信息，否则很难以点源格式进行记录。此功能使摄影测量成为出于分析和保护目的记录考古信息的强大方法。

致谢：研究经费由中国科学院重点研究项目（KZZD-EW-15）、中国科学院化石发掘与制备专项资金、国家文物局考古发掘专项资金为高星提供。马克斯·普朗克进化人类学研究所为Sam Lin提供了差旅费用。我们感谢周振宇对研究主题进行的富有成效的讨论，以及2015年水洞沟第2地点发掘季的所有参与者。Matthew Douglass对早期的草稿提出了意见，并帮助提高了论文的清晰度。

［原载Peng F, Lin S C, Guo J L, Wang H M, Gao X. The Application of SfM Photogrammetry Software for Extracting Artifact Provenience from Palaeolithic Excavation Surfaces. Journal of Field Archaeology, 2017, 42(4): 326-336］

（陈果译，彭菲校）

模拟地表形态对考古学标本定位模式的影响

李　黎[1]　Sam C. Lin[2, 3]　彭　菲[4, 5]　Ilaria Patania[6]　郭家龙[7]

王惠民[7]　高　星[5, 8, 9]

（1. 图宾根大学早期史前史与第四纪生态学研究所，德国图宾根，72070；2. 伍伦贡大学考古科学中心地球与环境科学学院，澳大利亚伍伦贡，2522；3. 伍伦贡大学澳大利亚研究理事会生物多样性与遗产卓越中心，澳大利亚伍伦贡，2522；4. 中央民族大学民族学与社会学学院考古文博系，中国北京，100089；5. 中国科学院古脊椎动物与古人类研究所脊椎动物演化与人类起源重点实验室，中国北京，100044；6. 海法大学泽曼考古研究所，以色列海法，3498838；7. 宁夏文物考古研究所，中国银川，750001；8. 中国科学院大学，中国北京，100089；9. 中国科学院，中国北京，100864）

摘要： 遗物和动物遗骸在考古沉积物中的空间定位对于理解其埋藏形成的过程是很有用的。这是因为沉积后的自然营力会以特定的方式移动沉积物中的遗存，导致一些遗物倾向倾角排列的非随机模式。另一方面，当遗物组合表现出随机分布的方位和最小的倾斜度时，人们通常认为这些遗存属于原地埋藏环境，受地质营力的影响有限。然而，这种关于原地遗物方向的零假设很少得到实验验证。在这项研究中，我们开发了一种GIS模拟方法，来模拟现实世界中不同地形和坡度形态的表面上的遗物丢弃过程。我们的研究结果表明，不平整的地表地貌会导致原地丢弃物具有更多不同的俯冲方向排列。以水洞沟旧石器时代遗址第2地点为例，研究表明该遗址中水平分布的遗物"层"表现出与模拟结果一致的方向性。这一发现表明，可以用考古学上的方向模式作为过去地表地貌和形态的代表。

关键词： 方向；形成过程；模拟；地理信息系统；水洞沟

1. 简　介

确定考古沉积物的形成历史对于评估其中的考古遗存的背景完整性和行为意义至关重要。已经充分证明，组构分析，即对沉积物中单个碎块的三维沉积模式的研究，对于评估遗存在过去的沉积过程非常有用（Bertran and Texier, 1995; Lenoble and Bertran, 2004）。到目前为止，组构分析在考古学中的应用主要集中在考古材料的空间走向上（Domínguez-Rodrigo et al, 2014; Lenoble and Bertran, 2004; McPherron, 2005）。通过比较考古遗物的方向和现代过程产生的模式，研究人员已经成功地确定了其形成机制对考古沉积物的影响，特别是水的作用和沉积物运动对洞穴和露天环境的影响（Benito-Calvo et al, 2009; Benito-Calvo and de la Torre, 2011; Bernatchez, 2010; Domínguez-Rodrigo et al, 2014; Lenoble and Bertran, 2004; McPherron, 2005; 2018; Walter and Trauth, 2013）。过去20年记录和分析技术的改进，进一步使得考古标本空间走向数据的定性和比较更加客观（Benito-Calvo and de la Torre, 2011; de la Torre and Benito-Calvo, 2013; Domínguez-Rodrigo and García-Pérez, 2013; McPherron, 2005, 2018）。

解释走向数据的一个关键假设是，如果考古材料是在原地埋藏的，那么物体在水平方位上更有可能是随机分布的，而纵向倾角则是依照物体被弃置的表面的坡度。基于人类行为形成的埋藏不会有任何走向上的规律性，包括过去的人在丢弃过程中或丢弃后不太可能有目的地使物体倾向一致。因此对具有长轴的考古材料的埋藏状态可以有这样的预期：①随机分布的方向；②最小的倾角变化。如果如此，那么该组合可能只被有限的后沉积扰动。虽然这些假设对于平坦表面上的埋藏来说是合理的，但在地面有坡度和/或不规则的情况下，是否可以预期有同样的情况，还有待证明。如果地表形态会导致原地物体方向排列的显著变化，我们可能会误解考古遗存的形成背景。因此，有必要评估诸如地表形态等因素如何使考古标本走向数据的解释变得复杂。

在这项研究中，我们通过提出以下问题来研究这个问题：如果所有其他因素的影响保持不变，那么被丢弃在不同地形地貌上的遗物的基准走向是什么，这些基准走向与那些已知的不同地貌特征相比如何？我们以水洞沟第2地点——一处旷野旧石器时代遗址为例，模拟了该遗址附近的现代地表上的遗物废弃情况，目的是确定原地埋藏遗物在不存在后期扰动情况下的原初走向。结果表明，不平整的地表对丢弃物的方向有明显的影响，特别是在纵向走向（如倾角），导致模拟的遗物走向在剖面上的分布近似于泥石流的结果。通过将水洞沟第2地点考古材料的走向与其他证据（如遗物分布、地质特征）相结合，我们认为遗存组合的走向变化反映了过去地表构造的差异。

2. 背 景

2.1 不同地质机制对遗物方向的影响

旧石器研究人员早就认识到，流水可以影响土地上物体的排列和方向（Isaac, 1967; Kaufulu, 1983, 1987; Schick, 1984）。具体来说，受水流影响的物体的水平走向通常会平行或垂直于水流或斜坡的方向（Blatt et al, 1980; Domínguez-Rodrigo et al, 2014; Isaac, 1967; Kelling and

Williams, 1967; Kluskens, 1995）。这种关系已经在实际和实验室环境下的骨骼和石制品分布研究中得到了证明（Domínguez-Rodrigo et al, 2014; Isaac, 1967; Schick, 1984; Walter and Trauth, 2013）。研究发现，即使是在低能量的流动环境下，骨头也特别容易受水的影响而改变走向并被搬运（Domínguez-Rodrigo et al, 2014; Schick, 1984）。对于石制品来说，走向改变与遗物的大小等级和水流的能量直接相关。在低流速的情况下，只有小尺寸的物品会被改变走向，而较大的物品可能会只表现出一些倾角改变；随着流量的增加，较大的物品会开始改变走向（Schick, 1984; Walter and Trauth, 2013）。

在考古研究中，走向的分布使研究人员能够有效地确定水流对遗物组合形成的影响。Kaufulu（1987）记录了Koobi Fora的几个早期旧石器时代遗址中细长的骨头和石制品的排列倾向，发现受到水流的明显影响。Benito-Calvo（2013; also see Benito-Calvo and de la Torre, 2011）利用从奥杜威发掘材料中的遗物走向数据，证明了第一层的遗物组合反映了受到水流扰动的走向（Domínguez-Rodrigo et al, 2012, 2014）。在Cagny-l'Epinette，Dibble等人（1997）的研究表明，来自所谓的"生活面"的石制品和骨骼显示出与台地坡度方向平行和垂直的倾向方向，暗示水流参与了这些组合的埋藏过程。最近，Dibble等人（2006）对Font echevade遗址进行了调查，结果显示，遗物的走向显示其受到了后期扰动，特别是泥石流和浅表径流。这一观察结果支持了作者的解释，即Font echevade遗址的遗物埋藏状况主要是自然形成过程的结果。其他研究也应用了类似的走向分析来确定水径流和坍塌对其他地方的石制品组合的影响，如肯尼亚（Walter and Trauth, 2013）、南非（Bernatchez, 2010; Oestmo et al, 2014）和蒙古（Zwyns et al, 2014）。

走向分析也被证明对辨识考古堆积中大规模的自然搬运作用有用，如泥石流和冻融。在这些条件下，遗物和天然石块都会聚集于坡底，造成更无序的走向排列（Lenoble et al, 2008）。然而，根据搬运机制，物体的埋藏状态可能显示出与当前沉积动力相平行的排列。例如，泥流已被证明能造成产生平行于斜坡的走向性，特别是在泥流的前端，但在纵向倾角的变异性却更大（Bertran and Texier, 1995）。Bertran等（2015）的实验研究表明，通过泥流作用搬运的物体走向在很大程度上取决于坡度——如果坡度角足够陡峭，这一走向模式可能在两到三年内出现。在旧石器时代中期的露天遗址Come-Capelle Bas，McPherron和Dibble（2007）证明，遗物组合的方向与遗址的坡度密切相关，表明其可能受到泥流或泥石流的影响。Bertran和Texier（1995）在法国的五个旧石器时代遗址，包括Come-Capelle Bas，确定了与考古沉积物坡度一致倾向的遗物方向。由于这些遗址都是处于冰缘环境，作者认为这些走向模式是冰川作用。同样，Lenoble和Bertran（2004）也评估了法国三个旧石器时代中期和晚期的遗址的遗物走向，并表明泥石流的影响可以通过遗物的特定走向（通常是倾斜）的识别。Lenoble 等（2008）进一步通过模拟泥石流对原地埋藏的石制品剥片现场的影响，结果发现在100年时间内，这些剥片现场石制品可以聚集到坡底，并在距离上有明显的排序。McPherron （2005, 2018）也辨识出在Pech de l'Aze IV和La Ferrassie遗址的一些地层中，泥石流或泥流对遗物埋藏有影响。

影响露天考古遗迹定向的另一个机制是风成过程。在不受水动力过程和其他埋藏因素影响的情况下，Prendergast and Domínguez-Rodrigo（2008）报告了坦桑尼亚埃亚西湖漫滩上几个月的大风导致牛骨重新定向。风引起的沉积物的剥蚀和分解，并带走了遗物的埋藏基底，进而影响了遗物的方向，使遗物成为水平堆积于地表上（Esdale et al, 2001）。踩踏行为也是另一种后期沉积机制，它可以显著地改变遗物的倾向和倾角（Benito-Calvo et al, 2011; Eren et al, 2010; Gifford-Gonzalez et al, 1985; Marwick et al, 2017; Nielsen, 1991; Schoville, 2019）。Eren等（2010）在他们的实验中证明，在水牛和山羊践踏后，石制品的倾角不仅更高，而且变异度更大。当遗物埋藏的基底是松散的，这种改变尤其剧烈，这可能会让石制品材料有更多的扰动。同样，在砂质基底中，Marwick等（2017）发现，人类踩踏会导致遗物倾角的显著变化，但不会导致倾向的变化。相比之下，Benito-Calvo等（2011）的研究表明，在硬质基底上，人类踩踏不会对遗物的垂直倾斜造成重大改变，反而会增加材料的压实度，从而使其水平方向更加有序。

据推测，考古材料被丢弃后，会水平置于地面上。在被丢弃和/或掩埋后，如果地貌形态因低温扰动、泥化扰动和生物扰动等过程而改变，物体的垂直方向可能会发生变化（Wood and Johnson, 1978）。Esdale等人（2001: 164）的研究表明，育空北部Dog Creek遗址的遗物倾角明显与霜冻活动有关，"霜冻暴露时间越长，遗物倾角越大"。这很可能是因为遗物倾向于通过冻融作用在每个冻融循环堆积中沿垂直方向翻动（Johnson, 1952; Wood and Johnson, 1978）。在其他情况下，由于干湿循环和/或冻融循环，富含黏土的沉积物的地表可能会出现裂缝（Lu et al, 2016; Wood and Johnson, 1978）。然后，表面上的遗物可能会掉入裂缝中，从而产生更多垂直对齐的倾角。同样的结果也可见于植物根茎对考古材料的强烈影响（Rapp et al, 2006）。

2.2　测量和解释考古走向数据

考古对象的方向通常沿着物体的长轴（A轴）（Benito-Calvo and de la Torre, 2011; Domínguez-Rodrigo and García-Pérez, 2013; McPherron, 2005）。传统上，测量是通过使用指南针来确定方位角和倾角来记录的（Domínguez-Rodrigo et al, 2012; Mills, 1984）。现在，研究人员采用全站仪记录一个石制品长轴两个端点的三维位置，以计算考古走向（Dibble and McPherron, 1988; McPherron, 2005; McPherron and Dibble, 2002）。后一种方法的优点是记录数据的准确性和精度更高，并且在现场进行记录的速度更快（McPherron, 2005）。

遗物长轴的走向是由其水平倾向和垂直倾角描述的。用施密特图和玫瑰花图来显示方向数据的分布是一种常见的方法。为了客观地解释方位数据，研究还采用了统计测试来定量地评估数据的模式。对于水平倾向，通常采用参数化的Rayleigh检验来检查倾向是否在圆形数据分布图中有明显的不平均分布（Bernatchez, 2010; Oestmo et al, 2014; Phillips et al, 2019; Walter and Trauth, 2013）。然而，虽然Rayleigh检验对检测圆形数据中的单模态分布很有用，但它在区分多模态分布与均匀性方面的能力有限（Landler et al, 2018）。由于地貌和沉积过程经常会产生双模或多模定向模式（例如，物体长轴平行和垂直于斜坡/流动方向），Benito-Calvo和de la

Torre（2011）强调需要使用非参数综合测试，如Kuiper测试，它更有效，可以从各向同性的定向模式中检测出多模分布。另一方面，对于倾角，由于数值不是360°的，而是从0到90°变化，可以使用Kolmogorov-Smirnov检验等统计检验来评估数据的均匀分布（McPherron, 2018）。

另一种总结方向数据的方法是通过计算基于走向特征值的指数并将这些指数绘制在三角图上（Benn, 1994）。特征值概括了走向数据沿三个相互正交的向量的分布，三个特征值之间的关系反映了走向分布的不同属性（Benn, 1994; Lenoble and Bertran, 2004; McPherron, 2005, 2018）。具体来说，特征值被用来计算两个指数：长轴指数和各向同性指数。当长轴指数高时，数据是"线性"的，表明存在一个平坦的倾向和倾角排列。当各向同性指数高时，数据是"各向同性"，反映了其倾角方向的更大变化。当这两个指数都很低时，那么数据是处于"平坦"的，表明在一个平面上是随机分布的走向。这两个指数的值可以用一个三角图来概括，三个结构配置（各向同性、线性和平面）为三极。这张图被称为"Benn图"。Bertran 等（1997）、Lenoble和Bertran（2004）扩大了Benn图对考古学分析的适用性，他们总结了从已知地质过程（如泥石流、地表径流、冻融和泥流）中得出的碎屑方向的特征值。这些数据提供了宝贵的参考数据，可以对考古材料的走向进行定量比较和解释（Benito-Calvo et al, 2009; Lenoble and Bertran, 2004; McPherron, 2005, 2018）。

然而，除了方法上的进步外，考古标本走向研究中普遍存在的一个基本假设是，具有最小的后期埋藏干扰的沉积物应该显示随机分布的方位。如果检测到有倾向的、非随机的分布，则意味着这些考古标本埋藏状态已经被沉积后的动力所改变。同样，有一个普遍的概念，即原地遗物应该平放在地表上，因此在垂直方向上只应表现出微小的变化。如果遗物被发现处于垂直倾斜的位置，那么这也就意味着某种形式的沉积后影响（Bernatchez, 2010; Dibble et al, 2006）。这些论断是使用统计学测试的基础，例如雷利（Rayleigh）测试，其零假设是原地埋藏遗物倾向应该是均匀分布的。使用Benn图解释走向数据的背后也有同样的假设，在Benn图中，被置于在"平坦"区域的组合被认为是接近原地埋藏，只受到很少的后期扰动。

然而，只有在原地埋藏石制品被废弃的地表是平整的（即不是倾斜的）时，原地埋藏遗物的走向特征才是合理的。如果地表是不平整的和/或倾斜的，随机废弃的标本不一定会产生随机的方向，因为"……废弃物弃置所在的地表形态会改变它们的埋藏走向"（McPherron, 2005: 1009）。例如，在一个有坡度的地表，遗物走向会出现一个沿着坡度的方向的显著聚集，尽管遗物在走向上是随机分布的，没有沉积后的改造（McPherron, 2005）。这意味着，原地遗物走向的零假设并不是普遍的，它很可能因背景因素如地表起伏而变化；因此，对考古数据走向的解释需要考虑到这些局部因素对基准走向模式的影响。

3. 材料和方法

3.1　水洞沟第2地点

　　水洞沟第2地点（SDG2）位于毛乌素的西南边缘，是华北水洞沟遗址群已发现的12个露天旧石器时代遗址之一（Gao et al, 2008; Pei et al, 2012）。2003年至2007年期间，在该遗址的两个相邻区域（T1和T2；见图1a、b）的发掘揭露了一个12米厚的地层剖面（该剖面的详细描述见Li et al, 2013a和Liu et al, 2009）。地层的下层3.5米由绿色淤泥质黏土和深色富含有机物的沉积物组成，有薄层理和底砾层，表明该遗址在形成的早期阶段是湖泊或沼泽的一部分。地层堆积上部大约8.5米几乎完全由黄色粉砂土组成，它们是被水动力条件堆积形成（Liu et al, 2009）。该剖面上下两段之间沉积体系的变化被解释为代表了此处史前发生的水体的退缩（Liu et al, 2009）。这种与湖泊有关的沉积历史得到了孢粉记录的支持，孢粉记录显示了该地区半干旱气候的景观上存在水体（Liu et al, 2009）。

　　在T1和T2的发掘出土大量的石制品、动物骨骼和鸵鸟蛋壳串珠。根据标本埋藏的集中程度及其与地质层的相关性，发掘人员将这些其划分为七个文化层（CL1—CL7）（Li et al, 2013a; Pei et al, 2012）。上层的五个文化层（CL1—CL5）是由集中在较水平的遗物集聚层组成的，层与层之间被含有零星标本的沉积物所间隔。这五个文化层出现在地层序列的上部约6米深度内，均埋藏于黄色粉砂土中。另一方面，下部的文化层（CL6—CL7）是由松散地分布在黄色粉砂沉积物的最下部和下面的绿色/黑色淤泥沉积物中的遗物构成。多项测年研究将该地层和考古序列置于41ka—27ka cal BP之间（Li et al, 2019, 2013b; Peng et al, 2020）。

　　SDG2的大部分考古发现都出现在地层堆积上部遗物较密集的CL1—CL3文化层中。据报道，多个被认为可能是用火的具有燃烧特征的堆积也都发现于这些上部文化层。关莹等（2011）发现，CL2的考古遗存有集中在这些具有燃烧特征的遗迹四周的现象，并认为文化层代表了由多个以火塘为中心的"居址现象"产生的生活面。关莹等（2011）指出发掘出土的遗物埋藏走向具有随机分布的水平方位，平均垂直倾斜度小于10°，表明考古遗存被平置于地表，经历了最小的后期扰动影响。

　　2014—2016年，在之前发掘的T2以北的一个区域（T3）对SDG2进行了新的发掘（Peng et al, 2018；图1）。这次发掘揭露了一个10米深的地层堆积，与之前在T1和T2的发现相似。该地层堆积的下部3米与湖泊或沼泽环境有关，由层状的绿色淤泥质湖泊沉积物组成，覆盖在深色的富含有机物的黏土上，具有波浪形带浪尖的底层堆积。含有大量氧化还原特征的层状绿色淤泥层与上面的黄色砂土层被呈层状紧凑的黏土层分开。该地层堆积的上部7米是由微层状黄土粉砂组成，局部有高含量的岩盐和水平带状的文石鲕粒。岩盐和文石的存在，很可能是通过水蒸发的矿物沉淀形成的，表明该遗址在地层上部堆积物定期被浅水、积水覆盖。因此，地层堆

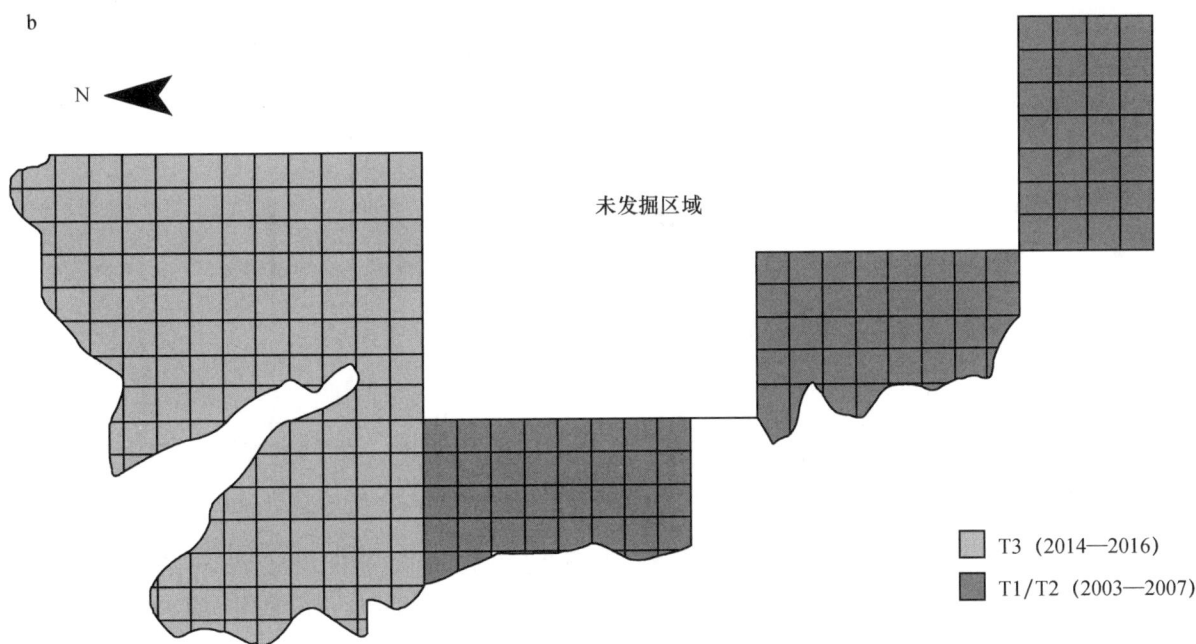

图1 水洞沟第2地点（SDG2）发掘区域图
a.水洞沟第2地点发掘的三个探方的剖面图 b.发掘探方平面图

积上部的黄色粉砂层可能是在先前存在的湖泊收缩后，在低能量的水环境下，如在波动的湖岸环境中形成，并定期被水淹没。

除CL4外，本次发掘确定了之前发掘所描述的所有文化层，并具有类似的特征（图2）。上部CL1—CL5（CL1细分为CL1a和CL1b）由集中的遗物构成，这些遗物埋藏状态呈近乎水平分布，其间有含有少量遗物的自然堆积间隔（图3）。较低的CL6—CL7，根据文化层和地

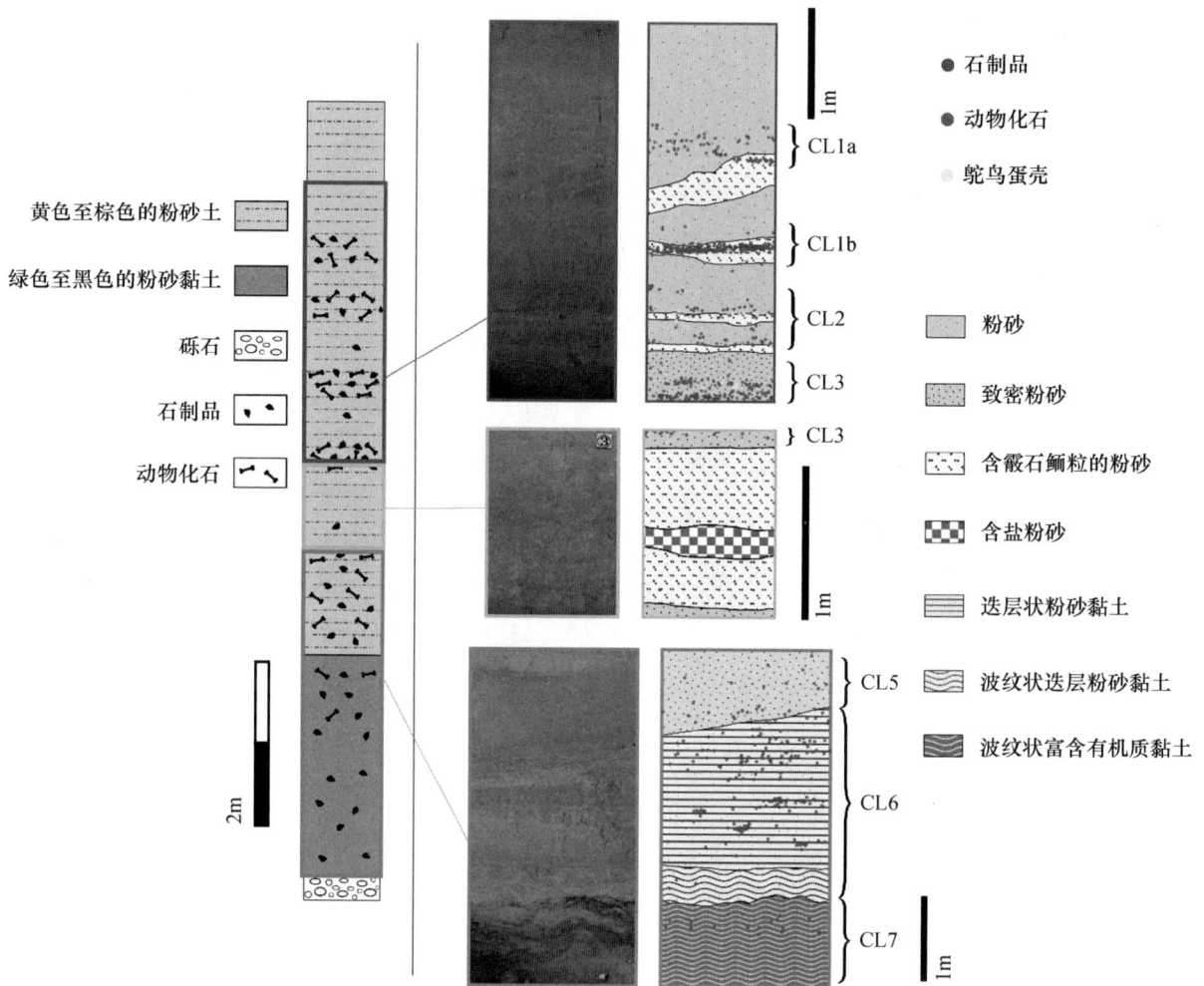

图2　2014年至2016年发掘的SDG2的T3的地层和文化层
（本图引自Peng et al, 2020）

层变化定义，这两层中均含有较少的散落于整个地层中的遗物。在T3的发掘过程中我们系统地收集了木炭和鸵鸟蛋壳的样本，对其进行测算，得出的年龄与地层剖面一致的年龄-深度关系（Peng et al, 2020）。贝叶斯年龄模型将T3序列置于43ka—28ka cal BP之间（Peng et al, 2020），与李锋等（2019）在T1和T2综合研究的遗址年代处于深海同位素3阶段（MIS3）的时间框架相匹配。

发掘中出土7000余件最大尺寸大于2厘米的石制品和动物骨骼，其中大部分出现在CL1—CL3层。但该遗址的有机物的保存情况很差，大部分发现的骨骼都是细小易碎的碎片，用水一冲就会解体。在原地刚出土时可以观察到骨头显示出灰色（可能是钙化）的光环，浸渍在它周围的沉积物中，表明是化学成因而不是机械成因（可能是由沉积物中的岩盐浓度造成的）。另一方面，石制品看起来很新鲜，几乎没有沉积后损坏的迹象。就石制品的尺寸分布而言，CL1a和CL1b的石制品组合都显示出梯次分布（即大量较小的碎片，而不是较大的碎片），这是完整的石制品组合所应有的（Lin et al, 2016）。对于CL2和CL3的石制品组合，较小尺寸级别的

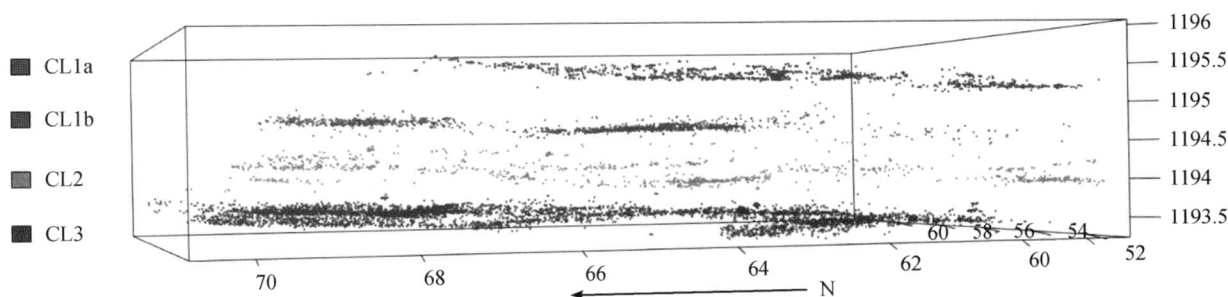

图3　CL1—CL3的遗物分布图

遗物（最大尺寸为20—25毫米）的数量低于预期，这表明水动力可能是造成这一埋藏状况的原因。这种情况也符合遗物和相关沉积物是在低能量的水流环境下积累的解释。总的来说，这些文化层的考古材料呈水平带状分布（CL1—CL3），表明在考古遗存被丢弃后，埋藏过程相对较快（Peng et al, 2020）。在整个剖面上都能观察到植物根系和昆虫钻探的生物扰动迹象，但这些迹象一般都是局部的，规模也很小。

3.2　考古遗物埋藏的走向

CL1—CL3的遗物水平"层状"分布（图4）给人的印象是这部分地层序列中的考古遗迹代表了过去的生活面（Guan et al, 2011）。为了评估这一假设，在发掘过程中，我们使用McPherron（2005）设计的操作方法，精准记录了T3的考古发现的主要长轴方向（A轴）。具体来说，使用全站仪和EDM-WIN软件记录物体长轴的两个端点的空间三维（3D）位置（Dibble and McPherron, 2010），并以倾向和倾角方式计算方位（McPherron, 2005）。这一测量方法并非应用于所有遗物，研究只考虑具有长轴的标本，即（长/宽）超过一定阈值的物体（Bertran and Texier, 1995; Lenoble and Bertran, 2004）。也有学者认为，遗物大小和形状的变化对整个走向模式没有重大影响（Dibble and McPherron, 1988; McPherron, 2005）。在这项研究中，我们只记录所有显示出具有明显长轴的石制品和骨骼上的走向特征。为了尽量减少由棱镜引起的潜在误差（McPherron, 2005），我们通过使用无反射模式或使用5厘米棱镜来记录这些标本的两个端点。

3.3　模拟现代地表弃置的遗物走向

为了确定过去原地遗物的可能基准走向，我们模拟了SDG2附近的现代地表上的遗物废弃情况（图4）。尽管现代地表与该地区在MIS3末期遗址形成时的古地貌无疑是不同的，但由于该地区的地质和地貌性质，通常情况下，地貌形态也可能与今天的地貌形态相似。也就是说，遗址周围的地貌是由更新世到全新世沉积的厚厚的黄土粉砂层构成的。现代地表被草和灌木覆盖，主要的地貌特征是由水文侵蚀产生的山丘、沟壑和斜坡。由于西风强度增加，MIS3时期

图4　本研究中用于模拟丢弃的SDG2以东的现代景观样本

的气候条件可能比现在更潮湿（Yang and Scuderi, 2010）。因此，现代地表和古地表之间的主要变化被认为是坡度和其他表面受雨水冲刷导致的不规则形态的变化，这些都是由水流侵蚀的增强以及地面植被造成的。由于本研究的主要目的是评估不同地表地貌对考古弃置物方向的潜在影响，我们的取样策略是获取现代地表中表现出坡度和地形不规则变化的区域。

我们首先使用摄影测量技术构建了紧邻SDG2东侧的现代地表的三维模型（图4）。在整个地表放置了八个地面控制点，并使用基于SDG2场地网格的全站仪记录了它们的位置。然后用无人机（DJI Inspire 2）拍摄了一系列土地表面的照片，其中182张照片被选为使用Photo-Scan软件（专业版）（Agisoft, 2019）进行处理，按照彭菲等（2017）所述的程序生成一个三维模型。完成的三维模型根据八个地面控制点进行地理参照。控制点之间的平均误差为0.041米，这对模型的规模而言，是可以接受的。

然后，三维模型被用来提取地表的平面正射影像和像素大小为5毫米×5毫米的数字高程模型（DEM）。这些组件被导入量子地理信息系统软件中（QGIS; QGIS Development Team 2019）。鉴于模拟的主要目标是明确考古学方向与地表形态的基准模式，我们从DEM中选择了三个具有明显地形特征的表面来进行遗物废弃走向的模拟：一个相对光滑平坦的表面（"平坦的表面"），一个不规则、不平整的表面（"不平整的表面"），以及一个相对均匀但倾斜的表面（"倾斜的表面"）（图5）。这三种表面的面积大约为100平方米，这与T3发掘所暴露的水平表面面积相似。通过使用QGIS中的半自动分类插件（Congedo, 2020）识别草和小灌木形式的植被，并从DEM中删除。由于大部分植被都是小草，在去除植被后，还有足够的地面可以进行合理的表面插值（图5）。

我们假设，在平坦的表面上进行的丢弃模拟将导致随机的倾向分布和变化最小的倾角。对于斜坡，我们期望看到与McPherron（2005）的模拟结果类似的模式，即倾角显示出很少的变化（因为相对平整的地面地貌），但走向是沿着斜坡的倾斜方向。对于不规则的地貌形态，我们预计崎岖不平的地表会大大改变模拟的丢弃物的方向，特别是倾角变化。

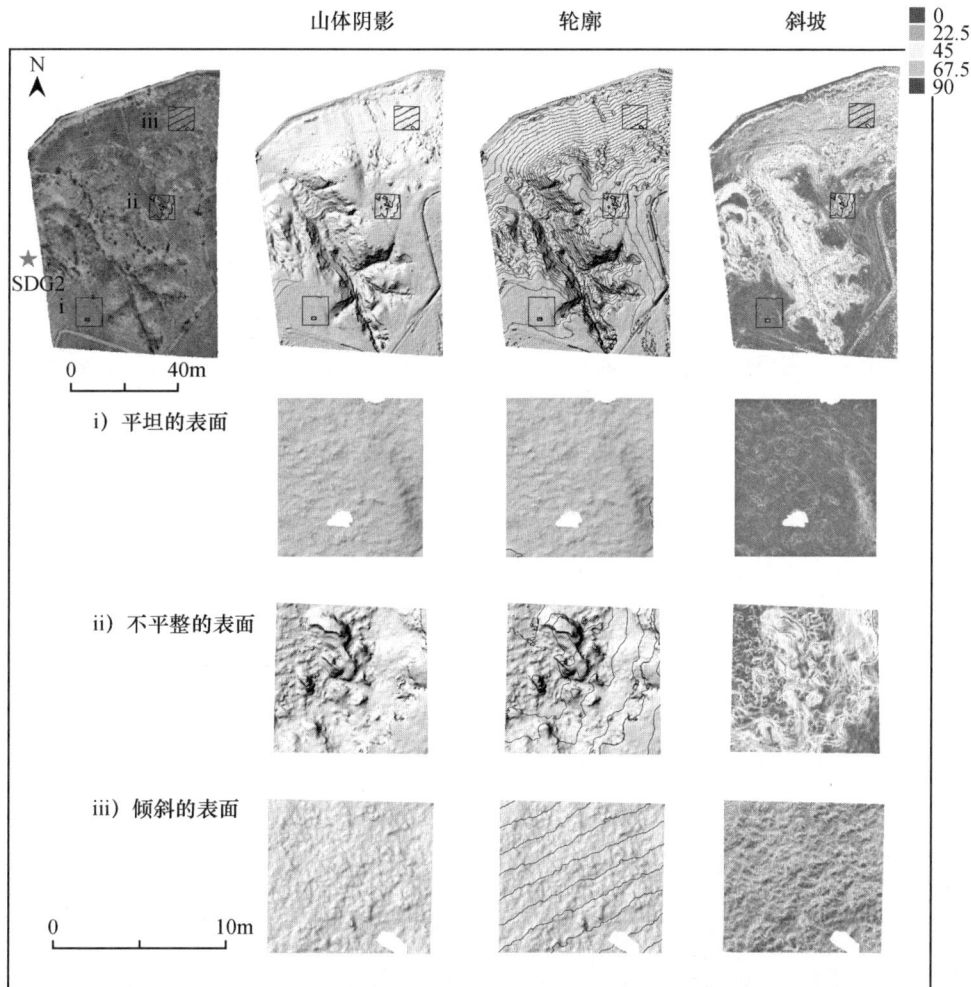

图5 为模拟废弃而选择的三个现代陆地表面的平面图

三个地表之间的地形和坡度差异用山体阴影、等高线（0.5米）和坡度角度来说明。注意一些DEM中的孔洞，对应于去除植被后没有插值的大灌木 (关于本图例中对颜色的引用的解释，请读者参考本文的网络版）

　　李黎用Python编写了一个模拟工作流程，反复模拟三个表面上的遗物丢弃，并总结出遗物的方向配置。按照McPherron（2005）的方法，遗物被简化为掉落在地表上的线条，线条的排列代表了模拟遗物的长轴方向。我们设定5厘米为模拟遗物的长度，这是SDG2中具有长轴的遗物的近似平均长度。这个长度也大于DEM的像素大小，所以我们可以确保模拟的遗物总是落在一个以上的像素上。这就避免了模拟遗物平放在一个像素上的可能性。

　　对于三个地貌单元，每个地貌单元生成150件遗物，并使用McPherron（2018）在R统计软件（R Core team 2019）中发布的脚本对其走向进行记录。分析程序包括使用Schmidt/玫瑰花图、倾角统计图和Benn图来描述组合的方向配置（详见McPherron, 2018）。Benn图上的方位可靠区间（95%）是通过对方位数据集重新取样10000次来计算的（McPherron, 2018）。

3.4　数　据　对　比

　　在将模拟的方向模式与考古学数据进行比较之前，有必要确定模拟的数值与现场记录方法得出的测量值具有可比性。为了测试这一点，本文第三作者彭菲用当地原料制作了一组实验性石片（原材料描述见Lin et al, 2019），从中挑选出73个具有明显长轴的标本（图6）。这些测试标本的平均长轴率（长/宽）为1.78。我们将这些遗物随机散落在田野工作站的一个2米×2米的平坦地面上，用与发掘时相同的规则记录它们的方位。然后，我们在同一地面上应用之前的摄影测量和模拟工作流程，得出一组模拟方向值。由于地表是平坦的，如果模拟方位与全站仪记录的数据相当，我们期望这两个数据集都表现出最小的倾角变化，并且在Benn图上表现出很低的各向异性值（即接近"平坦"两极的现象）；尽管这两个数据集都应该表现出均匀的分布，没有倾向性的排列，但这两个数据集之间的水平倾向依旧会不一致。

　　所有的方位数据，包括模拟的和考古的，都是用R包中的Rayleigh检验和Kuiper检验功能来评估方位的（Agostinelli and Lund, 2017），以及用Kolmogorov-Smirnov检验来评估倾角的。请注意，由于Kuiper检验的检验统计量的零分布是未知的，Kuiper检验的P值是在与α相关的临界值的范围内报告。这里采用0.05的α水平作为统计学意义的临界水平。重现结果所需的所有数据都已作为补充材料上传到GitHub（https://github.com/lili0824/sdg_orientation/tree/main）。

图6　用于测试定向记录规程的实验片（左）和散布实验片的2米×2米平坦地面（右）

4. 结　　　果

　　为了建立这里开发的模拟方法的有效性，我们首先报告来自2米×2米平坦地面的实验和模拟走向之间的比较。随后，我们介绍SDG2附近三种地貌形态的模拟遗物走向，以及它们与SDG2的考古标本走向数据的比较。

4.1 实验石片与模拟的对比

对于2米×2米的平坦地表，实验中的石片和模拟的遗物被弃置于地表后都产生了随机的水平走向（图7，表1）。Rayleigh检验和Kuiper检验都表明，两个数据集的方位分布与均匀分布没有明显的区别（表1）。就倾角而言，两个数据集的平均角度为3°（表1），反映了这些物体被放置在一个相当平整的表面上。不出所料，Kolmogorov-Smirnov检验对这两个数据集都有显著的结果，反映出在遗物中存在着一种正常的倾角排序。在Benn图上，两个数据集都有很低的各向异性比（垂线变化最小）和很低的伸长比（轴承没有首选图案），因此都接近于"平面"极。总而言之，在平坦的地面上丢弃的实验和模拟遗物都产生了预期的方向配置。更重要的是，这些结果表明，发掘规程所记录的数据与模拟结果具有高度的可比性，从而支持了使用模拟方法来产生基准走向数据进行考古材料的比较的有效性。

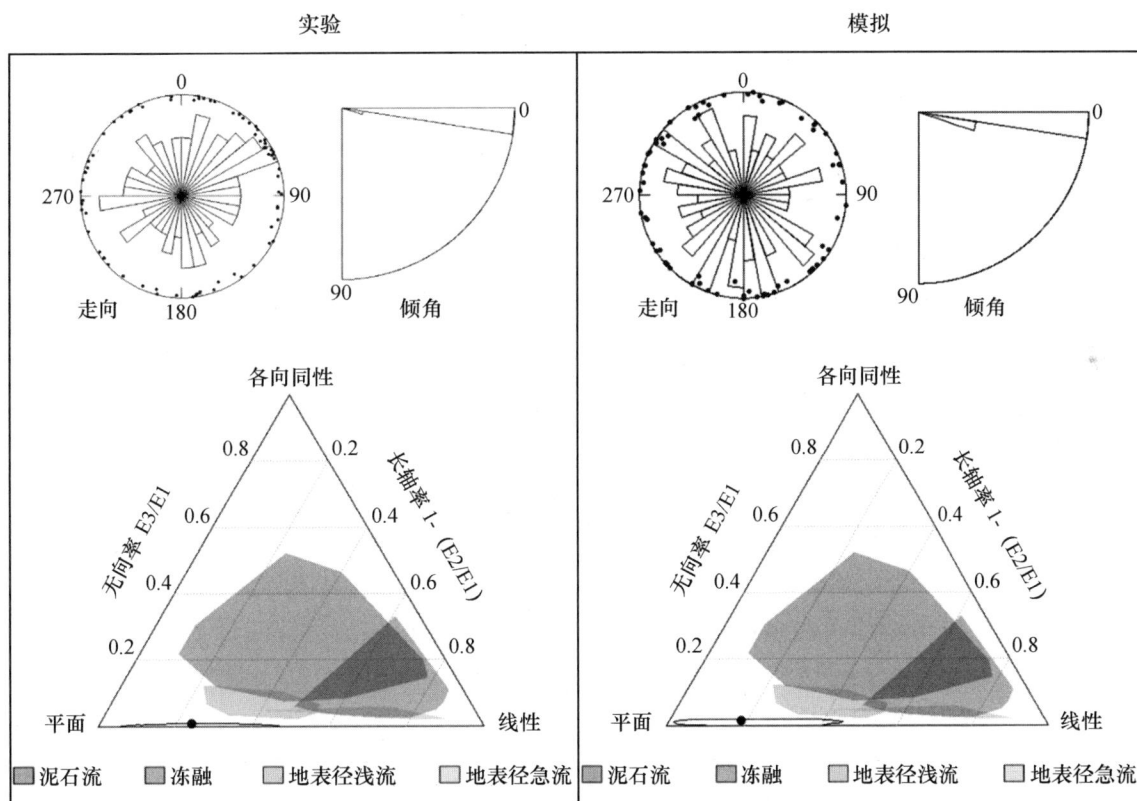

图7　测试探方内遗物方向的总结（来自模拟和实验的石片）

4.2 不同地貌形态的模拟定向

总的来说，模拟结果与我们的预期相符（图8，表2）。首先看平坦的地貌形态，模拟产生了预期的方向分布，遗物在所有方向上都是水平排列的，没有任何倾向性。这得到了Rayleigh测试和Kuiper测试的非显著性结果的支持。模拟遗物的平均倾角为3.6°，差异较小，与之前从

表1　测试探方上的实验和模拟石片的总结

石制品组合类型	数量	倾向（°）					倾角（°）			
		平均倾向	差值	L	Rayleigh检验P值	Kuiper检验P值	平均倾角	差值	L	检验P值
实验石片	73	51.4	48.2	0.16	0.16	>0.15	3	2.2	1	<0.001
模拟石片	73	230.2	51.3	0.1	0.45	>0.15	3.4	3.6	1	<0.001

测试探方上观察到的情况一致。对于不规则的地貌形态，遗物的方位并不均匀，而是显示出向西北方向倾斜约300°的倾向方向。这种模式反映了模拟地表的一般东西向倾斜，这可以通过等高线看到（图5）。虽然模拟的平均倾角（16.2°）与地表的整体坡度很吻合，但模拟数据显示的倾角差异相对较大（13.7°），反映了地表形态的不均匀。对于倾斜的表面，模拟的倾向不是随机的，而是遵循向西北倾斜的坡度方向。倾向的密度图（图8）也显示了一个相当明显的双峰分布，在300°处有一个主要的集群，这是斜坡的倾斜方向，其次是20°处的一个次要集群。这一结果与McPherron（2005）的观察相吻合，即在斜坡上随机丢弃的遗物会因为倾斜的坡面而导致非随机的倾向排列。就倾斜度而言，这里的遗物显示出平均倾斜度为15.5°。倾角也比平坦的地面上的倾角变化更大，表明地表有一些不平整的地方。

　　看一下Benn图，与平坦和斜坡地貌相关的模拟走向与三角图中下方两个极点构成的平坦面非常接近，这种情况符合通常预期的原地遗物埋藏模式。这两种地貌形态的统计置信区间与已知埋藏情况的走向分布并不相符。然而，对于不规则的表面，模拟的走向显示出在各向同性和长轴率较高，这意味着该组合具有更多的较陡峭的倾角，这种较高的倾角变化导致模拟组合数据处于被泥石流搬运数据的数值区间的边缘；重新采样的置信区间延伸到大规模沉积搬运的预期范围区间。这一结果支持了我们的假设，即地表形态——表面起伏或凹凸不平，可以造成原地遗物方向的明显变化。

表2　三种样例表面的模拟石片的总结

地面形态	数量	倾向（°）					倾角（°）			
		平均倾向	差值	L	Rayleigh检验P值	Kuiper检验P值	平均倾角	差值	L	Kolmogorov-Smirnov检验P值
平坦表面	150	55.8	52.1	0.09	0.29	>0.15	3.6	2.9	1	<0.001
不平整表面	150	298	38.5	0.33	<0.001	<0.01	13.7	13.7	0.97	<0.001
倾斜表面	150	321.4	23.5	0.59	<0.001	<0.01	15.5	9.3	0.99	<0.001

4.3　SDG2的考古材料的走向

　　由于CL5—CL7中具有长轴的遗物记录不足，我们在此将分析的重点放在CL1a、CL1b、CL2和CL3的上部，这些地方的样本量足以进行统计评估（表3）。如前所述，这些上部文化层遗物聚集呈层状形式出现（图2、图3）。图9和表4总结了这些文化层的有长轴的石制品和骨骼的走向。

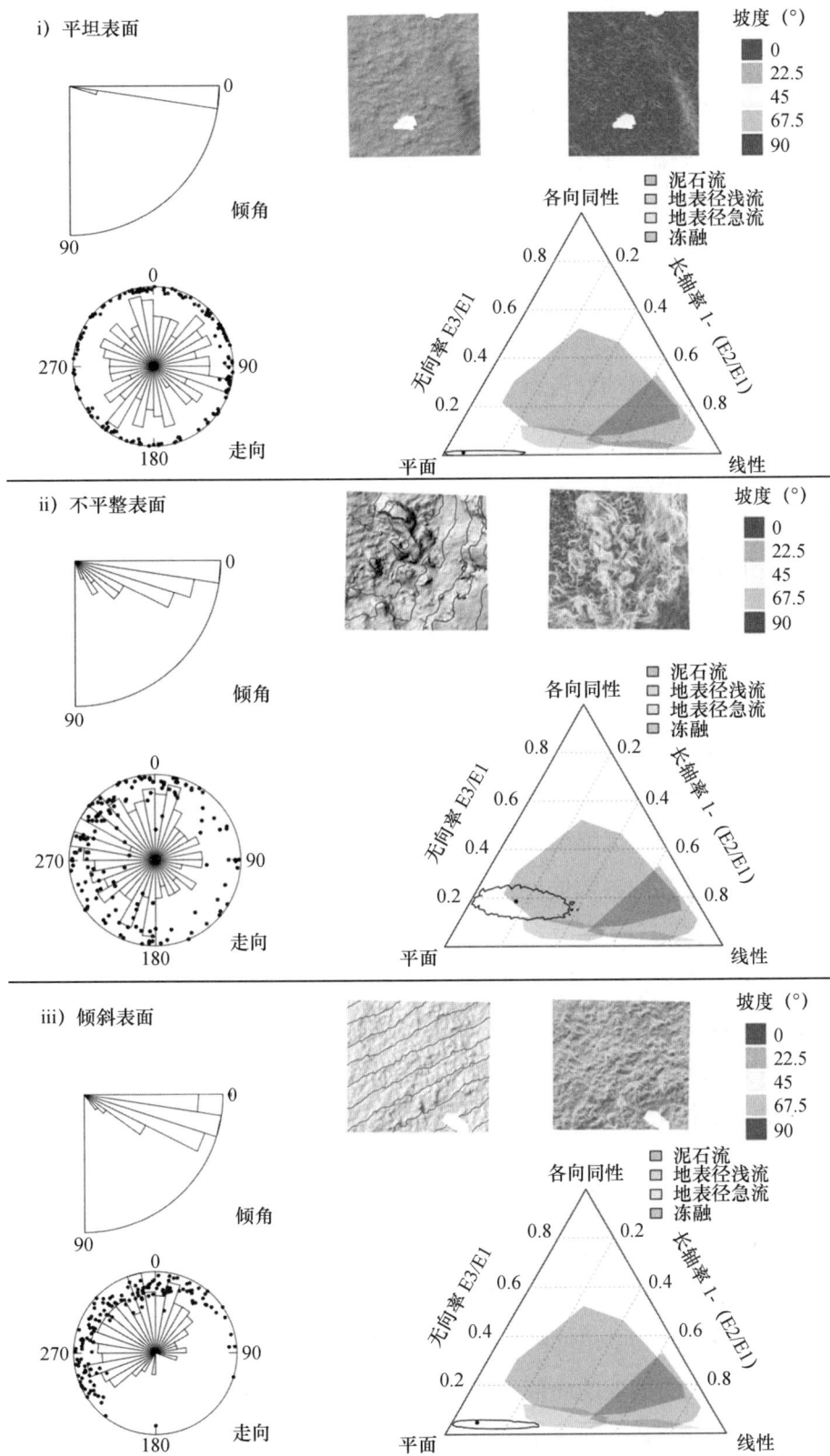

图8 三个样本表面上的模拟遗物方向（每个表面的数量=150）

[三个表面的地形差异由等高线（0.5米）和坡度角图总结]

在水平倾向方面，虽然Rayleigh测试未能在考古遗物组合中发现任何不平均分布的模式，但Kuiper测试表明，CL1b、CL2和CL3有不平均的分布（表4）。仔细观察这三个组合的倾向密度图，可以发现存在多种模式，CL1b和CL3在大约180°处显示了一个主要的方向（图9）。虽然我们前面的模拟结果表明，在各个方向不平均的倾向分布可能反映了过去地面的倾斜度，但考古组合中的多模态分布与模拟结果中的双模态分布并不相似。此外，文化层的空间分布没有显示出明显的斜坡的迹象（图3）。另外，这些多模态的倾向排列也许表明，在物体沉积在陆地表面后，水动力搬运对其倾向的影响。这种情况将支持以前的解释，即这些水平文化层是在低能量的湖岸环境下积累的，地面偶尔会经历水的径流和淹没。此外，如果这些遗迹周期性地被淹没在湖边，潮汐运动也可能导致材料走向的重新排列，使之与波浪运动相一致。如果是这样的话，CL1b和CL3的排列组合在180°的位置，可能反映了过去存在一个南向的水流动力，影响了这些文化层遗物埋藏的走向。

至于倾角，所有四个层位的石制品组合倾角都显示了一个大于10°的平均角度，并有相当大的差异。这些倾角值明显高于平坦表面的模拟结果，属于不规则和斜坡表面产生的范围。从Benn图来看，CL1a、CL2和CL3在一个与不规则表面模拟结果一致的区域内处于接近平坦范围的极点，这表明这些文化层之间的考古倾角差异可能是过去地表不规则的反映。重要的是，考古发现的水平空间分布显示了一个相对平坦的地形，没有任何沟壑或崎岖地形特征的迹象。然而，如前所述，在MIS3期间，遗址所在地可能是一个湖岸，经历了定期的低能量的水流活动。因此，SDG2过去的地表包含由水流侵蚀作用形成的沟壑和小溪流是可信的。这些小规模的地貌特征，在现在水洞沟地区降雨后的地表也经常可以看到，降雨会造成相当大的地表不平整，这也可以帮助解释较高的各向同性比和倾向的多峰分布。CL2遗物的空间分布尤其支持这种解释，该层遗物出露在几个水平分布的斑块中，这些斑块高低不一，有些类似于一个不平整的表面。还有一种可能性是，CL2遗物是古人在不同时段在多个地面上的原地废弃，这些重复累积的结果聚集在一起形成了CL2的整体遗物组合。

CL1b的组合在Benn图上的位置要高得多，反映了其更大的倾角差异。事实上，该层遗物倾角的多样性超出了模拟中产生的范围。这一发现表明了两种可能性。第一种可能性是，与CL1b遗物相关的地面起伏比我们模拟中使用的不规则表面更极端。但这种情况不太可能，因为从该层遗物的空间分布上来看，是分布相对均匀的，与其他文化层的分布没有大的差别（见上传到GitHub的文物分布的三维互动分布图）。第二种可能性是，这些遗物受到沉积后过程的影响，在遗物被丢弃和/或埋藏后改变了它们的倾向。重要的是，如果后一种解释是正确的，那么这些后期扰动的影响必须是局部的，对遗物的空间走向影响最小（因此保留了该层的近乎水平的分布）。前面提到的遗址的局部生物扰动可能是通过根部活动使遗物改变走向的一种较为可信可能；然而，生物扰动的迹象在整个地层堆积中都有发现，并不限于CL1b层。另外，地质过程，如矿物凝结物和结核的生长，由于成土作用或简单的浸渍过程，如我们在CL1b中发现的文石浸渍特征，也可能与地层中的裂缝有关。另一种可能性是由于含泥质较高的沉积物因干燥而在地表形成的收缩裂缝而造成遗物掉落。此外，可能还需要从微观的细粒层面考察埋藏情况。目前正在进行的微观形态学分析正在调查这些可能性，特别是关于钙化特征的性质及其对沉积物和遗物埋藏的可能影响。

表3　用于定位分析的SDG2长轴遗物的数量

地层	骨制品	石制品	总和
CL1a	1	106	107
CL1b	15	64	79
CL2	98	62	160
CL3	148	114	262
总和	262	346	608

表4　在SDG2的上文化层中的考古遗存方向（石制品和骨骼）的总结

文化层	数量	倾向（°）					倾角（°）			
		平均倾向	差值	L	Rayleigh检验P值	Kuiper检验P值	平均倾角	差值	L	检验P值
CL1a	107	291	54.9	0.04	0.83	>0.05	11.8	10	0.99	<0.001
CL1b	79	30.3	46.2	0.19	0.05	<0.01	19.6	16	0.96	<0.001
CL2	160	56.5	53.2	0.07	0.44	<0.01	14.9	14	0.97	<0.001
CL3	262	270	52.1	0.09	0.12	<0.01	11.8	14	0.97	<0.001

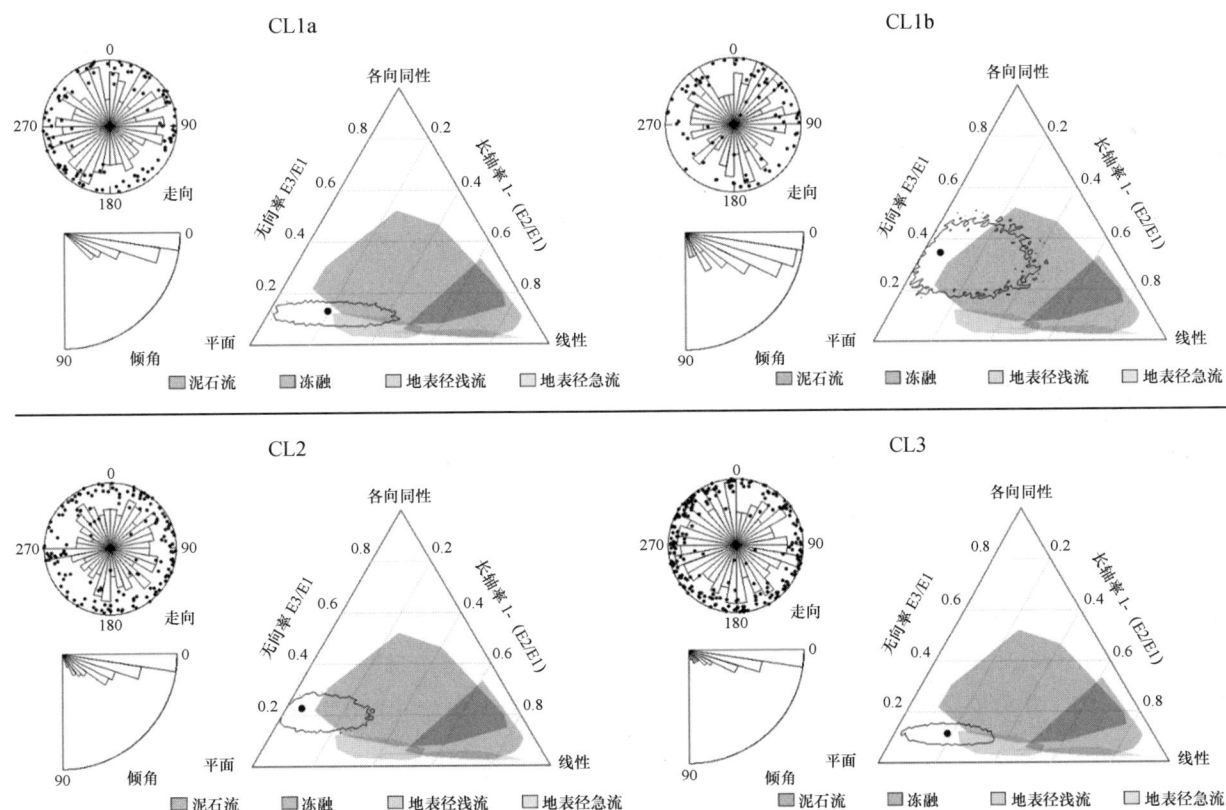

图9　SDG2的文化层CL1a、CL1b、CL2和CL3的长轴石制品和骨骼的方向

5.讨　论

考古学中遗物的走向研究通常假定原地埋藏的遗物组合的走向有两个决定性的特征：随机分布的倾向和有限的倾角度数。正如我们在真实世界采用模拟标本废弃来证明的那样，这个假设只有在废弃遗物被弃置的地面是平坦的，并且只有均匀的起伏时才可能真实存在。如果地面是斜坡，那么即使是原地埋藏的标本，也只会表现出与倾斜度有关的非随机平均的倾向排列，而与后期埋藏改造无关（McPherron，2005）。然而，尽管有这种差异，平坦表面和斜坡表面的原地埋藏标本的走向也都会在Benn图上的平面极点附近，这能反映出由于平坦的底面，遗物的倾角多样性可以被控制住。如果地表形态更加不规则，我们的研究结果表明，原地埋藏的遗物可以产生更加多变的倾角分布，这将导致遗物组合在Benn图上的偏离各向同性的中央值，进入与自然营力改造相关的影响范围内。由于我们模拟的不规则地表也有一个东西向的倾斜，模拟的结果除了倾角多样性更强，还表现出不随机的倾向分布。综合这些结果，我们可以总结出原地埋藏标本的基本走向模式，即地表起伏决定了地表遗物的倾角（即更大的起伏和不规则起伏导致更大的倾角变异），而地表的斜度决定了倾向的排列（即与坡度方向对应着不一致的倾向分布）。这些模式代表了基准情况，在此基础上，后期埋藏和沉积因素也会进一步改造考古遗物的走向模式。

然而，尽管本研究的结果表明，地表形态对原地埋藏遗物的走向有明显的影响，但值得注意的是，所有模拟产生的弃置物仍然相对接近Benn图的平面极点，特别是如果与冻融和水径流相关的模式相比，后者涉及更高的各向同性和长轴率，超出我们模拟的范围。这表明，虽然地表形态是一个重要的因素，可以解释在Benn图上靠近平面极点的考古学方向的变化，但与更大规模的自然营力相比，地表形态对遗物走向的总体影响是温和的。

我们对T3的SDG2文化层遗物埋藏走向的分析显示，尽管考古发现呈"层状"水平分布，但与平坦表面相关的基准模式相比，这些文化层遗物埋藏走向明显在倾角值上更高，也变异更大，这些倾角值更符合坡面和不规则面的模拟范围。这就提出了一种可能性，即在SDG2发现的考古遗迹与过去不同形态的地表有关。如前所述，虽然SDG2在MIS3期间的水动力低能量环境不太可能有任何极端崎岖的地形，但淤泥沉积物和湖岸环境表明，该遗址过去的地面可能含有较弱的侵蚀特征，造成一定程度的地表表面不平整。CL1b、CL2、CL3遗物组合的倾向分布也支持遗址存在大量的水动力活动的认识，这也意味着倾向分布受到了水流的后期扰动。重要的是，Ray-leigh测试未能辨识出SDG2的这些随机分布。这一发现与之前的研究相呼应，即强调需要应用更多检测，如Kuiper检测，以区分考古遗物走向模式中不一致的模式分布（e.g.,Benito-Calvo and de la Torre, 2011; Domínguez-Rodrigo et al, 2014; 2012; Domínguez-Rodrigo and García-Pérez, 2013; García-Moreno et al, 2016）。

本研究没有研究的一个潜在的混杂变量——物体材料的不同，可能会影响组合的走向分布。在本研究中，由于SDG2的石制品和骨骼的大小基本相当，我们在走向分析中把石制品和骨骼都结合起来。然而，Schick（1984）观察到，与石制品相比，骨骼对水力运输更敏感。这可能是由于与石制品相比，骨头的整体重量较低。在骨头中，水动力搬运活动受被搬运物体的形状和重力决定（Behrensmeyer, 1975; Voorhies, 1969），即相对较薄的扁平骨头会被运输得更远，因为相对于体积而言，表面积更大的骨头在流水中被"抬起"（Behrensmeyer, 1975）。将这一观察扩展到SDG2遗物，如果低能量的水动力参与了文化层中遗物的埋藏和改造，那么骨质组合可能具有与石制品组合不同的走向特征，因为它们更容易被水流重新改造走向并搬运。

图10绘制了CL2和CL3的石制品和骨骼的走向（CL1a和CL1b的骨骼样本量太少）。有趣的是，石制品的平均倾角和方差都比同一文化层的骨骼高（表5）。此外，两个文化层中的石制品和CL3中的骨骼都显示出某种程度上的不一致的倾向模式。我们进一步应用了McPherron（2018）中描述的排列检测（permutation test）来检验Benn图上石制品和骨骼的走向模式的相似程度。图11的结果显示，虽然CL2的骨骼的走向与CL3的石制品和骨骼的走向没有统计学差异（因为它们在Benn图上是相连的），但CL3的骨骼和石制品显示了彼此不同的方向模式（CL3的骨骼和石制品在Benn图上没有相连）。此外，CL2的石制品的走向明显与其他三组没有任何相似之处（图11）。对这种差异的一个可能的解释是，由于骨骼更容易受水的影响，它们更有可能被运输到平坦的地表上。而石制品则可能"停留"在斜坡上，更难被运走。如果这个假设是真的，那么CL2组合中石制品和骨骼方向的重大差异可以支持这样的假设：该组合被丢弃在一个极其不规则的地面上。另外，这些文化层无疑代表了通过不同的废弃事件而被废弃在一处地表上的物品的叠加堆积。因此，这些被废弃遗物的历史变化，如暴露在地表上的时间长短，也可能导致SDG2考古发现的走向规律的差异。此外，研究表明，对遗物长轴的不同测量所产生的走向模式可能也会有差异，尽管不是很大（de la Torre and Benito-Calvo, 2013; Sánchez-Romero et al, 2016）。石制品和骨骼的整体形状不同（一些保存完好的骨骼可能更加对称），可能导致其主轴测量的差异，从而导致石制品和骨骼之间的定向模式的差异。当然，这些假说需要通过进一步的实验研究来评估。

表5　CL2和CL3的石制品和骨制品方向

地层	数量	倾向（°）					倾角（°）			
		平均倾向	差值	L	Rayleigh检验P值	Kuiper检验P值	平均倾角	差值	L	Rayleigh检验P值
石制品										
CL2	62	68	55.1	0.04	0.91	<0.01	20.9	16.5	0.96	<0.001
CL3	114	292	52	0.09	0.38	0.01<P<0.025	15.2	15.7	0.96	<0.001
骨骼										
CL2	98	54	52	0.09	0.43	>0.15	11	11.1	0.98	<0.001
CL3	148	255	51.8	0.1	0.25	0.025<P<0.05	9.2	10.8	0.98	<0.001

石制品　　　　　　　　　　　　　　　　　　骨骼

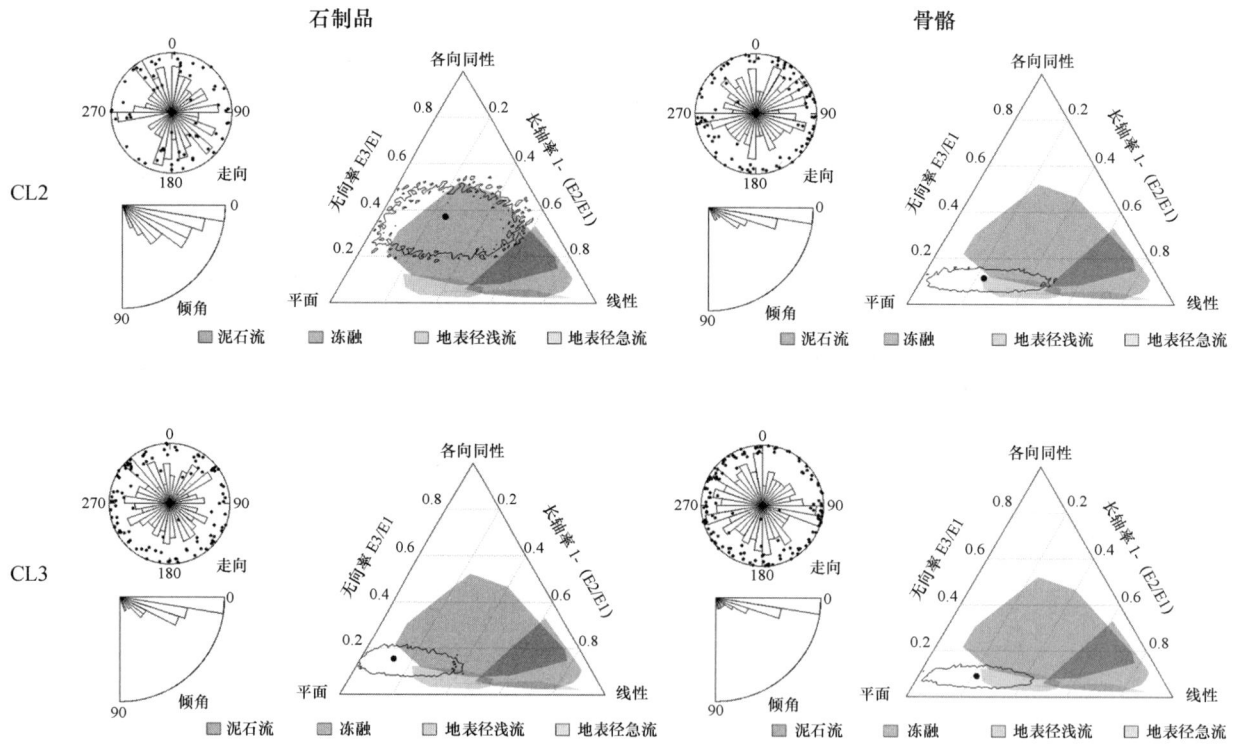

图10　CL2和CL3的石制品和骨骼的方向

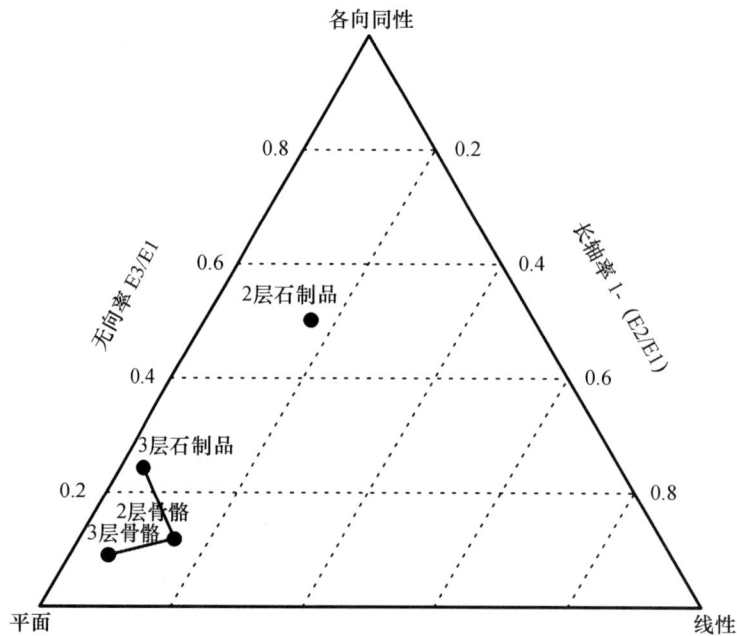

图11　McPherron（2018）描述的对CL2和CL3的石制品和骨骼进行的排列组合测试所产生的图形
（如果两个组合在统计学上没有显示出任何差异，那么它们的方位模式可在图上用一条线连接起来）

6. 结 论

以前对SDG2材料的观察表明，T1和T2的一些遗物倾角变化不大，但在T3的考古遗物中，我们发现其有较为陡峭的倾斜角度。利用McPherron（2018）开发的自动分析方法，我们在本文中开发了一个模拟工作流程，以证明SDG2遗物中的倾角升高可能是反映了过去遗物被丢弃所在地表的不均匀性。模拟结果和实验记录数据在一个受控的平坦表面的一致性表明，模拟是确定不同地面上原地埋藏遗物走向基准特征的有效方法。我们的发现表明，地表形态在一定程度上可以混淆考古学走向数据的分析。这一结果进一步强化了一个埋藏学认识，即考古材料的形成是复杂的，很难或者不可能去制定任何具有广适性的标准以区分原地埋藏与后期扰动。单纯的遗物走向研究并不能为重建遗址的形成过程提供足够的信息（Domínguez-Rodrigo et al, 2012, 2014）。相反，在推测遗物组合埋藏形成历史之前，将走向数据与其他证据线结合研究是很重要的。对于SDG2，遗物的空间分布提供了一个重要的信息，以确定遗物组合的走向。来自沉积物分析和微形态学的信息将进一步提供宝贵的信息以完善解释。重要的是，这里的结果并不意味着SDG2的考古材料是一次性的原地埋藏。如前所述，这些所谓"文化层"很可能是在不同的时间点被丢弃在地表的，并有可能在被埋藏之前受到低能量的水流扰动。

目前还不清楚为什么在一些研究的组合中，石制品和动物遗骸表现出明显不同的走向特征。澄清这种变化的来源是至关重要的，因为目前的考古学方向研究经常将这两种材料类型结合起来进行分析。如果这两种材料在其走向模式方面有不同的倾向，那么所得到的组合数据就会被混淆，变得难以解释（Lin et al, 2018）。因此，对于实验研究来说，更详细地探索这一现象是很重要的。此外，目前对考古学材料埋藏的走向分析，倾向于在一个二元的解释框架下运作，即这些走向特征要么归因于原地埋藏，要么归因于某种形式的埋藏学的改变。使用模拟方法，可以开始评估包括如地表粗糙度、斜坡倾斜度、丢弃模式和沉积后过程在内的不同属性的组合，是如何产生不同形式的遗物走向和分布，从而进一步完善我们从考古数据中提取形成信息的能力。

致谢：SDG2T3的发掘得到了中国国家文物局考古发掘专项资金和中国科学院化石发掘和准备专项资金的支持。这项研究的资金由中国科学院战略性先导科技专项（XDB26000000）和国家自然科学基金（41672024）向高星提供，国家社会科学基金（19AKG001）向彭菲提供。李黎的旅费由宾夕法尼亚大学人类学系和宾夕法尼亚大学博物馆提供。无人机（DJI Inspire 2）由宁夏回族自治区文物考古研究所提供。Shannon McPherron就T3发掘期间使用的全站仪记录程序进行了培训，并就其发布的R代码的使用提供了帮助（McPherron, 2018）。2018年的SDG2发掘参与者为在现场设置废片丢弃实验提供了宝贵的帮助。Shannon McPherron、Deborah Olszewski和Theodore Schurr阅读了早期草稿，并提供了宝贵的意见。我们感谢Teresa Steel对结果的解释提供的宝贵意见。我们还感谢Alfonso Benito-Calvo和两位匿名评审员的宝贵意见，他们的宝贵意见使本文有了很大的提升。

[原载Li L, Lin S C, Peng F, Patania I, Guo J L, Wang H M, Gao X. Simulating the Impact of Ground Surface Morphology on Archaeological Orientation Patterning. Journal of Archaeological Science, 2021, 126, 105310]

（金雪译，彭菲校）

水洞沟遗址热处理石制品实验研究及考古学意义

周振宇[1,3]　郇　勇[2]　邵亚琪[2]　戴玉菁[2]　杨海陞[2]

（1. 中国科学院古脊椎动物与古人类研究所脊椎动物演化与人类起源重点实验室，北京，100044；
2. 中国科学院力学研究所，北京，100190；3. 中国社会科学院考古研究所，北京，100710）

摘要： 水洞沟遗址的系统发掘和研究工作为了解中国北方地区旧石器时代晚期的人类行为提供了丰富且重要的材料。通过一系列的模拟实验和科学试验，我们发现水洞沟遗址第2、12地点部分石制品经过热处理，由此增强石料的打制性能，提高石制品的制作效率。为了解水洞沟遗址原料热处理后性能提升的机制和原理，我们开展了模拟实验和抗压试验，以及石料成分分析。结果表明，经过合适温度的热处理，石料抗压强度降低，延性增强，结构更加均匀，由此破碎过程更加易控，降低了打制难度。热处理技术的应用提高了水洞沟史前人群的石器制作技术和效率，提高了抵御风险的能力。研究表明东亚地区距今3.2万年左右已经存在热处理技术（持续到距今1.1万年），为探讨热处理技术的传播提供了新的资料。

关键词： 旧石器时代晚期；行为现代性；热处理；石料性能

1. 研 究 背 景

就制作加工工具而言，目前发现人类最早有目的地对石料进行热处理是在南非南部海岸的Pinnacle Point遗址，164ka BP的文化层中发现经过热处理的石制品，表明人类早在十几万年前就开始有目的地对石料进行热处理。同时该遗址72ka BP的上部文化层中也出土了更为丰富的热处理石制品，显示出此时人类已经熟练掌握了针对硅质岩类进行系统化的热处理以达到改变石料性能的技术（Brown et al, 2009）。欧洲旧石器时代中期莫斯特文化遗址中也发现数例对石制品进行热处理的证据：黎巴嫩110ka BP的Ras-el-Kelb洞穴遗址发现表面呈现油脂状光泽的经过加热的燧石制品，证明古人类通过热处理以提高石料剥片性能；法国93ka BP的Les Forets遗址和63ka BP的Brugas遗址都发现经过热处理的石制品，外部特征为裂纹、油脂状光泽和颜色改变；西班牙的Mediona遗址发现的莫斯特文化石制品中，近20%的修理石片经过热处理，表面呈现油脂状光泽（Domansiki and Webb, 2007; Guibert et al, 2004; Duttine et al, 2005; Clemente, 1995; Bradley et al, 1995; Domanski and Webb, 2007; Owen, 1988; Aubry et al, 2003; Domansiki, 2009）。此外，埃塞俄比亚70ka BP的Epic Cave遗址也发现了热处理行为，石制品出现典型的茶壶盖状破裂及颜色变红的现象。大量材料的发现表明，到旧石器时代晚期，热处理技术分布于世界大部分地区。除上述提及的区域，北美大陆、除东亚外的亚洲大部分地区（如南亚的印度、巴基斯坦，中亚的阿富汗，西亚等）也都发现了热处理行为，尤其被应用到石叶、细石叶、两面器的制作中（Copeland, 1998; Sanlaville, 1998; Griffiths et al, 1987; Clark and Williams, 1986; Edwards and Edwards, 1990; Domanski and Webb, 2007; Struever, 1973; Greber et al, 1981; Morrow, 1987; Jeske, 1989; Domanski et al, 2009）。

围绕水洞沟遗址石制品开展的热处理实验研究发现了迄今为止东亚地区最早的热处理行为。通过显微观察和物质结构检测，表明当时人类有意识对石料进行热处理以提高石器生产效率（Zhou et al, 2013）。本文研究基于上述热处理模拟实验，主要探讨水洞沟遗址的热处理行为如何改变石料的结构特征，提高石料打制性能，并由此影响水洞沟史前人群的行为组织方式，以及水洞沟遗址在热处理技术传播路线中的位置。

2. 研 究 对 象

水洞沟遗址位于毛乌素沙漠西南，银川盆地东部边缘（图1）。通过实验对比研究，第2、12地点均识别出热处理石制品（Zhou et al, 2013）。第12地点共发现热处理石制品65件，石核6件，石片46件，石器12件，微片1件；第2地点共发现热处理石制品48件，石核2件，石片12件，碎屑3件，碎片7件，断块24件。第2地点的热处理石制品主要出自文化层1—4层，年代32ka—20ka BP（Li et al, 2013b），但大部分热处理石制品出自年代约20 ka BP的第1文化层。第12地点的热处理石制品年代约为11ka BP（Gao et al, 2008）。已识别出的热处理石制品主要原料为白云岩、燧石和玉髓，这也是水洞沟遗址石制品石料的主要种类（Li, 2013a; Gao et al, 2013）。地质资料与调查结果显示（Zheng and Li, 1991; Liao, 1989），上述类型的岩石在当地没有基岩出露，但附近河流阶地砾石层中可以发现与遗址原料一致的白云岩，类似的燧石在遗址5千米范围未发现。本文涉及的所有实验原料均来自遗址附近的砾石层（图2），因无法获取与遗址石制品原料质地、体积相似的燧石和玉髓，因此本文的实验全部使用白云岩。

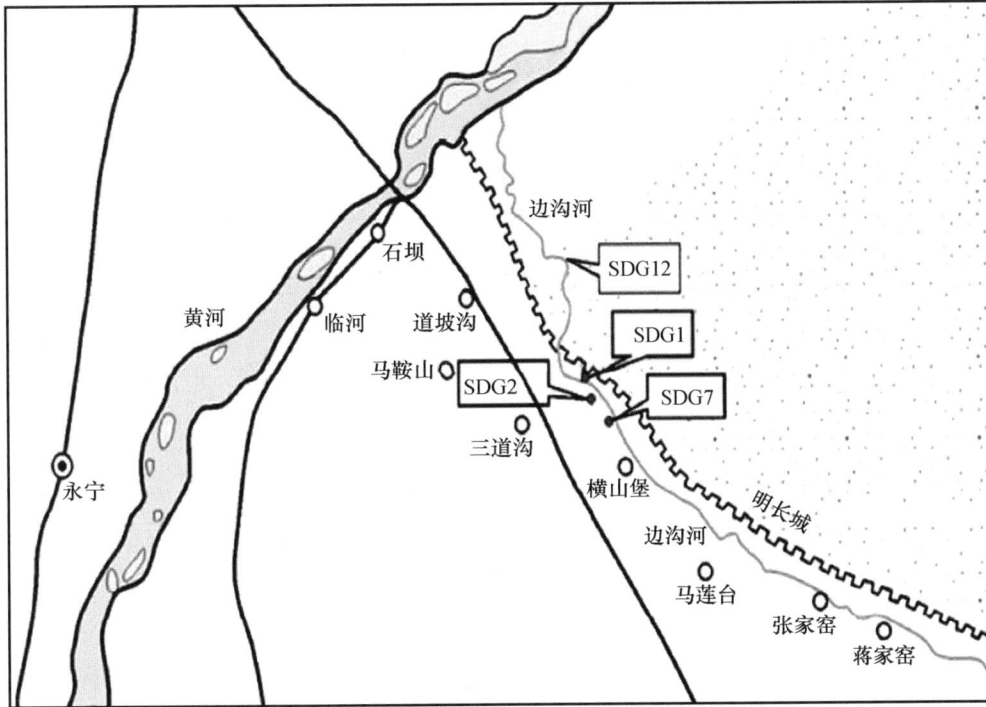

图1 水洞沟遗址位置图

图2 实验所用原料

3. 方法和实验

水洞沟遗址的热处理行为如何改变石料的结构特征是本文的主要研究目的之一。我们将使用与出土石制品一致的白云岩石料开展模拟热处理实验，并进行成分分析和抗压试验。已有研究从岩相、矿物成分和结构分析的角度探讨热处理对石料力学性能的影响机理，认为热处理引起石料打制性能改变的主要机理是改变原料材质的晶体状态。然而，目前对热处理引起石料力学性能改变的定量研究尚未见报道，主要原因有以下两点：其一，古人类选择的石料多为个头较小的砾石（容易获取，易于搬运），材质掺杂明显，成分不一，进行力学性能研究时样品制备困难；其二，目前对岩石工程领域涉及的热处理温度一般在800℃以上（Balme et al, 2004; Heuze, 1983; Lau, 1995; Zhang, 2009），而对旧石器时代的火塘加热技术来说，温度很难保持在600℃以上。我们将针对性地开展实验和试验工作，填补上述研究的空白。

3.1　模　拟　实　验

为更加精确实现实验环境，模拟实验使用GW-300C箱式电阻炉，设计最高温度1200℃，加热到设定温度后自动停止，进入保温状态，温度低于设定时自动加热，此过程中存在约10℃左右的误差。实验温度从300℃到550℃不等，加热时间从3小时到10小时不等，冷却时间从3小时到14小时不等；为使实验结果客观可信，对比标本均来自同一块砾石。实验以加热方式不同分为快速降温和慢速降温两种。在室外实验过程中我们发现，燃料点燃后温度很快能上升到200℃以上，因此室内实验在加热过程中，初始温度一般为100℃或200℃，之后以50℃每小时匀速提高温度，达到实验预设温度后一般保持2小时，这种加热方式符合古人类使用火塘进行热处理的实际情况。

3.2　抗　压　实　验

岩石的破坏要经历微裂纹的萌生、发育、成核等一系列过程（Turcotte, 2003），这一过程可以通过压缩应力-应变曲线表现出来。为测量石料的力学特征，我们使用MTS810电液伺服材料试验机对石料样品进行单轴抗压实验，该仪器采用液压驱动作用轴运动，通过作用轴的位移而实现对试样的加载。通过应变式力传感器测量力，采用应变式位移传感器COD测量上下压盘之间的位移作为岩石变形量。其结构简图如图3所示。

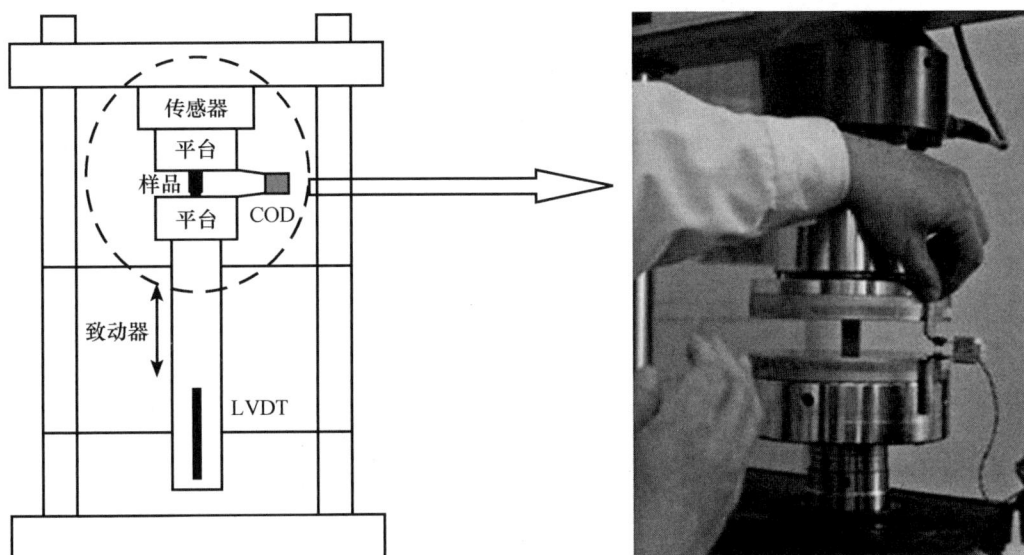

图3 实验仪器设置（MTS810电液伺服材料试验机）

4. 结　果

4.1　应力应变

通过单轴抗压强度测试，我们获取了水洞沟遗址白云岩应力-应变曲线（图4）。未经过热处理的白云岩石料样品，力学性能离散性较大，这和遗址石料材质颗粒不够细腻、均匀有关。而经过450℃和550℃热处理后，力学性能离散性明显缩小。此外还发现，经过热处理后的样品，应力-应变曲线呈现锯齿状波动上升现象。这说明压缩过程中，样品内部出现了局部化的损伤破坏，呈现多次开裂现象（裂纹扩展中受颗粒阻碍停止，新的裂纹继续萌生和扩展，再受阻碍而停止。周而复始，直到某些新萌生的裂纹未受阻碍而扩展至整个样品，导致最终灾变破坏），延缓了最终灾变破坏的发生。在打制石器过程中，这种多次开裂特性为古人类调整打击点、打击方向和打击力度创造了机会。

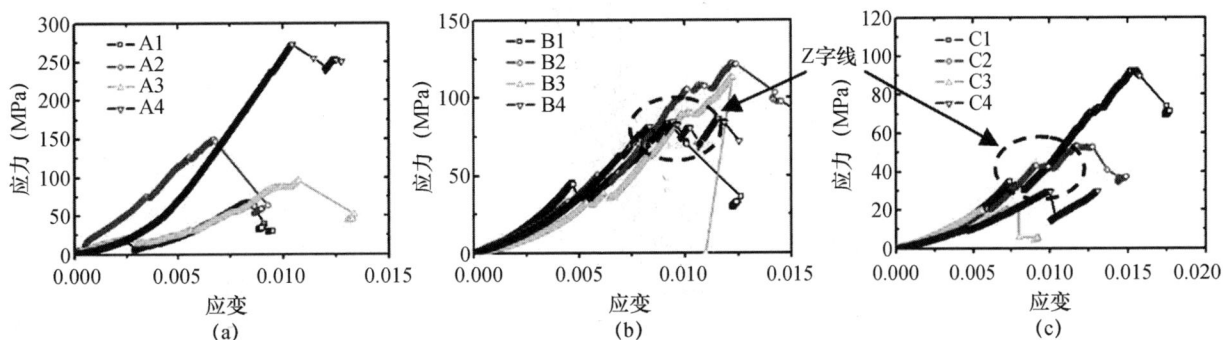

图4 水洞沟白云岩应力-应变曲线

（a）热处理前　（b）450℃热处理后　（c）550℃热处理后

4.2　强度和延性

由于古人类采集的砾石材质离散性较大，因此力学测试结果存在较大离散性。白云岩石料热处理前后抗压强度和延性统计结果表明（图5），未经热处理的白云岩石料抗压强度高，但离散性大，说明石料内部成分和颗粒不均匀；经450℃热处理后离散性明显降低，说明热处理可以提高石料材质的均匀性。抗压强度下降31%（由热处理前的147MPa分别下降至101MPa），仍保持在可以切碎食物的较高水平。而550℃热处理后抗压强度下降67%（由热处理前的147MPa下降至49MPa），将导致石器切碎食物能力下降。同时，离散性较450℃热处理后有所增大。因此推断，450℃是水洞沟白云岩石料更适合的热处理温度。岩石样品在压力作用下发生的最大应变在一定程度上可以反映样品的延性。经过经450℃热处理后，最大应变提高27%（由热处理前的0.89%上升至1.13%），延性有所改善，离散性缩小。经过经550℃热处理后，最大应变提高38%（由热处理前的0.89%上升至1.23%），但离散性却明显增大。由于古人类打制石器是经多次打击完成，因此延性好的石料可以为古人类调整打击点、打击力度和方向创造更多机会，更易于剥取长石片。

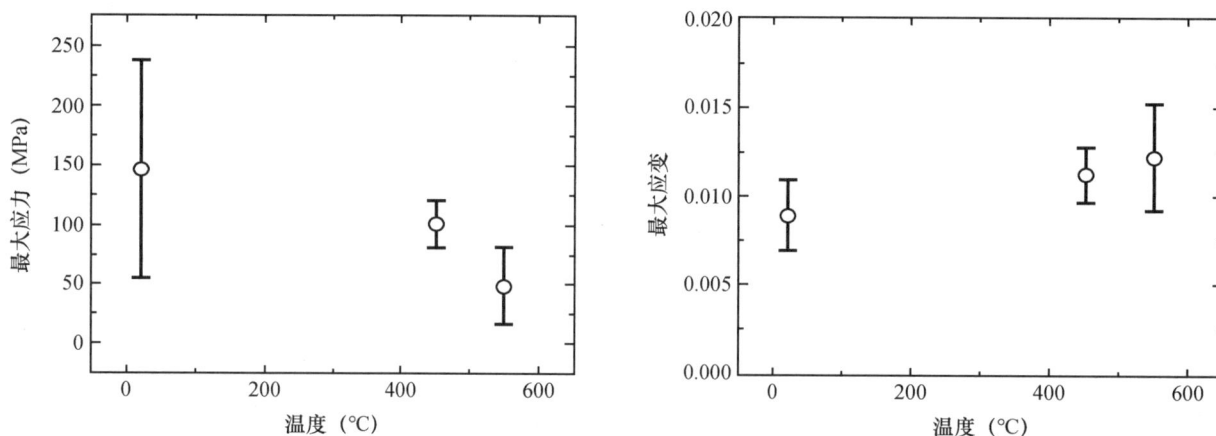

图5　不同热处理温度应力-应变统计图

4.3　成分分析

有研究表明，热处理导致石料产生晶体融合现象，由此岩石晶体颗粒变小且更加均质（Domanski and Webb, 1992）。我们通过对热处理实验原料的X射线衍射分析，发现450℃和550℃热处理后的白云岩样品的SiO_2衍射峰明显减弱，$CaMg(CO_3)_2$衍射峰明显增强，表明石料硅质含量减小、钙质含量增加（图6）。由于SiO_2强度较大，其含量的减小使得石料强度降低，同时钙质含量的增加会使石料变脆，容易出现裂纹。这种材质上的变化和压缩实验中发现的抗压强度下降、延性提高、应力-应变曲线出现锯齿状波动现象吻合，从而影响石料的打制性能。

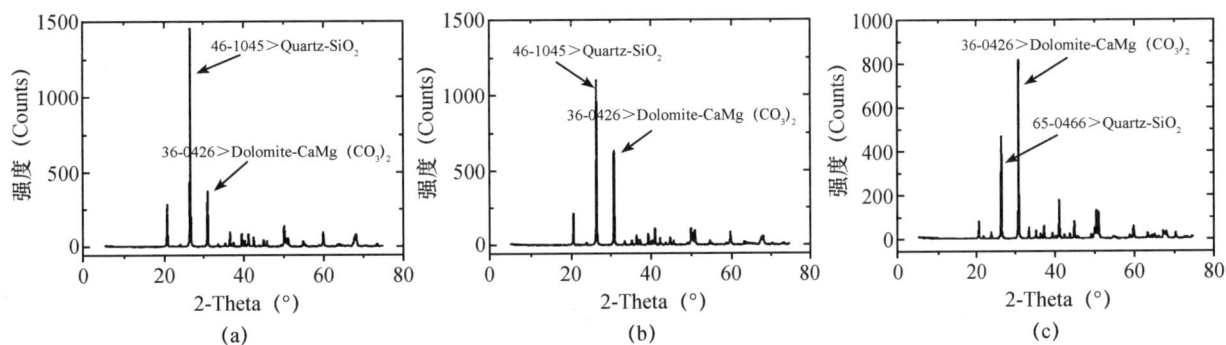

图6　白云岩X射线衍射图
（a）原始　（b）450℃热处理后　（c）550℃热处理后

5. 讨论与展望

5.1　热处理的作用

实验表明热处理对于提升石料打制性能具有显著作用。热处理对硅质岩类效果明显，而石英砂岩热处理前后变化不大。350℃左右为水洞沟白云岩的热处理适宜温度，温度过低，效果不明显；温度过高可能导致岩石出现颗粒状结构，破坏原料的打制性能。由于热处理对石料力学性能的改变，热处理石片的形态趋于规整，窄薄型石片比例增加，同时石片延展更加平直，弯曲程度降低，羽翼状远端的比例也显著提高，更重要的是，石片有效边缘的产出率明显提高。水洞沟史前人群已经了解热处理的作用，并将其用于提高石器制作效率。

5.2　水洞沟遗址的热处理石制品

颜色变化、油脂状光泽等是有效鉴别热处理石制品的直接观察特征（Collins and Fenwick, 1974; Bleed and Maier, 1980; Domanski et al, 2009）。颜色的变化则是水洞沟遗址热处理石制品的普遍特征，可以作为鉴定标准，尤其是在热处理温度300—400℃之间，石制品颜色趋于变红的比例较高，57件热处理实验品中，67%（$n=38$）的样品颜色变红。油脂状光泽等特征出现比例不高（Zhou et al, 2013）。实验过程中，我们也注意到，少数红色白云岩热处理前后颜色变化不大，石英岩和石英砂岩热处理前后外部特征变化较小。因此我们非常谨慎地使用颜色变化作为唯一标准判别这类石料的石制品是否经过热处理。类似的研究在中国开展较少，缺乏对比材料也制约了热处理石制品的识别。受时间和成本限制，无法使用X射线衍射和扫描电镜等方法开展大规模的检测和观察，因此我们仅提取确信度较高的热处理石制品开展研究。相比水洞沟遗址丰富的石制品数量，110件热处理石制品占比极小，我们相信仍有一定数量的热处理石制品未被识别。

5.3　热处理技术与风险管理

风险通常被定义为某些生态或经济变量不可预测的变化。对于史前人群来说，风险则是应对资源不足的环境（Kelly, 1995）。相比于流动性、人群规模等因素，资源的风险程度可能在更大程度上影响狩猎采集人群的技术选择（Torrence, 1989; Collard et al, 2005）。热处理技术是古人类面对优质石料短缺风险的有效应对手段。石制品技术分析显示，第2地点存在优质原料远距离搬运的行为（Li et al, 2014），表明优质原料当时存在需求并且近距离内无法获取。热处理技术是除了远距离搬运外应对优质原料短缺的行为之一。

第12地点距今约1.1万年，稀树荒漠草原环境气候变化剧烈，资源短缺风险较大，这种情况需要更加便携、易得、易修理替换的工具组合（Bleed, 1986）。第12地点发现的成熟的细石叶工业成为应对这种环境的有效手段（Yi et al, 2013）。骨针、骨柄等发现表明，当时古人类使用细石叶这类流动性更强的技术组合，可能使用皮质资源制作衣物，应对严酷的寒冷环境（Yi et al, 2014）。研究表明，热处理技术在很多地方被用于细石叶的制作，第12地点发现的热处理石制品大多为细石叶石核及副产品。距今1万年左右的水洞沟史前人群更为成熟地使用热处理技术，提升石器类型标准化、多样化的程度，提高生产效率。借此，人类活动的机动灵活性与迁徙能力得到加强，活动半径扩大，获取动植物资源效率更高，在严酷环境下的生存能力得到提高。

5.4　热处理技术的传播

石制品技术分析结果表明，第2地点不同文化层存在两种技术体系，以第7文化层为代表的石叶技术，和以第4—1文化层为代表的石片石器技术。目前第2地点所有的热处理石制品均出自第4—1文化层。但我们注意到第7文化层出土石制品仅数十件，远远少于晚期文化层（Li et al, 2013a, 2013b, 2014），因此我们无法否认石叶技术文化层存在热处理石制品的可能性。现有证据表明，热处理技术最晚距今3.2万年传播至东亚地区（也有可能在距今3.8万时随石叶技术一起传播至此），并于装饰品、远距离石料搬运等行为一起（Li et al, 2014），成为水洞沟史前人群应对环境的行为创新。

根据现有材料，经历西亚和非洲的起源，以及欧洲的发展后，热处理技术向东扩散主要通过两条路线：南线通过黎巴嫩（距今3万年）到达阿富汗、巴基斯坦、印度（距今2万—1万年），最终达到澳大利亚；北线通过中国的水洞沟（距今3万—1万年）和东西伯利亚的Dyuktai（距今2.2万—1万年）到达白令海峡，最终通过阿拉斯加传播到北美、南美。水洞沟文化的特殊性，使其成为热处理技术传播路线上不可避免的重要一环。向西，阿富汗、黎巴嫩直至欧洲，热处理技术日臻成熟；向东，距今2万年左右东西伯利亚的Dyuktai文化也已成熟地使用热处理石料制作石叶、细石叶（Yi and Clarke, 1985）。诚然，上述两个区域间巨大的地理鸿沟不可能由水洞沟一个遗址来弥补。但是，由于热处理石制品的识别难度较高，这之间可能存在大量未被发现的热处理遗址；同时Dyuktai文化由于其特殊的地理位置，一直被认为是北美旧石器文化的来源，也与东亚旧石器文化存在紧密的联系（Struever, 1973; Greber et al, 1981; Morrow, 1987, Jeske, 1989; Beltrao et al, 1986, Roosevelt et al, 1996; Yi and Clarke, 1985）。因此，我们有理由推测，即使水洞沟遗址不是这条传播路径上唯一的节点，也为热处理技术北线的传播起到了极为重要的联结作用。

5.5 展　　望

热处理技术的发明与使用开启了人类漫长用火历程中崭新的一章，相比其他用火行为，它更加复杂精妙，对温度的控制、时间的掌握及对石料性能的理解与提升，可以看作是人类体质及智慧进化到一定程度的产物。对旧石器时代人类热处理行为的解读不仅可以帮助我们了解古人类从原料采集、改变提升其性能，到打制、修理的石器制作工艺，还能够帮助我们从这些物质遗存中推测古人类的行为方式。因此，热处理作为与古人类生产生活密切相关的技术方法越来越多地为广大学者所重视。

我国现已发现千余处旧石器地点，遗址类型多样，年代跨度大，旧石器考古研究的资源非常丰富。遗憾的是，至今仍未见其他确凿热处理行为遗址的报道。导致这种情况有多种原因：首先，热处理研究在我国较少被提及，大多数学者并不了解该研究领域的进展和成果；其次，由于缺乏热处理石制品相关特征，研究者在发掘、整理过程中可能就忽视了对热处理标本的主动辨识；同时，国外石制品热处理研究主要针对硅质类岩石，尤其是燧石，相关遗址的原料类型、颜色等比较单一，易于辨识热处理石制品，而我国以燧石为主要原料的遗址较少，且大部分燧石颜色各异，这也给热处理石制品的识别带来了障碍；最后，热处理研究的深入与相关科学手段的进步密不可分，很长一段时期内，我国相应技术手段的落后也在一定程度上阻滞了热处理研究的发展。

鉴于旧石器时代热处理技术研究的重要性，以及我国的研究现状和该研究的局限性，将来我国学界对热处理技术的研究应该集中在以下几个方向：首先，应当系统地了解相关的研究历史、进展、方法、意义与局限性；其次，应该提高对以硅质岩类为主要原料的旧石器时代晚期遗址，特别是存在复杂用火行为遗址的重视程度，在研究过程中主动辨认是否存在热处理标本；此外，由于我国热处理研究基础薄弱，对于疑似存在热处理行为的遗址，应该开展模拟实验研究，了解遗址石料高温加热后内外部形态特征改变的一般规律；最后，在取得阶段性成果的基础上，将各类型实验的数据汇总，便于同行参考对比。随着以上基础工作成果的积累，我们对热处理研究会有更深的认识，相信随着我国热处理研究的深入，能够帮助更全面地了解古人类行为方式，更准确地复原史前人类石器制作的工艺流程。

致谢：本文作者深深感谢美国得克萨斯大学奥斯汀分校的David Madsen教授富有启发的评估。本项工作得到了中国科学院战略性先导科技专项（XDA05130303）、中国国家自然科学基金（11372323）以及中国科学院仪器功能开发项目的资助。

（原载Zhou Z Y, Huan Y, Shao Y Q, Dai Y J, Yang H S. Heat Treated Stone Artifacts at Shuidonggou, Northwest China and Their Archaeological Implications. Quaternary International, 2014, 347: 84-90）

（周振宇译）

旧石器时代热处理技术实验研究——以西北水洞沟岩石资源为例

关　莹[1]　周振宇[2]　邰　勇[3]　高　星[1]

（1. 中国科学院古脊椎动物与古人类研究所脊椎动物演化与人类起源重点实验室，北京，100044；

2. 中国社会科学院考古研究所，北京，100710；3. 中国科学院力学研究所，北京，100190）

摘要： 热处理技术在石器原料上的应用是早期现代人类行为的一个重要特征。在中国西北水洞沟旧石器时代晚期遗址第2和第12地点发现的热处理石制品，为研究亚洲旧石器时代晚期古人类的热处理技术提供了重要的证据。通过模拟实验和相关的分析方法，我们研究了热处理对原材料的作用机理和影响，以及热处理技术在石质工具生产中的作用。这些有助于深入分析水洞沟居民的热处理活动及其对当时人类认知能力和生存策略的影响。

关键词： 旧石器；中国；热处理；模拟实验；力学性能

1. 研究背景介绍

在旧石器时代考古领域，热处理技术特指对石材原料进行加热、保温和冷却，以改变其表面和内部结构，从而产生纹理和颜色等特性的技术（Zhou et al, 2013b）。这项技术的应用使古代人类提高了石器生产的效率和质量，提高了原材料的利用率（Schmidt et al, 2012, 2013）。中国旧石器时代晚期，距今约3万—2.7万年（Gao, 1999, 2013; Gao and Norton, 2002），并在全新世开始时结束，热处理技术与人类的认知能力和社会组织密切相关，因为这种技术需要大量的文化投入和高水平的智力。

迄今为止，各种学者对热处理技术进行了广泛的研究（例如Clark and Williams, 1987; Copeland, 1998; Duttine, 2005; Domanski and Webb, 2007; Mercieca and Hiscock, 2008; Brown and Marian, 2009; Oestmo, 2013; Zhou et al, 2013a, 2013b）。三个核心分支包括了解这种技术对石器生产的影响、如何改变原材料的特性，以及实验分析。

　　中国西北地区旧石器时代晚期水洞沟遗址第2地点（以下简称SDG2）和第12地点（以下简称SDG12）出土的石制品显示出了明显的热处理特征（Zhou et al, 2013b），为研究这一技术提供了极好的机会。在评估考古标本之前，我们从遗址附近收集了石料样本，用于实验和相关的分析测试。我们设计这些实验是为了详细评估当地发现的主要岩石类型（岩石材料收集位置见图1）的内部和外部性质的变化，这些岩石类型包括白云岩、石英砂岩、玉髓和燧石。我们的目标是了解热处理对水洞沟遗址石器生产的总体影响。

　　由于实验和考古标本的对比研究已经发表（Zhou et al, 2013），本文将侧重于实验设计及其实施，因此不会详细阐述水洞沟遗址的考古细节和热处理考古标本的发现。对背景感兴趣的读者可以参考相关文献（Zhou et al, 2013b; Li et al, 2013a, 2013b; Yi et al, 2013; Pei et al, 2012; Guan et al, 2011, 2012）。

　　除了增加我们对石料内部和外部形态变化的认识外，这次模拟实验也帮助我们更好地了解了石头在热处理过程中的各种结构模式。这是通过精确控制加热样品的温度来实现的。我们的实验在室内和室外环境中进行，包括快速和缓慢的加热与冷却。主要观察包括材料在热处理前后的外部性能变化，如颜色、光泽和重量，以及内部性能的变化，如结晶程度、微观结构和微裂纹。

图1　水洞沟遗址群（SDG1、SDG2、SDG8）位置及热处理实验采石区（S1—S6）
S1：38°17′24.9″N，106°30′3.5″E　S2：38°17′28″N，106°29′28.5″E　S3：38°17′20.2″N，106°28′10.9″E
S4：38°17′51.6″N，106°30′11.2″E　S5：38°18′4.8″N，106°30′8.4″E　S6：38°17′53.2″N，106°30′27.7″E

2. 材料与方法

2.1 实验的设计和分析试验的应用

不同类型岩石的热处理温度不同，不同的热处理温度也会影响同一类型岩石性质的变化。因此，温度控制在实验热处理过程中是至关重要的（Flenniken and Garrison 1975; Price et al, 1982）。例如，被加热到250℃时，细腻燧石的断裂性能会增加，随后它的颜色会发生变化。然而，粗燧石的颜色只有在加热到250—300℃时才会发生变化，而需要350—400℃的温度才能增加其抗压性（Purdy and Brooks 1971; Bleed and Maier, 1980; Domanski and Webb, 2000, 2007）。

根据考古和民族学证据，我们在沙质黏土沉积物上建造了两个火塘。火塘B露天，火塘A具有带通风口的石砌结构。一些鹅卵石和石片被埋在火塘中心3—5厘米深的沙子中，以避免温度的快速变化。有意热处理的样品将与无意加热的样品进行比较。火塘A明火持续燃烧10h，埋砂石并缓慢冷却，16h后，冷却至空气温度。在B火塘中，明火持续燃烧8h，然后在露天缓慢冷却6h，直到冷却到空气温度。其间采用TM902C型测温仪记录温度变化（详见Zhou et al, 2013b）。

对于室内部分，我们使用GW-300C箱式电阻炉进行加热，可以精确控制处理的温度、速度和时间。加热和冷却的速度都相对较慢，冷却时间超过10h，最高温度在300℃到550℃之间。此外，为了提高本研究的准确性，所有的原材料都被切割成小块，在不同的温度下进行热处理，以确保后期检测和比较使用的样品来自同一石料。

2.2 X射线衍射（XRD）和X射线荧光（XRF）检测

热处理可以改变石料的颜色，提高其可塑性（Purdy and Brooks, 1971; Collins and Fenwick, 1974; Bleed and Maier, 1980; Delage and Sunseri, 2004），但目前尚不清楚这些变化是如何产生的。我们确信，当加热到高温时，岩石的物质组成、晶体形态和相结构会发生变化（Domanski and Webb, 2000）。X射线衍射（XRD）方法和X射线荧光光谱（XRF）检查使我们能够更好地确定在热处理过程中石料发生的变化。

对13组热处理石粉样品中的33个石粉样品进行了XRF和XRD分析。这些组合包括5组白云岩、6组燧石、1组玉髓和1组石英砂岩。所使用的设备包括日本岛津公司生产的800HS能量色散X射线荧光光谱仪和Rigaku D/Max-2200 X射线衍射仪。

2.3 单轴压缩试验

史前人类对原材料进行热处理的主要原因是为了改善其机械性能（Copeland, 1998; Brown and Marian, 2009; Zhou et al, 2013b, 2014）。因此，热处理研究主要基于以下指标对这些性能进行测试：弹性常数、抗压强度、抗拉强度和断裂韧性。

Domanski等（1994）对热处理后的石制品的力学性能变化进行了对比研究，比较了热处理前后实验标本的这些指标。他们认为，断裂韧性在热处理前后表现出相对规律的变化，因此是评价热处理后石制品力学性能的最合适的指标。然而，这四个指标对岩石的力学特性都是至关重要的，理论上，更高的抗压强度可以防止裂缝的扩展（即更大的断裂韧性）。岩石的抗压强度与抗裂纹扩展能力、抗拉强度与断裂韧性之间存在很强的线性关系（Zhang, 2002; Lakshmikantha et al, 2008; Li et al, 2009）。由于岩石不是理想的弹性材料，其应力-应变曲线通常也是非线性的。因此，弹性模量和泊松比（横向应变与轴向应变的负比值）等指标随着应力和应变的变化而变化，相对难以准确定义。同时，断裂强度代表试样断裂时的最大受力，只能反映整个过程中某一时刻岩石的状态。

为了减少这些潜在误差的概率，获得更客观的试验结果，我们选择对我们的原料样品进行单轴抗压强度试验。除了获得试件的抗压强度外，还可以通过该试验获得更重要、完整的石材应力-应变曲线。这条曲线通过提供原材料的脆性和延性等信息，帮助我们了解岩石在单轴压力下破碎的整个过程；这两个因素对于分析石料的破碎过程、破碎形态和破碎特征具有重要意义。虽然在人类的观察下，岩石的破碎是一个瞬时的过程，但伺服装置（一种用很小的力量来控制很大的力量并自动纠正机构性能的自动装置）可以将这一时刻划分为许多阶段，在这些阶段中，不同的岩石类型有不同的曲线代表不同的力学特性。Domanski等（1994）研究中测量的断裂韧性只得到一个峰值，忽略了岩石破碎过程中其他阶段的信息。

本研究共制备了31个岩石标本中的125个长方体样品。我们通过在中国科学院力学研究所非线性力学国家重点实验室进行的单轴压缩试验，收集了岩石样品的物理特性数据，如强度、延性、脆性和应力-应变曲线。使用的液压伺服材料试验机为MTS系统公司生产的MTS 810型，工作环境温度为15℃。

2.4 扫描电镜观察

由于热处理过的岩石可能呈现出肉眼无法观察到的某些特征，因此需要使用扫描电子显微镜（SEM）来观察岩石晶体的特征和结构（Rowney and White, 1997; Braadbaart et al, 2004）。本文使用的扫描电镜是一台来自中国科学院古脊椎动物与古人类研究所脊椎动物演化与人类起源重点实验室的日立S-3700N。

2.5　打制实验

这个实验通过模拟史前打制技术和行为来制作石器。基于这些结果，本研究探讨了热处理对打制过程的影响，并总结了由热处理原料制成的石器特征的总体变化。这使我们可以进一步讨论史前热处理技术的意义。共有10个阶段分布在4个实验原料组中：8个阶段涉及3组白云岩，2个阶段涉及1组石英砂岩。三组白云岩的原料分别为050、201和199号样品。样品050分别在未加热、350℃和400℃进行热处理后被打制。样品201分别在300℃、350℃和未加热条件下进行打制。样品199在未加热和加热到400℃处理后进行打制。样品146（石英砂岩）在未加热状态和加热到550℃处理后进行打制。所有打制均采用硬锤直接打击法。为保证实验结果的客观性，所有实验均由同一名实验人员进行。

3. 结　　果

3.1　X射线衍射和荧光分析

X射线荧光分析结果表明，水洞沟地区白云岩主要由CaO和SiO_2组成，少量MgO和Fe_2O_3；燧石由SiO_2和少量CaO、Fe_2O_3组成；石英岩和石英砂岩由SiO_2和CaO组成，含有少量的MgO和Fe_2O_3。六组岩石样品，其中五组为白云岩，一组为燧石。燧石经过热处理后，材料成分发生了显著变化，其余样品中材料成分的变化相对较小。结果表明，热处理只会改变材料成分的比例，而不会改变材料的类型。此外，在改变后的样品中也观察到一定程度的规律性。例如，当白云岩加热到350—400℃时，其SiO_2的比值显著增加，而当加热到450℃或更高时，CaO的比值显著增加。对白云岩最有效的热处理温度为350—450℃。热处理后的岩石变红的趋势可能是由于Fe_2O_3随着温度的升高而变成深红色。

X射线衍射图显示热处理对石材结构的影响（图2a—c）。当样品加热到约400℃时，二氧化硅的衍射峰强度显著增加。如图3d所示，原始样品组和两个热处理样品组的衍射峰位置完全重合，但不同材料组成的衍射峰强度发生了比较显著的变化。相的衍射峰强度与其在样品中所占的百分比成正比（Zhou and Wang, 2002）。SiO_2衍射峰强度的增加反映了石材中二氧化硅含量的增加，从而增强了石材的黏结性能。

Domański等人（2009）的研究表明，峰形的变化表明岩石结晶度的变化。结晶度是一个相对值，表示晶体部分的综合强度与晶体和非晶部分的综合强度之间的比值，当两种形式都存在于X射线光谱中时，结晶度的值有时可以表明样品的有序程度，因此结晶度的变化可以表明晶体是否均匀有序（Brindley, 1980）。结晶度越高，样品晶粒越大，内部颗粒排列相对规则，衍射线强、锐、对称；结晶度差的石头往往含有颗粒过小和位错等缺陷。结晶度较差也会导致衍

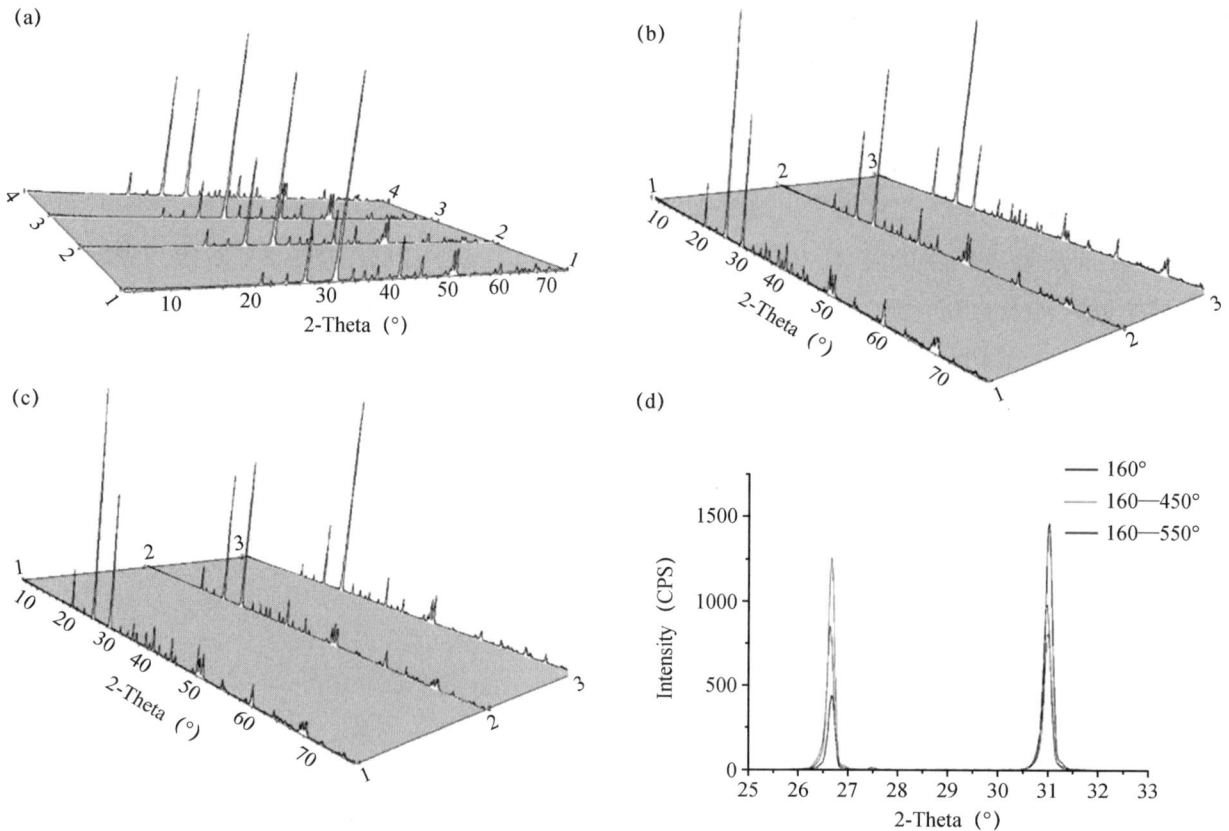

图2 不同岩石试样热处理前后的衍射峰

（a）079白云岩试样　　（b）白云岩和燧石样品150　　（c）石英岩样品160　　（d）石英岩样品160的衍射细节示例

射峰较宽。一般来说，岩石的破碎实际上代表了岩石晶体的分离过程，在这个过程中，力通常沿着晶体的边缘传导。没有经过热处理的岩石有各种大小的晶体，阻碍了力在规则方向上的传递。结果，折断的难度增加，更容易发生断裂。热处理后岩石的结晶度会提高，有利于晶体更好的整合，形成更均匀的晶体尺寸，有利于导电性的产生。因此，热处理岩石的强度会降低，但延展性会得到改善（Domański et al, 2009）。

使用MDI Jade5.0软件计算样品的结晶情况：具体样品结果见表1。在28个热处理样品中，17个样品的结晶率增加（61%）。最高增幅为456%，最低增幅为3%，平均增幅为68%。另外11个热处理样品显示结晶减少。最大降幅为49%，最小降幅为5%，平均降幅为21%。11份样品中石英岩和石英砂岩2份，燧石岩5份，白云岩4份。在室内热处理的20个样品中，有14个样品结晶率增加（70%），而在室外热处理的8个样品中只有3个样品结晶率增加。后一种结果的主要原因可能与高温下的时间跨度短有关，因为室外温度难以控制。

总体而言，热处理后大多数石材的石英结晶性增强；然而，白云岩的结晶变化较小，没有明显的规律性。改进的结晶表明晶粒尺寸的增加（Domański et al, 2009）。如上所述，晶粒与抗压强度成反比。颗粒尺寸越大，它们就越弱，因此减少了敲击特定石头的难度。

表1　岩石样品的不同峰值与结晶度变化

样品号	温度（℃）			不同峰值		结晶度		拟合误差	结晶度改变（%）	
	未加热	室内热处理	室外热处理	石英	白云岩	石英	白云岩		石英	白云岩
079	○	-	-	26.637	30.971	1.57	1.56	11.13	-	-
	-	450	-	26.61	30.939	3.33	1.3	11.04	112	−17
	-	451 CF*	-	26.667	30.996	2.28	1.41	12.2	45	−10
	-	550	-	26.664	30.979	3.72	1.19	10.74	137	−24
100	○	-	-	26.631	-	0.75	-	8.93	-	-
	-	450	-	26.628	-	1.12	-	12.22	49	-
105	○	-	-	26.679	-	0.91	-	12.09	-	-
	-	450	-	26.64	-	0.82	-	10.82	−10	-
139	○	-	-	26.66	-	0.76	-	10.32	-	-
	-	450	-	26.625	-	0.7	-	9.19	−8	-
107	○	-	-	26.671	-	0.76	-	10.11	-	-
	-	450	-	26.663	-	0.82	-	10.76	8	-
150	○	-	-	26.639	-	1.22	-	12.02	-	-
	-	450	-	26.598	-	1.57	-	13.85	29	-
	-	550	-	26.558	-	2.69	-	11.14	120	-
160	○	-	-	26.66	-	2	-	8.1	-	-
	-	450	-	26.67	-	1.12	-	9.1	−44	-
	-	550	-	26.645	-	2.06	-	11.66	3	-
173	○	-	-	26.702	-	0.8	-	8.81	-	-
	-	550	-	26.706	-	0.44	-	6.42	−45	-
197	○	-	-	26.693	31.001	2.25	1.54	11.42	-	-
	-	350	-	26.694	30.997	1.14	2.25	10.17	−49	46
	-	400	-	26.666	30.989	2.4	2.8	14.35	7	82
200	○	-	-	36.653	-	0.88	-	12.09	-	-
	-	550	-	26.645	-	4.89	-	9.43	456	-
202	○	-	-	26.713	-	1.56	-	11.04	-	-
	-	400	-	26.69	-	2.21	-	12.62	42	-
	-	450	-	26.682	-	2.17	-	10.7	39	-
	-	450 CF	-	26.704	-	1.93	-	12.18	24	-
cjss	○	-	-	26.655	-	0.57	-	7.86	-	-
	-	450	-	26.651	-	0.53	-	7.65	−7	-
ys	○	-	-	26.603	-	0.64	-	8.85	-	-
	-	450	-	26.656	-	0.66	-	9.2	3	-
003	○	-	-	26.681	31.003	1.04	2.09	9.63	-	-
	-	-	○	26.649	30.963	1.31	2.79	10.13	26	33
	-	-	-	26.669	31.004	1.27	2.57	11.17	22	33

续表

样品号	温度（℃）			不同峰值		结晶度		拟合误差	结晶度改变（%）	
	未加热	室内热处理	室外热处理	石英	白云岩	石英	白云岩		石英	白云岩
027	○	-	-	26.666	30.977	1.82	1.88	12.28	-	-
	-	-	○	26.632	30.94	1.66	2.06	12.7	−9	−26
				26.687	31.019	1.73	3.88	12.74	−5	106
070	○	-	-	26.689	31.007	1.58	1.96	10.49		
	-	-	○	26.764	31.083	1.31	1.89	10.23	−17	−4
099	○	-	-	26.662	-	0.47	-	6.1		-
	-	-	○	26.635	-	0.63	-	7.97	34	-
175	○	-	-	26.7		0.5		6.45		-
	-	-	○	26.688	-	0.4	-	6.34	−20	-
				26.683		0.42		5.96	−16	-

* CF，快速冷却。

3.2　单轴压缩试验

热处理对石材力学性能的改变主要表现为韧性降低，延展性和脆性提高，并在一定程度上改善了纹理均匀性。考虑到石材在400℃左右加热时力学性能明显改善，这是最合适的热处理温度（图3a—d）。当温度高于450℃时，各特性的改善不显著或过小；例如，脆性的降低或微裂纹数量的增加是很小的。白云岩和燧石经热处理后力学性能得到改善，而水洞沟地区发现的石英岩不适合进行热处理；其强度显著提高，但延展性和脆性改善较小。这可能是由于较粗的石英岩颗粒的再结晶，导致晶体之间的键更紧密。

水洞沟地区白云岩、石英岩和石英砂岩单轴抗压强度变化较大，说明岩石内部颗粒组成不均匀。热处理后，特别是加热到400℃左右后，这种变化大大减小。这说明热处理技术可以改善石材的均匀性。

8组实验石材中，1组韧性为A级，5组韧性为B级，2组韧性为C级（表2）。其中，3组试样热处理后强度下降1级。除石英岩和石英砂外，其他石材在热处理后强度都有不同程度的降低。

样品在单轴压应力试验下虽然经历了形状和位移变形的变化，但变形能在一定程度上反映样品的延性。这是指从石头的横截面开始减弱到达到其最大承载能力之间的变形；换句话说，即石头屈服之前达到的最大形变。这种特性体现在石器的敲击上，因为原材料可以更好地控制，并且可以承受不超过其强度的反复应力。在延展性好的石材内部，力的方向更容易控制，更适合于长片的碎裂。从图3可以看出，热处理后的岩石延性有明显提高，400℃是水洞沟地区岩石类型最合适的热处理温度（图3e—h）。

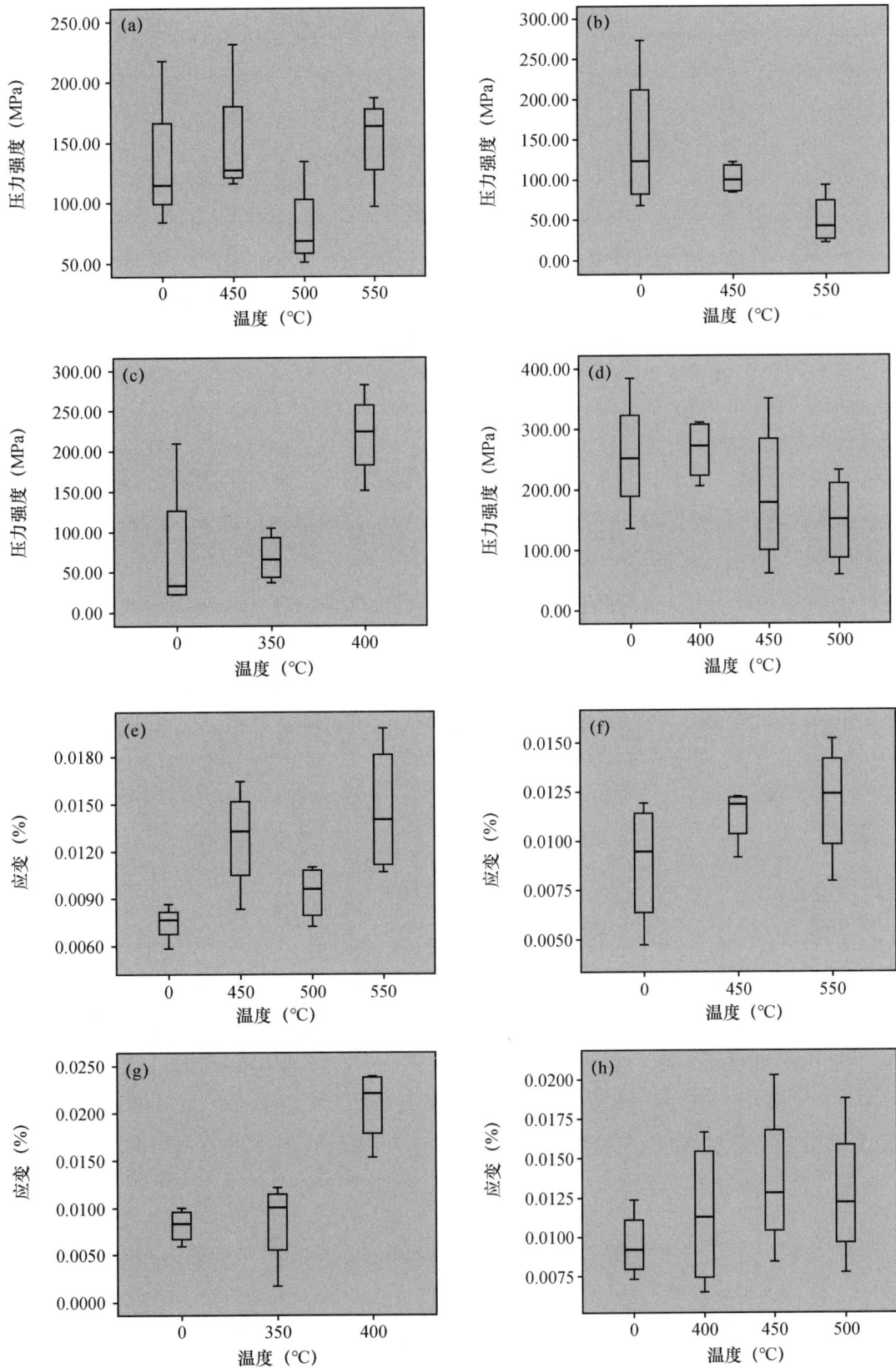

图3 抗压强度（单位：兆帕斯卡）、热处理试样的应变（以百分比计算）和温度的关系

（a）样品079 （b）样品150 （c）样品197 （d）样品202 （e）样品079 （f）样品150 （g）样品197 （h）样品202

表2　完整岩石和节理岩石的强度等级①

等级	强度描述	单轴抗压强度（MPa）
A	极高强度（Very high strength）	＞250
B	高强度（High strength）	100—250
C	中等强度（Moderate strength）	50—100
D	一般强度（Medium strength）	25—50
E	低强度（Low strength）	5—25
F	极低强度（Very low strength）	＜5

3.3　扫描电镜观察

一般来说，燧石或白云岩样品在热处理后表现出相似的特征。晶粒分布均匀，主要呈粒基结构，晶粒经磨后呈次圆形。晶体发生了融合和结合，形成了光滑的表面。经过热处理后，燧石的这些特征比白云岩更为明显。从XRD测试可以看出，晶体融合现象与热处理后的石材结晶效果较好有关（Zhou et al, 2013b; 另见图4）。

如图4所示，198号白云岩样品在电镜下表现为自面体到亚面体的斑晶结构。研磨后晶体尺寸为1—5μm，形状呈棱角状，呈亚圆形。方向性好，夹层紧密，总体平滑（图4a）。经450℃热处理后，其晶粒组织呈板状。晶粒尺寸为5—10μm，它具有规则的方向性和紧密的夹层。晶体的边缘开始融合，因为边界变得模糊并紧密相连。边界也显得平坦光滑（图4b）。

3.4　打制实验

用同一块石料加工的工具，热处理前后有明显的差别。

（1）热处理后石片的长度、宽度和厚度更结构化。例如，050和201号白云岩样品在350℃热处理后，其结构指数接近于1。该指数的值越低，以及宽度和厚度的指数越低，表明它们更结构化。石片的长度和宽度之比越大（表3）表明它正在变窄。当050号白云岩样品在350℃和400℃下进行热处理时，这一点很明显；处理后的石片延展性得到改善，沿应力方向进一步断裂。

（2）部分经过热处理的石头产生的石片比未经处理的石头产生的石片产生更大的台面尺寸。这表现在白云岩和石英砂岩中。而石英砂岩在550℃处理，白云岩在550℃处理时，增量较小。

---

① 张学民：《岩石材料各向异性特征及其对隧道围岩稳定性影响研究》，中南大学博士学位论文，2007年。

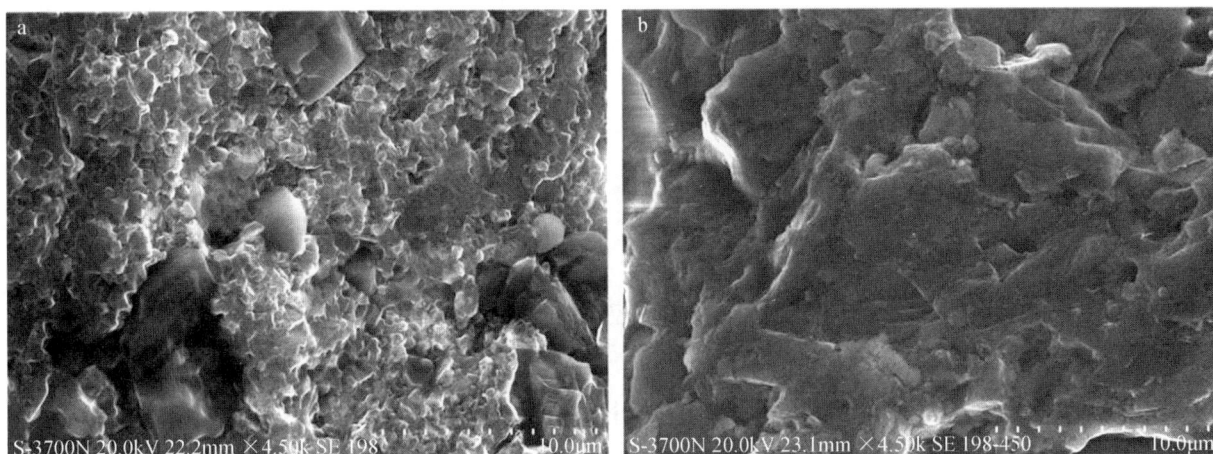

图4 198号样品热处理前后扫描电镜对比

表3 热处理后石片平台尺寸和长度的比较（单位：毫米）

	温度	数量	最小值	最大值	平均值	标准差
长	050未处理	25	1.54	132.82	24.60	31.62
	050-350℃	41	0.77	302.84	37.63	58.79
	050-400℃	20	3.60	160.55	32.75	43.91
长宽比	050未处理	25	0.5	2.57	1.27	0.64
	050-350℃	41	0.4	3.71	1.36	0.7
	050-400℃	20	0.56	3.1	1.39	0.81

（3）在热处理过的石头上产生的石片的垂直弯曲率要低得多。经350℃和400℃热处理后，050号白云岩试样的垂直弯曲率分别由最初的36%下降到9%和10%。弯曲角度也从平均160°减小到150°。经300℃和350℃热处理后，白云岩的垂直、弯曲度分别从17%下降到12.5%和3%。平均弯曲度从160°下降到155°。热处理后的石英砂岩截面弯曲程度最小。垂直截面弯曲程度的降低，既能提高石片的质量，又能提供更好的压扣表面，从而提高芯的利用率。热处理有效地降低了白云石石片的弯曲程度，特别是在350℃时。

（4）热处理也会影响到片状的腹面特征，将其量从10%左右增加到30%。在350℃热处理后，050号白云岩样品的增幅最大，达到68%。一般认为，唇突具有软锤敲击的特点。在水洞沟遗址第8地点进行的实验中，使用与本研究相同的原材料，当使用软锤敲击石头时，唇突产量上升到4.8%（Wang, 2010）。石英砂岩片在热处理前后均未产生唇突。在热处理前，大约70%的石片垂直延伸，而在热处理后，这一数字增加到90%或更多。经热处理后，白云岩片羽状端部的百分率由原来的40%提高到60%。由于石片的羽毛状末端或末端可以作为史前石器制造者的实际或潜在的使用边缘，热处理引起的增加可以大大提高石器生产的效率。

（5）对于史前人类来说，获得石片的主要目的是作为各种需要的锋利工具。因此，片边长度是衡量压扣是否成功的重要指标。我们发现经过热处理的石片的边缘长度更长。例如，050号白云岩样品的有效边缘长度从13.7mm/g增加到56.4mm/g（350℃处理）和51.8mm/g

（400℃处理）。在201号样品中，该边缘长度从29.1mm/g增加到176.6mm/g（350℃处理）和194.0mm/g（400℃处理）。146号石英砂岩试样变化最小，分别为6.45mm/g和6.19mm/g。

4. 讨 论

4.1 热处理机理

根据X射线衍射分析，我们认为合适的热处理温度改变了晶粒的尺寸和结晶。同时，处理会影响物质成分的比例，从而达到提高石材质量的目的。这一结论也得到了SEM分析的支持。由于这一机制，高硅质和小晶粒的原料可以通过热处理来改善其黏结质量。因此，水洞沟遗址的所有热处理石制品都是燧石和硅质白云岩也就不足为奇了。我们的模拟实验结果表明，经过热处理的石英岩和石英砂岩的物理特性发生了较小的变化，表明该过程对这些材料的影响很小。

因为热处理的效果与材料的成分、晶体结构等因素密切相关，所以我们在实验时需要仔细考虑个别类型石材之间的差异。水洞沟遗址周围地区的旧石器时代工具主要是由河岸上发现的砾石制成的。由于这些原料来源不一致，因此类型的差异不容忽视。大多数硅质石头，如燧石，在热处理后会变暗为红色。然而，这种变化不是均匀的，当热处理过程中温度迅速升高时，这种变化就不那么明显了。因此，在这种情况下，仅根据颜色就很难区分原材料。如果原材料来源不同，这种转变将更加明显。这种现象也适用于原材料的机械性能。因此，实验是考古热处理研究的重要基础。

4.2 打制效率的变化

当打制石制品时，岩石受到尖锐物体（主要是石头）的瞬间冲击而破裂，这是力的来源。随后，微裂纹在整个岩石中扩展，这是岩石微观结构中变形和损伤积累的宏观反映。根据石材断裂机理，热处理后强度、脆性、岩性、均匀性等力学性能的改变可有效改善石材的断裂质量。在打制过程中，由于石材内部杂质与冲击力相互作用而产生的打击泡等特征，可能会造成不规则的剥落，剥片面和台面也会受到损伤。因此，通过降低形成打击泡的机会，或减少其体积并防止产生这些损伤，可以提高制作石器的效率和有效的石片生产率。通过热处理改善石材的均匀性，降低了产生这些不利因素的机会。

石片终端的形式与施力的角度和方法有关。热处理可以通过改善石材的延性和均匀性，有效地降低产生非理想终止形式的机会，例如台阶状和断裂。这是因为冲击力穿过这类石头中的杂质，延伸出一个稳定的方向，从而促进了羽毛状末端的形成。

我们的实验结果表明，热处理对白云岩等硅质石头有显著的影响。然而，石英砂岩热处理前后的变化很小。在水洞沟，我们发现350℃是处理白云岩的适宜温度。如果温度过低，这种影响将是微不足道的，而过高的温度会破坏材料的断裂质量。由于热处理改变了石材的力学性能，热处理后的片状物形态更加规则，窄片状物和石片状物比例增加。同时，石片的延伸更加伸直，而弯曲程度减小，羽状终止率增加。最重要的是，石片有效边缘的生产率显著提高。因此，适当的热处理可以有效地提高石材的利用率。

我们还观察到热处理石片的长度和厚度变化不大。这可能与实验过程中的打制策略有关。为了获得更薄的石片，敲击点尽可能靠近石核的边缘。由于石锤比被敲击的材料稍硬一些，将敲击点定位在离合适的边缘太近的地方，会导致台面断裂和敲击失败。因此，在本研究中，大多数打击点远离石核打击面边缘。这导致垂直力大于切向力，这是控制石片长度的重要因素。这也是热处理后的石片长度和厚度变化不大的主要原因。当垂直力占主导地位时，石片在热处理前后的长度变化最小；当切向力占主导地位时，它对这种变化有放大作用。它还增加了石片台面的尺寸。这一现象也直接证明，只有当切向力大于垂直力时，热处理在制造更长更薄石片方面的作用才会更加突出。

请注意，同样的敲击实验是在10块经过450℃和550℃热处理的石头上进行的。结果表明在450℃及以上温度下，白云岩和燧石均形成颗粒状结构；与未经处理的石头相比，这些样品的破损区域明显粗糙。肉眼可见的大量粗粒，导致力的传导无效，甚至增加了制作石片的难度。因为在这些原料中观察到这种剥落能力的丧失，所以没有收集数据。这一现象表明，在热处理过程中控制温度对整个过程的成功起着重要的作用。

这个模拟实验还表明，颜色变化应该是发掘出土的石制品热处理的一个标志。虽然光泽也是一种有效的鉴别方法，但它并不总是适用于所有种类的材料。考虑到肉眼的主观性，建议采用扫描电镜、X射线衍射、热发光、古地磁等方法提高发掘出土石制品热处理鉴定的可信度（Zhou et al, 2013b, 2014）。

复杂技术的应用代表了人类认知和身体能力进化的一个阶段。这里报告的结果表明，对石器原料的热处理是一项复杂的技术，因为它要求采石者对石头有足够的了解，并精确地控制炉塘温度。在旧石器时代晚期水洞沟遗址第2和第12地点发现的热处理石制品表明，当时的人类已经具备了熟练的热处理技术。由于旧石器时代的文物往往难以保存和完全理解，对这些组合的技术研究往往缺乏足够的细节。模拟实验可以在一定程度上弥补这些不足，使我们对热处理等技术有更清晰的认识。这些知识在解释水洞沟遗址时特别有价值。在该遗址发现的热处理石制品表明，水洞沟不同世代的居民使用复杂的技术形式来提高他们的生存能力。此外，这一证据表明，亚洲这一地区的旧石器时代晚期人群具有相对较高的认知能力和相对复杂的社会组织形式。

致谢：本文所报道的这项研究得到吉林大学王春雪教授和中国科学院古脊椎动物与古人类研究所陈福友高级工程师的大力协助。本研究得到国家自然科学基金（No.41302015、11372323）和中国科学院战略性先导科技专项（XDA05130303）资助。

［原载Guan Y, Zhou Z Y, Huan Y, Gao X. The Experimental Study of Palaeolithic Heat-Treatment Technology: A Case from the Shuidonggou Rock Resources, North-West China. Archaeometry, 2015, 57(6): 949-965］

（关莹译）

中国北方最早的旧石器时代晚期文化：
水洞沟第7地点遗址形成过程研究

裴树文[1]　牛东伟[1]　关　莹[1]　年小美[1]　Kathleen Kuman[2, 3]
Christopher J. Bae[4]　高　星[1]

（1. 中国科学院古脊椎动物与古人类研究所脊椎动物演化与人类起源重点实验室，中国北京，100044；
2. 威特沃特斯兰德大学地理学院考古与环境研究中心，南非约翰内斯堡，WITS 2050；3. 威特沃思兰德
大学进化研究所，南非约翰内斯堡，WITS 2050；4. 夏威夷大学人类学系，美国火奴鲁鲁，HI 96822）

摘要： 从石叶技术的存在和年代来看，水洞沟（SDG）长期以来被认为是中国旧石器时代晚期的典型遗址群。过去十年开展的野外和室内研究揭示了水洞沟地区存在旧石器时代装饰品并出现了相当于旧石器时代晚期早段的一个工业中的两种不同技术成分——似勒瓦娄哇石叶技术和简单石核-石片技术。水洞沟遗址在中国旧石器研究和更广泛的旧大陆史前研究中具有重要作用，但目前关于遗址形成过程和遗址环境的详细情况还知之甚少。本文以水洞沟第7地点这一关键遗址的石制品组合为研究对象，来探讨遗址多样化的形成过程和沉积背景信息。与之前认为水洞沟第7地点（SDG7）的遗址堆积是二次沉积的结果相反，我们的研究表明SDG7是在接近原生环境下保存的而以前所认为的反映河流扰动的特征实际上是湖滨相黄土沉积物中出现的局部塌陷特征。多重证据支持该遗址保存了水洞沟狩猎采集者的原始觅食行为这一论点，这些证据包括沉积背景和考古遗存的分布特征（特别是石制品组合构成、废片尺寸分布、遗物保存情况、遗物产状分析和空间分布特征）。SDG7的考古堆积迅速地埋藏在浅湖边缘的细砂、粉砂和黏土沉积物中，其受到的扰动作用较小，只有相对较低能量的水动力作用。上述研究也表明SDG7出土的考古学遗存适合于华北地区旧石器时代晚期早段的古人类行为研究。

关键词： 中国北方；晚更新世；旧石器时代晚期；水洞沟遗址第7地点；遗址形成过程；石制品聚集特征

1. 引　言

学者们很早就认识到在遗址堆积中的考古材料可能在遗址形成过程中发生变化（Visher, 1969; Bar-Yosef and Tchernov, 1972; Gladfelter, 1977; Isaac, 1977; Hassan, 1978; Schick, 1986, 1991; Schiffer, 1987; Goldberg and Petraglia, 1993; Kuman, 1994; Petraglia and Potts, 1994; Kluskens, 1995; Sahnouni and Heinzelin, 1998; Ward and Larcomb, 2003; Dibble et al, 2006; Bernatchez, 2010; Marder et al, 2011），这种认识使得考古记录的解释变得更加复杂（Isaac, 1983, 1984; Schick, 1987a, 1987b, 1992; Potts, 1988; Bertran and Texier, 1995; Kuman et al, 1999; Shea, 1999; Kuman, 2003; Lenoble and Bertran, 2004; Brantingham et al, 2007; BenitoCalvo and de la Torre, 2011）。

目前对于发现在漫滩和湖滨环境中考古遗址的形成过程研究开展得较为深入（Potts, 1982; Schick, 1986, 1987a; Sahnouni, 1998; Sahnouni and Heinzelin, 1998; Sahnouni et al, 2002; Morton, 2004）。这主要是因为这些类型的遗址通常受到低速的河流作用，考古材料的扰动相对较小；相比之下，高能量环境（例如，粗糙的冲积物和河岸沉积物）下的研究和解释要复杂得多（Petraglia and Potts, 1987; Schick, 1992, 2001; Shea, 1999）。在水洞沟发现的许多遗址都处于湖滨相沉积环境，因此受到低流速河流活动的影响。

水洞沟遗址群（38°17′55.2″N，106°30′6.7″E）位于中国宁夏回族自治区鄂尔多斯沙漠西南边缘。自1923年以来该遗址一直被认为是了解中国北方旧石器时代晚期初段（现在在中国被称为the Initial Late Paleolithic）（Licent and Teilhard de Chardin, 1925; Boule et al, 1928; Jia et al, 1964; Bordes, 1968; Li, 1993; Yamanaka, 1995; Norton and Jin, 2009; Bae and Bae, 2012）的关键遗址，高星与Norton（2002）、Norton等（2009）文章定义了旧石器时代晚期（the Late Paleolithic）。早期研究者依据勒瓦娄哇石叶技术的存在将SDG1的石器工业划分为发达的莫斯特文化和处于发展初期的奥瑞纳文化（Licent and Teilhard de Chardin, 1925; Boule et al, 1928; Zhou and Hu, 1988），从2002年以来，中国科学院古脊椎动物与古人类研究所和宁夏回族自治区考古研究所在该遗址区进行了一系列多学科调查，关注于新的发掘发现，分析了一系列新的光释光测年数据，更好地了解了总面积超过50km²的水洞沟遗址群区域的地貌情况（Gao et al, 2004, 2013a, 2013b; Chen et al, 2012; Pei et al, 2012, 2014; Li et al, 2013; Yi et al, 2013）。

新一轮考古工作共发现了6个新的地点（编号为SDG7—SDG12），并对其中的5个地点［SDG2（先前发现）、SDG7、SDG8、SDG9和SDG12］进行了大规模发掘工作，识别出新的考古层位，发现了超过5万件石制品（Pei et al, 2012; Gao et al, 2013a, 2013b）。水洞沟遗址群出土遗存包括似勒瓦娄哇石叶、传统石核-石片、细石叶、大量脊椎动物化石、鸵鸟蛋皮串珠、火塘、颜料和骨器。人工制品的多样性（年代从距今38000年到距今20000年）使水洞沟成为东北亚地区早期人类研究最重要的遗址群之一（Norton and Jin, 2009; Pei et al, 2012; Boëda et al, 2013; Gao et al, 2013b; Li et al, 2013）。遗物主要为原地埋藏，多数分布密集，不同地点的石制品数量从几百到一万多件不等。

然而，目前对遗址形成过程的认识相对较少。换句话说，水洞沟人工制品是堆积在原生沉积的环境下还是二次堆积的结果，或是河流作用的结果？我们尝试通过分析水洞沟第7地点（水洞沟遗址群的主要地点之一）考古材料遗址形成过程来回答这个问题。

2. 遗址背景

2.1　地质和地层

水洞沟位于鄂尔多斯沙漠西南边缘，银川市东南28千米，宁夏回族自治区黄河现代河道以东约10千米处。边沟河是黄河的一条支流，发源于清水营东南约40千米处，沿中国长城南缘向西北流去，其从长城下穿过后就变成了水洞沟河，最终汇入黄河（Bureau of Geology and Mineral Resources of Ningxia, 1983; Institute of Archeology of Ningxia Hui Autonomous Region, 2003）。灵武县东部有一座低矮的名为东山（海拔1400—1500米）的小山，从北向南绵延，向北延伸海拔会降到1305米，也被称为"黑山"，位于水洞沟以西3千米处（Gao et al, 2008）。

在东山的东坡和水洞沟之间共有五级河流阶地，从最老到最新依次编号为T5到T1。T5到T3的高度是130米到150米，高于黄河水位110米、130米，这些阶地主要分布在水洞沟南部和西部的山前地带（Gao et al, 2008; Liu et al, 2009）。沿着边沟河两岸存在两级命名为T1和T2的阶地，水洞沟遗址群的大部分地点都坐落于这两级阶地。

水洞沟遗址群位于边沟河水系的支流上，也位于干旱半干旱和沙漠草原的交错带上，东部为干旱的鄂尔多斯沙漠，南部为黄土高原，其环境的总体特征是荒漠草原环境。该地区主要是一个较厚的（10—40米）砂质土状台地，而在接近黄河的泛滥平原区域，夹杂的冲积物也越来越多。附近的黄土状沉积物与晚更新世早期的马兰黄土相对应（Barton et al, 2007）。第四纪沉积序列形成于广泛分布于该地区的厚的新近纪红色黏土层中。水洞沟区域，边沟河下切到砂质黄土状台地和下面的新近纪红色黏土，形成了10—20米高的陡峭暴露面（Brantingham et al, 2004）。

SDG7位于SDG1（研究人员记述的首个地点）东南约300米处。该地点埋藏在边沟河左岸二级阶地内，地理坐标为N38°17′51.4″，E106°30′20.7″，海拔1205米（图1）。边沟河和它的小支流有独立的冲积物和风成沉积物（高10—15米）堆积在一个周围满是峭壁的长半岛上（Brantingham et al, 2004）。SDG7的晚更新世堆积埋藏于河流切割-填充序列中，在SDG7揭露的发掘剖面中可以看到三个主要的沉积单元（图2）：底部粗粒的河流相沉积单元（或河流砾石层），中部由灰色和灰绿色层状细砂、粉砂和黏土组成的河湖相沉积单元，顶部具有局部水平层理的黄土状细砂和粉砂堆积单元。2003—2005年的发掘揭示出总厚度超过12米的11个地层。虽然SDG7地点没有新近纪红色黏土层，但还是在该地点上游300—500米的河流砾石层以下发现了与SDG7相接触的黏土。考古遗存发现于最下面的4个自然层中，由基底砾石层之上的

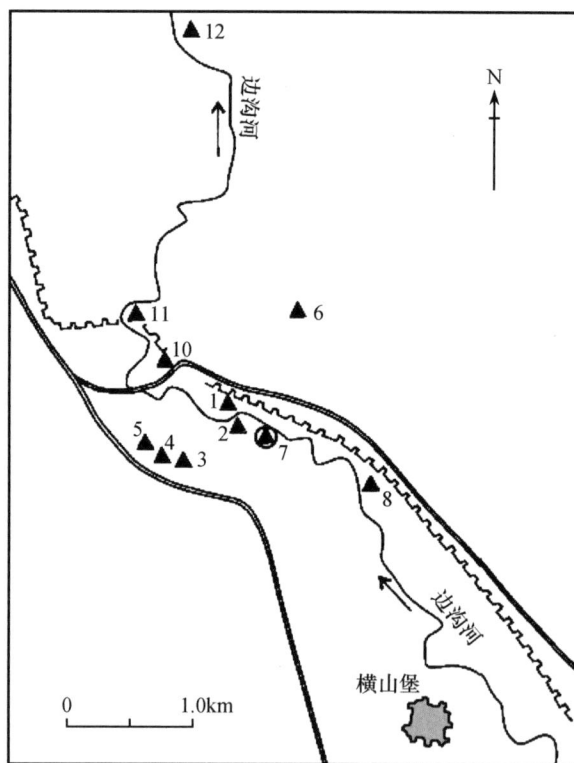

图1 水洞沟遗址第7地点地理位置图

图2 SDG7发掘剖面的沉积物

底部为河流粗粒沉积物单元（河流砾石层）、中部为由灰色和灰绿色层细砂、粉砂和黏土组成的河湖相沉积单元、上覆为黄土状细砂和粉砂沉积单元（从北向南拍摄）

中部河湖相堆积单元的下部组成，总厚度超过3.5米。

第四纪期间，由于地壳的间歇性抬升和黄河及其支流的侵蚀，在水洞沟地区形成了几级阶地。晚更新世早期由于降水增加，河流冲积平原广泛发育（Gao et al, 2008）。在MIS3阶段到来之前地壳抬升造成了河流的下切，使得河流冲积平原转变成二级阶地的基底砾石层（Herzschuh and Liu, 2007）。MIS3期间，由于气候更加湿润温暖，降水增加，水洞沟区域的老边沟河水系不同部位发育了几个小盆地，形成了包含考古遗存的河湖相灰绿色亚黏土层。MIS3之后，降水减少，气候相对干燥（Barton et al, 2007），这导致了小湖泊的消失，并形成了上部黄土状的细砂和粉砂层堆积单元。

2.2 年代测定

由于旧石器时代晚期早段和旧大陆东西部技术比较的重要性，T1和T2的年代测定受到了相当大的关注（Madsen et al, 2001; Gao et al, 2002）。已有地层的^{14}C测年和光释光测年数据表明T2年代为距今3.8万—2.0万年（Li et al, 2013），由于SDG7的考古遗存与已成功测定^{14}C年代的SDG2的考古遗存来自同一层位，因此从SDG7的考古层位中总共收集了9个沉积物样品用于光释光测年。使用由年小美等（2009）文章中所描述的规程从样品中提取中等粒度（45—63μm）的部分石英，用单片再生剂量法测定等效剂量（D_e）（Murray and Wintle, 2000），所有光测量、β照射和预热处理均在装备了^{90}Sr/^{90}Y β源（Bøtter-Jensen et al, 2003）和EMI 9235 QA光电倍增管的自动化Risø-TL/OSL DA-20释光测年仪中进行，用设定在全功率90%的50mW/cm^{2}的蓝光LED光照刺激（470±30nm）和一台7.5mm Hoya U-340 filters（290—370nm）用于石英光释光测年。

SDG7的石英样品以快组分信号为主，对相同剂量的石英光释光信号进行重复测量显示在±10%范围内有良好的再循环（Murray and Wintle, 2000），并且样品的复原率保持低于5%。样品L2373的三个自然等分试样用太阳模拟器（SOL2）晒褪6小时，剂量恢复率（恢复/给予剂量）（Murray and Wintle, 2003）为1±0.06，给予的实验室剂量为90Gy，测试剂量为6.75Gy。采用合成孔径雷达（SAR）法测量样品的相同剂量，等分试样在125℃下进行刺激，预热和切热温度分别为260℃和220℃，分别持续10秒和0秒，用中粒石英合成孔径雷达（SAR）法测量的SDG7的样品数据范围从（30±3）ka—（22±2）ka BP，年代在实验误差范围内随深度增加，除了样品L2440和L2441〔（22±2）ka BP和（23±2）ka BP〕（表1）。这两个样品的地层可能受到了人类活动或是其他因素的干扰。

表1　收集自SDG7地点的U、Th、K含量，样品深度，中等粒度石英样品的光释光测年结果

（样品采集于7.5米下的考古地层中）

实验编号	深度（米）	U（ppm）	Th（ppm）	K（%）	Diso no.	剂量率（Gy/ka）	等效剂量（Gy）	年代（ka BP）
L2375	5.9	4.27 ± 0.14	10.7 ± 0.3	1.76 ± 0.06	6	3.26 ± 0.21	71 ± 2	22 ± 2
L2374	6.3	4.43 ± 0.14	9.41 ± 0.27	1.72 ± 0.06	4	3.17 ± 0.2	69 ± 4	22 ± 2
L2373	6.7	4.13 ± 0.13	8.88 ± 0.27	1.66 ± 0.06	7	3.01 ± 0.19	68 ± 2	23 ± 2
L2372	7.1	4.2 ± 0.13	9.86 ± 0.29	1.7 ± 0.06	6	3.12 ± 0.2	73 ± 3	23 ± 2
L2438	7.6	2.89 ± 0.11	7.79 ± 0.25	1.92 ± 0.06	6	2.85 ± 0.17	67 ± 4	24 ± 2
L2439	8.7	3.6 ± 0.13	11 ± 0.32	1.57 ± 0.05	8	2.94 ± 0.19	71 ± 4	24 ± 2
L2440	9.2	4.93 ± 0.16	10.5 ± 0.32	1.65 ± 0.06	6	3.23 ± 0.22	70 ± 5	22 ± 2
L2441	9.7	4.3 ± 0.14	10.3 ± 0.31	1.7 ± 0.06	6	3.16 ± 0.2	73 ± 3	23 ± 2
L2442	10.2	2.98 ± 0.29	9.62 ± 0.29	1.52 ± 0.05	6	2.65 ± 0.17	78 ± 5	30 ± 3

注：预估水含量：（20 ± 5）%。

2.3　发掘材料

在对研究区域进行了系统测绘，研究了边沟河阶地的地貌、地层以及出土原地考古材料的SDG7的堆积后，我们确定了25平方米的发掘面积。水平层以2—5厘米的深度发掘，总共35层，对于遗物较少的层位发掘深度较大。堆积物用4毫米的筛网干筛。使用全站仪EDM功能对考古材料进行三维测点。每挖完一个水平层将标本录入电子数据库，并且进行系统采样以做沉积环境分析（粒度、磁化率等）。用罗盘测量石制品的产状并记录下来用于遗址形成过程研究。共出土9901件石制品。此外，在发掘过程中还发现了2个鸵鸟蛋皮串珠和486个脊椎动物化石标本，已经鉴定的种属包括：兔属、狐属、犬属、小野猫、鹿科、水牛属、普氏羚羊、马属、蒙古野驴和鸵鸟属等（Pei et al, 2012, 2014; Gao et al, 2013a）。

3. 遗址形成过程

由于水平层理的破坏，SDG7被认为是属于次生堆积（图3）。然而，进一步的观察分析显示其可能反映了湖滨相沉积中常见的一种现象。随着水流入湖中，沉积物变得饱和，比周围的地层更重，导致地层的局部塌陷。与显示的次生环境相反，SDG7的这些特征实际上反映了一个缓慢的湖岸沉积的过程。这些塌陷特征，以及上部文化层发现呈条带状展布的遗物集中分布现象（图4），表明只有低速水流作用影响了SDG7考古材料的最终沉积。世界其他地区的研究已经为这种解释找到了证据（比如Langbein and Leopold, 1968; Isaac, 1977; Schick, 1986, 1991, 1992, 2001; Petraglia and Potts, 1987, 1994; Sahnouni, 1998; Sahnouni and Heinzelin, 1998; Shea, 1999; Morton, 2004）。因此，我们需要解决的问题是：地质活动或人类行为哪个因素主要影响

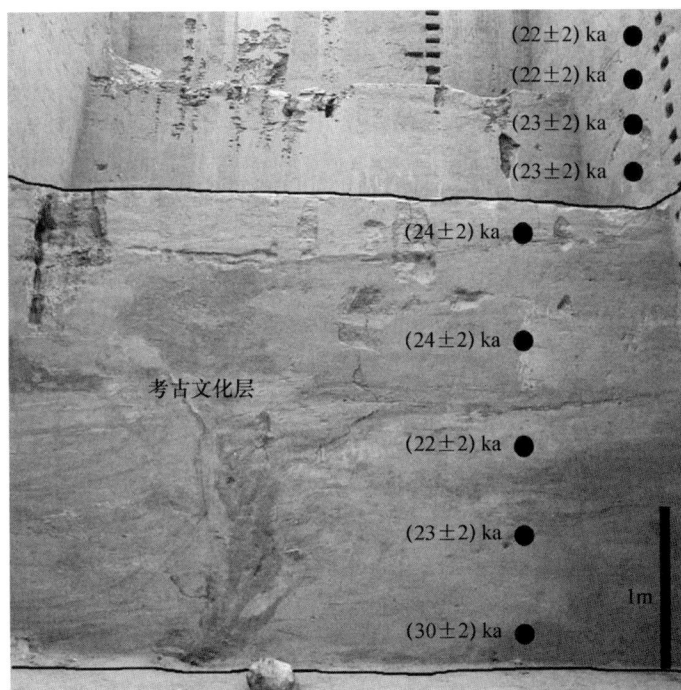

图3　SDG7的考古文化层剖面图（显示了文化层的测年结果、沉积层理结构和局部塌陷特征）

图4　平面图显示了SDG7文化层内发现的遗物条带状集中分布现象（左）和水流扰动现象（右）

了SDG7考古材料的堆积？我们尝试通过分析考古遗存的沉积背景，以及石制品的垂直分布和构成情况来回答这个问题。

3.1　考古地层的沉积背景

考古地层的沉积基质由细颗粒的粉砂构成。表2显示的是沉积物中不同粒度尺寸类别的分析结果。人们普遍认为，粉砂沉积在冲积平原或湖滨地区最为常见，是在流速较低的情况下沉积的（Hassan，1978）。我们的分析表明沉积基质主要是由以浅湖边缘粉砂为主的细粒沉积物所组成，因此，SDG7文化层的最上部可能受到了很小程度的水力改造作用。

表2 SDG7地点考古地层粒度分析结果

类别	尺寸范围	百分比
细砾和小砾石	＞0.25mm	0.71
细砂	0.125—0.25mm	2.46
极细砂和粗粉砂	0.0156—0.125mm	79.38
黏土到泥	＜0.0156mm	17.45

3.2　考古遗存的空间分布特征

SDG7的发掘表明该地点的出土遗存垂直分布于厚3.5米的粉砂和泥砂沉积中，粒度以＜0.125毫米为主（96.83%）。遗物的垂直分布特征表明人工制品密度高，不存在无遗物的层位（图5）。整个石制品组合重达112.38千克。石制品总体密度约为396件/平方米，每平方米有4.50千克的人工制品。值得注意的是文化层最上部的呈条带状展布的石制品受到了水力作用的干扰。然而，人工制品组合诸多其他方面的特征表明，狩猎采集者的行为才是这些人工制品集中分布的主要因素，而沉积之后的一些因素，诸如缓慢的片状水流则对考古材料的原始堆积造成了一定影响。

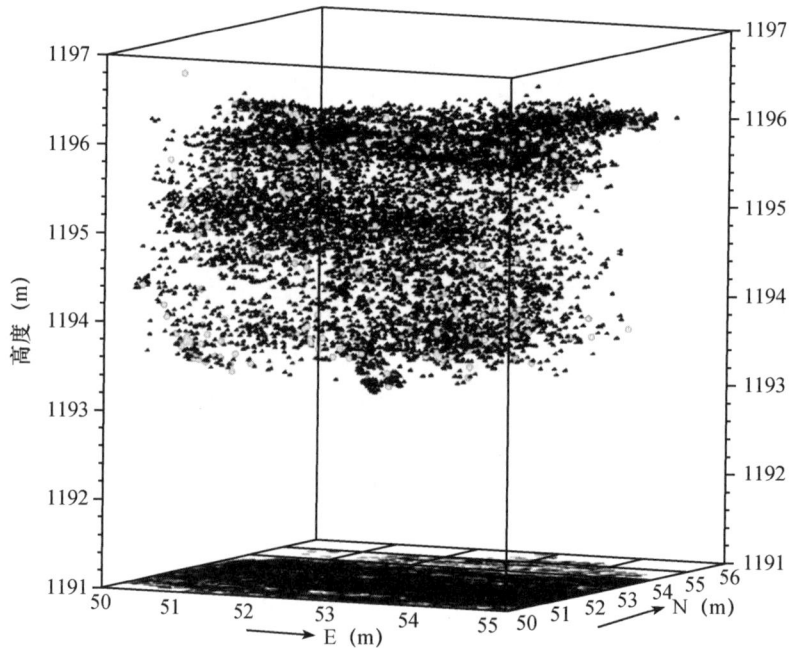

图5　SDG7出土考古遗存的三维分布情况

下部为发掘区域的遗物分布情况，主体部分显示出发掘区相对较高密度的遗物分布特征（深色代表石制品，浅色代表动物化石）

3.3 石制品聚集特征

我们通过对SDG7石制品聚集特征变化的分析评估了遗物组合沉积后的扰动程度，主要使用的是由Schick（Schick, 1986; see also Petraglia and Potts, 1987, 1994; Schick, 1991, 1992; Shea, 1999; Sahnouni, 1998; Sahnouni and Heinzelin, 1998）建立的标准。本文遗址形成过程研究所开展的具体分析包括：技术构成、废片类尺寸分布、石制品保存状况、遗物倾向和倾角特征、空间分布情况。

3.3.1 技术构成

遗址形成过程评估的第一步就是要观察出土的石制品组合的技术一致性。如果一个遗址发生了石制品的生产活动，那么其产品在技术上应该呈现一致性（coherency），尤其是石核与废片的比例。如果出现不一致的现象，我们应该考虑其他的一些解释，包括水流搬运的可能性（Schick, 1986）。

图6展示的是SDG7石制品的组合统计。从直方图中看出，废片类［SFD（小石片碎屑＜20mm）＋碎片］占据最高比例（$n=9669$，97.66%），而石核和石锤比例最低，分别是1.07%（$n=106$）和0.05%（$n=5$）（表3）。虽然相比于实验产生的石制品组合（Schick, 1986），废片类中SFD的百分比（55.47%）略低于期望中的原地保存的石制品组合数据，但是SDG7的石核/废片率（0.01）和石核比例（1.07%）表明石核废片组合在技术上相匹配。5块破碎的石头可能被用作石锤，表明古人类曾在该遗址从事石制品的生产和修理活动。因此，SDG7的石制品组合展示出技术的一致性，其并未受到较大的水流改造作用。

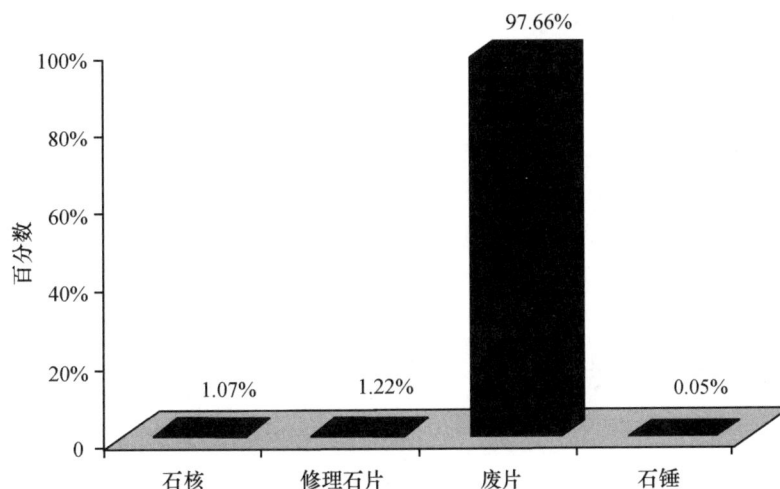

图6　SDG7石制品组合构成（$n=9901$）

表3　SDG7出土的石制品类型（除了SFD，其他石制品最大长度都≥20mm）

石制品类型	数量	百分比
SFD	5492	55.47
石核/石核工具	106	1.07
石器	121	1.22
碎片类	4177	42.19
石锤	5	0.05
共计	9901	100

3.3.2　废片类石制品的尺寸分布

如果石器生产活动发生在原地，并且材料没有经过水流分选的话，废片类的尺寸分布将类似于Schick（1986）所做的实验曲线，<2厘米的小尺寸废片达到顶峰，≥2厘米的石制品随尺寸增大而比例降低。图7将SDG7废片数据与Schick（1986）的实验数据进行了比较。

SDG7石制品尺寸分布模式显示了向较小尺寸石制品的剧烈倾斜，这与Schick（1986）所做实验产生的结果相似，在文章中Schick也使用了4毫米的筛子来筛选废片。因此，SDG7确实是一处早期人类制造石制品的地点，一些废片可能受到低速水流的作用，导致其呈现条带状的分布特征。

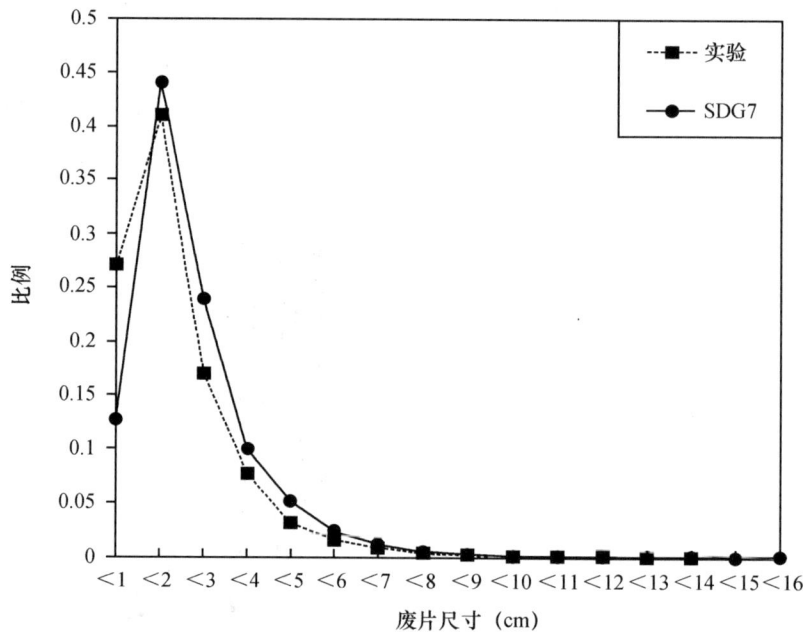

图7　SDG7出土废片的尺寸分布（$n = 9669$）［实验曲线来自Schick（1986）］

3.3.3　石制品磨蚀状况

每种原料石制品（表4）的表面磨蚀状况都进行了观察和记录，因为它们是分析遗址完整性所广泛使用的指标（Petraglia and Potts, 1987, 1994; Shea, 1999）。大部分原材料都取自当地：硅质灰岩（$n=5335$, 33.22%）和燧石（$n=2808$, 28.36%）占主导地位，石英岩（$n=966$, 9.76%）、石英（$n=447$, 4.51%）和砂岩（$n=345$, 3.49%）少见。记录状况如新鲜或未磨蚀、轻微磨蚀、磨蚀（磨蚀程度中也考虑了边缘损伤）。

表4表明只有一小部分石制品表现出河流强烈搬运作用所显示出明显的磨蚀，未磨蚀标本最多，占81.84%；其次是轻度磨蚀标本，占15.68%；重度磨蚀标本仅占2.48%。虽然重度磨蚀的石制品数量很少，但表明河流作用在该地点沉积过程中产生了一定影响。然而，大多数处于磨蚀轻微和基本未见磨蚀状态的石制品仍然表明水流的扰动并未对整个石制品组合产生较大的影响。

表4　SDG7石制品原料及遗物磨蚀情况

原料→	硅质灰岩		燧石		石英岩		石英		砂岩		总计	
磨蚀级别	数量	百分比（%）	数量	百分比（%）	数量	百分比（%）	数量	百分比（%）	数量	百分比（%）	数量	百分比（%）
新鲜/未磨蚀	4327	43.70	2505	25.30	690	6.97	423	4.27	158	1.60	8127	81.84
轻微磨蚀	897	9.06	285	2.88	217	2.19	22	0.22	132	1.33	1553	15.68
重度磨蚀	111	1.12	18	0.18	59	0.60	2	0.02	55	0.56	245	2.48
总计	5335	33.22	2808	28.36	966	9.76	447	4.51	345	3.49	9901	100

3.3.4　走向特征

石制品走向特征的测量和统计是判断水流改造作用的一个重要指标。经过流水改造的石制品（尤其是有长轴的石制品）的走向会呈现一定的规律性，其可以反映水流的强度和方向（Schick, 1986; Morton, 2004）。一般来说，尺寸<4cm 的带长轴的石制品的走向常与水流方向平行，而尺寸≥4cm带长轴的石制品的走向常常呈现与水流方向垂直的状态。图8是展示SDG7石制品长轴方向的玫瑰图，石制品方向显示了一个没有偏向的随机分布特征。从玫瑰图中可以推断石制品组合没有受到强烈的河流扰动作用。

3.3.5　遗物倾向

遗物的倾向与倾角特征的结合是判断水流强度和方向的一个敏感指标（Schick, 1986）。Schick发现固定位置的遗物的小倾角（5°—10°）是由微弱的低速水流产生，而较高的流速往往产生更大的倾角，范围从10°到30°，甚至更多（Schick, 1984, 1991）。

　　图9提供了有关流速强度的观察统计，表明SDG7的大部分石制品只有较小的倾角。接近50%的标本倾角是在0—10°，20°—30°倾角的占比略大于25%，总组合中只有不到20%的标本倾角大于30°。总的来说，这些倾角特征表明了相对较低强度和流速的水动力作用。

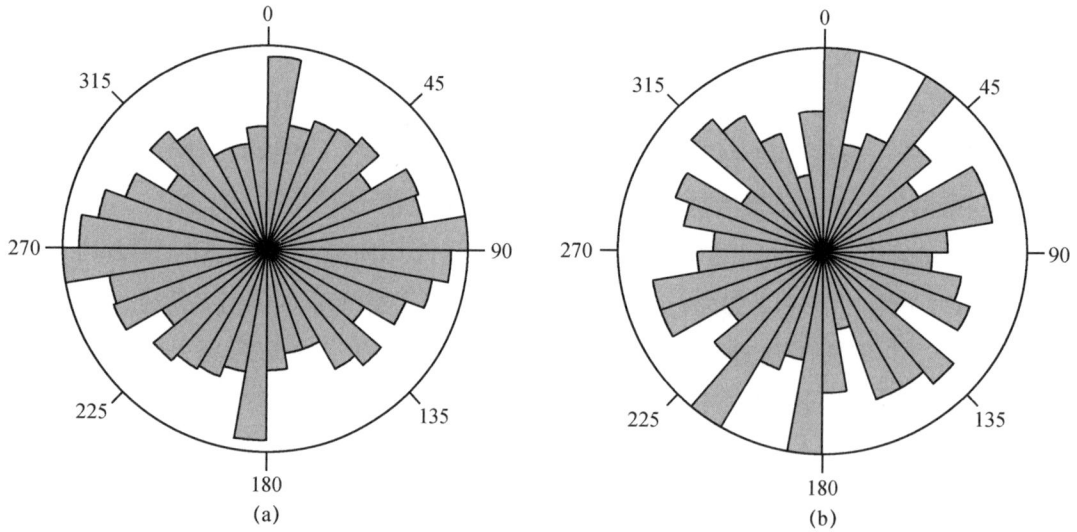

图8　玫瑰图显示SDG7石制品走向特征（$n=988$）

（a）所有材料的走向分布（$n=988$）　　（b）尺寸≥40mm的石制品走向分布（$n=162$）

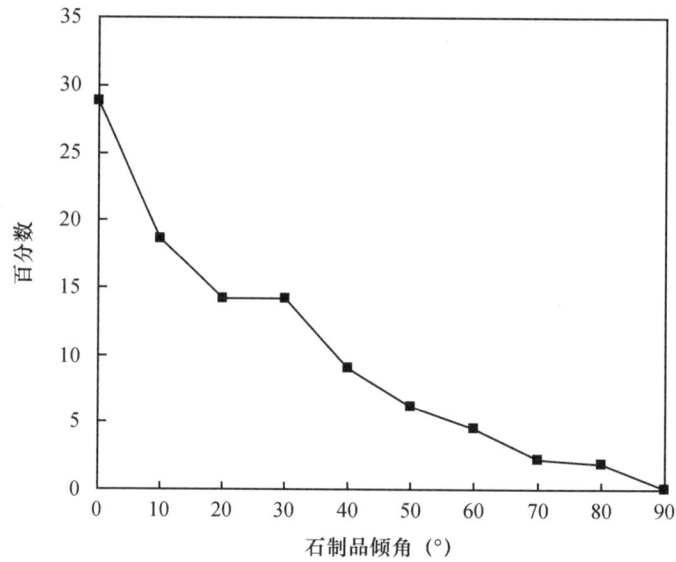

图9　SDG7石制品倾角分布特征（$n=886$）

3.3.6 空间分布特征

正如垂直空间上的分布，水平面上的空间分布特征也是判断沉积后石制品改造程度的重要指标（Schick, 1986）。从平均每平方米396件石制品和4.50千克的重量可以看出，SDG7的石制品组合在水平方向上相当集中。图10显示了每平方米单位内石制品的空间分布密度。总体而言，遗物的空间格局并未展示出明显的类似于模拟实验中观察到的由平面水流改造所产生的空间分布趋向，比如带长轴石制品的线性分布模式（Schick, 1986）。相反，较小的空间分布趋向暗示了较小的扰动作用。图10显示不论类别、组合和大小，大部分的石制品都集中在东南区域。正如Schick（1986）所提出的，如果一个地点经历了水流扰动，那么石制品组合中的小尺寸废片组合最可能集中在下游的位置。由于90%以上的石制品尺寸均<4厘米（但也存在各种尺寸），因此可以推断整个遗物组合受到了从西北到东南方向的平缓水流作用的扰动，SDG7的石制品空间分布趋向总体上呈现出较小的扰动作用。

总之，多项证据表明SDG7考古材料受到了较小的后期扰动作用。考古遗物集中分布在350厘米的垂直范围内，密度很高，表明长期且连续的遗址占据。此外，SDG7的材料沉积在浅湖边缘的细颗粒堆积中，并未发现有高能量河流活动影响石制品聚集的证据。

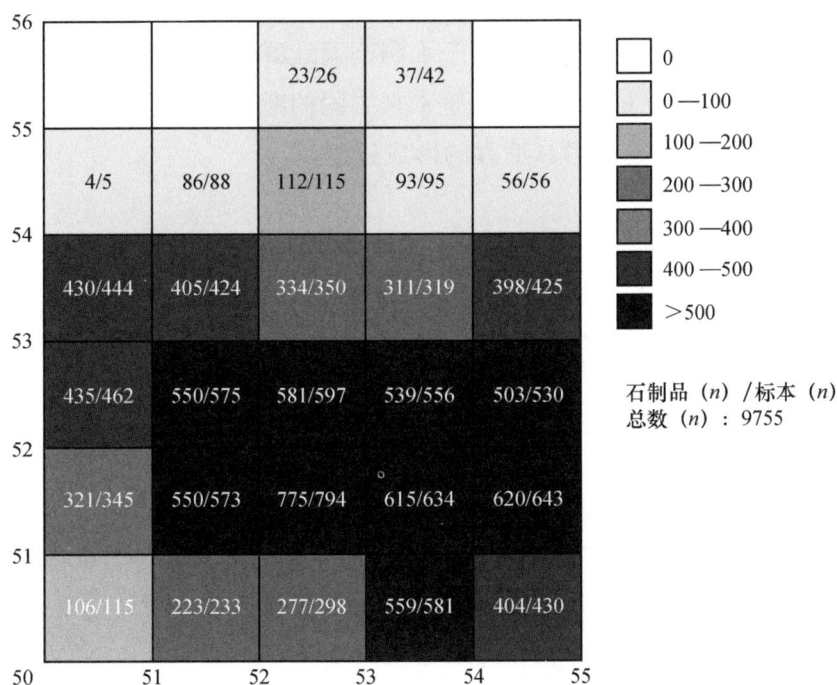

图10 SDG7发掘区域每平方米探方内的考古遗存分布密度

4. 结　　论

从我们对SDG7遗址形成过程的详细研究中可以得出以下结论。

（1）SDG7是水洞沟遗址群中最新发现和发掘的地点之一。光释光测年数据表明古人类在距今30000—22000年之间的某个时间间隔占据此地，考古材料集中分布在含考古遗存的整个沉积序列中。沉积背景分析表明，该遗址埋藏在浅湖边缘的细砂、粉砂和黏土沉积物中，受到相对低能量水动力作用的影响。沉积层理结构和典型的湖岸黄土沉积物的局部塌陷特征，以及考古遗物的分布特征表明虽然可能发生了一些小尺寸遗物的丢失和位移，但改造作用很小。

（2）SDG7石制品一般都是新鲜、没有磨蚀的，显示出一致性的组合和技术构成，包括石核、工具、废片和石锤，其中废片在整个组合占主导。此外，SFD（＜20毫米）显示出与Schick（1986）所做实验中产生的相似的尺寸大小，这表明遗址发生了石制品生产活动。石制品没有显示出高倾角或优势走向特征。对这些石制品的纵向和空间位置的分析也表明其集中分布的特征。多重证据显示SDG7考古遗存不太可能受到高流速河流的扰动作用。

（3）本文的研究重在强调的是，即使这些遗址位于低流速的湖泊边缘和漫滩环境中，但在对水洞沟遗址群发掘的石制品组合进行任何行为解释前都要对其开展水动力筛选作用的分析和评估。本文的结论是，水洞沟石制品适用于水洞沟遗址群内的早期人类行为和中国北方最早的旧石器时代晚期文化的研究工作。我们希望未来中国的考古学研究能够关注遗址形成过程的相关分析，以便能更好地理解这些考古遗存的形成过程。

致谢：首先要感谢美国石器时代研究所和印第安纳大学的Nicholas Toth教授和Kathy Schick教授提出的诸多具有启发意义的评论。感谢西班牙国家人类演化研究中心的Mohamed Sahnouni教授和Sileshi Semaw教授的有益讨论。更要感谢中国科学院古脊椎动物与古人类研究所的同事和促进野外工作的宁夏回族自治区的考古伙伴。也要感谢中国科学院计算机网络信息中心的肖海力和田东对绘制图5和图10的帮助。本项工作得到国家基础研究计划（973计划）（2010CB950203）、国家自然科学基金（批准号：41372032）、中国科学院战略性先导科技专项（XDA05130203）、国际科学技术资助计划的南非国家研究基金（批准号：88480）和中国科技部资助项目的支持。感谢刘武教授和R.J.Clarke教授作为双方项目的联合负责人为后续资金提供的支持。我们对可能出现的任何错误承担全部责任。

（原载Pei S W, Niu D W, Guan Y, Nian X M, Kuman K, Bae C J, Gao X. The Earliest Late Paleolithic in North China: Site Formation Processes at Shuidonggou Locality 7. Quaternary International, 2014, 347: 122-132）

（马冲译，薛峰、牛东伟校）

编　后　记

　　2023年是水洞沟遗址发现100周年，也是高星老师带领我们这个团队在水洞沟遗址持续工作的第20年。我们把此前发表在外文期刊的文章翻译成中文结集出版，以期让更多中文读者能够共享我们过去这20年对水洞沟遗址的部分研究成果。在这样一个重要的时间节点，这一译文集的编辑出版，无论是对遗址研究史，还是对我们这批从水洞沟走出来的旧石器考古人来说，都显得很有纪念意义。我因有幸参与组织编译本文集，得以先期再次学习相关文章，收获颇丰。

　　译文集共收录37篇文章，均是以英文发表于国外期刊，首次被翻译成中文。需要说明的是，我们其他以中英双语发表的文章并未收录于本集。考虑到这些文章均已正式发表于外文期刊，我们在编译文集时没有收录文章的参考文献，只是在译文中保留了引注位置，感兴趣的读者可以在原文中找到相应的参考文献。这37篇文章中，最早的发表于2011年，最新的则刚刚于2022年见刊。根据研究主题，我们将这37篇文章分类归入"综述篇"、"年代环境研究篇"、"象征认知研究篇"、"石制品研究篇"、"生物考古研究篇"和"其他研究篇"。其中"石制品研究篇"收录文章最多，共13篇文章，从研究内容来看，本篇多是就第1、2、7、12地点的具体材料，对水洞沟遗址各个地点的石叶、石片和细石叶遗存进行的技术和类型学分析。同时，对原料、狩猎采集人群的移动性及生存策略的变化等问题也做了深入探讨。遗址第12地点材料是中国北方，特别是干旱区少有的处于旧—新石器过渡阶段的材料，不仅丰富了水洞沟遗址的文化内涵，拓展了我们对该地区古人类活动时间的认识，更是对研究古人类从狩猎采集到季节性定居这一生计模式的转变具有重要意义。

　　20世纪以前，大多对水洞沟的研究聚焦于石器类型的分类和与勒瓦娄哇技术关系的探讨。自Brantingham于2001年发表文章第一次将水洞沟遗址第1地点材料与Initial Upper Paleolithic（旧石器时代晚期初段）联系在一起后，对水洞沟的研究就多与现代人在东北亚地区的扩散、迁徙、适应行为相关。水洞沟遗址除第1地点外，第2、7、8、9等诸多地点的材料也都恰好在40ka—30ka BP这样一个关键时间点，相关的研究自然都围绕着现代人起源及扩散这一旧石器时代考古学的核心问题。除了石器技术，作为现代行为特征的重要内容，象征与认知行为也是近年来所热议的问题。2003年以来的精细发掘，在水洞沟遗址多个地点都出土了相关重要材料，对这些材料的加工、使用等信息的细致分析和讨论，构成了本集里"象征认知研究篇"的

7篇文章，这一体量也显示出目前学术界对现代行为讨论的热度。

水洞沟遗址的年代与环境自20世纪以来多有争议，以前的讨论都集中于第1地点石叶遗存的年代，2003年以来的发掘不仅初步廓清了石叶的年代，对遗存最为丰富的第2地点的年代和环境也有系统梳理，共有5篇文章收录进"年代环境研究篇"。研究也将水洞沟遗址石叶和石片遗存的年代初步厘定于41ka BP和35ka—28ka BP，判定人类生活与水洞沟古湖的进退有着密切联系。

水洞沟遗址出土的文化遗存内涵丰富，在研究狩猎采集人群的生计模式方面，包括微体化石在内的动植物化石也是重要研究对象，"生物考古研究篇" 中的三篇文章分别对植物资源、食肉动物和鸟类资源的利用进行了精细的考察，这些研究成果也是我国旧石器时代考古中的首次尝试。它们也提醒我们旧石器考古研究领域宽广，需要用更精细的发掘方法和更全面的研究手段从遗存中"榨取"更丰富的信息。

正因需要更丰富发掘相关信息，我们才在对水洞沟遗址的发掘中，一直思索着如何提高获取材料背景信息的精度（precision）和准度（accuracy）。从2003年发掘中水准仪、全站仪的使用，到2014年新的发掘全面使用数字化记录手段，都是在向着获取更高分辨率考古材料的努力。"其他研究篇"有关摄影测量方法的实验一文，也体现了我们团队对于这一方向的尝试。埋藏学问题近年来也越来越多受到了国内学者的关注，本篇中对第2地点和第7地点考古材料的研究是我们对这一领域的探索。另两篇文章关于石器的热处理问题也为中国旧石器时代考古研究开辟了新的领域。

持续多年的发掘与研究，凸显了水洞沟遗址巨大的科学潜力，除了早已为学术界熟识的石叶遗存，新发现的石片和细石叶遗存不仅石制品丰富，更有大量骨制品、装饰品，这些41ka—10ka BP的材料一起，构筑了西北干旱区晚更新世末期文化演化的序列。在"综述篇"中，4篇文章从材料、文化演化、技术策略转变和遗址整体研究进展多个视角回溯了水洞沟遗址21世纪以来的工作。在惊叹于水洞沟遗址带给我们源源不断惊喜的同时，我们也充分认识到旧石器遗址只有长期、深入、精细化地发掘、研究，持续不断地推陈出新，才是让遗址永葆生机最有效的办法。

此次编译过程中，深感英文发表不易，译成中文更难。作为原文作者的我们已不是当年在水洞沟发掘的年轻小伙和妙龄少女，都已背负着照顾老人和孩子的责任，也都承担着大量教学与科研任务，因此初稿翻译工作多由指导的学生完成。如由我负责校对的11篇文章，就是我的8名学生勇挑重担完成的，这对初入旧石器大门的他们无疑也是一次训练，同时也是对我自己的一次挑战。在校对的过程中我发现，除了英译中语言流畅性参差不齐，更多问题是对一些学术背景不够了解造成的译文生涩，甚至错漏。与此同时，在修订时，我也发现由于旧石器术语的复杂性和使用的主观性，一些词汇的含义各人也存在理解的偏差。我们尽可能做到统一，但也尊重译者和校对者的主观判断。无论如何，这次集体译校工作是继2003年以来大家跟随高老师在水洞沟进行的田野发掘之后，又一次在导师带领下的"大规模团队考古"劳动。大家不辞辛劳，加班加点地完成了各自负责的内容，殊为不易。相信这本译文集也将成为我们水洞沟青春岁月的一份留念集。

水洞沟的工作还在继续，百年只是一个逗号，百年的研究不仅深化了对水洞沟遗址的认识，更是为未来工作提出了更多问题，随着2014年以来新的发掘的持续进行，陆陆续续还会有更多成果不断推出。我们这批80年代左右的水洞沟人"聚是一团火，散是满天星"，从水洞沟走出的我们，又举着水洞沟的火把走向了祖国大地，也将把这火种继续传递，让一代又一代"水洞沟人"持续工作，永葆水洞沟的活力，以迎接下一个百年。

彭 菲

2023年4月10日于美国加州戴维斯